인포메이션 아키텍처
Information Architecture

Information Architecture for the World Wide Web, 3rd Edition
by Louis Rosenfeld & Peter Morville

Copyright © Insight Press 2011

Authorized translation from the English edition of Information Architecture for the World Wide Web, 3rd Edition ISBN 9780596527341 © 2006 O'Reilly Media Inc.

This translation is published and sold by permission of O'Reilly Media, Inc., the owner of all rights to publish and sell the same.

이 책의 한국어판 저작권은 에이전시 원을 통해 저작권자와의 독점 계약으로 인사이트 출판사에 있습니다. 저작권법에 의해 한국 내에서 보호를 받는 저작물이므로 무단전재와 무단복제를 금합니다.

인포메이션 아키텍처

초판 1쇄 발행 2011년 7월 10일 **4쇄 발행** 2020년 6월 15일 **지은이** 루이스 로젠펠드, 피터 모빌 **옮긴이** 김수 **펴낸이** 한기성 **펴낸곳** 인사이트 **편집** 김강석 **제작·관리** 신승준, 박미경 **용지** 월드페이퍼 **출력·인쇄** 현문인쇄 **후가공** 이지앤비 **제본** 자현제책 **등록번호** 제2002-000049호 **등록일자** 2002년 2월 19일 **주소** 서울시 마포구 연남로5길 19-5 **전화** 02-322-5143 **팩스** 02-3143-5579 **블로그** http://blog.insightbook.co.kr **이메일** insight@insightbook.co.kr **ISBN** 978-89-6626-003-4 책값은 뒤표지에 있습니다. 잘못 만들어진 책은 바꾸어 드립니다. 이 책의 정오표는 http://blog.insightbook.co.kr에서 확인하실 수 있습니다. 이 도서의 국립중앙도서관 출판예정도서목록(CIP)은 서지정보유통지원시스템 홈페이지(http://seoji.nl.go.kr)와 국가자료종합목록 구축시스템(http://kolis-net.nl.go.kr)에서 이용하실 수 있습니다. (CIP제어번호: CIP2011002634)

UX
insight

효율적인 웹사이트 구축을 위한 정보설계 지침서

피터 모빌 · 루이스 로젠펠드 지음 | 이재명 옮김

인포메이션 아키텍처

인사이트

차례

먼저 읽어 본 분들의 추천 글 ······································ xi
역자 서문 ·· xvi
추천사 ·· xix
저자 서문 ·· xxii

1부 정보설계에 대한 소개   1

1장 정보설계의 정의 ─────────── 3
   1.1 정의 ·· 5
   1.2 메모판, 두루마리, 책 그리고 도서관 ···················· 7
   1.3 정보설계를 다른 사람에게 설명하기 ···················· 10
   1.4 정보설계가 아닌 것은 무엇인가 ························· 12
   1.5 왜 정보설계가 중요한가 ····································· 16
   1.6 정보설계에 활기 불어넣기 ·································· 18

2장 인포메이션 아키텍트 되기 ─────── 23
   2.1 우리는 인포메이션 아키텍트가 필요한가 ············· 25
   2.2 인포메이션 아키텍트가 되기 위한 자격 조건은 무엇인가 ··· 27
   2.3 정보설계 전문가 ·· 34
   2.4 현실 세계에서 인포메이션 아키텍트 되기 ············ 36
   2.5 당면 과제 ·· 43

3장 사용자 니즈와 행동 ─────────── 45
   3.1 '지나친 간소화' 정보 모델 ································· 46
   3.2 정보 니즈 ·· 49
   3.3 정보 탐색 행위 ·· 54
   3.4. 정보 니즈와 정보 탐색 행위에 대한 탐구 ··········· 57

2부 정보설계의 기본 원칙 — 59

4장 정보구조의 구성요소 — 61
    4.1 정보구조의 시각화 — 62
    4.2 정보구조의 구성요소 — 72

5장 조직화 시스템 — 79
    5.1 정보조직화의 어려움 — 80
    5.2 웹사이트와 인트라넷의 조직화 — 87
    5.3 조직화 체계 — 88
    5.4 조직화 구조 — 101
    5.5 사회적 분류 — 113
    5.6 결속력 있는 조직화 시스템의 설계 — 117

6장 레이블링 시스템 — 121
    6.1 왜 레이블링이 중요한가 — 123
    6.2 레이블의 다양성 — 129
    6.3 레이블 설계 — 145

7장 내비게이션 시스템 — 171

- 7.1 내비게이션 시스템의 종류 — 173
- 7.2 모호한 경계 — 174
- 7.3 브라우저의 내비게이션 기능 — 175
- 7.4 맥락의 구축 — 178
- 7.5 유연성의 개선 — 180
- 7.6 임베디드 내비게이션 시스템 — 182
- 7.7 부가 내비게이션 시스템 — 195
- 7.8 고급 내비게이션 방식 — 205

8장 검색 시스템 — 213

- 8.1 사이트에 검색이 필요할까 — 214
- 8.2 검색 시스템의 구조 — 220
- 8.3 검색은 IT 업무가 아니다 — 222
- 8.4 검색 대상의 선택 — 223
- 8.5 검색 알고리즘 — 234
- 8.6 질의 생성기 — 239
- 8.7 검색 결과의 노출 — 241
- 8.8 검색 인터페이스 설계 — 262
- 8.9 더 살펴볼 것들 — 277

9장 시소러스, 통제어휘집, 메타데이터 — 279

- 9.1 메타데이터 — 280
- 9.2 통제어휘집 — 282
- 9.3 전문용어 — 295
- 9.4 시소러스의 실제 — 298
- 9.5 시소러스의 종류 — 303
- 9.6 시소러스의 표준 — 307
- 9.7 의미론적 관계 — 310
- 9.8 우선어 — 314
- 9.9 복합 계층구조 — 317
- 9.10 다면 분류 — 319

3부 프로세스와 방법론

10장 리서치 — 329
- 10.1 프로세스 개요 — 330
- 10.2 리서치 프레임워크 — 332
- 10.3 맥락 — 333
- 10.4 콘텐츠 — 342
- 10.5 사용자 — 353
- 10.6 참가자 정의 및 모집 — 360
- 10.7 사용자 조사 — 363
- 10.8 리서치의 옹호 — 374

11장 전략 수립 — 379
- 11.1 정보설계 전략은 무엇인가? — 380
- 11.2 전략 사수하기 — 383
- 11.3 리서치에서 전략까지 — 385
- 11.4 전략 구축 — 386
- 11.5 작업물과 산출물 — 393
- 11.6 전략 보고서 — 401
- 11.7 프로젝트 계획 — 413
- 11.8 발표 — 413

12장 설계와 문서 작성 — 417
- 12.1 정보구조 도식화 가이드라인 — 419
- 12.2 시각적으로 커뮤니케이션하기 — 422
- 12.3 구조도 — 424
- 12.4 화면설계 — 438
- 12.5 콘텐츠 맵핑과 콘텐츠 목록 — 447
- 12.6 콘텐츠 모델 — 453
- 12.7 통제어휘집 — 461
- 12.8 설계 협업 — 464
- 12.9 모든 것을 한데 모으기: 정보구조 스타일 가이드 — 468

4부 정보설계의 실제   473

13장 교육 ─────────── 475
   13.1 교육에 있어서의 변화 ─────── 476
   13.2 선택의 기회 ─────── 477
   13.3 여전히 학위가 필요한가? ─────── 478
   13.4 업계의 현황 ─────── 479

14장 윤리 ─────────── 483
   14.1 윤리적 고려사항 ─────── 484
   14.2 미래를 구체화하기 ─────── 489

15장 정보설계팀 구성하기 ─────────── 491
   15.1 창조를 위한 파괴 ─────── 493
   15.2 빠른 계층과 느린 계층 ─────── 494
   15.3 프로젝트 vs 프로그램 ─────── 496
   15.4 구매 혹은 대여 ─────── 497
   15.5 정말, 전문가를 채용할 필요가 있는가? ─────── 499
   15.6 드림팀 ─────── 501

16장 툴과 소프트웨어 ─────────── 503
   16.1 변화의 시간 ─────── 504
   16.2 혼돈의 카테고리 ─────── 505
   16.3 확인해야 할 문제 ─────── 515

5부 조직 내에서의 정보설계 517

17장 정보설계 사례 만들기 ─── 519
    17.1 세일즈의 필요성 ········· 520
    17.2 두 종류의 사람 ········· 521
    17.3 수치지상주의자 다루기 ········· 522
    17.4 직감주의자와 대화하기 ········· 529
    17.5 사례를 만들기 위한 다양한 기법들 ········· 533
    17.6 정보설계 가치 체크리스트 ········· 538
    17.7 마지막 당부 ········· 539

18장 비즈니스 전략 ─── 541
    18.1 전략의 어원 ········· 543
    18.2 비즈니스 전략 정의하기 ········· 545
    18.3 전략의 도입 ········· 547
    18.4 비즈니스 전략 내 틈새 드러내기 ········· 550
    18.5 최상의 방법 ········· 552
    18.6 다양한 좋은 방법들 ········· 553
    18.7 우리의 코끼리 이해하기 ········· 555
    18.8 경쟁우위 ········· 557
    18.9 시작의 끝 ········· 559

19장 기업을 위한 정보설계 ─── 563
    19.1 정보설계, 기업을 만나다 ········· 563
    19.2 EIA의 목표는 무엇인가? ········· 567
    19.3 기업 정보구조의 설계 ········· 571
    19.4 기업정보설계 전략과 운영 ········· 590
    19.5 서비스 제공과 비용 지불 ········· 597
    19.6 가장 중요한 것은 타이밍: 단계별 출시 ········· 605
    19.7 전진을 위한 프레임워크 ········· 612

6부 사례 연구 — 613

20장 MSWeb: 기업 인트라넷 — 615
- 20.1 사용자가 겪는 어려움 — 616
- 20.2 인포메이션 아키텍트가 겪는 어려움 — 619
- 20.3 우리는 택소노미를 좋아한다. 그것이 무엇이더라도…… — 620
- 20.4 사용자를 위한 혜택 — 650
- 20.5 다음 단계 — 655
- 20.6 MSWeb의 성과 — 657

21장 evolt.org: 온라인 커뮤니티 — 659
- 21.1 evolt.org에 대한 설명 — 660
- 21.2 온라인 커뮤니티 구조화하기 — 661
- 21.3 참여 경제 — 662
- 21.4 정보구조의 적용 방법 — 675
- 21.5 정보설계가 아닌가 — 678

Appendix 참고자료 — 681
- A.1. 커뮤니티 — 682
- A.2. 디렉터리 — 686
- A.3. 도서 및 저널 — 688
- A.4. 정규 교육 — 692
- A.5 학회 및 행사 — 694
- A.6 사례, 산출물, 툴 — 695

찾아보기 — 697

먼저 읽어 본 분들의 추천 글

초창기 인터넷 시대, 사용자 경험 디자인에 관한 첫번째 텍스트북은 단연 폴라베어북(북극곰책)이라 불리는 『Information Architecture for the World Wide Web』이었다. 별다른 체계 없이 구축되어 어려움을 겪던 많은 수의 웹사이트들이 폴라베어북을 읽은 웹기획자, 사용자 경험 디자이너에 의해 끊임없이 다듬어져 왔다. 최근, 웹이 태스크 응용프로그램적인 속성이 강해지면서 인터랙션 디자인쪽 도서들이 더 많이 읽히고 보편화되고 있는 추세이나, 현업의 담당자들에겐 폴라베어북은 늘 가장 중요한 기본서의 역할을 한다.

   이번이 3판째인 이 책은 여전히 정보 설계 분야, 사용자 경험 디자인 분야에서 리더 역할을 하는 저자, 로젠펠드와 모빌이 그동안의 정보 설계 분야의 발전상을 온전히 담은 새로운 시대의 텍스트북이다. 이 책은 정보설계의 기초적인 개념을 탄탄히 소개할 뿐 아니라 최근 두드러진 발전을 보이고 있는 다매체 환경의 인터넷 서비스와 Web 2.0 시대 이후의 정보 설계 언어와 특징, 사례들을 고스란히 담고 있다. 비록, 요즘은 시대가 바뀌어 굳이 책을 읽지 않고도 트위터, RSS 채널, 인터넷 포털, 학회 사이트 등에서 정보 설계에 관한 최신 정보를 접할 수 있으나 이 책은 다양한 정보설계 관련 지식과 노하우를 정갈하게 다듬어 하나의 책에 기막히게 담아줌으로써, 우리의 수고를 덜어주고 정보 설계에 대한 올바른 시각을 제시해 주고 있다.

   더군다나, 이 책의 번역자인 김수 님은 본 추천인과 함께 오랜 기간 인터넷 포털, 웹컨설팅 회사에서 정보설계에 관한 심도 있는 프로젝트를 다수 수행해온 업계의 몇 안 되는 전문가여서 원서의 의미를 잘 살리는 완성도 높은 번역본을 만들어 주었다. 웹기획자뿐 아니라 사용자 경험 디자이너, 개발자, 인터넷 서비스 관계자들은 새롭게 우리에게 다가온 이 귀중한 텍스트북을 자신의 서가 맨 앞에 두기를 추천한다.

— 이지현, 서울여자대학교 산업디자인학과 교수

무언가를 설계한다는 직업은 건축에서부터 전자회로에 이르기까지 전문 분야로 잘 알려진 편이다. 오늘날 전자기기와 인터넷의 발달로 정보라는 무형의 물질에 형태와 논리적인 구조를 부여하는 정보설계사라는 직업은 새롭고도 무거운 책임을 부여받게 되었다.

인터넷과 핸드폰이 대중화된 지 십수 년이 훌쩍 넘은 시점, 정보설계의 중요성은 업계 내부에서는 일상의 일부가 되었지만, 아직 일반인에게는 생소하고 미스테리하기까지 하다. 그나마 영화『매트릭스』의 '아키텍트'나『트론』의 '유저'라는 개념을 통해 필요한 무언가로 인식되긴 하였지만 무형무체의 세계를 디자인하는 정보설계사가 어떤 일을 하는지, 그 역할이 무엇인지는 애매모호한 무엇으로 남아 있다.

오늘날 광대한 정보의 세상이 디지털 매체와 함께 탄생하면서 정보를 체계적으로 설계한다는 것, 더 나아가 체계적으로 설계된 그 정보를 사용할 수 있게 한다는 것은 전문직업인이 해야 한다는 필요성이 일반적으로 확산되고 있다. 이런 확산은 정보라는 단어 자체를 정적인 것이 아닌 동적인 것으로 새로이 정의하게 한다. 정보가 단순히 정적으로 쌓아놓은 지식의 보고가 아니라, 인간이 물질적인 세상에서 하는 많은 일들을 대신하는 동적인 역할을 수행하고 있다는 것이다. 그래서 정보설계라는 일이 단순히 깔끔하게 정보를 열람하고 찾기 쉽게 만드는 것에 그치는 것이 아니라 생산성과 경제적 실익으로 바로 연관된다는 사실에 주목하게 된다.

핸드폰이 사람 간의 대화를 위한 통신기기에서 소위 스마트폰이라는 정보기기로 재탄생한 요즘, 서서히 사용성과 정보설계가 어떤 역할을 하는지, 얼마나 중요한지 새롭게 배워가고 있다. 특히, 이 번역판을 읽으면서 정보설계에 대해 새로이 고찰하게 되었다. 앞으로 더 발달될 무형의 세계를 인간의 삶과 연계해주는 정보설계의 이론과 기본 지식은 가까운 미래에는 전문지식으로 남기보다는 문명인이 살아가면서 익혀야 할 기본 소양으로 여겨져야 하지 않을까, 하고 말이다.

이 책을 정보설계사에 대해 궁금해 하는, 창조적인 일을 하는 모든 이들을 비롯해서 앞으로 정보사회에서 활약하고픈 한국의 학생들에게 추천하고 싶다. 남을 위해 정보설계를 해주는 직업을 가지지 않더라도, 멀지 않은 미래에는 개인 스스로가 디지털 세계에서 체계적, 전략적으로 정보를 창조하고 키워갈 수 있는 역량이 필요할 터이니……

— 정영희, 노키아 연구소장, 인도
http://younghee.com

정보설계라는 분야는 공간상에서 길찾기 문제와 매우 비슷하다. 지도를 어떻게 만들어야 사람들이 그 지도를 보고 원하는 목적지를 찾아갈까, 표지판을 어디에 어떻게 달아야 길을 헤매지 않을까, 등의 문제를 정보의 관점에서 풀어낸다.

정보설계는 사실 웹디자인 초창기부터 시도되었지만 초기 웹사이트에는 검색 기능이 없었다. 그래서 정보를 어떻게 눈에 잘 띄게 할지, 그리고 자료를 찾는 과정을 얼마나 편하고 쉽게 할지에 대한 것을 주로 다루었다. 그러다 보니 사이트맵이 중요하고 레이블링이 중요했다.

하지만, 검색은 우리가 웹을 이용하는 방법을 많이 바꾸어 놓았다. 웹사이트에서 정보를 찾을 때 사람들은 이제 메뉴를 살피지 않고 검색창에 키워드부터 넣는다. (물론, 검색에 익숙한 사용자의 경우이다.) 예전 같으면 사이트맵을 먼저 살피고 어디에 어떤 정보가 있는지를 확인한 후에 원하는 정보를 찾을 텐데, 요즘 사용자들에게는 그 사이트가 어떤 구성을 갖추고 있는지에 관심을 두지 않는다. 이러한 변화는 정보설계 전문가들에게도 큰 영향을 미쳤다. 이와 함께, 기술의 발달과 새로운 시스템(예를 들면, 태그)의 영향으로 정보설계의 방법도 달라졌다.

마치 지도를 보고 길을 익힌 후에 목적지를 찾아가다가, 내비게이션이 발명되어 더 이상 길을 외울 필요가 없어진 것과 같다. 하지만 한 가지 흥미로운 점은 내비게이션이 사실 소프트웨어 속에 디지털화된 지도를 포함하고 있으며, 정확한 길 안내를 위해서 보다 정교한 정보구조를 갖춘 지도를 필요로 한다는 점이다. 내비게이션 소프트웨어는 지도 데이터를 분석하여 사용자의 요구에 맞게 매 순간 다양한 각도에서 개인화된 지도를 생성해서 보여준다. 그러기 위해서는 2차원의 정형적인 지도 데이터에 좀더 복잡한 도로 정보, 실시간 교통 정보, 주변 맛집 정보 등 다양한 정보들을 매치하여 (이들을 상황에 맞게 효과적으로 재가공하여) 그때그때 규칙에 따라 배치하는 설계가 필요할 것이다.

정보설계는 웹의 발전에 따라, 보다 고도화되고 전문적인 영역으로 발전하고 있다. 이 책은 정보설계라는 흥미로운 전문 영역을 체계적으로 정리해 놓았다. 변화하는 환경에 맞게 이 책도 이번이 세 번째 개정판이다. 국내에서는 절판되어 그 동안 구하기 어려웠던 책인데 이번에 새롭게 다시 책을 접할 수 있게 되어 개인적으로 매우 반갑다. 동시에 옮긴이와 출판사에 감사드리고 싶다. 정보설계가 어떤 것인지 아는 정도에서 더 나아가서 전문적인 업무 역량을 키우고자 하는 사람들에게 이 책은 실무에서 활용할 수 있는 지침을 제시하는 참고서가 되어 줄 것이라고 생각한다.

— 황리건, 마이크로소프트 UX & 웹 이반젤리스트, UXFactory.com

인포메이션 아키텍처라는 주제 하나 만으로도 많은 사람들이 모여 뜨거운 논의를 벌렸던 10여 년 전 즈음의 분위기는 이제 IT 역사 속에서도 그 흔적을 찾기가 쉽지 않다. 웹 2.0, 모바일, 위치기반, 소셜과 같은 따끈한 트렌드 속에서 정보설계라는 얘기를 꺼내는 이가 있다면 아마 고루한 원론주의자 취급을

당할 것이 분명하다.

　하지만 정보의 양과 출처가 시간이 갈수록 복잡 다양해지는 만큼 정보를 구조화하고 정리하는 것이 그 어떤 것만큼이나 중요하다는 사실을 잊고 살아온 것은 아닐런지……

　이탈리아의 법학자 비코Vico가 인간 문명의 발달은 인간이 자연을 구조화시킨 결과라고 이야기했듯 인터넷 서비스의 역사 역시 네트워크에 있는 정보를 구조화시킨 산물이라 할 수 있다. 그 내용이 모바일, 소셜, 커머스 등 그 어떤 것이든 간에 모든 서비스는 인간과 시스템을 연결하는 정보라는 울타리를 벗어나서는 생각할 수 없는 것이다. 정보의 설계 또한 단순한 기계적 분류를 넘어서 다양한 상황(컨텍스트)에 최적화가 필요하며 이를 얼마나 적절히 반영했느냐는 서비스의 성패에 직결될 것이다.

　이 책은 이러한 상황에 처해있는 우리에게 탄탄한 기본기를 만들어주고 모두가 가지고 있는 근본적인 물음에 대해서 다시 한 번 고민거리를 던져주는 필독서로 손색이 없다. 검색, 모바일, 소셜 등 모든 서비스 기획의 바탕에 정보설계가 있다는 사실을 다시 한 번 기억해보자.

— 임도헌, 네이버재팬 UX팀장

역자 서문

우리는 매일 엄청난 양의 정보를 접하고 살아간다. 수없이 쏟아지는 메일과 SMS, 집을 나설 때면 마주하게 되는 온갖 광고지들. 그뿐인가? 인터넷과 TV는 빛과 같은 속도로 온갖 진실과 루머를 반복해서 생산하고 있다. 어떠한 정보를 습득해야 하고 어떠한 정보를 버려야할지는 찰나의 선택을 요한다. 모두들 "정보가 중요하고 우리는 정보화 사회에 살고 있다"고 말하지만, 누구도 어떤 정보를 언제 어떻게 구해야하는지 알려주지 않는다. 또, 정보를 가지고 있는 입장에서는 정보를 찾는 이들에게 어떻게 정보를 제공해야 할지 누구도 말해주지 않고 있다. 정보의 폭풍 속에서 살아남을 수 있는 방법은 정말 없는 것일까? 다행스럽게도, 소수의 선각자들이 정보를 정리하는 방법을 고민해왔고, 여기에 그 결과물이 있다. 이 책은 정보를 얻는 주요 미디어 중 하나로 자리 잡은 인터넷에서 어떻게 정보를 정리하고 보여줄지를 매우 사실적으로 다룬 책이다. 가히 정보설계의 교과서라 할 만하다.

 1998년에 처음 북극곰 책이 출판되었던 것으로 기억한다. 솔직히 지루한 표지 디자인(그러나 이제는 북극곰이 정보설계의 상징이 되어버렸다)에 놀랐고, 그 방대한 분량에 놀랐다. 요즘 세상에 모두들 그렇듯이, 역자 역시 정보의 홍수에 허덕이면서 이 두꺼운 책에는 손이 잘 가지 않았다. 많은 사람들의 책장에서 발견한 책이기도 했지만 완독한 사람을 거의 찾지 못한 책이기도 했다.

 하지만, 이 책의 번역을 마친 지금, 확실하게 말할 수 있다. "앞으로 많은 정보를 다루기 위해서는 지금 바로 이 정보를 습득해야 한다." 예방접종인 셈이다.

 대한민국의 인터넷 세상은 정말 짧은 시간에 화려하게 변해왔다. 많은 웹에이전시가 시장에 나고 지기를 반복하면서 다양한 개념들이 수입되어 소개되었고, 그중 하나가 바로 '정보설계' 혹은 '인포메이션 아키텍처'이다. 저자가 책에서 이야기하는 것처럼, 정보설계가 유행처럼 번지자 너도나도 '인포메이션 아키텍트'라는 옷으로 갈아입었다. 사용성이 대두될 때는 많은 '사용성 컨설턴트'가 양산되었던 것처럼 말이다.

정보를 체계화하고 조직화하기 위해서는 많은 고민이 필요하고 실제로 많은 방법론과 산출물이 존재한다. 우리는 지금껏 '정보설계=사이트맵'의 세상에 살아왔다고 해도 과언은 아니다. 사이트맵이 정보설계의 산출물인 것은 분명하지만, 겉으로 보이는 빙산의 일각에 불과하다는 것을 알아야 한다. 사이트맵의 이면에는 고민해야할 거리들과 선행되어야 할 일들이 너무나도 많다.

먼저, 우리의 선배들과 현재의 우리가 정보설계에 대한 오해는 만들어냈다, 라는 것을 인정할 필요가 있겠다. 역자 또한 하루아침에 변신을 거듭했던 사용성 전문가이자 인포메이션 아키텍트였음을 고백하며, 이 자리를 빌어 용서를 구한다. 이제 다같이! 제대로! 다시! 배워서, 잘못된 시장의 개념을 바로 잡고 제대로 된 것을 후배들에게 물려주어야 할 시점이라고 생각한다.

정보설계는 다양한 학문들이 모이는 교차점에 존재한다. 인간을 하나의 학문으로 정의할 수 없듯이, 인간의 정보에 대한 탐색 행위를 하나의 학문으로 정의하는 것은 거의 불가능에 가깝다. 이것은 곧 문제를 다양한 관점에서 바라봐야한다는 것과 다양한 사람들과의 협업이 필요하다는 것을 의미한다.

이 책에는 정보설계와 관련된 다양한 직군이 소개되어 있다. 또, 그것들이 서로 어떻게 다르고 서로 어떻게 협업할 수 있는지가 잘 소개되어 있다. 정보설계는 요즘 많은 사람들이 관심을 가지는 사용자 경험 설계와도 일맥상통하는 점이 많다. 정보설계와 사용자 경험 설계는 궁극적으로 '사용자가 서비스를 어떻게 잘 사용하게 할 것인가'를 다루고 있기에 많은 교집합이 존재하기 때문이다. 이 책은 서로의 학문과 언어를 배우는 좋은 출발점이 될 것이다. 또, 이 업계에 어떻게 발을 들여놓아야 할지 고민하는 사람들 혹은 옷을 갈아입고자 하는 사람들에게 좋은 참고자료가 될 것이라 믿어 의심치 않는다.

문헌정보학을 배우지 않은 사람이라면 많은 부분이 생소할 수 있다. 이 책은 절대 한 번에 완독하고 끝낼 성질의 책이 아니다. 정보설계를 처음 접하는 사람이라면, 처음에는 모르는 부분이 나오더라도 일단 처음부터 끝까지 읽어서 전체적인 숲의 모습을 머릿속에 담기 바란다. 이미 정보설계를 업으로 삼고 있거나 자신의 영역을 넓히고자 하는 사람이라면 책장에 항상 꽂아 놓고 레퍼런스북으로 삼아도 좋겠다.

책도 두껍고 생소한 개념들도 많아서 번역하는 데 정말 많은 시간이 걸렸다. 내용이 어려운 만큼 많은 사람들이 이해를 돕기 위해, 가능한 쉽게 풀어서 표현하고 가능한 업계에서 통용되는 용어로 번역하고자 하였다. 경우에 따라서는 같은 용어를 다른 말로 표현한 것도 있다. 역자의 한계로 인해 부적절한 용어로 번역한 부분이 있을 수 있다. 오역이나 더 나은 표현에 대해서는 언제든지 연락주시기를 기대한다.

거의 2년이나 걸린 작업 기간 동안 많은 도움주시고 인내심으로 일관해주신 한기성 사장님과 김강석 부장님께 감사의 마음을 전한다. 번역 작업에도 정치가 개입할 수 있다는 것을 알려주신 승녕선배, 의역의 진수를 보여준 태호군, 많이 바쁘신 가운데도 추천사를 선뜻 응해주신 이지현 교수님과 황리건 부장님께 감사의 마음을 전한다. 또, 멀리 인도와 일본에서 추천사를 보내주신 영희 선배와 도헌 팀장님께도 큰 감사의 말씀을 드리고 싶다. 마지막으로 번역 기간 동안 격려해주고 지원해준 아내, 현주와 놀아주지 않는 아빠를 용서해준 아들, 노아에게 감사의 마음을 전한다.

마지막으로 어느 분야나 책 한 권으로 뭘 안다고 할 수 없듯이, 이 책 한 권으로 절대 정보설계를 마스터할 수 없다는 것을 명심하길 바란다. 다만, 이 책이 정보설계로 가는 하나의 좋은 출발점이자 길라잡이가 되기를 기대한다.

— 북경에서 김 수 드림

추천사

대부분의 사람들은 웹사이트가 사용하기 어려우면 다른 웹사이트로 떠나버린다. 인트라넷도 마찬가지로 어려운 디자인으로 인해 직원들의 업무처리가 느려진다면 회사는 생산성 저하를 감수해야 한다. 나는 세계 경제가 사용성이 제대로 고려되지 않은 인트라넷 때문에 사실상 매년 천억 달러가량의 생산성 손실을 입고 있다고 추정한다. 생산성의 손실 문제는 인류가 직면한 가장 중요한 문제는 아닐 수 있지만, 하찮은 문제로 치부해버릴 수 있는 문제도 아니다.

사용성은 웹사이트나 인트라넷의 성공을 결정짓는 중요한 요소 중 하나이며, 정보설계는 사용성을 향상시키는 중요한 요소 중 하나이다. 하지만 이미 다른 문제들이 산적해 있기 때문에, 사람들은 위험을 각오하고서라도 정보설계 이슈들을 무시하곤 한다.

호아 로랭거Hoa Loranger와 함께 쓴 책, 『Prioritizing Web Usability』(번역서: 『웹 사용성 중심의 웹사이트 제작론』, ITC 발간)에서 사람들이 25개의 다양한 웹사이트를 어떻게 사용하는지 연구한 내용을 언급했다. 수백여 가지의 사용성 문제들이 발견되었으나, 사용자들이 수행하고자 하는 태스크task를 실패하게 하거나 사이트 사용을 포기하게 할 만큼 심각한 것은 소수에 불과했다. 하지만 검색과 검색성findability[1] 문제는 사용성 문제의 42%나 차지했다. 물론 페이지 디자인, 콘텐츠 사용성, 태스크 지원, 잘못된 멀티미디어의 사용과 같은

---

[1] (옮긴이) 검색성(findability): 찾고자 하는 대상의 위치나 내용을 얼마나 쉽게 찾을 수 있는지에 대한 정도. 정보 검색의 측면에서 검색성은 어떤 특정한 정보를 찾기 위해 어느 정도의 노력을 들여야 하고 몇 개의 단계를 거쳐야 하는가, 또 얼마나 빨리 찾을 수 있는가를 의미한다. 출처: 〈http://ko.wikipedia.org/wiki/검색성〉

다른 이슈들도 태스크 실패 문제에서 58%를 차지할 정도로 중요하다. 그러나 사용자가 원하는 페이지에 접근할 수 없다면, 사이트 자체가 무용지물이 된다. 이것이 바로 정보설계가 매우 중요한 이유다.

사용자들은 정보구조에 그렇게 관심을 두지 않는다고 반론을 제기할 수도 있다. 물론 사용자들은 웹사이트가 어떻게 구조화되었는지 알고 싶어 하지 않으며, 다만 웹사이트에 들어와서 원하는 태스크를 잘 수행하고 웹사이트를 떠나길 바란다. 이렇게 사용자들은 웹사이트의 구조가 아니라 태스크에만 집중할 뿐이다. 역설적으로 말하면, 사용자들이 웹사이트의 구조가 어떻든 상관하지 않기 때문에 오히려 정보구조를 제대로 설계하는 것이 중요하다. 인간은 적응력이 강한 존재라서, 마음먹기에 따라 현재와 반대의 환경에도 적응할 수 있다. 만약 사용자들이 웹사이트를 어떻게 사용하는지 일부러 배우기로 마음 먹었다면, 불명확하거나 비논리적인 구조들이 어떻게 동작하는지 기꺼이 학습하고, 태스크를 더욱 잘 수행하기 위해 배운 지식을 활용할 것이다. 하지만, 사용자들은 굳이 정보구조를 배우려고 하지 않기 때문에, 충분한 자원을 들여 최선의 정보구조를 설계해야 한다.

사용자들이 태스크에 집중할 수 있게 하려면, 인포메이션 아키텍트는 웹사이트나 인트라넷의 정보구조에 대해서 고민해야 한다. 이것이 바로 사용자와 인포메이션 아키텍트 간의 효과적인 분업이고, 좋은 정보구조에서 얻을 수 있는 효과를 극대화하는 방법이다. 사용자가 원하는 것을 아주 쉽게 찾으면 찾을수록, 그 디자인이 사용자에게 쉽게 어필하게 되고, 그래야 성공하는 프로젝트들이 더 많아지게 된다. 즉, 상거래 사이트에서는 더 많은 판매가 이뤄지고, 마케팅 사이트는 서비스에 대한 더 좋은 평판을 얻게 되며, 인트라넷에서는 생산성 감소가 줄게 된다.

나는 기업 웹사이트나 인트라넷과 같은 전문적인 정보시스템의 구조는 전문 인포메이션 아키텍트가 설계해야 한다고 믿는다. 더구나 미래에는 개인의 정보구조를 설계해주는 직업도 생겨날 것이라고 생각한다. 그래서 머지않은 미래에 고등학교에서도 단순하게나마 정보설계 원칙을 가르치게 될 것이며,

심지어 초등학교까지 확대될 수도 있을 것이라고 믿는다.

현대사회에는 정보가 범람하고 있다. 수많은 메시지들이 폭격처럼 쏟아지고 있어서, 정보 습득을 위해 열람해야 하는 정보량은 우리가 할애할 수 있는 시간에 비해 훨씬 많다. 정보의 홍수에서 익사하지 않으려면 이메일 폴더나 컴퓨터 파일을 구조화하도록 도와주는 개인 정보설계 기술이나 고급 검색 기능을 다룰 줄 아는 능력이 필요할 것이다.

장기적인 관점에서는 개인의 정보설계가 기업의 정보설계보다 더욱 중요해질 수도 있다. 그렇지만 지금은 『Information Architecture for the World Wide Web』의 세 번째 개정판을 읽고, 고객을 위한 웹사이트, 직원들을 위한 인트라넷을 만들어야 할 때이다. 좋은 정보구조는 사용자들이 기술에 의해 소외되거나 억압받지 않도록 한다. 동시에 사용자의 만족도와 기업의 이윤을 모두 높인다. 이 둘을 동시에 가능하게 하는 일은 세상에 흔치 않다. 여러분은 정보설계를 마음껏 즐기길 바란다.

— 제이콥 닐슨Jakob Nielsen www.useit.com

제이콥 닐슨 박사는 닐슨 노먼 그룹Nielsen Norman Group[2]의 수석 컨설턴트이자 『Designing Web Usability: The Practice of Simplicity』 (번역서: 『사용하기 쉬운 웹사이트가 성공한다』, 안그라픽스), 『Homepage Usability: 50 Websites Deconstructed』 (번역서: 『성공적인 홈페이지 유저빌러티 가이드』, 안그라픽스), 『Prioritizing Web Usability』 (번역서: 『웹 사용성 중심의 웹사이트 제작론』, ITC)의 저자다.

---

2 (옮긴이) 닐슨 노먼 그룹: 제이콥 닐슨과 도널드 노먼(Donald Norman)에 의해 설립된 사용성 컨설팅 회사이다. 수석 컨설턴트로는 두 사람 외에도 브루스 토그나치니(Bruce Tognazzini)가 있다. 〈http://www.nngroup.com〉

저자 서문

> 전에 배웠던 것을 다시 배우는 것은 더디다.
> ― 세네카[1]

우리가 처음 웹사이트를 설계하기 시작한 1994년 이래, 우리는 새로운 분야의 탄생에 참여해왔다. 초창기에 우리는 개척자이고 전도사였다. 새로운 매체에 전통적인 디자인 원칙을 적용하느라 고심하는 웹디자이너들에게 문헌정보학[2]을 배우라고 권유하곤 했다. 또한 정보설계 기술을 향상시키기 위해 HCI와 같은 관련 분야를 수용해 사용자 리서치, 사용성 공학을 프로세스에 통합하였다. 그리고 정보설계를 널리 전파하기 위해서 관련 학회에서 발표하고, 「웹 아키텍트Web Architect」에 칼럼을 쓰기도 했다. 급기야 1998년에는 책 표지에 '북극곰'이 그려진 정보설계에 대한 첫 번째 책을 발간하게 되었다.

그간 몇 년 동안, 정보설계가 정착된 직군으로서, 실무적인 국제적 커뮤니티로 성숙해가는 것을 지켜보는 것은 흐뭇한 일이었다. 우리는 우리의 업무와 그밖에 다른 분야에서 많은 것을 배워왔다. 이제 그 가운데 큰 도전이 놓여 있다. 우리의 지식은 심화되어가고 있지만, 정보설계 분야는 새로운 변화를 보다 완강하게 거부하고 있다. 개인이든 공동체든 알고 있던 것을 다시 배우는 것은 참 어렵다.

그렇지만, 기술이 웹 분야를 끊임없이 변화시켜왔기 때문에 단순히 해답만

---

1 (옮긴이) 루키우스 아나에우스 세네카(Lucius Annaeus Seneca), BC 4?~AD 65: 고대 로마제정기의 스토아 철학자
2 (옮긴이) 문헌정보학(library science) : 본래 도서관학을 의미하나, 1980년대부터 '문헌정보학'을 대체 용어로 사용하기 시작했다. 문맥상 큰 차이가 없는 한 '문헌정보학'으로 번역하였다.

바뀐 것이 아니라 질문 자체도 바뀌었다는 것을 다시 알 필요가 있다. 위키, 폭소노미, 매시업[3]으로 대변되는 후기 에이작시안 웹 2.0 시대[4]에 우리는 어떻게 공동 생산을 위한 구조를 설계할 수 있을까? 우리는 어떻게 웹 애플리케이션의 리치 인터페이스rich interface[5]를 문서화할 수 있을까? 우리는 어떻게 복합적인 플랫폼과 모바일 기기를 위한 디자인을 할 수 있을까? 무엇이 바뀌었고, 무엇이 그대로 남아 있는가?

우리는 세 번째 개정판을 쓰면서, 이러한 질문들 때문에 밤잠을 이루지 못했다. 쉽게 답할 수 있는 것이 아무것도 없었다. 우리는 기존 내용과 새로 작성하는 내용이 잘 조화를 이루도록 노력했다. 기본적인 것에 충실하면서도 한편으론 새로 출현한 기술에 대해서도 언급하였다. 특정한 전략이나 기술을 넘어, 목적과 접근방법을 강조하려고 노력했다. 이런 방법을 통해서 정보설계에 대한 지식 전달뿐만 아니라 이번에 배우거나 나중에 다시 배우는데 사용할 수 있는 프레임워크framework를 전달하고자 하였다.

세 번째 개정판의 새로운 내용

책의 전체적인 구성은 그대로 유지하면서 각 장의 개념, 예제, 도식 등을 업데이트하였다. 2006년에 정보설계 커뮤니티를 대상으로 수행한 조사에서 상당한 도움을 받았다.[6] 조직화와 내비게이션 시스템에 대해 언급하는 장은 태깅tagging, 폭소노미, 사회적 분류[7], 유도 내비게이션[8]을 언급할 수 있도록 확장

---

3 (옮긴이) 매시업(mash-up) : 개방형 API를 통해서 외부의 다른 서비스 기능을 사용하거나 두 가지 이상의 서비스를 하나로 융합하는 일.

4 (옮긴이) 후기 에이작시안 웹 2.0 시대(Post-Ajaxian Web 2.0 world) : 서비스 컨셉 차원에서는 Web 2.0의 주요 모토인 '참여' '개방' '공유'가 다양한 서비스들을 통해 정착되었고, 서비스의 구현 차원에서는 Ajax(Asynchronous JavaScript and XML)가 보편적으로 많이 사용되었다. 따라서 저자는 Web 2.0 패러다임이 상당 부분 정착된 현재를 '후기 에이작시안 웹 2.0 시대'라고 표현하고 있다.

5 (옮긴이) 리치 인터페이스/리치 인터랙션(Rich Interface/Rich Interaction): 기존의 클릭 방식에 국한된 인터페이스/인터랙션이 아니라 드래그앤드롭과 같은 다양한 방식으로 사용자의 경험을 풍부하게 해주는 인터페이스/인터랙션을 의미한다.

6 상세한 조사 결과는 다음을 참조하라. 〈http://iainstitute.org/pg/polar_bear_book_third_edition.php〉

하였다. 설계와 문서화에 대한 장에는 설계 단계에서 다이어그램의 역할을 설명하고, 구조도나 화면설계상에서 언제, 왜, 어떻게 활용할 수 있는지 언급한 섹션을 추가하였다. 교육, 툴, 소프트웨어에 대한 장은 정보설계 커뮤니티에서 수행했던 조사에서 얻은 결과를 토대로 내용을 수정하였다. 기업 정보설계에 대한 장은 지난 몇 년 동안 배운 교훈을 담아내기 위해서 다시 썼다. 마지막으로 현재 사용 가능한 정보설계 관련 참고자료를 추가해 부록을 업데이트하였다.

이 책의 구성

이 책은 6개의 부와 21개의 장으로 구성되어 있으며, 기본적인 내용에서 점차 고급 내용으로 설명이 이어진다. 내용은 아래와 같이 나눌 수 있다.

1부 정보설계에 대한 소개
이 분야를 처음 접하는 사람과 경험이 많은 실무자 모두에게 정보설계를 개괄적으로 소개한다.

1장 정보설계의 정의
정보설계의 정의와 유사한 분야에 대해서 설명하고, 정보설계가 다른 분야들과 어떠한 관계를 가지고 있는지 보여준다. 또한 정보설계가 왜 중요한지 설명한다.

2장 인포메이션 아키텍트 되기
전문적인 인포메이션 아키텍트가 되기 위한 역량과 기술에 대해서 논의하고, 언제 어떠한 상황에서 일을 하게 되는지를 설명한다.

3장 사용자 니즈와 행동
정보구조 설계에 대해 설명한다. 사용자들이 어떻게 정보와 상호작

---

7 (옮긴이) 사회적 분류(social classification): 일반적으로 폭소노미의 다른 이름으로 사용된다.
8 (옮긴이) 유도 내비게이션(guided navigation): 검색 인터페이스에 브라우징 요소를 접목한 내비게이션 시스템. 검색 결과에서 원하는 내용을 찾을 때까지 범위를 좁혀가면서 필터링할 수 있다. 아마존(Amazon)에서 검색 결과의 좌측 영역에 제품 카테고리를 배치한 것을 예로 들 수 있다.

용하는지 더 깊이 이해할 수 있을 것이다.

2부 정보설계의 기본 원칙

정보구조를 구성하고 있는 시스템들을 소개하고, 이러한 시스템들이 서로 연결되어 있는 정보구조의 속성을 설명한다.

4장 정보구조의 구성요소

정보구조를 이루고 있는 기본 구성요소를 시각화하여 설명하고, 이후의 장들에서 언급될 정보구조의 구성시스템을 소개한다.

5장 조직화 시스템

비즈니스 목표와 사용자의 니즈needs를 충족시키기 위해 사이트를 구조화, 조직화하는 방법을 소개한다.

6장 레이블링 시스템

사이트에 사용될 일관되고, 효과적이며, 서술적인 레이블[9]을 만드는 방법을 소개한다.

7장 내비게이션 시스템

사용자들이 현재 위치와 사이트 내에서 이동할 수 있는 위치를 쉽게 파악할 수 있게 해주는 탐색browsing 시스템의 설계 방법을 살펴본다.

8장 검색 시스템

검색 시스템의 기본요소에 대해서 설명하고, 전체적인 검색 성능을 향상시킬 수 있는 검색 결과 인터페이스 설계 방법과 인덱싱 방법에 대해서 설명한다.

9장 시소러스[10], 통제어휘집[11], 메타데이터

통제어휘집이 위에서 언급한 다른 시스템들과 어떻게 연계되고, 어떻

---

9 (옮긴이) 서술적인 레이블(descriptive label): 대상을 이해하기 쉽도록 구체적으로 풀어서 설명한 레이블.

10 (옮긴이) 시소러스(thesaurus, 원문에서는 복수형인 thesauri를 사용함): 컴퓨터에 저장된 정보의 색인이나 사전에서 동의어, 반의어 등 연관된 단어를 모아 놓은 정보.

11 (옮긴이) 통제어휘집(controlled vocabularies): 검색을 용이하게 하기 위해 정보를 조직화하는 방법이며 주제 인덱싱 체계(subject indexing scheme), 시소러스, 분류 체계(taxonomy) 등을 활용한다.

게 사용자 경험을 향상시키는지 보여준다.

3부 프로세스와 방법론

리서치에서 전략 수립까지, 정보구조의 설계 단계에서 구현 단계까지 활용되는 도구, 기술, 방법론을 설명한다.

10장 리서치

이해의 토대를 형성하는 데 필요한 발견discovery 프로세스에 대해서 설명한다.

11장 전략 수립

정보구조의 설계 방향과 범위를 정의하기 위한 프레임워크와 방법론에 대해서 설명한다.

12장 설계와 문서 작성

정보구조를 구현하는 데 있어서 필요한 산출물과 프로세스를 소개한다.

4부 정보설계의 실제

짧은 에세이의 묶음으로, 정보설계 업무에 대한 실제적인 팁과 철학적인 조언을 제공한다.

13장 교육

이 분야에 어떻게 입문할 수 있으며, 전통적인 교육 과정과 새로운 교육 포럼을 통해 어떻게 지속적으로 배울 수 있는지에 대해서 논의한다.

14장 윤리

정보설계에 존재하는 도덕적 딜레마에 대해 설명한다.

15장 정보설계팀 구성하기

현업에서 새로 정의되고 있는 전문가의 역할을 소개하고, 단기 프로젝트에서 지속적인 프로그램 구축으로의 전환에 대해 언급한다.

16장 툴과 소프트웨어
인포메이션 아키텍트에게 도움이 되고 정보설계 능력을 더해줄 수 있는 소프트웨어 애플리케이션과 기술에 대해서 설명한다.

5부 조직 내에서의 정보설계
정보설계를 적용하고 활성화할 수 있는 비즈니스 환경에 대해서 언급한다.

17장 정보설계 사례 만들기
클라이언트와 동료에게 정보설계의 가치를 어필해야 하는 사람들을 위한 지침을 제공한다.

18장 비즈니스 전략
경쟁 우위를 어떻게 가질 것인가에 대한 설명을 통해 비즈니스 전략과 정보설계 간의 상호 유사성과 의존성에 대해 알아본다.

19장 기업을 위한 정보설계
오랜 기간 동안 조직에서 사용될 수 있는 정보시스템을 만들기 위한 대규모 기업용 프레임워크를 설명한다.

6부 사례연구
모든 면에서 성공 사례라고 보이는 두 가지 정보설계 사례를 소개한다.

20장 MSWeb: 기업 인트라넷
소규모의 팀이 어떻게 세계적인 규모를 자랑하는 기업의 인트라넷 정보구조 성공적이고 지속가능하도록 설계하였는지 소개한다.

21장 evolt.org: 온라인 커뮤니티
사용자 참여 환경을 잘 설계하면 지원자 커뮤니티가 분산되어 있다 하더라도 잘 사용되고 관리될 수 있는데, 그러면 이런 참여 환경이 어떻게 새로운 형태의 정보설계를 만들어 내는지를 보여준다.

Appendix : 참고자료

현재 사용 가능하고 가장 유용한 정보설계 관련 자료들을 선별하였다.

이 책의 독자

이 세 번째 개정판은 누가 읽으면 좋을까? 간단히 말해서, 정보설계에 대해서 관심이 있는 모든 사람과 일부 그렇지 않은 사람이라고 할 수 있다. 사실 우리는 정보설계를 널리 알리고 싶다.

이번 개정판은 이 책의 독자이자 인포메이션 아키텍트인 여러분이 지난 몇 년 동안 믿어지지 않을 만큼 변화했기 때문에 쓰게 되었다. 이미 수 년의 경력을 가진 사람들이 있긴 하지만 아직도 많은 사람들은 이 분야에 문외한이다. 좋건 나쁘건, 우리는 이 두 그룹의 요구사항을 충족시키고자 했다. 이번 개정판이 유용한 안내서의 역할을 했으면 한다. 그리고 한편으로, 이 책에서 많은 현업의 인포메이션 아키텍트들이 오늘날의 정보기술과 비즈니스 환경에서 자신의 길을 개척하는 데 도움이 될 만한 새로운 내용을 찾을 수 있기를 바란다.

마지막으로, 이 책은 정보설계에 대한 우리의 견해다. 현재 다른 많은 사람들 역시 이 주제에 대해서 글을 쓰고 있다. 다수의 똑똑한 사람들이 자신의 경험과 혜안을 나누고 있는 것에 우리는 감사한다. 우리는 그들에게서 새로운 것을 계속 배우기를 갈망한다. 여러분도 그러길 바란다. 그리고 그들의 책을 사고, 글을 읽고, 자신이 알고 있는 것을 나눌 수 있는 방법을 찾기 바란다. 견해는 많을수록 좋다. 개인이 지식을 공유하는 것만이 공동체인 우리가 계속해서 새로운 것을 배울 수 있는 방법이다.

감사의 글

복잡하고 변화무쌍한 분야에 대한 책을 쓴다는 것은 쉽지 않은 일이다. 다행스럽게도, 우리는 다수의 똑똑하고 관대한 사람들로부터 많은 도움을 받을 수 있었다. 특별히 감사를 표하지 않더라도, 우리에게 도움을 준 스승, 동료, 친구, 가족 모두가 이번 세 번째 개정판을 쓰는데 가장 큰 영향을 끼쳤음을 밝힌다.

더 좋은 책을 쓸 수 있도록 비판해주고 용기를 북돋워준 테크니컬 리뷰어들인 오스틴 가벨라, 크리스 파넘, 댄 브라운, 도나 마우러, 프레드 라이제, 진 스미스, 그레그 노테스, 제임스 멜저, 하비에르 벨래스코, 제프 라쉬, 키이스 인스톤, 마가렛 핸리, 마이클 크랜달, 리처드 달튼, 사만사 스타머, 사라 라이스, 스테이시 술라, 타냐 라본, 토드 바펠에게 감사의 마음을 전한다.

편집 보조인 베스 콜로스키에게 받은 도움에 대해서 진심으로 감사한다. 베스는 우리가 무사히 책을 완성할 수 있도록 설문조사에서 스크린샷까지 많은 노력을 기울였다. 또한 우리의 설문조사 결과를 발표해준 인포메이션 아키텍처 인스티튜트Information Architecture Institute에도 감사한다.

오라일리 미디어의 최고의 팀과 함께 작업하는 것은 언제나 영광이다. 세 번째 개정판 작업에서 편집자인 사이먼 생로랑은 작업 내내 우리를 자극하고 칭찬하는 데 탁월함을 보여줬다. 사이먼, 그의 동료들, 오라일리의 모든 제작부서 직원들에게 무한한 감사를 표한다.

마지막으로, 우리를 끈기 있게 지원해주고 터널의 끝에는 빛이 있다는 사실을 우리에게 일깨워 준 아내들, 메리 진 바비치와 수잔 조앤 모빌에게 말로 다 할 수 없는 감사와 존경을 표한다.

— 루이스 로젠펠드, 피터 모빌
미국 미시간 앤아버에서

Information Architecture for the World Wide Web

1부 | 정보설계에 대한 소개

Information Architecture for the World Wide Web **1**

정보설계의 정의

> 우리는 건물을 형상화한다. 그후엔, 건물이 우리를 형상화한다.
> — 윈스턴 처칠

다룰 내용:
- 정보설계란 무엇이고, 정보설계가 아닌 것은 무엇인가
- 왜 정보설계가 중요한가
- 정보설계의 개념과 표현의 가치는 무엇인가

우리는 건물의 어떤 부분에 감동하는 것일까? 건축 전문가든지 혹은 일반인이든지 상관없이, 우리는 모두 일상에서 경험한 물리적인 구조물에 대해 감성적인 이미지를 가지고 있다.

모든 건물은 각각 다른 용도를 가지고 있다. 활엽수 목재로 마감된 마루바닥과 대로변을 향한 큰 유리창이 있는 부산스러운 카페는 간단한 조찬모임을 가지기에 이상적인 장소다. 금속과 유리로 되어 있는 고층건물에서 개인 공간과 사무 공간의 조화는 열정적으로 일할만한 환경을 제공한다. 양철지붕처럼 천장이 주석으로 되어 있고, 벽에는 벽돌이 그대로 드러나 있는 어둡고 담배연기 가득한 바는 삶의 소용돌이에 지친 현대인에게 피난처가 된다.

그리고 화강암 조각상, 스테인드글라스, 하늘에 닿을 듯한 높은 탑으로 장식되어 있는 중세 고딕양식의 대성당은 겸허하고 감동적인 경험을 안겨준다.

모든 건물은 그 사용 목적에 맞게 고유한 모습을 제공한다. 구조, 디자인, 양식, 가구, 거주자, 위치 모두, 건물에 대한 전체적인 경험을 형성하는 데 큰 영향을 끼친다. 각각의 요소는 한데 어울려 작용하게 된다. 좋은 건물은 단순히 각 부분을 모아 놓은 것을 넘어 구성요소들의 적절한 조합이 낳은 결과라 할 수 있다.

왜 웹사이트에 대한 책을 건물 이야기로 시작했을까? 정보 공간의 복잡하고 다차원적 속성을 설명하는 데는 건물의 구조에 비유하는 것만큼 좋은 방법이 없기 때문이다. 웹사이트도 빌딩처럼 우리의 반응을 유도하는 구조를 가지고 있다.

어떤 웹사이트는 답을 찾거나 태스크[1]를 완성하는데 도움을 주는 논리적인 구조를 가지고 있다. 그러나 또 어떤 웹사이트는 쉽게 이해하기 어려운 구조를 가지고 있어서 둘러보기조차 어렵다. 원하는 제품을 찾지 못하거나, 지난주에 찾았던 보고서를 다시 찾지 못하거나, 온라인 쇼핑카트 안에서 길을 잃어버리기도 한다. 이러한 웹사이트들은 구멍이 난 평평한 지붕을 가진 집, 조리대 공간이 없는 주방, 열 수 없는 창문을 가진 사무실 건물 혹은 형편없는 안내 시스템으로 인해 미로처럼 뒤엉켜버린 공항과 같은 실패한 건물을 연상시킨다.

좋지 않은 건물과 좋지 않은 웹사이트는 구조적으로 유사하다. 첫째, 많은 건축가들은 자신이 설계한 건물에 살지 않는다. 고객의 니즈를 정확하게 이해하고 있지 못하며, 자신의 잘못된 결정으로 인해 오랜 기간에 걸쳐 나타나는 문제 때문에 고통 받지도 않는다. 둘째, 시간이 지나도 변하지 않는 건물을 짓는 것은 매우 어렵다. 니즈는 항상 변하기 때문에 예상치 못한 니즈에 놀라는 것은 자연스런 일이다. 안정성에 대한 요구사항은 가변성과 확장성

---

[1] (옮긴이) 태스크(task): '과업'이라고 번역하기도 하나, 원문의 '일반적으로 수행하는 다양한 범위/형태의 일'이라는 의미를 담아내기에는 어렵다고 생각되어, 원문 그대로 '태스크'라고 번역하였다.

이라는 가치와 조화를 이루어야 한다. 건축가는 종종 복잡한 요구사항, 서로 상충되는 목표, 고차원의 모호함에 직면하게 된다. 혼란을 질서로 변화시키는 과정은 통찰력이나 혜안도 별로 소용없는 매우 어려운 작업이다.

그렇지만, 웹사이트의 디자이너들은 건물구조에 대한 비유에 얽매일 필요는 없다. 이 책을 통해, 우리는 정보 생태와 지식 경제, 디지털 도서관, 가상 커뮤니티에 대해서도 얘기해보고자 한다. 일단 다른 것은 차치하고, 각각의 비교를 통해서 파악할 수 있는 내용을 우선 살펴보기로 하자.

1.1 정의

이 분야를 처음 접하는 사람이라면, 도대체 정보설계가 무엇인지 아직도 궁금할 것이다. 이 장은 이런 사람을 위해 마련하였다.

in‧for‧ma‧tion ar‧chi‧tec‧ture n.[2]
1. 공유된 정보 환경의 구조적인 설계
2. 웹사이트와 인트라넷 내에서의 조직화, 레이블, 검색, 내비게이션 시스템들의 조합
3. 사용성과 검색성을 향상시키기 위해서 정보나 사용자 경험을 구체화하는 기술이나 학문
4. 디지털 세상에 디자인과 건축 원리를 적용하는 데 중점을 두고 있는 새로운 분야 혹은 커뮤니티

혹시 명료하고 그럴듯한 한 가지 정의를 기대했는가? 정보설계 분야의 핵심 개념과 확장된 개념을 간결하게 몇 단어로 정의한 것을 기대했는가? 꿈 깨시라!

하나의, 강력한, 만능의 정의를 내릴 수 없다는 사실은 그만큼 좋은 웹사이

---

[2] (옮긴이) 정보설계: 원문에서 information architecture는 설계를 하는 작업이라는 의미(정보설계)와 최종 완성물이라는 의미(정보구조)로 두루 사용되고 있다. 문맥에 따라 각각 정보설계와 정보구조라고 번역하였다.

트를 설계하는 것이 왜 그렇게 어려운지를 의미한다. 이것은 언어가 가진 표현의 본질적인 어려움 때문이다. 어떠한 문서도 콘텐츠 작성자가 의도하는 본래의 의미를 완전하고 명확하게 표현할 수 없다. 어떠한 레이블이나 정의도 문서의 의미를 전체적으로 반영할 수 없다. 모든 사용자들은 문서, 정의, 레이블에 대해서 각각 다른 경험과 지식을 가지고 있으며, 단어와 뜻의 관계는 매우 미묘하고 까다롭다.[3]

이제 철학적인 개념에서 기본적인 내용으로 들어가 보자. 정보설계에 대한 몇 가지 기본 개념을 살펴보기 위해 앞에서 내린 정의를 확장해보자.

정보 Information

정보라는 용어는 정보구조를 데이터나 지식 관리와 구분해준다. 데이터는 사실fact이나 숫자figure다. 관계형 데이터베이스는 정교하게 구조화되어 있으며 특정 질문에 대해서 특정 대답을 제공한다. 한편, 지식은 사람의 머릿속을 채우고 있다. 지식 관리자는 사람들이 자신의 지식을 서로 공유하도록 장려하기 위해서 도구, 프로세스, 보상 체계를 개발한다. 정보는 데이터와 지식이 혼재된 중간 지점에 존재한다. 정보시스템에서는 종종 주어진 질문에 대해 '하나뿐인 정답'이 존재하지 않는 경우가 있다. 또, 정보시스템에서는 웹사이트, 문서, 소프트웨어 애플리케이션, 이미지 등과 같이 다양한 형태와 크기의 정보가 다루어지며, 메타데이터(문서, 사람, 프로세스, 조직과 같은 콘텐츠 개체를 묘사하거나 표현하기 위해 사용되는 용어)도 다뤄진다.

구조화, 조직화, 레이블링 Structuring, organizing, labeling

이 일은 인포메이션 아키텍트가 가장 잘하는 일이다. 구조화는 웹사이트 내의 정보를 이루고 있는 구성요소들의 입자성granularity[4]을 적절한 수준

---

[3] 영어의 미묘함을 유머러스하게 다룬 글을 보고 싶다면, 빌 브라이슨(Bill Bryson)의 『The Mother Tongue: English & How It Got That Way』(William Morrow)를 참고하라.

[4] 입자성은 정보 단위의 상대적인 크기나 규모를 정의한다. 입자성은 신문의 호, 기사, 문단, 문장과 같이 다양한 수준으로 정의될 수 있다.

으로 정의하고 다른 요소들과의 관계를 정의하는 것이다. 조직화는 정보의 단위를 의미가 있거나 서로 구별이 되는 카테고리로 그룹핑하는 것이다. 레이블링은 카테고리와 카테고리로 이동하도록 하는 일련의 내비게이션 링크들을 무엇이라고 부를지 정의하는 것을 말한다.

검색과 관리 Finding and managing

검색성findability은 사용성 전반에 있어 중요한 성공 지표다. 탐색browsing, 검색searching, 문의asking의 조합을 통해서 사용자가 원하는 것을 찾을 수 없다면, 사이트는 곧 실패할 수밖에 없다. 사용자 중심의 디자인만으로는 이를 완벽하게 해결하기 어려우며, 여기에는 정보를 관리하는 조직과 인력 또한 필요하다. 정보구조는 사용자의 니즈와 비즈니스 목표 사이에 균형을 이루어야 한다. 효율적인 콘텐츠 관리와 명확한 정책, 절차를 핵심 요소로 꼽을 수 있다.

기술과 과학 Art and science

사용성 공학이나 인류학과 같은 분야에서는 정교하고 과학적인 방법을 통해 사용자의 니즈와 정보 탐색행위를 분석에 도입할 수 있도록 해준다. 사용 패턴의 도출이 점차 가능해지고 있으며 이를 통해 지속적인 웹사이트 개선도 가능해지고 있다. 그럼에도 불구하고 정보설계의 모호함과 복잡성이 너무나 크기 때문에 여전히 인포메이션 아키텍트는 필요할 것으로 보인다. 인포메이션 아키텍트는 경험, 직관, 창의성을 갖추어야 한다. 인포메이션 아키텍트는 모험을 기꺼이 감수하고 자신의 직관을 믿을 수 있어야 한다. 이것이 바로 정보설계의 '기술'이다.

1.2 메모판, 두루마리, 책 그리고 도서관

인간은 수세기 동안 정보를 구조화하고, 조직화하고, 레이블링 해왔다. 기원전 660년에 아시리아 왕은 주제별로 정리한 점토 메모판을 사용했다. 기원전

330년에 알렉산드리아 도서관은 두루마리 120개 분량의 서지 목록을 보유하고 있었다. 1873년에 멜빌 듀이Melvil Dewey는 꾸준히 증가하는 책들을 체계화하고 열람이 쉽도록 하기 위해서 '듀이십진분류법' 시스템을 고안했다.

현대에는 대다수의 사람들이 책과 도서관에 대한 경험이 있기 때문에, 정보 조직화의 기본 개념에 친숙하다. 표 1-1은 정보구조의 개념이 어떻게 출판시장과 월드와이드웹에 적용되고 있는지를 보여준다.

웹사이트는 책을 단순히 모아놓은 것 이상이기 때문에, 책과 웹사이트의 비교는 더욱 흥미롭다. 책 정리가 전혀 체계 없는 서점을 상상해보자. 수천 권의 책들이 진열대 위에 엄청난 더미를 이루고 있다. 호주의 뉴타운에 있는 굴드 북 아케이드Gould's Book Arcade라는 서점은 실제로 이렇게 하고 있다.

철학적인 관점에서 본다면, 이 서점이 가지고 있는 '가벼운 혼돈'은 일상생활의 엄격한 틀에 대한 일탈을 표현한 것이라고 생각할 수도 있다. 이 서점은 실제로 모험과 운으로 가득 찬 흥미진진한 탐색의 경험을 느끼게 해준다. 그러나 특정한 책을 찾거나 특정 주제나 저자에 대해서 책을 찾고자 한다면 모래사장에서 바늘을 찾는 것 같이, 시간이 오래 걸리고 짜증나는 경험을 하게 될 것이다.

이 서점의 혼돈과 도서관의 질서를 비교해보자. (그림 1-2) 그 차이는 표면적으로만 보더라도 낮과 밤의 차이와 같다. 좀 더 깊게 들여다보면 도서관은 책, 잡지, 음원을 모아 놓은 창고 이상이라는 것을 알 수 있다. 책들을 선정하고, 평가하고, 레이블을 붙이고, 서술하고, 구조화하고, 조직화하는 복잡한

표 1.1 책과 웹사이트의 차이점

정보구조 개념	책	웹사이트
구성요소	표지, 제목, 저자, 장, 섹션, 페이지, 페이지 번호, 목차, 인덱스	메인 페이지, 내비게이션 바, 링크, 콘텐츠 페이지, 사이트 맵, 사이트 인덱스, 검색
차원	일렬로, 순차적인 순서로 보이는 2차원 페이지	하이퍼텍스트 내비게이션으로 연계되는 다차원 정보 공간
범위	명확한 시작과 끝이 있어 유한하고 유형적임	정보들이 다른 사이트들로 연계되어 경계가 모호하고 완전히 무형적임

그림 1-1. 굴드 북 아케이드(이미지 사용 허가: 세스 고든)

시스템과 숙련된 전문가들이 있기 때문에 도서관의 이용자들은 원하는 책을 쉽게 찾을 수 있다. 도서관의 정보 환경은 매우 정교하게 구조화되어 있다. 또한 주제 접근방식의 듀이십진분류법 뿐만아니라 미의회도서관 분류 체계를 이용해 탐색적 열람방식과 둘러보기 방식도 지원하고 있다.

요컨대, 도서관과 사서는 출판물에 쉽게 접근할 수 있도록 해주는 정보구조의 프레임워크에 맞춰 출판물을 배치함으로써 출판물에 대한 가치를 더하고 있다. 인포메이션 아키텍트는 사서와 비슷한 역할을 수행하지만 웹사이트

그림 1-2. 도서관의 도서 열람. 〈http://intergate.sdmesa.sdccd.cc.ca.us/lrc/stacks.jpg〉

표 1.2 도서관과 웹사이트의 차이점

정보구조 개념	도서관	웹사이트
목적	공식적으로 출판된 콘텐츠의 잘 정리된 콜렉션에 접근	콘텐츠에 접근, 제품 판매, 상거래, 협업 지원 등
이질성	책, 잡지, 음악, 소프트웨어, 데이터베이스, 파일로 구성된 다양한 콜렉션	미디어의 종류, 문서 종류, 파일 포맷에 따른 매우 다양함
집중화	매우 집중화된 운영, 대개 하나 혹은 몇 개의 도서관 건물에서 운영	대개 매우 분산된 운영, 독립적인 서브사이트들로 운영

와 디지털 콘텐츠의 환경에서 일한다는 데서 차이를 보인다. 물론, 도서관과 웹사이트는 많은 차이점을 가지고 있다. 표 1-2는 그중 일부를 보여준다.

도서관에 맞는 정보구조를 설계하는 데도 많은 어려움이 있으나, 도서관은 상대적으로 잘 정의된 환경이고 이미 정보구조 개발을 위한 집단적인 경험과 지혜들이 존재한다. 그 반면, 웹사이트는 이전에는 겪어보지 못한 새로운 난관에 봉착해 있다. 가상세계는 물리적인 세계보다 유동적이고, 따라서 더욱 복잡할 수밖에 없기 때문이다. 그러나 현재, 디지털 세상의 정보구조를 만들기 위한 가이드라인은 그리 많지 않다.

책과 웹사이트를 비교하기 위해서 전체적으로 일반화시켜 보고, 핵심 요소를 언급하기 위해서 지나치게 단순화시켜 보았다. 정보설계의 개념을 다른 사람에게 설명해야 한다면, 아마도 이와 같이 일반화, 단순화하는 것이 효과적일 수 있다.

1.3 정보설계를 다른 사람에게 설명하기

인포메이션 아키텍트에게 있어 가장 기운 빠지는 것 중 하나는 대부분의 가족이나 이웃들은 인포메이션 아키텍트가 무엇을 하는 직업인지 모른다는 사실이다. 설명을 하면 할수록, 가족이나 이웃은 점점 더 혼란스러워하거나 지루해 할 수 있다. 눈을 껌뻑거리거나 가만히 고개만 끄덕일 수도 있고, 결국은 대화 주제를 바꾸려고 할 수도 있다. "이봐, 정보설계 얘기가 나와서 말인

데, 내일 일기예보 들었어?"

친구와 친척들만 어려운 상대는 아니다. 가끔은 정보설계 개념을 동료, 클라이언트, 관리자에게 어필해야 할 때도 있다. 각각의 대상에 따라 설득하는데 서로 다른 고유한 어려움이 있다. 만병통치약은 없으나, '엘리베이터 피치'[5]와 같이 간단명료하게 생각을 설명하는 방법이나 각 대상이 이해하기 쉬운 유사한 개념을 생각해두는 것도 도움이 된다.

한두 문장으로 인포메이션 아키텍트가 무슨 일을 하는지 재빠르게 설명해보자. 듣는 사람이 이해하기 쉬운 비유와 함께 사용한다면 더욱 좋다!

여기 해볼만한 접근법을 몇 가지 소개한다.

- "저는 인포메이션 아키텍트입니다. 대규모의 웹사이트나 인트라넷에서 사람들이 원하는 것을 쉽게 찾을 수 있도록 많은 양의 정보를 조직화하죠. 인터넷 사서라고 생각하시면 쉽습니다."
- "저는 인포메이션 아키텍트입니다. 고객들이 우리 회사의 상품을 인터넷에서 쉽게 찾을 수 있도록 하는 일은 하고 있어요. 일종의 온라인 MDmerchandiser라고 보시면 됩니다. 인터넷에 1대1 마케팅 개념을 적용하고 있죠."
- "저는 인포메이션 아키텍트입니다. 최근에 사람들이 불만을 토로하고 있는 정보의 과부하 문제를 다루고 있는 사람이에요."

나무를 보느라 숲을 보지 못하는 경우가 종종 있기 때문에, 다른 사람에게 도움을 청해보는 것도 좋다. 우리끼리나 아니면 우리가 하고 있는 일을 잘 이해하고 있는 다른 사람에게 우리가 하는 일이 무엇인지 한두 문장으로 설명해달라고 부탁해보자. 가끔은 다른 사람들이 우리의 일을 간단명료하게 잘 요약하는 것에 깜짝 놀랄 수도 있다.

---

5 (옮긴이) 엘리베이터 피치(elevator pitch): 엘리베이터를 타고 이동하는 짧은 시간 내에 아이디어를 간단명료하게 설명하는 방법. 사업가가 벤처투자자나 엔젤투자자에게 투자를 받기 위해 사업 아이디어를 설명하는 상황에서 주로 사용되는 용어다. 벤처투자자는 아이디어의 좋고 나쁨을 이러한 방법을 통해서 판단하거나, 좋지 않은 아이디어를 빠른 시간 내에 정리하기 위해서 사업가에게 이러한 방법을 요청하기도 한다.

1.4 정보설계가 아닌 것은 무엇인가

사물을 정의하는 가장 효과적인 방법 중의 하나는 그 범위를 살펴보는 것이다. 이미 우리는 이런 일을 매일 하고 있다. "이것은 내 것이고, 저것은 네 것이다." "여기는 잉글랜드고, 저기는 스코틀랜드다." "그녀는 뇌 전문의고, 그는 안과의다."

때로 범위를 살펴보는 것은 차이점을 설명하는 데 매우 유용하다. 포유류는 폐로 숨을 쉬고 새끼를 낳는다. 개, 고양이, 돌고래, 사람은 모두 포유류다. 어류는 물속에서 살고, 아가미로 숨을 쉬며 알을 낳는다. 연어, 농어, 송사리는 모두 어류다.

그렇지만 분류 방식이 여럿 있더라도 문제는 쉽게 발생한다. 폐가 있는 물고기는 어디에 속해야 할까? 물고기 같이 보이지 않는 물고기는? 상어, 홍어, 뱀장어, 해마는 진짜 어류일까? (어류가 맞다.) 오리너구리[6]는 무엇으로 분류해야 할까? 생물학적 분류학자biological taxonomist들은 수세기 동안 이러한 분류법에 대해서 논쟁을 해왔다.

정보설계의 범위를 정하는 것은 더욱 어렵다. 아래는 확실하게 정보설계가 아닌 것들이다.

- 그래픽 디자인은 정보설계가 아니다.
- 소프트웨어 개발은 정보설계가 아니다.
- 사용성 공학은 정보설계가 아니다.

어떤가, 명확하지 않은가? 하지만 웹사이트 디자인과 개발의 복잡한 현실을 직접 경험하게 된다면, 분야 간의 경계가 명확하지 않다는 것을 알 수 있다. 예를 들어, 그림 1-3에서 보이는 것과 같이 항상 노출되는 글로벌 내비게이션 바를 생각해보자.

---

6 해리엇 리트보(Harriet Ritvo)의 『The Platypus and the Mermaid: And Other Figments of the Classifying Imagination』 (Harvard University Press) 참조.

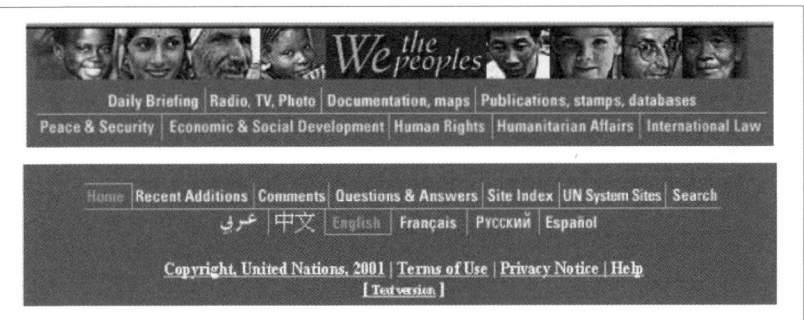

그림 1-3. UN 웹사이트의 상·하단 내비게이션 바

    내비게이션 바의 메뉴 레이블과 링크는 사이트의 다른 섹션이나 페이지로 이동하게 해준다. 이러한 레이블은 사이트의 구조와 카테고리에 의존하고 있다. 카테고리를 만들고 레이블을 정의하는 것은 명확하게 정보설계의 범주에 속한다.

    하지만, 잠깐 다시 생각해보자. 내비게이션 바의 룩앤필look and feel은 어떤가? 색상, 이미지, 폰트스타일, 사이즈의 정의는 어떤가? 이것들은 그래픽 디자인, 인터랙션 디자인, 정보 디자인의 영역에 속한다. 인포메이션 아키텍트가 제안한 레이블이 내비게이션 바에 넣기에는 너무 길어서, 디자이너가 고심하고 있다면 어떨까? 그렇다면 어떻게 해야 할까?

    인포메이션 아키텍트는 내비게이션 바에 검색 링크를 넣으려고 했지만, 개발자가 비용과 일정 문제로 웹사이트에 검색 기능을 추가하는데 반대한다면 어떨까? 사용성 엔지니어가 사용자 조사에서 내비게이션 바에 너무 많은 기능이 있다는 사실을 발견했다고 한다면 어떨까? 그렇다면 어떻게 해야 할까?

    위의 내용은 다양한 분야들 간의 모호한 경계에서 발생하는 질문과 문제점이다. 모호한 경계는 사람을 참 피곤하게 만든다. 경계 사이에 명확한 구분선을 긋기 위한 시도들이 수많은 뜨거운 논쟁을 일으켜왔다. 하지만, 이런 분야들 사이에 서로 만나는 영역은 꼭 필요하고 가치가 있다. 보다 나은 제품을 만들 수 있도록 분야 간의 협업을 다양하게 이끌어내기 때문이다.

    분야 간 경계가 모호한 영역이나 충돌과는 별개로, 정보설계와 연관된 다양한 분야들 사이의 경계를 정의하기 위한 시도는 아래와 같다.

그래픽 디자인 Graphic design

전통적으로, 그래픽 디자이너는 기업의 로고와 아이덴티티에서부터 각 페이지 레이아웃에 이르기까지, 시각적인 커뮤니케이션의 모든 측면을 책임지고 있다. 웹에서는 환경의 복잡함으로 인하여, 그래픽 디자인이 보다 전문화되어 가고 있다. 또한, 많은 그래픽 디자이너들이 자신의 업무 영역의 일부로 정보설계를 다루고 있다.

인터랙션 디자인 Interaction design

인터랙션 디자인은 소프트웨어나 정보시스템의 인터페이스 레벨에서 태스크의 수행과 프로세스를 다룬다. 대개 HCI에 뿌리를 두고 있으며, 사용자들이 목적을 달성하거나 태스크를 성공적으로 수행할 수 있도록 돕는 데 중점을 두고 있다.

사용성 공학 Usability engineering

사용성 엔지니어는 사용자 조사, 테스트, 분석에 과학적인 방법을 어떻게 적용할 것인지 이해하고 있는 사람들이다. HCI에 대한 기반 지식이나 사용자 관찰 경험들은 디자인에 대한 통찰력을 가질 수 있게 해준다. 대개 사용자 경험의 모든 측면, 정보구조의 전반, 그래픽 디자인에 대한 검증을 진행하곤 한다.

경험 디자인 Experience design[7]

경험 디자인은 정보설계, 사용성 공학, 그래픽 디자인, 인터랙션 디자인을 종합적인 사용자 경험의 일부로 간주하고, 이를 모두 포함하는 포괄적인 용어이다. 이 모든 영역을 능숙하게 다루는 사람들은 많지 않기 때문에, 실제로 경험 디자이너는 비교적 드물다. 이 용어는 다양한 분야에 걸쳐 있

---

[7] (옮긴이) 경험 디자인, 사용자 경험 디자인(User Experience Design, UX Design): 현업에서도 '사용자경험 디자이너(UX Designer)'라는 직군명이 사용되고 있기는 하지만, 실제로는 인터랙션 디자이너(Interaction Designer)와 구분이 모호한 것이 사실이다.

는 인식이나 협업을 강조하는 데 유용한 용어이기도 하다.

소프트웨어 개발 Software development

사람들은 소프트웨어 개발과 정보설계를 거의 헷갈리지는 않지만, 두 분야는 매우 상호의존적이다. 인포메이션 아키텍트는 자신의 아이디어를 구현하기 위해서 개발자에게 의존한다. 개발자는 무엇이 가능하고 무엇이 불가능한 것인지 인포메이션 아키텍트에게 알려주기도 한다. 소프트웨어 애플리케이션과 정보시스템 간의 구분이 웹을 통해 점점 없어지면서, 인포메이션 아키텍트와 개발자 간의 협업이 점점 더 중요해지고 있다.

엔터프라이즈 아키텍처 Enterprise architecture[8]

80년대와 90년대에 정보시스템 분야에서는 엔터프라이즈 아키텍처라고 불리는 흐름이 있었다. 이 흐름의 초기에는 데이터와 시스템의 통합에 중점을 두었으나, 후기에는 비즈니스, 프로세스, 정보, 기술구조를 포함하는 개념이 되었다.

콘텐츠 관리 Content management

콘텐츠 관리와 정보설계는 동전의 양면과 같다. 콘텐츠 관리가 시간의 경과에 따라 정보가 시스템에 어떻게 유입되고, 보여지고, 삭제되는지를 알려주는 시간적 관점을 다루고 있다면, 정보설계는 정보시스템의 '단면 snapshot'이나 공간적 관점을 맡고 있다. 콘텐츠 관리자는 가변적인 정보 배포 환경을 위해 콘텐츠 소유권과 정책, 프로세스, 기술의 통합에 대한 이슈를 다룬다.

지식 관리 Knowledge management

지식 관리자는 사람들이 자신이 알고 있는 것을 서로 공유할 수 있도록

---

8 (옮긴이) 엔터프라이즈 아키텍처(Enterprise Architecture: EA): 조직의 프로세스, 정보시스템, 부서의 구조와 기능을 포괄적이고 정확한 방법으로 기술하는 방법이고, 이것을 통해 조직이 전략적 목표에 따라 행동하도록 방향을 제시하는 것이다. 정보기술(IT)과 관련이 깊지만, 사업 최적화에도 관련이 깊기 때문에 사업구조, 성과 관리, 조직구조 아키텍처 등으로도 불린다. 위키피디아 〈http://ko.wikipedia.org/wiki/엔터프라이즈_아키텍처〉

장려할 수 있는 도구, 정책, 인센티브를 개발한다. '정보 독식'[9]이나 'NIH 증후군'[10]과 같은 기업문화에서 공동의 지식 환경을 만드는 것은 매우 어려운 일이다. 이 경우, 인포메이션 아키텍트는 이미 수집된 정보를 얼마나 접근하기 쉽게 만드는가에 더 집중하는 편이 낫다.

1.5 왜 정보설계가 중요한가

이제 무엇이 정보설계이고, 무엇이 정보설계가 아닌지 이해할 수 있을 것이다. 그렇다면, 정보설계는 왜 중요한 것일까? 왜 정보설계에 관심을 가져야 하는 것일까? 왜 회사나 클라이언트들은 시간과 돈을 투자해서 정보구조를 설계하려고 하는 것일까? 투자 대비 효과ROI는 어떠한가?

이와 같은 난해한 질문들은 앞으로 이 책에서 자세하게 다루어질 것이므로, 일단 세세한 것에 집착하지 말고 핵심 내용만 짚어보도록 하자. 조직 내에서 정보설계의 중요성을 계산해볼 때, 아래에 언급된 것과 같은 비용 측면과 가치 측면을 고려해야 한다.

정보 발견에 대한 비용

만일 회사의 모든 직원들이 인트라넷에서 원하는 정보를 찾기 위해서 매일 5분씩 시간을 낭비한다면,[11] 이에 대한 손실은 얼마인가? 잘 조직화되지 않은 웹사이트로 인해 고객이 실망한 데에 대한 비용 손실은 얼마인가?

정보를 발견하지 못한 것에 대한 비용

직원들이 필요한 정보를 찾지 못해서 생기는, 잘못된 의사결정들이 매일

---

9 (옮긴이) 정보 독식(information hoarding): 지식/정보를 권력의 원천으로 생각하기 때문에 자신이 가진 지식을 타인과 공유하지 않으려고 하는 행위.
10 (옮긴이) NIH 증후군(Not-Invented-Here syndrome): 다른 부서에서 만들어낸 새로운 제품을 적대시하는 것.
11 제이콥 닐슨은 대기업에서 좋지 않은 내비게이션 시스템 디자인으로 인해 발생하는 직원들의 생산성 손실이 수백만 달러에 달한다고 언급했다.

얼마나 많이 발생하고 있는가? 이미 완성된 결과가 있다는 것을 알지 못해서 중복업무들이 얼마나 많이 발생하고 있는가? 웹사이트에서 원하는 제품을 찾지 못해서 얼마나 많은 고객들이 이탈하고 있는가? 기존 고객들이 온라인 기술지원 데이터베이스를 찾아다니기 싫어하면 부득이 전화로 지원해야 한다. 이를 위해 매일 얼마나 많은 시간을 소비하고 있는가?

교육 가치
고객들이 웹사이트에서 찾고자 하는 새로운 상품과 서비스를 고객에게 알려주는 것은 어떠한 가치를 지니고 있는가?

구축 비용
웹사이트를 설계하고 구축하는 데 비용이 얼마나 드는가? 또, 웹사이트에서 검색이 쉽지 않거나 확장성이 없어서, 6개월 뒤에 다시 만들어야 한다면 비용은 얼마나 드는가?

운영 비용
마찬가지로, 시간이 흘러도 망가지지 않는 좋은 디자인을 유지하기 위해서 비용이 얼마나 발생하는가? 사이트를 관리하는 사람은 새로운 콘텐츠를 어디에 배치해야 하고, 철 지난 콘텐츠를 언제 삭제해야 하는지 알고 있는가?

훈련 비용
직원들이 시스템(예: 콜센터에서 사용되는 사내 중요 정보시스템)을 사용하도록 훈련시키는데 비용이 얼마나 발생하는가? 시스템이 사용하기에 복잡하지 않다면, 비용을 얼마만큼 절약할 수 있는가?

브랜드 가치
'웹사이트가 얼마나 멋진가'와는 상관없이 고객이 웹사이트에서 원하는 것을 찾지 못한다면, 고객의 입장에서 브랜드 가치는 존재하지 않는다. 브랜드를 알리기 위해서 TV광고에 얼마나 많은 비용을 지출하고 있는가?

나열할 수 있는 항목들은 끝이 없다. 각자 업무 환경에 따라, 수입을 발생시키고, 비용을 절감하고, 직원이나 고객의 만족도를 향상시키거나, 세상을 보다 좋은 곳으로 만들 수 있는 갖가지 특수한 상황이 존재한다. 이런 상황을 만드는 것이 무엇인지 밝혀내고, 이를 가능한 명확하고 직접적으로 어필하도록 하자.

정보설계가 왜 중요한지 설명하는 것은 결코 쉬운 일이 아니다. 사실, 정보구조의 투자 대비 효과를 정확하게 산출해내는 것은 매우 어렵다. 여기에는 너무 많은 변수가 존재하기 때문이다. 물론 현실 비즈니스 환경에서 투자 대비 효과를 산출해내기란 쉬운 일이 아니며, 대부분 다른 영역들도 마찬가지이긴 하다. 다만 판매, 마케팅, 엔지니어링, 인력 관리, 경영과 같은 보다 전통적인 영역에는 오랜 시간에 걸쳐 논의하여 합의된 무언가가 있다는 것이 다르다.

1.6 정보설계에 활기 불어넣기

정보구조는 표면상으로 드러나지 않는다. 사용자들은 웹사이트를 보면서 "와, 훌륭한 분류방식이구나!"라고 감탄하지 않는다. 사실, 정보설계의 대부분은 무형적이며, 웹사이트 설계에 직접 참여하는 사람들 정도만 정보구조에 대해 피상적으로 이해하고 있다. 내비게이션 바에 명확한 레이블이 필요하다는 것은 알고 있으나, 잘 정제된 어휘들이 어떻게 검색 경험을 향상시키는지에 대해서는 이해하고 있지 못하다. 사람들이 보지 못하고, 만지지 못하고, 맡을 수 없다면, 그것은 존재하지 않는 것이다.

사용자 측면에서는 정보구조가 비가시적인 것이 낫다. 사용자가 정보구조를 이해하도록 강요하는 것은 바람직하지 않으며, 사용자가 정보구조를 인지하지 못한 상태로 자연스럽게 태스크를 달성하거나 원하는 정보를 찾도록 하는 것이 좋다. 그러나 정보구조의 비가시성은 동료에게 인포메이션 아키텍트의 존재 가치를 피력하거나, 의사결정권자에게 정보설계에 투자를 권유하는 경우에 큰 문제가 된다. 그래서 인포메이션 아키텍트들이 다루고 있는 문제들의 복잡함과 정보설계의 장기적인 가치를 사람들이 이해할 수 있도록 노력해야 한다.

사용자 니즈와 행동의 매우 복잡한 속성을 이해시키기 위해서는, 정보설계의 주요 개념을 명확하게 표현할 수 있는 방법을 모색해야 한다. 사람과 지식 네트워크를 형성하고 있는 콘텐츠가 어떻게 서로 연결되어 있는지를 보여줄 수 있어야 하고, 이러한 개념들이 어떻게 적용되어 정적인 웹사이트를 복잡한 가변적 시스템으로 변화시키는지 설명할 수 있어야 한다. (그림 1-4)[12]

웹사이트를 구성하고 있는 체계를 구체화하고 정의하기 위해서는 상세한

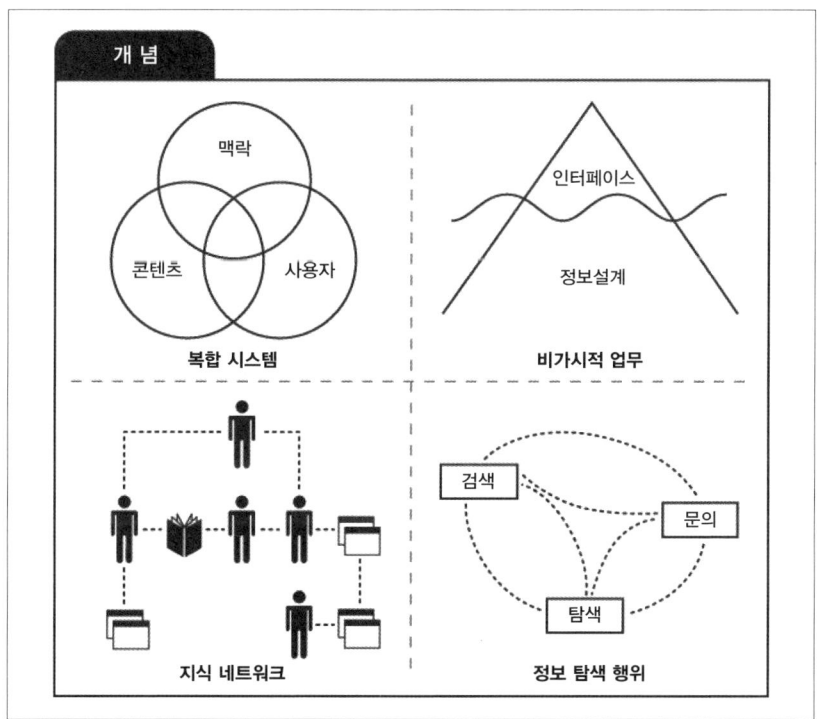

그림 1-4. 정보구조 개념

---

[12] 이미지들은 스튜디오 뫼비우스(Studio Mobius)의 마이러 메싱 클라만(Myra Messing Klarman)에 의해 디자인되었다. ⟨http://studiomobius.com⟩

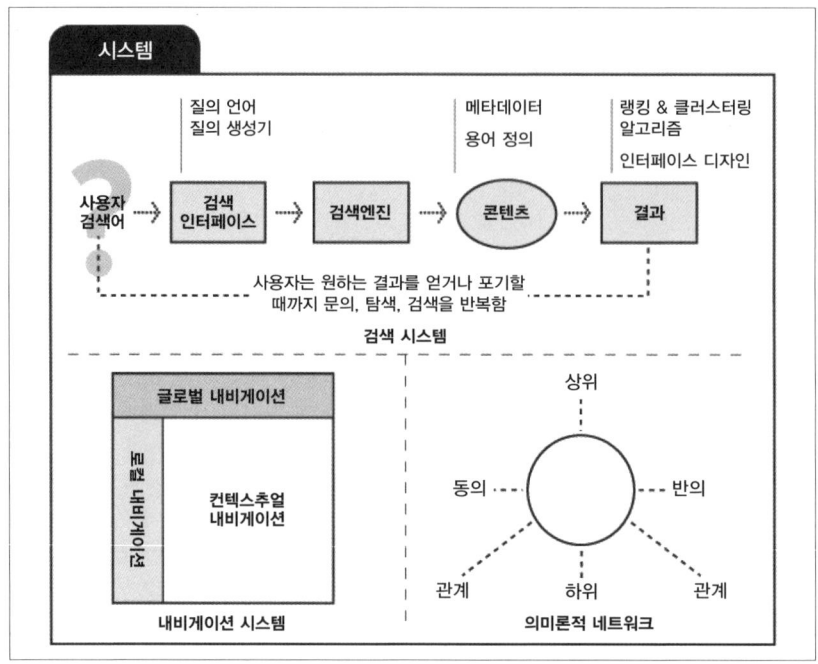

그림 1-5. 정보구조 시스템

단계까지 파고 들 준비가 되어 있어야 한다. (그림 1-5) 의미론적semantic 네트워크가 어떻게 유동적인 내비게이션의 근간을 이루고 있는지 보여줄 수 있어야 한다. 그리고 효과적인 검색 경험을 제공하기 위해서는 단지 좋은 검색 엔진이나 훌륭한 인터페이스가 필요한 것이 아니라 상호의존적인 요소들을 신중하게 통합한 시스템이 필요하다고 동료나 고객을 납득시킬 수 있어야 한다.

견고한 산출물을 만들 준비가 되어야 한다. 의미론적인 구성체와 구조를 명확하게 표현하는 방법과 설득하는 방법을 배울 필요가 있다. 요컨대, 사람들이 보지 못하는 것을 볼 수 있도록 도와주어야 한다.

이 책에서, 우리는 정보설계의 개념, 시스템, 산출물에 대해서 설명하고 있다. 단어, 이야기, 메타포metaphor, 이미지를 활용하여 표현하는 방법을 통해, 정보설계에 활기를 불어넣기 위해 최선을 다했다. 그러나 한 가지 단어나 이

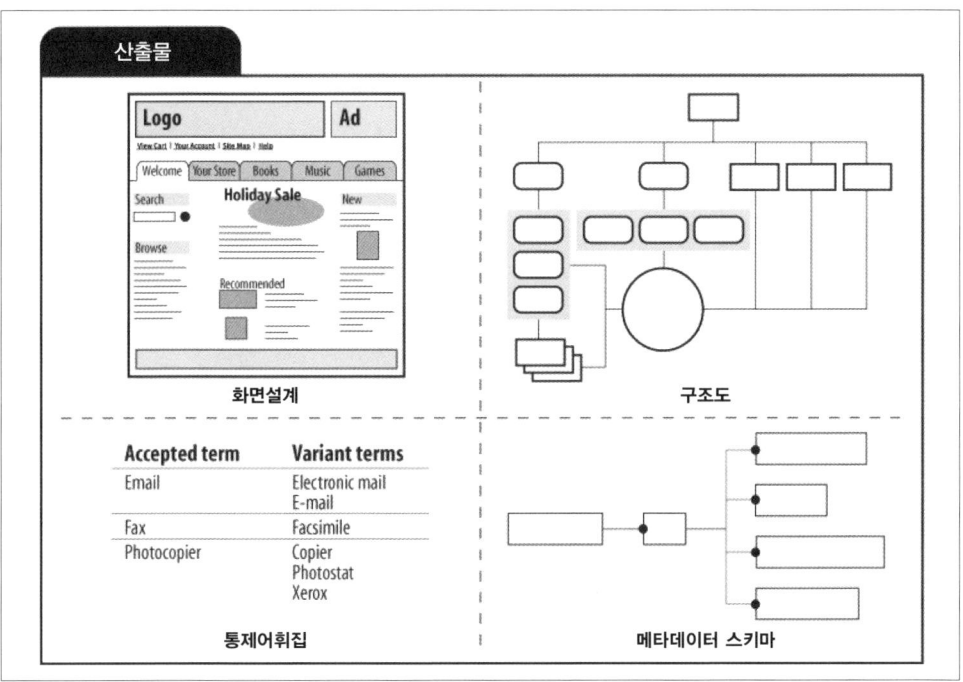

그림 1-6. 정보설계 산출물

미지가 모든 상황에 적절하지는 않다. 정보설계의 핵심적인 기술은 듣는 대상에 따라 전달하는 메시지를 각각 다르게 구체화하는 것이다. 여기에는 관리자가, 클라이언트가, 동료가 무엇을 듣고 싶어 하며 어떻게 듣고 싶은지를 이해하는 센스가 필요하다.

정보설계에 약간의 마술이 필요하다고 언급한 적이 있었나? 그밖에 어떤 방법으로 상대의 마음을 읽고, 보이지 않는 것을 보이게 만들 수 있을까? 자, 이제 마술사 모자에 쓰고, 유머 감각을 가지고, 인포메이션 아키텍트라는 비밀결사조직에 가입할 준비를 하자.

Information Architecture for the World Wide Web **2**

인포메이션 아키텍트 되기

> **다룰 내용:**
> - 어디에나 존재하는 정보구조
> - 인포메이션 아키텍트의 필요성
> - 인포메이션 아키텍트가 되기 위한 자격 조건과 배경 학문
> - 정보생태학의 정의와 정보설계에 미치는 영향

정보설계란 무엇일까? 예술, 과학, 공예일까? 누가 이러한 일을 하는 것일까? 어떤 자격 조건이 필요한 것일까? 우리는 인포메이션 아키텍트로서 이러한 질문에 답하기 위해 노력하고 있다. 머리를 쥐어뜯으며 고민을 하고 잠을 설쳐 가면서, 이에 대한 주제의 글을 쓰고 출판을 하고 학회에서 열정적으로 토론하고 있다. 위의 문제들에 답을 하는 것은 참으로 중요한 문제다.

하지만, 이론으로서의 가치와 존재에 대한 고민과는 별개로 강력한 무엇인가가 이미 일어나고 있다. 말 그대로, 우리는 정보구조에 둘러싸여 있다는 것이다.

뉴욕 타임스퀘어의 밤거리를 거닐어 본 적이 있는가? 42번가와 브로드웨가 만나는 모퉁이에서는 엄청난 장관을 경험할 수 있다. 유리처럼 반짝이는

건물 외관은 최신 평면 디스플레이와 프로젝션 기술을 이용해 실시간 정보를 뿌려댄다. 네온사인에는 비즈니스 뉴스, 금융 데이터, 기업의 로고, 웹사이트의 URL들이 번쩍거린다. 택시 지붕의 광고판은 택시가 이동하는 경로를 따라 화려하게 정보를 뿌리고 다닌다. 보행자들은(혹은 사용자) 사람들과 스쳐 지나면서 휴대폰으로 통화를 하거나 잠시 구석에 서서 무선 PDA로 이메일 혹은 지도를 보기도 한다. 이러한 광경은 윌리엄 깁슨William Gibson이 얘기한 가상세계[1]라는 개념이 뒤집힌 것으로, 물리적인 구조물이 콘텐츠, 레이블, 메타데이터로 만들어진 정보구조 쪽으로 융합되어 사람들의 주의를 끌고 있다.[2]

소설 속의 가상세계는 현실에서 우리가 점점 더 많이 접하게 되는 새로운 가상세계와 비교한다면 아무것도 아니다. 매일 컴퓨터 모니터 앞에서 얼마나 많은 시간을 보내고 있는가? 얼마나 자주 이메일을 확인하고 웹서핑을 하는가? 인터넷에 접속할 수 없을 때, 어떤 기분이 드는가?

월드와이드웹은 그 이름에 걸맞게 세계를 연결하고 변화시키고 있다. 지금 무엇이 일어나고 있는지 알고 싶은가? 뉴욕타임즈, BBC 혹은 블로그들을 보라. 여행을 계획하고 있는가? 오비츠orbitz.com나 카약kayak.com이 여행과 관련된 모든 정보를 제공해준다. 이구아나 때문에 골치를 앓고 있는가? 집 밖으로 나설 필요 없이, 이구아나닷컴iguana.com에서 답을 찾을 수 있다.

웹이 출현한 이후로 수많은 웹페이지들이 생겨나고 있지만, 인포메이션 아키텍트들은 대부분의 웹페이지에 어떠한 기여도 하지 못했다. 이 문제는 현업에서 이미 제기되어 온 현상이다. 현존하는 웹사이트는 모두 정보구조를 이미 가지고 있으며, 레이블과 분류 체계, 용어와 메타데이터, 사이트 맵과 인덱스로 구조화되어 있다. 검색엔진이나 포털사이트들을 링크하고 있는, 순수 내비게이션 역할만 하는 사이트도 존재한다. 일부 사이트들은 좋은 서비스를

---

1 (옮긴이) 윌리엄 포드 깁슨(William Ford Gibson)의 가상세계(Cyberspace): 윌리엄 포드 깁슨은 '가상세계'라는 용어를 자신의 단편소설 『Burning Chrome』에서 처음 언급했다. 그가 정의한 가상세계는 네트워크(정보)안에 세계가 존재하는 것을 말하고 있는데, 현대에는 물리적인 세계가 정보를 보여주고 있으므로 '가상세계가 뒤집혔다(Cyberspace turned inside out)'라고 표현하고 있다.
2 '일상의 정보구조'에 대한 Flickr의 사진 보기. 〈http://www.flickr.com/groups/everyday-information-architecture/pool〉

제공하지만 대부분은 그렇지 않다. 이러한 사이트들을 비판하고 우스갯거리로 삼을 수는 있지만, 이런 사이트들이 계속 생겨나는 것을 막을 수는 없다. 정보구조는 어디에나 존재하기 때문이다.

2.1 우리는 인포메이션 아키텍트가 필요한가

어쨌든 정보구조가 이미 존재하고 있는데, 인포메이션 아키텍트가 정말 필요한 것일까? 최근 몇 년 동안 IA 서미트[3]에 참여했었다면, 이에 대한 논의가 활발하게 진행되어 왔다는 것을 알고 있을 것이다. 몇몇 발표자들이 논의를 엄청 뜨겁게 달구었다. 앤드류 딜런[4]은 "나는 우리가 정보설계를 필요로 한다는 것을 알고 있다. 하지만 인포메이션 아키텍트가 필요한지는 잘 모르겠다"라고 언급했다. 그리고 피터 머홀츠[5]는 "우리는 몇 안 되는 전문가에게 정보설계 업무를 한정할 것이 아니라, 모든 사람에게 정보설계하는 방법을 가르쳐야 한다"고 제안했다.

우리는 인포메이션 아키텍트 커뮤니티가 이러한 질문들을 공개적으로 할 수 있는 용기가 있다고 믿는다. 다만, 우리는 인포메이션 아키텍트가 꼭 필요하다고 단언하고 싶다. 특정한 직함을 고집할 필요가 없으며, 사용자 경험 디자이너, 지식 관리자 혹은 검색최적화 전문가findability engineer라고 불릴 수도 있다. 우리가 얘기하고 싶은 것은, 매우 복잡한 환경 내에서도 편리하고 사용하기 쉬운 정보시스템을 어떻게 만들지 알고 있는 숙련되고 경험이 풍부한

---

3 Information Architecture Summit : 미국 정보과학기술협회(American Society for Information Science & Technology)의 후원을 받고 있는 국제 학회로, 매년 2월 혹은 3월에 개최된다. 자세한 내용은 공식 웹사이트를 참조. ⟨http://iasummit.org⟩

4 (옮긴이) Andrew Dillon: 텍사스 주립대학(University of Texas) 정보대학원(iSchool)의 학장. 정보학, 심리학, 정보의 운영과 위험요소 관리 등을 가르치고 있다. 개인 블로그: ⟨http://sentra.ischool.utexas.edu/~adillon/blog⟩

5 (옮긴이) Peter Merholz: 미국의 유명 사용자 경험 디자인 컨설팅 회사인 어댑티브 패스(Adaptive Path)의 사장. 정보설계, 유기적 변화, 제품전략 부문에 주력하고 있으며, 1999년에 blog라는 용어를 처음 언급했다. 최근에 회사 동료들과 함께 『Subject To Change』 (번역서: 『사용자 경험에 미쳐라!』, 한빛미디어)를 출간하였다. 개인 웹사이트: ⟨http://www.peterme.com⟩

전문가가 필요하다는 것이다.

　프로그래머나 그래픽 디자이너는 자신의 분야에서는 최고이지만 정보설계 분야에서는 그렇지 않을 수 있다. 그리고 정보설계는 반나절 세미나를 통해서 얻어질 수 있는 단순한 기술이 아니며, 실제로 학문적인 깊이가 존재한다. 정보설계는 오셀로[6]나 바둑과 닮은 점이 있는데, 몇 분만에 어떻게 하는지 배울 수는 있지만, 평생에 걸쳐서 수련해야 한다는 점이다.

　이것은 웹개발자가 한 줄이라도 개발 코드를 작성하기 전에, 검증된 인포메이션 아키텍트의 참여가 필요하다는 얘기일까? 물론 아니다. 인포메이션 아키텍트가 존재하든 존재하지 않든 정보구조는 존재한다. 이것은 곧 좋은 기회일 수도 있으며, 피터 머홀츠가 "인포메이션 아키텍트는 교육자의 역할을 반드시 수행해야 한다"고 강조한 이유이기도 하다. 자신의 업무가 정보설계와 연관되어 있는 사람들과 우리의 지식을 공유함으로써 정보구조에 긍정적인 영향을 끼칠 수 있다.

　하지만 매우 중요하거나 복잡한 정보 환경에서의 정보설계는 이미 전문 인포메이션 아키텍트들을 필요로 하고 있다. IBM, 마이크로소프트, 뱅가드 Vanguard와 같은 대규모 조직들은 이미 장기적인 전략과 웹사이트와 인트라넷의 설계를 담당할 인포메이션 아키텍트 팀을 가지고 있다. 작은 조직들은 웹사이트를 리뉴얼할 때, 컨설팅 업체에 있는 인포메이션 아키텍트에게 의뢰하곤 한다. 이와 같은 환경이 있기 때문에 인포메이션 아키텍트들이 끼니 걱정 없이 일에 전념할 수 있다.

　전문가를 선택적으로 고용하는 것은 꼭 정보설계 분야에 국한된 현상이 아니며, 실은 매우 보편적인 일이다. 예를 들어, 법률 관련 업무에 대해서 생각해보자. 대부분의 법률적 판단은 법률가들이 아니라 비즈니스 관리자들에 의해서 매일 이뤄진다.

---

[6] (옮긴이) 오셀로(Othello): 바둑과 유사한 종류의 게임. 바둑돌과 같이 흑백으로 된 동그란 말을 놓고 상대편의 말을 자기 말 사이에 끼이게 하면 자기 말의 색깔로 바꿀 수 있다. 최후에 얼마나 많은 말을 가지고 있는지를 세어 승패를 결정한다.

관리자 1 : 보안서약서를 기안해야 할까?
관리자 2 : 괜찮아. 대단한 게 아니니까, 그냥 진행해.

많은 회사들이 법률가를 정규직원으로 고용하고 있지 않으며, 상황이 특별히 어렵고, 복잡하고, 중요한 경우에 한해 법률가에게 의뢰한다. 인포메이션 아키텍트들에게도 이러한 일들이 똑같이 발생하고 있으며, 앞으로도 발생할 것이다.

사실, 웹사이트와 인트라넷이 보다 복잡해지고 필수적으로 변하게 됨에 따라 인포메이션 아키텍트의 필요성이 부각되고 있다. 이러한 필요성은 다른 분야의 전문가들이 정보설계의 기본기를 학습하는 형태로 일부 해소될 수도 있다. 인포메이션 아키텍트로서 우리의 책임은 계속해서 범위를 넓히고, 보다 빠르고 나은 정보설계 방법을 습득해서, 우리의 지식과 경험을 주변 사람들과 나누는 것이다. 배워야 할 것과 해야 할 일이 너무나 많다. 우리는 인포메이션 아키텍트가 최소 향후 몇백 년 간은 매우 바쁜 사람이기를 바란다.

2.2 인포메이션 아키텍트가 되기 위한 자격 조건은 무엇인가

의약이나 법률과는 달리, 정보설계 분야에는 공식적인 자격 검증 절차가 없다. 아무나 인포메이션 아키텍트가 되는 것을 막기 위한 대학 컨소시엄이나 협회, 혹은 자격시험도 없다. 13장에서 언급하겠지만, 예비 인포메이션 아키텍트들의 니즈를 해소시켜줄 만한 약간의 교육과정들이 이제 막 생겨나고 있기는 하지만, 현재 정보설계 관련 학위를 가지고 있는 사람은 매우 드물다.

2.2.1 학문적 배경

아래 목록에 자신의 전공 분야가 없다고 해서 속상해 하진 말길 바란다. 정보와 그 활용에 중점을 두고 있는 어떠한 분야도 인포메이션 아키텍트가 되기 위한 좋은 출발점이 될 수 있다. 그리고 이 분야 자체가 아직 오래되지 않앉기 때문에, 거의 대부분 사람들은 자신의 실무 경험에 의존해서 효과적이고 대담하게 정보설계를 할 수밖에 없다.

좋은 인포메이션 아키텍트를 찾고 있다면, 이 분야가 비교적 새롭고 인포메이션 아키텍트에 대한 수요가 지속적으로 증가하고 있기에 구인 광고만으로 유능하고 경험 많은 지원자가 직접 찾아오리라 기대해선 안 된다. 대신, 적극적으로 스카웃하거나, 아웃소싱하거나 혹은 자신이 현 조직의 인포메이션 아키텍트가 되는 편이 낫다.

물론, 인포메이션 아키텍트 역할을 수행해 줄 나 아닌 누군가를 찾고 있다면, 아래의 학문적 배경을 지닌 인포메이션 아키텍트를 고려해보는 것이 좋다. 자신이 지원자의 입장이라면, 이러한 각각 학문들을 조금씩 배우는 것도 나쁘지 않다. 어떠한 경우든지, 인포메이션 아키텍트가 되기 위한 하나의 명확한 학문이 존재하지 않는다는 것을 기억할 필요가 있다. 각 학문들은 모두 장점과 약점을 가지고 있다.

자, 목록을 보자.

그래픽 디자인과 정보 디자인 Graphic design and information design[7]

정보구조에 대한 책을 쓰고, 인포메이션 아키텍트로서 일하고 있는 사람들 중 많은 사람들은 정보설계를 이해하고 있는 그래픽 디자이너들이다. 새삼스러울 것도 없는 것이, 두 분야 모두 단지 보기 좋은 그림을 만드는 것 이상의 범주를 포괄하고 있기 때문이다. 이 분야는 시각적인 요소들의 관계를 정리하고 보다 효과적인 커뮤니케이션을 위해 이러한 요소들이 어떻게 전체로 통합될 것인지 결정하는 데 더욱 중점을 두고 있다.

정보과학과 문헌정보학 Information and library science[8]

정보과학과 문헌정보학은 웹사이트를 구성하는 페이지와 다른 구성요소

---

7 (옮긴이) 국내의 경우, 시각 디자인과 산업 디자인에서도 정보설계 분야를 일부 다루고 있다.
8 (옮긴이) MIS(Management of Information System) : 참고로 정보과학 분야의 마스터가 되기 위한 배경으로 MIS 과정을 선호하는데, 국내에서는 경영대학에 속하기도 하며, 현업에서도 종종 찾아볼 수 있는 전공 분야다. 이 전공을 가진 사람들은 특히 검색서비스와 같은 대규모의 정보를 다루는 서비스에 종사하곤 한다.

들 간의 관계를 다루는데 있어 매우 유용한 것으로 입증된 바 있다. 문헌정보학은 정보를 조직화하고 조작하는 데 있어 오랜 역사를 가지고 있으며, 정보를 검색하고, 탐색하고, 색인을 만드는 기술을 잘 활용하도록 훈련해왔다. 선견지명이 있는 문헌정보학자들은 문헌정보학의 전문성이 도서관의 담장을 넘어서 새로운 분야에 적용될 수 있다는 것을 알고 있다.

언론학 Journalism

언론학은 문헌정보학과 마찬가지로 정보를 조직화하는 것을 다루지만, 시의적인 이슈를 강조한다는 점에서 차이를 보인다. 뉴스 서비스나 온라인 잡지와 같이 변화하는 정보를 전달하는 데 중점을 두고 있는 웹사이트라면, 언론학의 배경을 가진 사람이 정보를 조직화하고 전달하는데 적임자일 수 있다. 또한 이들은 문서 작성 경험을 가지고 있기 때문에, 편집이 완료되지 않은 콘텐츠들을 가지고 있는 웹사이트의 구조화에 강점을 보인다.

사용성 공학 Usability engineering

사용성 엔지니어들은 사람들이 시스템을 어떻게 사용하는지 실험하고 평가하는 데 있어 전문가들이다. HCI 전문가들은 사용자가 시스템 사용법을 익히는데 얼마나 시간이 걸리는가, 사용자가 태스크를 달성하거나 문제의 해답을 찾는 데 얼마나 시간이 걸리는가, 시스템을 사용하면서 얼마나 자주 문제에 봉착하는가와 같은 지표를 측정한다. 여기 나열한 학문들 중, 사용성 공학은 사용자의 관점과 사용자 경험의 질을 가장 과학적으로 다룬다.

마케팅 Marketing

마케터는 소비자에 대한 이해와 효과적인 커뮤니케이션에 있어 전문가이다. 특히 이들은 제품 판매나 브랜드가 중요한 일반 고객 대상 웹사이트의 설계에서 진가를 발휘한다. 마케팅은 목표한 대상이 이해하기 쉬운 언어로 메시지를 전달할 수 있게 해준다. 우리 저자들은 정보설계 전문가로 변신한 많은 수의 '온라인 MD'들을 만날 수 있었다.

컴퓨터과학 Computer science

프로그래머나 소프트웨어 개발자들은 특히 '상향식bottom-up' 프로세스의 정보설계에 있어 탁월한 기술과 섬세함을 보여준다. 예를 들어, 개발자들은 종종 데이터베이스나 콘텐츠 관리시스템에 포함될 콘텐츠나 메타데이터를 모델링하는 데 있어 뛰어난 역량을 자랑한다. 또한 이들은 정보구조 상의 모든 구성요소와 기술이 잘 조화를 이루도록 하는 데 뛰어나다.

테크니컬 라이팅 Technical writing

이 전문가 집단은 기술 문서technical documentation의 작성 혹은 온라인 도움말 시스템을 개발하며, 사용자의 요구사항과 정보구조를 이루는 속성들(구조, 레이블, 설명을 위한 콘텐츠)을 섬세하게 다룬다.

건축 Architecture

건축에서 IT분야로의 전향은 매우 큰 변화이지만, 실제로 몇몇 건축가들이 인포메이션 아키텍트로 전향한 바 있다. 이들은 사람들의 요구사항을 수집하고 행동을 관찰하는 데 충분한 경험을 가지고 있고, 전략수립과 설계를 위한 개념 정의와 문제 해결에 있어 탄탄한 역량을 지니고 있다.

제품 관리 Product Management

많은 인포메이션 아키텍트들은 '오케스트라 지휘자'와 같은 역할을 수행하고 있다. 이들은 다양한 전문가그룹 각각에 동기를 부여하고 재능을 이끌어내는 방법을 잘 알고 있으며, 단순히 각 기능을 담당하는 사람을 한 데 모아놓은 것이 아닌 보다 유기적인 협업 조직을 만들어 낸다. 제품, 프로그램 혹은 프로젝트 관리의 배경을 가진 사람들은 유능한 인포메이션 아키텍트가 될 수 있다. 특히 전략 수립이나 다양한 분야에 걸쳐 있는 조직을 운영하는 데 있어 진가를 발휘할 수 있다.

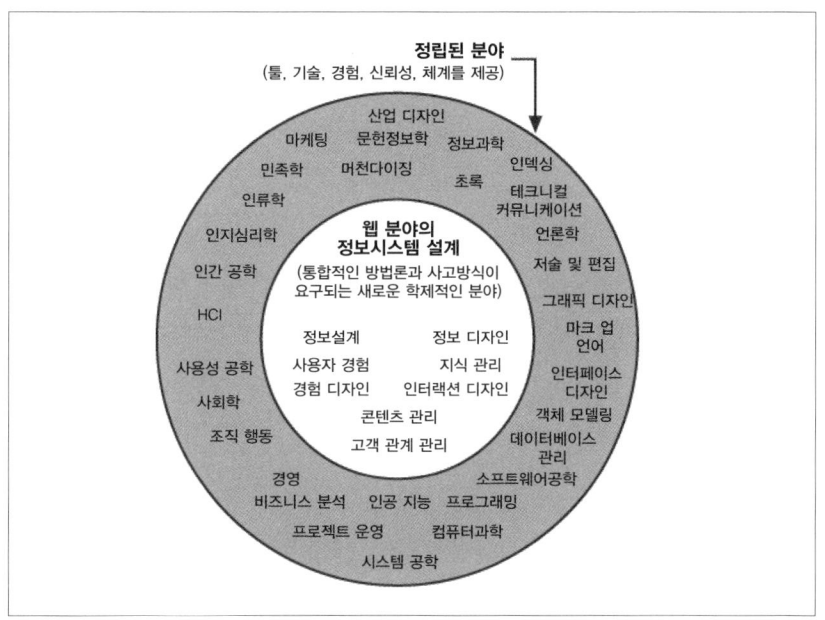

그림 2-1. 웹 분야의 정보시스템 설계 - 제스 맥멀린(Jess McMullin)의 도움으로 디자인함

기타

위의 목록은 모든 것을 포함하고 있지는 못하다. 위(그림 2-1)는 이미 정립되어 있어 배울만한 분야들을 보여준다. 하지만, 어떠한 목록이나 그림도 인포메이션 아키텍트 활동의 포괄성을 확실하게 보여주지는 못한다.

2.2.2 내부 인력과 외부 인력

정보설계 프로젝트의 인력계획을 세울 때, 내부 인력과 외부 인력의 관점의 차이를 활용하는 것도 고려해봄 직하다. 사이트에 대해서 신선한 시각을 가지고 있고, 내부의 정치적인 압력과는 상관없이 사용자의 니즈에 민감할 수 있는 외부 인포메이션 아키텍트를 고용하는 것은 의미가 있다. 다른 한편으로, '내부인'은 조직의 목표, 콘텐츠, 사용자에 대해서 잘 이해하고 있으며 긴 시간에 걸쳐 솔루션의 설계, 구현, 운영에 기여할 수 있다.

이러한 두 가지 관점 중 하나를 선택하는 것은 어렵기 때문에, 여러 현명한 조직들은 외부 컨설턴트와 내부 직원들이 조화를 이룬 팀을 구성하곤 한다. 내부 직원들은 프로젝트가 프로그램으로 변화될 때까지 영속성을 담당하는 반면, 외부 컨설턴트는 주요 전략과 설계 초안에 기여하고, 정보구조에 대한 여러 가지 전문적인 컨설팅을 제공한다. 만일 자신이 조직 내부의 유일한 인포메이션 아키텍트라면, 협업할 컨설턴트나 전문가의 고용을 관리자에게 설득하든, 지역 모임이나 학회에서 다른 인포메이션 아키텍트와 어울리거나 가르침을 받든, 외부 인력과 함께 일할 수 있는 방안을 모색해야 한다.

사실, 내부인과 외부인 모두가 번창하는 모습은 그 업계가 성숙했음을 알려주는 신호이다. 정보설계의 초창기(이 책의 초판이 발행되던 때)에는 대부분의 인포메이션 아키텍트들은 에이전시나 컨설팅 회사에서 일하는 외부인이었다. 닷컴 버블이 꺼진 이후(두 번째 개정판이 발행되던 때), 많은 인포메이션 아키텍트들이 내부 직원으로서 회사의 보안 문제에 신경을 썼고, 종종 콘텐츠 관리시스템Content Management System: CMS이나 검색엔진과 같은 대규모 애플리케이션의 구현이나 커스터마이징에 참여하였다. 그리고 세 번째 개정판이 나오는 지금, 업계에는 내부인과 외부인이 공존할 수 있는 공간이 생겼고, 균형을 이루고 있으며, 공생 관계가 존재한다. 이것은 업계가 건강하다는 표시이고, 갑작스러운 경기 침체로 인해 닥칠 수 있는 변화에 대비할 수 있다는 좋은 표징이다. 인포메이션 아키텍트는 사라지지 않는다.

2.2.3 중계자와 정예병

초창기 인포메이션 아키텍트들은 다른 사람들이 하고 싶어 하지 않거나 존재조차 모르고 있는 일을 수행하곤 했다. 정보를 구조화하는 일? 색인을 만드는 일? 검색이 가능하게 하는 일? 이러한 일들은 멋져 보이지만, 당시에는 이들을 언급할 수 있는 용어조차 거의 알려지지 않았고, 더군다나 기술은 더욱 없었다. 따라서 석기시대의 인포메이션 아키텍트들은 우연한 기회로 탄생했거나, 누군가 해야만 했던 일을 하는 사람이라는 얘기를 듣기 쉬운, 말 그대로 태생적으로 틈새를 메우는 중계자gap filler였다.

5~7년이 지나, 업계는 성숙하게 되었고 현업의 인포메이션 아키텍트들은 전문성을 띠게 되었다. 현재 인포메이션 아키텍트가 하는 업무의 내용은 보다 잘 알려져 있고, 보다 잘 문서화되어 있으며, 직무 설명job description도 표준화되는 움직임이 보인다. 그 결과, 정보설계는 생소한 것에서 일상적인 것으로 변화해가고 있다. 이러한 역할은 정보설계를 기본적으로 이해하고 있는 정예의 전문가들이 점점 더 많이 담당하고 있다. 이들은 전선 최전방에에 필요한 인포메이션 아키텍트로 조직의 사용자, 콘텐츠, 맥락으로 둘러싸인 정보구조를 만들어낸다. 이들 정예병trench warriors들은 선구자는 아니지만, 중요한 역할을 하고 있다.

물론, 정예병이 역할을 인계를 받기는 했어도 중계자는 사라지지 않았다. 그들은 특정한 팀이나 조직의 내부가 아닌 정보설계 분야 자체에서 발생하는 틈새를 발견하고 채우는 역할을 하게 되었다. 이러한 중계자 인포메이션 아키텍트는 현재 독립 컨설턴트로 일하거나 분류방식 개발, 사용자 경험 디자인팀의 리더, 사내 인포메이션 아키텍트들을 위한 강사나 트레이너와 같은 전문화된 영역에서 대개 일하고 있다. 또 점차 고유한 정보구조를 갖는 제품이나 서비스를 개발하는 독립 기업가로 변신하고 있다. 채워져야 할 새로운 틈새들은 항상 존재한다.

업계가 건강한 진화를 계속하는 한, 중계자와 정예병들은 변화하는 상황에 맞게 역할들을 계속해서 채워나갈 것이다. 팀원을 충원하거나, 컨설턴트를 고용하거나, 장래에 인포메이션 아키텍트가 되기로 결심했을 때, 현재의 업계는 다양한 역할들을 수용할 수 있을 만큼 크고 건강하다는 사실을 이해할 필요가 있다.

2.2.4 모두를 하나로 합하기

스스로 인포메이션 아키텍트가 되거나 인포메이션 아키텍트를 고용하려고 할 때, 누구나(저자들을 포함해서) 자신이 가진 학문적 관점에 치우쳐 있다는 사실을 명심하자. 그래서 조화로운 정보구조를 만들어내려면, 웹사이트 개발팀에 가능한 다양한 학문적 배경을 가진 사람들이 참여할 수 있도록 해야 한다.

더욱이 이상적으로 본다면, 인포메이션 아키텍트는 자신의 관점이 무엇이든 간에 사이트의 다른 부분보다도 오로지 사이트의 구조에 대해서는 책임을 질 수 있어야 한다. 그래픽 아이덴티티나 프로그래밍과 같은 사이트의 더욱 실체적인 면들을 다뤄야 할 때 몹시 혼돈스러울 수도 있다. 이 경우에, 더욱 시각적이고 실체적인 것들에 자연스럽게 집중하게 되는데, 이럴 경우 사이트의 구조는 의도하지 않게 부차적인 것으로 격하되기 쉽다.

하지만 조직이 작으면 좀 다르다. 이런 경우에서 '한정된 자원'이라는 말은 한 사람이 사이트의 개발, 디자인, 편집, 기술, 구조, 제작의 모두 혹은 대부분을 책임질 수도 있다는 것을 의미한다. 이러한 위치에 있는 사람에게 최고의 조언은 다음과 같다(뻔한 것일지 모르지만, 여전히 고려해봄 직하다). 첫째, 자신의 아이디어를 논의해줄 수 있는 친구나 동료를 찾을 것. 둘째, 사이트를 다른 관점(처음에는 인포메이션 아키텍트의 관점, 다음은 디자이너의 관점 등)으로 볼 수 있는 일종의 정신분열을 실행해볼 것. 마지막으로 비슷한 고민을 하고 있는 회사를 찾을 것(IAI[9]에 가입하거나 매년 ASIS&T[10]의 IA 서미트에 참석하는 것을 고려해볼 것).

2.3 정보설계 전문가

인포메이션 아키텍트의 역할, 가치, 자격에 대한 일반적인 논의는 아직 완결되지 않았으나 계속할 만한 가치가 충분히 있다. 인포메이션 아키텍트 커뮤니티는 진화생물학자들이 '단속평형설'[11]이라고 말하는 빠른 변화와 전문화

---

9 정보설계협회(Information Architecture Institute): http://www.iainstitute.org.
10 (옮긴이) ASIS&T(The American Society for Information Science & Technology) 정보설계 관련학회 중 가장 유명한 학회인 IA Summit을 매년 주최하고 있다.

가 이뤄지는 기간을 지나고 있다.

특히 큰 조직에서는 인포메이션 아키텍트들이 다방면의 일을 하는 것이 아니라, 자신의 강점을 조직의 요구에 맞추기 위해서 전문화된 한 분야로 특화되고 있다. 이미 존재하는 직종들을 몇 가지만 나열해 보자.

- 시소러스 디자이너Thesaurus Designer
- 검색을 위한 개요 콘텐츠 에디터Search Schema Content Editor
- 메타데이터 전문가Metadata Specialist
- 콘텐츠 관리자Content Manager
- 정보설계 전략가Information Architecture Strategist
- 정보구조 관리자Manager, Information Architecture
- 사용자 경험 디렉터Director, User Experience

다양하게 변형된 직종이 존재하며, 각기 다른 면모를 많이 보이고 있다. 예를 들면, 인포메이션 아키텍트는 아래 항목에 따라 전문화될 수 있다.

- 산업군 (예, 금융서비스, 자동차산업)
- 기능 부서 (예, 인력 관리, 엔지니어링, 마케팅)
- 시스템의 종류 (예, 인트라넷, 웹사이트, 익스트라넷, 온라인 잡지, 디지털 도서관, 소프트웨어, 온라인 커뮤니티)
- 사용자 (예, 소규모 사업자, 초등학교 선생님, 금융가, 10대, 조부모)

마지막으로, 인포메이션 아키텍트의 업무는 알려진 것처럼 많은 부분이 대규모 애플리케이션을 만드는 데 집중되어 있다. 그래서 인포메이션 아키텍트의 전문성이 대다수 다양한 툴에 집중되어 있는 것을 발견할 수 있다. 가장 보편적인 것은 아래와 같다.

---

11 (옮긴이) 단속평형설(Punctuated Equilibrium) : 1972년 엘드레지(Niles Eldredge)와 굴드(Stephen Jay Gould)는 지질학적 규모에서 보면 종은 매우 빠른 속도로 생성되고, 환경이 변하지 않으면 거의 변화 없이 존속한다고 주장하였다. 즉, 생물이 서서히 변한 것이 아니라 어느 한 순간 변했을 수도 있다는 진화론의 한 가설이다.

- 콘텐츠 관리시스템
- 검색엔진
- 포털

네트워크화된 정보 환경의 사용이 증가함이 따라, 전문화 가능성이 무한해지고 그 결과를 예측하기 어려워졌다. 우리는 '과거에 비해 몇 배나 빠른' 진화를 보고 있다. 이것은 인포메이션 아키텍트의 일원이 되는 것을 매우 즐겁게 만들어주는 요소 중 하나다.

2.4 현실 세계에서 인포메이션 아키텍트 되기

사용자. 콘텐츠. 맥락. 이 책을 읽는 동안 이 세 개의 단어를 반복해서 듣게 될 것이다. 이 세 가지는 효과적인 정보구조를 설계할 수 있도록 우리가 고안한 모델의 근간을 이룬다. 이 모델은 아무것도 없는 상태에서는 유용한 정보구조를 만들 수 없다는 인식을 기본으로 한다. 인포메이션 아키텍트는 암실에서 보지도 않고 콘텐츠들을 뒤죽박죽 쌓아 올리거나, 구조화하거나, 훌륭한 해결방안을 만들어 낼 수 없다. 그렇게 만든 정보구조는 세상에 나오면 쉽게 무너지고 만다.

웹사이트와 인트라넷은 생명이 없거나 정적인 구조물이 아니다. 대신, 정보시스템과 정보시스템이 존재하는 주변 환경에는 역동적이고 유기적인 성질이 존재한다. 이것은 오래전 도서 대여 목록의 대여 카드가 보여주는 옛 세상이 아니다. 우리는 새롭게 출현한 복잡계와 적응계에 대해서 이야기하고자 한다. 부서, 사업 조직, 시설, 국가의 경계 안팎에서 생겨나는 정보 흐름의 다채로운 경향에 대해서 이야기 하고자 한다. 혼란스러움과 실수, 시행과 착오, 적자생존에 대해서 이야기하고자 한다.

우리는 현존하는 복잡한 의존성을 서술하기 위해 사용자, 콘텐츠, 맥락으로 구성된 '정보 생태'라는 개념을 사용할 것이다.[12] 사람들이 이 개념을 시각

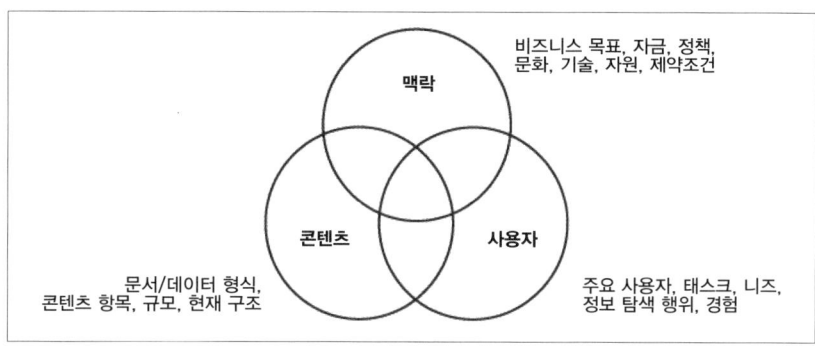

그림 2-2 정보설계에서의 주요 세 가지 요소

화하고 이해하기 쉽도록 직관적인 벤다이어그램을 그려 보았다(그림 2-2). 세 개의 원은 복잡하고 적응성이 있는 정보 생태계 내에서 사용자, 콘텐츠, 맥락의 상호의존적인 성질을 보여준다.

간단히 말해서, 웹사이트 이면에 있는 비즈니스 목적과 설계/구현에 활용되는 자원에 대해서 이해할 필요가 있다. 현재 존재하고 있는 콘텐츠의 특성과 양에 대해서 파악하고 있어야 하며, 향후 어떻게 바뀔 것인가에 대해서도 이해하고 있어야 한다. 그리고 주요 사용자의 니즈와 정보 탐색 행위에 대해서도 탐구해야 한다. 좋은 정보설계는 사용자, 콘텐츠, 맥락, 이 세 가지 요소에 의해 좌우된다.

이 모델은 현실에 비해 지나치게 추상화된 것이지만 그래도 유용하다. 우리는 10년이 넘게 이 모델을 사용해 왔다. 포춘 100대 기업들의 글로벌 웹사이트에서부터 작은 비영리조직의 독립적인 인트라넷에 이르기까지 모든 종류의 환경에서 잘 적용할 수 있었다. 더욱 중요한 것은 특히 어려운 질문에 봉착했을 때마다 세 가지의 요소가 믿기 어려울 정도로 매우 유용했다는 것이다. 여느 유능한 인포메이션 아키텍트들이 모두 그러는 것처럼, "그건 경우

---

12 정보 생태에 대해서 더 알고 싶다면, 토마스 대번포트(Thomas Davenport)와 로렌스 프루삭(Lawrence Prusak)의 『Information Ecology』(Oxford University Press, USA)나 보니 나르디(Bonnie Nardi)와 빅키 오데이(Vicki O'Day)의 『Information Ecology』(MIT Press)를 참조하자. 나르디와 오데이는 정보 생태를 '특정 지역 환경 내에 있는 사람, 적용, 가치, 기술의 시스템'이라고 정의하였다.

에 따라 다릅니다"라고 진실되게 얘기한 다음, 문제를 세 가지 요소에 맞도록 세 부분으로 쪼개서 답할 수 있었다. 예를 들어, '인포메이션 아키텍트가 가져야 하는 가장 중요한 자질은 무엇인가'와 같은 질문에 대한 해답은 매우 단순해질 수 있다. HCI나 다양한 분야를 통해 얻을 수 있는 '사용자와 사용자 니즈에 대한 지식', 기술적인 커뮤니케이션과 언론학을 필요로 하는 '콘텐츠', 조직 심리학에 대한 책에서 언급된 '맥락'.

세 개의 요소는 아래와 같이 어려운 질문에 대해서도 도움이 된다.

- 인포메이션 아키텍트는 어떠한 조사와 평가 방법에 능숙해야 하는가?
- 인포메이션 아키텍트를 위한 이상적인 교육은 무엇인가?
- 어떤 사람이 정보설계팀의 팀원이 될 수 있는가?
- 해당 분야와 현업에 뒤처지지 않으려면 어떤 책과 블로그를 봐야 하는가?
- 미래를 위한 정보설계 전략에는 무엇이 포함되어야 하는가?

모든 해답은 사용자, 콘텐츠, 맥락 - 세 가지 영역의 조화에서 시작된다.

기술 분야를 새로운 요소로 추가할 필요가 있을까? 아마도 그럴 수도 있다. 하지만 기술은 일반적으로도 너무 많이 주목을 받고 있기 때문에 네 번째 동그라미로 추가한다면 오히려 사족이 될 뿐이다.

우연히, 우리는 인포메이션 아키텍트에게 유머 감각이 중요하다고 생각하게 되었다. 아마도 여러분은 그 이유를 이미 알고 있을 수도 있다. 정보설계는 추상, 모호, 가끔은 모순이라는 상위 개념을 우리가 여태 해왔던 것처럼 일련의 단계까지 구체화하는 작업이다. 훌륭한 인포메이션 아키텍트는 이러한 업무를 재미있게 해결하는 방법을 알고 있다.

오랜 기간의 정보구조 컨설팅을 통해서 우리가 배운 게 하나 있다면, 모든 상황은 모두 고유한 특성을 갖는다는 사실이다. 이는 웹사이트가 인트라넷과 다르거나, 익스트라넷은 산업에 따라 다양한 모습을 가져야 한다는 것만을 의미하는 것이 아니다. 모든 정보 생태는 지문이나 눈의 결정처럼 각자만의 특징을 가지고 있다는 것이다.

　다임러크라이슬러의 인트라넷은 포드나 지엠의 인트라넷과 매우 다르다. 피델리티, 뱅가드, 슈왑, 이트레이드는 각각 독특한 온라인 금융서비스를 제공하고 있다. 다른 것을 따라하거나 벤치마킹하거나, 최근 몇 년 간 업계에 유행하고 있는 성공 사례를 따라 했든 간에, 어쨌든 이들 정보시스템들은 자기만의 고유한 특성을 보인다.

　이러한 상황에서도 우리가 가진 모델은 사용하기 편리하다. 웹사이트나 인트라넷이 보여주는 특정한 니즈와 기회를 찾아내는 데 탁월한 툴이다. 세 개의 요소가 어떻게 고유한 정보 생태계를 만드는 데 기여하는지 살펴보도록 하자.

2.4.1 맥락

모든 웹사이트와 인트라넷은 특정 비즈니스 혹은 조직적 환경 안에 존재한다. 명확하든지 불명확하든지, 각 조직은 임무, 목표, 전략, 인력, 프로세스와 절차, 예산, 문화 그리고 물리적이고 기술적인 기반구조를 가지고 있다. 모든 조직의 능력, 목표, 자원의 종합적인 조합은 각각 고유한 특성을 보인다.

　그렇다면 각 조직의 모든 정보구조는 독특해야 한다는 것을 의미하는 걸까? 회사는 동일한 비용을 일반적인 사무 설비를 사는데 쓸 수도 있고, 표준 기술 플랫폼에 투자할 수도 있다. 심지어 경쟁사에 서비스를 제공하는 벤더에게 중요한 업무를 외주로 줄 수도 있다.

　그래도 여전히 답변은 확실하게 '예'이다. 정보구조는 해당 맥락context에 꼭 맞게 매치되어야 한다. 웹사이트와 인트라넷의 용어나 구조는 비즈니스, 고객, 직원들을 서로 커뮤니케이션하게 해주는 중요한 요소이다. 이것은 제품과 서비스에 대해서 생각하는 방식에 영향을 끼칠 수 있고, 향후에 고객이 원하는 것이 무엇인지 제대로 알려줄 수 있다. 그리고 고객과 직원 간의 상호작용을 발생시키거나 제한할 수도 있다. 정보구조는 아마도 조직의 임무, 비전, 가치, 전략, 문화의 가장 실체적인 모습을 제공하는 것일 수 있다. 진정 경쟁사와 똑같아 보이고 싶은가?

　나중에 상세하게 설명하겠지만, 성공을 위한 핵심은 이해와 적용이다. 첫째, 비즈니스 환경에 대해서 이해해야 한다. 무엇이 고유한 특성인가? 비즈니스의 현 상황은 무엇이고, 내일은 어떻게 되기를 바라는가? 많은 경우에, 말로 드러나지 않는 지식을 사용하게 되는데, 이러한 지식들은 어디에도 서술되어 있지 않다. 사람들의 머릿속에는 있으나 말로 표현되지 않는 것들이다. 앞으로 이러한 맥락에 대한 이해를 도출하고 조직화하는 다양한 방법에 대해서 논의하게 될 것이다. 또한, 비즈니스의 목표, 전략, 문화에 따라 정보구조를 조정할 필요가 있기 때문에, 각 상황에 맞춰 정보구조를 최적화할 수 있는 접근방법과 툴에 대해서도 논의할 것이다.

2.4.2 콘텐츠

콘텐츠content는 사람들이 사이트에서 사용하거나 찾고자 하는 문서, 애플리케이션, 서비스, 레이블, 메타데이터를 포함하는 광범위한 개념으로 정의된다. 기술적인 용어로 얘기하면, 콘텐츠는 사이트를 구성하는 재료다. 문헌정보학은 텍스트 정보에 편향된 측면이 있는데, 많은 웹사이트와 인트라넷이 다량의 텍스트 정보를 가지고 있기 때문에 특별히 잘못된 일은 아니다. 다른 매체와 비교해서 웹은 훌륭한 커뮤니케이션 도구다. 이때 커뮤니케이션은 의미를 담고 있는 단어나 문장을 통해 이루어진다. 물론, 웹은 태스크나 거래를 위한 툴이긴 하지만, 구매와 판매, 계산과 설정, 정렬과 시뮬레이션을 지원하는 유동적인 기술 플랫폼으로 인지되기도 한다. 그러나 대부분 태스크 중심의 상거래 웹사이트에도 고객들이 찾아봐야 하는 '콘텐츠'가 존재한다.

　다양한 사이트에 있는 콘텐츠를 넘나들며 조사할 때, 아래의 항목들은 각 사이트의 정보 생태를 구별하기 위한 요소로 활용될 수 있다.

소유권 Ownership

　누가 콘텐츠를 만들고 소유하고 있는가? 소유권은 콘텐츠를 제작하는 그룹에 집중되어 있는가? 혹은 기능 부서 간에 걸쳐서 배분되어 있는가? 얼마나 많은 콘텐츠가 외부의 정보 제공자로부터 라이선싱되고 있는가? 위의 질문들에 대한 답은 다른 모든 차원에서 정보를 다룰 수 있는 수준에 큰 영향을 미친다.

포맷 Format

웹사이트와 인트라넷은 조직 내에서 디지털 포맷으로 만들어진 모든 정보에 접근하는 통합된 도구로써 성장하고 있다. 오라클 데이터베이스, 제품 카탈로그, 로터스 노츠의 토론 보관기록, MS 워드로 작성된 기술 보고서, PDF 파일로 된 연간 보고서, 사무용품 구매 신청서, CEO의 연설 비디오 클립 들은 사이트에서 찾아 볼 수 있는 문서, 데이터베이스, 애플리케이션의 대표적인 예다.

구조 Structure

모든 문서는 동일하게 만들어지지 않는다. 중요 메모는 100자 이내일 수 있고, 기술 문서는 1,000페이지 이상일 수도 있다. 몇몇 정보시스템은 문서를 최소화된 개별 부분으로 분해한 뒤 완전히 통합하는 문서화 패러다임에 준해서 구축된다. 또 다른 시스템은 콘텐츠 컴포넌트를 가지고 있거나 디지털 자산 관리를 위해 구축되며, 매우 정교한 수준의 관리와 접근을 허용하는 구조화 마크업(예를 들어 XML이나 SGML) 형식을 띠고 있다.

메타데이터 Metadata

웹사이트 내에 존재하는 콘텐츠나 오브젝트를 서술하기 위한 메타데이터는 어느 정도 규모로 구축되어 있는가? 문서들은 수동으로 혹은 자동으로 태깅되고 있는가? 품질과 일관성의 수준은 어떠한가? 정의된 용어들이 적소에 위치하고 있는가? 혹은 사용자들이 콘텐츠에 자신들만의 폭소노미folksonomic[13] 태그를 부여할 수 있는가? 이러한 요소들은 정보 검색과

---

13 (옮긴이) 폭소노미(folksonomy): 대중분류법, 자유롭게 선택된 키워드를 이용하여 이루어지는 협업적 분류를 뜻하는 신조어. 정보를 분류하기 위해 사람들이 자발적으로 협력하는 것을 의미함.

콘텐츠 관리 측면에서 얼마나 사전 정보를 가지고 설계에 임하는지 가늠할 수 있게 해준다.

양 Volume
얼마나 많은 양의 콘텐츠를 다루고 있는가? 수백 개의 애플리케이션? 수천 페이지? 수백만 개의 문서? 웹사이트는 얼마나 큰가?

역동성 Dynamism
성장률이나 회전률은 어떠한가? 내년에는 새로운 콘텐츠들이 얼마나 추가될 것인가? 그리고 정보로서의 가치는 얼마나 빨리 잃게 되는가?

위의 모든 차원들은 콘텐츠와 애플리케이션의 독특한 조합을 만들어내며, 최적화된 정보구조에 대한 필요성을 만들어 낸다.

2.4.3 사용자

우리는 아마존Amazon이 유명해지기 전인 90년대 중반, 보더스 북스 & 뮤직 Borders Books & Music의 최초 기업 사이트를 만들기 위해 일했었는데, 소비자 조사와 분석이 실제 서점의 디자인과 구조에 어떻게 적용되는지에 대해 많이 배울 수 있었다.

보더스는 사용자의 분포, 선호하는 시각적인 스타일, 구매 패턴에 있어 반즈앤노블Barnes & Noble과는 다르다는 것을 명확하게 알고 있었다. 동일한 지역에 위치해 있더라도, 두 서점 간의 물리적인 레이아웃과 도서 선정이 확연히 달라야 한다는 것은 오히려 당연한 것이었다. 이러한 차이는 고유한 사용자 혹은 시장 세분화에 대한 이해를 토대로 형성된 것이니 당연히 디자인도 차별화되었다.

현실 세계의 고객의 선호도와 행동 패턴의 차이는 웹사이트와 인트라넷 환경에서 정보에 대한 니즈와 정보 탐색 행위의 차이로 이어졌다. 예를 들어, 고위 임원은 특정한 주제에 대해서 몇 개의 좋은 문서를 빠른 시간에 찾기를 원할 수 있다. 리서치 분석가는 관련된 모든 문서를 구하기 위해 몇 시간을 기꺼이 할애할 수 있다. 관리자는 업계에 대한 높은 수준의 지식을 가지고 있지만 내비게이션과 검색에는 서투를 수 있다. 십대들은 찾고자 하는 정보의 주제에 대해서 문외한일 수 있으나 검색엔진을 어떻게 조작해야 하는지 잘 알고 있을 수 있다.

누가 웹사이트를 사용하는지 알고 있는가? 어떻게 웹사이트를 사용하는지 알고 있는가? 그리고 가장 중요한 점인, 사용자들이 사이트에서 찾고자 하는 정보가 무엇인지 알고 있는가? 이러한 질문들은 브레인스토밍이나 포커스 그룹을 통해서 답변을 얻을 수 있는 것들이 아니다. 우리의 친구이자 동료 인포메이션 아키텍트인 크리스 파넘Chris Farnum은 "세상으로 나와서 '안개 속에 있는 사용자'를 탐구하라"고 얘기하곤 한다.

2.5 당면 과제

정보구조는 존재한다. 정보구조는 전문가와 그렇지 않은 사람에 의해서, 내부 인력과 외부 인력에 의해서, 무턱대고 덤벼드는 사람과 이미 자질을 갖추고 있는 사람에 의해서, 정보설계에 대해서 한 번도 들어본 적이 없는 사람들에 의해서도 매일 만들어지고 있다. 이러한 정보구조는 사용자, 콘텐츠, 맥락의 고유한 조합을 가진 정보 생태 내에서 만들어지고 존재한다.

여기에 정보설계 분야에 대한 두 가지 도전 과제가 놓여 있다. 전문가로서, 우리가 이렇게 복잡한 환경에서 이렇게 어려운 업무를 수행하려면, 우리는 이해 능력과 수행 능력이 뛰어나야 한다. 따라서 아직 많이 배워야 한다! 인포메이션 아키텍트 직군의 일원으로서, 정보구조에는 신경 쓰고 있지 않지만 정보구조를 만들어야 하거나 이에 영향을 끼칠 수 있는 사람들을 가르쳐서 정보구조가 나아질 수 있도록 해야 한다. 우리는 계속해서 많이 가르쳐야 한다!

어떠한 경우라도 정보설계 분야가 현업에 잘 정착되기를 기대한다. 이제 정보구조를 샅샅이 파헤쳐볼 차례다. 소매를 걷어붙이고 자세를 가다듬자.

Information Architecture for the World Wide Web **3**

사용자 니즈와 행동

다룰 내용:
- 정보 탐색 방식을 지나치게 단순화했을 때의 위험성
- 정보 니즈의 다양성
- 정보 탐색 행위의 다양성
- 사용자의 정보 니즈와 정보 탐색 행위에 대한 심층적인 연구 방법과 이에 대한 필요성

지난 두 장에 걸쳐 정보설계를 정의하고, 언제, 어디서, 누가 정보설계를 하는지에 대해 폭넓은 정황을 살펴보았다. 다음으로 정보구조를 구성하는 컴포넌트, 설계를 위한 방법론 등과 같은 정보구조의 실제 구성요소를 살펴보기에 앞서, 이 장에서는 사용자에 대해서 살펴보기로 하자. 정보구조는 사용자가 사이트에서 정보를 찾도록 도움을 주는 분류 체계, 검색엔진, 그외 다른 요소들로만 한정되지 않는다. 정보구조는 사용자와 사용자가 사이트를 방문한 본래 목적(정보 니즈)에서부터 시작된다.

뻔한 얘기이기는 하지만, 실제로 정보구조에는 눈에 보이는 것보다 더 많은 요소들이 존재한다. 정보 니즈는 매우 다양하며, 각 정보 니즈의 유형은

특정한 정보 탐색 행위를 나타낸다. 인포메이션 아키텍트는 이러한 니즈와 행위를 잘 이해할 필요가 있으며, 정보구조는 이에 부합해야 한다. 정보구조를 설계하는 데 있어서 사용자의 니즈를 만족시키는 것이 무엇보다도 중요하다.

예를 들어 직원 명단을 보여주는 사이트에서는, 직원의 전화번호를 찾는 것이 이 사이트 방문자들의 가장 보편적인 정보 니즈라고 할 수 있다(사실, 이러한 유형의 니즈는 사용자들의 검색 활동 대부분을 차지할 수도 있다). 니즈가 생기면 사용자들은 검색을 하게 되고, 정보구조는 이름으로 검색하는 기능을 확실하게 제공함으로써 정보 니즈를 만족시키게 된다. 다른 예로, 비전문적인 투자자에게 뮤추얼 펀드에 대해 설명하고 투자 상품을 선택할 수 있도록 도와주는 웹사이트를 들 수 있다. 이 웹사이트는 몇 가지 방법을 통해서 사용자의 정보 니즈를 만족시켜줄 수 있다. 즉 사용자들이 튜토리얼을 활용한 사이트 둘러보기 마법사 기능을 사용하거나, 카테고리를 통한 브라우징으로 여기저기 둘러보도록 해줄 수 있다.

동료의 전화번호와 같이 존재를 알고 있는 정보를 찾는 일은 소자본 뮤추얼 펀드와 같은 주제에 대해서 알아보고자 하는 정보 니즈와 매우 다르기 때문에, 정보구조는 이러한 차이를 염두에 두고 설계가 되어야 한다. 이러한 니즈들은 정보 탐색 행위를 보여주는 예라고 할 수 있다. 당연히 알고 있는 것을 검색하는 것은 모르는 것을 탐색하는 행위와 매우 다르다. 이러한 니즈와 행위들을 구분하고 사용자가 어떠한 것을 가장 중요하게 여기는지 규정하는 작업은 정보구조 설계 시 어떤 부분에 노력, 자원, 시간, 돈을 투자해야 하는지 정의하는 데 매우 유용하다.

3.1 '지나친 간소화' 정보 모델

사용자가 정보를 찾을 때 어떠한 일들이 벌어지는지를 설명하는 데는 다양한 모델이 존재한다. 사용자의 니즈와 행위에 대한 모델링은 사용자가 어떠한 종

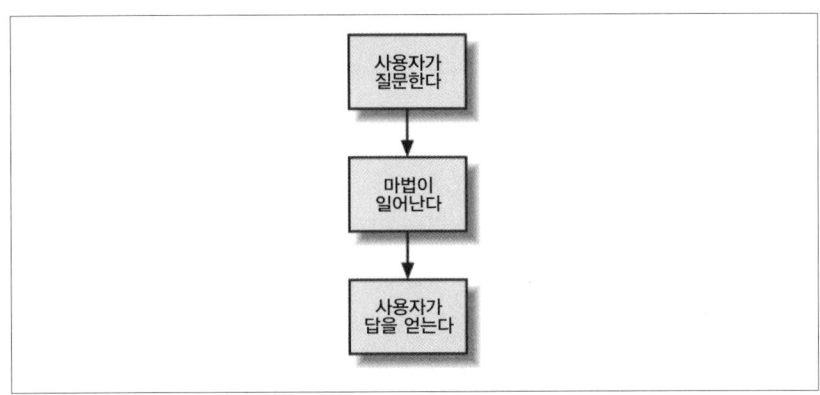

그림 3-1. 정보 니즈에 대한 '지나친 간소화' 모델

류의 정보를 원하는지, 충분하다고 느끼는 정보는 얼마나 되어야 하는지, 실제로 사용자가 어떻게 정보구조와 상호작용하는지 이해하는 데 도움을 준다.

'지나친 간소화Too-Simple' 모델은 정보 모델에서 가장 보편적인 모델이지만, 안타깝게도 가장 많은 문제를 안고 있다. 이 모델은 그림 3-1과 같다.

혹은, 간단한 알고리즘으로도 설명된다.

1. 사용자가 질문한다
2. 무엇인가가 일어난다 (검색 혹은 탐색)
3. 사용자가 답을 얻는다
4. 완료

입력, 출력, 완료. 이것은 사용자가 웹사이트에서 정보를 찾고 소비하는 방식으로 본다면 매우 기계적이고, 궁극적으로는 비인간적인 모델이다. 사실, 이 모델에서 사용자는 웹사이트 자체와 마찬가지로 이성적인 동기를 가지고 합리적인 행위를 예측할 수 있는 또 하나의 시스템일 뿐이다.

왜 '지나친 간소화' 모델에 문제가 있는 것일까? 실제로 이러한 방식으로 정보 검색이 거의 이뤄지지 않기 때문이다. 하지만, 예외적인 경우들도 있는데, 위에서 언급한 직원 명단 시나리오처럼 사용자가 무엇을 찾는지 알고 있을 때다. 이 경우는 사용자가 정답이 존재한다는 것을 알고 있으며, 어디서 답을 얻을 수 있는지도 알고 있으며, 어떻게 질문을 해야 하는지도 알고 있다. 이렇게 검색하기 위해서 사이트를 어떻게 사용해야 하는지 알고 있는 상황에서만 가능하다.

그러나 사용자는 자신이 원하는 것을 언제나 정확하게 알고 있지 않다. 그냥 둘러보기 위해서 사이트를 방문해본 적이 있는가? 사용자는 사이트를 둘러보면서 무엇을 찾고자 하는지 정확히는 모르지만 일종의 정보를 찾으려고 노력하게 된다. 무엇을 찾고자 하는지 설령 알고 있다고 하더라도, 어떻게 표현해야 할지 모를 수도 있다. PDA, Palm Pilot, Handheld Computer[1] 중 무엇이 맞는 것일까?

사용자들은 대개 부분적으로 만족한 상태거나 완전히 좌절한 상태에서 정보 검색을 마치곤 한다. (예, "팜 파일럿을 동기화하는 방법은 찾았는데, 매킨토시에서 동기화하는 방법은 못 찾았어." 혹은, 검색 도중에 완전히 다른 내용을 찾아보게 만들 만한 새로운 정보를 발견할 수도 있다. 예, "개인 퇴직금 적립계정Individual Retirement Account에 대해서 알고 싶어서 검색을 시작했는데, 키오 퇴직 연금Keough retirement plan이 나한테 딱인 걸 알게 됐지.")

'지나친 간소화' 모델은 사용자가 정보구조와 상호작용하는 동안에 무엇이 일어났는지에 대해서만 집중하고 있기 때문에, 우리 저자들은 이 모델을 좋아하지 않는다. 정보 니즈의 맥락(사용자가 키보드를 만지기 전후에 발생하는 모든 관련 상황들)은 고려되지 않으며, 어찌해야 제대로 검색할 수 있는지 사전 지식이 거의 없는 상태의 무지한 사용자를 가정하고 있다. 결국 이 모델은 현실적인 시나리오의 모든 맥락을 본질적으로 무시하고 있다.

마지막으로, 이 모델은 지나치게 간소화함으로써 사용자의 머릿속에서 무엇이 일어나는지를 이해하거나, 정보구조와 상호작용하면서 다양하게 발생되는 일들에 대해서 관찰하는 것을 포기하고 있다.

---

[1] (옮긴이) 모두 PDA를 검색하기 위해서 입력할만한 검색어다. 원문의 고유명사나 인용구 중에 내용 파악을 위해서 본래 표기를 알 필요가 있는 경우에는 번역하지 않고 그대로 옮겼다.

또한 이 모델은 '정보 검색이 단순한 알고리즘적 접근을 통해 서술될 수 있는 단순한 문제'라는 오해를 토대로 만들어졌기 때문에 상당히 위험하다. 이러한 이유로, 사실fact과 숫자figure로 된 데이터 검색에 대한 문제들을 SQL[2]과 같은 데이터베이스 기술로 해결해 왔다. 다시 말해, 검색을 구현하기 위해서는 추상적인 생각과 개념 들이 반구조화된semi-structured 텍스트 문서에 무척 일관적인 방식으로 기록이 되어있어야 한다는 결론에 이르게 된다.

이러한 사고방식은 정보 검색이 단순한 문제라는 전제를 두고 검색엔진 소프트웨어와 기술적인 만병통치약이란 것을 만들게 되었고, 결국 수백만 달러를 낭비하게 되었다. 또한 많은 사용자 중심의 디자인 기법들이 이러한 오해를 받아들였는데, 검색 프로세스는 정량적으로 쉽게 측정이 될 만큼 단순하다고 가정하였던 것이다.

그래서 우리는 검색을 하는 동안에 얼마나 많은 시간이 소요되느냐, 얼마나 많은 마우스 클릭이 일어나느냐, '정답'을 찾을 때까지 얼마나 많은 페이지를 보게 되느냐를 통해 검색 경험을 측정할 수 있다고 생각하게 되었다. 하지만, 대부분의 경우에 그 정답은 존재하지 않았다.

자, 이 모델에 대한 지적은 이쯤에서 그만하고, 정보 니즈와 정보 탐색 행위에 대해 보다 심도 있게 들여다보자. 그러면 더 나은 모델을 만들 수 있다.

3.2 정보 니즈

사용자가 무엇인가를 찾기 위해 웹사이트에 방문했을 때, 실제로 무엇을 원할까? '지나친 간소화' 모델에서 사용자는 자신의 질문에 딱 맞는 '정답'을 원한다. 사실, 정답은 데이터베이스 검색에나 존재한다. 데이터베이스는 "산마

---

2 (옮긴이) SQL(Structured Query Language): 데이터베이스를 조작하는 질의 언어(Query Language)의 일종. 정의된 질의를 통해서 데이터베이스를 조작하여 결과값을 보여주는 방식이며, 질의에 매칭되는 결과만 전달하는 것을 기본으로 하고 있기 때문에 사용자가 정확하게 질의 문법을 알아야만 원하는 값을 얻을 수 있다. 질의의 변형이 어려워 사용자가 처한 정황에 대한 고려가 어렵다는 단점이 있다.

리노의 인구가 몇 명이지?"와 같이 정답이 있는 질문에 대해 대답해줄 만한 사실과 숫자를 저장하고 있다. 데이터베이스 검색은 많은 사람들에게 가장 친숙한 검색 모델이다.

그러나 웹사이트는 데이터베이스와 같이 고도로 구조화된 데이터보다 더 많은 정보를 가지고 있다. 텍스트는 가장 보편적인 데이터의 저장된 형태이지만, 텍스트 자체는 모호한 아이디어이거나 복잡하게 엉클어진 채로 웹 위에 전개되어 있다. 은퇴 대비 자금운용에 대한 조언을 찾거나, 멘도시노 카운티에 있는 식당을 찾거나, 맨체스터 유나이티드 축구팀의 근황을 찾고자 웹사이트에 방문했을 때, 사용자는 본질적으로 질문에 대한 답을 제공해주거나 의사결정을 도와줄 수 있는 아이디어나 개념을 찾는다. 하지만 답이 존재하는 경우라도, 그 답은 모호하거나 시시때때로 변하곤 한다.

그러면 질문으로 다시 돌아가 보자. 사용자는 무엇을 원하는가? 낚시에 대한 비유를 통해서 그 해답을 찾아보자.

이상적인 낚시

때때로 사용자는 진짜 정확한 정답을 찾고자 한다. 원하는 물고기를 낚고자 낚싯대를 드리우고 있는 것에 비유할 수 있다. 산마리노의 인구가 얼마일까? CIA의 현황보고를 보거나 데이터를 빽빽하게 채워 넣고 있는 유용한 웹사이트들을 참고해서 그 숫자(실제로 29,251명)를 알아낼 수 있다. 그리고 사용자는 지나친 간소화 모델에서 언급한 것처럼 '완료'하게 된다.

통발 설치하기[3]

하나 이상의 답을 찾고 있다면 어떨까? 온타리오의 스트래트퍼드에서 아침식사가 제공되는 좋은 숙박시설을 찾고 있거나, 루이스와 클락[4]의 탐험 여정에 대해 무엇인가를 찾고 있거나, 퇴직을 대비한 저축에 도움이 될

---

3 (옮긴이) 원서에는 랍스터용 덫(Lobster trapping)이라고 표현하고 있으나, 개념의 이해를 돕고자 이와 유사한 표현인 '통발'로 번역하였다.

4 (옮긴이) 루이스와 클락의 탐험(Lewis and Clark Expedition): 1804년부터 1806년에 걸친 최초의 미대륙 횡단. 미국 서부 대륙 개척의 발판이 되었다.

만한 재정 계획에 대해 알고자 한다고 생각해보자. 실제로 무엇을 찾아야 할지 잘 알지 못하고, 유용한 내용을 몇 개 찾는 것 말고 더 무엇을 해야 하는지도 모르며, 어디서 더 많은 정보를 얻을 수 있는지도 모른다. 만일 물고기를 낚았다고 하더라도 그것이 무엇인지 모르기 때문에, 한 마리씩 잡는 '이상적인 낚시'는 원하지 않게 된다. 대신에, 통발 혹은 이와 유사한 것을 설치하게 되는데, 통발에 걸린 것이 무엇이건 간에 유용할 수 있다면 그것으로 충분하다. 검색 결과는 나중에 전화해서 예약 가능 여부와 대표 메뉴를 확인할 수 있는 식당 몇 개가 될 수도 있고, '클락의 일기' 디지털 버전에 대한 도서 리뷰에서부터 오레곤에 위치한 '루이스 & 클락 대학'의 정보에 이르기까지 루이스와 클락에 대한 다양한 범위의 정보 모음일 수도 있다. 이중에서 몇 가지 정보만 가지고도 만족하게 되면 나머지는 버리게 된다.

바닥 끌그물[5] 치기

특정한 주제에 대해서 검색을 할 때, 관련된 모든 정보를 다 찾고자 하는 경우가 있다. 학위논문 때문에 자료를 조사하거나, 경쟁 분석Competitive intelligence analysis을 하거나, 가까운 지인이 걸린 질환에 대해서 자료를 찾거나, 인터넷상에서 자기 이름이 몇 번이나 나오는지 검색해보는 경우가 그렇다. 이러한 경우에는, 바다의 모든 고기를 잡고 싶기 때문에 그물을 던져 잡히는 모든 고기를 끌어올린다.

전에 한 번 봤던 『모비딕Moby Dick』 다시 찾기

사용자들은 잊어버리지 않고 나중에 참조하고 싶은 정보가 있다면, 태깅tagging을 해놓고 다시 찾곤 한다. 나중에 다시 찾아보는 일을 가능하게 해주는 del.icio.us와 같은 소셜 북마킹 서비스를 사용하면 필요할 때 다시 찾아볼 수 있으므로, 일단 잡은 물고기를 바다로 다시 돌려보내 줄 수 있다.

---

5 (옮긴이) 원서에는 Indiscriminate driftnetting(무차별적인 유망 치기)로 되어 있으나 저인망이 이해하기 쉽다고 판단해 그것의 한글 표현인 '바닥 끌그물'로 번역하였다.

낚시에 대한 비유는 네 가지 전형적인 정보 니즈를 잘 설명하고 있다. 이상적인 낚시를 원할 때는, 일반적으로 무엇을 찾아야 하는지 알고 있으며, 찾고자 하는 것의 이름이나 어디서 찾을 수 있는지를 알고 있다. 이를 '알고 있는 아이템 찾기known-item seeking'라고 부른다. 예로 동료의 전화번호를 찾기 위해서 직원 명단을 검색하는 경우를 들 수 있다.

통발을 통해 몇 개의 유용한 아이템을 찾고자 하는 때는, '탐색적 검색 exploratory seeking'을 하게 된다. 이 경우, 사용자는 무엇을 찾고 있는지 명확히 알고 있지 못하다. 사실, 사용자가 이러한 사실을 인지하고 있든, 그렇지 않든 간에 검색과 탐색의 과정을 통해서 무엇인가 알고자 하는 것을 찾게 된다. 예를 들어, 사용자는 회사가 제공하고 있는 퇴직 계획에 대해서 알아보기 위해서, 회사의 인사정보 사이트를 방문할 수도 있다. 사용자는 검색을 하는 과정에서 개인퇴직금 적립계정에 대한 기초적인 정보를 접하게 되고, 이것을 알아본 후에는, 검색 방향을 또 바꿔서 단순형 상품이 좋을지 세제 혜택이 있는 상품이 좋을지 찾아볼 수도 있다. 탐색적 검색은 일반적으로 끝이 없는데, 정답에 대한 명확한 기대도 없고, 자신이 정확히 찾고 있는 것을 어떻게 표현할지 확실히 알고 있는 것도 아니기 때문이다. 사용자는 몇 개의 쓸만한 결과를 찾게 되면 만족하게 되고, 이를 다음 번 검색을 위한 발판으로 삼는다. 따라서 탐색적 검색의 종료시점을 정의하는 것이 불가능할 때도 있다.

모든 것을 찾고자 할 때는, '철저한 조사exhaustive research'를 하게 된다. 사용자는 특정 주제에 대해서 빠뜨린 것 없이 샅샅이 모든 것을 살펴보게 된다. 이 경우에, 대개 사용자는 찾고자 하는 대상을 다양한 용어로 표현할 수 있으며, 이러한 용어들을 동원해서 끈기 있게 검색하곤 한다. 예를 들어, 친구가 걸린 질환에 대해서 정보를 얻고자 하는 사람은 AIDS, HIV, 후천성 면역 결핍증 등으로 다양하게 검색을 한다. 정답이 존재하지 않는 경우, 사용자는 다른 정보 니즈의 유형들보다 끈기 있게 더 많은 정보를 수집하게 된다.

마지막으로, 사용자들은 기억 능력의 한계와 바쁜 일정으로 인해, 이전에 찾아봤던 정보를 나중에 다시 찾아보게 된다. 예를 들어, 업무시간에 잠깐 웹

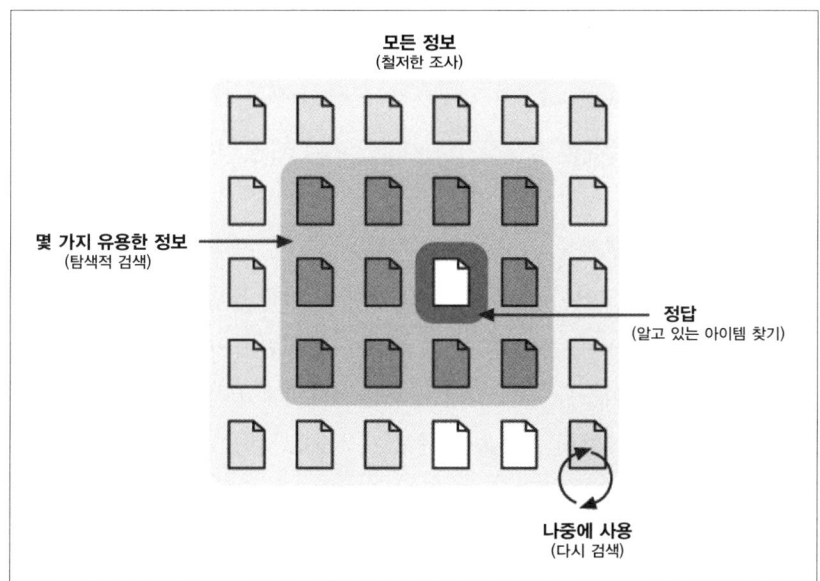

그림 3-2. 네 가지 보편적인 정보 니즈

서핑을 하다가 우연히 장고 라인하르트Django Reinhardt[6]의 기타 테크닉에 대해 장문의 훌륭한 문서를 발견하게 되었다면, 업무 때문에 당장 읽어보지 않고 나중에 다시 찾아보게 된다. del.icio.us 사용자들이 자신들의 북마크에 '읽어볼 것readme, toread' 혹은 '나중에 보기readlater'라고 태깅하는 것을 자주 발견할 수 있다.

그림 3-2는 각기 다른 4가지 정보 니즈 유형을 도식화하고 있다.

이러한 4가지 정보 니즈 유형이 절대 전부는 아니지만, 대부분 사용자들의 니즈는 여기에 속한다.

---

6 (옮긴이) Django Reinhardt: 벨기에 출신, 집시 재즈 기타리스트

3.3 정보 탐색 행위

웹사이트의 사용자들은 어떻게 정보를 찾고 있을까? 검색 시스템에 검색어를 입력하고, 링크를 따라서 탐색하거나, 이메일이나 채팅 인터페이스 등을 통해서 사람에게 도움을 청할 때도 있다. 검색, 탐색, 문의는 모두 정보를 찾는 방법이며, 정보 탐색 행위를 구성하는 기본 요소다.

정보를 찾는 데 있어서 큰 두 가지 측면이 있는데, 통합과 반복이다. 우리는 정보를 찾는 동안 종종 검색, 탐색, 문의를 한꺼번에 수행하곤 한다. 그림 3-3은 해외출장 가이드를 찾기 위해 사내 인트라넷에서 어떻게 검색하는지를 보여준다. 먼저 인트라넷 포털을 통해서 인사정보 사이트에 접근한 후, 규정 관련 페이지에 다다른다. 그런 다음 '해외 출장'이라는 문자열을 포함하는 규정을 검색한다. 만약 적절한 결과를 찾지 못하면, 규정을 담당하고 있는 사람에게 메일을 보내서 팀북투에서 1주일을 보내는 동안의 출장비가 얼마인지 물어보게 된다. 인트라넷의 정보구조는 이러한 통합적인 방식을 지원하도록 설계되어야 한다.

그림 3-3은 한 번 검색을 하는 동안에 수행되는 반복적인 과정도 함께 보여주고 있다. 대부분의 경우 원하는 것을 한 번에 찾기는 쉽지 않다. 또한 정보 니즈는 검색을 하는 과정에서 바뀌어, 새로 검색하게 되는 반복 과정을 다시 거치기도 한다. 따라서, '해외 출장 가이드'와 같이 폭넓은 주제로 검색을 시

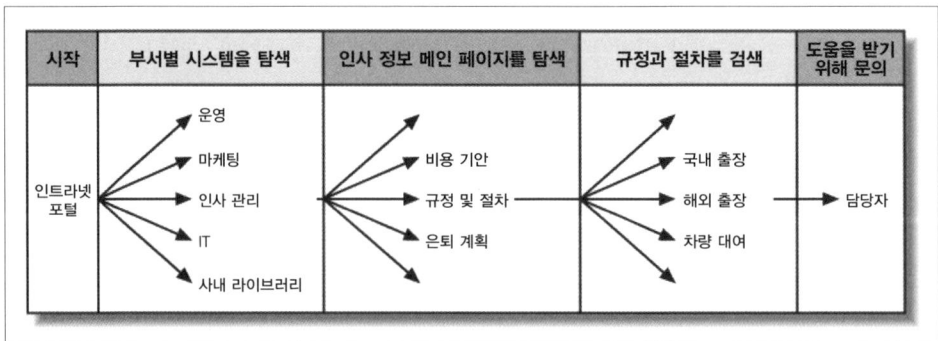

그림 3-3. 반복적으로 수행되는 통합된 형태의 탐색, 검색, 문의

작했지만, 검색 완료 시에 '팀북투에서의 권장 출장비'와 같은 특정한 정보를 찾게 되어 만족할 수 있다. 검색, 탐색, 문의의 반복 과정과 콘텐츠와의 상호작용은 무엇을 찾고 결과가 무엇인지에 크게 영향을 끼친다.

이러한 정보 탐색 행위의 다른 요소들을 한데 모아, 남부캘리포니아대학의 마샤 베이츠 박사는 '딸기 수확berry-picking' 모델과 같이 복잡한 모델을 개발했다.[7] 이 모델에서(그림 3-4) 사용자는 정보 니즈를 가지고 검색을 시작하고 정보를 요청(질의)한다. 그리고 복잡한 경로를 따라서 정보시스템 내부를 계속적으로 이동하면서, 정보의 조각(딸기)를 수집한다. 이 과정에서, 사용자는 자신이 원하는 것과 시스템에서 제공 가능한 정보가 무엇인지에 대해서 학습함으로써 정보 요청을 지속적으로 수정하게 된다.

딸기 수확 모델의 다이어그램은 '지나친 단순화' 모델보다 조금 복잡해 보

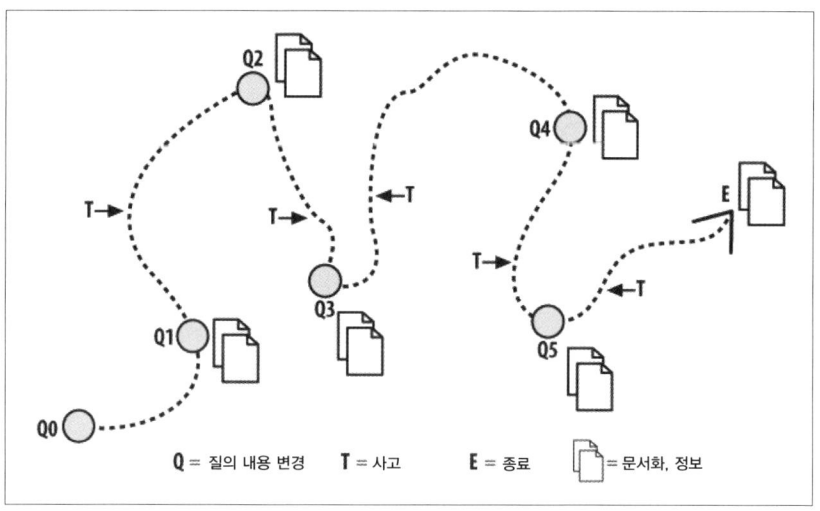

그림 3-4. 정보시스템 내부를 사용자가 어떻게 이동하는지를 보여주는 딸기 수확 모델

---

[7] 베이츠박사의 영향력 있는 논문, 「The design of browsing and berrypicking techniques for the online search interface」 (Online Review, vol.13, no.5, 1989)는 인포메이션 아키텍트라면 꼭 한번쯤은 봐야 한다. 〈http://www.gseis.ucla.edu/faculty/bates/berrypicking.html〉

(옮긴이) Marcia J. Bates: 현재는 UCLA, Graduate School of Education and Information Studies의 정보학과 교수이다.

인다. 우리의 사고방식이 대개 그렇게 복잡하기 때문에 실제로도 복잡할 수밖에 없다. 뭐, 우리가 로봇은 아니지 않는가.

구축할 사이트를 방문하는 사용자들에게서 보편적으로 딸기 수확 모델이 발견된다면, 검색과 탐색 간의 이동 경로는 쉬워야 한다. 야후!는 눈여겨볼 만한 통합적인 방식을 제공하고 있다. 그림 3-5와 같이 사용자는 탐색을 통해서 찾은 서브카테고리 내에서 검색을 할 수 있고, 그림 3-6과 같이 검색으로 찾은 카테고리를 탐색할 수도 있다.

다른 유용한 모델에는 '진주 양식pearl-growing' 모델이 있다. 사용자는 찾으려고 하는 것에 대해 이미 하나 혹은 몇 개의 적절한 문서를 가지고 검색을 시작하여, 가지고 있는 문서와 유사한 것들을 찾는다. 구글이나 다른 다양한 검색엔진들은 이러한 니즈를 만족시켜 주기 위해 특정 기능을 제공하는데, 구글에서 각 검색 결과 옆에 '유사 페이지들similar pages'이라는 기능을 보여주는 것과 같은 것이다. 비슷한 문서를 검색하는 방식은 사용자가 (유용한 문서

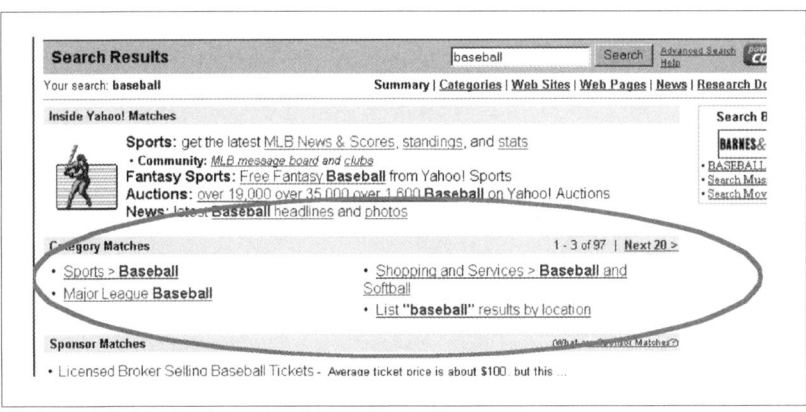

그림 3-5. 검색 후 탐색: 야후!에서 '야구(baseball)'에 대해서 검색하면 탐색을 위한 카테고리가 노출된다

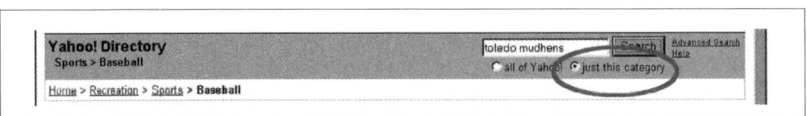

그림 3-6. 탐색 후 검색: 야후!의 카테고리들은 검색이 가능하다.

를 통해서) 동일한 키워드로 색인되어 있는 다른 문서들을 살펴볼 수 있게도 해준다. 학술적인 논문이나 인용정보가 많은 문서가 있는 사이트에서는, 가지고 있는 논문과 다른 논문들이 상호 인용하고 있기 때문에 동일한 인용 정보를 가지고 있는 다른 논문들을 찾을 수 있다. 딜리셔스Del.icio.us와 플리커Flickr는 공통 요소(이 경우, 사용자가 부여한 동일한 태그)를 가지고 있는 아이템을 탐색하도록 해주는 예제라고 할 수 있다. 이러한 구조적인 접근방법들은 모두 '유사한 것'을 찾을 수 있도록 해준다.

사내 포털이나 인트라넷은 종종 '두 단계two-step' 모델을 활용하곤 한다. 수백 개의 부속 서브사이트로 이동하는 링크로 구성된 사이트를 마주했을 때, 사용자는 먼저 원하는 정보를 어디서 찾을 것인지 알아야 한다. 디렉터리를 검색하거나 탐색해서 적절한 한두 개의 서브사이트를 찾은 다음, 다음 단계로 서브사이트 내에서 정보를 검색한다. 이 두 단계에서의 검색 행위는 근본적으로 다르다. 포털의 정보구조와 부속 서브사이트들의 정보구조는 확실히 다르기 때문이다.

3.4 정보 니즈와 정보 탐색 행위에 대한 탐구

사용자의 정보 니즈와 탐색 행위를 어떻게 밝혀낼 수 있을까? 여기서 언급하기에는 너무나 다양하고 많은 사용자 조사 방법들이 존재하기 때문에, 우리가 선호하는 검색 분석search analytic과 정황조사contextual inquiry, 두 가지만 설명하기로 한다. 검색 분석[8]은 검색 성능, 메타데이터, 내비게이션, 콘텐츠의 문제를 조사하기 위해서 사이트 내의 (대개는 검색엔진 로그데이터에 저장되어 있는) 주요 검색어search query를 리뷰한다. 검색 분석은 사용자들이 주로 무엇을 찾는지 이해할 수 있도록 해주고, 사용자들의 정보 니즈와 탐색 행위를 이해하는 데 도움을 준다. 또한 태스크 분석task analysis과 같은 다른 방식으로 활

---

[8] 검색 분석에 대해서 더 자세히 알고 싶다면, 로젠펠드(Rosenfeld)와 허스트(Hurst)가 쓴 『Search Analytics』를 참고.

용하기도 쉽다.

　검색 분석은 많은 양의 실제 사용자 데이터에 근간을 두고 있지만, 사용자와 교류를 하거나 사용자의 니즈를 직접 알아낼 수는 없다. 민족지학ethnography[9]에 뿌리를 두고 있는 정황조사contextual inquiry[10]는 사용자들이 '자연스러운' 환경과 맥락에서 정보와 어떻게 상호작용하는지 관찰할 수 있고, 왜 무엇을 하고 있는지를 물어볼 수 있기 때문에 검색 분석의 훌륭한 보완책으로 활용될 수 있다.

　활용할 만한 다른 사용자 리서치 방법들에는 태스크 분석task analysis, 설문조사survey, (많은 노력을 들여야 하는) 포커스 그룹focus group이 있다. 궁극적으로 사용자의 직접적인 반응을 접할 수 있다면 어떠한 방법이든지 활용을 고려해보도록 하고, 가능하다면 최대한 넓은 범위를 다룰 수 있도록 방법론들을 조합해서 사용하는 것이 좋다.

　마지막으로, 사용자의 주요 정보 니즈와 적절한 정보 탐색 행위를 이해하기 위해, 최선을 다하는 것이 인포메이션 아키텍트의 목표임을 잊지 말아야 한다. 사이트에서 사용자들이 실제로 무엇을 원하는지 이해하는 것은 어떤 구조적 요소들을 만들어야 하는지 정의하고 우선순위를 정하는 데 도움을 준다. 이러한 이해는 정보설계 작업을 보다 쉽게 만들어주는데, 특히 어떠한 방법으로 정보구조를 설계할지 고민하는 데 도움이 된다. 이렇게 사용자 데이터를 확보함으로써 예산, 일정, 활용 가능한 기술, 디자이너의 개인적인 성향 같이 정보설계에 자주 영향을 끼치는 요소들 간에 균형을 이루기 위한 근거 자료로 활용할 수도 있다.

9　(옮긴이) 민족지학(Ethnography): 인류학자들이 특정 민족을 연구하기 위해, 실제로 그 사회에 들어가 장기간 체류하면서 그들의 언어를 배우고 문화를 체험하던 방법론이다. 정황조사는 실제로 관찰대상(사용자)이 처한 맥락을 관찰한다는 점에서 민족학과 공통점을 가지고 있다. 한편 이 책에서 Enthnographer를 인류학자라고 번역하기도 했는데, 사전적인 의미로 본다면 민족지학자라는 표현이 옳으나 사용자를 관찰하고 발견점을 찾아내는 역할로서 기업 내에서 주로 사용자 니즈의 수집과 분석을 담당하는 면을 고려하여 좀더 의미를 쉽게 이해하도록 하기 위해서였다.

10　정황조사에 대해서 더 자세히 알고 싶다면, 베이어(Beyer)와 홀츠블랫(Holtzblatt)이 쓴 『Contextual Design: Defining Customer-Centered Systems』(Morgan Kaufmann)을 참고하라.

Information Architecture for the World Wide Web

2부 | 정보설계의 기본 원칙

Information Architecture for the World Wide Web **4**

정보구조의 구성요소

> **다룰 내용:**
> - 정보구조를 최대한 유형화하는 것이 중요하고도 어려운 이유
> - 정보구조를 하향식과 상향식 방법으로 시각화하는 데 도움이 될 만한 예
> - 정보구조를 보디 잘 이해히고 설명하기 위해, 정보구조 구성요소를 카테고라이징하는 방법

앞장에서는 개념적 관점에서 정보설계에 대해서 논의하였다. 이번 장에서는 정보구조를 쉽게 발견할 수 있고 알아볼 수 있도록 정보구조가 실제로 무엇인지에 대해 보다 구체적인 관점을 설명할 것이다. 또한 정보구조의 구성요소에 대해서도 소개하고자 한다. 구성요소는 인포메이션 아키텍트가 다루는 주요 소재이기 때문에 충분히 이해할 필요가 있다. 이에 대해서는 5장부터 9장에 걸쳐 매우 상세하게 다룰 예정이다.

4.1 정보구조의 시각화

정보구조를 시각화하는 능력이 중요할까? 여기 몇 가지 답이 있다. 첫째, 정보설계 분야가 새로운 분야이다 보니, 많은 사람들이 정보구조를 눈으로 보기 전에는 존재한다는 것을 믿지 않는 경향이 있다. 둘째, 개념적으로 정보구조의 기본 전제에 대해서 이해하고 있는 사람이라도 추상적인 분야이기 때문에 정보구조를 보거나 경험해보기 전에는 실제로 받아들이기 어렵다. 마지막으로, 잘 설계된 정보구조는 사용자 눈에 보이지 않는다. 역설적이지만 성공적인 정보설계에 따른 보상치곤 참 불공평하다.

정보구조의 실체적이지 않은 특성 때문에 모든 인포메이션 아키텍트는 어느 정도 세일즈맨이 되어야 한다. 인포메이션 아키텍트는 동료, 관리자, 잠재고객 혹은 가족이나 친구와 같이 중요한 사람들에게 정보구조를 설명해야 할 필요가 있기 때문에, 정보구조가 실제로 어떤 것인지 시각화하는 일에 관심을 가질 필요가 있다.

사이트의 메인 페이지부터 둘러보기로 하자. 그림 4-1은 미국 미네소타, 세인트 피터에 소재한 구스타프 아돌프 대학 사이트의 메인 페이지를 보여준다.

무엇이 눈에 가장 먼저 띄는가? 대부분 짧은 시간에는 사이트의 시각 디자인이 가장 눈에 띈다. 사이트의 색상(맨 처음 인지하게 된다. 사실이니 믿으라), 폰트의 타입페이스, 이미지를 인지할 수밖에 없다. 또한 사이트의 정보 디자인 측면을 인지하게 된다. 예를 들면, 페이지가 몇 단으로 나뉘어 있는지, 단의 폭은 어떤지가 눈에 띈다.

또 무엇이 있을까? 자세히 살펴보면, 사이트의 인터랙션 디자인 측면을 발견할 수 있다. 마우스오버의 사용(메뉴를 선택하기 위해 메인 메뉴 위에 마우스 포인터를 올려놓는 것)이나 '바로 가기Go Quickly To'에 있는 풀다운 메뉴나 검색 옵션과 같은 것 말이다. 대학의 로고가 두드러져 보이기는 하지만, 사이트는 '우수성Excellence' '커뮤니티Community'와 같은 텍스트를 통해서 브랜딩 메시지를 전달하고 있다. 그리고 사이트에 특별한 문제가 없다고 하더라도, 메인 페이지를 통해서 사이트에 적용된 기술적인 측면(더불어, 전문성)을 확인할 수 있다.

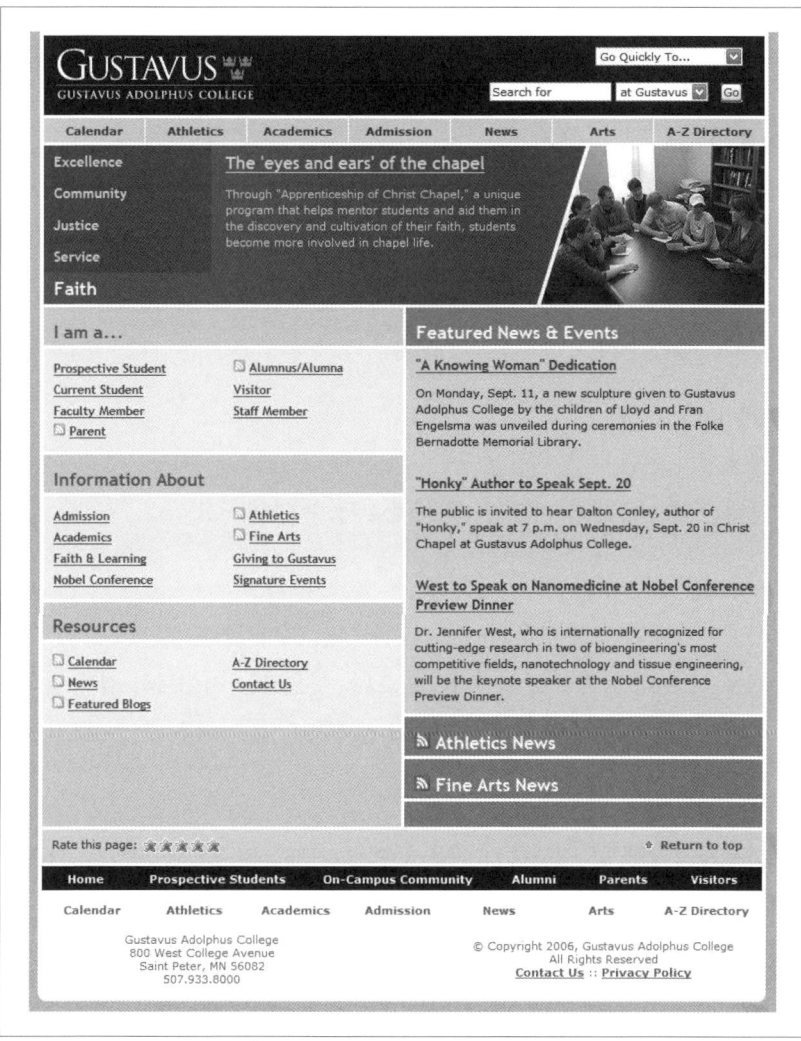

그림 4-1. 구스타프 아돌프 대학(Gustavus Adolphus College)의 메인 페이지

예를 들어, 다양한 웹 브라우저에서 메인 페이지가 제대로 로딩되지 않는다면, 디자이너가 웹 표준에 대해서 신경을 쓰지 않았다고 추론해볼 수 있다.

여기까지 확인한 것들은 모두 정보구조가 아니다. 그렇다면 어떤 것들을 정보구조라고 할 수 있을까? 겉으로 보이는 모습을 통해서 다양한 정보구조를 확인할 수 있다는 사실은 놀랄 만하다. 예를 들면, 정보는 몇 가지 기본 원칙을 통해서 구조화된다. 이는 나중에 설명하도록 하자.

조직화 시스템

사이트의 정보를 다양한 방법으로 표현한다. 대학 전반에 관련되거나(상단 바에 위치한 '학사력Calendar'과 '학과Academics' 선택 등) 사용자를 구분하는 ('예비 대학생Prospective Students' 혹은 '직원Staff Member'과 같은 사용자 선택 영역) 콘텐츠 카테고리를 예로 들 수 있다.

내비게이션 시스템

사용자의 콘텐츠 간 이동을 돕는다. '전체 디렉터리AZ Directory'나 많이 방문하는 메뉴에 대한 '바로 가기'를 예로 들 수 있다.

검색 시스템

사용자가 콘텐츠를 찾을 수 있도록 해준다. 여기서는, 기본적으로 구스타프 사이트 내 검색으로 설정되어 있으나, 사용자는 사이트의 검색 인터페이스를 통해서 학사력 검색, 디렉터리 검색 혹은 웹 검색을 할 수도 있다.

레이블링 시스템

사용자가 가능한 이해하기 쉬운 언어로 카테고리, 옵션, 링크를 서술한다. 페이지 내의 레이블 중에, 어떤 레이블(예, 입학지원Admission)은 다른 레이블(노벨 컨퍼런스Nobel Conference)보다 이해하기 쉽다는 사실을 발견할 수 있다.

그림 4-2는 이러한 정보구조의 요소들을 시각화하고 있다.

그림 4-2와 그림 4-3에서 보이는 요소는 단지 빙산의 일각에 불과하다. 하지만 이런 한 장의 스크린샷에도 많은 정보구조 요소들이 가득 차 있다! 카테고리는 사이트의 페이지와 애플리케이션들을 그룹화하고 있고, 레이블은 체계적으로 사이트의 콘텐츠를 보여주고 있으며, 내비게이션 시스템과 검색 시스템은 사이트 내의 이동에 사용되고 있다.

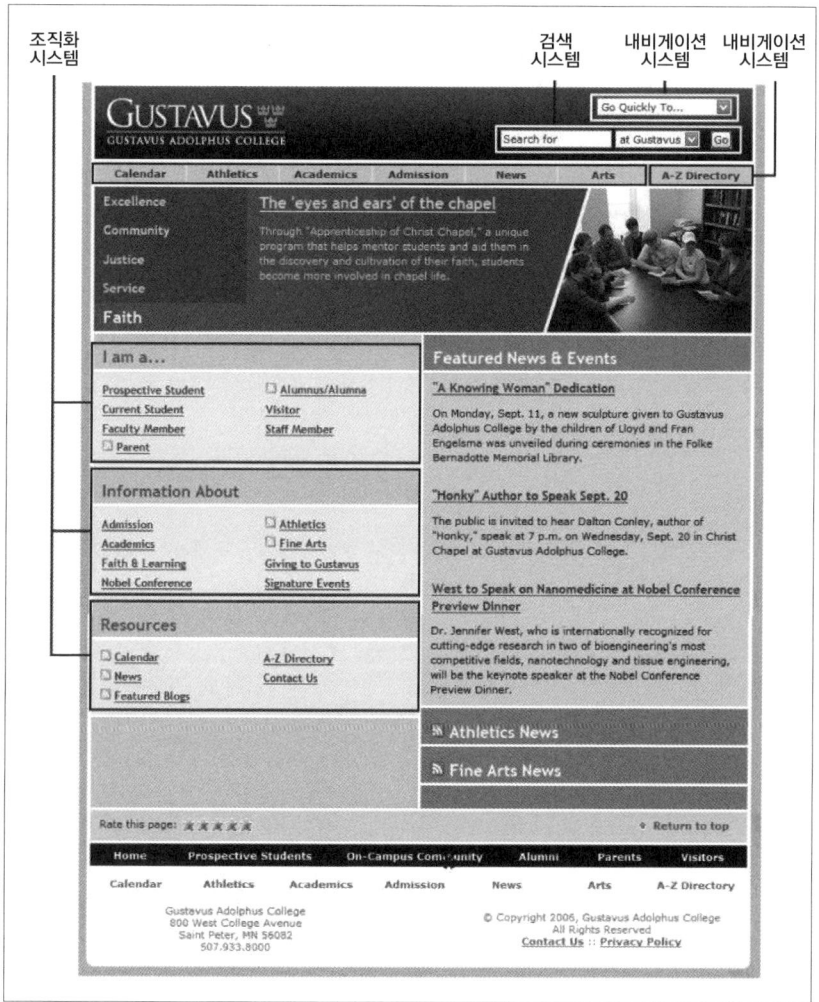

그림 4-2. 이 페이지는 정보구조의 요소들로 채워져 있다.

사실, 구스타프 메인 페이지는 '입학허가와 관련된 정보를 어떻게 찾을 수 있을까?'나 '이번 주 학교에서는 어떤 행사가 있을까?'와 같은 사용자의 주요 정보 니즈에 대응하기 위해 노력한 모습이 역력하다. 보편적인 질문을 사전에 정의하여 이들의 니즈를 해소해줄 수 있도록 사이트의 정보구조가 설계되었다. 이것을 하향식top-down[1] 정보구조라고 부르며, 구스타프 메인 페이지는

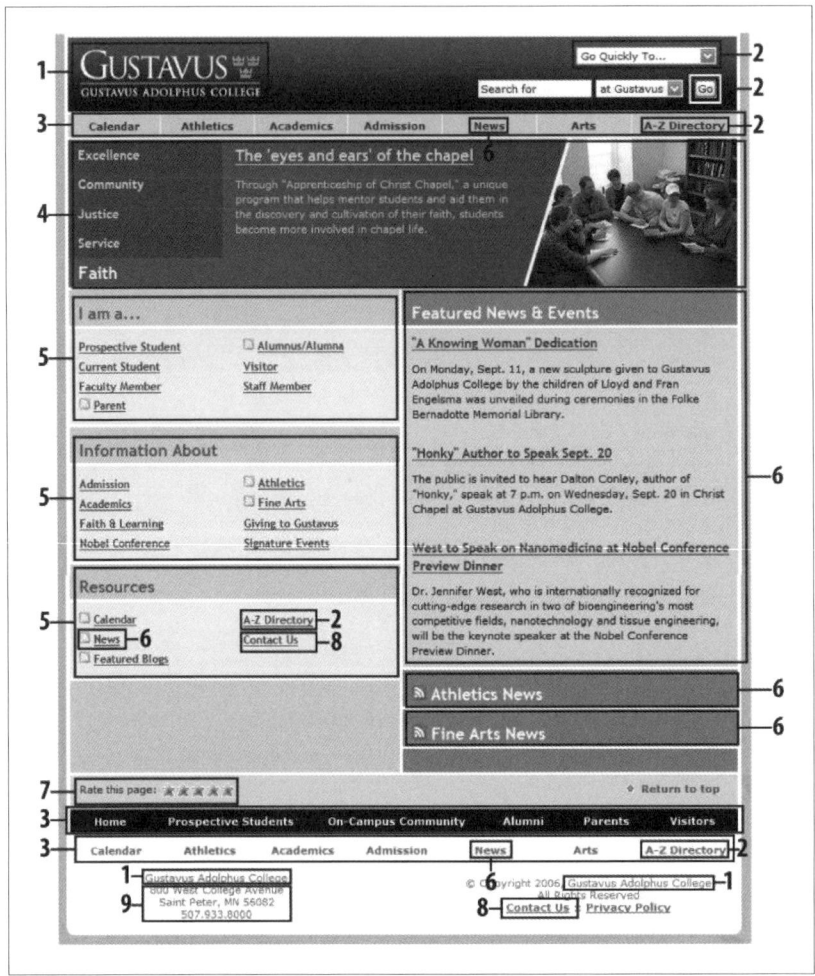

그림 4-3. 사이트 메인 페이지는 사용자들의 질문에 대한 답변으로 가득 차 있다.

사용자들이 이 사이트에 방문했을 때 문의할 만한 보편적인 하향식 질문들을 해결하고 있다.

---

1 (옮긴이) 하향식(top-down): 이 책에서는 top-down과 bottom-up 접근방식을 자주 언급하고 있는데, top-down은 사전에 정의한 개념이나 상위 개념을 프로세스의 진행에 따라 세분화/구체화시키거나, 사용자의 니즈를 예측해서(직접적으로 니즈를 수집하는 것이 아니라) 서비스를 설계하는 방식을 의미한다. bottom-up은 그 반대이다.

1. 현재 위치는 어디인가?
2. 내가 찾고자 하는 것이 무엇인지 알고 있을 때, 어떻게 찾아야 할까?
3. 이 사이트를 어떻게 둘러볼 수 있을까?
4. 이 조직에서는 무엇이 중요하고 독특한가?
5. 이 사이트에서 무엇이 가능할까?
6. 이 조직에서는 무엇이 일어나고 있는가?
7. 사이트에 대해서 나의 의견을 개진할 수 있는가?
8. 담당자와 어떻게 연락할 수 있을까?
9. 이 조직의 지리적인 주소는 어떻게 되는가?

그림 4-4는 살짝 다른 예를 보여주고 있는데, 이것은 저자 중 한 명이 딜리셔스라는 소셜 북마킹 서비스에서 기업 사용자 경험enterprise_UX과 관련된 내용을 태깅한 페이지다.

여기서는 정보구조와 콘텐츠 자체를 제외하면 다른 요소들은 거의 존재하지 않는다. 사실, 콘텐츠는 단지 다른 웹 페이지로 연결되는 링크들의 모음이고, 정보구조는 이러한 페이지들의 묶음일 뿐이다. 여기서 정보구조는 콘텐

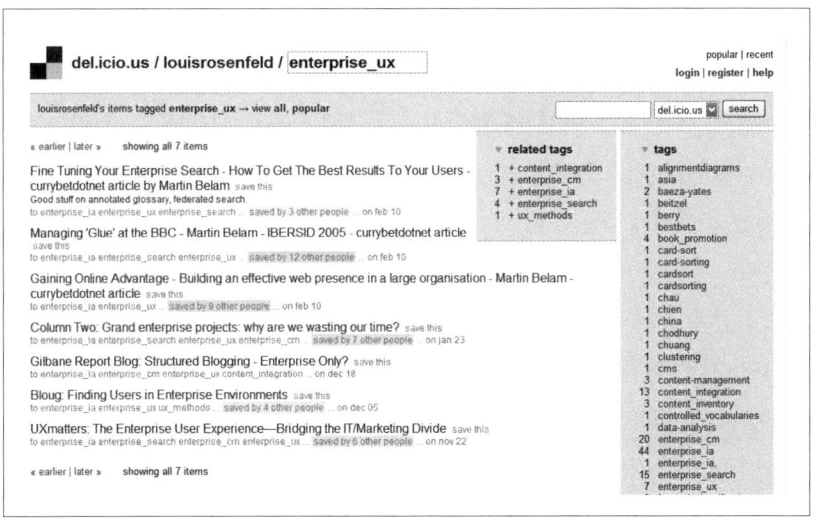

그림 4-4. 소셜 북마크 서비스, Del.icio.us에서 '기업 사용자 경험'에 대해 태깅이 된 북마크들

츠의 맥락에 대해서 설명해주고, 그것을 통해서 무엇을 할 수 있는지 알려주는 역할을 한다.

- 정보구조는 현재의 위치를 알려준다. (현 위치는 'enterprise_ux'라고 북마크에 태깅한, 사용자가 louisrosenfeld인 딜리셔스 내의 어떤 페이지다.)
- 다른 페이지, 관련 페이지(예를 들어, 이전, 다음 내비게이션으로 이동할 수 있는 페이지), 다른 태그를 사용해 북마크한 페이지로 이동하게 해준다. ('tag'나 'related tags' 하단의 태그들)
- 사이트를 계층적으로 이동하거나(예, 딜리셔스 메인 페이지나 최신 혹은 인기 높은 북마크로 이동) 맥락에 따라 이동할 수 있도록 한다. ('4명의 다른 사람들이 저장함saved by 4 other people'을 클릭하거나 동일한 태그로 페이지를 북마크한 사람들을 확인)
- 더 나은 브라우징을 위해서 콘텐츠를 제어할 수 있다. (그림에서 보여지는 것처럼, 태그를 알파벳 순서대로 보여주거나 '태그 클라우드tag cloud'로 보여줄 수 있다. 다른 다양한 설정들은 '옵션option'에서 볼 수 있다.)
- 로그인 혹은 도움말('연락처'와 '도움말')과 같은 기본서비스를 사용하기 위해서 어디로 이동해야 할지 알려준다.

여러 가지 관점에서, 딜리셔스의 페이지는 정보구조 그 자체이다.

콘텐츠 자체가 그 안에 내재된 형태로 정보구조를 가질 수도 있다. 그림 4-5는 에피큐리어스닷컴Epicurious.com의 영양 음료에 대한 요리법이다. 페이지 상단의 내비게이션 옵션 외에는 정보구조가 눈에 잘 띄지 않는다. 그렇지 않은가?

요리법은 그 자체적으로 명확하고 견고한 구조를 가지고 있으며, 상단에 요리명, 재료 목록, 그리고 요리 방법, 차림 방법으로 구성되어 있다. 이러한 정보는 관련 내용들끼리 서로 묶여 있어chunked '재료 목록' '요리 방법'이라고 제목이 달려 있지 않더라도 무엇이 무엇인지 쉽게 알 수 있다. 요리법 정보가 본래 가지고 있는 구분 방식chunking은 검색과 브라우징을 지원한다. 예를 들

그림 4-5. 에피큐리어스닷컴의 갈증해소를 위한 음료 요리법

어 사용자는 '요리명' 청크chunk[2]에서 'Salty dog'[3]을 검색을 해볼 수 있다. 그리고 이러한 청크들은 논리적인 순서에 따라 차례대로 나열된다. 마지막으로, 음료를 만들기 전에는 재료에 대해서 확인하게 된다('자몽주스를 4온스 정도 넣던가?'). 청크의 정의와 순차적인 배열은 이러한 콘텐츠를 읽기도 전에 그것이 요리법이라는 것을 알 수 있게 해준다. 또 그것이 무엇인지 알고 나면, 이 콘텐츠가 무엇에 대한 것인지, 콘텐츠를 어떻게 사용하고, 콘텐츠 간 이동을 어떻게 하고, 다른 곳으로도 어떻게 이동할 수 있는지 알게 된다.

따라서 자세히 살펴보면 정보구조가 콘텐츠의 구성 성분 안에 녹아들어

---

2 (옮긴이) chunk: 정보로서의 속성을 갖는 작은 단위의 정보 묶음. 심리학에서는 의미를 가지고 인지되는 정보의 단위를 지칭하며, 시각 디자인에서는 한눈에 묶여 보이는 시각 요소를 의미한다. 본문에서는 요리명, 재료 목록, 요리 방법, 차림 방법이 각각 하나씩의 정보 덩어리, 곧 청크라고 할 수 있다. 사람은 정보를 청크 단위로 인지하는 경향이 있다.

3 (옮긴이) Salty dog: 보드카나 진 베이스에 자몽을 넣은 칵테일. 잔의 테두리에 소금이 둘러져 있는 것이 특징이다.

있다는 것을 알 수 있다. 사실, 콘텐츠에 내재된 구조가 검색과 브라우징을 지원하기 때문에, 사용자들의 질문에 대한 답변이 자연스럽게 표면에 드러나게 된다. 이것이 상향식bottom-up 정보구조이며, 콘텐츠 구조, 순차적인 배열, 태깅은 아래와 같은 질문에 답변할 수 있도록 해준다.

- 사용자는 어디에 있는가?
- 여기에 무엇이 있는가?
- 사용자는 여기서 어디로 이동할 수 있는가?

사용자들은 점점 더 하향식 정보구조를 우회하거나 건너뛰고 있기 때문에, 상향식 정보구조는 중요하다. 사용자들은 구글과 같은 웹 검색 툴을 사용하거나, 광고를 클릭하거나, 정보 수집기[4]를 사용해서 콘텐츠를 읽고 있다가 더 자세한 내용을 찾기 위해 링크를 클릭하곤 한다. 또한 사이트로 이동하면 사이트의 하향식 구조를 어떻게 사용하는지 배우려고 하지 않고, 관련된 다른 콘텐츠로 바로 이동하고 싶어 한다. 좋은 정보구조는 이러한 사용패턴을 예견하여 디자인한 것이다. 키스 인스톤Keith Instone의 간단하고 실용적인 내비게이션 스트레스 테스트Navigation Stress Test는 상향식 정보구조를 평가하는 좋은 방법이다. 〈http://user-experience.org/uefiles/navstress〉

이제, 어떻게 살펴보면 되는지 알기만 하면 정보구조가 눈에 보인다는 사실을 알게 되었다. 그러나 정보구조는 대개 보이지 않는다는 것을 이해할 필요가 있다. 예를 들어, 그림 4-6은 BBC 웹사이트의 검색 결과를 보여준다.

검색 결과를 자세히 살펴보자. 'Chechnya'로 검색을 하면, 사이트는 다양한 검색 결과를 보여주는데 이 중 가장 흥미로운 것은 'BBC 베스트 링크'라는 레이블이 붙여진 세 개의 결과다. 예상할 수 있는 것처럼, 모든 검색 결과는 사용자가 절대 보지 못하는 소프트웨어(검색엔진)에 의해서 검색된다. 검색

---

4 (옮긴이) aggregator: 다양한 정보를 한데 모아서 보여주는 웹서비스나 웹 애플리케이션, 데스크탑 애플리케이션을 의미함. 뉴스를 한데 모아서 보여주는 웹서비스, RSS feed를 구독하게 해주는 RSS reader를 예로 들 수 있다.

그림 4-6. 3개의 'Best Link'를 포함하고 있는 BBC의 검색 결과

엔진은 사이트의 일정 부분을 인덱싱하고 검색하고, 각 검색 결과에 정보(페이지 타이틀, 발췌문, 날짜)를 보여주며, '불용어 stop word'[5]를 제거하는 방식과 같은 특정한 방법으로 검색어를 처리한다. 검색 시스템의 설정과 관련된 이러한 결정사항들이 사용자들에게 보이지는 않지만, 정보구조 설계에는 필수적인 요소들이다.

'베스트 링크' 결과가 다른 것들과 다른 점은 수작업에 의해 만들어졌다는 점이다. BBC 내부의 누군가가 'chechnya'를 중요한 용어라고 정의하였고, BBC 베스트 콘텐츠의 일부는 뉴스가 아니라 통상 빈번하게 찾는 검색 결과에서 구성하기로 정하였다. 따라서 전문 편집 인력이 'chechnya'라는 검색어

---

5 (옮긴이) 불용어: 검색엔진의 전처리 단계에서 의미를 가지는 어휘만을 추출하기 위해서 제외시키는 단어. 영어에서는 'a' 'the' 'of'와 같이 주로 관사, 전치사 등이 포함되며 한국어에서는 조사 등이 해당된다.

와 매칭되는 상위 세 개의 관련 페이지를 추려내서, 누군가 'chechnya'를 검색했을 때, 이 세 개의 정보가 노출된 것이다. 사용자는 이 검색 결과가 자동적으로 생성되었다고 생각할 수 있지만, 사실은 보이지 않는 곳에서 사람이 수작업으로 정보구조를 수정하고 있는 것이다. 이것은 보이지 않는 정보구조의 또 다른 예다.

정보구조는 내비게이션 경로를 보여주는 구조도blueprint나 시각 디자인을 보여주는 화면설계wireframe 이상이다. 정보설계 분야는 눈에 보이는 것보다 많은 것을 포함하고 있다. 정보구조의 가시적/비가시적인 측면은 인포메이션 아키텍트가 무슨 일을 하는지, 그 일이 실제로 얼마나 험난한지를 잘 설명해 준다.

4.2 정보구조의 구성요소

어떠한 구성요소들이 정보구조를 이루고 있는지 정확히 파악하기는 쉽지 않다. 사용자는 정보구조를 이루는 일부 요소들과 직접 상호작용하지만, (위에서 본 것처럼) 어떤 요소들은 화면 뒤에 감춰져 있어 사용자들은 그 존재를 알지 못한다.

다음 네 개의 장에서는, 아래와 같은 네 가지 카테고리에 따라 정보구조의 구성요소를 설명한다.

조직화 시스템
    정보를 어떻게 카테고라이징하는가. 예, 주제별 혹은 시간 순으로 카테고라이징. 5장에서 소개.

레이블링 시스템
    정보를 어떻게 표현하는가. 예, 학술 용어(에이서Acer[6]) 혹은 일반 용어(단풍

---
6 (옮긴이) acer : 단풍나무 종의 학명

나무maple). 6장에서 소개.

내비게이션 시스템
> 정보를 어떻게 탐색하고, 정보와 정보 사이를 어떻게 이동하는가. 예, 계층구조 클릭을 통해 탐색. 7장에서 소개.

검색 시스템
> 정보를 어떻게 찾는가. 예, 검색어를 기준으로 데이터베이스를 조회. 8장에서 소개.

여느 카테고라이징 기준과 마찬가지로, 위에서 나눈 카테고리들은 논란의 여지가 있을 수 있다. 예를 들어, 조직화 시스템과 레이블링 시스템을 구별해내기는 쉽지 않다. (힌트: 콘텐츠를 그룹으로 조직화한 다음, 각 그룹에 레이블을 붙이면 각 그룹을 다양한 방법으로 레이블링할 수 있다.) 이런 경우, 새로운 방법으로 대상을 그룹핑하는 것이 유용할 수 있다. 그래서 위의 시스템들에 대해서 상세하게 살펴보기 전에, 정보구조 구성요소를 카테고라이징하는 다른 방법을 소개하고자 한다. 이 방법을 통해 정보구조를 브라우징 도구, 검색 도구, 콘텐츠와 태스크, '보이지 않는' 요소로 나눌 수 있다.

4.2.1 브라우징 도구

이 구성요소는 사이트를 내비게이션하려는 사용자에게 사전에 정의된 경로를 제공한다. 사용자는 검색을 사용하는 대신, 메뉴와 링크를 통해서 이동 경로를 찾을 수 있다. 브라우징 도구는 아래와 같은 유형들을 포함한다.

조직화 시스템 Organization system
> 사이트의 콘텐츠를 카테고라이징하고 그룹핑하는 주된 방법(예, 주제별, 태스크별, 사용자별, 연대별). 분류taxonomy 혹은 계층구조hierarchy라고도 불린다. (사용자가 만든 태그 기반의) 태그 클라우드 또한 조직화 시스템의 한 가지 형태다.

사이트 전체 내비게이션 시스템 Site-wide navigation system
사용자의 현재 위치나 사이트 내부 어디로 이동할 수 있는지 알려주는 주요 내비게이션 시스템. (예, 이동 경로 표시[7])

로컬 내비게이션 시스템 Local navigation system
사이트의 일부 영역에서 사용자가 어디에 있고, 어디로 이동할 수 있는지 알려주는 주요 내비게이션 시스템(즉, 서브사이트).

사이트 맵/목차 Sitemaps/Tables of content
주요 내비게이션을 보완하는 내비게이션으로, 사이트 내부의 주요 콘텐츠 영역이나 서브사이트에 대해 요약된 정보와 링크를 제공함. 대개 차례와 같은 형태를 가지고 있음.

사이트 인덱스 Site index
사이트 콘텐츠의 링크를 알파벳 순서로 제공하는 보조 내비게이션 시스템.

사이트 가이드 Site guide
특정 주제에 대한 특화된 정보를 제공하고, 사이트 콘텐츠 중 관련된 부분에 대해 링크를 제공하는 보조 내비게이션 시스템.

사이트 마법사 Site wizard
사용자를 일련의 순차적인 단계를 통해 이동하도록 유도하는 보조 내비게이션 시스템으로, 사이트 콘텐츠 중 관련된 부분에 링크를 제공할 수도 있음.

컨텍스추얼 내비게이션 시스템 Contextual navigation system
관련된 콘텐츠에 대해 일관되게 제공되는 링크. 대개 텍스트 내부에 삽입되고, 일반적으로 사이트 내의 매우 특별한 콘텐츠로 연계하는 데 사용됨.

---

7 (옮긴이) 이동 경로 표시: bread crumb, 동화 '헨델과 그레텔'에서 길을 잃지 않기 위해서 빵 부스러기를 흘렸다는 데서 유래한 용어. 쇼핑몰 사이트에서 '영상/음향가전>TV>평면TV'와 같이 현재의 위치를 계층구조 형태로 알려주는 내비게이션 도구.

4.2.2 검색 도구

이 구성요소는 사용자가 정의한 질의(예, 검색)를 가능하게 하고, 자동으로 질의에 매칭되는 커스터마이즈된 결과를 보여준다. 브라우징 도구에 비해 동적이고 (일반적으로) 자동화된 도구라고 생각할 수 있다. 검색 구성요소들은 아래와 같은 유형들을 포함한다.

검색 인터페이스 Search interface

검색어를 입력하고 수정할 수 있는 도구. 일반적으로 재검색하는 방법과 검색 옵션을 설정하는 방법들에 대한 설명을 제공.(예, 특정 검색 영역을 선택)

질의 언어 Query language

검색어의 문법. 질의어에는 불린 연산자(예, AND, OR, NOT), 인접 연산자(예, ADJACENT, NEAR) 혹은 검색 필드를 명시하는 방법(예, AUTHOR= 'Shakespeare')들이 포함된다.[8]

질의 생성기 Query builder

질의의 결과를 향상시키는 방법. 보편적인 예로 맞춤법 검사, 원형 복원, 개념 검색, 시소러스를 통한 동의어 추출을 들 수 있다.

검색 알고리즘 Retrieval algorithm

어떠한 콘텐츠가 사용자의 질의에 매칭되는지 결정하는 검색엔진의 한 부분. 구글의 페이지랭크PageRank는 가장 잘 알려진 검색 알고리즘이다.

검색 영역 Search zone

상세 검색을 지원하기 위해서 개별적으로 인덱싱이 된 사이트 콘텐츠의 일부분. (예, 소프트웨어 판매 사이트에서 기술지원 검색)

---

[8] (옮긴이) 불린(boolean) 검색: 연산자를 통해 조건을 부여하는 방법, A와 B를 동시에 포함하는 결과(A AND B), A 혹은 B를 포함하는 결과(A OR B), A를 포함하지 않는 결과(NOT A). 인접(proximity) 검색: 검색어들이 얼마나 가깝게 사용되었는지를 정의하여 검색하는 방법.

검색 결과 Search result

사용자의 질의에 매칭되는 콘텐츠를 시각적으로 보여주는 것. 어떤 종류의 콘텐츠로 각 검색 결과를 구성할지, 얼마나 많은 결과를 보여줄지, 어떤 기준에 의해 정렬되고 묶여서 어떤 순서대로 보여줄지에 대한 결정이 필요하다.

4.2.3 콘텐츠와 태스크

사용자가 목적을 달성하도록 도움을 주는 다른 구성요소들과는 달리, 이 요소는 사용자가 가고자 하는 궁극적인 목적다. 하지만 정보구조로부터 콘텐츠와 태스크를 분리해내는 것은 어렵다. 왜냐면 구성요소들이 콘텐츠와 태스크에 내재되어 있기 때문이다. 콘텐츠와 태스크에 내재된 정보구조 요소들은 아래와 같다.

제목 Heading

콘텐츠 내용을 아우르는 레이블.

임베디드 링크 Embedded link

텍스트에 걸린 링크. 링크하고 있는 콘텐츠를 레이블링함.

임베디드 메타데이터 Embedded metadata

메타데이터로 사용될 수 있으나, 먼저 추출이 되어야 하는 정보. (예, 요리법에서 요리 재료가 언급되었으면, 이러한 정보는 재료별 검색을 위해서 인덱싱될 수 있음)

청크 Chunk

콘텐츠의 논리적인 단위. 다양한 수준의 단위로 정의될 수 있음(예, 섹션과 챕터는 모두 청크임). 그리고 한데 묶일 수 있음(예, 섹션은 책의 한 부분임).

목록 List

청크들이나 청크에 걸린 링크들의 그룹. 하나로 그룹핑되고(예, 몇몇 공통점을 가짐) 특정 순서로 표현되기(예, 시간순) 때문에 중요함.

순차 도구 Sequential aid
사용자가 진행하고 있는 프로세스나 태스크에서 현재의 단계나 완료를 위해서 앞으로 얼마나 더 진행해야 하는지(예, 8단계 중 3단계) 알려주는 단서.

식별자 Identifier
사용자가 사용하고 있는 정보시스템이 무엇인지 알려주는 단서. (예, 어떠한 사이트를 사용하고 있는지 알려주는 로고, 사이트 내 어디에 있는지 알려주는 이동 경로 표시)

4.2.4 '보이지 않는' 요소

일부 핵심적인 정보구조 구성요소는 명백하게 눈에 보이지 않기 때문에, 사용자들은 이러한 요소들과 거의(일부 있기는 하지만) 상호작용하지 않는다. 이런 요소들은 검색어를 보강하기 위해 사용되는 시소러스처럼, 대개 다른 구성요소에 정보를 제공한다. 보이지 않는 정보구조 구성요소의 예는 아래와 같다.

통제어휘집과 시소러스 Controlled vocabulary and thesaurus
특정 산업군(예, 자동차 경주 혹은 정형외과)을 설명하기 위해서 주로 사용되는 용어를 사전에 정의한 어휘집. 일반적으로 변형어를 포함함(예, 'brewskie'는 'beer'의 변형어). 시소러스와 통제어휘집은 일반적으로 상위어, 하위어, 관련어에 대한 링크와 우선어에 대한 정의('범위 주기 scope note'라고도 부름)를 포함한다. 검색 시스템은 통제어휘집에서 검색어에 대한 동의어를 추출함으로써 검색 결과의 질을 높인다.

검색 알고리즘 Retrieval algorithm
연관도를 통해 검색 결과를 배치하는데 사용됨. 검색 알고리즘은 연관도 정의에 있어 개발자의 판단을 반영함.

최적의 추천 Best bet

검색어에 대해서 수작업으로 매칭되는 우선순위가 높은 검색 결과. 편집자와 주제별 전문가는 어떠한 검색어가 최적의 추천을 보여줄지 정의하고 어떠한 문서가 검색 결과로 적합할지 결정함.

정보구조의 구성요소들을 카테고라이징하는 방법이 무엇이건 간에, 카테고라이징 해보는 것은 정보구조의 추상적인 개념을 넘어 정보구조를 심층적으로 들여다보는 데 도움이 되고, 보다 실체적이고 (경우에 따라) 가시적인 측면과 친숙해지는 데 도움이 된다. 이어지는 장에서는 정보구조의 상세한 구성요소에 대해서 보다 자세하게 살펴보도록 하자.

Information Architecture for the World Wide Web **5**

조직화 시스템

모든 이해는 분류로부터 시작한다.
— 헤이든 화이트Hayden White

다룰 내용:
- 정보조직화를 어렵게 만드는 주관적 접근, 정치적 이슈 그리고 그밖의 이유
- 정보를 조직화하는 명확한 체계와 모호한 체계
- 계층적 구조, 하이퍼텍스트 구조, 관계형 데이터베이스 구조
- 폭소노미, 태깅, 사회적 분류

세상에 대한 이해는 정보를 조직화하는 능력에 의해 크게 좌우된다. 어디에 살고 있는가? 무슨 일을 하는가? 당신은 누구인가? 이 질문에 대해 답을 하다 보면 우리가 속해 있는 사회의 분류 시스템을 알 수 있게 된다. 우리는 국가 안에 있는, 주states 안에 있는, 도시에 살고 있다. 우리는 특정 산업 분야에서, 회사에서, 부서에서 근무하고 있다. 우리는 가계도를 구성하는 일원으로서 부모이자 자녀이고 형제이다.

조직화는 이해하게 해주고, 설명하게 해주고, 조작하게 해준다. 분류 시스

템은 본질적으로 사회적, 정치적 관점과 목적을 반영한다. 우리는 제1세계[1]에 살고 있으며, 그들은 제3세계에 살고 있다. 그녀는 자유의 투사이고, 그는 테러리스트이다. 정보를 조직화하고, 레이블을 부여하고, 관계를 정의하는 방법은 정보를 이해하는 방법에 영향을 끼친다.

인포메이션 아키텍트는 정보를 조직화하여, 사람들이 질문에 대한 적절한 답을 찾을 수 있도록 해주어야 한다. 또, 인포메이션 아키텍트는 사용자들의 일상적인 정보 탐색과 직접적인 검색을 지원할 수 있도록 노력하며, 사용자가 이해하기 쉬운 조직화 시스템과 레이블링 시스템을 설계해야 한다.

웹상의 정보구조는 조직화하기에 매우 유동적인 환경을 가지고 있다. 인쇄 매체가 가지고 있는 물리적인 제약을 벗어나, 동일한 콘텐츠에 복수의 조직화 시스템을 적용할 수 있다. 그래서 많은 대규모 웹사이트들이 내비게이션하기 어려운 것일까? 그래서 대규모 사이트를 설계하는 사람들은 정보를 쉽게 찾을 수 있게 만들지 못하는 것일까? 이러한 보편적인 질문들은 정보를 조직화하는 데 겪게 되는 매우 현실적인 어려움을 나타내고 있다.

5.1 정보조직화의 어려움

최근 몇 년 간, 정보조직화의 어려움에 대한 관심이 증가하고 있지만, 이것은 비단 어제오늘의 문제가 아니다. 사람들은 수세기 동안 정보조직화의 어려움과 씨름해오고 있다. 문헌정보학 분야는 정보를 조직화하고 열람하는 태스크에 대해서 많은 노력을 기울여왔다. 그런데 왜 이렇게 문제가 많은 걸까?

엉터리처럼 들릴지 모르지만, 우리는 모두 문헌정보학자라고 할 수 있다. 모든 사람들이 문헌정보학자로 탈바꿈하고 있는 이 혁명 같은 상황은 글로벌 인터넷의 분산된 권력에 의해, 조용하지만 강력하게 추진되고 있다. 얼마 전까지만해도 정보를 레이블하고, 조직화하고, 열람하는 권한은 명확하

---

1 (옮긴이) 제1세계(the first world) : 비공산권의 선진국. 미국, 서유럽 국가 등

게 문헌정보학자의 영역에 속해 있었다. 문헌정보학자들은 듀이십진분류법 Dewey Decimal Classification이나 앵글로 아메리칸 카탈로깅 규칙Anglo-American Cataloging Rules 같은 생소한 언어로 대화를 했었다. 문헌정보학자들은 사용자들이 원하는 정보를 찾을 수 있도록 정보를 분류하고, 카탈로깅하는 방법으로 도움을 주었다.

인터넷이 성장함에 따라, 인터넷은 정보를 조직화하는 책임을 나날이 일반

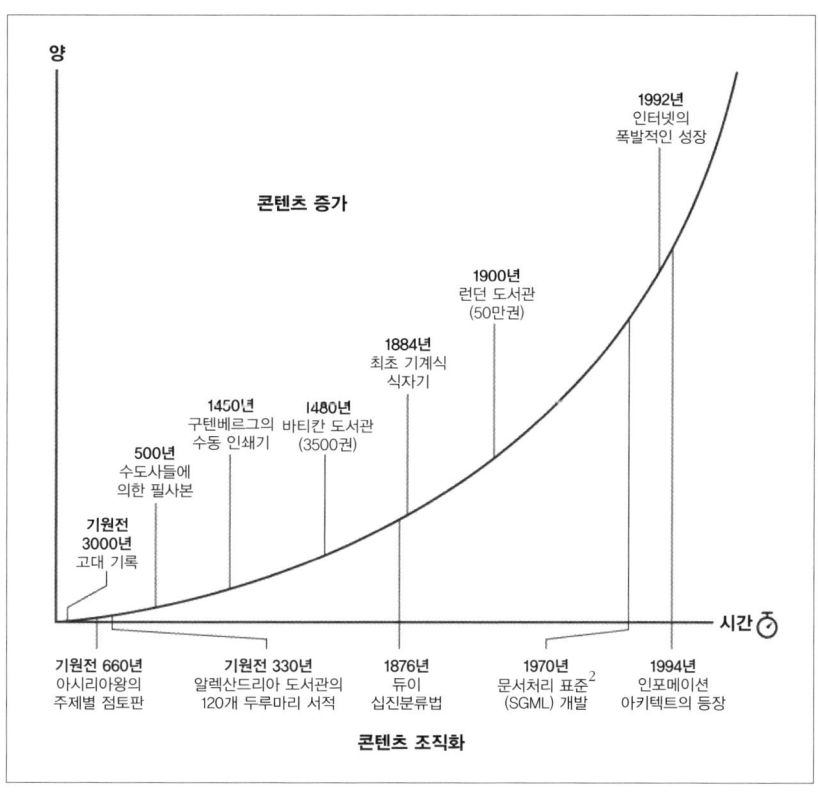

그림 5-1. 콘텐츠 증가로 인한 콘텐츠 조직화의 혁신

---

2 (옮긴이) SGML(Standard Generalized Markup Language): 국제표준화기구(ISO)에서 정의한 문서처리 표준으로, 문서가 어떠한 시스템 환경에서도 정보의 손실 없이 처리가 가능하도록 하는 것을 목적으로 함. 1960년대에 IBM에서 개발한 GML(Generalized Markup Language)의 후속으로 개발되었다.

사용자에게 이양하고 있다. 오늘날 얼마나 많은 기업 웹사이트가 존재할까? 얼마나 많은 블로그가 존재할까? 내일은 어떨까? 인터넷이 정보를 발행할 수 있는 자유를 제공함에 따라, 정보를 조직화하는 책임은 사용자에게도 지워지고 있다. 새로운 정보기술은 기하급수적인 콘텐츠 증가의 물꼬를 텄고, 이러한 현상은 콘텐츠 조직화에 있어서 혁신을 필요로 하게 되었다.

정보의 범람으로 인한 문제에 봉착하고 있다는 사실을 수긍하기 어렵다면, 버클리에서 진행했던 훌륭한 연구사례[3]를 살펴보도록 하자. 이 연구는 세계가 매년 1~2엑사바이트의 고유한 정보를 생산하고 있다고 언급하고 있다. 엑사바이트는 십억 기가바이트에 해당하는 양으로(0이 18개), 이러한 산더미 같은 정보의 증가는 사람들을 언제나 바쁘게 만든다.

이런 문제로 토론하다 보면, 자신도 모르는 사이에 문헌정보학자들의 언어를 차용하고 있다는 걸 눈치챌 수 있다. 우리가 차용할 수 있는 분류 체계는 무엇일까? 누가 모든 정보를 카탈로깅할 것인가?

우리는 엄청나게 많은 사람들이 자신의 정보를 발행하고 조직화하는 세상으로 나아가고 있다. 우리가 정보를 만들게 됨에 따라, 정보를 조직화하는 데 있어서의 어려움은 점점 더 중요하게 인식되고 있다. 그렇다면, 유용한 방법으로 정보를 조직화하는 것이 왜 이렇게 어려운지 살펴보도록 하자.

5.1.1 모호성

분류 시스템은 언어를 기반으로 만들어진다. 단어는 한 가지 이상의 의미를 가질 수 있기 때문에 언어는 모호한 성질ambiguity을 가지게 된다. 예를 들어, 'pitch'라는 단어에 대해서 생각해보자. pitch라는 단어를 들었을 때, 무슨 뜻을 생각했는가? pitch는 아래에 나열된 뜻을 포함해 15가지 이상의 뜻을 가지고 있다.

---

3 「How Much Information?」이라는 이 연구는 UC 버클리의 정보 관리시스템 대학원(School of Information Management and Systems)의 교수와 학생들에 의해 진행되었다.

- 던지다, 팽개치다, 던져주다
- 방수를 위해서 사용하는 검정색의 끈끈한 물질
- 풍랑에 뱃머리와 고물(배의 뒷부분)이 흔들림
- 세일즈맨의 설득력 있는 한 마디
- 진동주기라고 정의되는 소리의 구성요소 중 하나

언어의 모호성은 분류 시스템의 근간을 흔들어버리는 결과를 가져올 수 있다. 특정 단어를 카테고리의 레이블로 사용했을 때, 사용자가 이를 오해할 수 있는 위험성이 존재하기 때문이다. 언어의 모호성은 심각히 고려해야 할 문제다.

더 어려운 것은, 레이블과 그 의미가 일치하도록 정의하는 것뿐만 아니라 어떠한 문서를 어떠한 카테고리에 배치할지 정하는 것이다. 예를 들어, 토마토를 생각해보자. 웹스터Webster 사전의 정의에 따르면, 토마토는 "색깔이 빨갛거나 누렇고, 과육과 액즙이 많은 과일이며 채소로 사용된다. 식물학적으로는 딸기류와 같이 장과漿果로 분류된다." 토마토는 과일일까? 채소일까? 아니면 딸기류일까?[4]

토마토 분류와 마찬가지로, 웹사이트 콘텐츠를 분류하는 데 발생할 수 있는 어려움에 대해 생각해보자. 분류 작업은 주제, 문제, 기능과 같은 추상적인 개념을 조직화할 때 특히 더 어렵다. 예를 들어, '대체 의학alternative healing'과 같은 주제는 철학, 종교, 건강과 의약 중 어디에 속하는 걸까? 아니면 이 모든 분야에 속하는 걸까? 단어word와 구문phrase을 통해 조직화하는 것은 언어 본래의 모호성으로 인하여 실제로 매우 큰 위험성을 안고 있다.

---

4 토마토는 1893년에 미국 연방대법원이 채소라고 정의했지만, 과학적으로 봤을 때는 딸기류이자 과일이라고 할 수 있다. 그 당시 의회는 수입 채소에 대한 10% 관세 부과 문제로 서인도에서 토마토를 수입하는 존 닉스(John Nix)를 기소하였다. 닉스는 토마토가 과일이라고 주장하였으나, 법원은 토마토는 과일처럼 후식으로 소비되기보다는 채소처럼 음식으로 소비되어왔기 때문에 채소라고 판결을 내렸다. "Best Bite of Summer", 데니스 그래디(Denise Grady), 1997년 7월.

5.1.2 이질성

이질성heterogeneity은 서로 연관이 없거나 동일하지 않은 것들로 구성된 사물이나 사물의 모음에서 찾아볼 수 있다. 채소, 고기 그리고 뭔지 모를 다양한 재료들이 이질적으로 섞여 있는, 할머니가 만들어주는 수프를 생각해볼 수도 있다. 이질성과 반대되는 개념에는 동질성homogeneous이 있으며, 비슷하거나 동일한 아이템으로 구성된 사물에서 찾아볼 수 있다. 예를 들어, 리츠 크래커[5]는 동질성을 가지고 있다. 모든 크래커는 똑같이 생겼고, 맛도 똑같다.

오래된 도서관의 도서 카드는 비교적 동질성을 갖추고 있어 책들을 정리하고 찾을 수 있도록 해준다. 그러나 책 속의 내용을 찾거나, 관련 도서나 시리즈물을 한 번에 찾을 수는 없다. 잡지나 비디오를 찾기도 어렵다. 도서 카드는 구조화된 분류 시스템을 감안하여 동질성을 갖도록 설계되었기 때문이다. 각 도서들은 도서 카드에 기록되고, 각 기록들은 저자, 제목, 주제와 같은 동일한 정보 항목들을 가지고 있다. 이것은 상위 레벨의 단일 매개 시스템single-medium system으로는 매우 유용하다.

다른 한편, 대부분의 웹사이트는 다양한 측면에서 매우 이질적인 모습을 가지고 있다. 예를 들어, 웹사이트들은 대개 다양한 수준의 입자성granularity[6]을 가진 문서와 문서의 내용을 보여준다. 웹사이트는 기사, 간행물, 간행물의 데이터베이스를 나란히 보여주기도 하고, 링크를 통해서 페이지나 페이지의 섹션으로 이동할 수도 있다. 더욱이, 웹사이트는 문서를 다양한 포맷으로 제공하기 때문에, 웹사이트에는 경제뉴스, 제품 설명, 직원들의 홈페이지, 이미지 모음, 소프트웨어 파일들이 한데 섞여 있다. 동적으로 퍼블리싱되는 뉴스 콘텐츠는 고정적으로 배치된 인물 정보 옆에서 보이기도 하고, 텍스트 정보는 비디오, 오디오, 인터랙티브한 애플리케이션 옆에서 보이기도 한다. 웹사

---

5 (옮긴이) Ritz cracker: 미국의 크래프트 푸드 사(Kraft Foods)의 과자 브랜드
6 (옮긴이) varying levels of granularity: 입자성은 어느 수준까지 물체를 분리할 것인가(얼마나 고운 입자를 만들 것인가)를 정의하는 기준이라고 이해할 수 있다. 본문에서는 문서를 구성하는 계층구조에서 다양한 수준을 의미한다. 가령 문서가 장>단락>문장>단어로 구성되어 있다면, '장'의 수준에서 문서를 보여주기도 하고 '단락'이나 '단어' 수준에서도 문서를 보여주기도 한다는 의미이다.

이트는 멀티미디어들이 한데 녹아 있는 거대한 용광로와 같아서, 다양한 매체들의 상세한 수준을 서로 조화시키는 데는 어려움이 있다.

웹사이트의 이질적인 특성 때문에, 콘텐츠에 단일 구조의 조직화 시스템을 적용하는 것은 어렵다. 일반적으로, 일상에서는 문서를 다양한 입자성의 수준에서 분류해서 나란히 배치하는 것은 말도 안되는 일이지만, 기사나 잡지는 다르게 취급되어야 한다. 마찬가지로, 다양한 포맷은 각 포맷들이 고유하게 가지고 있는 중요 특성에 따라 다르게 취급되어야 한다. 예를 들어, 이미지는 파일포맷(GIF, TIFF 등)과 크기(640X480, 1024X768 등) 정보를 가지고 있다. 이질적인 웹사이트 콘텐츠들을 조직화할 때, '한 가지 형식을 모든 곳에 적용하는 방식one-size-fits-all'은 어렵기도 하거니와 실패하기 쉽다. 이것이 바로 많은 기업에서 사용하고 있는 분류 체계가 가진 기본적인 결점이다.

5.1.3 관점의 차이

함께 일하는 동료의 데스크탑 컴퓨터에서 파일을 찾으려고 해본 적이 있는가? 그러려면 아마도 접근 권한이 필요하거나, 혹은 낮은 수준의 스파이 짓을 해야 할 수도 있다. 어느 경우든, 원하는 파일을 찾아야 한다. 어떤 경우에는 원하는 파일을 바로 찾을 수 있지만, 또 어떤 경우에는 파일을 찾느라 몇 시간을 허비할 수도 있다. 사람들이 파일이나 디렉터리의 이름을 짓는 방법은 지나칠 정도로 비논리적인 경우가 많다. 하지만, 파일이나 디렉터리를 만든 사람은 자신들이 만들어놓은 조직화 체계가 이해하기 쉽다고 우기곤 한다. "그렇지만, 매우 직관적인데! 최근 제안서를 /office/clients/green에 저장해 놨어. 예전 제안서는 /office/clients/red라는 폴더에 있고. 왜 못 찾는지 이해할 수가 없다구!"[7]

사실 레이블링과 조직화 시스템은 만드는 사람의 관점을 많은 부분 반영

---

[7] 실제로 폴더나 파일 이름을 짓는 행위는 매우 복잡하다. 개인의 니즈, 관점, 행동이 시간이 지남에 따라서 바뀌기 때문이다. 문헌정보학과 정보학 분야의 연구는 정보 모델의 복잡한 특성을 다루곤 한다. 다음과 같은 연구를 그 예로 들 수 있다. 「Anomalous States of Knowledge as a Basis for Information Retrieval」, 벨킨(N.J. Belkin), Canadian Journal of Information Science, 5, 1980.

한다.[8] 기업의 웹사이트는 내부 조직이나 조직도에 따라 구성되어, 마케팅, 세일즈, 고객지원, 인사관리, 정보시스템과 같은 그룹들을 가지곤 한다. 자신이 구매하고자 하는 제품사양이 무언지 알고 싶어서 웹사이트에 방문한 고객은 어느 페이지를 방문해야 할까? 사용하기 편리한 조직화 시스템을 설계하기 위해서는 콘텐츠 레이블과 조직화에 관해 우리가 가지고 있는 멘탈모델에서 벗어날 필요가 있다.

실질적인 통찰을 얻기 위해서 사용자 조사와 분석 방법을 복합적으로 사용해볼 수 있다. 사용자들은 정보를 어떻게 그룹핑할까? 어떤 유형의 레이블을 사용할까? 어떻게 내비게이션을 사용할까? 웹사이트는 다양한 사용자들을 위해 만들어졌고, 그 사용자들이 정보를 이해하는 방법 또한 다양하다는 사실은 이러한 문제를 더욱 어렵게 만든다. 회사나 웹사이트에서 보이는 콘텐츠에 대한 친숙도는 사용자에 따라 천차만별이다. 이러한 이유 때문에, 대규모의 사용자 조사를 수차례 하더라도 완벽한 조직화 시스템을 만드는 것은 불가능하다. 단일 사이트로는 모든 사용자를 만족시킬 수 없을 수도 있다. 그러나, 관점의 중요성에 대해 잘 이해하고 사용자 조사와 테스트를 통해 사용자에 대해서도 이해하려는 노력을 계속 해나가면서 다양한 내비게이션 경로를 제공하는 설계를 한다면, 대중적인 소비를 위한 정보조직화를 보다 잘 이룰 수 있다. 이런 방법을 통해 접근하면 위에서 말한 동료가 자신의 데스크탑 컴퓨터에서 파일이나 폴더를 조직화했던 것보다 훨씬 나은 결과를 가져올 수 있다.

5.1.4 조직 내부의 정치

어느 조직에나 정치는 존재한다. 개인이나 조직은 영향력과 상호관계에 있어 끊임없이 유리한 입장에 서려고 한다. 정보조직화는 정보의 이해와 이에 대한

---

8 이 연구는 사람들이 자신의 책상이나 사무실 공간을 정리하는 색다른 방법들을 보여준다. 「How Do People Organize Their Desks? Implications for the Design of Office Information Systems」 말론 (T.W. Malone), ACM Transactions on Office Information Systems 1, 1983

의견을 형성하는 데 본질적으로 강한 영향을 끼치기 때문에, 웹사이트나 인트라넷의 정보구조를 설계하는 작업은 정치적인 압박을 강하게 받기 마련이다. 정보를 어떻게 조직화하느냐, 레이블링하느냐는 웹사이트의 사용자가 회사, 부서, 상품을 이해하는 데 강한 영향을 끼친다. 예를 들자면 다음과 같다. 회사 인트라넷의 메인 페이지에 도서관 사이트로 이동하는 링크를 포함시켜야 할까? 이 영역에 다른 부서에서 가져온 정보들도 보여줄 필요가 있을까? 메인 페이지에 도서관 사이트로 이동하는 링크를 제공한다면, 기업 커뮤니케이션이나 뉴스에 대한 링크도 제공하는 것은 어떨까?

인포메이션 아키텍트는 조직의 정치적인 상황에 민감해야 한다. 한편으로는 사용자가 사용하기 편리한 정보구조를 설계하는 데 집중해야 하지만, 다른 한편으로는 심각한 정치적인 대립을 피하기 위해서 타협을 해야 할 필요도 있다. 정치는 사용하기 편리한 정보구조를 만드는 작업을 복잡하고 어렵게 만든다. 업무에 연관된 정치에 항상 촉각을 곤두세우는 자세가 필요하며, 이를 통해 정보설계에 끼치는 정치적 영향을 조절할 수 있다.

5.2 웹사이트와 인트라넷의 조직화

웹사이트와 인트라넷의 정보를 조직화하는 것은 사업의 성공 여부를 판단할 수 있는 주요 요소 중 하나이지만, 많은 웹 개발팀은 정보조직화의 필요성에 대한 이해가 부족하다. 이 장에서는 무엇이 정보조직화 프로젝트를 어렵게 만드는지에 대해 알아보자.

조직화 시스템은 조직화 체계scheme와 조직화 구조structure로 이루어진다. 조직화 체계는 콘텐츠 아이템들의 공통적인 특성을 정의하고 콘텐츠 항목들의 논리적인 그룹핑에 영향을 끼친다. 조직화 구조는 콘텐츠 아이템과 그룹 간 관계의 유형을 정의한다.

보다 상세하게 살펴보기에 앞서, 웹사이트 개발 상황에서의 정보조직화에 대해 생각해 보도록 하자. 정보조직화는 내비게이션, 레이블링, 인덱싱과 밀접하게 관계가 있다. 웹사이트의 계층적인 조직화 구조는 내비게이션 시스템의 주요한 부분을 차지한다. 카테고리의 레이블은 콘텐츠와 콘텐츠 카테고리를 정의하는 중요한 역할을 하는 것이다. 수작업으로 만들어지는 인덱싱이나 메타데이터 태깅은 콘텐츠 항목들을 매우 상세한 수준의 그룹으로 조직화할 수 있도록 해준다. 조직화와 내비게이션, 레이블링, 인덱싱은 이렇게 긴밀한 관계가 있지만, 조직화 시스템만 별도로 설계하는 것도 가능하고 실제로 이러한 방법이 유용하기도 하다. 또한 이렇게 설계된 조직화 시스템은 내비게이션과 레이블링 시스템의 근간을 이룬다. 정보의 논리적인 그룹핑에만 집중함으로써, 상세 구현에 있어 혼란을 피할 수 있고 보다 나은 웹사이트를 설계할 수 있다.

5.3 조직화 체계

우리는 매일 조직화 체계를 통해서 정보를 탐색한다. 전화번호부, 슈퍼마켓, TV 방송 편성표는 모두 조직화 체계를 가지고 있어 정보에 대한 접근이 쉽다. 알파벳순의 전화번호부에서 친구의 전화번호를 찾는 것은 별로 어렵지 않다. 하지만 어떤 조직화 체계들은 사람들을 엄청나게 좌절시키기도 한다. 처음 가본 대형 슈퍼마켓에서 마시멜로나 팝콘을 찾는 것은 미쳐버릴 정도로 어렵다. 마시멜로는 과자류쪽에 있을까? 혹은 제과용품쪽에 있을까? 혹은 양쪽에 다 있을까? 아니면 양쪽 어디에도 없는 걸까?

사실, 전화번호부와 슈퍼마켓의 조직화 체계는 근본적으로 다르다. 전화번호부 인명페이지의 알파벳순 조직화 체계는 매우 명확하다. 하지만 주제별 체계와 태스크 주도의 체계가 섞여 있는 슈퍼마켓의 조직화 체계는 모호한 면이 있다.

5.3.1 명확한 조직화 체계

일단 쉬운 것부터 시작해보자. 명확하거나 객관적인 조직화 체계Exact Organization Scheme는 정보를 뚜렷하게 서로 구분되는 섹션으로 나눈다. 전화번호부의 알파벳순 조직화는 아주 좋은 예가 될 수 있다. 찾고 싶은 사람의 성을 알고 있다면 찾는 방법은 쉽다. 찾고자 하는 사람의 성이 'Porter'라면, O 뒤에 Q 앞에 있는 P로 시작하는 페이지들을 보면 된다. 이것을 알고 있는 항목 찾기known-item search라고 부른다. 무엇을 찾을지 알고 있다면, 어디서 찾을지는 모호한 부분 없이 매우 명확하다. 하지만 명확한 조직화 체계가 가진 문제는 사용자가 자신이 찾고자 하는 것에 대해 정확한 이름을 알고 있어야만 한다는 것이다. 배관공을 찾으려고 전화번호부의 인명편을 뒤져본들 무슨 도움이 되겠는가.

명확한 조직화 체계는 항목들을 카테고라이징하는 데 고민할 필요가 거의 없으므로, 비교적 설계하기 쉽고 유지보수하기도 쉽다. 또한 사용하기도 쉽다. 다음은 자주 사용되는 세 가지 명확한 조직화 체계에 대해서 알아보기로 하자.

알파벳순

알파벳순 조직화 체계는 백과사전이나 사전에서 사용되는 주요 조직화 체계이다. 이 책을 포함해서 대개 모든 비소설류의 책들은 알파벳순의 '찾아보기'를 가지고 있다. 전화번호부, 백화점 매장안내, 서점, 도서관은 모두 각각의 콘텐츠를 조직화하기 위해서 26자의 알파벳을 사용하고 있다. 알파벳순 조직화는 대개 다른 조직화 체계를 보완할 목적으로 쓰이기도 한다. 우리는 이름, 부서, 제품이나 서비스, 서식 같이 알파벳순으로 조직화된 정보를 쉽게 발견할 수 있다. 그림 5-2는 성(姓)을 기준으로 정렬된 직원 명단이다.

시간순

특정 정보 유형은 그 자체가 시간순으로 조직화된 경우가 있다. 예를 들어, 보도자료 모음은 보도된 날짜순으로 조직화되어 있어 시간순 조직화 체계의

그림 5-2. 마이크로소프트 리서치의 직원 명단

좋은 예이다(그림 5-3 참고). 발표한 날짜는 보도의 중요한 맥락 정보이다. 하지만, 사용자들은 제목, 제품 카테고리, 지리적 위치를 통해 찾아보거나 검색을 할 수도 있다는 사실을 명심해야 한다. 조직화 체계는 서로 보완하기 위해서 대개 몇 개가 조합되어서 사용된다. 일기, 역사책, 잡지 모음, 텔레비전 가이드는 시간순으로 조직화되는 경향이 있다. 언제 특정 사건이 발생했다는 점만 명확하다면, 시간순 조직화 체계는 설계하기도 쉽고 사용하기도 쉽다.

지리적 위치별

위치는 정보의 중요한 특성 중 하나다. 우리는 한 위치에서 다른 위치로 여행을 하기도 하고, 우리가 살고 있는 지역의 뉴스나 일기예보에 관심을 가지기도 한다. 정치, 사회, 경제적 이슈들은 대부분 지역에 근거하고 있다. 또, 블랙베리나 트레오 같은 모바일 기기들이 위치정보를 인식하게 되고, 구글과 야후! 같은 회사들이 지역 검색이나 지역 기반 전화번호부 서비스에 막대하게

그림 5-3. 시간 역순으로 정렬된 홍보자료들

두사하고 있기 때문에, 정보 접근을 위한 인터페이스로서 지도에 대한 관심이 다시 부상하고 있다.

　국경 분쟁 지역과 같은 예외를 제외하면, 지리적 위치에 따른 조직화 체계는 디자인하기도 매우 쉽고 사용하기도 쉽다. 그림 5-4는 지리적 위치에 따른 조직화 체계의 예를 보여준다. 사용자는 마우스로 지도상의 위치를 선택하기만 하면 된다.

5.3.2 모호한 조직화 체계

자, 이제 보다 어려운 문제에 대해서 고민해보자. 모호하거나 '주관적인' 조직화 체계에서는 정보를 명확히 정의되지 않은 카테고리들로 분류한다. 카테고리들은 언어와 조직화 측면에서 모호함으로 점철되어 있다. 제작하는 사람의 주관이 개입되는 것은 말할 것도 없다. 또 설계하기도 어렵고 유지보수하기

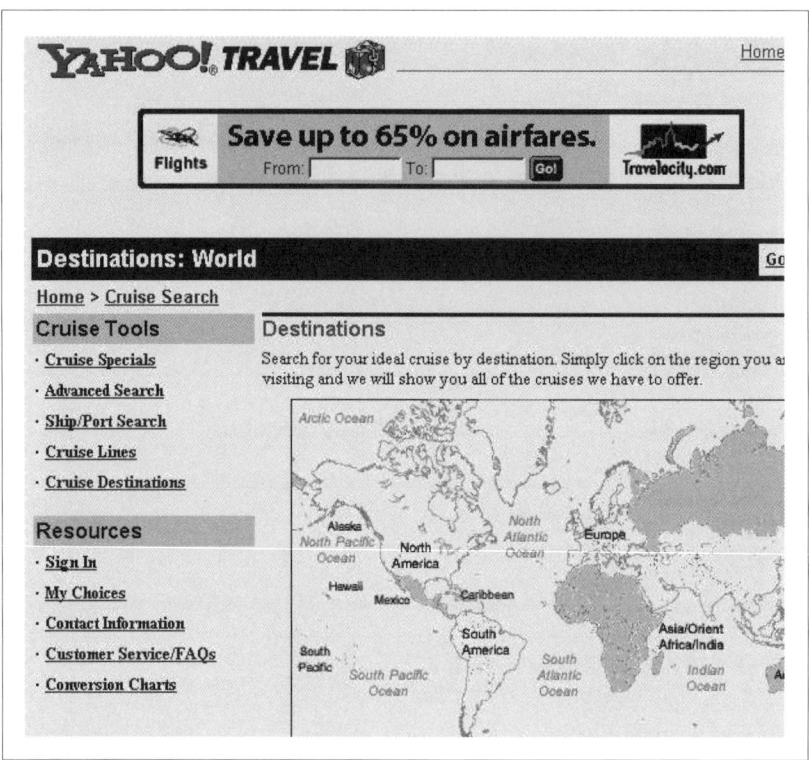

그림 5-4. 지리적 위치에 따른 조직화 체계

도 어려우며, 사용하기도 어렵다. 전에 언급했던, 토마토를 과일, 채소, 딸기류 중 어디로 분류할지 결정하기 어려운 것처럼 말이다.

그럼에도 불구하고, 모호한 조직화 체계는 대개 명확한 조직화 체계보다 더 중요하고 유용하다. 전형적인 도서관 카탈로그를 생각해보자. 여기에는 중요한 세 가지 조직화 체계가 있는데, 저자, 도서명, 주제가 그것이다. 저자와 도서명 조직화 체계는 명확하기 때문에, 만들기도 쉽고, 사용하기도 쉽고 유지보수하기도 쉽다. 그러나 대규모 조사에 의하면, 도서관의 사용자들은 듀이십진분류법이나 미의회도서관 분류 체계[9]와 같이 모호성을 가지고 있는 주제 기반의 분류 체계를 더 많이 사용한다고 한다.

사람들이 모호한 조직화 체계가 유용하다고 생각하는 이유는 때론 무엇을 찾아야 할지 모르기 때문이다. 단순히 찾을 대상의 정확한 이름을 모르는 경우도 있지만, 뭐라고 표현할지 모르는 모호한 것을 찾으려고 할 때도 있다. 이러한 이유 때문에, 정보 탐색은 대개 반복적이고 인터랙티브하다. 처음 검색에서 찾은 내용은 다음에 검색하는 내용에 영향을 끼치게 되므로, 이러한 정보 탐색 프로세스는 연합 학습[10]의 일부라고 할 수 있다. 시스템이 잘 설계되어 있다면, 찾아보는 일련의 과정에서 찾고자 하는 대상에 대해 충분히 학습할 수 있게 된다. 이는 가장 이상적인 웹 서핑이라고 할 수 있다.

모호한 조직화 방식은 지능적이고 의미 있는 방식으로 아이템들을 그룹핑함으로써 정보 검색에 뜻밖의 재미를 준다. 알파벳순의 체계에서 동일한 그룹으로 묶인 아이템들은 이름이 같은 스펠링으로 시작한다는 것 이외에는 공통점을 갖기 힘들다. 하지만, 모호한 조직화 체계에서는 사용자가 아닌 누군가가 지능적인 방식으로 아이템들을 하나로 묶어 두게 된다. 관련 아이템들이 묶인 그룹은 연합 학습 프로세스를 돕게 되며, 이것은 사용자로 하여금 아이템 간의 새로운 관계를 학습하게 하고 보다 좋은 결과를 얻도록 해준다. 모호한 조직화 체계는 더 많은 작업을 필요로 하고 방대한 아이템들을 주관적으로 보여주지만, 사용자 입장에서는 명확한 조직화 체계보다 유용한 경우가 더 많다.

모호한 조직화 체계의 성공 여부는 체계가 얼마나 잘 정의되어 있는가와 각 아이템을 체계에 준해서 얼마나 잘 배열하느냐에 달려 있다. 이를 위해서는 사용자 조사를 통한 충분한 검증이 꼭 필요하다. 많은 경우에 새로 추가되는 아이템을 분류하거나 업계의 변화를 반영하기 위해 조직화 체계를 수정해야 하는 지속적인 요구사항이 발생한다. 또, 분류 체계를 유지보수하는 데는 각 주

---

9 (옮긴이) 미의회도서관 분류 체계(Library of Congress Classification system): 본래, 허버트 퍼트남(Herbert Putnam)에 의해서 처음 개발되었으며, 미의회도서관에서 사용할 용도로 개선되었다. 약자로 LCC라고도 표기한다. 참고로 듀이십진분류법은 DDC(Dewey Decimal Classification)라고 표기한다.

10 (옮긴이) 연합 학습(associative learning): 두 개의 자극 간 혹은 자극과 행동 간의 관계를 학습하는 방법. 본문에서는 단편적으로 찾게 된 정보들을 조합해서 원하는 정보를 찾아내는 과정을 의미하고 있다.

제에 대해서 전문성을 가지고 있는 전문가들의 참여가 필요하다. 이제, 가장 일반적이고 효용가치가 큰 모호한 분류 체계의 예를 살펴보도록 하자.

주제별

제목 혹은 주제topic별로 정보를 조직화하는 것은 가장 유용한 방법 중 하나이지만, 동시에 가장 어려운 방법 중 하나이기도 하다. 업종별 전화번호부는 주제별로 조직화되어 있기 때문에, 원하는 업종의 전화번호를 쉽게 찾아볼 수 있다. 학교의 교육과정과 학과별 안내, 신문, 비소설류 도서의 목차는 주제별로 잘 조직되어 있다.

그러나 한 가지 주제만 가지고 조직된 웹사이트는 거의 없으며, 대부분의 웹사이트들은 몇 가지 주제들을 통해서 콘텐츠에 접근할 수 있도록 한다. 주제별 조직화 체계를 설계할 때 가장 중요한 것은 체계가 적용될 범위를 정의하는 것이다. 어떤 조직화 체계(백과사전 같은)는 인류가 가지고 있는 모든 지식을 담아내고 있으며, 컨슈머 리포트Consumer Reports(그림 5-5) 같은 리서치 기반 웹사이트는 고유한 주제별 조직화 체계를 가지고 있다. 반면에, 기업 웹사이트는 자사의 제품과 서비스에 대한 내용만을 다루는 제한된 범위의 체계를 가지고 있다. 주제별 조직화 체계를 잘 설계하려면, 사용자가 웹사이트 내에서 찾고자 하는 콘텐츠의 범위와 향후 예상되는 범위 모두를 정의해야 한다.

태스크 기반

태스크 기반 조직화 체계는 콘텐츠와 애플리케이션을 프로세스, 기능, 태스크의 집합으로 조직화한다. 이 체계는 사용자가 수행하고자 하는 주요 태스크의 수가 많지 않을 것으로 예상하는 경우에 적합하다. 익숙한 예로, 워드프로세서나 스프레드시트와 같은 데스크탑 소프트웨어의 개별 기능은 수정, 추가, 포맷 같은 태스크 기반 메뉴의 하위에 그룹핑되어 있다.

웹사이트에서의 태스크 기반 체계는 고객과의 상호작용이 핵심인 상거래 사이트에서 쉽게 찾아볼 수 있다. 인트라넷과 익스트라넷은 콘텐츠뿐만 아니

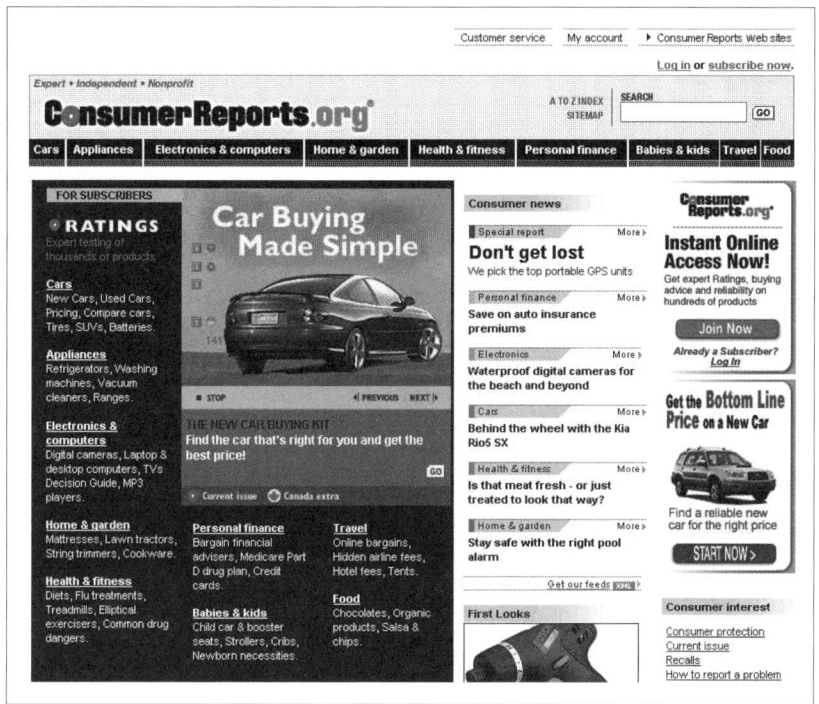

그림 5-5. 카테고리와 서브카테고리로 표현된 주제별 분류 체계

라 강력한 기능의 애플리케이션이나 온라인 서비스들을 하나로 통합하고 있기 때문에, 이들 또한 태스크 기반 조직화 체계를 잘 갖추고 있다고 볼 수 있다. 그러나, 태스크 기반 조직화 체계 하나만으로 조직화되어 있는 웹사이트에서 뭔가를 찾기란 쉽지 않다. 그래서 태스크 기반 체계는 대개 특정 서브사이트에 내재embedded되어 있거나, 그림 5-6에서 보이는 것과 같이 태스크와 주제가 함께 사용되는 내비게이션 시스템으로 통합되곤 한다.

사용자별

웹사이트나 인트라넷의 사용자가 2개 이상의 그룹으로 명확하게 구분이 되는 경우에는, 사용자별 조직화 체계를 사용하는 것도 좋다. 사용자별 조직화 체계는 사이트의 특정 섹션을 북마크해 놓고 재방문하는 사용자가 많은 사

그림 5-6. 이베이 메인 페이지에는 태스크 기반 체계와 주제별 체계가 공존한다.

이트에서 진가를 발휘한다. 또, 각 사용자별로 콘텐츠를 커스터마이징해야 하는 경우에도 효과가 있다. 사용자별 조직화 체계는 사이트를 사용자별 소규모 사이트로 세분화해서, 특정 사용자가 관심을 가질 옵션들로만 말끔하게 정리된 페이지를 제공할 수 있도록 해준다. 그림 5-7과 같이 델Dell.com의 메인 페이지는 스스로 자신이 속하는 고객의 종류를 선택하도록 하는 사용자별 조직화 체계(그림의 우측 영역)를 가지고 있다.

사용자별로 조직화하는 방법은 개인화와 관련해 긍정적인 점과 부정적인 점을 모두 가지고 있다. 예를 들어, 델은 사용자 군을 잘 구분하고 있으며, 이러한 이해를 사이트에서 잘 풀어내고 있다. 만일 사용자가 'Home & Home office' 사용자 군을 선택했을 경우에, 델은 해당 사용자 군의 니즈에 맞는 시

그림 5-7. 델 사이트는 사용자가 자신이 속하는 고객군을 선택하도록 하고 있다.

스템들의 선택 옵션과 샘플의 사양을 보여주게 된다. 이때, 델은 경험에 근거한 예측에 기반해 서비스를 제공하게 되는데, 예를 들면 사용자가 집에서 인터넷에 접속하기 위해서는 모뎀이 필요할 것이라고 예측하는 것이다. 하지만 이러한 예측이 틀릴 수도 있다. 사용자는 광대역 인터넷망을 사용하고 있기 때문에, 모뎀 대신에 이더넷 카드가 필요할 수도 있다. 모호한 조직화 체계를 잘 설계하기 위해서는 인포메이션 아키텍트가 사이트를 수차례 방문해 보면서 경험에 근거해서 예측을 정교하게 만들 필요가 있다.

사용자별 조직화 체계는 개방형일 수도 있고 폐쇄형일 수도 있다. 개방형 체계는 특정 그룹에 속한 사용자가 다른 그룹의 사용자를 위한 콘텐츠에 접근을 허용하고, 폐쇄형 체계는 특정 사용자그룹에게 한정된 영역은 다른 사용자그룹이 접근할 수 없도록 한다. 폐쇄형 체계는 가입비용이 있거나 보안 이슈가 있는 경우에 적합하다.

메타포 기반

메타포metaphor는 사용자에게 생소한 것을 이해시킬 때 그와 유사한 것을 연관 지어 설명하는 보편적인 방법이다. 데스크탑 컴퓨터의 폴더, 파일, 휴지통을 예로 들 수 있다. 이런 방식으로 메타포를 인터페이스에 적용하면 사용자가 콘텐츠나 기능을 직관적으로 이해할 수 있다. 더욱이 서비스에 적용 가능한 메타포 기반의 조직화 시스템을 고민하는 과정은 웹사이트의 디자인, 조직화, 기능에 새롭고 재미있는 아이디어를 낼 수 있도록 해주기도 한다.

적절한 메타포를 찾아보는 작업은 브레인스토밍에는 유용할 수 있지만, 메타포 기반의 글로벌 조직화 체계metaphor-driven global organization scheme를 고민할 때는 신중할 필요가 있다.

첫째, 메타포가 적절하더라도 은유하는 대상이 사용자에게 친숙해야 한다. 컴퓨터 하드웨어 벤더를 위한 사이트를 설계하는 경우에 컴퓨터 내부 구조를 차용하곤 하는데, 마더보드의 구조를 잘 모르는 사용자에게는 이러한 메타포가 전혀 도움이 되지 않을 수 있다.

둘째, 메타포는 예상치 못한 문제를 야기하거나, 그 의미를 제한할 수도 있다. 예를 들어, 사용자는 디지털 도서관에 사서가 있어 참조 정보를 요청하는 질문reference question에 답해주기를 기대한다고 하자. 하지만 대부분의 디지털 도서관들은 이러한 서비스를 제공하고 있지 않다. 또, 제공하더라도 현실 세계와는 실질적인 연관이 전혀 없는 디지털 도서관 서비스일 수도 있다. 자신에게만 커스터마이즈된 도서관 서비스가 좋은 예이다. 일반적인 다른 대상들 혹은 현실과 동떨어진 생각은 메타포를 깨뜨릴 수밖에 없도록 만들고, 결국 조직화 체계의 일관성을 해치게 된다.

그림 5-8의 텔레토비 게임을 예로 들면, 게임 공간은 동식물과 사물들로 채워진 물리적인 공간에 대한 메타포로 구성되어 있다. 이러한 방식의 접근은 게임 공간의 여기저기를 둘러볼 수 있도록 해주며, 아이들로 하여금 '누누'라고 불리는 로봇 청소기와 놀기 위해서는 집안으로 들어가야 한다는 것을 쉽게 알 수 있도록 해준다. 대상 사용자층 대부분이 글을 읽을 수 없기 때문에,

그림 5-8. 텔레토비의 메타포 기반 게임 공간

전반적인 요소에 걸친 시각적인 메타포는 매우 훌륭한 해결 방안이 될 수 있다. 그러나 어린이를 대상으로 하지 않는 게임사이트라면 위와 같은 메타포는 큰 효과를 보기 어렵다.

혼합

단일 조직화 체계의 진가는 사용자가 쉽게 이해할 수 있는 단순한 멘탈모델을 제시한다는 데 있다. 사용자는 쉽게 사용자별 혹은 주제별 조직화 체계를 이해할 수 있다. 그리고 흔하지 않지만, 단일 조직화 체계는 원본의 손실이 없이 (사용성을 저해하지 않으면서) 대규모의 콘텐츠에 적용될 수 있다.

다양한 조직화 체계 요소를 한데 섞어서 사용할 때 혼란이 발생할 수 있고, 해결 방안은 적절하지 않은 경우가 많다. 그림 5-9를 예로 들어보자. 그림의 혼합된hybrid 조직화 체계는 사용자별, 주제별, 메타포 기반, 태스크 기반, 알파벳순 조직화 체계를 동시에 가지고 있다. 이것들이 모두 한데 섞여 있기 때문에, 사용자는 적절한 멘탈모델을 형성할 수 없다. 때문에 사용자는 원하는 옵션을 찾기 위해서 각각의 메뉴를 하나씩 선택해봐야 한다.

하지만, 이러한 우려에도 불구하고 혼합된 조직화 체계를 겉으로 드러난 인터페이스적인 요소에는 내비게이션 레이어로 적용할 수 있다. 그림 5-6의 이베이eBay 사이트에서 보는 것과 같이, 많은 웹사이트들은 주제와 태스크를 메인 페이지와 글로벌 내비게이션에 잘 조화시키고 있다. 실제로 기업과 사용자 모두 주제를 바탕으로 정보를 찾기도 하고 태스크를 중심으로 탐색하기도 한다. 이베이 내비게이션은 이런 현실을 반영하고 있다. 하지만 최우선순위의 태스크들만을 포함하고 있기 때문에, 이러한 해결방안이 다양하게 활용되기는 어렵다. 혼합된 조직화 체계가 대규모의 콘텐츠나 태스크를 조직화하기 위해 사용될 때는 문제가 발생할 수 있다. 다시 말해, 혼합된 조직화 체계는 대상 범위가 좁을 때는 적절하나 광범위한 대상에는 바람직하지 않다.

하지만, 안타깝게도 광범위한 혼합 조직화 체계는 매우 보편적으로 사용되고 있다. 대개 특정한 분류 체계만 사용하는 것은 동의를 이끌어내기 어렵기 때문에, 다양한 분류 체계의 요소들을 복잡하게 한데 섞어서 사용하게 된다. 여기서 보다 나은 대안을 찾아본다면, 다양한 분류 체계를 한 페이지에서 보여줘야 하는 경우에 각 분류 체계가 가지고 있는 본질을 유지하는 것이 얼마나 중요한지를 디자이너에게 충분히 설명하는 것이다. 페이지에서 분류 체계들이 각각 따로 보여야 사용자에게 멘탈모델을 제시해줄 수 있다. 예를 들어, 그림 5-10의 스탠포드 대학의 메인 페이지는 주제별 조직화 체계, 사용자

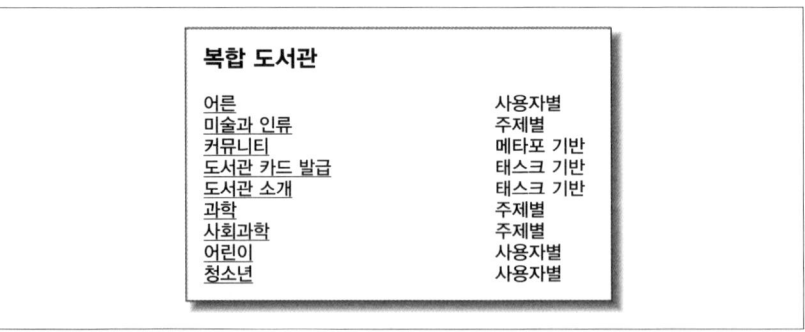

그림 5-9. 혼합된 조직화 체계

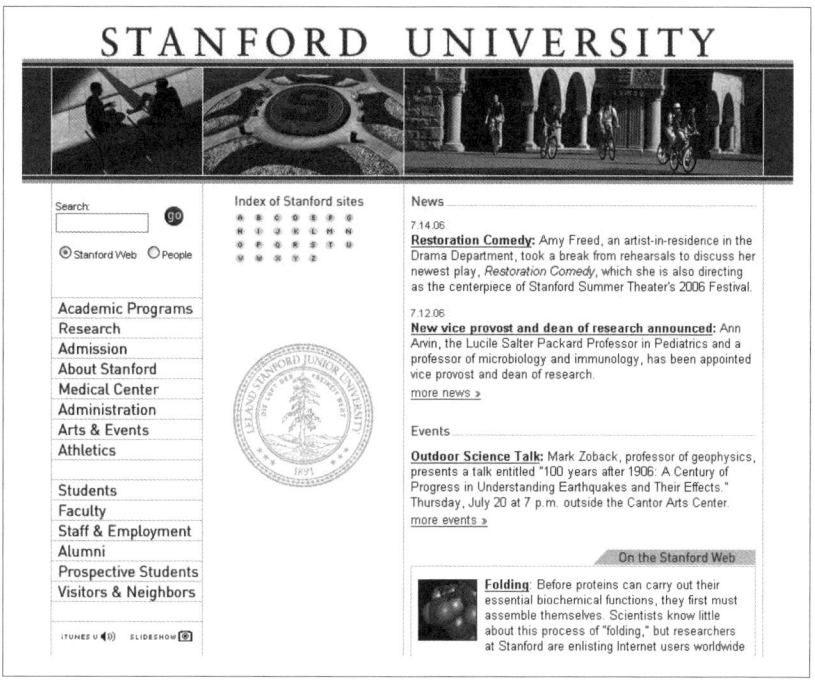

그림 5-10. 스탠포드 대학 웹사이트는 다양한 조직화 체계를 제공하고 있다.

별 조직화 체계, 알파벳순의 인덱스, 검색 기능을 가지고 있다. 각각을 따로 보여줌으로써, 스탠포드 웹사이트는 혼란을 야기하지 않으면서도 다양한 접근방식을 제공하고 있다.

5.4 조직화 구조

조직화 구조는 그 실체가 존재하지는 않으나 웹사이트를 디자인하는 데 있어서 매우 중요한 역할을 한다. 실제로 우리는 조직화 구조를 매일 접하고 있지만, 조직화 구조에 대해서 인지하지 못한다. 영화는 물리적으로 선형의 구조를 가지고 있어서, 우리는 영화를 볼 때 처음부터 끝까지 프레임 단위로 보게 된다. 하지만, 플롯 자체는 과거에 대한 회상일 수도 있고, 세부 줄거리가 동시에 신행되는 등 선형적인 구조가 아닐 수도 있다. 또, 지도는 공간적인 구조를 가지고 있다. 유용하게 사용되는 지도에서도 쉽게 알아보게 하기 위해서 실제 공간을 왜곡하는 경향이 있지만, 대개 지도상의 대상들은 물리적인 거리에 따라 공간적으로 배치된다.

정보구조는 사용자가 정보를 내비게이션하는 주요 경로를 정의하게 되는데, 웹사이트와 인트라넷 구조에 적용되는 주요 조직화 구조는 계층구조, 데이터베이스 기반 모델, 하이퍼텍스트로 구성된다. 각 조직화 구조는 고유의 장점과 단점을 가지고 있기 때문에, (한두 가지의 구조만을 사용하는 경우도 있지만) 대부분의 경우 상호 보완을 위해서 세 가지 모두를 사용한다.

5.4.1 계층구조: 하향식 접근방법

훌륭하다고 하는 대부분의 정보구조는 잘 설계된 계층구조나 분류 체계[11]에 근간을 두고 있다.[12] 인터넷이나 월드와이드웹의 하이퍼텍스트로 구성된 세계에서는, 이 말이 어폐가 있을 수도 있지만 명백한 사실이다. 상호 배타적인 세분화나 계층구조에서 상속 관계parent-child relationship는 간단하면서도 친숙한 예이다. 인류는 태초부터 정보를 계층구조로 조직해왔다. 가계도, 조직도도 계층구조를 갖고 있고, 일상에서의 국가, 계급, 인종도 모두 계층구조를 갖고 있다. 계층구조는 우리 일상에 널려 있다. 책을 봐도 장별로, 섹션별로, 문단별로, 문장별로, 단어별로, 글자별로 나눈다. 계층구조는 우리가 의미 있고 심도 깊게 세상을 이해하고 있음을 보여준다. 계층구조가 일상에서 흔하게 사용되고 있기 때문에, 사용자는 계층구조로 조직화 웹사이트를 쉽고 빠르게 이해할 수 있다. 사용자는 사이트구조에 대한 멘탈모델을 쉽게 만들 수

---

11 (옮긴이) 분류 체계(taxonomy): 의미의 전달이 쉽고 매끄럽도록 '분류 체계'라고 번역하였다. 폭소노미(folksonomy)와 반대되는 개념으로 사용되거나 전통적인 분류 방식을 지칭하는 경우에 한해서만 '택소노미'라고 번역하였다.

12 최근 몇 년 사이, 비즈니스 업계는 '분류 체계'라는 말을 애용하고 있다. 그러나 용어의 오용 사례가 급격하게 많아져서 많은 생물학자와 문헌정보학자들은 곤혹스러워하고 있다. 이 책에서는 구체적으로 웹사이트나 인트라넷의 사용자 인터페이스에서 사용되는 계층적인 배치나 카테고리를 의미한다. (우리가 내린 정의보다 더 나은 것을 찾을 수 없다면, 그냥 따르길 바란다.)

있으며, 구조 내에서 자신이 어디에 위치하는지도 쉽게 파악할 수 있다. 계층구조는 사용자가 사이트를 편하게 사용할 수 있는 환경을 제공한다. 그림 5-11은 간단한 계층구조 모델의 예를 보여준다.

계층구조는 정보를 조직화하는 단순하고 친숙한 방법을 제공하기 때문에, 대개 정보설계 프로세스를 진행하는 데 좋은 출발점이기도 하다. 하향식 접근방법은 광범위하게 많은 콘텐츠에 대해서 정리 단계를 거치지 않고도, 웹사이트의 정보 정리를 위한 적절한 시작 범위를 빠르게 정의할 수 있게 해준다. 주요 콘텐츠의 범위를 먼저 정의하고, 콘텐츠에 접근하는 데 적용이 가능한 조직화 체계를 모색해볼 수 있다.

분류 체계의 설계

웹사이트의 분류 체계를 설계할 때, 몇 가지 경험에 근거한 법칙을 명심할 필요가 있다. 첫째는 계층적 카테고리가 상호 배타적이어야 한다는 점인데, 항상 이에 얽매일 필요는 없지만 명심하고 있어야 한다. 단일 조직화 체계를 사용할 때는 배타성과 포괄성을 적절하게 조율해야 한다. 두 개 이상의 카테고리를 허용하는 분류 체계를 복합 계층구조polyhierarchy라고 한다. 특정한 경우, 모호한 조직화 체계를 사용하여 콘텐츠를 상호 배타적인 카테고리에 중복해서 배치시키는 경우가 생긴다. 토마토를 과일, 채소, 딸기류 중 어디에 포함시켜야 할까? 많은 경우에 사용자들이 쉽게 찾도록 하기 위해서 모호한 속

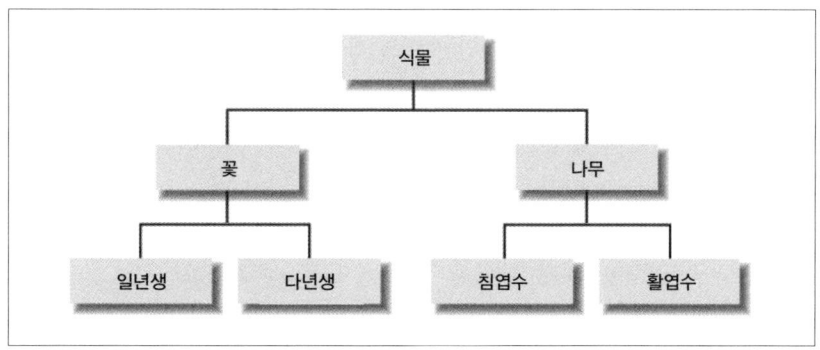

그림 5-11. 간단한 계층구조 모델

성을 가지고 있는 요소를 두 가지 이상의 카테고리에 배치시키게 된다. 하지만, 너무 많은 요소들이 두 가지 이상의 카테고리에 중복 배치되는 경우에, 계층구조는 무의미해진다. 배타성과 포괄성 사이의 조율은 다른 조직화 체계 사이에 이루어지는 것이 아니다. 서로 한 쌍을 이루고 있는 주제별로 조직화된 제품목록과 형태별로 조직화된 제품목록을 생각해보자. 두 제품목록은 각기 다른 방식으로 동일한 제품을 포함하고 있다. 주제와 형태는 동일한 정보를 바라보는 서로 다른 두 가지 관점이다. 이를 전문적인 용어로는 독립적인 측면facet이라고 한다. 메타데이터, 측면, 복합 계층구조에 대해서는 9장에서 자세히 살펴보도록 하자.

둘째, 분류 체계의 폭과 깊이를 조율할 필요가 있다. 폭은 계층구조상 동일한 레벨을 가진 옵션의 수를 의미하며, 깊이는 계층구조가 가진 레벨의 수를 의미한다. 만일 계층구조가 매우 좁고 깊다면, 사용자는 원하는 정보를 찾기 위해서 많은 클릭을 해야만 한다. 그림 5-12의 상단의 그림은 사용자가 가장 하위에 존재하는 콘텐츠에 접근하려면 6단계를 거쳐야 하는 좁고 깊은 계층구조를 보여준다. 반대로, 그림 5-12의 하단과 같이 계층구조가 매우 넓고 얕다면, 사용자는 메인 페이지에서 너무나 많은 옵션들을 살펴봐야 하고, 옵션을 선택한 다음에는 별다른 콘텐츠가 없다는 사실에 불만스러워할 수 있다.

폭에 대해서 고민할 때, 인간의 시각적 스캐닝 능력과 인지 한계에 대해서 주의해야 할 필요가 있다. 여기서 악명 높은 7±2 법칙[13]을 따르라고 언급할 생각은 없다. 안전하게 넣을 수 있는 링크의 개수는 사용자의 단기 메모리에 의해서 좌우되는 것이 아니라 사용자가 시각적으로 스캔할 수 있는 능력에 좌우된다는 일반적으로 합의된 견해가 이미 존재하기 때문이다.

그럼 아래와 같은 내용을 생각해보자.

---

[13] 밀러(G. Miller), 「The Magical Number Seven, Plus or Minus Two: Some Limits on Our Capacity for Processing Information」, Psychological Review 63, no.2 (1956)

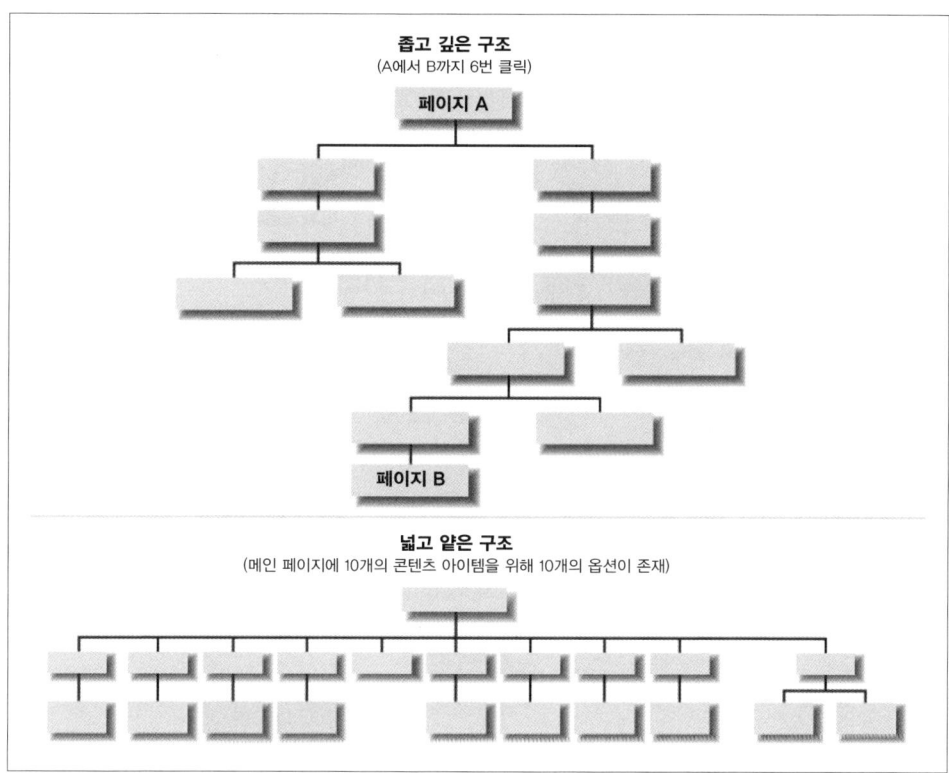

그림 5-12. 폭과 깊이의 조율

- 너무 많은 옵션으로 인한 인지적 과부하에 대한 위험성
- 페이지 레벨에서 정보의 그룹핑과 구조화
- 엄격한 사용자 조사를 통한 디자인 검증

웹사이트 관련 상을 수상한 미국 국립암센터National Cancer Institute 사이트의 메인 페이지(그림 5-13)를 보자. 이 사이트는 가장 많이 방문하고 테스트되는 정부 관련 웹사이트 중 하나이며, 많은 정보를 가지고 있는 포털 사이트이기도 하다. 국립암센터 사이트처럼 페이지 레벨에서 정보를 계층적으로 보여주는 것은 사용성 측면에서 긍정적인 효과가 있다.

메인 페이지에는 대략 75개의 링크가 있는데, 크게 몇 가지 주요 그룹으로

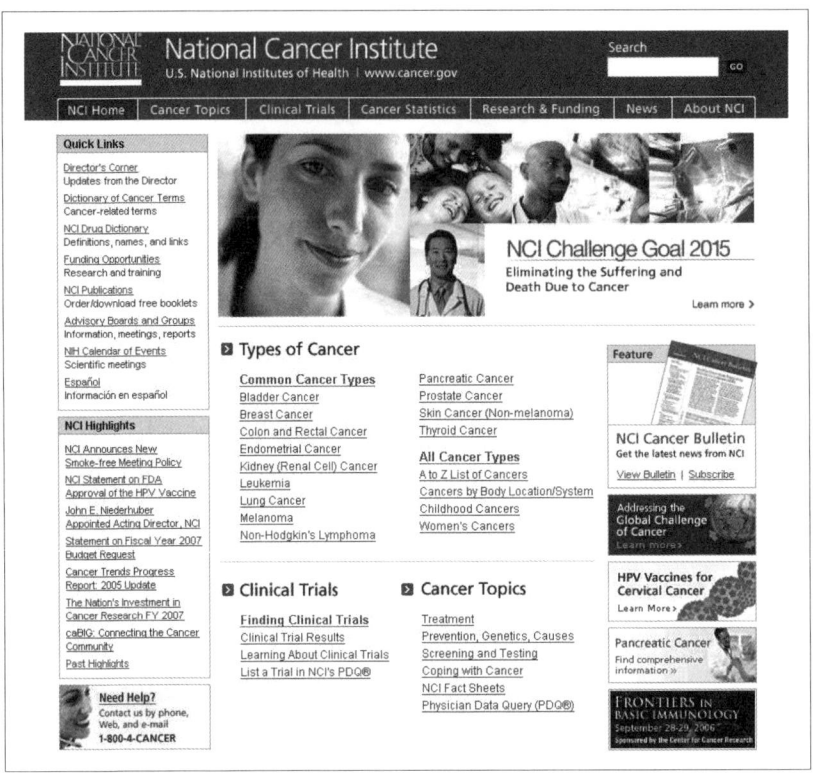

그림 5-13. 미국 국립암센터 웹사이트는 메인 페이지에서 정보들을 그룹핑하고 있다.

나뉜다. 75개의 링크는 8개의 서로 분리된 카테고리로 나뉘며, 각 카테고리별로 한정된 수의 링크를 가진다.

폭과는 달리 깊이에 대해서 고민할 때는 보다 보수적일 필요가 있다. 사용자는 두세 번째 레벨까지 클릭해야만 하는 경우에, 쉽게 포기하고 사이트를 이탈해버릴 수 있기 때문이다. 이 경우, 사용자는 좌절하게 된다.

마이크로소프트 리서치Microsoft Research에서 수행한 한 연구는 최상의 결과를 내는 폭과 깊이의 조율 지점에 대해서 언급하고 있다.[14]

---

14 「Web Page Design: Implications of Memory, Structure and Scent for Information Retrieval」, 케빈 라슨(Kevin Larson), 메리 체르빈스키(Mary Czerwinski), 마이크로소프트 리서치. 〈http://research.microsoft.com/en-us/um/people/marycz/p25-larson.pdf〉 참조

그룹	설명
글로벌 내비게이션	글로벌 내비게이션(예: 암 이야기, 임상실험, 암 통계)은 7개의 링크와 검색으로 구성
암의 종류	13가지의 일반적인 암의 종류와 암의 종류를 확인하는 4가지 방법
임상실험	4개의 링크로 구성
암 관련 주제	6개의 링크로 구성
퀵링크	8개의 링크로 구성
NCI 하이라이트	7개의 헤드라인과 하이라이트 모음으로 이동하는 링크 구성
특집	우측에 5개 노출
푸터 내비게이션	11개의 링크로 구성

확장이 예상되는 신규 웹사이트와 인트라넷에는 좁고 깊은 계층구조보다 넓고 얕은 구조를 사용하는 것이 좋다. 넓고 얕은 계층구조는 별다른 수정 없이 새로운 콘텐츠를 추가하기 쉽다. 또한, 새로운 아이템은 메인 페이지보다는 두 번째 레벨에 추가하는 것이 몇 가지 측면에서 더 효과적이다. 첫째, 메인 페이지는 사용자들이 주로 사용하는 중요 내비게이션 인터페이스다. 메인 페이지를 수정하는 것은 사용자가 이미 장시간에 걸쳐 형성하고 있는 멘탈모델을 깨뜨릴 수 있다. 둘째, 메인 페이지는 자주 방문되기도 하고 중요하기 때문에, 회사는 메인 페이지의 그래픽 디자인과 레이아웃에 예산을 비롯한 많은 자원을 쏟기 마련이다. 메인 페이지의 수정은 두 번째 레벨 페이지를 변경하는 것보다 더 많은 시간과 비용이 소요된다.

마지막으로, 조직화 구조를 설계할 때 계층구조 모델에 얽매일 필요는 없다. 특정 콘텐츠 영역은 데이터베이스나 하이퍼텍스트 기반의 접근방법이 적합할 수도 있다. 또, 계층구조는 설계 작업에 착수할 때 좋은 시작점이 될 수 있으나, 계층구조는 유기적인 조직화 시스템의 한 구성요소에 지나지 않는다는 점을 명심해야 한다.

5.4.2 데이터베이스 모델: 상향식 접근방법

데이터베이스는 '검색과 호출[15]이 쉽고 빠르도록 배열한 데이터의 집합'이라고 정의된다. 연락처 카드[16]는 독립 파일flat-file 데이터베이스의 간단한 예이다.(그림 5-14) 각 카드는 한 사람의 연락처 정보를 가지고 있으며 하나의 레코드[17]를 구성한다. 각 레코드는 이름, 주소, 전화번호와 같은 몇 개의 필드를 가진다. 각 필드는 각 연락처의 고유한 데이터를 저장하게 된다. 이러한 레코드의 집합을 데이터베이스라고 한다.

예전의 연락처 카드는 각 연락처를 이름으로 찾아보는 데 한계가 있었다. 하지만, 최근에는 컴퓨터 기반의 연락처 관리시스템은 검색도 가능하고, 이름이 아닌 다른 항목으로도 정렬해볼 수 있다. 예를 들면, 코네티컷에 거주하는 사람들만 찾아볼 수도 있고, 살고 있는 도시명을 알파벳순으로 정렬해볼 수도 있다.

우리가 사용하는 대규모 데이터베이스의 대부분은 관계형 데이터베이스 모델을 기반으로 구축되어 있다. 관계형 데이터베이스 구조에서 데이터는 관계를 정의한 내용 혹은 데이터 테이블에 저장되어 있다. 데이터 테이블에서 열은 레코드를 의미하고, 행은 필드를 의미한다. 그리고, 데이터 테이블의 데이터들은 각기 다양한 키값으로 서로 연결되어 있다. 예를 들어, 그림 5-15에서 Author_Title 데이터 테이블(하단 우측)에서 au_id와 title_id 필드는 Author와 Title 데이터 테이블에 따로 저장되어 있는 데이터들을 연결하는 키값의 역할을 한다.

그렇다면, 데이터베이스 구조가 왜 인포메이션 아키텍트에게 중요할까? 이 책은 데이터의 검색보다는 정보 접근에 대해서 중점을 두고 있음을 앞서서 밝힌 바 있다. 그렇다면, 여기서 다루고자 하는 주제는 무엇일까?

---

15 (옮긴이) 호출(retrieval): 일반적으로 retrieval도 '검색'이라고 번역되나, search와 의미상 구분을 하고 이미 정리된 데이터에서 원하는 결과를 찾아낸다는 의미를 강조하기 위해 '호출'이라고 번역하였다.

16 (옮긴이) 연락처 카드(rolodex): 연락처를 카드에 기입한 후 회전이 가능한 바인더에 끼워 나중에 쉽게 찾아보도록 만든 장치. 요즘에는 바인더에 명함들을 끼워서 관리할 수 있도록 하는 제품들이 나와 있다.

17 (옮긴이) 레코드(record): 컴퓨터 파일을 구성하는 정보의 단위

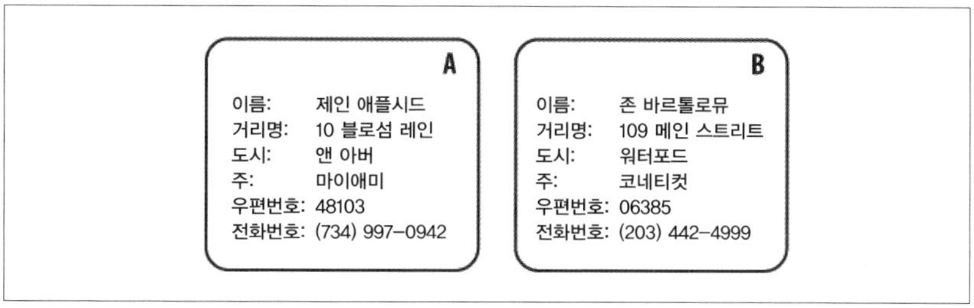

```
┌─────────────────────────────┬─────────────────────────────┐
│                        A    │                        B    │
│  이름:    제인 애플시드      │  이름:    존 바르톨로뮤      │
│  거리명:  10 블로섬 레인     │  거리명:  109 메인 스트리트  │
│  도시:    앤 아버            │  도시:    워터포드           │
│  주:      마이애미           │  주:      코네티컷           │
│  우편번호: 48103             │  우편번호: 06385             │
│  전화번호: (734) 997-0942    │  전화번호: (203) 442-4999    │
└─────────────────────────────┴─────────────────────────────┘
```

그림 5-14. 연락처 카드는 단순한 데이터베이스라고 할 수 있다.

한마디로 대답하자면 메타데이터이다. 메타데이터는 정보설계를 데이터베이스의 스키마schema 설계와 연결 짓는 핵심적인 역할을 한다. 메타데이터는 관계형 데이터베이스의 구조와 기능을 웹사이트와 인트라넷의 이질적이고 구조화되지 않은 환경에 적용할 수 있도록 해준다. 문서와 그밖의 정보 요소들을 통제어휘집controlled vocabulary에 있는 메타데이터로 태깅하게 되면, 검색, 탐색, 필터링, 동적인 링크를 가능하게 할 수 있다. (메타데이터와 통제어휘집에 대한 자세한 내용은 9장에서 다루도록 하자.)

메타데이터 요소 간의 관계는 매우 복잡해질 수도 있다. 따라서 이러한 형식적인 관계를 정의하고 적용하는 데는 상당한 노련함과 기술적인 이해가 필요하다. 예를 들어, 그림 5-16의 개체관계도Entity Relationship Diagram, ERD는 메타데이터 스키마를 정의하는 데 있어 구조화된 접근방법을 보여준다. 각 개체(예: 리소스)는 속성(예: 이름, URL)을 가지게 된다. 개체와 속성은 레코드와 필드가 된다. 개체관계도는 데이터베이스를 설계하고 데이터를 적재하기 전에 데이터 모델을 시각화하고 정제하기 위해서 사용된다.

SQL, XML 스키마 정의, 개체관계도의 작성, 관계형 데이터베이스의 설계 능력은 매우 유용한 기술이기는 하지만, 모든 인포메이션 아키텍트가 이를 갖출 필요는 없다. 많은 경우에, 이러한 업무를 잘 수행할 수 있는 전문 개발자나 데이터베이스 디자이너와 함께 일하는 편이 더 낫다. 대규모 웹사이트를 구축하는 경우에는, 메타데이터나 통제어휘집을 관리하기 위해서 콘텐츠 관리시스템Content Management System, CMS를 사용할 수도 있다.

관계형 데이터베이스

AUTHOR

au_id	au_lname	au_fname	address	city	state
172-32-1176	White	Johnson	10932 Bigge Rd.	Menlo Park	CA
213-46-8915	Green	Marjorie	309 63rd St. #411	Oakland	CA
238-95-7766	Carson	Cheryl	589 Darwin Ln.	Berkeley	CA
267-41-2394	O'Leary	Michael	22 Cleveland Av. #14	San Jose	CA
274-80-9391	Straight	Dean	5420 College Av.	Oakland	CA
341-22-1782	Smith	Meander	10 Mississippi Dr.	Lawrence	KS
409-56-7008	Bennet	Abraham	6223 Bateman St.	Berkeley	CA
427-17-2319	Dull	Ann	3410 Blonde St.	Palo Alto	CA
472-27-2349	Gringlesby	Burt	PO Box 792	Covelo	CA
486-29-1786	Locksley	Charlene	18 Broadway Av.	San Francisco	CA

TITLE

title_id	title	type	price	pub_id
BU1032	The Busy Executive's Database Guide	business	19.99	1389
BU1111	Cooking with Computers	business	11.95	1389
BU2075	You Can Combat Computer Stress!	business	2.99	736
BU7832	Straight Talk About Computers	business	19.99	1389
MC2222	Silicon Valley Gastronomic Treats	mod_cook	19.99	877
MC3021	The Gourmet Microwave	mod_cook	2.99	877
MC3026	The Psychology of Computer Cooking	UNDECIDED		877
PC1035	But Is It User Friendly?	popular_comp	22.95	1389
PC8888	Secrets of Silicon Valley	popular_comp	20	1389
PC9999	Net Etiquette	popular_comp		1389
PS2091	Is Anger the Enemy?	psychology	10.95	736

PUBLISHER

pub_id	pub_name	city
736	New Moon Books	Boston
877	Binnet & Hardley	Washington
1389	Algodata Infosystems	Berkeley
1622	Five Lakes Publishing	Chicago
1756	Ramona Publishers	Dallas
9901	GGG&G	München
9952	Scootney Books	New York
9999	Lucerne Publishing	Paris

AUTHOR_TITLE

au_id	title_id
172-32-1176	PS3333
213-46-8915	BU1032
213-46-8915	BU2075
238-95-7766	PC1035
267-41-2394	BU1111
267-41-2394	TC7777
274-80-9391	BU7832
409-56-7008	BU1032
427-17-2319	PC8888
472-27-2349	TC7777

그림 5-15. 관계형 데이터베이스 스키마 (이 예는 텍사스주립대의 관계형 데이터베이스 개요에서 발췌하였음)

대신에, 인포메이션 아키텍트는 메타데이터, 통제어휘집, 데이터베이스 구조가 아래의 것들을 구현하기 위해 어떻게 사용되고 있는지 이해하고 있어야 한다.

- 알파벳순 인덱스를 자동으로 생성(예: 제품 인덱스)
- 다른 내용과 연계를 하는 '관련 내용 보기' 링크의 동적인 생성

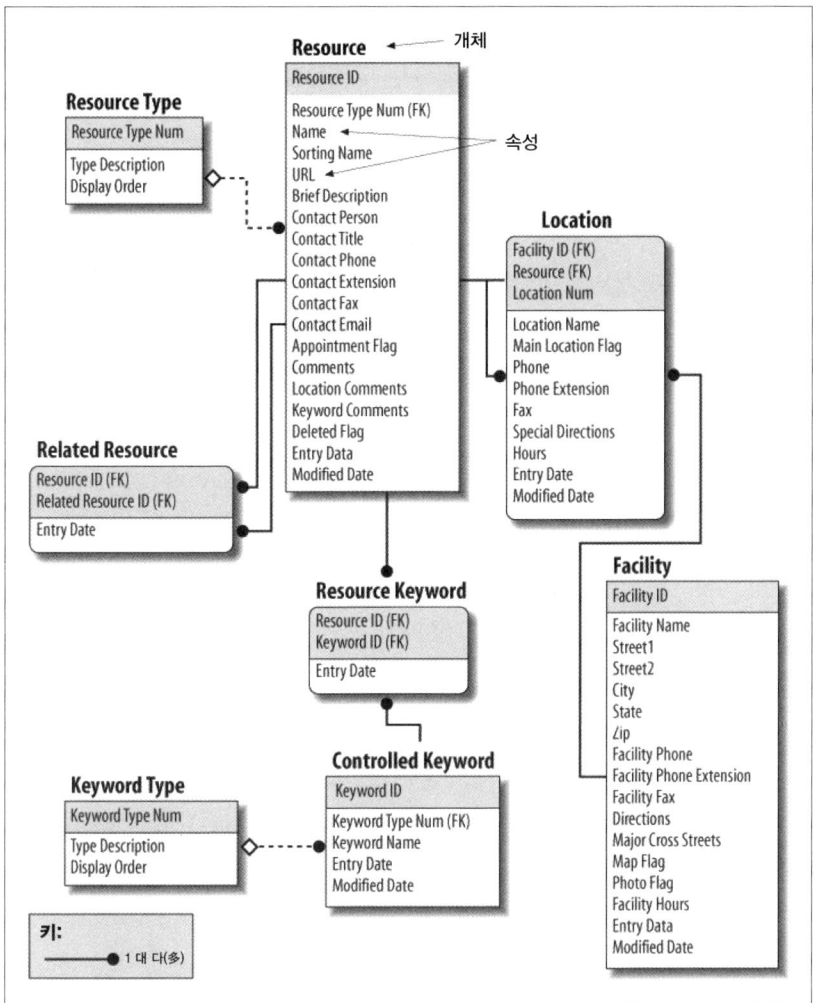

그림 5-16. 개체관계도는 메타데이터 스키마를 정의하는 구조화된 방법을 보여준다. (Inter Connect of Ann Arbor 사의 허가 하에 게재)

- 필드 검색
- 검색 결과의 고급 필터링 및 정렬

데이터베이스 모델은 제품 카탈로그나 직원 명단과 같이 상대적으로 동질성을 지닌 서브사이트에 적용할 때 특히나 유용하다. 이때, 기업의 통제어휘집은 대개 사이트의 전체를 얕은 수준에서 아우르는 수평적인 계층을 형성하게 된다. 그런 다음, 수직 축에 해당하는 구체적인 어휘집들이 특정 부서, 주제, 사용자에 따라 정의되게 된다.

5.4.3 하이퍼텍스트

하이퍼텍스트는 정보를 구조화하는 방법 중 비교적 최신 방법으로, 비선형적인 방법이다. 하이퍼텍스트 시스템은 두 가지 유형의 구성요소를 포함하는데, 첫 번째 구성요소는 링크를 가지고 있는 아이템 혹은 청크chunk이고 두 번째는 청크 간의 링크이다. 이러한 구성요소는 텍스트, 데이터, 이미지, 비디오, 오디오 청크를 연결하는 하이퍼미디어 시스템을 구성한다. 하이퍼텍스트 청크는 그림 5-17에서 보는 바와 같이, 계층구조를 가진 형태로 연결되거나 계층구조를 가지지 않은 형태로 연결된다. 혹은 두 가지가 결합된 형태로 연결되기도 한다. 하이퍼텍스트 시스템에서 콘텐츠 청크들은 느슨한 그물망처럼 링크로 서로 연결되어 있다.

하이퍼텍스트 조직화 구조가 상당한 유연성을 가지고 있지만, 본질적으로 복잡성을 잠재하고 있어 사용자를 혼란스럽게 할 수도 있다. 왜냐하면, 하이퍼텍스트 링크는 개인적인 사고능력에 많이 의존하기 때문이다. 하이퍼링크

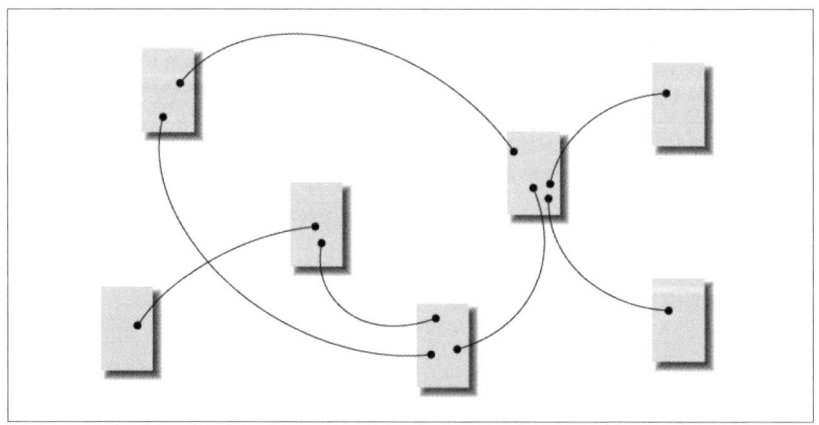

그림 5-17. 하이퍼텍스트 연결 네트워크

를 통해서 웹사이트를 내비게이션하는 사용자는 도중에 길을 잃기 쉽다. 마치 숲 한복판에서 땅을 밟지 않고 나무에서 나무로 뛰어 다니면서, 땅의 지형을 이해하려고 하는 것과 같다. 실제로 사용자들은 사이트 구조에 대한 멘탈 모델을 형성하기 어렵다. 사용자들은 맥락 정보가 없이는 아무것도 못하게 되거나 좌절할 수 있다. 더욱이, 하이퍼텍스트 링크는 대개 본질적으로 개인적인 성향을 가지고 있다. 어떤 사람이 생각한 아이템 간의 관계를 다른 사람들은 제대로 이해하지 못할 수도 있다.

이러한 이유로 인해서, 하이퍼텍스트는 주요 조직화 구조로는 많이 사용되지 않으며, 대신에 계층구조나 데이터베이스 모델에 기반한 구조를 보완하기 위해서 사용된다.

하이퍼텍스트는 계층구조상에 존재하는 아이템과 영역 간에 유용하고 독창적인 관계를 만들도록 해준다. 일반적으로 먼저 정보의 계층구조를 설계하고, 그 다음 하이퍼링크로 계층구조를 어떻게 보완할지 고민하는 것이 좋다.

5.5 사회적 분류

최근 몇 년 동안, 사용자 참여형 시스템은 웹 디자인 커뮤니티의 많은 관심과 상상력을 반영해왔다. 플리커와 딜리셔스와 같은 성공 사례는 콘텐츠의 생산과 분류에 사용자를 참여시킬 수 있는 가능성을 보여주었으며, 사용자들은 정보를 부연 설명하고 조직화하는 하나의 형식으로써 태깅에 대해 엄청나게 열광적으로 반응하였다.

자유도가 높은 태깅은 참여 기반 카테고라이징collaborative categorization, 집단 인덱싱mob indexing, 일반인에 의한 분류[18]이라고도 불리며, 확실히 효과적

---

18 (옮긴이) 일반인에 의한 분류(ethnoclassification): 어댑티브패스(adaptive path)의 피터 머홀츠(Peter Merholz)는 "사람들이 주변의 세계를 분류하고 카테고라이징하는 방법(how people classify and categorize the world around them)"이라고 설명하였다. 〈http://www.adaptivepath.com/ideas/essays/archives/000361.php〉

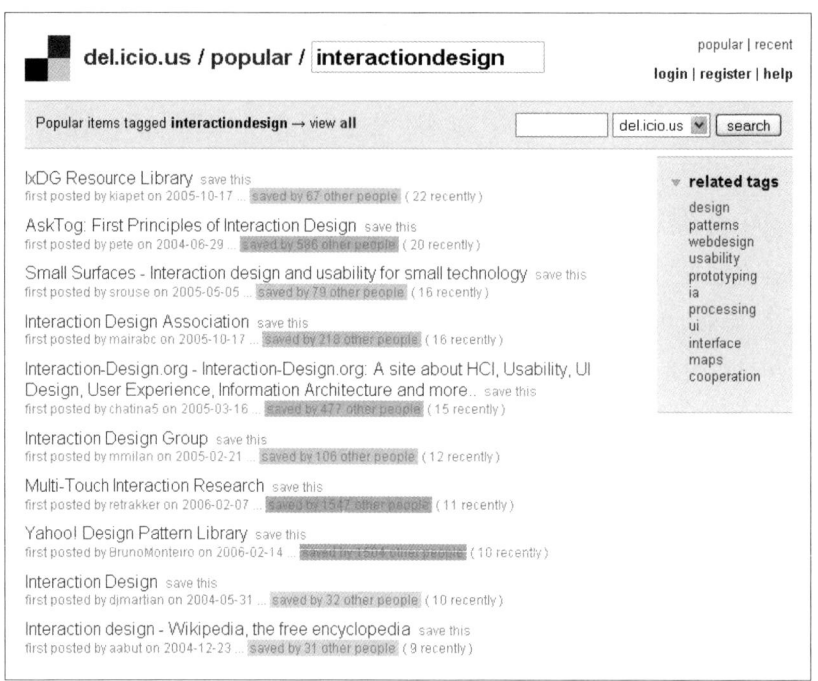

그림 5-18. 딜리셔스의 인기 항목

인 툴이다. 사용자는 사물에 하나 혹은 몇 개의 키워드를 태깅하고, 이 태그는 다른 사람들에게 공개되어 사회적 내비게이션social navigation의 중심점 역할을 수행한다. 사용자는 사물, 저자, 태그, 색인 작성자 정보 사이를 자유롭게 이동할 수 있다. 많은 사람들이 참여하게 되어 특정 주제에 대한 관심도가 높아지게 되면, 사용자의 행동 패턴과 태깅 패턴은 새로운 조직화 시스템과 내비게이션 시스템으로 탈바꿈하게 된다.

예를 들어, 그림 5-18에서 'IxDG Resource Library'가 interactiondesign이라는 태그로 가장 많이 북마크된 사이트라는 것을 알 수 있으며, design, patterns, ia, ui와 같이 관련된 태그들을 쉽게 둘러 볼 수도 있다. 누구라도 혼자서 혹은 단일 팀으로 이러한 관계를 정의할 수 있는 분류 체계를 만들어 내기는 어렵다. 이러한 관계는 많은 개인들의 태깅 노력에 의해서 나타나고, 지속적으로 발생하고 있다.

그림 5-19. 플리커의 집단적 알고리즘

마찬가지로, 플리커도 중복 태그를 이용해 각각의 사진을 그룹핑하는, 집단적인 알고리즘clustering algorithm을 제공하여, 스스로 작성되는 분류 체계 self-describing taxonomy가 지속적으로 만들어지고 있다(그림 5-19).

인포메이션 아키텍트의 관점에서는, 구조와 조직화 체계를 공동으로 만들어 내는 이러한 실험들이 매혹적일 수 있다. 이미 생각하고 있었을지는 모르겠지만, 이러한 새로운 현상을 무엇이라고 부를지 정의할 필요도 있다. 일례로, 진 스미스Gene Smith는 정보설계 관련 메일링 리스트에서 정보를 조직화하는 데 사용자가 정의한 태그를 도입하는 것이 빈번해지고 있음을 언급하고 다음과 같이 질문했다. "형식에 얽매이지 않는 사회적 분류를 지칭하는 이름이 있을까?" 얼마간의 논의 끝에, 토마스 반데르 발Thomas Vander Wal이 이렇게 회신했다. "그렇다면, 새로운 시소러스를 통해서 사용자가 생성한 상향식 카테고리 구조 개발방식은 폭소노미folksonomy라고 해야 하지 않을까?"[19]

물론, 이러한 태깅 혁명에도 희생은 뒤따른다. 사람들이 태깅에 대해서 열광하는 동안에, 많은 석학들은 조직화의 전통적인 형식이 사라질 것이라고 예견한 바 있다. 예를 들면, 테크노라티Technorati의 CEO인 데이비드 시프리David Sifry는 아래와 같이 언급했다.

> 태그는 단순하지만 강력한 사회적 소프트웨어의 혁신이다. 지금 수많은 사람들이 콘텐츠와 대화에 공개적이고 자유롭게 메타데이터를 부여하고 있다. 사람들이 싫어하는 엄격한 분류 체계와 달리 사회적으로 동기가 부여되어, 개인적인 조직화 체계로 사용될 수 있는 태깅의 손쉬운 속성은 풍부하고 쉽게 둘러볼 수 있는 폭소노미를 만들 수 있도록 해준다. 또한 적절한 태그 검색과 내비게이션을 잘 활용하면, 폭소노미는 구조화된 분류 방법들을 더욱 능가할 수 있다.[20]

그리고 클레이 서키Clay Shirky는 루이스 로젠펠드와의 토론에서 아래와 같이 언급했다.

> 폭소노미의 장점은 폭소노미가 통제어휘집보다 더 낫다는 것이 아니라, 없는 것보다 낫다는 것이다. 왜냐하면, 통제어휘집만으로는 모든 상황에 대처할 수 없기 때문이다. 태그가 이런 문제를 해결할 수 있다. 일반인들이 지각하고 있지는 못하지만, 태그는 '잘 설계된 메타데이터'이다. 대규모 시스템을 엄격한 기준에 의해 태깅하는 데 드는 노력은 실로 엄청나기 때문에, 플리커와 같은 환경에서 잘 정의된 메타데이터를 사용하려고 하는 바람은 사용자에게 갑자기 정보설계를 가르치려고 하는 것과 같다.[21]

폭소노미에 대한 다양한 견해는 블로고스피어에서 자주 발견할 수 있지만, 공정하지도 정확하지도 않다. 첫째, 폭소노미가 조직화에 대한 전통적인

---

19 정보설계 협회(Information Architecture Institute)의 2004년 7월 24일자 회원 메일링 리스트에 포스트됨.
20 Technorati의 창업자이자 CEO인 데이비드 시프리(David Sifry)가 자신의 블로그에 2005년 1월 17일에 포스팅한 "Technorati Launches Tags,"에서 인용. 그는 자신을 "블로그 세상에 대한 권위자"라고 소개하고 있다.
21 블로그 포스트, 'folksonomies + controlled vocabularies' 〈http://www.corante.com/many/archives/2005/01/07/folksonomies_controlled_vocabularies.php〉

접근방법보다 뛰어나다는 증거가 없다. 플리커를 검색해본 사람이라면 용어에 대한 제어가 전혀 없어 검색성findability에 문제가 있다는 것을 쉽게 알 수 있다. 둘째, 이러한 논쟁들은 적용되는 맥락이 매우 중요하다는 것을 무시하고 있다. 현재까지 태깅은 매우 제한적인 환경에서만 널리 활용되었다. 이것이 바로 플리커와 딜리셔스만 예로 계속 언급되는 이유이다. 사회적 분류가 웹사이트, 인트라넷, 인터랙티브한 제품에 광범위하게 적용될 수 있을지는 아직 풀리지 않은 과제로 남아 있다.

바라건대, 인포메이션 아키텍트는 이러한 어려움을 기꺼이 받아들이고, 정보의 조직화에 있어 전통적인 방식과 새로운 방식을 융합하는 데 리더십을 발휘할 수 있어야 한다. 많은 상황에서, 인포메이션 아키텍트는 사용자를 위해 지속적으로 정보를 구조화하고 조직화해야 한다. 또, 사용자들을 폭소노미 생성에 참여시키기 위하여 환경과 도구를 설계해야 한다. 그리고 일부 프로젝트에서는, 태그와 전통적 분류 체계를 동시 활용해서 사용자와 사용자들이 찾는 콘텐츠를 연결하는 다리의 역할을 해야 할 수도 있다.

5.6 결속력 있는 조직화 시스템의 설계

경험 디자이너, 네이선 쉐드로프Nathan Shedroff는 데이터를 정보로 변환하는 첫 번째 단계는 조직화 체계를 살펴보는 것이라고 얘기한다.[22] 이번 장에서 살펴본 것과 같이 조직화 시스템은 매우 복잡하다. 또, 명확한 조직화 체계와 모호한 조직화 체계의 다양성에 대해서도 고민할 필요가 있다. 주제별, 태스크별, 사용자별로 조직화할 필요가 있을까? 시간순 혹은 위치에 따른 체계는 어떨까? 복합적인 조직화 체계를 사용하는 것은 어떨까?

이런 조직화 체계를 통해 사용자의 내비게이션 방법에 영향을 끼치는, 조직

---

22 조직화에 대한 흥미로운 관점을 보고 싶다면, 네이선 쉐드로프의 「Unified Theory of Design」을 참고. ⟨http://www.nathan.com/thoughts/unified/6.html⟩

화 구조에 대해서도 고민해볼 필요가 있다. 계층구조를 사용해야 할까? 혹은 보다 구조화된 데이터베이스 모델이 더 나을까? 어쩌면 느슨한 하이퍼텍스트 그물망 형태가 확장성 측면에서는 좋지 않을까? 대규모 웹사이트 개발 프로젝트에서 이 모든 방법을 모두 적용해야 한다면, 이러한 질문들 때문에 머리가 아플 수도 있다. 그래서 사이트를 작은 요소들로 잘게 나눠보는 것이 중요하고, 이렇게 하면 수많은 질문들은 한 번에 하나씩 해결할 수 있다. 또한, 모든 정보 검색 시스템은 동질성을 가진 콘텐츠들로 구성된 협소한 범위에 적용될 때 최상의 결과를 낸다는 것을 명심하자. 콘텐츠 콜렉션을 좁은 범위로 잘게 나눔으로써 효과적인 조직화 시스템을 설계할 수 있다.

그리고, 전체적으로 조망하는 능력을 잃지 않는 것도 중요하다. 요리를 할 때, 적절한 재료를 적절한 방법으로 넣어야 원하는 결과를 얻을 수 있다. 개인적으로 버섯을 좋아한다고 해서, 팬케익에 버섯을 넣을 수는 없다. 결속력 있는 조직화 시스템을 설계하기 위한 방법은 사이트마다 각각 다르다. 그래도, 명심할만한 몇 가지 가이드라인을 소개해본다면 다음과 같다.

어떠한 조직화 시스템을 사용해야 하는지 고민할 때, 명확한 조직화 체계와 모호한 조직화 체계의 차이점에 대해서 생각해보자. 명확한 조직화 체계는 사용자가 무엇을 찾고 있는지 정확하게 알고 있는 경우인, 알고 있는 아이템 검색known-item searching에 제일 적합하다. 모호한 조직화 체계는 사용자가 막연하게 정의된 정보 니즈를 가지고 있는 연합 학습에 제일 적합하다. 가능하다면, 두 가지 형식의 조직화 체계를 모두 사용하도록 하자. 그리고, 웹사이트의 정보를 조직하는 데 있어 존재하는 어려움에 대해서 항상 인지하고 있어야 한다. 언어는 모호하고, 콘텐츠는 이질성을 가지고 있으며, 사람들은 각각 다른 관점을 가지고 있고, 정치는 개입되기 마련이다. 동일한 정보에 접근할 수 있는 다양한 경로를 제공하는 것은 이러한 어려움을 해결하는 데 도움이 된다.

어떠한 조직화 구조를 사용하는 것이 좋을지 고민할 때, 대규모 웹사이트와 인트라넷은 일반적으로 몇 가지 유형의 구조를 함께 필요로 한다는 것을 명심하자. 사이트에서 최상위 레벨의 포괄적인 구조는 대부분 계층구조를 가지고 있다. 이 계층구조를 설계할 때, 구조화되고 동질성이 있는 정보들의 콜렉션에 주의할 필요가 있다. 이러한 정보 콜렉션은 잠재적으로 서브사이트로 구성될 수도 있고, 데이터베이스 모델을 적용하기에 매우 적합하다.

마지막으로, 콘텐츠 아이템 간의 관계가 창조적이지 않거나 구조화가 미흡할 때는 정보를 생성한 사람이 정의한 하이퍼텍스트나 사용자 참여형 태깅으로 그 관계를 다룰 수 있음을 기억하라. 이러한 방법을 통해서, 무수한 조직화 구조들이 한데 모여 결속력 있는 조직화 시스템을 만들어 낼 수 있다.

Information Architecture for the World Wide Web **6**

레이블링 시스템

> **다룰 내용:**
> - 레이블링은 무엇이고, 왜 레이블링이 중요한가
> - 레이블의 일반적인 유형
> - 레이블 설계 가이드라인
> - 레이블 설계: 기존에 존재하는 기본 자료에서 차용하거나 처음부터 시작하기

레이블링은 표현 형식 중 하나다. 우리가 개념이나 생각을 말로 표현하는 것과 똑같이, 인포메이션 아키텍트는 웹사이트에 존재하는 많은 정보 청크들을 레이블로 표현한다. 예를 들어, '연락처'는 대개 연락담당자의 이름, 주소, 전화번호, 팩스번호, 이메일주소를 포함하고 있는 콘텐츠 청크를 표현하는 레이블이다. 정보가 필요하지 않을 수도 있는 사용자들을 귀찮게 하지 않으면서, 이미 많은 정보로 넘쳐 나는 웹페이지 상에서 모든 정보를 효과적이고 빠르게 전달하기는 어렵다. 대신에, '연락처'와 같은 레이블은 이 모든 정보를 겉으로 모두 보여주지 않으면서도, 사용자가 어떠한 정보인지 쉽게 알아차릴 수 있도록 해주는 지름길과 같은 역할을 한다. 그러면, 사용자는 링크를 클릭해볼지 혹은 다른 연락처 정보를 얻기 위해서 페이지를 더 살펴볼지 결정

하게 된다. 따라서 레이블의 목적은 정보를 효과적으로 커뮤니케이션하는 데 있다고 할 수 있다. 다시 말해, 레이블은 많은 정보를 담기 위해 페이지 길이를 길게 만들지 않고, 사용자의 인지 영역을 많이 차지하지 않으면서도, 의미를 전달할 수 있도록 해준다.

날씨와는 달리, 어떤 사람도 레이블에 대해서 얘기하기는 쉽지 않으나(단, 열성적인 문헌정보학자, 언어학자, 저널리스트, 점차 그 수가 늘어나고 있는 인포메이션 아키텍트는 제외), 모든 사람이 레이블링을 할 수는 있다. 사실, 우리는 인지하고 있지는 못하지만 레이블링을 하고 있다. 웹사이트의 콘텐츠와 구조를 만드는 것은 자신도 모르는 사이, 레이블을 만드는 것이다. 레이블을 만드는 행위는 웹사이트 이전에도 존재했는데, 태초에 아담이 동물들에 이름을 붙인 이후로 레이블링은 인간이 가지고 있는 특성 중의 하나라고 할 수 있다. 언어는 개념이나 사물을 표현하기 위한 본질적인 레이블링 시스템이다. 어쩌면 우리는 지속적으로 레이블링 하고 있기 때문에, 이런 행위를 당연하게 여기는지도 모른다. 그래서인지, 웹사이트의 레이블링이 종종 엉망이 되기도 하고, 사용자들이 그 결과에 고통 받기도 한다. 이번 장에서는 웹사이트 구현에 앞서, 사이트의 레이블링을 어떻게 고민할지 몇 가지 조언을 하고자 한다.

레이블링은 앞서 논의했던 다른 시스템들과 함께 어떻게 조화를 이룰 수 있을까? 레이블은 대개의 경우, 사용자에게 조직화된 콘텐츠와 내비게이션 시스템을 보여주는 가장 명확한 방법이라고 할 수 있다. 예를 들어, 단일 웹 페이지는 여러 개의 다른 레이블 그룹들을 가지고 있을 수 있는데, 각 레이블 그룹은 각각 다른 조직화 시스템이나 내비게이션 시스템을 대표할 수 있다. 어떤 레이블은 사이트의 조직화 시스템(예: 가정/홈 오피스, 소형 기업, 중대형 기업, 정부, 건강 관리)에, 어떤 레이블은 사이트 전반에 걸친 내비게이션 시스템(예: 메인, 검색, 피드백)에, 어떤 레이블은 서브사이트 내비게이션 시스템(예: 카트에 담기, 결제 정보 입력, 구매 확인)에 각각 매칭될 수 있다.

6.1 왜 레이블링이 중요한가

인쇄물, 웹, (각본을 가지고 있는) 라디오 방송 혹은 TV 방송과 같이 이미 녹음이 된 상태의 커뮤니케이션은 인터랙티브한 실시간 커뮤니케이션과는 거리가 멀다. 다른 사람과 대화를 할 때, 사람들은 자신의 의사를 잘 전달하기 위해 상대방의 피드백에 지속적으로 관심을 가지게 된다. 대화 상대가 딴청을 부리는지, 자신의 주장을 하려고 하는지, 화가 나서 주먹을 꽉 쥐는지 무의식적으로 인식한다. 그리고 상대의 반응에 따라서 언성을 높이거나 몸짓을 하거나 이야기하는 방식을 바꾸거나 자리를 피하거나 하면서, 자신만의 커뮤니케이션 스타일로 반응하게 된다.

아쉽게도 웹사이트를 통한 사용자와 대화에서 사용자의 피드백은 즉각적이지 않다. 물론 여기에도 블로그와 같은 예외는 존재하지만, 대부분의 경우 사이트 운영자나 콘텐츠 작성자의 메시지가 사용자에게 전달되는 데는 꽤 오랜 시간이 걸리고, 거꾸로 오는 것도 마찬가지다. '메시지 전달 게임'[1]과 같은 이런 메시지 전달방식은 본래의 메시지를 왜곡시키기 마련이다. 이처럼, 이해를 잘하기 위해 필요한 시각적인 단서가 거의 없는 상태에서 직접적인 커뮤니케이션은 무척 어렵기 때문에 레이블링이 더욱 중요해진다.

커뮤니케이션의 오류를 최소화하기 위해서, 인포메이션 아키텍트는 사이트의 콘텐츠에 적용될 레이블을 설계할 때, 사용자가 이해할 수 있는 언어로 표현하도록 최선을 다해야 한다. 또, 마치 대화하는 것처럼, 레이블에 의문점이나 오해가 있을 때는 명확하게 해명하고 설명해주어야 한다. 레이블은 새로운 개념을 쉽게 설명해주어야 하고, 비슷한 것들을 쉽게 구별할 수 있도록 해야 한다.

일반적으로 사용자와 사이트 운영자의 대화는 사이트의 메인 페이지에서 시작된다. 이 대화가 성공적인지 알아보려면, 사이트의 메인 페이지에서 레이

---

1 (옮긴이) 메시지 전달 게임(telephone game): 여러 명이 일렬로 늘어서서, 처음 사람이 다음 사람에게 귓속말로 메시지를 전달하고 다시 차례대로 다음 사람에게 귓속말로 들은 메시지를 전달하는 게임. 대개 중간에 메시지가 와전되거나 왜곡되곤 한다. Chinese whispers라고도 한다

그림 6-1. 이 레이블들을 어떻게 이해해야 할까?

블만 남기고 다른 설계 요소들을 최대한 배제한 다음, 몇 가지 질문을 해보면 된다. 이 페이지에서 중요한 레이블이 쉽게 눈에 띄는가? 그렇다면, 왜 그럴까? (잘 설계된 레이블은 눈에 거슬리지 않기 때문에, 대개 쉽게 알아차리지 못한다.) 레이블이 생소하거나 뜻밖이거나 헷갈린다면, 이에 대한 충분한 설명이 있는가? 혹은 레이블이 무엇을 의미하는지 좀 더 알아보려면, 클릭해서 살펴봐야만 하는가? 이런 질문들을 통한 레이블 테스트가 비과학적인 방식이기는 하지만, 레이블이 실제 사용자들에게 어떻게 이해될 수 있을지 감을 잡는 데는 도움이 된다.

   그럼, 일반적이고 평범한 수준인 유-홀U-Haul 웹사이트[2]의 메인 페이지(그림

---

[2] 유-홀 웹사이트는 그림에서 보이는 스크린샷을 캡쳐한 이후에 많이 개선되었다. 하지만, 이전 디자인이 레이블링 문제의 좋은 예를 가지고 있기 때문에, 이를 사용하기로 결정하였다.

6-1)를 테스트 해보도록 하자.

유-홀의 메인 페이지에 있는 레이블들은 엄청나게 특이해 보이지는 않지만, 그렇다고 이러한 평범함이 성공이나 가치의 지표가 될 수는 없는 노릇이다. 사실, 많은 문제점들이 페이지 전반의 레이블에 사용된 일상적인 표현들 때문에 발생하고 있다. 문제점들은 아래와 같다.

메인 Main

'메인'이 의미하는 것은 무엇일까? 인터넷 용어에서, 메인은 일반적으로 메인 페이지를 의미한다. 하지만, 이 사이트에서 Main은 'Get Rates & Reservations(요금 안내 & 예약)'과 'Find a U-Haul Location(유-홀 지점 안내)'와 같은 유용한 링크들의 모음을 의미하고 있다. 왜 이런 링크들을 'Main'이라고 레이블링했을까? 대체가 가능한 다른 레이블도 있고, 'Main'과 같은 용어를 사용하지 않고도 시각적인 디자인 테크닉을 사용해서 링크들을 다른 요소들과 섞이지 않고 두드러져 보이도록 할 수도 있다. 'College Connection(대학 간 연계)'[3]를 클릭하면 어떤 정보가 나올까? 'College Connection'은 프로모션 상품처럼 보인다. 이 링크가 유용한 콘텐츠나 기능을 제공하고 있다고 하더라도, 레이블은 사용자가 이해할 수 있는 언어가 아니라 유-홀이라는 회사에서 사용되는 언어의 일부라고밖에 생각되지 않는다.

제품과 서비스 Products & Services

사용자는 손수레를 찾기 위해, 'Dollies(작은 짐수레)'가 아니라 'Hand trucks(손수레)'를 찾으려고 할 수 있다. 이러한 종류의 오해는 지역적인 특성 때문에 기인한다. 유-홀은 피닉스 지역에 근거를 두고 있는 회사인데, 만약 사용자가 뉴욕 출신이라면 이런 상황이 연출될 수 있다. 어떠한 용어가 더 일반적으로 사용될까? 혹은 둘 다 비교적 일반적으로 많이 사용

---

3 (옮긴이) College Connection: 실제로는 트럭이나 창고를 빌리는 비용을 절약하기 위해서, 같은 지역의 대학생들끼리 함께 대여할 수 있도록 하는 BBS 서비스를 제공하고 있다.

된다면, 둘 다 사이트에 명시해야 하지는 않을까?

수퍼그래픽 SuperGraphics[4]

이 용어를 들어본 적이 있는가? SuperGraphics는 미술작품이 아니라 무엇인가 그 이상을 의미하는 것처럼 보인다('super'라는 단어가 들어가있으므로). 영어는 매우 확장성이 강하기 때문에 매일 새로운 단어가 만들어지고 있다. 하지만, 참을성 없는 사용자들이 언어적 창조물을 이해할 수 있을 것이라고 기대해서는 안 된다. 'SuperGraphics'가 'Products & Services'만큼 중요할까? 'Pictorial Tribute to North America(북아메리카에 그림 헌정)'라는 링크에서 어떤 정보를 찾을 수 있을까? 사진? 여행기? 그리고, 이러한 그림 헌정이 트럭 대여와 무슨 상관이 있을까?

법인 Corporate

사용자들이 'Corporate'가 무슨 뜻인지 쉽게 알 수 있을까? 이 용어는 회사라는 의미보다는 직원, 공급자, 회사와 관련된 다른 사람들을 의미하는 것처럼 보인다. 보다 대화체인 'About Us(회사소개)'와 같은 레이블이 더 적합할 수도 있다. 'Company Move(기업 이사)'는 기업들의 이사를 대행해주는 서비스이지, 유-홀이 본사를 다른 곳으로 옮긴다는 의미는 아니다. 또 하위에 있는 다른 링크들은 Corporate 밑에 위치하는 것이 부적절해 보이기도 한다. 'Corporate Move'나 'Truck Sales(트럭 판매)'는 Products & Services의 하위에 위치하는 것이 더 적절해 보인다. 'Real Estate(부동산)'와 'Missing or Abandoned Equipment(장비 분실 및 훼손)'은 어디에도 속하기 애매하다. Corporate는 실제로 'Miscellaneous(기타)'의 다른 표현인 것일까?

온라인 구매 Buy Online

SuperGraphics와 마찬가지로 하위에 하나의 링크만을 가지고 있으며, 이

---

[4] (옮긴이) SuperGraphics: 유-홀 회사가 대여하는 트럭의 측면에 그려진 이미지. 미국의 각 주별로 다양한 이미지들을 선보이고 있다. ⟨http://www.uhaul.com/supergraphics/default.aspx⟩

것은 낭비라고 볼 수 있다. 'The U-Haul Store(유-홀 매장)'은 제품이나 서비스를 구매하거나 대여할 수 있는 것처럼 보인다. 왜 'The U-Haul Store'가 'Buy Online'과 나란히 배치되어 있는 걸까? 강조하고 싶은 특별한 이유가 있는 걸까? 이 특별한 이유가 사용자에게 별다른 설득력이 없다면, 아마도 내부적인 정책 때문에 이렇게 배치했을 수도 있다. 유-홀의 부사장 중 한 명은 'Products & Services'를 책임지고 있고 다른 한 명은 'The U-Haul Store'를 책임지고 있기 때문에, 영역 다툼 끝에 하나가 사라질 때까지 둘은 하나로 통합되지 않고 있는지도 모른다.

레이블 테스트의 결과는 아래와 같은 카테고리로 정리해볼 수 있다.

레이블이 대표성도 없고 레이블 간의 차별성도 없다

유-홀 사이트가 가지고 있는 대부분의 레이블들은 링크되어 있거나 뒤따라오는 콘텐츠들을 대표하지 못하고 있다. 사용자가 링크를 클릭해보기 전에는 'Corporate Move'가 무엇을 의미하는지 알 수 없고, 'Products & Services'와 'The U-Haul Store'의 차이를 알 수 없다. 유사하지 않은 아이템을 하나로 묶은 그룹들은(예: 'Truck Sales' 'Public Relations' 'Missing or Abandoned Equipment'를 하나로 묶은 그룹) 어떠한 맥락 정보도 제공하고 있지 않아 각 아이템의 레이블이 실제로 무엇을 의미하는지 알 수 없다. 레이블의 유효성 측면에서 너무나 많은 오해의 소지가 존재한다.

레이블에 전문용어가 사용되어, 사용자에게 친숙하지 않다

'College Connection'나 'SuperGraphics'와 같은 레이블은 레이블이 가진 본래의 좋은 의미를 보여주기보다는, 유-홀이 고객의 니즈보다 기업의 목표, 정치, 문화를 더 중요시하는 조직이라는 것을 폭로하고 있다. 이것은 웹사이트가 레이블에 조직 내의 전문용어를 사용하는 전형적인 예라고 할 수 있다. 이런 레이블들은 아마도 전체 사용자 중 0.01퍼센트밖에 되지 않는 기업 후원자들에게나 명확할 것이다. 사이트의 제품 주문 시스템을 'Order Processing and Fulfillment Facility(주문 프로세스 및 주문처리 기능)'라고 레이블링한 것을 보면 매출을 감소시키는 확실한 방법이 무엇인지 알 수 있다.

레이블이 사이트 구축 비용을 낭비하고 있다

유-홀 사이트의 레이블은 매우 혼란스러운 인지적 함정에 사용자들이 너무 빈번하게 빠지게 한다. 이런 레이블의 구조는 매 순간 사용자 경험을 저해하고 있으며, 사용자로 하여금 사이트 사용을 잠시 멈추고 '어?' 하고 의문을 갖도록 만든다. 인터넷 매체라는 경쟁이 심한 환경에서 이러면, 사용자들은 자연스럽게 사이트 사용을 포기하고 다른 사이트로 이동하게 된다. 다르게 얘기하면, 혼란스러운 레이블은 유용한 사이트를 설계하고 구현하는 노력과, 목표한 사용자들이 사이트를 사용하도록 마케팅하는 투자를 모두 수포로 만든다고 할 수 있다.

레이블이 좋은 인상을 전달하고 있지 못하다

사이트의 정보에 대해서 언급하거나 표현하는 방식만으로도 사이트의 운영 주체, 조직, 사이트의 브랜드에 대해서 많은 부분을 보여줄 수 있다. 비행기에서 기내 잡지를 본 적이 있는 사람이라면, 어휘력 향상을 위한 학습 교재 시리즈 광고를 기억할지 모르겠다. '당신이 사용하는 단어는 비즈니스 협상을 성사시킬 수도 결렬시킬 수도 있습니다.' 웹사이트 레이블링에 있어서도 이는 똑같이 적용된다. 미숙하고, 전문적이지 못한 레이블링은 사용자가 가지고 있는 회사에 대한 신뢰를 깨뜨릴 수도 있다. 유-홀은 전통적인 브랜딩 방식에 많은 비용을 투자하고 있지만, 무형 자산의 중요한 부분이라고 할 수 있는 메인 페이지의 레이블에 대해서는 많은 생각을 하지 못한 듯하다. 온라인 고객들은 유-홀이 차량을 대여하는 서비스나 고객센터를 운영하는 방식에 있어서도 웹사이트와 동일하게 계획성이 없거나 부주의하지 않을까 하는 의구심을 갖게 될 수도 있다.

전문적인 커뮤니케이션을 위한 문서 작성이나 여타 양식과 같이 레이블은 중요한 요소이다. 레이블은 브랜드, 시각 디자인, 기능, 콘텐츠, 내비게이션과 같은 웹사이트의 다른 측면들과 마찬가지로 웹의 실체에서 없어서는 안 되는 필수적인 요소이다.

6.2 레이블의 다양성

웹에서 레이블은 대개 두 가지 형식으로 보인다. 텍스트 형식과 아이콘 형식. 웹이 고도로 시각화되어 있는 속성을 가지고 있기는 하지만 텍스트 레이블이 가장 보편적이기 때문에, 이번 장에서는 텍스트 레이블에 대해 주로 알아보도록 하자.

컨텍스추얼 링크 contextual link
다른 페이지에 있는 정보 청크나 동일한 페이지 내에서 다른 위치로 이동하도록 하는 하이퍼링크

제목 heading
인쇄 제목과 같이, 이후에 나올 콘텐츠에 대해서 간략하게 기술하는 레이블

내비게이션 시스템 선택항목 navigation system choice
내비게이션 시스템에서 선택이 가능한 옵션들을 표현하는 레이블

인덱스 용어 index term
검색이나 브라우징을 위해서 콘텐츠를 대표하는 키워드, 태그, 주제 목록[5]

위에 나열한 카테고리들은 결코 완벽하거나, 카테고리 간의 경계가 명확한 것은 아니다. 하나의 레이블이 두 가지 이상의 목적을 위해서 사용될 수도 있다. 예를 들면, '알몸 번지점프'라는 컨텍스추얼 링크는 '알몸 번지점프'라는 제목을 가지고 있는 페이지로 연결함과 동시에 (쉽게 예상할 수 있는 것처럼) '알

---

5 (옮긴이) subject heading : 특정 주제에 대해서 표제로 사용되는 단어나 어구. 본래 '주제명 표목' 혹은 '주제명 표제'라고도 하나, 의미가 통하면서도 이해하기가 쉬운 '주제 목록'이라고 번역하였다.

몸 번지점프'라고 인덱싱될 수도 있다. 또한, 일부 레이블들은 텍스트 형식보다는 아이콘 형식을 띠고 있을 수도 있다. 그렇다고 알몸 번지점프를 어떻게 시각적으로 보여줄지에 대해선 상상의 나래를 펴지 않길 바란다.

다음 섹션에서는 다양한 레이블을 매우 자세하게 들여다보고 몇 가지 예를 살펴보자.

6.2.1 컨텍스추얼 링크로서의 레이블

레이블은 문서의 내용이나 정보 청크 내에 존재하는 하이퍼링크를 설명하거나, 레이블을 둘러싸고 있는 주변의 텍스트를 서술하는 문맥에서 자연스럽게 생성된다. 컨텍스추얼 링크는 웹이라는 매체를 성공하게 만든 상호연결성을 이루는 근간이라고 할 수 있을 뿐만 아니라 생성하기도 쉽다.

하지만, 컨텍스추얼 링크를 상대적으로 쉽게 만들 수 있다고 하여 컨텍스추얼 링크가 꼭 효과적이다, 라고 말할 수는 없다. 사실은 이렇게 생성하기 쉬운 특성이 문제를 야기한다. 일반적으로 컨텍스추얼 링크는 규칙적으로 만들어지지 않고, 콘텐츠 작성자가 자신의 문장과 다른 내용을 연결하고자 할 때나 문서 내의 연결 관계를 정리할 때와 같이 한정적이고 즉흥적인 방법으로 만들게 된다. 이렇게 만들어진 하이퍼텍스트 연결은, 계층구조에서 상/하위의 아이템들을 서로 연결하는 링크보다 더 이질적이고 보다 개인의 성향에 의존한다. 결과적으로, 컨텍스추얼 링크는 보는 사람에 따라서 다르게 해석될 수 있다. 어떤 사람이 'Shakespeare'라는 링크를 보고 클릭하면서 작가의 일대기를 다룬 페이지로 이동할 것이라고 기대하는 반면, 또 어떤 사람은 위키피디아의 설명 페이지로 이동할 것을 기대할 수도 있다. 사실, 이 링크는 뉴멕시코에 있는 세익스피어 빌리지를 설명하는 페이지로 이동하는데도 말이다.

컨텍스추얼 링크는 연결하는 콘텐츠를 보다 잘 대표하기 위해서 자연스럽게 문맥에 의존한다. 콘텐츠 작성자가 자신이 작성한 글의 문맥을 잘 정리해야만, 레이블은 레이블이 위치한 주변의 텍스트에서 그 의미를 차용할 수 있다. 하지만, 문맥이 잘 정리되지 않으면, 레이블은 대상을 대표할 수 없게 되

그림 6-2. 피델리티의 웹페이지에 있는 컨텍스추얼 링크는 직설적이고 뜻이 명확하다.

고 사용자는 예상치 못한 결과에 깜짝 놀라게 된다.

　피델리티Fidelity(그림 6-2)는 투자자에게 정보를 제공하는 사이트이기 때문에, 컨텍스추얼 링크는 직설적이고 뜻이 명확할 필요가 있다. 'stocks(주식)', 'mutual funds(뮤추얼 펀드)', 'Learn how to invest(투자 방법 소개)'와 같은 피델리티의 컨텍스추얼 링크 레이블은 매우 구체적이고, 주변의 텍스트와 제목의 내용을 활용함으로써, 클릭하면 어떤 종류의 서비스를 받을 수 있는지 명확하게 설명하고 있다. 레이블이 이미 매우 명확하고 구체적이더라도, 추가 설명, 명확한 제목, 사이트의 몇 가지 명확한 사용 용도와 같은 맥락에 의해 그 의미가 보다 더 명확해질 수 있다.

다른 한편, 개인 블로그에 존재하는 컨텍스추얼 링크는 꼭 명확할 필요가 없다. 저자는 자신의 블로그에 방문하는 정기적인 방문자들이나 친구들은 일정 수준의 배경이나 문맥에 대한 지식을 이미 갖추고 있다고 가정할 수 있다. 혹은 링크 레이블을 덜 구체적으로 하는 것이 링크하고 있는 페이지로 클릭을 유도할 수 있기 때문에 이를 고수할 수도 있다. 따라서, 저자는 컨텍스추얼 링크를 일부러 대표성이 안 나타나도록 설계할 수도 있는 것이다.

그림 6-3에서 보이는 것처럼, 저자는 독자들이 'Eric Sinclair(에릭 싱클레어)'가 누구인지 알고 있을 것이라고 예상하고 있다. 이 사람은 아마 이 블로그에서 전에 언급한 적이 있는 인물일 수 있다. 혹은 'Eric Sinclair'라는 레이블을 인물이라고 이해할 것이기 때문에, 독자들이 클릭해서 볼 수 있도록 최소한의 문맥 정보(실제로는, Eric Sinclair가 쓴 코멘트임)를 전달하고 싶었을 수도 있다. 'They Rule'이라는 레이블 또한 모호한데, 이 레이블이 무엇을 뜻하는 것인지 명확하게 알기는 어렵지만 블로그의 저자는 'fascinating(매혹적)'하고 'scary(무서운)'하다는 문맥 정보를 제공하고 있다. 이와 같이, 대표성이 없는 레이블도 존재하게 되는데, 독자들이 저자의 의견에 수긍한다면, 좀 더 자세한 정보를 위해서 링크를 클릭해볼 수도 있을 것이다. 하지만, 일정 수준의 공감대가 형성되지 않는다면, 대표성이 없는 레이블은 사이트에 좋지 않은 영향을 끼칠 수 있다.

앞으로 살펴보겠지만, 다른 종류의 레이블들은 레이블 세트 혹은 레이블링 시스템의 한 부분으로서, 전체 시스템에서 문맥, 곧 뜻을 이끌어낸다. 그러나 링크 레이블에서는 체계적인 일관성을 찾아보기 힘들다. 대신에, 링크 레이블은 카피copy와 문맥 정보를 통해서 동일 그룹 내 요소들의 관계보다 더 탄탄한 연계를 만들어 낼 수 있다. 그렇지만 링크 레이블과 레이블이 링크하고 있는 정보 청크 간의 일관성은 항상 고민해야 하는 이슈로 남는다.

인포메이션 아키텍트는 컨텍스추얼 링크를 만들고 레이블링하기 전에 '사용자들은 어떤 정보를 보고 싶어할까?' 같은 자문을 통해서 컨텍스추얼 링크 레이블이 대표성을 갖도록 만들어야 한다. 컨텍스추얼 링크는 위와 같은 단

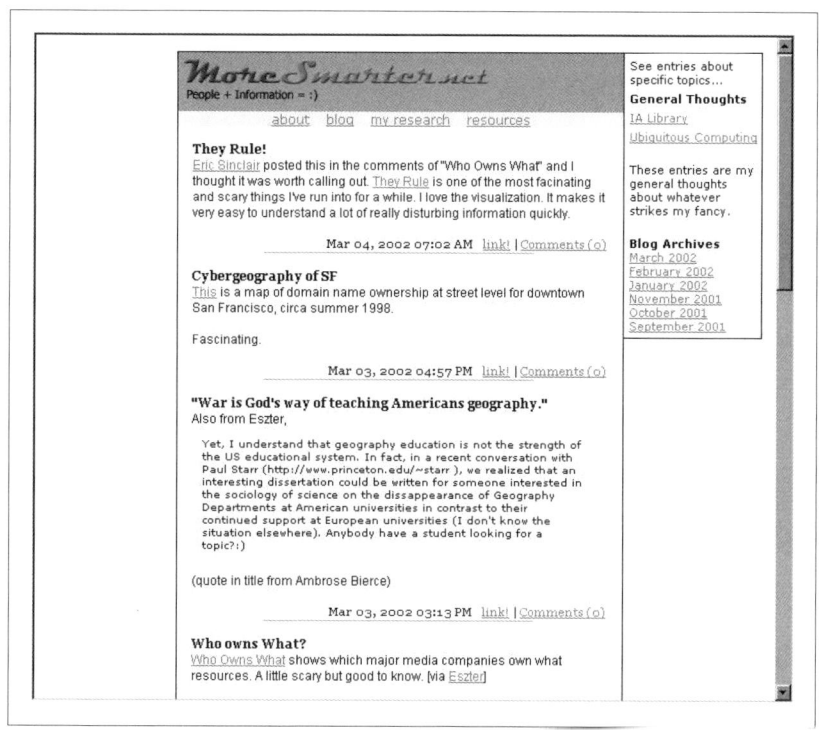

그림 6-3. 위의 컨텍스추얼 링크들은 거의 대표성이 없는데, 저자와의 높은 공감대가 형성되어 있다면 별 문제가 되지 않는다.

순한 질문을 통해 대표성을 향상시킬 수 있다. (사용자들이 레이블을 어떻게 이해하는지를 살펴보는 가장 쉬운 방법은 명확하게 정의된 레이블들이 적힌 페이지를 출력해서 보여주고, 각 레이블이 어디로 링크될지 생각한 내용을 적어보게 하는 것이다.)

한편, 컨텍스추얼 링크는 대개 인포메이션 아키텍트의 손을 거치지 않는다는 사실을 반드시 알고 있어야 한다. 대개 컨텍스추얼 링크는 콘텐츠 작성자에 의해 만들어진다. 콘텐츠 작성자는 자신이 작성한 콘텐츠의 의미나 다른 콘텐츠와 어떻게 연계할 것인지 잘 알고 있다. 따라서 컨텍스추얼 링크에 규칙(예: 직원들의 이름은 항상 링크되어야 한다)을 부여하고자 하는 경우에, 직접 규칙을 적용하기보다는 콘텐츠 작성자에게 가이드라인을 제시(예: 직원들의 이름은 가능한 대응되는 직원 명단으로 링크를 거는 것이 좋다)하는 것이 더 나을 수 있다.

6.2.2 제목으로서의 레이블

레이블은 대개 이후에 이어질 정보 청크를 설명하기 위한 제목으로 사용된다. 그림 6-4의 제목은 콘텐츠 내용에 계층구조를 부여하기 위해서 사용되었다. 책에서 제목으로 장이나 절을 구분하여 차별화할 수 있는 것처럼, 레이블 또한 사이트의 서브사이트를 정의하거나 카테고리와 서브카테고리를 차별화하는 데 도움을 준다.

상위, 하위, 동등 개념과 같은 제목 간의 계층적인 관계는 대개 숫자, 폰트 사이즈, 색상, 스타일, 공백, 들여쓰기 혹은 이들의 조합이 일관적으로 사용되어 시각적으로 표현된다. 정보 디자이너 혹은 그래픽 디자이너가 만들어내는 시각적으로 명확한 계층구조는 (계층구조 개념을 내포하고 있는) 레이블들을 정의해야 할 필요성을 줄여주기 때문에, 인포메이션 아키텍트의 일이 줄어들곤

그림 6-4. 숫자, 불릿(bullets), 볼드처리, 수직으로 배치된 공백은 읽는 사람으로 하여금 쉽게 제목 레이블을 알아볼 수 있도록 해준다.

한다. 따라서, 시각적으로 계층구조 형태로 표현되면, 크게 의미를 가지고 있지 않는 레이블 세트도 충분히 의미를 가질 수 있게 된다. 예를 들어, 아래와 같이 일관성이 없는 제목들은 매우 혼란스러워 보인다.

가구 전시
오피스 의자
고객 추천
스틸케이스 의자
혼 제품
허먼 밀러
에어론
수납장

그러나, 제목들이 계층구조로 보이면 그 의미가 보다 명확해진다.

가구 전시
오피스 의자
   고객 추천
      스틸케이스 의자
      혼 제품
      허먼 밀러
         에어론
수납장

그렇지만, 계층적 관계를 보여주는 데 너무 얽매일 필요는 없다. 그림 6-5 에서처럼 'Background(배경)'나 'Scouting report(스카우트 보고서)'와 같은 제목 레이블은 다음에 이어지는 내용을 함축하고 있다. 하지만 페이지 상단의 통계자료는 대부분의 독자들이 자세히 읽어보지 않고도 쉽게 통계자료라는 것을 알 수 있기 때문에 특별한 제목이 없다. 바꿔 말하면, 계층구조를 보여주기 위해서 통계 숫자들 상단에 'Statistics(통계자료)'라는 제목을 추가하고 'Background'나 'Scouting report'에 적용된 타이포그라피 스타일을 동일하게

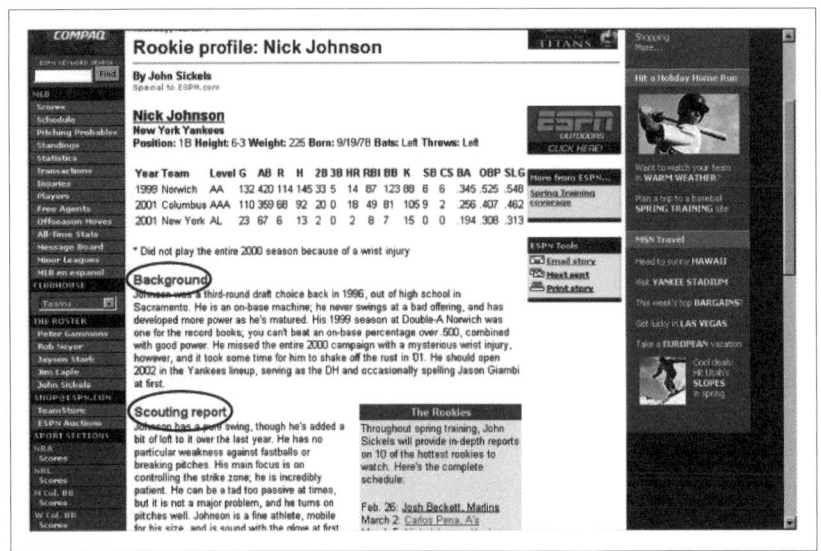

그림 6-5. 제목 레이블의 계층구조는 일관적이지 못하더라도 괜찮다.

적용하는 것은 이미 통계자료라는 것을 알고 있는 야구팬과 같은 사용자에게는 큰 도움을 주지 못한다는 것이다.

하지만, 통계 테이블에서 행간의 구분이 어렵기 때문에, 구분을 위해 모든 행이 제목 레이블(예, Year, Team, Level 등)을 가지고 있는 것은 한번 눈여겨볼 필요가 있다.

계층적인 제목을 설계할 때는 조금 더 유연할 수 있지만, 프로세스의 각 단계를 레이블링할 때는 일관성을 유지하는 것이 매우 중요하다. 사용자가 프로세스를 성공적으로 마치려면 일반적으로 프로세스의 각 단계를 완료해야만 하기 때문에, 제목 레이블은 명확해야 하고 연속성의 개념을 내포하고 있어야 한다. 명확하게 숫자를 사용해서 진행상황을 알려줄 수도 있지만, 동사를 활용하여 행동을 표현하는 레이블링 규칙을 일관적으로 사용해도 프로세스의 단계들을 연속적으로 묶는 데 도움이 된다. 그 결과, 사용자는 레이블을 통해서 어디서 시작하고, 어디서 다음 단계로 이동하고, 현 단계에서 무엇을 해야 하는지 알 수 있게 된다. 그림 6-6은 노스웨스트항공의 페이지를 보여주는데, 제목 레이블은 명확하게 숫자가 매겨져 있고, 통일적으로 배치되어 있

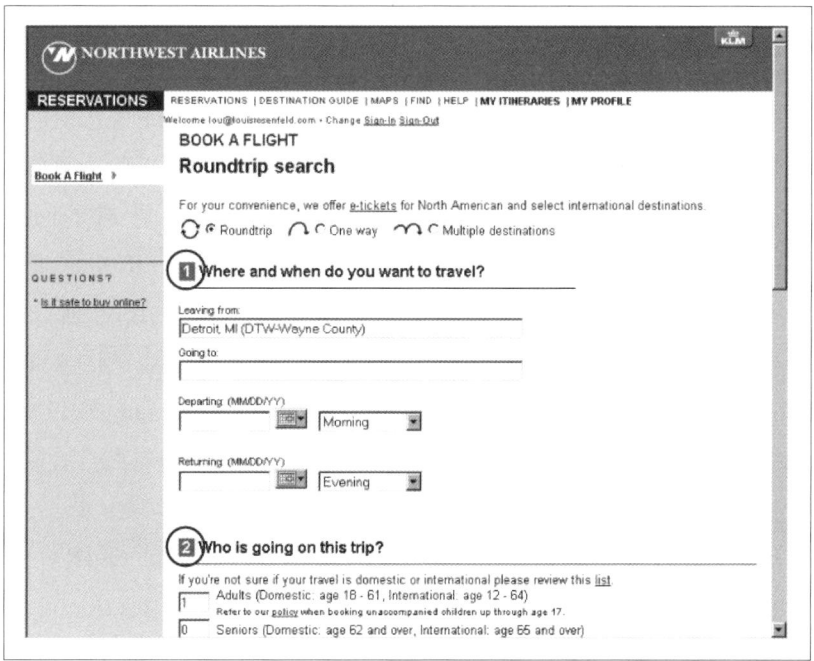

그림 6-6. 연속적인 숫자와 일관적인 문장구조는 레이블을 보다 명확하게 만들어 준다.

으며, 일관적인 문장 형태로 프로세스의 각 단계별 질문들이 나열되어 있다.

제목 레이블은 계층적이든지 연속적이든지 간에 여러 개가 함께 사용되기 때문에 컨텍스추얼 링크 레이블보다는 체계적으로 설계되어야 한다.

6.2.3 내비게이션 시스템 내의 레이블

내비게이션 시스템은 일반적으로 몇 가지 선택 가능한 옵션을 가지고 있기 때문에, 여기에 사용되는 레이블은 다른 레이블 유형보다 더욱 일관적인 형태가 필요하다. 인덱스 용어 세트는 선택 가능한 항목이 수천 개에 달하지만 내비게이션 시스템은 10개가 채 안 되기 때문에, 내비게이션 시스템에서 일관적이지 않은 옵션 레이블은 인덱스 용어 세트에 비해 '사과와 오렌지 효과'[6]를 더욱 쉽게 야기시킨다. 더욱이 내비게이션 시스템은 일반적으로 사이트를 사용할 때 반복적으로 사용되기 때문에, 내비게이션 레이블링 문제는 반복적인 노출을 통해 더 심각해질 수 있다.

내비게이션 시스템의 위치가 사이트 내에서 일관적이게 설계가 되어야 사용자가 '논리적으로' 사이트를 사용할 수 있는데, 레이블도 이와 마찬가지다. 효과적으로 적용된 레이블은 사용자에게 사이트를 친숙하게 만드는 필수적인 요소이므로, 페이지들 간에 동일하게 적용하는 것이 좋다. 한 페이지에서 'Main'이라고 하고, 다른 페이지에서는 'Main Page'라고 하고, 또 다른 페이지에서는 'Home'이라고 하는 것은 사용자가 사이트를 내비게이션할 때 느끼는 친숙함을 깨뜨리게 된다. 그림 6-7은 수평적인 내비게이션 시스템으로 4개의 레이블, 'Getting Started(시작하기)' 'Our Funds(펀드상품)' 'Planning(계획)' 'My Account(나의 계정)'가 있는데, 이것은 사이트 전체에 걸쳐 일관적으로 적용되어 있다. (아마, 색상과 위치 또한 일관적이었다면 더욱 효과적이었을 것이다.)

레이블링을 하는 데 표준은 없지만, 많은 내비게이션 시스템 레이블이 사용하고 있는 몇 가지 일반적인 형태는 존재한다. 아래의 레이블들은 이미 대부분의 웹사이트 사용자들에게 친숙하기 때문에, 각 카테고리에서 하나씩 선택하여 일관되게 적용해 볼만하다. 아래는 완전하지는 않으나 참고할만한 레이블 목록이다.

- 메인, 메인 페이지, 홈
- 검색, 찾기, 탐색, 검색/탐색
- 사이트 맵, 콘텐츠, 목차, 인덱스
- 연락처, 회사 연락처
- 도움말, FAQ, 자주 묻는 질문
- 뉴스, 뉴스 & 이벤트, 뉴스 & 공지, 공지
- 소개, 회사 소개, 우리는(Who we are)

물론, 동일한 레이블이 다른 종류의 정보를 의미하기도 한다. 예를 들어,

---

6 (옮긴이) 사과와 오랜지 효과(apples and oranges effect): 서로 비교도 할 수 없을 만큼 전혀 다르기 때문에, 항목 간의 이질성이 커지는 것을 의미함.

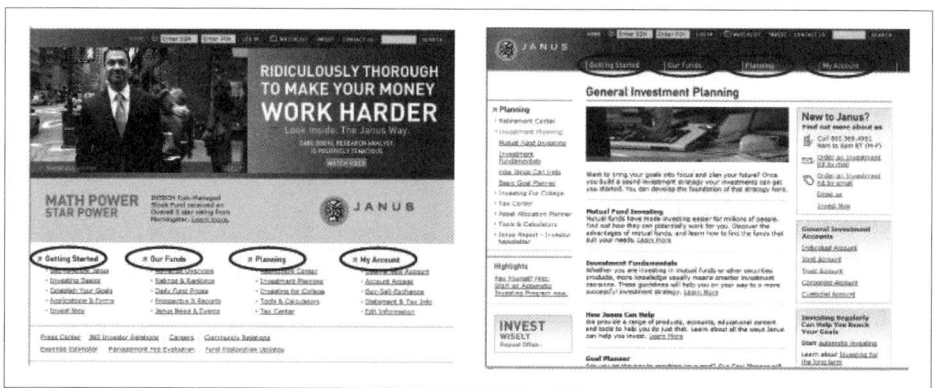

그림 6-7 야누스(Janus) 사이트의 내비게이션 시스템 레이블은 사이트 전체에 걸쳐 일관적이다.

어떤 사이트에서 '뉴스'는 새로 추가된 내용에 대한 공지사항 영역으로 링크하고 있는 반면, 어떤 사이트에서는 국내외 소식을 담은 뉴스기사가 있는 영역으로 링크할 수도 있다. 당연히 하나의 웹사이트에서 동일한 레이블을 각각 다른 의미로 사용하면 사용자는 매우 혼란스러워하게 된다.

이 두 가지 문제를 해결하기 위해, 내비게이션 레이블이 메인 페이지에서 처음 보여질 때 범위 주기scope notes라고 불려지기도 하는 개략적인 설명을 사용하여 내비게이션 레이블의 의미를 보다 명확하게 만들 수 있다. 그림 6-8의 내비게이션 시스템 레이블은 메인 페이지의 좌측 영역에 간결하게 보이고 있으며, 동시에 콘텐츠 영역에서는 범위 주기로 설명되어 있다.

이 경우, 내비게이션 시스템 레이블이 애초부터 보다 직관적이었다면, 메인 페이지의 중요한 공간을 범위 주기에 많이 할애하지 않을 수 있다. 공간을 많이 차지하는 범위 주기를 대체할 수 있는 방법으로는 자바스크립트로 구현한 롤오버 기능을 사용하거나 마우스오버 효과 등을 사용하여 범위 주기를 보여주는 방법이 있으나, 이러한 방식들이 보편적이라고 할 수는 없다. 만약에, 사이트의 사용방법을 배우려고 하는 충성도가 높은 사용자들이 사이트를 반복적으로 사용하고 있다고 판단이 된다면, 이러한 대안을 고려해볼 가치는 있다. 다만, 내비게이션 레이블을 직관적으로 구성해서 사이트를 단순

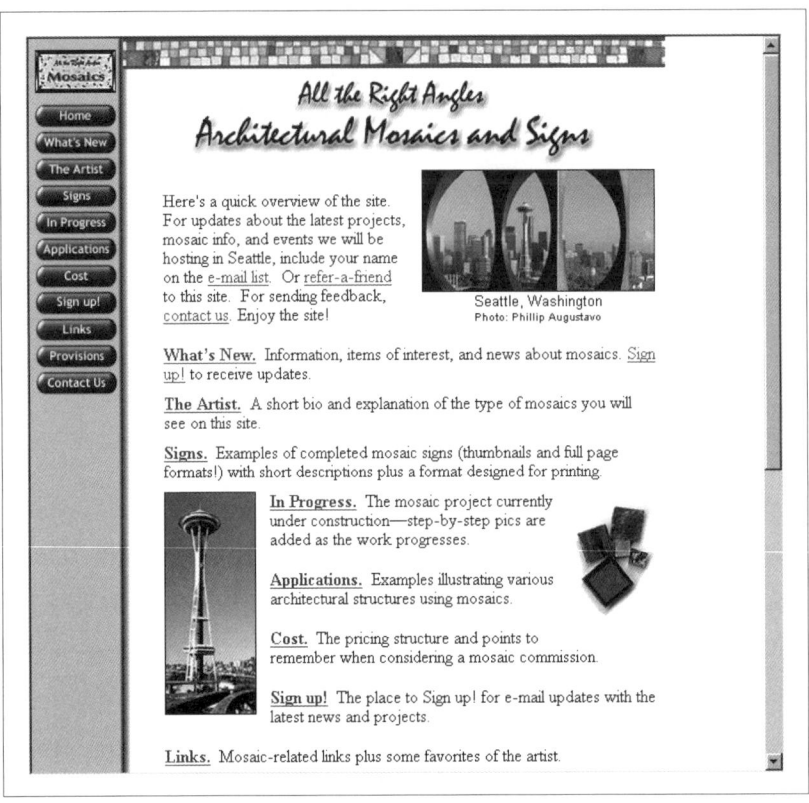

그림 6-8. 각 내비게이션 시스템 레이블은 범위 주기를 가지고 있다.

하게 유지하는 것이 우선시되어야 한다.

6.2.4 인덱스 용어로서의 레이블

대개 키워드, 태그, 서술적인 메타데이터descriptive metadata, 분류 체계, 통제어휘집, 시소러스라고 불리는 인덱스 용어 레이블은 사이트, 서브사이트, 페이지, 콘텐츠 청크 등 다양한 유형의 콘텐츠를 설명하는 데 사용할 수 있다. 인덱스 용어는 콘텐츠의 뜻을 대표하기 때문에, 콘텐츠의 전문full text을 단순히 검색할 수 있게 만드는 것이 아니라 정교한 검색이 가능하도록 해준다. 누군가가 콘텐츠의 의미를 정의하여 인덱스 용어로 그 콘텐츠를 서술해두게 되면, 해당 용어를 (검색어를 콘텐츠의 전문에 매칭해보는) 검색엔진으로 검색했을 때 결과가 더욱 효과적일 수 있다.

또한, 인덱스 용어는 브라우징을 쉽게 하는데도 사용된다. 문서 콜렉션에 대한 메타데이터는 브라우징이 가능한 목록이나 메뉴의 근거 자료로도 활용할 수 있다. 인덱스 용어가 사이트의 주요 조직화 시스템(예, 사업 단위로 조직된 정보구조)과는 별도로 또 다른 조직화 시스템을 제공하기 때문에, 인덱스 용어는 사용자에게 매우 유용하다. 사이트 인덱스나 다른 목록 형식에서 인덱스 용어는 조직화 방식의 방향과 '교차하는 방향의 접근'[7]을 통해 유용한 대안적인 관점을 제공한다.

썬Sun Microsystems의 다양한 비즈니스 부문들이 제공하는 콘텐츠를 구분하는 데 사용되었던 인덱스 용어 레이블은 그림 6-9에서처럼 BBC 사이트의 인덱스에도 사용되었다. BBC 사이트의 주요 조직화 시스템을 통해서 이미 접근할 수 있는 대부분의 콘텐츠들은 이렇게 인덱스 용어(예: 키워드)를 통해서도 접근이 가능하다.

많은 경우, 인덱스 용어는 사용자에게 가시적으로 보이지 않는다. 콘텐츠 관리시스템에서 콘텐츠를 대표하기 위해 사용하는 레코드나 다른 데이터베이스는 대개 인덱스 용어를 위한 필드를 가지고 있는데, 검색을 할 때만 활용되기 때문에 대개 존재한다는 사실을 알고 있기는 하지만 눈으로 확인할 수는 없다. 마찬가지로, 인덱스 용어는 HTML 문서의 〈META…〉나 〈TITLE〉 태그 안에 메타데이터 형태로 숨겨져 있다. 예를 들어, 가구 제조사 사이트는 커버가 있는upholstered 아이템을 아래와 같은 인덱스 용어로 〈META…〉 태그 안에 나열할 수 있다.

```
<META NAME="keywords" CONTENT="upholstery, upholstered, sofa, couch,
loveseat, love seat, sectional, armchair, arm chair, easy chair,
chaise lounge">
```

---

[7] (옮긴이) 교차하는 방향의 접근(cutting across the grain): 주요 조직화 시스템이 정보를 조직하는 방식을 수직방향이라고 정의한다면, 인덱스 용어는 수평적으로 정보를 조직화하는 관점을 제공해줄 수 있기 때문에, 주요 조직화 시스템의 보완책으로 사용될 수 있다.

그림 6-9. BBC 사이트의 인덱스

    그래서 'sofa'로 검색을 하게 되면, 실제로 페이지의 텍스트에 'sofa'라는 말이 전혀 없을지라도 이러한 인덱스 용어를 가지고 있는 페이지가 보이게 된다. 그림 6-10에 보이는 에피큐리어스닷컴Epicurious.com의 예는 보다 재미있다. 요리법 내용에는 'snack'이라는 언급이 전혀 없지만, 'snack'이라는 검색어로 요리법을 검색할 수 있다. 'snack'이라는 용어는 이 요리법의 데이터베이스 레코드에 별도의 인덱스 용어로 저장되어 있을 것이다.

    무수한 사이트의 메인 페이지가 인덱스 용어를 사용하지 않고 있다는 것은 안타까운 사실이다. 이런 사이트를 가지고 있는 회사들은 축구경기장의 광고판에 사이트의 URL을 홍보하는 등 사이트를 알리기 위해서 많은 돈을 쓰고 있다. 하지만, 메인 페이지에 인덱스 용어를 적용하면 검색엔진에 인덱싱되어 광범위하게 '알려진다.' 그래서 웹에서 검색하는 사용자는 보다 쉽게 이 사이트를 찾을 수 있게 되는 것이다. 이는 해당 페이지(더 나아가서, 전체적인

그림 6-10. 텍스트에 'snack'이라는 용어가 기술되어 있지 않지만, 'snack'이라고 검색하면 위와 같은 요리법을 찾을 수 있다.

사이트)에 이르게 하는 훨씬 저렴한 방법이라 할 수 있다.[8]

하지만 웹페이지를 타 사이트의 페이지보다 더욱 두드러지게 만드는 것은 훨씬 어려운 문제다. 단순하게 인덱싱하는 것과는 다른 문제이며 레이블링에 있어서 보다 시스템적인 접근이 필요하다. (통제어휘집이나 시소러스로부터 인덱스 용어를 활용하는 방법도 좋은 방법이다.) 이러한 레이블 세트는 구체적으로 정의된 범위delineated domain(예: 제품이나 서비스, 연구 분야)를 서술하도록 설계해야 하는데, 일관적이고 예측이 가능해야 한다. 이에 대한 내용은 9장에서 매

---

[8] 검색엔진 워치(Search Engine Watch): 〈http://www.searchenginewatch.com〉는 웹 기반의 검색엔진과 디렉터리가 어떻게 작동하는지를 설명하고 있는 최고의 참고자료이며, 이들 검색엔진의 결과에 '상위 랭크'되기 위해서 사이트의 메인 페이지와 주요 페이지를 어떻게 인덱싱해야 하는지를 소개하고 있다.

우 상세하게 다뤄보도록 하자.

6.2.5 아이콘 레이블

하나의 이미지는 수천 개의 단어보다도 효과가 있다는 것은 사실이다. 하지만, 그 수천 단어가 어떤 종류의 단어인지는 생각해볼 문제다.

아이콘은 텍스트보다 훨씬 효과적으로 정보를 대표할 수 있다. 우리는 아이콘이 내비게이션 시스템 레이블로 사용된 것을 자주 발견할 수 있다. 더욱이, 아이콘은 가끔 제목 레이블로 사용되거나 빈도는 많지 않지만 링크 레이블로 사용되기도 한다.

아이콘 레이블에서 문제는 아이콘의 표현방식이 텍스트보다 매우 제한적이라는 것이다. 따라서 아이콘 레이블은 (아이콘으로 표현하기에는 한계가 명확한) 인덱스 용어 같은 대규모 레이블 세트보다는, 선택 옵션이 많지 않은 내비게이션 시스템이나 소규모의 조직화 시스템에 주로 사용된다. (또한, 아이콘 레이블은 어린이와 같이 텍스트가 적어야 하는 사용자층에게 효과적이다.)

그렇다고 하더라도, 아이콘 레이블은 의미를 제대로 대표하지 못하는 위험성을 여전히 가지고 있다. 그림 6-11은 제트블루jetBlue 웹사이트의 내비게이션이다. 아이콘들이 의미를 잘 전달하고 있는가?

항공사 사이트라는 매우 특수한 상황이라 하더라도, 대부분의 사용자들은 한두 개 정도의 아이콘 레이블은 올바르게 추측할 수 있겠지만 아이콘들이 무얼 의미하는지 정확하게 이해하기는 쉽지 않을 것이다.

우리가 테스트했을 때, 텍스트 레이블과 함께 보이는 아이콘 레이블은 실제로 타당하지 않았다. 그리고 사이트의 디자이너가 아이콘 레이블이 의미를 명확하게 전달하지 못한다고 생각했기 때문에 텍스트로 된 설명을 병기했다는 사실은 주목할 필요가 있다.

이와 같은 아이콘 레이블은 심미적인 측면에 도움을 주기 때문에, 사용성을 해치지 않는 이상 굳이 사용하지 않아야 할 이유는 없다. 사실, 사용자가 정기적으로 방문한다면 아이콘의 반복적인 노출을 통해서 아이콘의 '표현방

그림 6-11. 제트블루 사이트의 내비게이션 아이콘

식'을 사용자에게 이해시킬 수도 있다. 이러한 상황이라면 아이콘은 대표성을 가지고 있으면서도 쉽게 시각적으로 인지될 수 있어, 일거양득의 유용한 약어shorthand처럼 활용할 수도 있다. 그러나, 제트블루jetBlue의 보조 페이지에서는 아이콘 레이블만 사용하지 않고, 사이트 전반에 걸쳐 아이콘과 텍스트 레이블을 한 쌍으로 사용하고 있다는 점에 주목할 필요가 있다. 충성 고객들이 사이트의 시각적인 표현방식에 대해서 적극적으로 배우려고 하지 않는 이상, 아이콘 레이블은 선택 옵션이 많지 않은 시스템에만 사용하고, 기능function보다 우선하지 않도록 주의해야 한다.

6.3 레이블 설계

효과적인 레이블을 설계하는 것은 아마도 정보설계에 있어서 가장 어려운 측면일 것이다. 언어는 매우 모호하기 때문에 완벽한 레이블을 만들었다고 자신만만해하는 것을 경계할 필요가 있다. 항상 고민스러운 동의어나 동음이의어가 존재하고, 달라지는 문맥은 특정 용어가 의미하는 바를 이해하는 데 영향을 끼친다. 더욱이, 레이블이 이해되는 방식이 문제가 될 수 있는데, 예를 들어 'main page'라는 레이블이 100% 모든 사용자들에게 올바르게 이해되었다고 절대로 생각할 수 없다. 레이블은 완벽할 수 없고, 레이블의 효과를 측정하는 것은 매우 어렵기 때문에, 우리가 할 수 있는 것은 레이블을 만들기 위한 노력이 다만 효과가 있기를 바랄 뿐이다.

레이블은 과학이라기보다는 절대적으로 기술에 가깝다. 그리고 어떠한 경우든지, 절대적인 규칙보다는 참고할만한 가이드라인을 찾는 것이 좋다. 다음은 레이블 설계의 신비로운 기술에 대해 고민하는 데 도움이 될 만한 가이드라인과 관련 이슈들이다.

6.3.1 일반적인 가이드라인

콘텐츠, 사용자, 맥락은 정보구조의 모든 측면에 영향을 끼친다는 점을 기억하자. 그리고, 레이블도 일정 부분에 있어서 정보구조에 영향을 끼친다. 사용자, 콘텐츠, 맥락에 속하는 어떠한 변수라도 레이블을 모호하게 만들 수 있다.

'pitch'라는 단어를 다시 생각해보자. 야구(공을 던지는 것)에서 축구(영국에서 축구경기장을 일컫는 말)에 이르기까지, 세일즈(가끔은 골프 코스에서 이뤄지는)에서 항해(수면과 배의 각도)에 이르기까지 'pitch'는 최소한 15가지의 다른 정의를 가지고 있다. 그래서 사이트의 사용자, 콘텐츠, 맥락이 모두 하나의 동일한 정의로 통일될 수 있도록 하는 것은 매우 어렵다. 이러한 모호성은 레이블로 콘텐츠를 서술하기 어렵게 하고, 사용자들이 특정 레이블이 실제로 무엇을 의미하는지 생각한 것을 스스로 신뢰하기 어렵게 만든다.

그렇다면 레이블이 확실히 보다 덜 모호하고 더욱 대표성을 가지도록 하려면 무엇을 해야 할까? 다음의 두 가지 가이드라인이 도움이 될 수 있다.

가능한 범위를 좁게 만든다

사용자를 보다 명확하게 정의함으로써, 레이블의 의미를 해석하는 관점의 수를 줄일 수 있다. 주제 영역을 좀 더 작게 한정함으로써 레이블이 보다 명확하고 효과적인 대표성을 가질 수 있게 된다. 보다 좁은 범위의 비즈니스 환경은 사이트, 구조, 나아가 레이블의 목표를 더욱 명확하게 만든다.

달리 말하면, 사이트의 콘텐츠, 사용자, 맥락이 단순화되고 좁은 범위에 집중되도록 한다면 레이블링은 보다 쉬워진다. 하지만 많은 사이트들은 몇 가지 단순한 태스크에 집중하기보다는 광범위하고 다양한 태스크를 포함하려는 경향이 있다. 따라서, 레이블링 시스템은 대개 실제로 효과적일 수 있는 범위보다 훨씬 넓은 범위를 다뤄야만 하는 경우가 많다. 사이트의 범위를 정의하는 요소들(누가 사용할 것인가, 어떤 콘텐츠를 담을 것인가, 언제/왜 사이트가 사용되는가)을 계획할 때, 단순함을 유지하도록 노력한다면 레이블을 보다 효과적이게 할 수 있다.

만일 사이트가 다양한 사용자의 다양한 니즈를 만족시켜야 한다면, 전체 사이트의 콘텐츠를 의미하는 레이블을 피해야 한다. (하지만 예외적인 경우도 존재하는데, 대표적인 예는 사이트 전체를 커버하는 광범위한 내비게이션 시스템을 들 수 있다.) 또, 레이블링 문제를 다른 측면에서 봤을 때, 사이트를 특정 사용자의 니즈를 충족시켜줄 수 있도록 서브사이트로 나누어 콘텐츠를 모듈화하고 단순화하게 되면, 특정 영역에 대해서만 기술하면 되기 때문에 보다 모듈화되고 단순한 레이블을 만들 수 있게 된다.

이러한 모듈화 방식의 접근은 결과적으로 사이트의 각기 다른 영역에 대해 분리된 레이블링 시스템을 만들어 내게 된다. 예를 들어, 직원 명단이라는 세부 항목을 사이트 전체 내비게이션 시스템의 레이블로 만들기는 어려울 것이다. 하지만, 모듈화하게 되면, (사이트의 다른 부분에는 적용할 수 없지만) 오직 직원명단 레코드에만 적용할 수 있는 특정 레이블링 시스템을 만들 수 있다.

일관적인 레이블링 시스템의 설계

레이블 또한 조직화 시스템이나 내비게이션 시스템처럼 본질적으로 시스템을 가지고 있다는 것을 염두에 두고 있어야 한다. 어떤 레이블은 시스템으로서 계획되지만, 어떠한 것들은 그렇지 않다. 성공적인 시스템은 레이블을 시스템으로 통합하기 위해 하나 혹은 몇 가지의 특성을 갖도록 설계된다. 성공적인 레이블 시스템은 일반적으로 한 가지 특성을 통해 일관성을 유지한다.

왜 일관성이 중요한 것일까? 일관성은 예측 가능성을 의미하고, 예측 가능한 시스템은 어떻게 사용하는지 훨씬 쉽게 이해할 수 있기 때문이다. 시스템이 일관적이라면, 한두 개의 레이블을 봤을 때 나머지 레이블을 예측할 수 있다. 이것은 특히 사이트에 처음으로 방문한 사용자들에게 중요하며, 비록 눈에 보이지는 않지만, 일관성은 레이블링 시스템을 쉽게 이해하고 쉽게 사용할 수 있도록 해주기 때문에 모든 사용자들에게 유익하다.

일관성에 영향을 끼치는 이슈들은 다양하다.

문체 style

계획성이 없는 구두점과 격(목적격, 소유격 등)의 사용은 레이블링 시스템에서 발견되는 일반적인 문제이며, 문체 가이드를 통해서 정리되지 않으면 지속적으로 발생하기 마련이다. 교정을 위한 인력을 고용하거나 'Strunk & White'[9]를 한 권 사보는 것이 좋다.

표현 presentation

마찬가지로, 일관적인 폰트, 폰트의 사이즈, 색상, 여백, 그룹핑의 적용은 레이블 그룹의 체계적인 특성을 시각적으로 강조하는 데 도움을 준다.

구문 syntax

동사 기반의 레이블(예: 강아지 미용하기), 명사 기반의 레이블(예: 강아지 사료), 의문문 기반의 레이블(예: 강아지 배변 훈련을 어떻게 시킬까?)이 한데 섞여서 사용될 때 대개 발견되는 문제다. 하나의 레이블링 시스템에는 한 가지 구문형을 사용하고 유지해야 한다.

입자성 granularity

레이블링 시스템에서, 각 레이블의 상세한 정도를 대략이라도 균일하게 맞추는 것이 좋다. 사이트 인덱스와 같은 예외를 제외한다면, 다른 수준의 입자성을 가진 레이블 세트는 사용할 때 많이 헷갈린다. 예: '중국 식당' '식당' '타코스(멕시코 식당의 이름임)' '패스트푸드 가맹점' '버거킹'.

포괄성 comprehensiveness

레이블링 시스템에서 보여지는 각 레이블들의 의미상 큰 차이는 사용자들을 곤란하게 만들 수도 있다. 예를 들면, 의류 판매 사이트에서 '셔츠'는

---

9 (옮긴이) Strunk & White: 스트렁크(William Strunk Jr.)와 화이트(E.B. White)가 쓴 『The Element of Style』를 의미한다. 이 책의 번역서는 『영어 글쓰기의 기본』(인간희극)이다.

생략하고, '바지' '타이' '신발'만을 나열하고 있다면, 사용자는 뭔가 이상하다고 느낄 수도 있다. 정말로 셔츠를 판매하지는 않는 걸까? 혹은 사이트 관리자가 실수한 걸까? 일관성을 개선하는 것과는 별도로, 의미를 내포하는 범위는 사용자들이 사이트가 제공하는 콘텐츠를 보다 빨리 훑어볼 수 있거나 보다 잘 추론할 수 있도록 도움을 준다.

사용자 audience

'임파종'과 '복통' 같은 용어들을 하나의 레이블링 시스템에서 함께 사용하는 것은 일시적인 사용이라고 하더라도 사용자를 제대로 고려하지 않는 것이다.[10] 만일 각 사용자들이 매우 다른 어휘 능력을 가지고 있다면, 레이블링 시스템이 결국 동일한 콘텐츠를 설명하고 있다고 할지라도 각 사용자별로 레이블링 시스템을 따로 만들어야 한다.

일관성에는 더 많은 걸림돌이 존재한다. 무엇이 특별하게 어렵다고 언급하기는 쉽지 않지만 레이블링 시스템을 만들기 전에 이러한 이슈들에 대해서 충분히 고려한다면 레이블링 시스템을 만드는 데 드는 노력과 고민을 줄일 수 있다.

6.3.2 레이블링 시스템을 위한 기본자료

자 이제, 레이블링 시스템을 설계할 준비가 되었는데, 어디서부터 시작하면 좋을까? 믿거나 말거나지만, 레이블링 시스템 설계의 시작점을 찾는 것은 참 쉬운 일이다. 다뤄야 할 아이디어, 개념, 주제가 인간성을 다룬 문제가 아닌 다음에야, 시작점으로 삼을 만한 것을 이미 파악하고 있을 것이다. 그리고 이미 몇 개의 레이블을 생각하고 있다면, 아무것도 없이 새로 설계하는 것보다는 좋은 상황이라고 할 수 있다. 맨 처음부터 시작해야 하는 상황이라면 무

---

10 (옮긴이) 임파종(lymphoma)과 복통(tummy ache)을 동일한 레이블링 시스템에서 함께 사용하는 것: lymphoma는 의학 전문용어인 반면에 tummy ache는 stomachache(복통)이라는 의미로 어린 아이들이 사용하는 용어(아동어)이다. 따라서 사용자의 수준이 맞지 않는 레이블들을 함께 사용하는 것을 의미한다

척 많은 노력을 해야 하는 힘든 작업이며, 특히 엄청나게 많은 용어를 다루어야 한다면 더욱 그렇다.

현재 존재하는 레이블링 시스템은 현재 사이트, 비교 대상 사이트 혹은 경쟁사 사이트에 있는 레이블을 포함하고 있을 수 있다. 이 업무를 전에 누가 담당했는지 찾아보도록 하자. 다른 사이트들에서 찾을 수 있는 레이블들을 연구하고, 학습하고, '차용하자'. 현재 존재하는 레이블링 시스템을 활용하는 주된 이유는 현재의 레이블링 시스템이 이상하거나 서로 어울리지 않는 잡다한 레이블들을 모아놓은 것은 아니기 때문이다.

현재의 레이블링 시스템을 살펴볼 때, 어떤 것이 적절하고 어떤 것이 부적절한지 고민해봐야 한다. 어떤 시스템을 자세히 들여다봐야 할까? (어쩌면 더 중요할 수 있는 문제인) 어떤 레이블을 그대로 유지해야 할까? 레이블을 설계하기 위해 검토할 만한 다양한 기본자료를 살펴보도록 하자.

현재 사이트

현재의 사이트에는 기본적으로 레이블링 시스템이 이미 존재한다. 사이트를 제작할 당시 최소한 일정 수준에서 논리적인 의사결정이 이뤄졌을 것이기 때문에, 현재의 레이블 모두를 완전히 버릴 필요는 없다. 대신에, 현재의 레이블을 레이블링 시스템을 완벽하게 설계하기 위한 출발점으로 활용하고, 현재 시스템을 설계할 당시에 이뤄졌던 의사결정에 대해서 다시 생각해보자.

현재의 레이블들을 하나의 문서에 모두 복사해서 넣고 살펴보는 것은 유용한 방법이다. 이렇게 하려면, 사이트 전체를 살펴보면서 수동으로든 자동으로든 레이블을 모아야 한다. 레이블 목록과 각 레이블의 개요를 하나의 표로 만들어서 쉽게 알아볼 수 있도록 문서화하는 것도 좋다. 레이블링 표를 만드는 것은 콘텐츠 목록화 프로세스content inventory process의 자연스러운 연장이라고 할 수 있다. 인덱스 용어 어휘집은 일부분이나 한정된 영역으로만 집중하지 않는 이상 표로 만들기에는 규모가 너무 크기 때문에, 인덱스 용어 어휘집에 대해서 레이블링 표를 만드는 작업은 권장사항이 아니다. 하지만, 가치가 있는 작업이기는 하다.

아래 표는 제트블루 메인 페이지에 있는 내비게이션 시스템의 레이블이다.

레이블을 표를 통해 나열해보면, 시스템으로서의 사이트 내비게이션 레이블들을 간결하면서, 완전하고 정확한 관점으로 살펴볼 수 있다. 일관성이 없는 부분은 비교적 쉽게 발견할 수 있는데, 제트블루 사이트의 경우에는 회사의 이름이 '제트 블루' '제트블루' '제트블루 항공'과 같이 세 가지로 표기되어 있다는 것을 발견할 수 있다. 동일한 페이지를 의미하는 레이블이 '회사 연락

레이블	링크된 페이지에 있는 타이틀 레이블	링크된 페이지의 〈TITLE〉 태그에 있는 레이블
페이지 상단에 위치한 내비게이션 시스템 레이블		
항공권 구매	-	온라인 예약
호텔/렌터카	온라인 호텔 및 렌터카 예약	호텔 - 제트 블루
여행 정보	-	여행 정보 - 제트블루
채용 안내	-	채용안내 - 제트블루
상세 정보	CEO 인사말	상세 정보 - 제트블루
고객의 소리	-	고객의 소리 - 제트블루
샵블루	샵블루에서 쇼핑 준비 완료	샵블루에 오신걸 환영합니다.!
페이지 내의 내비게이션 시스템 레이블		
항공편 확인	실시간 항공편 확인	여행 정보 - 제트블루
시내 정보	노선도	여행 정보 - 제트블루
공항 업무 안내	중요 보안 정보	제트블루 항공
오락	-	오락 - 제트 블루
회원 가입	-	회원 정보
페이지 하단 내비게이션 시스템 레이블		
홈	제트블루	제트블루
사이트 맵	사이트 맵	사이트 맵 - 제트블루
자주 묻는 질문	자주 묻는 질문	도움말 - 제트 블루
개인정보	개인정보	개인정보 정책 - 제트블루
회사 연락처	연락처	상세 정보 - 제트블루
채용	-	상세 정보 - 제트블루
여행사	여행사 로그인	여행사 및 기업고객 예약
스페인어	제트블루 스페인어	제트 블루 스페인어

처' '연락처' '상세 정보-제트블루'와 같이 일관되지 않게 사용된 부분도 있다. 많은 페이지가 주요 제목을 가지고 있지 않으며, 사용자들을 헷갈리게 할 수 있는 다양한 문제들이 일관성 없이 사용되고 있다. 이 표를 통해서 개인적으로 어떤 레이블은 꼭 바꿔야겠다거나, 어떤 레이블은 바꿀 필요가 없다고 판단할 수 있다. 어느 경우든지, 사이트의 현재 레이블링 시스템을 이해할 수 있게 되고, 어떻게 개선할 수 있을지에 대해 감을 잡을 수 있게 된다.

참고 사이트와 경쟁사 사이트

현재 사이트가 없거나 레이블에 대한 새로운 아이디어를 고민하고 있다면, 다른 사이트들의 레이블링 시스템을 참고하는 것도 좋다. 웹은 개방적인 특성이 있기 때문에 다른 사이트를 참고하거나 어느 정도의 표절은 용인하는 분위기기가 조성되어 있다. 매우 잘 설계된 페이지를 참고한다면, 다른 사이트의 잘 설계된 레이블링 시스템을 '차용'할 수 있다.

사용자의 니즈에 대해서 사전에 정의했다면, 경쟁사 사이트를 둘러본 후 잘 설계된 레이블과 그렇지 못한 것을 구분하여 차용할 수 있다(이러한 목적으로 레이블 표를 만들어볼 수도 있다). 만일 경쟁사가 없다면, 참고할만한 사이트나 해당 업계에서 잘 만들어진 사이트라고 생각되는 사이트들을 참고할 수 있다.

다양한 경쟁사 사이트나 참고 사이트를 살펴봄으로써 사이트들의 레이블링에 일정한 패턴을 파악할 수 있다. 이러한 패턴들이 업계의 표준은 아니지만 최소한 레이블을 선택하는 데는 도움이 된다. 예를 들어, 8개의 금융서비스 사이트에 대한 최신 경쟁사 분석을 통해서, 'Personal Finance(개인 자산)'이 동일한 의미를 가진 다른 레이블들과 비교했을 때, 어느 정도 빈번하게 사용되고 있어 사실상 표준에 가까운 레이블이라는 것을 발견할 수 있다. 이런 데이터는 특별히 다른 대안이 없다는 사실을 알게 해줄지도 모른다.

그림 6-12는 개인용 컴퓨터시장에서 경쟁 관계에 있는 컴팩Compaq, 게이트웨이Gateway, 델Dell, IBM에 사용된 레이블링 시스템을 보여준다. 트렌드가 눈에 띄는지 한번 살펴보자.

통제어휘집과 시소러스

레이블링 시스템을 설계할 때 참고할 수 있는 다른 중요 기본자료에는 통제어휘집과 시소러스(9장에서 심도 깊게 다룰 예정이다)가 있다. 매우 유용하게 사용되는 이러한 자료는 문헌정보학이나 특정 주제에 배경지식이 있는 전문가에 의해서 만들어지며, 정확한 대표성이나 일관성을 이미 갖추고 있다. 이러한 어휘들은 다양한 활용 목적을 가지고 설계되어 대개 공개적으로 사용이 가능하다. 인덱스 콘텐츠로 사용되는 레이블링 시스템을 설계할 때는 이러한 자료가 가장 유용하다.

한 가지 조언을 하자면, 특정 유형의 콘텐츠에 접근하는 특정 사용자를 위해서는 좁은 범위로 한정된 어휘를 사용하는 것이 좋다. 예를 들면, 사이트의 사용자층이 컴퓨터과학자 집단이라면, 미의회도서관의 주제 목록 같은 일반적인 어휘 체계보다는 컴퓨터과학 어휘를 사용해야 사이트에서 전달하는 개념을 '설명하고' 대표하기에 적합하며, 또 그래야 컴퓨터과학에 종사하는 사

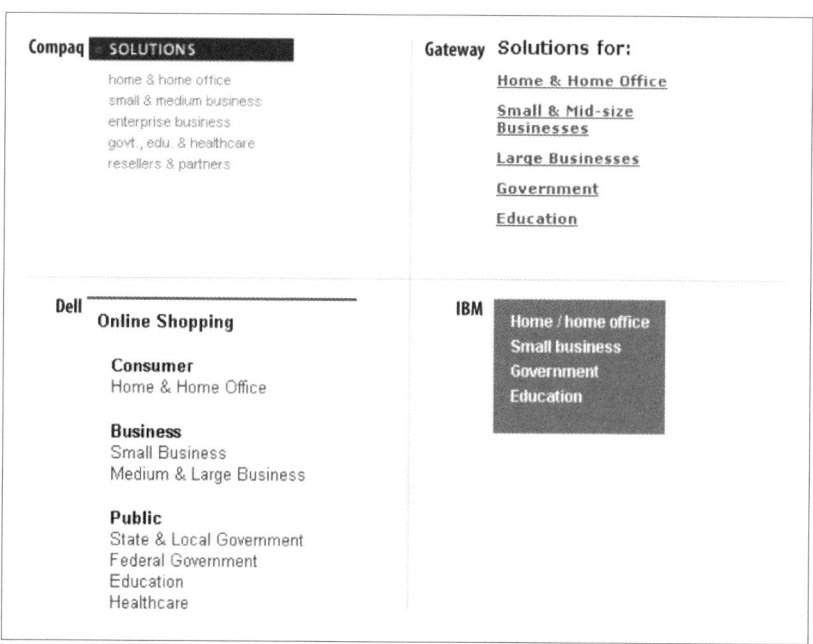

그림 6-12. 컴팩, 게이트웨이, 델, IBM 사이트에 사용된 레이블링 시스템

용자들은 이를 쉽게 이해할 수 있다.

특정 통제어휘집에 대한 좋은 사례로는 교육자원정보센터Educational Resources Information Center : ERIC의 시소러스를 꼽을 수 있다. 쉽게 예상할 수 있듯이, 이 시소러스는 교육 분야를 서술하기 위해서 설계되었다. 그림 6-13은 ERIC 시소러스의 어휘 중 하나인 'scholarships(장학금)'을 보여준다.

사이트가 교육과 관련되어 있거나 사용자가 교육자들을 포함하고 있다면, 사이트 레이블을 위한 기본자료로 ERIC의 자료를 사용하는 것도 좋다. ERIC과 같은 시소러스를 활용하는 것은 특수한 레이블을 설계할 때 도움이 되며, 쉽게 정하기 어려운 특정 레이블에 대해 보다 나은 대안을 제공한다. 통제어휘집 전체를 라이선스하여 사이트의 레이블링 시스템으로 사용할 수도 있다.

안타깝게도, 모든 분야에 통제어휘집이나 시소러스가 존재하는 것은 아니다. 때로는 전혀 색다른 분야의 사용자 니즈에 부합하는 어휘를 찾아야 할 수도 있다. 하지만 아무것도 없이 무턱대고 새로운 시스템을 구축하기보다는 활용할만한 통제어휘집이나 시소러스가 존재하는지 항상 확인해 볼 필요가 있다. 레이블의 기본자료를 찾을 때, 아래 네 가지의 목록을 참고해 보자.

- 분류 체계 창고Taxonomy Warehouse : 〈http://taxonomywarehouse.com〉
- 시소러스온라인ThesauriOnline : 〈http://www.asindexing.org/site/thesonet.shtml〉 (미국 색인 작성자협회American Society of Indexers)
- 통제어휘집Controlled vocabularies : 〈http://www.imresources.fit.qut.edu.au/vocab〉 (마이클 미들톤Michael Middleton)
- 웹 시소러스 개론Web Thesaurus Compendium : 〈http://www.ipsi.fraunhofer.de/~lutes/thesoecd.html〉 (바바라 루츠Barbara Lutes)

6.3.3 새로운 레이블링 시스템 만들기

기존의 레이블링 시스템이 없거나 상당한 수준 이상으로 정교하게 다듬을 필요가 있을 때는, 레이블링 시스템을 처음부터 새로 만들어야 하는 엄청 어려

용어	장학금
레코드 종류	메인
범위 주기	상, 대개의 경우 상금 혹은 수업료의 할인, 성과 혹은 가능성에 대한 인정의 의미로 미리 학생에게 수여하나, 경제적 지원/숙소/학문적 관심과 같은 특정한 목적을 위해서도 수여함
카테고리	620
상위어	학생 경제 지원
하위어	공로 장학금, 수업료 보조금
관련어	상; 교육 자금; 교육 보증; 자격; 연구비 ; 보조금; 조교 수당; 비조교 수당; 장학 기금; 학생 기금
활용 예	장학금 수여
용어 사용	
함께 사용되는 용어	
추가한 날짜	07/01/1966

그림 6-13. 통제어휘집과 시소러스는 레이블을 만드는 데 도움이 되는 풍부한 기본자료다.

운 문제에 닥치게 된다. 이때, 가장 중요한 기본자료는 사이트의 콘텐츠와 사용자다.

콘텐츠 분석

사이트의 콘텐츠에서 레이블을 바로 도출할 수도 있다. 사이트 콘텐츠를 대표할만한 샘플 콘텐츠를 살펴보거나 각 문서를 서술할 수 있는 핵심 단어들을 적어볼 수도 있다. 이 과정은 지루하고 어려우며, 문서의 양이 방대한 경우 성과가 가시적으로 잘 드러나지 않는다. 이러한 과정을 진행하는 경우에는, 제목, 요약, 초록과 같이 대표성이 있는 기존 콘텐츠 요소들을 집중적으로 살펴봄으로써 이 과정에 소요되는 시간을 단축할 수 있다. 후보 레이블들을 선정하기 위해서 콘텐츠를 분석하는 것은 기술art이 과학을 압도하는 전혀 다른 차원의 일[11]이라고 할 수 있다.

콘텐츠에서 의미 있는 단어를 자동으로 추출해주는 소프트웨어를 사용할 수도 있다. 이러한 소프트웨어는 방대한 콘텐츠의 본문을 다룰 때 약간의 시간을 절약할 수 있도록 해준다. 여타 많은 소프트웨어 기반의 솔루션처럼, 자동 추출해주는 소프트웨어는 80% 수준의 완성도를 보인다. 소프트웨어를 통해서 만들어지는 용어들을 통제어휘집의 후보로 활용할 수 있지만, 확실히 완벽하게 만들기 위해서는 약간의 수작업이 필요하다. 또, 자동 추출 소프트웨어는 매우 비싸며, 툴을 사용하기 위해 교육을 받고 능숙해지는 데도 비용이 많이 든다. 사용할만한 자동추출 소프트웨어는 16장에서 소개하기로 한다.

콘텐츠 작성자

또 다른 수작업 방법은 콘텐츠 작성자에게 자신이 작성한 콘텐츠에 대해서 레이블을 제안해달라고 부탁하는 것이다. 이 방법은 콘텐츠 작성자와 연락할 수 있다면 유용한 방법이다. 예를 들어, 회사에서 발간되는 기술보고서나 논문에 대해서는 이를 작성한 회사 내부의 연구원에게서, 홍보 자료에 대해서는 홍보팀 직원에게서 도움을 받을 수 있다.

하지만, 콘텐츠 작성자가 자신이 작성한 콘텐츠를 레이블링하기 위해서 통제어휘집에서 용어들을 선택하는 경우, 자신들의 문서가 광범위한 집합 속에 존재하는 수많은 문서 중의 하나라는 것을 인지하지 못한 채 용어를 선택하기 십상이다. 따라서, 콘텐츠 작성자들은 충분히 정확한 레이블을 만들지 못할 수 있다. 그리고 콘텐츠 작성자들이 전문적으로 인덱스를 만들 수 있는 경우도 드물다.

그렇기 때문에 콘텐츠 작성자들이 만든 레이블은 한 번 더 곱씹어봐야 하고, 처음부터 정확하다고 판단하지 말아야 한다. 다른 기본자료들처럼, 콘텐츠 작성자들이 만든 레이블은 최종 버전이 아닌 레이블을 만들기 위한 유용

---

11 (옮긴이) 기술이 과학을 압도하는 전혀 다른 차원의 일: 콘텐츠를 분석하는 일은 방대한 양의 콘텐츠를 수작업으로 다뤄야 하기 때문에 과학과 같이 체계적으로 할 수 있는 것이 아니라, 개인이 가진 기술에 의존할 수밖에 없다는 의미다.

한 후보로만 간주해야 한다.

사용자 대변인과 주제별 전문가

또 다른 방법은 고급사용자 혹은 사용자의 의견을 얘기해줄 수 있는 사용자 대변인user advocates을 찾아보는 것이다. 사용자 대변인에는 보다 넓은 맥락에서 사용자의 정보 니즈에 대해서 잘 알고 있는 사서나 교환원, 주제별 전문가subject matter expert : SME들이 포함될 수 있다. 이들 중 일부는(예를 들어, 참고사서[12]) 사용자가 어떠한 정보를 원하는지에 대한 기록을 남기는데, 이러한 모든 기록들은 사용자와의 지속적인 상호작용을 통해 얻어진 사용자 니즈에 대한 기록이라고 볼 수 있다.

우리는 대규모 건강 관리시스템 프로젝트를 진행했을 때, 사용자 대변인들과 대화하는 것이 매우 유용하다는 사실을 깨달았다. 도서관의 사서와 주제별 전문가들과 협업함으로써, 두 가지 레이블링 시스템을 만들어 낼 수 있었다. 하나는 건강 관리시스템이 제공하는 서비스를 탐색하려는 의학 전문가에게 도움이 되는 의학 용어와 관련된 것이었고, 다른 하나는 동일한 콘텐츠에 접근하는 일반적인 사용자를 위한 것이었다. 의학 콘텐츠를 레이블링하는 데 활용할 수 있는 시소러스와 통제어휘집은 많았기 때문에 의학용어를 찾아내는 것은 어렵지 않았지만, 일반 사용자들이 쉽게 이해할 수 있는 용어 체계를 만드는 것이 훨씬 어려웠다. 여기에 적절한 통제어휘집이 존재하지 않았고, 사이트 콘텐츠가 아직 만들어지지 않았기 때문에 사이트 콘텐츠로부터 레이블을 도출해낼 수도 없었다. 그래서 일반 사용자를 위한 레이블은 새로 만들 수밖에 없었다.

우리는 이러한 딜레마를 하향식 접근방법(사용자들이 사이트 밖에서 무엇을 원하는지 알아보기 위해서 사서들과 협업하는 방법)을 사용해서 해결할 수 있었다. 일반적인 니즈에 대해서 고민하였고, 몇 개의 주요한 니즈들을 도출할 수 있었다.

---

12 (옮긴이) reference librarians: 연구를 목적으로 하는 사람들을 위해 상담을 해주고 관련 자료를 찾아주는 문헌정보학 관련 전문 직종.

1. 사용자는 질병, 질환, 증상에 대한 정보를 얻고 싶어 한다.
2. 질병은 신체의 특정한 기관이나 부분과 관련이 있다.
3. 사용자는 건강 관리 전문가가 질병을 자세히 파악하기 위해서 수행하는 진단방법이나 검사에 대해서 알고 싶어 한다.
4. 사용자는 건강 관리시스템에서 제공하는 치료, 약품, 약물에 대한 정보를 얻고 싶어 한다.
5. 사용자는 의료서비스 비용을 어떻게 지불하는지 알고 싶어 한다.
6. 사용자는 건강을 유지하는 방법을 알고 싶어 한다.

그런 다음, 일반 사용자들이 쉽게 이해할 수 있을 만한 용어를 사용하여, 주요 6가지 카테고리에 대해서 기본적인 용어들을 정의하였다. 아래는 그 예이다.

몇 개의 그룹에서 시작해서 사이트 전체를 인덱싱하는 데 사용될 레이블을 만들어낼 수 있었다. 사용자(일반 사용자)에 대해서 일정 수준 이해하고 있었기 때문에, 사용자의 니즈에 적합할 수 있는 올바른 용어들(예, '대퇴골'이 아닌 '다리')을 만들 수 있었다. 이러한 비결은 사용자가 원하는 정보의 종류에 대해서 이해하고 있는 사람들(이 경우, 사서 직원들)과의 협업에 있다.

사용자로부터 직접 알아내기

사이트의 사용자들로부터도 직접적이든 간접적이든 사이트의 레이블이 어떠해야 한다는 의견을 얻어 낼 수 있다. 이것은 손쉽게 얻을 수 있는 정보가 아니기는 하지만, 얻어낼 수는 있으며 레이블을 만들기 위한 최고의 기본자료임에는 분명하다.

카드 소팅 card sorting

카드 소팅은 사용자들이 정보를 어떻게 사용하는지 알아볼 수 있는 좋은 방법 중 하나다(카드 소팅 방법론[13]에 대해서는 10장에서 보다 자세히 알아보자). 카드 소팅에는 기본적으로 비제약적 카드 소팅 open card sorting과 제약적

카테고리	레이블 예
질병/질환/증상	에이즈, 골절, 관절염, 우울증
기관/신체 부분	심장, 관절, 정신병
진단법/검사	혈압 측정, X-레이
치료/약품/약물	호스피스, 이중 초점 안경, 관절 교체
지불	행정서비스, 건강 관리 부서, 의학 기록
건강 관리	운동, 예방접종

카드 소팅closed card sorting, 두 가지 방법이 있다. 비제약적 카드 소팅은 피실험자들이 존재하는 콘텐츠들을 스스로 카테고라이징하고, 각 카테고리에 대해 레이블을 정의해보게 하는 것이다. (카드 소팅은 레이블링 시스템을 설계할 때뿐만 아니라, 조직화 시스템을 설계할 때도 유용하다.) 제약적 카드 소팅은 존재하는 카테고리 주제들을 피실험자들에게 제시하고 콘텐츠를 스스로 카테고라이징하게 하는 방법이다. 제약적 카드 소팅을 시작할 때, 각 카테고리 레이블이 무엇을 의미하는지 의견을 물어볼 수 있고, 자신이 생각했던 바와 어떻게 다른지 비교해보도록 할 수 있다. 카드 소팅은 내비게이션 시스템과 같이 비교적 양이 적은 레이블을 테스트하는 데 적합하지만, 비제약적 카드 소팅과 제약적 카드 소팅 모두 레이블을 정의하는 데 활용할 수 있는 유용한 방법이다.

아래와 같은 예처럼, 우리는 피실험자들에게 대규모 자동차 회사(터커라고 부르도록 하자)의 오너 섹션에 대한 카드를 카테고라이징하게 하였다. 비제약적 카드 소팅을 통해 데이터를 모았을 때, 피실험자들이 카테고리에 각각 다르게 레이블링한 것을 발견할 수 있었다. 첫 번째 그룹에서 '정비maintenance' '정비하기maintain' '오너owner's'라는 용어가 빈번하게 사용되었으며, 이들은 레이블을 위한 좋은 후보가 될 수 있었다(표 6-1참조).

---

13 도나 스펜서(Donna Spencer)가 쓴 책, 『Card Sorting』은 카드 소팅에 대해서 상세하게 설명하고 있다. 로젠펠드 미디어에서 2009년 4월에 출판하였다. 〈http://www.rosenfeldmedia.com/books/cardsorting〉

하지만 다른 경우에는 특별한 패턴을 발견할 수 없었다(표 6-2 참조).

제약적 카드 소팅을 진행할 때, 각 카테고리에 맞춰서 콘텐츠를 그룹핑하기 전에 피실험자에게 각 카테고리 레이블이 의미하는 내용에 대해서 설명해 보도록 하였다. 실제로 이것은 피실험자에게 각 레이블을 정의하도록 요청한 것이었고, 피실험자의 답변에 유사성이 있는지 비교하였다. 보다 유사한 답변의 내용일수록, 좀 더 효과가 있는 레이블이 될 수 있기 때문이다.

피실험자들은 '서비스 및 정비Service & Maintenance'와 같은 몇몇 레이블은 쉽게 이해하였고, 이러한 레이블은 실제로 해당 카테고리에 존재하는 콘텐츠에 잘 부합하였다(표 6-3 참조).

다른 카테고리의 레이블들은 보다 문제가 심각했다. 일부 피실험자는 'Tucker Features & Events(터커 특별 행사 및 이벤트)'를 레이블의 본래 의도대로 자동차 전시회에 대한 안내 사항, 할인 행사 등을 의미한다고 이해했지만, 대부분의 피실험자는 이 레이블을 자동차에 CD 플레이어가 장착되었는지와 같은 실제 사양에 대한 의미라고 이해했다.

카드 소팅은 매우 많은 정보를 제공해줄 수 있는데, 이러한 것들이 실제 사이트를 사용하는 상황에서 사용될 수 있는 레이블을 의미하는 것은 아니라는 점을 명심해야 한다. 사용자가 사이트를 사용하는 본래의 상황이 아니면, 의도되었던 본래 레이블의 의미가 오해되거나 왜곡될 수 있다. 따라서, 다른

표 6.1 그룹 1

피실험자	카테고리
피실험자 1	아이디어 & 정비
피실험자 2	오너 가이드
피실험자 3	차량 정비 아이템
피실험자 4	오너 매뉴얼
피실험자 5	판매자 제공 개인정보
피실험자 6	-
피실험자 7	정비 유지 & 아이디어
피실험자 8	오너 팁과 오너 가이드 및 정비

표 6.2 그룹 2

피실험자	카테고리
피실험자 1	터커 사양
피실험자 2	-
피실험자 3	자동차 정보 바로가기
피실험자 4	자동차 정보
피실험자 5	판매자 연락
피실험자 6	터커 웹사이트 정보
피실험자 7	차량별 매뉴얼
피실험자 8	-

표 6.3 서비스 및 정비

피실험자	콘텐츠
피실험자 1	오일 교환과 타이어 교체 시기: 차량 정비를 맡겼을 때, 정비 상태를 알려주는 장소 (피실험자가 이렇게 언급함)
피실험자 2	차량을 정비하는 방법: 올바른 정비, 차량의 사양, 퓨즈 상자의 위치 등, 사용자 매뉴얼
피실험자 3	일요일에 항상 영업하는 서비스 센터 찾기
피실험자 4	서비스를 언제 받아야 하는지와 서비스를 받기 위해서 가야 하는 장소
피실험자 5	서비스가 필요한 시기 알림(피실험자가 이렇게 언급함)
피실험자 6	서비스와 정비 일정
피실험자 7	정비 스케줄과 차량의 최상의 성능과 오랫동안 유지하기 위한 팁
피실험자 8	정비 팁, 차량에 발상한 문제를 고치기 위한 최고의 장소, 대략적인 가격

모든 방법들처럼, 카드 소팅은 충분히 유용한 방법이지만 레이블의 품질을 고민하는 유일한 방법으로 간주되어서는 안 된다.

자유로운 목록 작성 free-listing

사용자가 레이블을 어떻게 생각하는지 알아보는 데 이용하는 카드 소팅에 비용과 시간이 항상 많이 드는 것은 아니지만, 자유로운 목록 작성 방법은 비용이 더 적게 든다.[14] 자유로운 목록 작성 방법은 매우 간단하다.

표 6.4 터커의 특별 행사 및 이벤트

피실험자	콘텐츠
피실험자 1	차량의 새로운 아이템, 출시가 예정된 새로운 스타일-새로운 형식 및 모델, 무이자 할부와 같은 금융지원 정보
피실험자 2	지역 및 국내 후원, 터커 후원을 받는 방법, 커뮤니티 참가
피실험자 3	마일리지, CD 혹은 카세트, 다리를 뻗을 수 있는 공간, 조수석, 히터/에어컨 조작 감도, 착탈식 좌석, 자동 도어 열림 장치
피실험자 4	내가 관심이 있는 터커 차량에 대한 모든 정보와 차량에 대한 판매 정보
피실험자 5	특별 할인 행사 찾기
피실험자 6	차량의 특징과 선택 가능한 옵션에 대한 사이트. 현재 진행 중인 자동차 전시회와 그 장소
피실험자 7	터커, 판매, 할인, 특별 행사 관련 정보
피실험자 8	관심 없음(피실험자가 이렇게 언급함)

아이템을 선정하고 자유스러운 토론을 통해 피실험자들이 이를 설명해보도록 하는 방법이다. 피실험자를 초대해서 진행하거나(편하게 종이에 연필로 써서 데이터를 수집하는 것도 좋다) 무료 서비스 혹은 서베이몽키SurveyMonkey나 줌머랑Zoomerang과 같이 저렴한 온라인 조사 툴을 사용해서 원거리에서도 진행할 수 있다. 이것이 이 방법에 대한 설명의 전부다.

자, 그러면 피실험자에 대해서 생각해보자. 피실험자는 이상적으로 모든 사용자를 대표할 수 있어야 한다. 3~5명으로는 과학적으로 주목할 만한 결과를 내놓지 못할 수는 있으나 결과가 아예 없는 것보다는 나으며, 이 정도로도 어느 정도 흥미로운 결과를 얻을 수도 있다. 그리고, 어떠한 용어가 제일 적절한지 확인하기 위해서는, 피실험자에게 자신들이 제안한 용어들의 우선순위를 매겨보게 한다.

어떤 아이템이 브레인스토밍에 적절한지 선정할 필요도 있다. 자유로운 목록 작성 방법은 사이트 콘텐츠의 일부에 대해서만 활용해볼 수 있다. 회사 제

---

14 이 방법에 대해 비교적 잘 설명하고 있는 글은 2003년 2월 「Boxes & Arrows」에 게재된 라시미 신하(Rashmi Sinha)의 글로, 짧지만 매우 유용한 내용을 담고 있다. "Beyond cardsorting: Free-listing methods to explore user categorizations" ⟨http://www.boxesandarrows.com/view/beyond_cardsorting_free_listing_methods_to_explore_user_categorizations⟩

품 중 몇 개를 뽑아보는 것처럼, 사이트의 대표적인 콘텐츠를 몇 개 선정하자. 하지만, 선정하는 작업이 쉽지 않을 수도 있는데, 선택한 제품들이 가장 알려진 것일 수도 있고 전혀 알려지지 않은 것일 수도 있기 때문이다. 가장 잘 팔리는 제품에 대해서 적절한 레이블링을 고민하는 것은 참 중요하지만, 제품 레이블에 대한 생각이 이미 굳어져 있을 수도 있다. 그럼 잘 팔리지 않는 아이템은 어떨까? 소수의 사람들만이 제품에 대해서 알고 있기 때문에, 훨씬 어렵다. 따라서, 자유로운 목록 작성 방법을 활용하기 위해서는 아이템을 균형 있게 선택해야 한다. 이것은 정보설계 기술의 중요성이 최소한 과학만큼은 되는 경우 중 하나라고 할 수 있다.

결과물로는 무엇을 할 수 있을까? 사용된 용어의 패턴이나 빈도를 살펴볼 수 있다. 예를 들어, 피실험자의 대부분이 'cell phone'이라는 용어를 사용하고, 극히 일부의 피실험자만 'mobile phone'을 사용했을 수 있다. 이러한 패턴은 개별 아이템을 어떻게 레이블링할지 감을 잡는 데 도움이 되지만, 때로는 다양한 사용자들이 쓰는 엄청나게 다양한 언어의 일면만 보여주는 것일 수도 있다. 피실험자는 은어를 사용하거나(아주 조금) 그렇지 않을 수도 있다. 사용자들이 레이블에 엄청나게 많은 약어를 사용한다는 점을 발견하거나, 자유로운 목록작성 방법을 통해 새로운 패턴을 찾아낼 수도 있다. 결과물이 완전한 레이블링 시스템은 될 수 없지만, 레이블링 시스템을 만들 때 어떤 어조와 격을 사용할지 정의하는 데 도움이 된다.

사용자로부터 간접적으로 알아내기

대부분의 조직(특히 검색엔진이 적용된 사이트를 가진 조직)은 사용자의 니즈를 설명해줄 수 있는 엄청나게 많은 사용자 데이터를 가지고 있다. 검색어 분석은 사이트에서 발생하는 다양한 종류의 문제를 진단해줄 수 있을 뿐만 아니라, 레이블링 시스템을 개선하는 데도 매우 가치 있는 방법이다. 더욱이, 최근 폭소노미 태깅 또한 사용자 니즈에 대해 간접적이지만 가치 있는 기본자료들을 만들어 내고 있다. 이러한 자료는 인포메이션 아키텍트가 레이블링 시스템을 설계하는 데 많은 도움이 된다.

검색-로그 분석

검색-로그 분석(검색 분석search analytic이라고도 함)은 사이트 사용자가 실제로 레이블을 어떻게 사용하는지 알려주며, 주관성이 최대한 배제된 기본 자료 중 하나이다. 검색어[15]를 분석하는 것은 사이트의 방문자들이 전형적으로 사용하는 레이블의 유형을 이해할 수 있는 좋은 방법이다(표 6-5 참조). 무엇보다, 여기에는 사용자가 자신의 정보 니즈를 자신의 언어로 표현한 레이블이 존재한다. 약어, 제품명, 다른 전문용어를 발견할 수 있으며(물론 발견하지 못할 수도 있다), 이들은 전문용어가 사용된 레이블을 레이블링 시스템에 사용해야 할지 고민하게 만들 수도 있다. 사용자의 검색어가 한 단어인지 두 단어 이상인지는 짧은 레이블을 사용해야 하는지 긴 레이블을 써야 하는지에 대해 영향을 끼칠 수 있다. 또한 사용자들이 특정 개념에 대해 우리가 예상했던 용어를 쓰지 않는다는 사실을 발견할 수도 있다. 이에 따라 레이블을 변경해야 할지, 혹은 사용자가 사용한 용어(예: 'pooch개-속어')와 정의된 용어(예: 'dog개')를 연결하기 위해서 시소러스 형태의 색인을 사용해야 할지 결정할 수 있다.

태그 분석

최근 폭소노미 태깅(사용자에 의한 태깅)을 이용하고 있는 사이트들이 폭발적으로 증가하고 있는데, 이것은 레이블의 설계에 활용할 수 있는 간접적인 형태의 유용한 자료가 생겼음을 의미한다. 이러한 사이트 중 다수의 사이트에서는 사용자의 태그가 모든 사람들이 볼 수 있도록 공개되어 있다. 태그들을 한데 모아서 보여주게 되면, 자유로운 목록 작성 방법의 결과와 유사한 후보 레이블의 집합을 발견할 수 있다. 더욱이, 태그 분석을 통해 얻은 데이터는 검색-로그 분석과 동일한 방법으로 사용될 수 있다. 공통적인 용어를 찾아보도록 하되, 전문용어, 약어, 어조에 대해서도 살펴

---

[15] 아직 발간되지는 않았지만 그래도 매우 유용할만한 책을 한 권 추천한다. 『Search Analytics: Conversations with Your Customers』 루이스 로젠펠드(Louis Rosenfeld), 마르코 허스트(Marko Hurst) 공저. 로젠펠드 미디어에서 2011에 출판될 예정. ⟨http://rosenfeldmedia.com/books/searchanalytics⟩

보도록 하자. 통제어휘집을 만들고 있다면, 사용자들이 사용한 틀린 철자를 살펴보는 것도 유용하다.

그림 6-14와 6-15의 예처럼, 새로운 웹 기반 아이팟iPod 액세서리 매장에 사용될 레이블을 어떻게 정의해야 할지 생각해보자. 레이블 설계를 시작하기 위해, 딜리셔스와 같이 대중적인 폭소노미 시스템에서 사용자들이 아이팟 액세서리에 대해 태깅하고 있는지 여부와 어떤 용어를 사용하고 있는지를 살펴볼 수 있다. 라디오 리모트와 가죽 케이스, 두 가지 아이팟 액세서리에 대해서

표 6.5 2006년 2월 미시간주립대학 사이트의 검색어 베스트 40이다. 각 검색어는 주요 사용자가 가장 많이 찾는 내용이 무엇이며 그들이 어떻게 정보 니즈를 레이블링하는지 알게 해준다.

순위	빈도	누적 빈도	전체 대비 백분율	검색어
1	1184	1184	1.5330	capa
2	1030	2214	2.8665	lon+capa
3	840	3054	3.9541	study+abroad
4	823	3877	5.0197	angel
5	664	4541	5.8794	lon-capa
6	656	5197	6.7287	library
7	584	5781	7.4849	olin
8	543	6324	8.1879	campus+map
9	530	6854	8.8741	spartantrak
10	506	7360	9.5292	cata
11	477	7837	10.1468	housing
12	467	8304	10.7515	map
13	462	8766	11.3496	im+west
14	409	9175	11.8792	computer+store
15	399	9574	12.3958	state+news
16	395	9969	12.9072	wharton+center
17	382	10351	13.4018	chemistry
18	346	10697	13.8498	payroll
19	340	11037	14.2900	breslin+center
20	339	11376	14.7289	honors+college

표 6.5 (계속)

순위	빈도	누적 빈도	전체 대비 백분율	검색어
21	339	11715	15.1678	calendar
22	334	12049	15.6002	human+resources
23	328	12377	16.0249	registrar
24	327	12704	16.4483	dpps
25	310	13014	16.8497	breslin
26	307	13321	17.2471	tuition
27	291	13612	17.6239	spartan+trak
28	289	13901	17.9981	menus
29	273	14174	18.3515	uab
30	267	14441	18.6972	academic+calendar
31	265	14706	19.0403	im+east
32	262	14968	19.3796	rha
33	262	15230	19.7188	basketball
34	255	15485	20.0489	spartan+cash
35	246	15731	20.3674	loncapa
36	239	15970	20.6769	sparty+cash
37	239	16209	20.9863	transcripts
38	224	16433	21.2763	psychology
39	214	16647	21.5534	olin+health+center
40	206	16853	21.8201	cse+101

한번 살펴보자. 딜리셔스에서 두 개의 용어로 각각 검색한 다음, 다양한 결과 중에 가장 많이 북마킹된 제품을 살펴보자.

일부의 태그는 너무 광범위해서 특정한 용도로는 부적절하지만(예, 'iPod' 혹은 'shopping'), 다른 일부의 태그들은 카테고리에 사용할 레이블을 정의하는 데 도움이 된다. 첫 번째 예에서, 'hardware'는 'media'보다 더 보편적으로 사용되고 있다. 이런 태그들은 카테고리 레이블을 명확하게 해준다. 두 번째 예에서, 'cases'보다는 더 많이 쓰는 'case'를 제품 레이블로 채택할 수 있다.

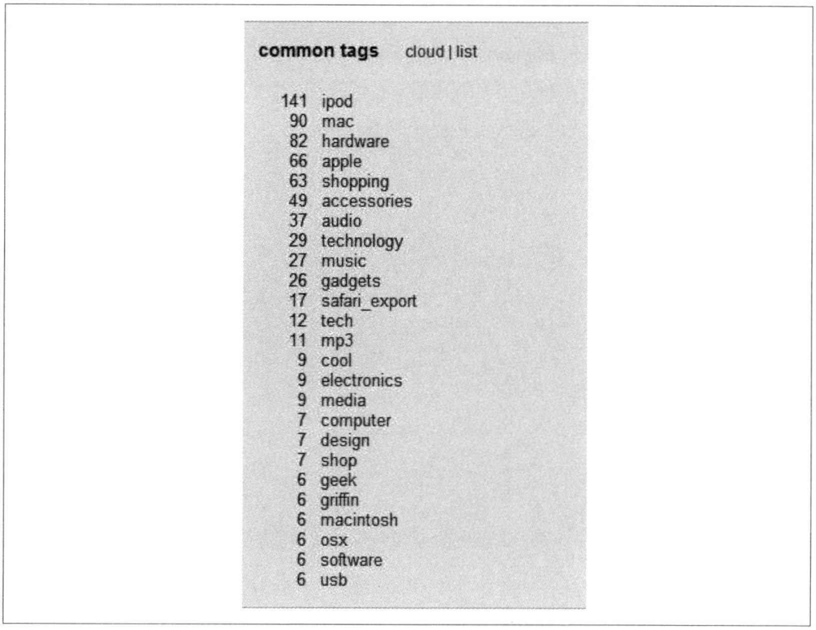

```
common tags    cloud | list
141  ipod
 90  mac
 82  hardware
 66  apple
 63  shopping
 49  accessories
 37  audio
 29  technology
 27  music
 26  gadgets
 17  safari_export
 12  tech
 11  mp3
  9  cool
  9  electronics
  9  media
  7  computer
  7  design
  7  shop
  6  geek
  6  griffin
  6  macintosh
  6  osx
  6  software
  6  usb
```

그림 6-14. 그리핀 테크놀로지(Griffin Technology)의 아이팟 라디오 리모트 (298명의 딜리셔스 사용자가 태깅하고 있음)

6.3.4 개선과 미세조정

현재 가지고 있는 레이블 목록은 잘 다듬어진 통제어휘집에서 나왔을 수도 있지만 기존 사이트 콘텐츠, 타 사이트, 사용자, 레이블에 대한 아이디어에서 바로 도출되었기 때문에 정제되지 않았을 수 있다. 어떠한 경우든지, 효과적인 레이블링 시스템으로 만들기 위해서는 어느 정도의 부가적인 작업이 필요하다.

먼저, 용어들을 알파벳순으로 정렬해보자. 목록이 길다면(예, 검색로그에서 추출한 경우), 중복되는 것들이 있을 수 있다. 일단, 중복되는 것들은 삭제하자.

그런 다음 이 장의 초반에서 논의되었던 일관성 문제를 염두에 두면서 용법, 구두법, 대소문자 등에 일관성이 있는지 목록을 살펴보자. 예를 들어, 제트블루 웹사이트에서 추출한 레이블 표에서는 비일관성이 눈에 쉽게 띄었다는 것을 기억해보자. 어떤 경우에는 레이블 뒤에 마침표가 있었고 어떤 경우에는 마침표가 없었다. 동일한 페이지에 대한 링크 레이블과 제목 레이블이

그림 6-15. 바자(Vaja)의 PDA용 가죽 제품(92명의 딜리셔스 사용자가 태깅하고 있음)

일관적이지 않았다, 등등. 리뷰하는 작업은 이러한 비일관성을 해결하고 구두법과 문체에 대한 규칙을 정의할 수 있는 좋은 기회다.

어떠한 용어가 레이블링 시스템에 포함될지에 대한 결정은 얼마나 포괄적이고 얼마나 큰 시스템이 필요한가에 대한 정황을 고려하여 내려져야 한다. 먼저, 향후 확장성을 고려하여 레이블링 시스템이 틈새 공간gap을 가질지를 분명히 결정하자. 사이트가 향후에 포함시켜야 할지 모르는 모든 가능성에 대해서 고려하고 있는가?

예를 들자면, 상거래 사이트가 사용자들로 하여금 제품 데이터베이스의 일부만 검색할 수 있도록 허용하고 있다면, 향후에 모든 제품을 제공할 필요가 있는지 생각해보자. 확실하지 않다면, 어떻게 될지 가정해보고 이를 기반으로 나머지 제품들에 대해 적절한 레이블을 만들자.

사이트의 레이블링 시스템이 어떤 주제들을 다루고 있다면, 사이트에서 아직 다뤄지지 않은 주제들에 대해서 예측해보자. 'phantom(유령)'이라는 레이블의 추가가 사이트 레이블 시스템에 큰 영향을 끼칠 수도 있으며, 전체 레이블링 방식을 아예 바꾸어야 할 수도 있다. 예측을 제대로 하지 못하면, 새로 추가되는 콘텐츠를 제대로 레이블링하지 못해서 사이트에 어울리지 않게 되거나, 'Miscellaneous(기타)' 'Other Info(다른 정보)' 혹은 고전적인 'Stuff(기타)'와 같이 포기에 가까운 레이블들이 출현할 수 있다. 미리 잘 계획해두게 되면, 현재 레이블링 시스템을 버리지 않으면서도 나중에 새로운 레이블을 추가할 수 있다.

물론, 이러한 계획은 레이블링 시스템이 어떠한 목적으로 사용되는가에 대한 이해와 균형을 잘 이뤄야 한다. 인간의 모든 지식(사이트에서 현재 가지고 있고, 향후 추가가 예상되는 콘텐츠 범위가 아니라)을 다루는 레이블링 시스템은 평생을 걸려서도 완성하지 못한다. 충분히 범위를 좁히고 집중해야만, 사이트의 독특한 콘텐츠 요구사항, 사용자의 특별한 니즈, 현실적인 비즈니스 목표를 명확하게 서술할 수 있으며, 정의된 범위 내에서는 포괄성을 갖출 수 있다. 이것은 쉽게 이루기 어려우며, 확실히 모든 것이 균형을 이뤄야 한다. 이것이 바로 인포메이션 아키텍트들의 연봉이 높은 이유이다.

마지막으로, 우리가 만들어낸 레이블링 시스템은 서비스 오픈 후에도 미세하게나마 조정이 필요하거나 조금씩은 개선이 필요하다는 것을 명심하자. 레이블은 사용자와 콘텐츠 간의 관계를 대표하고, 이러한 관계는 지속적으로 변화하기 때문이다. 항상 변화하는 사용자와 콘텐츠에 발맞춰 레이블링 시스템도 변해야 한다. 정기적으로 사용자 조사나 검색로그 분석을 수행하도록 하고, 필요하다면 레이블링 시스템을 조정할 수 있도록 하자.

Information Architecture for the World Wide Web 7

내비게이션 시스템

> 그레텔, 달이 뜰 때까지 기다려. 그러면 내가 길에 뿌려뒀던
> 빵 부스러기가 보일 꺼야. 그걸 따라가면 집으로 돌아갈 수 있어.
> — 헨젤과 그레텔

다룰 내용:
- 웹 내비게이션에서 맥락과 유연성 간의 균형
- 글로벌, 로컬, 컨텍스추얼 내비게이션의 통합
- 사이트 맵, 인덱스, 가이드, 마법사, 상세 설정과 같은 부가 내비게이션 도구
- 개인화, 시각화, 태그 클라우드, 참여 기반 필터링, 사회적 내비게이션

'헨젤과 그레텔' 동화가 말해주는 것처럼, 길을 잃는 것은 나쁜 일이다. 길을 잃게 되면 혼란, 좌절, 분노, 공포가 엄습하게 된다. 인간은 이러한 위험을 극복하기 위해서 내비게이션 도구를 만들어 길 잃는 것을 사전에 방지하기도 하고, 집으로 돌아가는 길을 찾기도 한다. 인간은 빵 부스러기에서부터 나침반, 아스트롤라베[1], 지도, 도로 표지판, GPS에 이르기까지 길을 찾는 방

---
1 (옮긴이) 아스트롤라베(astrolabe): 고대 천문 관측기구로, 별의 위치나 시각, 경위도 등을 관측한다. 선원들이 항해를 위해 사용했다고 한다.

법에 있어 내비게이션 도구를 설계하고 활용하는 데 매우 뛰어난 능력을 발휘해왔다.

사람들은 위에 나열한 도구들을 활용하여 현재의 위치를 파악하거나 이동해야 하는 경로를 확인하고 돌아오는 길을 찾는다. 이러한 도구들은 새로운 장소에 대한 정황[2] 정보를 제공해 주기 때문에 안심할 수 있게 된다. 어두울 때 낯선 도시를 운전해본 경험이 있는 사람이라면 세상살이에서 이런 도구와 방법이 얼마나 중요한지 알 것이다.

웹에서 길을 잃는다고 사람이 죽고 사는 문제가 되는 것은 아니지만, 대규모 웹사이트에서는 이런 일을 당하면 무척 당혹스럽고 때론 좌절감까지 느낀다. 잘 설계된 분류 체계는 사용자들이 길을 잃는 횟수를 줄여준다. 이를 보완하여 내비게이션 도구를 갖추면 정황 정보를 얻게 되어 보다 큰 유연성[3]을 갖추게 된다. 구조와 조직화가 방을 만드는 것이라면, 내비게이션 설계는 문을 달고 창문을 만드는 것이다.

이 책은 내비게이션과 검색을 각각 별도의 장으로 나누고 있다. 이 장에서는 브라우징을 지원하는 내비게이션 시스템에 대해서 집중적으로 알아보고, 다음 장에서는 내비게이션의 구성요소 중 하나인 검색 시스템에 대해서 심도 있게 다뤄보도록 하자. 사실, 정보구조, 조직화 시스템, 레이블링 시스템, 브라우징 시스템, 검색 시스템들은 모두 효과적인 내비게이션을 만드는 데 기여하는 요소들이다.

---

2 (옮긴이) 정황(context): context는 주로 '맥락'이라고 번역되나, 문장의 흐름과 그 의미에 따라 '정황' '문맥' '상황' '환경'으로 번역하였다.

3 (옮긴이) 유연성(flexibility): 본문에서 유연성의 확보는 웹사이트가 다양한 사용자의 정보 니즈를 해결해주기 위해 복합적인 내비게이션을 사용하는 것을 의미한다. 부가 내비게이션 도구들은 주요 내비게이션 시스템이 다루지 못하고 있는 메뉴에 대해 접근경로를 제공하거나, 이동하기 위한 단계를 줄인 바로가기 등을 제공한다.

7.1 내비게이션 시스템의 종류

내비게이션 시스템은 몇 가지 기본요소 혹은 서브 시스템으로 구성된다. 첫째로 글로벌 내비게이션 시스템, 로컬 내비게이션 시스템, 컨텍스추얼 내비게이션 시스템을 들 수 있으며, 이들은 웹페이지 내에서 서로 통합되어 있다.[4] 임베디드 내비게이션 시스템[5]은 일반적으로 사이트의 콘텐츠로 둘러 싸여 있거나, 콘텐츠 내부에 존재한다. 이런 내비게이션 시스템은 맥락 정보를 제공하고 유연성을 확보할 수 있도록 해주는데, 사용자들이 현재 위치와 이동할 위치를 파악하는 데 도움이 된다. 그림 7-1에서 보는 바와 같이, 이 세 가지 주요 내비게이션은 일반적으로 필요한 요소들이지만, 이들만으로 충분하다고 볼 수는 없다.

둘째로 사이트 맵, 인덱스, (콘텐츠 페이지와는 별도로 존재하는)가이드와 같은 부가 내비게이션 시스템이 있다. 이들은 그림 7-2에서 보는 바와 같다.

검색과 마찬가지로, 이러한 부가 내비게이션 시스템은 동일한 정보에 접근하는 다른 경로를 제공해 준다. 사이트 맵은 사이트를 한눈에 볼 수 있도록 해주고, A부터 Z까지의 인덱스는 콘텐츠에 바로 접근할 수 있도록 해준다.

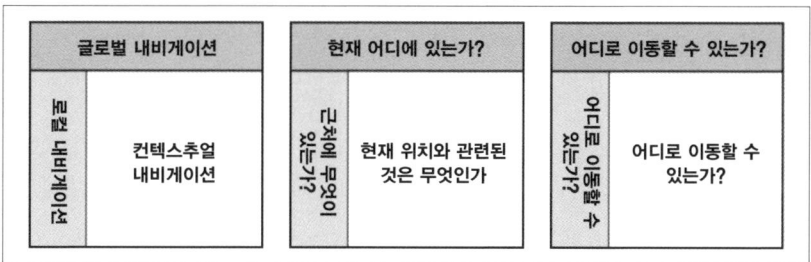

그림 7-1. 임베디드되어 있는 글로벌, 로컬, 컨텍스추얼 내비게이션 시스템

---

4 (옮긴이) 통합(integrated): 본문에서 통합은 단순히 하나로 합쳐지는 것이 아니라, 구성요소들이 기존에 가지고 있던 특징과 장점을 그대로 간직한 채, 하나의 시스템으로서 서로 연계되는 것을 의미한다.

5 (옮긴이) 임베디드(embedded) 내비게이션 시스템: 페이지에 내재되어 있는 내비게이션 시스템. 본문에서는 글로벌, 로컬, 컨텍스추얼 내비게이션 시스템 세 가지 모두를 지칭하고 있다.

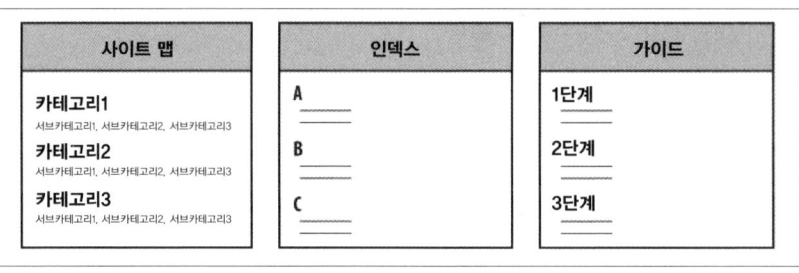

그림 7-2. 부가 내비게이션 시스템

그리고 가이드는 대개 특정 사용자층, 태스크, 주제에 맞춰진 순차적인 내비게이션을 제공한다.

앞으로 설명하겠지만, 부가 내비게이션 시스템의 각 유형은 각각 다른 목적을 가지고 있으며, 통합적인 검색/브라우징 시스템의 폭넓은 프레임워크에 적합하도록 설계된다.

7.2 모호한 경계

내비게이션 시스템의 설계는 정보설계, 인터랙션 디자인, 정보 디자인, 시각 디자인, 사용성 공학(모두 사용자 경험 디자인이라는 큰 틀 아래서 세분화되는 학문들이다)들이 서로 만나는 경계가 모호한 영역에 걸쳐 있다.

글로벌, 로컬, 컨텍스추얼 내비게이션에 대해서 논의를 시작할 때면, 전략, 구조, 디자인, 구현이 한데 맞물려 있어 논의가 쉽지 않다는 것을 깨닫게 된다. 로컬 내비게이션 바는 페이지 상단에 있는 것이 좋을까? 혹은 페이지의 왼쪽에 위치하는 것이 좋을까? 클릭 수를 줄이려면, 풀다운 메뉴pull-down, 팝업, 캐스케이딩 메뉴[6]중 무엇을 사용하는 것이 좋을까? 사용자들이 회색으로 된 링크를 쉽게 인지할 수 있을까? 파란색/빨간색으로 링크 색상을 정의하는

---

[6] (옮긴이) 캐스케이딩 메뉴(cascading menu): 메뉴들이 트리 구조를 가지고 있어, 상위의 메뉴를 선택하면 선택 가능한 하위 메뉴들이 보이는 방식의 메뉴. Windows의 시작메뉴나 Mac OSX의 Finder를 대표적인 예로 들 수 있다.

것보다 효과적이지 못할까?

좋건 싫건, 인포메이션 아키텍트는 대개 이러한 논쟁에 참여하게 되고, 때로는 의사결정에 대한 책임을 지게 된다. 인포메이션 아키텍트는 모호한 경계에 명확하게 구분선을 그을 수 있도록 노력해야 하고, 효과적인 내비게이션이란 잘 조직화된 시스템을 그대로 보여주는 것이라고 주장할 수 있어야 한다. 그렇지 않으면, 이러한 책임을 포기하고 인터페이스 설계 업무를 모두 디자이너에게 넘겨줘야 한다. 부디, 그렇게 하지는 않길 바란다.

현업에서 분야 간 경계는 모호하고 서로 얽혀 있다. 인포메이션 아키텍트는 디자인을 하고 디자이너는 정보설계를 하곤 한다. 그리고 최고의 해결방안은 대개 열띤 토론을 통해서 도출되곤 한다. 항상 가능한 것은 아니지만, 학제적인interdisciplinary 협업이 가장 이상적이다. 자신의 전문 분야가 아닌 다른 분야에 대해서도 어느 정도의 이해를 가진 각 분야의 전문가들이 협업할 때 최고의 결과를 도출할 수 있다.

따라서 조금은 흐트러진 것인 양 보이겠지만, 이번 장에서는 인포메이션 아키텍트의 관점에서 열성적인 자세를 가지고, 분야 간 경계를 넘어, 다른 영역도 넘나들면서 내비게이션 디자인을 파헤쳐 보도록 하자. 이 모호한 영역의 수렁에 깊이 빠져들기 전에 헤어날 수 있는 구명줄을 잡을 수 있을 것이다. 이 책의 부록에서는 다양한 관점에서 이러한 주제를 다루고 있는 매우 훌륭한 도서 몇 권을 소개하였으며, 이 책들은 모두 읽기를 권한다.

7.3 브라우저의 내비게이션 기능

내비게이션 시스템을 설계할 때, 시스템이 놓일 환경에 대해서 고민하는 것이 중요하다. 사람들은 웹상에서 웹사이트를 보거나 여기저기 돌아다니기 위해서 모질라 파이어폭스나 마이크로소프트 인터넷 익스플로러와 같은 웹 브라우저를 사용하며, 이런 브라우저들은 다양한 내비게이션 기능들을 내장하고 있다.

URL 입력 기능은 웹상의 어떠한 페이지라도 바로 접근할 수 있게 해주고, '앞으로' '뒤로' 기능은 이동했던 경로를 따라 앞뒤로 이동할 수 있게 해준다. '방문기록' 메뉴는 현재 세션 동안에 방문했던 페이지들을 원하는 대로 접근하게 해주고, '북마크' 기능은 나중에 재방문하기 위해서 특정 페이지의 위치를 저장해둘 수 있게 해준다. 또한 웹 브라우저는 이동 경로bread crumbs를 지원하기 위해 뒤로 버튼 이외에도 색상을 활용한 하이퍼링크를 사용한다. 기본적으로 방문하지 않은 하이퍼텍스트 링크와 방문한 하이퍼텍스트 링크는 서로 다른 색으로 표시된다. 이 기능은 자신이 방문했던 링크와 방문하지 않았던 링크를 구분할 때 편리하고, 웹사이트에서 전에 방문했던 경로를 따라 페이지를 다시 찾아갈 때도 유용하다.

마지막으로, 웹 브라우저는 사용자의 내비게이션 방식에 영향을 끼치는 '예상 경로 표시'[7]를 제공한다. 하이퍼텍스트 링크에 마우스 포인터를 가져가면, 이동할 페이지의 URL이 브라우저 창 하단에 나타나게 되고, 콘텐츠의 특성에 대한 힌트를 제공한다. 그림 7-3의 좋은 예와 같이, 마우스포인터가 'Pricing(가격)'이라는 링크에 위치할 때, 브라우저 창의 하단에 있는 예상 경로 표시는 해당 페이지의 URL을 보여준다. 파일과 디렉터리가 세심하게 레이블되어 있다면, 사용자는 예상 경로 표시를 통해 콘텐츠 계층구조 내의 맥락 정보를 쉽게 이해할 수 있다. 하이퍼텍스트 링크가 다른 서버의 웹사이트로 이동하도록 하는 경우, 예상 경로 표시는 사용자에게 이동할 페이지가 현 사이트 밖에 위치한다는 기본 정보를 제공된다.

브라우저 기반의 내비게이션 기능들은 조사, 분석, 테스트와 같은 많은 투자의 결과로 설계되었다. 하지만, 아주 많은 경우에 사이트 디자이너들은 이러한 내비게이션 기능을 잘 알지 못해서 고려하지 않거나, 일부러 무시하곤 한다. 가장 보편적인 디자인상의 범죄 행위는 아래와 같다.

---

[7] (옮긴이) 예상 경로 표시(prospective view): 예상 경로는 웹 브라우저의 상태 표시줄(status bar)에서 보이는 정보 중의 하나다. 상태 표시줄에서는 예상 경로 정보 외에도 페이지 로딩 완료 여부, 보안 여부 등도 함께 보여주고 있다. 이동하는 경로에 대한 정보를 제공한다는 측면에서 '상태 표시줄'보다는 '예상 경로 표시'라고 번역하였다.

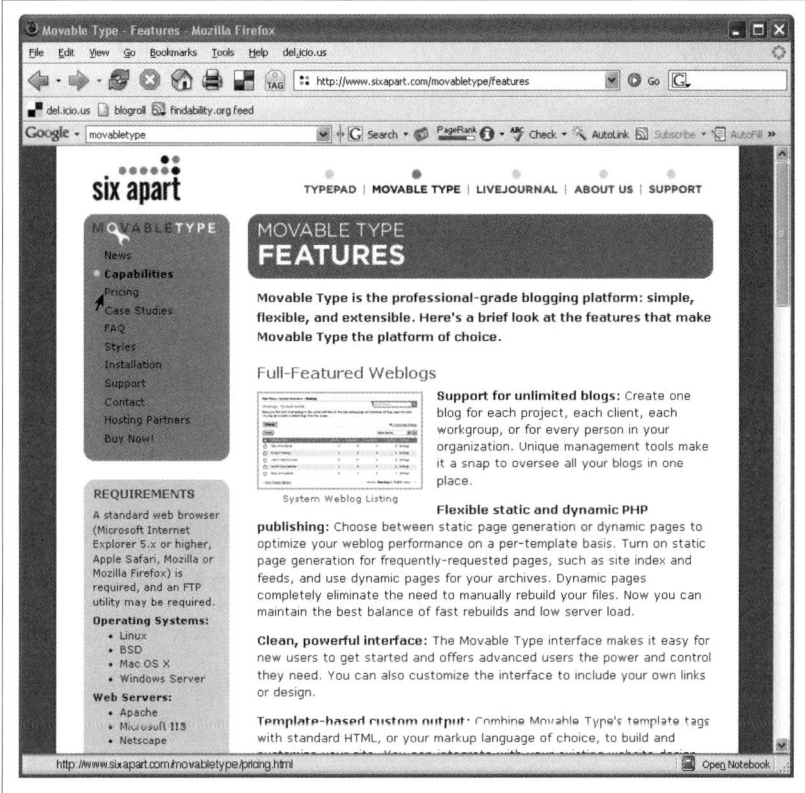

그림 7-3. 예상 경로 표시는 브라우저에 내장되어 있다.

- 명확한 근거 없이 방문한 사이트/방문하지 않은 사이트에 대한 링크 색상을 변경
- '뒤로' 버튼 기능을 무력화
- 북마크 기능의 훼손

이와 같이 심각한 범죄 행위를 계획하고 있다면, 분명히 이에 합당한 이유가 있거나 범죄 행위를 변호해줄 좋은 변호사를 선임해야 할 것이다.

7.4 맥락의 구축

내비게이션 시스템을 사용하여 이동 경로를 계획하기 전에, 반드시 현재 위치를 파악해야 한다. 옐로우스톤 국립공원을 방문하든지, 몰 오브 아메리카를 방문을 하든지 간에, 주변을 안내하는 지도상에 '현재 위치 표시'는 친숙하고 매우 유용한 도구이다. 랜드마크가 없다면, 현재 위치를 찾아내느라 거리 표지나 근처 가게와 같이 조금은 신뢰도가 떨어지는 표시들을 가지고 삼각측정법과 씨름을 해야 한다. '현재 위치 표시'의 유무는 완전히 길을 잃어버린 것과 현재의 위치를 아는 것과 같이 완전히 다른 차원의 차이를 만들어 낸다.

복잡한 웹사이트를 설계하는 경우에, 전체 시스템 내에서 맥락 정보를 제공하는 것은 매우 중요하다. 물리적인 세계에서는 존재하는 맥락에 대한 수많은 단서들이 웹상에서는 존재하지 않는다. 랜드마크도 없고, 동서남북도 없다. 현실 세계에서의 여행과는 달리, 하이퍼텍스트를 통한 내비게이션은 사용자를 낯선 웹사이트의 한가운데로 바로 이동시키곤 한다. 멀리 있는 웹페이지에 대한 링크와 검색엔진의 검색 결과에서 나타난 링크들은 사용자로 하여금 웹사이트의 정문이나 메인 페이지를 지나쳐서 해당 페이지로 바로 이동하도록 한다. 보다 어려운 문제는, 사람들은 대개 나중에 읽어보기 위해서 페이지를 출력하거나 친구에게 해당 페이지만을 소개하기 때문에, 결과적으로 맥락 정보가 더욱 줄어든다는 것이다. 이러한 이유 때문이라도 내비게이션 시스템을 설계할 때에 가장 중요한 것은 맥락 정보라고 할 수 있다!

사이트가 맥락에 대한 단서를 제공하도록 하기 위해서는, 몇 가지 경험 법칙을 항상 준수해야 한다. 예를 들어, 검색엔진의 검색 결과나 보조 페이지로의 링크를 통해 메인 페이지를 지나쳤더라도 사용자는 자신이 어떤 사이트에 있는지 항상 알 수 있어야 한다. 조직의 이름, 로고, 그래픽 아이덴티티를 사이트의 모든 페이지에 걸쳐서 사용하는 것은 이러한 목표를 이루는 아주 확실한 방법이다.

내비게이션 시스템은 또한 정보의 계층구조를 명확하고 일관적으로 보여주어야 하며, 그림 7-4에서 보는 것과 같이 사용자의 현재 위치를 항상 알려

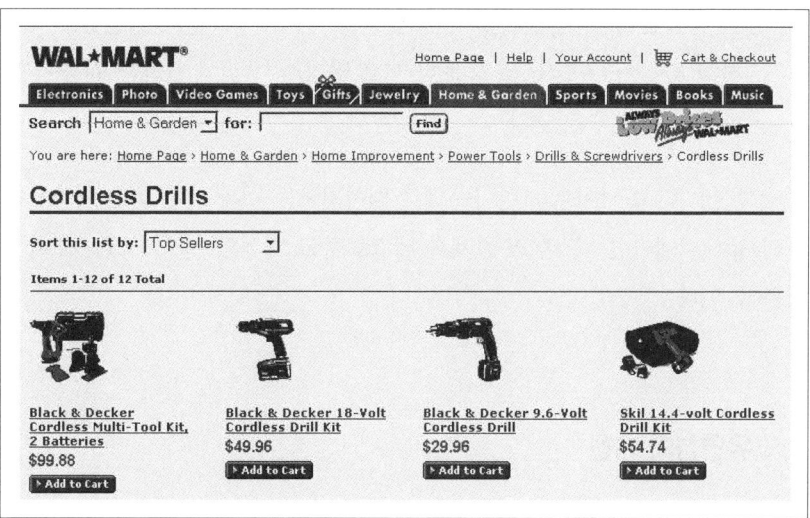

그림 7-4. 월마트의 내비게이션 시스템은 계층구조상의 사용자 위치를 보여준다.

줄 수 있어야 한다. 월마트의 내비게이션 시스템은 페이지 상단 영역에 '현재 위치 표시' 방법의 변형된 형태를 통해, 계층구조상에 있는 사용자 위치를 보여주고 있다. 이것은 사용자가 조직화 체계에 대한 멘탈모델을 만들 수 있도록 도움을 주며, 사용자가 편하게 사용할 수 있는 내비게이션 역할을 한다.

만일 운영하고 있는 사이트가 이미 있다면, 사용자 몇 명을 초대해 내비게이션 스트레스 테스트navigation stress test를 해보도록 하자. 키스 인스톤이 정의한 기본 단계는 아래와 같다.[8]

1. 홈페이지를 무시하고, 사이트의 중간 페이지로 곧바로 이동해본다.
2. 무작위로 선정한 각 페이지에서, 나머지 다른 페이지들과의 관계를 살펴보면 현재 위치가 어디인지 알 수 있는가? 현재 위치한 페이지의 대분류는 무엇인가? 상위 페이지는 무엇인가?
3. 현재 위치한 페이지가 어디로 이동할 수 있는지 설명하고 있는가? 모

---

8 키스 인스톤(Keith Instone)은 1997년 자신의 글을 통해 내비게이션 스트레스 테스트라는 개념을 보편화시켰다. 〈Stress Test Your Site, http://user-experience.org/uefiles/navstress〉 참조

든 링크는 각각 무엇을 의미하는지 알 수 있도록 충분히 설명을 제공하고 있는가? 링크들은 충분히 서로 달라서 자신이 원하는 것을 구분해서 선택할 수 있는가?

낙하산을 타고 사이트의 한가운데로 떨어져보는 것과 같은 이런 테스트를 통해서, 내비게이션 시스템의 한계를 테스트하고 개선의 여지가 있는지 확인해볼 수 있다.

7.5 유연성의 개선

5장에서 설명했던 것처럼, 계층구조는 정보를 조직화하는 효과적이고 친숙한 방법이다. 많은 경우에, 계층구조는 웹사이트 내에서 콘텐츠를 조직화하는 기반을 마련한다. 하지만, 계층구조는 내비게이션 관점에서 한계를 가지고 있다. 월드와이드웹의 선구자격으로 고퍼Gopher라고 알려진 오래된 정보 브라우징 기술을 사용해봤다면, 계층구조 내비게이션이 가진 한계에 대해서 쉽게 이해할 수 있을 것이다.[9] 고퍼의 공간에서는 트리 구조의 콘텐츠 계층구조를 따라 위아래로 이동할 수밖에 없었다(그림 7-5 참조). 고퍼는 계층구조상에서 하위 항목 간의 이동(항목 간 내비게이션lateral navigation)이나 다양한 레벨 간의 이동(수직 내비게이션vertical navigation)을 허용하기에는 적합하지 않는 구조를 가지고 있었다.

웹의 하이퍼텍스트는 고퍼의 한계를 뛰어넘어, 내비게이션에 있어서 엄청나게 큰 자유도를 제공하고 있다. 하이퍼텍스트는 항목 간 내비게이션과 수직 내비게이션을 지원한다. 계층구조의 어느 항목에서든지 다른 항목으로 이동하는 것이 가능하고, 동일 항목의 한 레벨에서 상위 레벨로 수직 이동하거

---

9 만일 너무 어려서 고퍼를 잘 모르겠다면, 대신 아이팟의 카테고리/서브카테고리 내비게이션을 생각해보자. 카테고리를 선택해야만 서브카테고리를 선택할 수 있고, 다른 카테고리에 있는 서브카테고리로 이동하기 위해서는 일단 현재의 상위 카테고리로 이동한 다음에야 한 단계씩 이동할 수 있다.

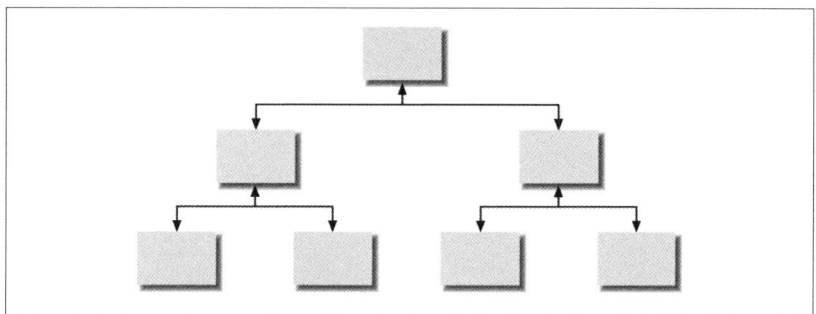

그림 7-5. 고퍼 공간의 순수한 계층구조

나, 모든 레벨을 뛰어넘어 웹사이트의 메인 페이지로 이동하는 것도 가능하다. 시스템이 허용하는 한 사용자는 어디로든지 이동할 수 있다. 하지만, 다양한 내비게이션을 제공하다 보면 그림 7-6에서 보이는 것처럼 사이트 구조가 매우 복잡해질 수 있다. 구조가 복잡해지면 에셔의 그림[10]처럼 보이기 시작한다.

내비게이션 시스템을 설계하는 데 있어서의 비법은 정보 간 연계가 지닌 장점과 정보 간 단절이 가져올 위험성을 잘 조율하는 데 있다. 대규모의 복잡한 웹사이트에서 항목 간 내비게이션과 수직 내비게이션이 없으면, 페이지 간 이

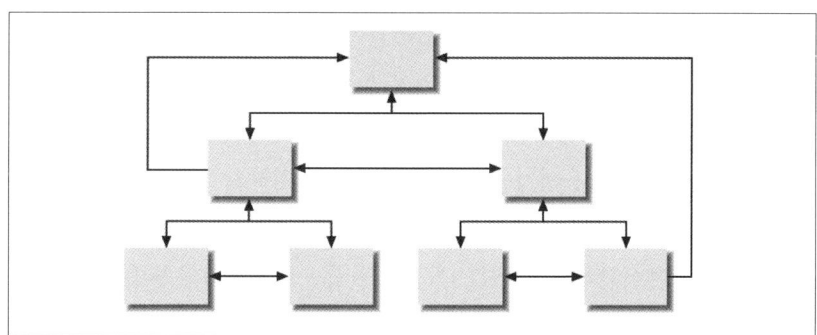

그림 7-6. 하이퍼텍스트 기반 웹은 계층구조를 완전히 뛰어넘는다.

---

10 (옮긴이) 에셔(M.C. Escher): 네덜란드의 그래픽 아티스트이자 판화가. '뫼비우스의 띠'와 같이 안과 밖의 경계가 불분명하거나 공간을 왜곡한 작품들로 유명하다. 주요 작품으로 「Reptiles」 「Relativity」 「Hand with reflecting globe」 등이 있다.

동이 매우 제한된다. 반대로, 내비게이션 도구가 너무 많으면 오히려 계층구조를 무의미하게 만들고 사용자를 혼란스럽게 만든다. 내비게이션 시스템은 맥락 정보와 유연성을 부여함으로써 계층구조를 보완하고 강화하도록 세심하게 설계되어야 한다.

7.6 임베디드 내비게이션 시스템

대부분의 대규모 웹사이트는 그림 7-1에서 봤던 세 가지 주요 임베디드 내비게이션 시스템을 모두 가지고 있다. 웹에서 글로벌, 로컬, 컨텍스추얼 내비게이션은 매우 보편화되어 있다. 각 내비게이션 시스템은 특정 문제들을 해결하고 있음과 동시에, 설계 시에 고민해야 하는 고유한 어려움을 가지고 있다. 사이트를 성공적으로 설계하기 위해서는 이러한 내비게이션 시스템의 본질과 맥락 정보 및 유연성을 제공하기 위해서 이들이 어떻게 함께 사용되는지 반드시 이해해야 한다.

7.6.1 글로벌(사이트 전체) 내비게이션 시스템

말 그대로, 글로벌 내비게이션 시스템은 사이트 전체의 모든 페이지에서 볼 수 있도록 설계된다. 글로벌 내비게이션 시스템은 대개 각 페이지의 상단에 위치한 내비게이션 바 형태로 구현되곤 한다. 사이트 전체에 걸친 이러한 내비게이션 시스템은 사용자가 사이트의 어디에 위치하고 있더라도, 핵심적인 영역이나 기능에 대해서 바로 접근할 수 있도록 해준다.

글로벌 내비게이션 바는 사이트 내에서 하나의 일관된 내비게이션 요소이기 때문에, 사용성에 큰 영향을 끼친다. 따라서, 집중적이고 반복적인 사용자 중심 디자인과 사용성 평가를 통해서 글로벌 내비게이션 바를 설계해야 한다.

대부분의 글로벌 내비게이션 바는 홈페이지로 이동하는 링크를 제공하며, 다수는 검색 기능을 제공한다. 애플이나 아마존과 같은 사이트의 일부 글로벌 내비게이션 바는 사이트의 구조를 강조하고 사이트 내에서 사용자의 위치

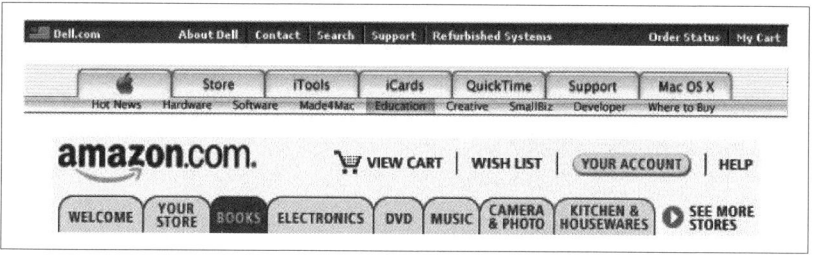

그림 7-7. 델, 애플, 아마존 사이트의 글로벌 내비게이션 바

를 알려주기 위한 맥락적 단서를 제공하지만, 델과 같은 사이트의 글로벌 내비게이션 바는 단순하게 구현되어 있어 부가적인 정보를 제공하고 있지 않다. 델의 글로벌 내비게이션 바는 책임을 떠넘기듯이 맥락 정보를 로컬 내비게이션 수준에서 전달하고 있다. 그 비일관성으로 인해 방향 감각을 상실하게 만드는 문제가 발생한다.

글로벌 내비게이션 시스템 설계는 사용자의 니즈와 조직의 목표, 콘텐츠, 기술, 문화 모두에 근거해야 하기 때문에 의사결정이 어려울 뿐만 아니라 어떠한 결정도 모두를 만족시키기 어렵다.

웹사이트의 메인 페이지에서 글로벌 내비게이션 시스템을 찾아보기 어려운 경우도 종종 존재한다. 웹사이트의 메인 페이지에서 글로벌 내비게이션 시스템을 찾아보기 어려운 경우도 종종 존재한다. 때로 (언제 어디서나 보여지는) 글로벌 내비게이션 바가 메인 페이지에서는 보이지 않는 경우도 있는데 이런 것은 독립적인 예외로 간주되곤 한다. 한편 경우에 따라서는 메인 페이지에서 글로벌 내비게이션 시스템을 확장된 형태로 디자인하기도 한다. 하지만 어떤 경우는, 메인 페이지에서 다양한 내비게이션 옵션들이 보이기는 하지만, 클릭을 해보지 않고서는 어떤 옵션이 원하는 일을 수행할지 알 수가 없다.

한편 경우에 따라서는 메인 페이지에서 글로벌 내비게이션 시스템을 확장된 형태로 디자인하기도 한다. 하지만 어떤 경우는, 메인 페이지에서 다양한 내비게이션 옵션들이 보이기는 하지만, 클릭을 해보지 않고서는 어떤 옵션이 원하는 일을 수행할지 알 수가 없다.

그림 7-8은 마이크로소프트의 메인 페이지다. 여기에는 세 가지 명확한 내

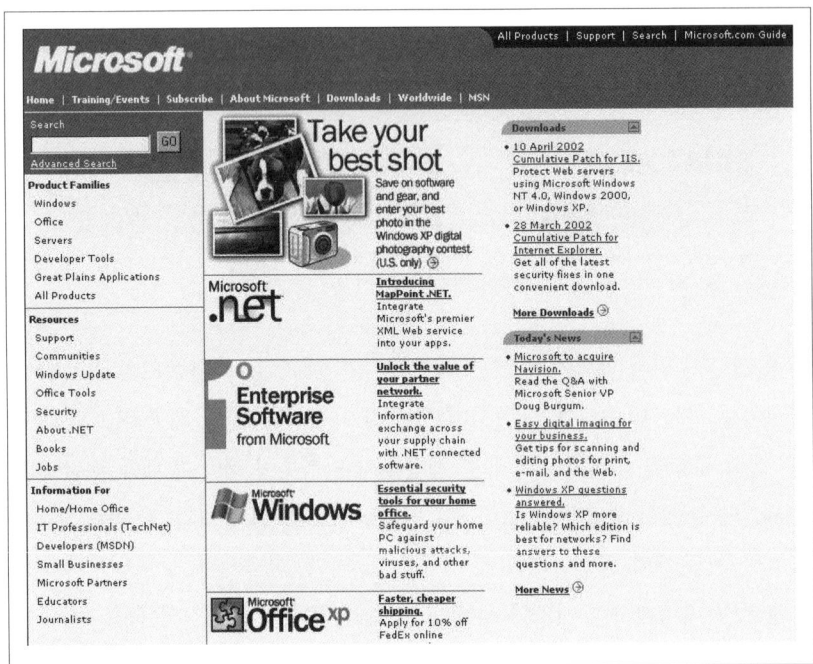

그림 7-8. 마이크로소프트의 메인 페이지 내비게이션

비게이션 바가 있고, 이 중 어느 것이 글로벌 내비게이션인지 혹은 모두가 글로벌 내비게이션을 구성하고 있는지 명확하지 않다. 다른 페이지들을 클릭해 봐야 이 중 하나만이 진짜 글로벌 내비게이션이라는 것을 알 수 있다. 남은 두 개는 디자이너가 단순히 메인 페이지에서 사이트의 구조상 중요한 측면들을 보여주기 위해 디자인한 요소들이다.

그림 7-9가 보여주는 것과 같이, 마이크로소프트의 글로벌 내비게이션 바는 매우 간결하고 설계에 대한 명확한 근거를 가지고 있다. 이 글로벌 내비게이션 바는 마이크로소프트의 주요 비즈니스 부문이나 직군이 '소유하고' 있는 다양한 서브사이트에 있는 모든 페이지에서 눈에 잘 띄는 위치를 차지하

그림 7-9. 마이크로소프트의 글로벌 내비게이션 바

고 있다. 이것은 화면 구성에 엄청난 투자가 있었음을 의미한다.

사용자 중심 디자인의 설득력 있는 주장에도 불구하고, 최신의 서브사이트들이나 분산된 조직들에서 일관성을 유지하는 것은 아직도 쉽지 않다. 기업의 로고와 단순한 글로벌 내비게이션 바를 모든 페이지의 80% 수준이라도 구현한 대규모 회사들은 그래도 상황이 상당히 나은 편이다.

7.6.2 로컬 내비게이션 시스템

많은 웹사이트에서 글로벌 내비게이션 시스템은 현재 보고 있는 페이지와 인접한 영역을 탐색하게 해주는 하나 이상의 로컬 내비게이션 시스템에 의해 보완된다. 일부 꼼꼼하게 관리되는 사이트는 글로벌 내비게이션 시스템과 로컬 내비게이션 시스템을 일관성 있는 하나의 시스템으로 통합하고 있다. 예를

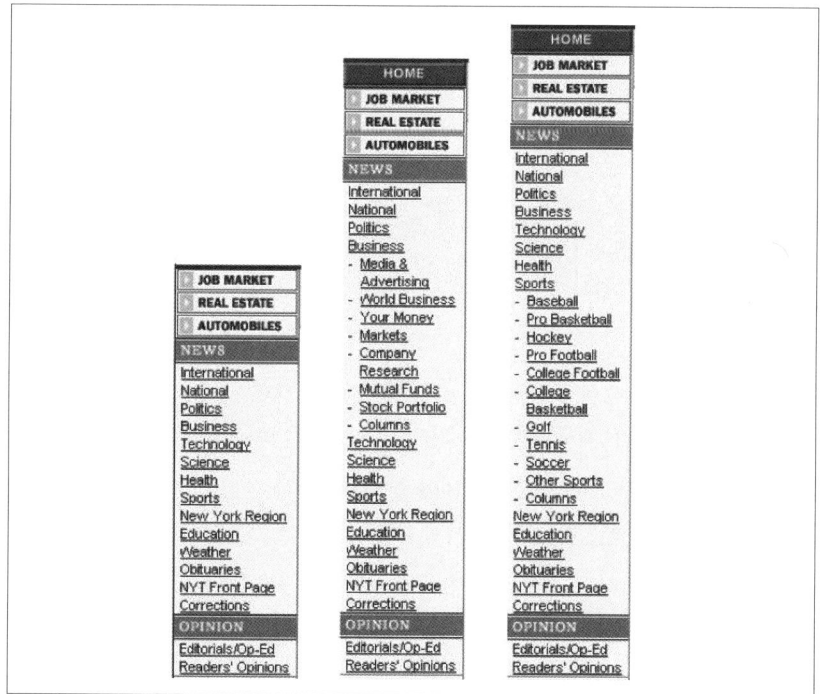

그림 7-10. 뉴욕타임즈의 로컬 내비게이션

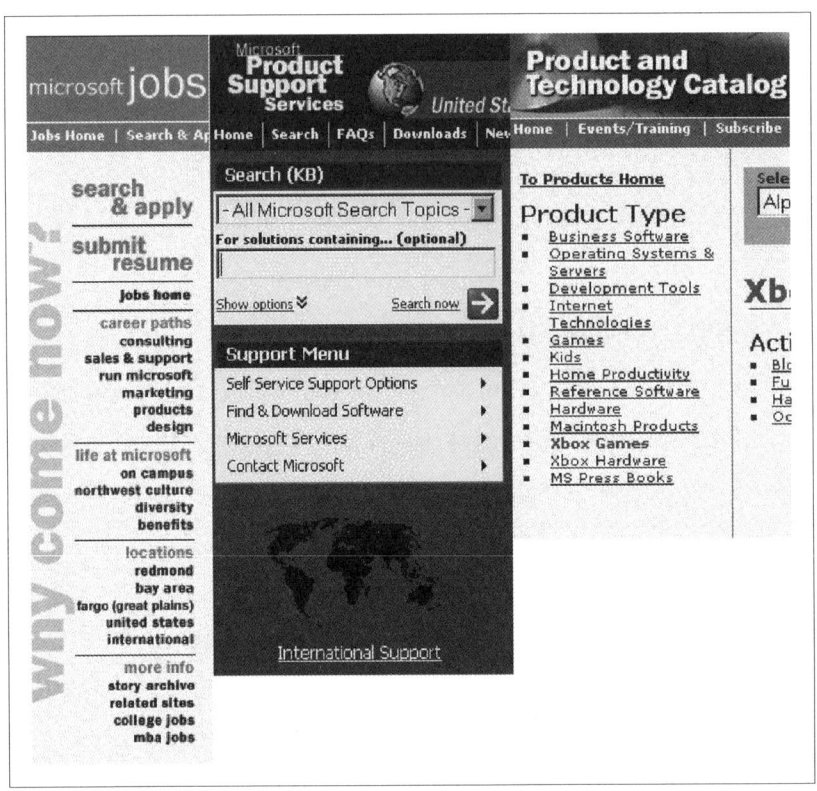

그림 7-11. 마이크로소프트의 로컬 내비게이션

들어, 뉴욕 타임즈 웹사이트의 글로벌 내비게이션 바는 클릭하면 각 뉴스 카테고리의 로컬 내비게이션 선택 항목들을 보여주는 구조를 가지고 있다. '비즈니스'를 선택한 독자는 '스포츠'를 선택한 독자와는 다른 로컬 내비게이션의 선택 항목들을 보게 되지만, 두 가지 로컬 내비게이션의 선택 항목들은 모두 동일한 내비게이션 프레임워크에서 볼 수 있다.

반대로, 마이크로소프트와 같은 대규모 사이트는 글로벌 내비게이션이나 로컬 내비게이션끼리도 공통적인 요소를 거의 가지고 있지 않은 다양한 로컬 내비게이션 시스템을 제공한다.

로컬 내비게이션 시스템과 이를 통해 접근할 수 있는 콘텐츠들이 서로 매우 다르기 때문에, 이러한 개별적인 영역들을 서브사이트[11] 혹은 사이트 내의 사이트라고 부른다. 서브사이트가 존재하는 이유는 크게 두 가지다. 첫째, 콘텐츠나 기능의 특정 영역에서 독립된 내비게이션이 실제로 유용한 경우. 둘째, 대규모 조직에서 조직들이 분산되어 있는 특성 때문에, 다른 그룹의 인력들이 각기 다른 콘텐츠에 대한 업무를 맡고 있고, 각 그룹은 내비게이션에 대한 의사결정을 각기 다르게 내리는 경우.

마이크로소프트 같이 채용정보, 데이터베이스 지원서비스, 제품목록 메뉴 등을 내비게이션하는 경우에 다른 경로를 제공하는 것은 충분히 설득력이 있다. 이러한 로컬 내비게이션 시스템은 사용자의 니즈와 로컬 콘텐츠에 잘 부합한다. 하지만 아쉽게도, 로컬 내비게이션 시스템들이 서로 다른 이유가 단순히 각각 다른 설계 인력들이 다른 설계 방향을 가지고 작업했기 때문인 경우가 많다. 실제로, 많은 조직들이 로컬 내비게이션의 형태와 기능을 얼마만큼 중앙집중적으로 관리해야 하는지 고민한다. 이러한 로컬 내비게이션 이슈를 해결한다면, 글로벌 내비게이션 시스템에 대한 고민은 한결 가벼워질 수 있다.

7.6.3 컨텍스추얼 내비게이션

콘텐츠에 대한 링크 중 일부는 글로벌 내비게이션이나 로컬 내비게이션의 구조화된 카테고리에 적합하지 않은 경우가 있다. 그래서 특정 페이지, 문서, 대상에 링크를 제공할 수 있는 컨텍스추얼 내비게이션이 필요하게 된다. 상거래 사이트에서 '관련 정보 보기See Also' 링크는 관련 제품이나 서비스를 의미하고, 교육사이트에서는 유사한 글이나 관련 주제를 의미한다.

컨텍스추얼 내비게이션은 이러한 방식으로 연합 학습associative learning을 지원한다. 사용자는 아이템 간의 정의된 관계를 둘러봄으로써 학습하게 된다. 알지 못했던 유용한 제품에 대해서 알게 되고, 전에는 생각해보지 못했던

---

11 서브사이트라는 용어는 제이콥 닐슨(Jakob Nielsen)이 1996년에 자신의 글, 「The Rise of the Subsite」에서 대규모 사이트 내부의 페이지들 중, 고유한 공통 스타일과 공유된 내비게이션 메커니즘을 사용하는 일부 웹페이지들의 집합을 설명하기 위해 사용하였다. 〈www.useit.com/alertbox/9609.html〉 참조.

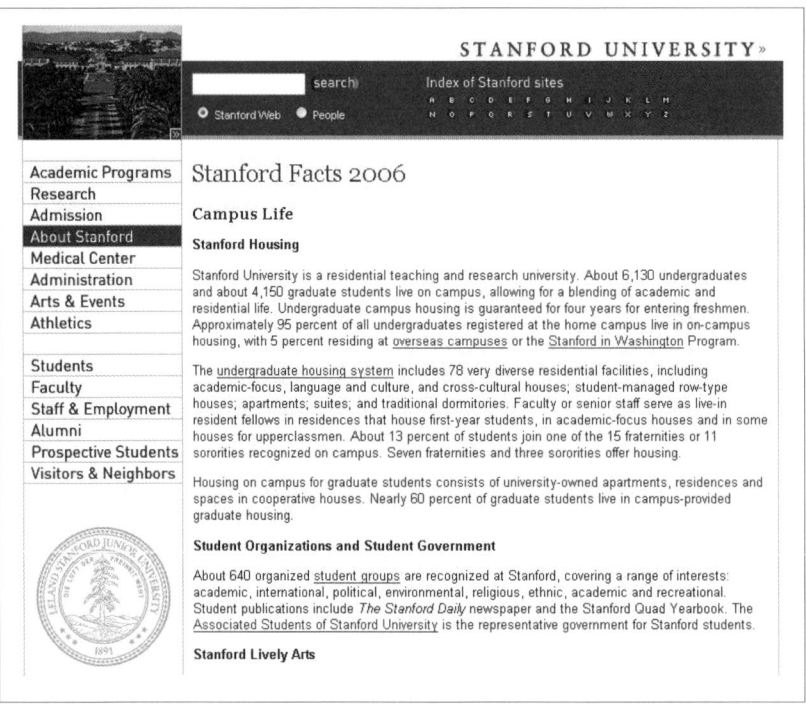

그림 7-12. 스탠포드 대학 웹사이트의 '본문 내' 컨텍스추얼 내비게이션 링크

주제에 관심을 갖게 된다. 컨텍스추얼 내비게이션은 사용자와 조직 모두에 이익을 줄 수 있는 결합 조직[12]과 같은 웹을 만들 수 있게 해준다.

이러한 링크를 실제로 정의하는 것은 구조화 작업이라기보다는 편집 작업에 더 가깝다. 일반적으로 콘텐츠 작성자, 편집자, 주제별 전문가들이 웹사이트의 구조적 프레임워크 내에 존재하는 콘텐츠에 적절한 링크를 정의하게 된다. 실제로, 임베디드 링크나 '본문 내inline' 하이퍼텍스트 링크를 만들기 위해, 문장 혹은 단락(즉, 산문) 내에서 대표성을 가지는 단어나 구문을 찾아내는 작업을 수행한다. 그림 7-12에서 보는 바와 같이, 스탠포드 대학 웹사이트의 페이지는 세심하게 설계된 본문 내의 컨텍스추얼 내비게이션 링크를 보여주

---

12 (옮긴이) 결합 조직(connective tissue) : 체내에서 장기들 사이의 공간을 채우거나, 근육과 뼈를 이어주는 물질

고 있다.

컨텍스추얼 내비게이션 링크가 콘텐츠에 있어서 매우 중요하지만, 사용성 평가 결과, 사용자들이 페이지를 빨리 훑어보기 때문에 본문 내의 이러한 링크를 놓치거나 무시하는 경향이 있다면, 이러한 접근방법은 문제가 될 수 있다. 위와 같은 문제를 해결하기 위해서는, 컨텍스추얼 링크에 페이지의 특정 영역을 할애하거나 시각적으로 강조할 수 있는 시스템 설계를 고려해볼 수 있다. 그림 7-13에서 보는 바와 같이, 레이REI 사이트는 각 페이지의 레이아웃에 맞춰 관련 제품에 대한 링크를 보여주고 있다. 중용이야말로 이러한 링크를 설계하는 데 최고의 경험 법칙이라고 할 수 있다. 남용하지 않고 적절하게 사용하면(여기서 든 예시와 같이), 컨텍스추얼 링크는 한두 단계의 유연성을 더

그림 7-13. 외부 컨텍스추얼 내비게이션 링크

하여 기존의 내비게이션시스템을 보완할 수 있다. 지나치게 많이 사용되면, 컨텍스추얼 링크는 어지러움과 혼란만을 가중시키게 된다. 이때, 콘텐츠 작성자는 임베디드 링크를 사용자의 눈에 잘 띄는 외부 링크로 보완하거나 교체할 수 있다.

각 페이지에 어떠한 링크를 사용할지는 컨텍스추얼 링크의 속성과 중요성을 기준으로 판단해야 한다. 관심사를 전달하는 중요하지 않은 링크에는 본문 내 링크가 유용하지만 눈에는 잘 띄지 않을 수 있다.

컨텍스추얼 내비게이션 시스템을 설계할 때, 사이트의 모든 페이지가 독자적으로 분리된 메인 페이지 혹은 포탈이라고 가정해보자. 사용자가 특정한 제품이나 문서를 선택하게 되면, 선택한 내용에 대해서만 집중하게 된다. 선택된 페이지는 사용자가 현재 접하고 있는 인터페이스라고 할 수 있다. 사용자는 이 페이지에서 어디로 이동할 수 있을까? 레이 사이트의 예를 다시 생각해보자. 고객은 구매 결정을 하기 전에 어떠한 부가정보를 원할까? 고객은 다른 어떤 상품을 구매하고 싶어 할까? 컨텍스추얼 내비게이션은 실제로 기업에게 크로스셀링[13]과 업셀링[14] 그리고 브랜드 이미지 구축을 위한 기회를 제공하고, 고객에게는 그 가치를 제공한다. 이러한 요소 간 연관 관계는 매우 중요하기 때문에, 이 주제는 9장에서 다시 다루도록 하자.

7.6.4 임베디드 내비게이션의 구현

내비게이션 시스템 설계에서 이동의 유연성과 너무 많은 옵션 때문에 사용자를 좌절하게 만드는 문제를 해결해야 하는 어려움은 계속해서 나타난다. 글로벌, 로컬, 컨텍스추얼 내비게이션 요소들은 대부분의 페이지에 함께 존재한다는 것(그림 7-14에서 보이는 것처럼, 웹페이지의 각 내비게이션 요소들을 참고)을 항상 염두에 두는 것이 설계를 잘하기 위해서는 중요하다. 각 내비게이션들이 효

---

13 (옮긴이) 크로스셀링(cross-sell): 부가 상품을 함께 판매하는 판매 방식.
14 (옮긴이) 업셀링(up-sell): 보다 고사양의 상품을 구매하도록 유도하는 판매 방식.

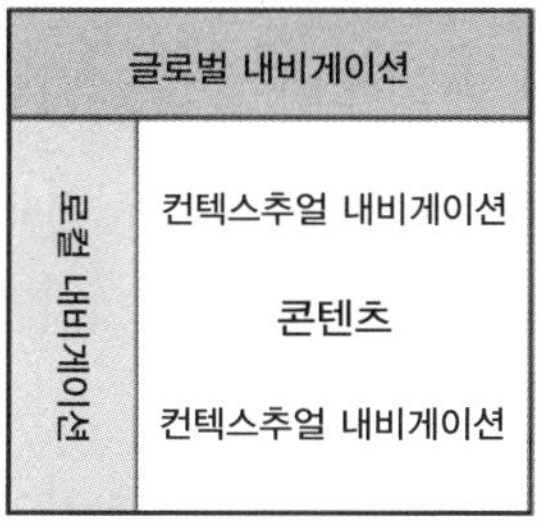

```
┌─────────────────────────────────────┐
│        글로벌 내비게이션              │
│  ┌───┬─────────────────────────┐   │
│  │로 │  컨텍스추얼 내비게이션    │   │
│  │컬 │                         │   │
│  │내 │       콘텐츠             │   │
│  │비 │                         │   │
│  │게 │  컨텍스추얼 내비게이션    │   │
│  │이 │                         │   │
│  │션 │                         │   │
│  └───┴─────────────────────────┘   │
└─────────────────────────────────────┘
```

그림 7-14. 내비게이션은 콘텐츠를 묻히게 할 수도 있다.

과적으로 통합되면, 서로 부족한 점을 보완할 수 있다.

그러나 서로 독립적으로 설계되면, 이 세 가지 내비게이션 시스템들이 화면상에서는 넓은 영역만을 차지하는 결과를 초래한다. 각 내비게이션 시스템은 독립적으로 관리될 수 있지만, 한 페이지에 함께 존재하는 경우, 선택할 수 있는 옵션이 너무나 다양해서 사용자를 압도하거나 콘텐츠를 묻히게 할 수 있다. 경우에 따라, 각 내비게이션 바의 다양한 옵션을 통해 재방문을 유도해야 하겠지만, 다른 경우라면, 섬세한 설계와 레이아웃 정의를 통해서 위와 같은 문제를 최소화해야 한다.

가장 단순한 형태의 내비게이션 바는 페이지들을 연결하거나, 페이지 간을 이동할 수 있도록 하는 하이퍼텍스트의 모음이다. 하이퍼텍스트만으로도 글로벌, 로컬, 컨텍스추얼 내비게이션을 구성할 수 있다. 또, 텍스트, 그래픽 요소, 풀다운, 팝업, 롤오버, 캐스케이딩 메뉴 등을 사용하여 다양한 방법으로 내비게이션을 구현할 수도 있다. 많은 경우, 이러한 구현방식에 대한 결정은 정보설계보다는 주로 인터랙션 디자인이나 기술적인 구현 가능성에 좌우된다. 하지만, 이에 대해서 간략하게 살펴보고 중요한 요소들에 대해 자세히 짚어보자.

예를 들어, 텍스트로 된 내비게이션 바를 만드는 것이 좋을까, 혹은 그래픽 스타일의 내비게이션 바를 만드는 것이 좋을까? 그래픽 스타일의 내비게이션 바는 보기에 좋지만 페이지의 로딩 속도가 느리고 디자인하고 유지보수하는 데 많은 비용이 소모된다. 그래픽 내비게이션 바를 사용하려면, 낮은 인터넷 회선 속도나 텍스트만 해석하는 브라우저를 사용하는 사용자의 니즈에 대해서도 사려 깊게 고려할 필요가 있다. 앞을 볼 수 없는 사용자나 무선 모바일 기기를 사용하는 사람들도 중요한 고려 대상이 된다. 이미지에 대해서 〈ALT〉 속성 태그를 적절하게 사용함으로써 이러한 사용자들이 사이트를 잘 내비게이션하도록 할 수 있다.

그렇다면, 내비게이션 바는 페이지의 어디에 위치해야 할까? 글로벌 내비게이션 바는 페이지의 상단 영역에, 로컬 내비게이션 바는 페이지의 좌측에 위치하는 것이 일반적이다. 하지만, 어디에 위치시키는지는 중요하지 않을 수 있다. 다만, 여러 차례의 사용자 조사를 거쳐 확인할 필요가 있으며, 특히 일반적인 위치에서 벗어난 경우에는 확인하는 작업이 꼭 필요하다.

텍스트 레이블과 아이콘 레이블 중 어떠한 것이 더 좋을까? 텍스트 레이블은 가장 만들기 쉽고 각 선택 옵션의 콘텐츠를 가장 명확하게 알려줄 수 있다. 반면에, 아이콘은 상대적으로 만들기가 어렵고 대개 모호하다. 이미지로 추상적인 개념을 대표하는 것은 쉽지 않다. 이미지는 다양한 의미를 표현할 수 있으나 오해의 여지가 생길 수 있는데, 특히 사이트가 글로벌 환경의 다양한 사용자들을 대상으로 하는 경우에 더욱 그렇다.

하지만, 아이콘은 텍스트 레이블을 보완하기 위한 용도로 사용될 수 있다. 아이콘에 친숙한 재방문자들은 텍스트를 더 이상 살펴볼 필요가 없기 때문에, 아이콘을 통해 빠르게 메뉴를 선택할 수 있다. 그림 7-15와 같이, 스콧 맥클라우드[15]는 텍스트와 이미지를 함께 사용하여, 형태와 기능을 적절히 조율한 글로벌 내비게이션을 보여주고 있다. 하지만, 아이콘 b에서부터 아이콘 e가 의미하는 바를 쉽게 떠올릴 수 있을까? 만화작가 웹사이트에서는 모호한 아이콘이 호기심을 자극하고 흥미로운 경험을 만들어 낼 수 있으나, 비즈니스 웹사이트라면 이러한 아이콘들은 혼란스럽기만 할 뿐이다.

나날이 보편적으로 활용되는 (DHTML이나 자바스크립트로 구현한) 롤오버를

---

15 (옮긴이) 스콧 맥클라우드(Scott McCloud): 본문 내용에서 유추할 수 있듯이, 만화작가의 웹사이트이다. 〈http://scottmccloud.com〉

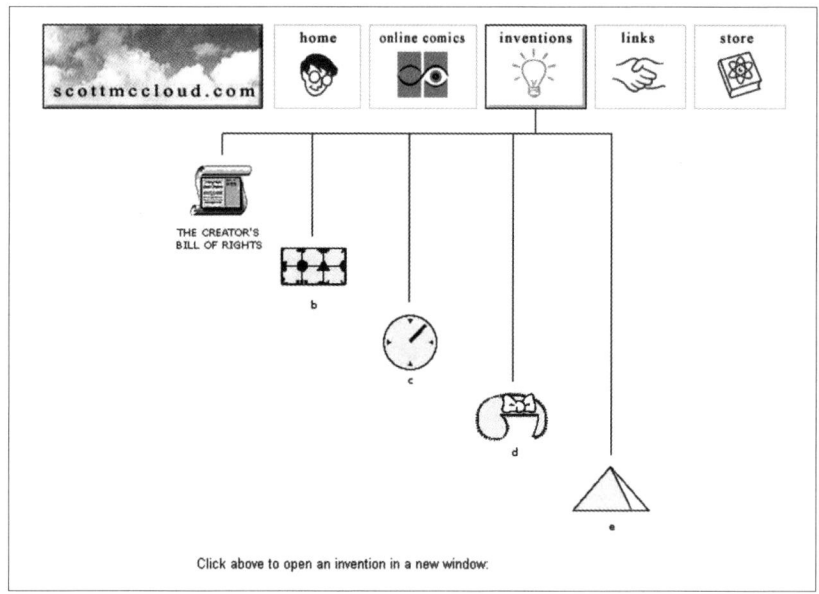

그림 7-15. 텍스트와 아이콘이 함께 사용된 내비게이션

통해, 카테고리나 메뉴에서 내비게이션 옵션을 보여주는 방법은 어떨까? (그림 7-16 참조) 그 적절성 여부는 상황에 따라 달라질 수 있다. 내비게이션을 강화하는 측면에서는 제한된 화면 영역을 효과적으로 사용할 수 있고, 정보에 대한 실마리를 제공할 수 있으며, 이동해야 하는 페이지 수나 클릭 수를 줄일 수 있다는 장점이 있다. 또, 동시에 웹사이트에 지속적으로 역동적이고 인터랙티브한 느낌을 부여할 수도 있다. 하지만 어떤 경우에는 롤오버 내비게이션이 제대로 작동하지 않는 경우도 있다. 제대로 계획되지 않은 디자인과 구현방식은 사용성과 접근성accessibility을 저해하기도 한다. 또한, 항상 노출되는 주요 카테고리나 레이블은 시각적으로 눈에 쉽게 띄어야 하기 때문에, 롤오버 내비게이션으로 대체될 수 없다. 사용자들이 '지뢰 제거'하듯이 모든 메뉴에 일일이 마우스 커서를 올려보도록 해서는 안 된다.

마지막으로, 프레임 구조는 어떨까? 1990년대에 디자이너들은 프레임에 열광했으며, 내비게이션 바와 배너 광고를 페이지 스크롤과는 상관없이 항

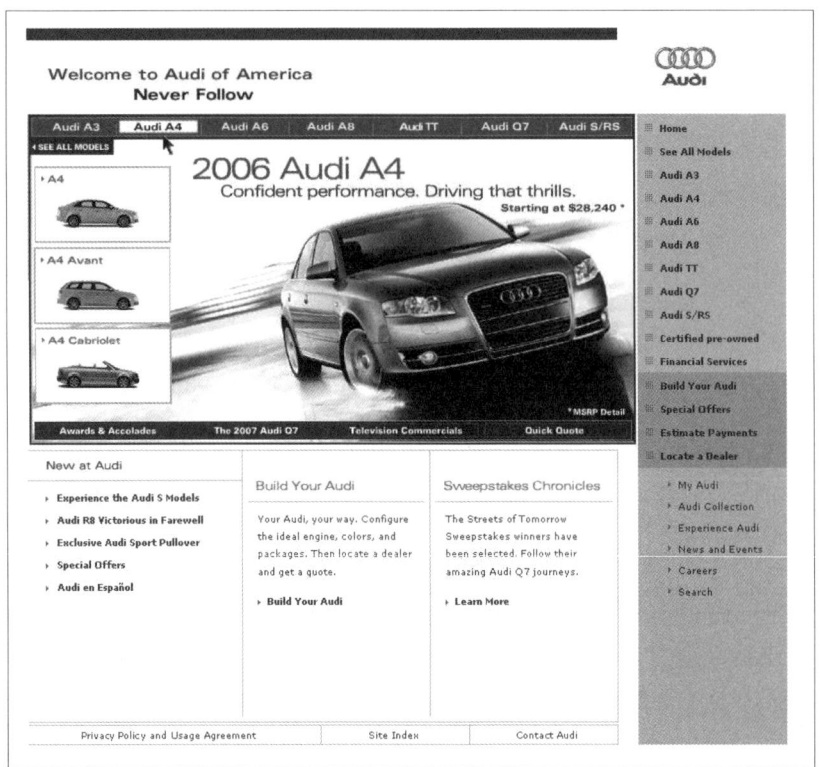

그림 7-16. 아우디의 롤오버 내비게이션

상 노출될 수 있도록 구현했다. 하지만 현재는 프레임을 가진 사이트는 많이 찾아볼 수는 없으며, 이는 참 다행스러운 일이라 할 수 있다. 기술적으로 디자인이나 성능의 문제를 떠나서, 프레임은 사용성을 해치는 경향이 있다. 웹은 페이지 기반의 모델로 구축되어 있으며, 각 페이지들은 고유의 URL 주소를 가지고 있다. 사용자는 페이지 개념에 익숙하지만, 프레임은 페이지를 콘텐츠에 따라 독립적인 영역으로 잘게 나누기 때문에 페이지 개념을 모호하게 만든다. 그리고 프레임의 사용은 페이지 모델을 파괴하기 때문에, 북마크, 방문/미방문 링크의 표시, 방문기록과 같은 브라우저의 중요한 내비게이션 기능을 사용할 수 없게 만든다. 또한 프레임은 브라우저에서 뒤로 가기 버튼을 사용하거나, 페이지를 새로 고치거나 페이지 출력하기와 같은 단순한 태스크도 어렵게 만든다. 웹 브라우저의 프레임에 대한 기능이 개선되기는 했지만, 프레임이 페이지 기반 패러다임을 저해함으로써 야기되는 혼란을 아예 없애기는 역부족이다.

7.7 부가 내비게이션 시스템

부가 내비게이션 시스템Supplemental Navigation System에는 사이트 맵, 인덱스, 가이드가 포함된다(그림 7-2 참조). 부가 내비게이션 시스템은 웹사이트의 기본 계층구조와는 별개로 존재하며, 콘텐츠를 찾거나 태스크를 수행하는 보완적인 방법을 제공한다. 검색 또한 부가 내비게이션 시스템에 속한다. 하지만, 검색은 매우 중요하기 때문에 8장 전체에 걸쳐 상세하게 설명하기로 한다.

부가 내비게이션 시스템은 대규모 웹사이트의 사용성과 접근성을 향상시키는 데 중요한 요소다. 하지만, 부가 내비게이션 시스템은 주의 깊게 설계되지 않거나 그 가치를 제대로 발휘하지 못하는 경우가 많다. 많은 사이트들은 아직도 분류 체계만 올바르게 설계되면 모든 사용자의 니즈가 해소될 것이라는 오해 속에서 개발되고 있다.

사용성 전문가들은 '단순함의 중요성'(사용자는 선택하는 것을 싫어하며, 분류 체계를 통해서 원하는 정보를 찾지 못한 경우에만 사이트 맵, 인덱스, 가이드, 검색을 사용한다)이 마치 절대적인 진리인 양 역설함으로써 이러한 오해를 만들어내고 있다.

두 가지 주장 모두 이론적으로는 옳지만, 분류 체계와 임베디드 내비게이션 시스템 모두 일정 비율의 사용자와 태스크에 있어서는 실패할 수밖에 없다는 것을 간과하고 있다. 이러한 실패는 죽음이나 세금처럼 당연한 것이다.[16] 부가 내비게이션 시스템은 사용자에게 긴급 상황에서 보완책을 제공한

---

16 (옮긴이) count on this like death and taxes: 죽음이나 세금처럼 피해갈 수 없는 것을 의미. 따라서 확실한 것 혹은 당연한 것을 의미한다.

다. 부가 내비게이션 시스템이 없는 사이트는 안전벨트 없이 운전하는 것과 같다.

7.7.1 사이트 맵

책이나 잡지에서의 목차는 정보 계층구조의 상위 레벨을 몇 개 보여준다. 목차는 인쇄물의 조직화 구조를 보여주고, 앞에서부터 순차적으로 보는 것뿐만 아니라 장chapter이나 페이지 숫자를 사용해서 임의의 순서로도 볼 수 있도록 해준다. 반면, 인쇄된 지도는 고속도로의 네트워크를 운전하거나 북적거리는 공항에서 터미널을 찾을 수 있도록 물리적인 공간을 탐색할 수 있게 해준다.

웹의 초창기에는 '사이트 맵'과 '목차'라는 용어가 서로 혼재되어 사용되었다. 물론, 문헌정보학자들은 목차라는 표현이 보다 적절한 상징성metaphor을 가지고 있다고 판단했으나, 사이트 맵이 더 좋아 보이고 보다 덜 계층적으로 보이기 때문에 사실상 표준이 되었다.

일반적인 사이트 맵(그림 7-17)은 정보 계층구조의 상위 몇 단계를 보여준다. 사이트 맵은 웹사이트 내에 있는 콘텐츠를 폭넓게 살펴 볼 수 있게 해주고, 콘텐츠를 구성하는 부분들 중 특정 부분에 임의적으로 접근할 수 있도록 해준다. 사이트 맵은 사이트의 각 페이지들로 바로 이동할 수 있도록 그래픽 혹은 텍스트 기반의 링크를 제공하기도 한다.

사이트 맵은 계층구조로 조직화된 웹사이트에서 가장 자연스럽다. 정보구조가 명확하게 계층구조가 아닌 경우, 인덱스 혹은 시각적으로 대표하는 다른 도구들이 더 나을 수 있다. 사이트 맵을 적용할지 고민할 때, 사이트의 규모에 대해서도 고려가 필요하다. 두세 단계의 계층구조 레벨을 가지고 있는 소규모의 사이트에서는 사이트 맵이 필요하지 않을 수도 있다.

사이트 맵의 디자인은 확실히 사이트 맵의 사용성에 영향을 끼친다. 그래픽 디자이너와 협업할 때, 디자이너가 아래와 같은 경험 법칙을 충분히 이해하도록 해야 한다.

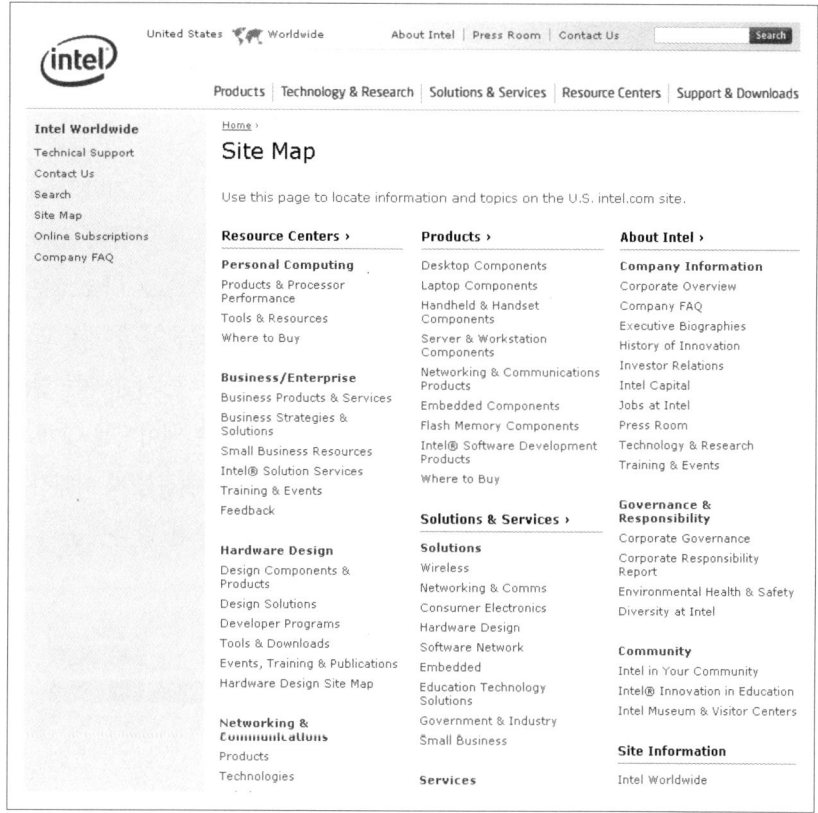

그림 7-17. 인텔의 사이트 맵

1. 정보의 계층구조를 시각적으로 강화하여, 사용자들이 콘텐츠가 조직화된 방식에 더욱 친숙해질 수 있도록 해야 한다.
2. 사용자들이 자신이 원하는 사이트의 콘텐츠에 빠르게 바로 접근할 수 있도록 해야 한다.
3. 너무 많은 정보로 사용자를 당황하게 만들어서는 안 된다. 사이트 맵의 목적은 사용자에게 도움을 주는 것이지, 사용자를 겁먹게 하는 것이 아니다.

마지막으로, 사이트 맵은 검색엔진 스파이더들이 중요 페이지들을 파악할 수 있도록 웹사이트 전반에 걸쳐 중요 페이지들을 직접적으로 링크하고 있기 때문에, 검색엔진 최적화search engine optimization : SEO 관점에서도 유용하다.

7.7.2 사이트 인덱스

많은 책들의 맨 뒤에서 발견할 수 있는 인덱스와 마찬가지로, 웹 기반의 인덱스는 사이트의 계층구조와는 상관없이 키워드 혹은 구문들을 알파벳 순서로 보여준다. 계층구조를 가진 목차와 달리, 인덱스는 상대적으로 단조로운데 계층구조의 한두 단계 레벨만을 보여준다. 따라서, 인덱스는 자신이 찾고 있는 대상의 정확한 이름을 알고 있는 사용자에게 도움이 된다. 사용자는 알파벳순으로 정리된 목록을 훑어보면서 자신이 이동하고 싶은 페이지를 찾게 된다. 이때, 사용자는 이 페이지가 계층구조상에서 어디에 위치하는지 이해하고 있을 필요는 없다. 그림 7-18에서 AOL은 간단하지만 유용한 알파벳순의 사

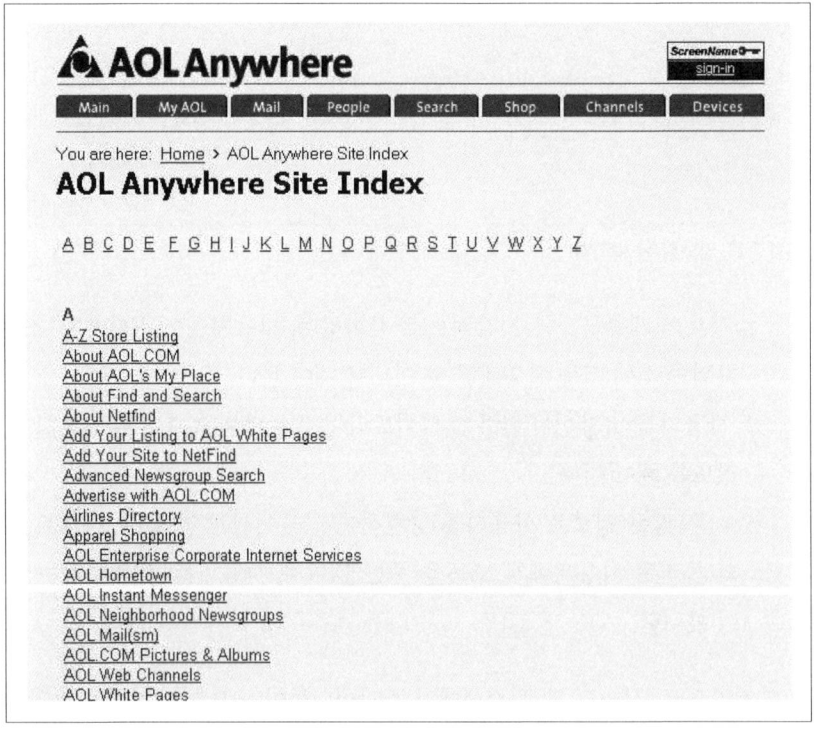

그림 7-18. AOL의 단순하지만 유용한 알파벳순 사이트 인덱스

이트 인덱스를 보여주고 있다. 수작업을 통해 만들어진 인덱스 내의 링크는 이동할 페이지로 바로 연결된다.

대규모의 복잡한 웹사이트는 대개 사이트 맵과 사이트 인덱스(경우에 따라서는 검색 기능도)를 모두 필요로 한다. 사이트 인덱스는 계층구조를 뛰어넘어 바로 원하는 페이지에 접근할 수 있도록 하고 이미 알고 있는 아이템을 쉽게 찾을 수 있도록 해주는 반면에, 사이트 맵은 계층구조를 강화하고 사이트를 둘러볼 수 있도록 해준다. 소규모의 웹사이트는 사이트 인덱스 하나만으로도 충분할 수 있다. 키스 인스톤Keith Instone은 유저블 웹Usable Web에서(그림 7-19) 각 링크에 해당 아티클 수를 같이 표시해서 보다 유용한 사이트 인덱스를 만들었다.

웹사이트의 인덱스를 만드는 데 가장 큰 어려움은 입자성granularity의 수준을 정의하는 것이다. 웹페이지를 인덱싱하는 것이 좋을까? 웹페이지에서 나타나는 각 문단이나 개념 단위로 인덱싱하는 것이 좋을까? 혹은 웹사이트를 일련의 집합으로 묶어서 인덱싱하는 것이 좋을까? 대개 위에 열거한 방법을

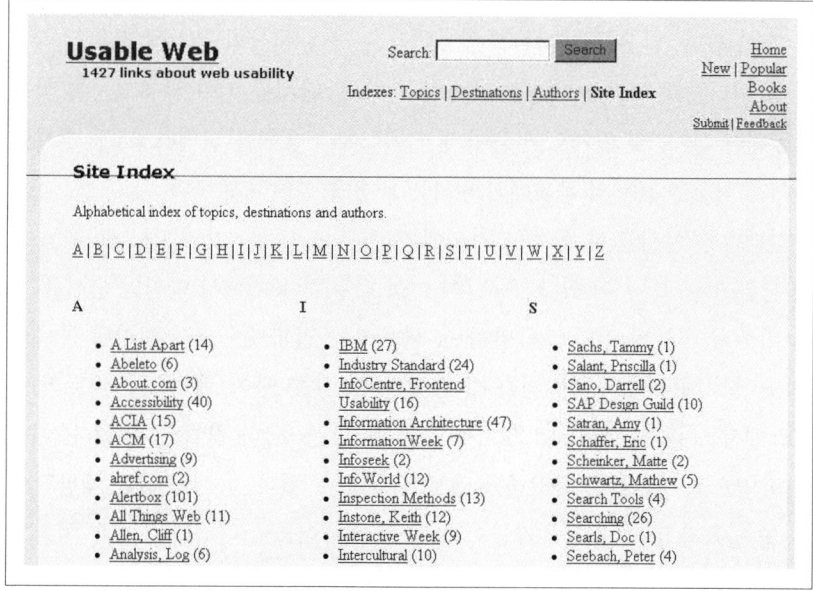

그림 7-19. 유저블 웹의 매우 유용한 사이트 인덱스

모두 이용하여 인덱싱하는 것이 좋다. 여기서 신중하게 고민해야 할 문제는 '사용자들이 원하는 내용을 찾기 위해서 어떤 용어를 사용하는가'이다. 이 문제에 대한 답은 인덱스를 어떻게 설계할지와 직결되며, 답을 찾기 위해서는 사용자와 사용자의 니즈를 이해할 필요가 있다. 검색로그를 분석하거나 사용자 조사를 수행하게 되면, 사용자들이 어떠한 용어를 찾는지 보다 깊게 이해할 수 있다.

사이트 인덱스를 만드는 방법에는 두 가지가 존재한다. 소규모 웹사이트에서는 콘텐츠에 대한 충분한 이해를 토대로 제공될 링크들을 결정하여, 간단하게 수작업으로 인덱스를 만들면 된다. 이러한 중앙집중적이고 수작업 기반의 접근방식은 그림 7-18에서 보는 바와 같이 한 단계one-step로 된 인덱스를 만들어낸다. 그림 7-20은 사이트 인덱스가 다른 형식을 가진 예로, 뱅가드 Vanguard 사이트는 동일한 의미를 가지고 있는 다른 용어나 관련 참고자료들을 제공하는 두 단계two-step 인덱스를 유동적으로 생성하고 있다.

이와 반대로, 콘텐츠 관리가 분산되어 있는 대규모의 사이트는 사이트 인덱스를 자동으로 생성하기 위해 문서 수준에서 통제어휘집 인덱싱을 사용하는 것이 좋다. 많은 통제어휘집의 용어들은 하나 이상의 문서에 적용되기 때문에, 이러한 유형의 인덱스는 다음과 같이 두 단계를 거쳐 사용되는 방식을 제공해야 한다. 첫 번째로 사용자가 인덱스에서 용어를 선택하고, 두 번째로 용어가 사용된 문서의 목록에서 원하는 내용을 선택하게 한다.

인덱스를 설계할 때 유용한 기술에는 '치환permutation'이라고도 불리는 '용어 순환term rotation'이 있다. 두 단어 이상 사용된 용어에서 단어의 순서를 서로 바꿔서 치환된 인덱스를 만들면, 사용자는 알파벳순으로 정리된 목록의 두 곳에서 해당 용어를 발견할 수 있게 된다. 예를 들어, 뱅가드 사이트의 인덱스에서 사용자는 'refund, IRS'와 'IRS refund'를 둘 다 찾아볼 수 있다. 이러한 방법으로 사람들은 다양하게 정보를 찾을 수 있다. 용어 순환은 제한적으로 쓸 필요가 있으며, 사용자들이 찾는 특정 용어들이 나타날 확률과 치환된 용어들이 너무 많아 인덱스가 혼란스러워지는 것 사이를 적절하게 조율할 필요가 있다. 예를 들어, 이벤트 캘린더에서 '일요일-일정'과 '일정-일요일'을 동

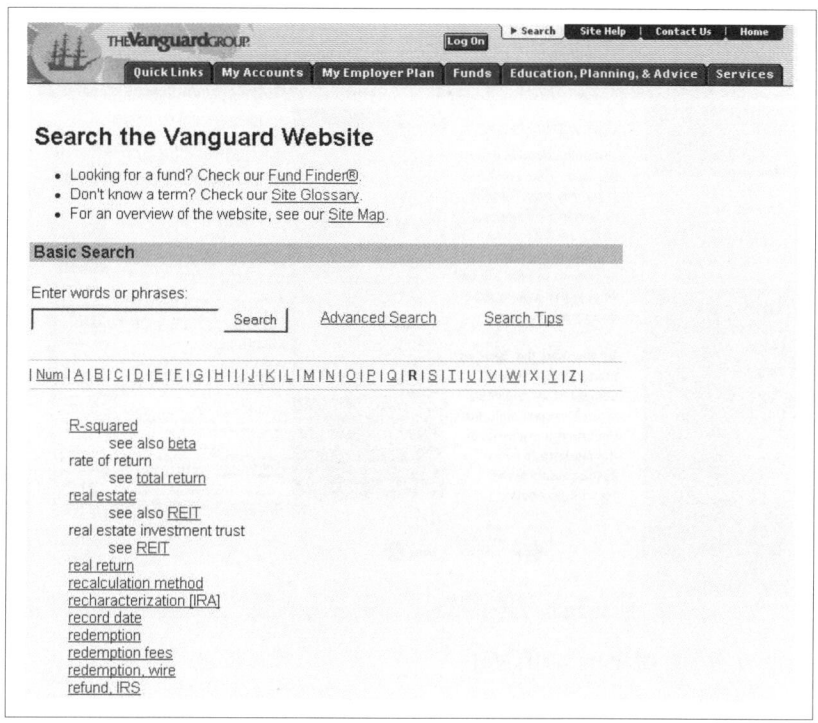

그림 7-20. 뱅가드의 자동 생성된 사이트 인덱스

시에 보여주는 것은 바람직하지 않다. 포커스 그룹 인터뷰나 사용자 조사를 진행할만한 시간과 예산이 있다면 진행하는 것이 좋다. 그렇지 않다면 상식 선에서 정리해야 한다.

7.7.3 가이드

가이드는 몇 가지 형식을 가지고 있는데, 가이드 투어guided tour, 튜토리얼 tutorial, 특정 사용자, 주제, 태스크만을 대상으로 하는 마이크로 포털micro-portal을 그 예로 들 수 있다. 각 경우, 가이드는 이미 존재하는 내비게이션 도구를 보완하거나 사이트 콘텐츠에 대한 이해를 돕는다.

가이드는 대개 처음 방문한 사용자에게 웹사이트의 콘텐츠와 기능에 대한 설명을 제공하는 유용한 툴이다. 가이드는 (구독 비용이 있는 온라인 출판물과

그림 7-21. 월스트리트저널의 가이드 투어

같은) 서비스 접근이 제한적인 웹사이트를 홍보할 수 있는 툴로서도 그 가치가 있으며, 잠재고객에게 비용을 지불하고 얻을 수 있는 가치에 대해서 설명할 수 있도록 해준다. 또한 가이드는 내부적으로도 유용한데, 새로 개편되는 사이트의 주요 기능을 동료, 조직의 장, 벤처 투자자들에게 소개할 수 있도록 해준다.

가이드는 일반적으로 순차 내비게이션을 가지고 있으나(신규 방문자는 처음부터 차례대로 둘러보기를 원하며, 중간부터 살펴보고자 하지는 않는다), 하이퍼텍스트 내비게이션을 통해 부가적으로 유연성을 제공할 수도 있다. 주요 페이지의 스크린샷은 웹사이트의 각 영역에서 무엇을 할 수 있는지 알려주는 설명문 텍스트와 함께 보여진다.

그림 7-21과 같이, 월스트리트저널 사이트의 대부분 영역은 유료 구독자들만 접근할 수 있기 때문에, 월스트리트저널은 내비게이션과 특집 기사를 보여주기 위해 가이드 투어를 사용하고 있다.

가이드를 설계하기 위한 경험 법칙은 아래와 같다.

1. 가이드의 길이는 짧아야 한다.
2. 가이드를 보고 있는 도중에, 사용자가 언제든지 가이드를 종료할 수 있도록 해야 한다.
3. 내비게이션(뒤로, 홈, 앞으로)은 모든 페이지의 동일한 위치에서 보여야 하며, 사용자가 이를 통해서 가이드 내에서 한 단계 뒤로 혹은 앞으로 쉽게 이동할 수 있도록 해야 한다.
4. 가이드는 사용자가 궁금해 하는 것을 해결하도록 설계되어야 한다.
5. 스크린샷은 또렷하고, 명확하고, 최적화되어야 하며, 주요 기능은 확대하여 상세하게 보여주어야 한다.
6. 가이드가 몇 페이지를 넘어가는 경우에는, 그것만의 목차가 필요하다.

가이드는 새로운 사용자에게 웹사이트를 소개하고 홍보할 목적으로 만들어져야 한다는 것을 명심해야 한다. 하지만, 많은 사람들은 가이드를 전혀 사용하지 않거나, 한 번 이상 사용하는 사람도 극히 드물다. 가이드는 웹사이트에서 일상적으로 사용되는 핵심 기능이 아니기 때문에, 재미있고 역동적이고 인터랙티브한 가이드를 만들 만한 아무리 멋진 아이디어라도 이러한 현실과 조율할 필요가 있다.

7.7.4 마법사 및 상세 설정

마법사나 상세 설정이 특별한 종류의 가이드로 간주되기는 하지만, 사용자가 제품을 설정하도록 돕거나 복잡한 의사결정의 갈래를 내비게이션하게 하는 마법사는 특히 주목할 필요가 있다. 그림 7-22의 미니 쿠퍼Mini Cooper의 예에서처럼 세련된 상세 설정은 소프트웨어 애플리케이션과 웹사이트의 경계를 허물고 있다.

미니 쿠퍼 사이트는 혼란스럽지 않으면서도 화려하고 다양한 내비게이션 옵션들을 서로 잘 엮어내고 있다. 사용자는 순차적인 프로세스를 통해 설정

그림 7-22. 미니 쿠퍼의 상세 설정

할 수도 있고, 설정 단계에서 몇 단계 뒤로 가거나 앞으로 갈 수도 있다. 또한 사이트의 글로벌 내비게이션은 항상 나타나기 때문에 맥락 정보나 이동 가능한 다음 단계들을 쉽게 알 수 있다.

7.7.5 검색

이전에 언급했던 바와 같이, 검색 시스템은 부가 내비게이션의 핵심적인 부분이라고 할 수 있다. 검색은 사용자가 책상 앞에 앉아서 정보를 찾기 위해 생각하고 있는 키워드들을 사용할 수 있도록 해주는 편리함 때문에, 사용자들이 선호하는 툴이다. 검색은 또한 다양한 수준의 구체성specificity을 허용하기도 한다. 사용자는 사이트 맵이나 사이트 인덱스가 표현할 수 없는 특정한 구문

(예: '사회적으로 명백한 시스템 오류')을 찾기 위해서 콘텐츠를 검색할 수도 있다.

하지만, 언어의 모호성은 대부분의 검색 기능을 활용하는 데 있어 큰 문제를 야기한다. 동일한 사물을 가리키고 있는데 사용자, 콘텐츠 작성자, 인포메이션 아키텍트는 모두 다른 단어를 사용한다. 효과적인 검색 시스템을 설계하는 것은 매우 중요하고 매우 복잡하기 때문에, 다음 장에서 검색에 대한 주제만 심도 있게 살펴보도록 하자.

7.8 고급 내비게이션 방식

현재까지, 유용하고 편리한 웹사이트의 근간을 이루는 내비게이션 시스템의 기본요소들에 대해서 살펴보았다. 좋은 내비게이션 디자인은 확실히 중요하지만 참으로 어렵다. 건물을 지을 때 구성 요소를 어떻게 조합할지를 고민하는 것처럼, 기본적인 내비게이션 요소들을 어떻게 조합할지 충분히 숙달한 뒤라야, 지뢰밭을 거니는 것과 같이 어려움이 도처에 널려 있는 고급 내비게이션의 노입에 대해서 고민할 수 있다.

7.8.1 개인화와 사용자 설정

개인화personalization는 개인의 행동, 니즈, 선호 모델에 기반해 맞춤형 페이지를 제공하는 것을 의미한다. 반면에, 사용자 설정customization은 정보의 노출, 내비게이션, 콘텐츠 옵션의 조합을 사용자가 직접 조작할 수 있도록 하는 것이다. 간단히 말해, 개인화는 사이트 입장에서 사용자가 무엇을 좋아할지 추측하는 것이고, 사용자 설정은 사용자가 자신이 원하는 것을 사이트에게 말해주는 것이다.[17]

---

17 (옮긴이) Personalization과 Customization: 흔히 두 개념을 모두 '개인화'라고 혼재해서 쓰는 경향이 있지만, 엄밀히 얘기하면 분명히 다른 개념이고 실제로 구현하는 방법도 완전히 다르다. 개인화의 대표적인 예는 Amazon이 개인의 구매 이력이나 사이트 사용패턴을 분석해서 제품을 추천해주는 것을 들 수 있고, 사용자 설정의 예는 My Yahoo!나 iGoogle과 같은 페이지들을 꼽을 수 있다.

개인화와 사용자 설정 모두 기존의 내비게이션 시스템을 정교하게 하거나 보충하기 위해서 사용된다. 하지만 안타깝게도, 두 가지 모두 컨설턴트나 소프트웨어 벤더에 의해 모든 내비게이션 문제를 해결할 수 있을 것처럼 과대광고되어 왔다. 개인화와 사용자 설정의 현실은 아래와 같다.

- 일반적으로 중요하지만 제한적인 역할만 수행할 수 있다.
- 도입을 위해서는 구조화와 조직화가 견고하게 갖춰져 있어야만 한다.
- 잘 만들기가 매우 어렵다.

개인화는 최근 몇 년 동안 마케터들에 의해서 이미 활용되어 왔으며, 부분적으로는 돈 페퍼스Don Peppers와 마사 로저스Martha Rogers의 유명한 책, 『The One to One Future』(Doubleday 발간)[18] 때문이라고도 볼 수 있다. 웹사이트에서는 고객이 다음 번에 방문했을 때 컨텍스추얼 내비게이션에서 어떠한 제품을 보여줄지 추론해내기 위해서, 인류학적 통계 데이터(예: 나이, 성별, 수입, 우편번호)나 이전의 구매 행위에 관한 데이터를 활용할 수 있다. 인트라넷에서는, 뉴스나 서비스 애플리케이션의 사용 권한이나 정보의 내용을 조정하기 위한 기본자료로 직책이나 직무를 참고할 수 있다. 예를 들어, 연봉과 상여금을 관리하는 인사 관리 애플리케이션에서 접근 권한의 개인화는 필수적이다.

아마존은 개인화의 성공 사례로 가장 많이 인용되는 서비스로서 제공되는 서비스들 일부는 실제로도 매우 유용하다. 사용자의 이름을 기억하는 것은 멋진 기능이며, 주소나 신용카드 정보를 기억하는 것도 상당히 훌륭하다. 아마존은 시스템이 분석한 과거 구매 이력을 토대로 도서를 추천해준다. 그림 7-23에서 보면 피터에게 3권의 책을 추천하고 있다. 하지만 피터는 이미 이 중 2권을 가지고 있다. 그가 아마존에서 구매를 하지 않았기 때문에 시스템은 이러한 사실을 알지 못한다. 이러한 종류의 무지無知는 예외적인 것이라기보다는 당연한 것이라고 봐야 한다. 우리는 시스템에 정보를 입력할만한 시간

---

18 (옮긴이) 1대1 마케팅을 최초로 언급한 저서.

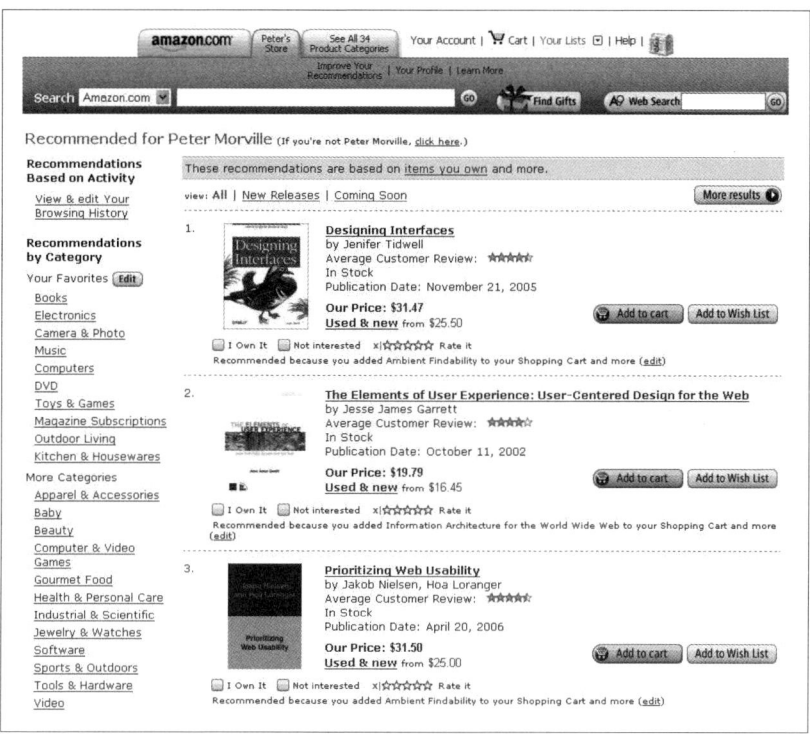

그림 7-23. 아마존의 개인화된 추천 기능

이 없고, 개인은 정보를 알려주기를 꺼려하기 때문에, 시스템은 효과적인 개인화를 위해 필요한 정보를 사용자로부터 충분히 공유받지 못한다. 더욱이, 많은 경우에 사용자가 내일 하고 싶은 것, 알고 싶은 것, 구매하고 싶은 것을 추측하는 것은 매우 어렵다. 금융계에서는 이를 '과거의 성과는 미래의 결과를 보장하지 않는다'라고 얘기한다. 요컨대, 개인화는 제한적인 정황에서만 적절한 효과를 내며, 전반적인 사용자 경험을 향상시키기 위해서 확대 적용하는 경우에는 실패할 수밖에 없다.

사용자 설정은 개인화와 유사한 장점과 단점을 가지고 있다. 사용자가 직접 조작할 수 있도록 함으로써, 서비스 설계에 대한 어려움을 경감시키는 것은 매우 매력적이다. 그리고 사용자 설정은 때로 매우 유용한 가치를 제공하기도 한다. 마이 야후!(그림 7-24)와 보다 최신의 마이스페이스는 사용자 설정

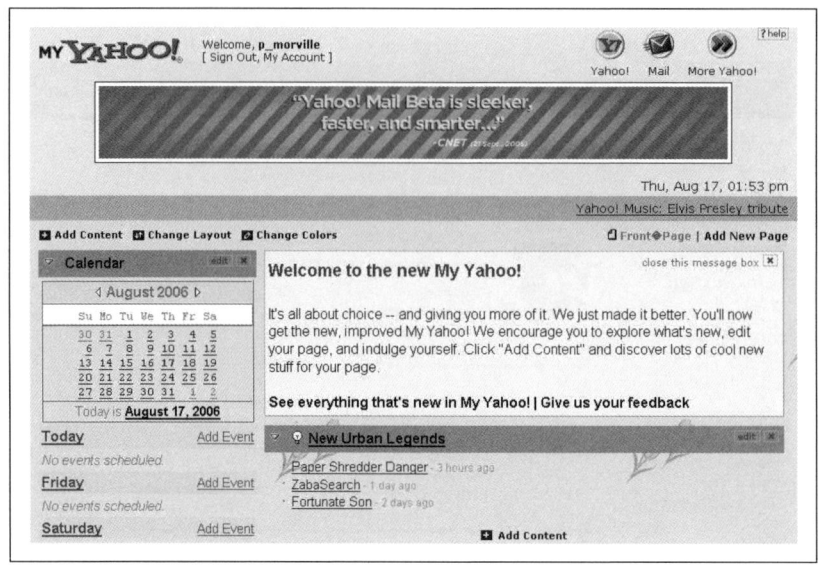

그림 7-24. 마이 야후!의 사용자 설정

에 대한 중요한 예이며, 사용자 설정이 가지고 있는 많은 가능성을 보여준다. 많은 사용자들은 이러한 기능을 언제나 십분 활용할 수 있다.

사용자 설정에서의 문제점은 대부분의 사용자들은 설정에 많은(혹은 조금도) 시간을 할애하고 싶어 하지 않는다는 것과 자신에게 있어서 중요하다고 생각하는 일부 사이트에 대해서만 설정을 하려고 한다는 것이다. 기업의 인트라넷은 재방문하는 사용자들을 확보하고 있기 때문에, 사용자 설정은 대중적인 웹사이트보다 인트라넷에서 더 많이 활용될 수 있다.

하지만, 여기에는 다른 문제점이 존재한다. 그들이라고 해서 내일 무엇을 알고 싶어 할지 혹은 무엇을 할지 항상 아는 건 아니라는 것이다. 사용자 설정은 좋아하는 야구팀의 경기성적을 확인해보거나 가지고 있는 주식의 가격을 모니터링하는 데는 효과적이지만, 광범위한 뉴스나 리서치 니즈에는 적절하지 않다. 하루는 프랑스 선거에 대한 결과에 대해서 알고 싶었다가, 다음날에는 개가 언제 처음 가축으로 길들여졌는지 궁금해 할 수도 있다. 다음 달에 무엇을 하고 싶은지 정말 알고 있다고 누가 확신할 수 있을까?

7.8.2 시각화

웹의 출현 이래, 인류는 시각적인 방법visualization으로 내비게이션할 수 있는 유용한 툴을 만들기 위해 고군분투해왔다. 초기에는 메타포 기반의 시도들이 있었으며, 이를 통해 온라인 박물관, 도서관, 쇼핑몰, 여타 사이트들을 물리적인 공간과 동일하게 시각화하고자 하였다. 그 다음에는 웹사이트 내 페이지들 간의 관계를 보여주기 위해 가변적이고 동적인fly-through '사이트 맵'이 출현했었다. 두 가지 모두 멋져 보이고 우리가 상상한 바를 구현할 수 있는 것처럼 보였지만, 둘 다 특별히 유용하지 않다는 것이 증명되었다. 오늘날에도, 그로시스Groxis와 같은 유명한 회사들은 내비게이션의 시각화에 대한 가능성을 지속적으로 탐구하고 있다. 그로시스의 검색서비스인 그로커Grokker는 사용자에게 시각적인 내비게이션 경험을 제공한다(그림 7-25 참조). 이러한 실험에

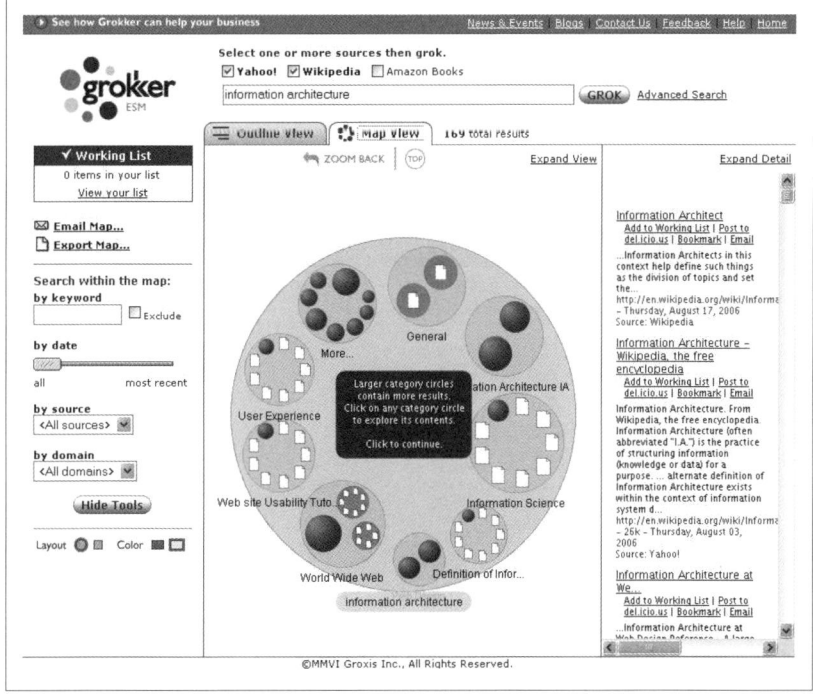

그림 7-25. 그로커의 시각 검색 결과

지속적으로 관심을 가질 필요는 있으나, 이러한 접근방법이 주류 검색과 내비게이션에 유용하다는 것을 입증할 수 있을지에 대해서는 회의적이다.

7.8.3 사회적 내비게이션

보다 긍정적인 개념인 사회적 내비게이션social navigation은 '개별 사용자에게 제공될 수 있는 가치는 다른 사용자들의 행동을 관찰함으로써 이끌어낼 수 있다'는 전제하에 만들어졌고, 현재도 여전히 이러한 전제를 유지하고 있으며 이미 내비게이션의 주류로서 빠르게 채택되는 양상을 보이고 있다. 간단한 예로는 가장 인기 있는 서비스 중 하나인 '뉴욕 타임즈의 가장 대중적인 이슈 Most Popular'를 들 수 있다(그림 7-26 참조).

보다 정교한 예는 아마존의 참여 기반 필터링, 에피니언의 추천 엔진〈http://www.epinions.com〉, 폰트의 사이즈로 태그가 얼마나 많이 사용되었는지 보여주는 플리커의 태그 클라우드를 꼽을 수 있다(그림 7-28). 아마도 시각화의 미

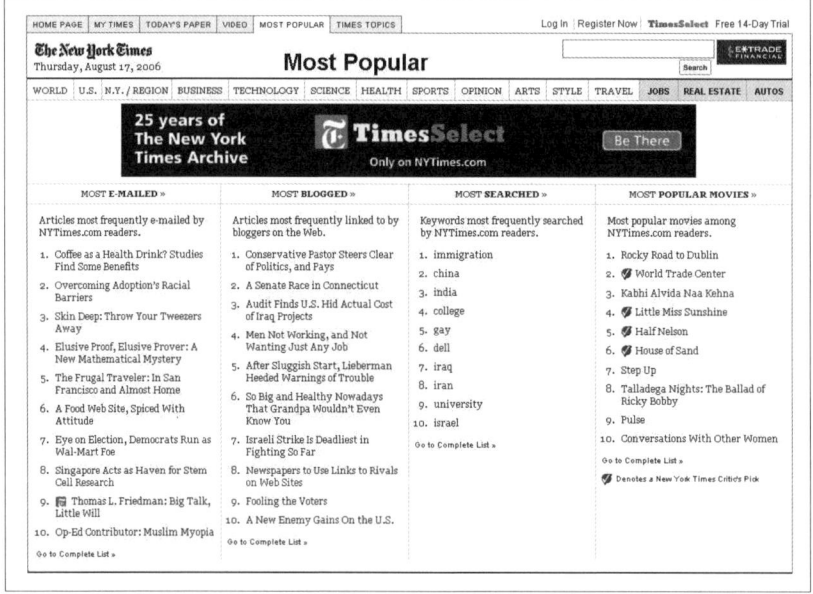

그림 7-26. 뉴욕 타임즈의 가장 대중적인 이슈(Most Popular)

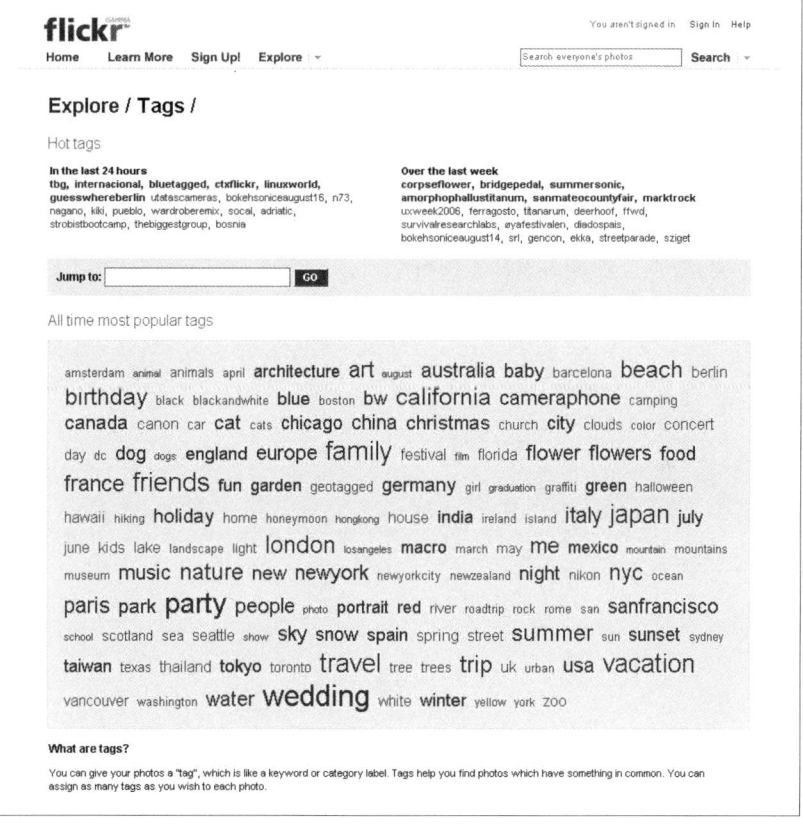

그림 7-27. 아마존의 참여 기반 필터링

그림 7-28. 플리커의 태그 클라우드

래는 결국 이러한 모습일 수도 있을 것이다.

대부분의 회사들이 웹사이트와 인트라넷에 사회적 내비게이션 방식을 채택하지 않고 있지만, 앞으로 점점 더 보편적으로 적용될 것이라고 예상한다. 회사들은 최소한 검색로그, 사용패턴 통계, 고객 데이터베이스에만 의존하고 있는 현재에서 벗어날 수 있는 방법을 찾을 수 있고, 이를 통해 효과적인 컨텍스추얼 내비게이션을 제공할 수 있을 것이다. 웹사이트와 인트라넷의 사용성을 현저히 극대화시킬 수 있는 적응성 있는 내비게이션 시스템adaptive navigation system을 만들어 낼 수 있도록, 서비스 설계와 실제 사용 행태 사이의 지속적인 피드백을 활용할 수 있는 보다 적극적인 해결방안이 출현되기를 기대해본다.

지난 몇 년 간, 내비게이션 시스템의 설계는 높은 수준의 시각화를 이루는 방향으로 빠르게 발전되어 왔다. 믿기 어렵다면, 인터넷 아카이브Internet Archive, 웨이백 머신Wayback Machine을 사용해 90년대 중반의 사이트들을 둘러봐도 좋다.〈http://www.archive.org〉 아직 시각화에 있어서는 개선의 여지가 많으므로, 앞으로도 지속적인 발전이 있기를 기대해 본다.

Information Architecture for the World Wide Web 8

검색 시스템

다룰 내용:
- 사이트에 검색 시스템이 필요한지 결정하기
- 검색 시스템의 기본 구조
- 검색 대상 정의
- 검색 알고리즘에 대한 기본 이해
- 검색 결과를 어떻게 보여줄 것인가
- 검색 인터페이스 설계
- 더 살펴볼 것들

7장에서는 웹사이트에 적용 가능한 최상의 내비게이션 시스템을 어떻게 만들 수 있는지 살펴보았다. 이 장에서는 정보를 찾는 또 다른 형식인, 검색에 대해서 살펴보도록 하자. 검색(보다 넓게는 정보 검색)[1]은 광범위하고 어렵지만 이미

---

[1] (옮긴이) 정보 검색(information retrieval): 저장되어 있는 정보를 찾아내는 일련의 과정을 다루는 학문으로, 컴퓨터과학, 수학, 문헌정보학, 정보학, 정보설계, 인지심리학, 언어학, 통계학, 물리학 등이 연계되어 있는 학제적인 분야이다. Search라는 용어와 차이점을 본다면, Information Retrieval은 단순히 찾는 행위뿐만 아니라, 정보를 나중에 쉽게 찾을 수 있도록 하는 데이터 정형화 방식 등을 비롯한 검색 전반의 프로세스에 대해 보다 포괄적으로 다루고 있다는 점이며, 이 용어는 학문적인 주제를 언급하는 경우에 사용되는 경향이 있다.

잘 정립된 분야이기 때문에, 여기서는 개략적인 내용에 대해서만 다루도록 하자. 다룰 주제는 검색 시스템을 구성하는 요소, 검색 시스템이 필요한 시점, 검색 인터페이스와 검색 결과 화면을 설계하는데 대한 실질적인 참고사항들로만 한정한다.

이 장에서는 사이트 내부 검색뿐만 아니라 웹 검색을 지원하는 사이트의 검색 시스템을 예로 활용할 예정이다. 이러한 웹 검색 툴은 매우 광범위한 콘텐츠 콜렉션에 대해서 인덱싱하는 경향이 있지만, 그럼에도 불구하고 검색 시스템에 대해서 살펴보기에는 안성맞춤이다. 또한 모든 검색 시스템 중에 웹 검색 툴만큼 테스트되고, 사용되고, 투자된 툴은 없기도 하거니와 이러한 툴 중 상당수는 로컬 사이트에서도 물론 사용이 가능하기 때문에 웹 검색 툴을 살펴보는 것은 의미가 있다.

8.1 사이트에 검색이 필요할까

검색 시스템에 대해서 상세하게 살펴보기 전에, 명심해야 할 점이 있다. '사이트에 검색을 도입하기 전에 두 번 생각하라.'

물론 사이트가 정보를 찾을 수 있도록 지원해야겠지만, 앞 장에서 설명한 것처럼 정보를 찾을 수 있도록 해주는 방법에는 검색 말고도 다른 방법이 얼마든지 있다. 검색엔진 하나만으로 사용자의 정보 니즈를 모두 만족시켜줄 수 있을 것이라고 (많은 사람들이 그러는 것처럼) 쉽사리 가정하지 말고, 신중하게 생각해봐야 한다. 많은 사용자들이 사이트에서 검색하고자 하지만, 일부는 작은 검색창에 검색어를 입력하고 '검색' 버튼을 클릭하기 이전에 자연스럽게 브라우징하는 것을 선호하기도 한다. 사이트에 검색 시스템을 도입하기 전에 아래와 같은 질문에 대해서 고민해보기 바란다.

사이트에 콘텐츠가 충분히 있는가?
얼마나 많은 콘텐츠가 있어야 검색엔진을 사용하는 것이 이로울까? 딱 잘라서 말하기는 어렵다. 5페이지, 50페이지 혹은 500페이지가 될 수도 있다. 검색엔진 도입을 위한 기준이 되는 특정 수치는 없다. 이보다 더 중요한 것은 사이트의 일반 사용자들이 가지고 있는 정보 니즈의 유형이다. 기술 지원 사이트의 사용자들은 대개 특정 분야의 정보를 찾고자 하며, 온라인 뱅킹 사이트의 사용자와 비교했을 때 검색 기능을 더 많이 사용하고 싶어 한다. 사이트가 소프트웨어 애플리케이션보다는 도서관 사이트에 가깝다면, 검색 기능이 효과적일 수 있다. 이러한 경우에도, 콘텐츠의 양에 대해서 고민해볼 필요가 있고, 사용자에게 제공될 가치와 검색 시스템을 구현하고 유지보수하는 데 소요되는 자원 간의 조율이 필요하다.

보다 유용한 내비게이션 시스템에 소요될 자원을 검색 시스템에 전폭적으로 투자할 수 있는가?

많은 사이트 개발자들은 사용자들이 사이트에서 정보를 찾을 때 겪는 문제점을 검색엔진으로 해결할 수 있다고 믿기 때문에, 검색엔진을 제대로 설계되지 않은 내비게이션 시스템이나 다른 정보구조상의 약점을 보완하는 응급처방으로 사용하고 있다. 이러한 상황이라면, 내비게이션 시스템의 문제점을 고치기 전까지는 검색 시스템 구현을 보류해야 한다. 콘텐츠를 태깅하는 데 사용된 통제어휘집의 용어들과 같은 강력한 내비게이션 시스템의 요소들이 잘 활용된 경우, 검색 시스템은 보다 나은 성능을 보이곤 한다. 그리고 내비게이션과 검색이 잘 연계되어 있는 경우, 사용자는 이 두 방법을 모두 활용하여 정보를 찾는 데 보다 많은 혜택을 얻을 수 있다. 물론, 조직 내의 의사결정권자들이 무능력하여 사이트 전체 내비게이션 시스템 설계에 대해 합의하지 못할 수도 있고, 정치적인 이유로 인해서 사이트 내비게이션이 형편없을 수도 있다. 이러한 경우, 현실적으로 제시할 수 있는 이상적인 방안으로서 검색은 최고의 대안이 될 수 있다.

사이트의 검색 시스템을 최적화하기 위한 시간과 노하우를 가지고 있는가?

검색엔진은 설치하고 실행하기는 매우 쉽지만, 웹에 있는 다른 많은 요소들과 마찬가지로 효과적으로 구현하기는 어렵다. 웹의 사용자로서, 종합적이지 못한 검색 인터페이스를 보게 되거나 입력한 검색어가 조금은 이해할 수 없는 결과를 보여주는 경우를 경험한 적이 있을 것이다. 이러한 일들은 대개 사이트 개발자가 치밀하게 계획을 하지 못해서 생기는 경우가 많은데, 검색엔진을 기본 설정 상태로 설치하고 검색 대상을 사이트 전체로 설정한 뒤, 이렇게 설정해둔 사실을 까맣게 잊어버리는 경우이다. 검색엔진을 제대로 설정하기 위해 필요한 시간을 사전에 명확하게 계획하지 못했다면, 검색 시스템 구현에 대한 의사결정을 재고해볼 필요가 있다.

보다 나은 대안은 없는가?

검색은 사용자들이 정보에 접근할수록 해주는 좋은 방법일 수 있으나, 다른 방법들이 더 나을 수도 있다. 예를 들면, 기술 전문가가 없거나 검색엔진을 제대로 설정할 만한 자신이 없거나 기술자를 고용할 돈이 없는 경우, 검색 대신에 사이트 인덱스를 제공하는 것을 고민해볼 수 있다. 사이트 인덱스와 검색엔진은 모두 무엇을 찾아야 하는지 알고 있는 사용자에게 도움이 된다. 사이트 인덱스를 만드는 데는 엄청난 노력이 드는데, 사이트 인덱스는 일반적으로 수작업으로 만들어지고 운영되기 때문에 HTML을 잘 알고 있는 사람에 의해 운영되어야 한다.

검색이 사이트 사용자에게 방해가 되는가?

특정 사이트의 사용자들은 검색보다는 브라우징을 훨씬 더 선호할 수도 있다. 예를 들어, 축하카드 사이트의 사용자는 카드의 썸네일을 검색하는 것보다는 브라우징하기를 선호한다. 간혹 사용자가 검색을 하고 싶어 할 수도 있지만 검색을 활용하는 비중은 낮다. 결국, 정보구조 개발 예산을 어떻게 사용할지에 대한 결정은 인포메이션 아키텍트에게 달려 있다.

여기까지 검색 시스템을 도입하기 전에 고려해봐야 할 사항들에 대해서 알아보았고, 이제 검색 시스템을 언제 구현해야 하는지에 대해서 논의해보도록 하자. 대개의 웹사이트들은 (많은 사람들이 이미 알고 있는 것처럼) 구현되기 전에 상세하게 계획되지 않는 경우가 많다. 대신, 웹사이트들은 유기체처럼 지속적으로 성장하고 개선된다. 이것은 크게 확장되지 않는 소규모의 웹사이트에 있어서는 별문제가 없지만, 대중적이고 많은 콘텐츠와 기능들이 되는 대로 계속 추가되는 사이트의 경우에는 내비게이션에 심각한 문제를 야기하게 된다. 아래의 이슈들은 사이트가 언제 검색 시스템이 필요한 시점에 이르는지 판단하는 데 도움이 될 것이다.

검색은 브라우징하기에 너무나 많은 정보가 있는 경우에 도움이 된다

물리적인 건축물에 비유해볼 수 있는 좋은 사례를 소개한다. 파웰북스 〈http://www.powells.com〉는 세계에서 가장 큰 서점으로, 오레곤주의 포틀랜드 시의 한 블록(68,000제곱피트)을 모두 차지하고 있다. 초기에는 현재 서점이 있는 블록에서 한 칸짜리 상점으로 시작했으리라고 예상할 수 있는데, 사업이 번창하자 다음 칸까지 규모를 확장했고, 계속하여 마침내 한 블록 전체를 차지하게 되었다. 결과적으로 공간 분할로 생긴 방들, 사방으로 뻗은 복도들, 예상치 못했던 계단들이 뒤죽박죽 생겨버렸다. 이같이 혼잡한 미로와 같은 공간은 여기저기 거닐어보거나 탐색을 해볼 만한 매력적인 장소일 수도 있지만, 특정 제목의 책을 찾는 경우라면 행운이 필요하다. 우연히, 찾고 있는 것보다 더 좋은 것에 걸러 넘어질 만큼 정말 행운이 있는 사람이라도, 여기서 원하는 것을 찾기란 결코 쉽지 않다.

야후!는 한때 파웰북스의 웹버전이었다. 초기에는 모든 것이 잘 정돈되어 있었고 원하는 것을 매우 쉽게 찾을 수 있었다. 당시에는 웹의 규모도, 야후!도 상대적으로 작았기 때문이다. 서비스를 시작할 때는 수백 개의 인터넷 리소스들만을 가지고 있었으며, 주제별 계층구조를 사용해 쉽게 브라우징할 수 있었다. 현재의 야후! 사용자들은 상상할 수도 없겠지만, 검색 옵션은 존재하지 않았었다. 그러나 상황은 곧 바뀌었다. 야후!는 사이트의 주인이 자신의 사이트를 쉽게 등록할 수 있도록 해주는 뛰어난 기술적 구조를 가지고 있었지만, 정보구조는 확장성에 대해 상세하게 고려되지 못했기 때문에, 매일매일 추가되어 꾸준히 증가하는 리소스의 양을 감당하기 어렵게 되었다. 마침내, 주제별 계층구조는 내비게이션하기에는 너무나 혼잡하게 되었고, 결국 사이트에서 정보를 찾는 대안으로서 검색 시스템을 도입했다. 오늘날, 많은 사용자들은 오래 전에 야후!의 메인 페이지에서 사라진 분류 체계를 브라우징하는 대신에 야후!의 검색엔진을 사용한다.

사이트의 규모가 야후!처럼 크지는 않겠지만, 유사한 변화를 경험할 수도 있다. 콘텐츠의 양이 브라우징 시스템을 압도하고 있지는 않는가? 사용자들이 엄청나게 긴 카테고리 페이지에서 원하는 링크를 찾기 위해 미쳐가고 있지는 않은가? 만일 그렇다면, 검색의 도입을 고려할 때라고 봐야 한다.

검색은 부분 부분 분리되어 있는 사이트에 도움이 된다

파웰북스 서점의 도서가 비축된 여러 개의 방들은 많은 인트라넷들과 대규모 사이트들을 구성하는 독립된 콘텐츠 저장고와 비유할 수 있다. 대개 그렇듯이, 각 비즈니스 조직들은 개별 업무들을 독자적으로 진행해왔으며 별다른 기준도 없이 (혹은 극히 적은 기준으로) 콘텐츠들을 멋대로 만들어왔기 때문에, 논리적인 브라우징을 지원할 수 있는 메타데이터도 마련하지 못하고 있을 수 있다.

현재 사이트에서 벌어지는 상황이 이와 같다면 사용자들이 겪을 문제는 차치하더라도 개선해야 할 것들이 참으로 많고, 검색으로 이러한 모든 문제들을 해결할 수는 없다. 그러나 최대한 다양한 조직이 가지고 있는 콘텐츠를 인덱싱할 수 있는 검색 시스템을 도입하는 것에 최고의 우선순위를 둘 필요는 있다. 이러한 방법이 미봉책이기는 하지만, 검색은 사용자들이 실제 소유하고 있는 비즈니스 조직에 구애받지 않고, 원하는 정보를 찾을 수 있도록 해준다. 또한, 검색은 인포메이션 아키텍트가 실제로 흩어져 있는 콘텐츠들을 보다 잘 다룰 수 있도록 해준다.

검색을 통해 사용자의 니즈에 대해서 배울 수 있다

검색-로그 분석(6장에서 알아봤던)을 통해서, 사용자들이 사이트에서 실제로 원하는 정보와 사용자들이 니즈를 어떻게 해결하고자 하는지 검색어의 형태를 통해 알 수 있다. 지속적으로 이러한 가치 있는 데이터를 분석하여 검색 시스템, 정보구조의 다른 측면들, 사이트 콘텐츠의 효율성, 그리고 또 다른 많은 영역들을 진단하고 개선할 수 있다.

사용자들이 원한다면 검색 기능을 제공해야 한다

사이트가 야후!만큼 많은 콘텐츠를 가지고 있지 않지만, 상당한 양의 콘텐츠를 가지고 있다면 검색엔진이 효과적일 수 있다. 여기에는 몇 가지 이유가 있다. 사용자들은 시간이 없거나, 인지적 과부하의 한계cognitive-overload threshold가 우리가 생각하는 것보다 낮기 때문에 사이트를 항상 브라우징하고자 하지는 않는다. 흥미롭게도, 사용자들은 가끔 비합리적인 이유로 인해 브라우징을 하지 않는데, 찾고자 하는 것을 완전히 모르는 것도 아니고 브라우징하는 것이 더 좋은 결과를 제공할 수 있지만 사용자들은 검색을 하곤 한다. 또, 대부분의 사용자들은 어떤 페이지에서든지 검색 기능이 제공되기를 기대할 수도 있다. 이는 일종의 습관이라고 볼 수 있으며, 이런 사용자의 기대를 저버리기는 쉽지 않다.

검색은 가변성을 길들일 수 있다

사이트가 매우 가변적인 콘텐츠를 가지고 있다면 사이트에 검색 시스템 도입을 고려해볼 수도 있다. 예를 들어, 웹사이트가 웹 기반의 뉴스 사이트라면, 상업적인 뉴스피드[2]나 다른 콘텐츠 배급 형식을 통해서 여러 뉴스 파일이 추가될 수 있다. 따라서, 제때 콘텐츠를 수작업으로 카탈로깅하거나 목차나 사이트 인덱스를 정교하게 유지보수하기 어려울 수 있는데, 검색엔진은 자동으로 사이트의 콘텐츠를 하루에 한 차례 혹은 수차례 인덱싱해줄 수 있다. 자동화된 프로세스는 사용자들이 사이트 콘텐츠에 효과적으로 접근할 수 있도록 해주고, 인포메이션 아키텍트들은 새로 유

---

2 (옮긴이) 뉴스피드(newsfeed): 새로 업데이트되는 뉴스를 받을 수 있도록 해주는 메커니즘을 의미하며, 주로 월드와이드웹이나 1대1 방식의 네트워크에서 실시간으로 뉴스를 받을 수 있는 애플리케이션을 의미한다.

입되는 뉴스 파일들을 수작업으로 인덱싱하고 링크하는 데 들이는 노력을 다른 일에 투자할 수 있다.

8.2 검색 시스템의 구조

검색 시스템은 겉으로 보기에는 매우 간단해 보인다. 검색 버튼이 달린 박스를 확인한 뒤에, 검색어[3]를 입력하고 검색 버튼을 누른 다음, 결과가 로딩되는 동안에 약간의 기도를 중얼거리면 된다. 기도가 응답을 받게 되면, 검색 결과의 첫 화면 상단[4]에서 유용한 결과를 찾을 수 있고, 찾은 정보를 활용하면 된다.

물론, 겉으로 보이는 상황의 이면에서는 많은 일들이 벌어지고 있다. 검색엔진 애플리케이션은 사이트의 콘텐츠를 인덱싱한다. 그런데, 콘텐츠 전체를 인덱싱하는 것일까? 혹은 일부만? 사용자들은 이러한 사실을 전혀 모른다. 그러면, 콘텐츠의 어떤 부분을 인덱싱하는 것일까? 대개 검색엔진은 각 문서의 전문을 검색할 수 있다. 그러나 검색엔진은 어떻게 설정되어 있느냐에 따라서 제목, 통제어휘집 용어 등 각 문서와 연계되어 있는 정보도 인덱싱할 수 있다. 그리고, 검색엔진의 인덱스와 접하고 있는, 창문이라고 할 수 있는, 검색 인터페이스가 존재한다. 입력된 내용을 인덱스에서 찾게 되고, 일이 순조롭게 진행이 되면, 입력된 검색어와 매칭되는 결과가 반환된다.

많은 것들이 여기서 발생한다. 검색엔진 내부에는 많은 요소들이 존재하는데, 인덱싱과 스파이더링[5] 툴과는 별개로, 입력된 검색어를 소프트웨어가 이

---

[3] (옮긴이) 검색어(query): 원문에서 query, search query, search term이 혼용되고 있으나, '사용자가 검색을 위해 입력하는 텍스트'라는 의미는 '검색어', '검색 행위 자체'는 '질의'라고 번역하였다.

[4] (옮긴이) 첫 화면 상단(above the fold): 페이지가 모니터에 보일 때 스크롤 없이 한 눈에 볼 수 있는 영역. 본래 fold는 신문을 접었을 때(배달되거나 진열될 때의 접힌 상태) 1면의 헤드라인 뉴스가 보이는 영역을 의미한다. 모니터의 세로 해상도를 기준으로 2배의 길이를 가진 페이지는 '2nd fold에서 모두 보인다'라고 표현한다.

[5] (옮긴이) 스파이더링(spidering): 새로 업데이트된 정보를 수집하기 위해서 사이트 내 혹은 월드와이드웹을 일련의 자동화된 방법을 통해서 브라우징하는 프로세스. 이 결과를 통해 검색엔진이 수집된 페이지들을 인덱싱하게 된다. Web crawling이라고도 한다.

해할 수 있도록 만드는 프로세스와 검색 결과에서 항목 간 우선순위를 정의하는 데 필요한 알고리즘이 존재한다. 여기에도 인터페이스가 존재하는데, 하나는 검색어를 입력하는 인터페이스(단순 검색과 고급 검색을 생각할 수 있다)이고, 다른 하나는 결과를 보여주는 인터페이스(각 결과 항목에서 무엇을 보여줄 것인가와 전체적인 결과를 어떻게 보여줄 것인가에 대한 의사결정을 포함한다)이다. 더욱 복잡한 것은, 다양한 종류의 질의 언어(예: AND, OR, NOT과 같은 불린연산자[6]가 사용될 것인가)와 검색어를 개선해줄 수 있는 질의 생성기(예: 맞춤법 검사)가 존재한다는 것이다.

검색에는 눈에 보이지 않는 것들이 확실히 많이 존재한다. 더욱이, 사용자의 검색어는 그 자체로 명확하지 않은 경우가 매우 흔하다. 검색어는 어떻게 만들어지는 것일까? 사용자는 머릿속에서 정보에 대한 니즈를 느끼지만, 어떻게 표현해야 할지 모르는 경우가 많다. 검색 결과에서 원하는 것을 찾지 못해서가 아니라 검색어로 사용할 적절한 단어를 알아내기 위해서 반복적으로 검색하는 경우가 종종 있다. 그런 다음, 구글 스타일의 검색창과 같이 단순한 검색 인터페이스를 통해 검색하거나 고급 검색 인터페이스를 사용하기 위해 '고급' 검색을 하게 된다. 그리고 마침내, 검색 결과를 마주하게 되는데, 어떤 결과가 클릭해볼 가치가 있는지, 어떤 결과는 무시해도 좋은지, 혹은 이전 단계로 돌아가서 검색어를 바꿔서 다시 검색을 해봐야 하는지 판단하게 된다. 그림 8-1은 이러한 검색 경로를 보여준다.

지금까지 살펴본 내용들은 (5만 피트 상공에서 내려다본 것처럼) 검색 시스템에서 일어나는 일들을 매우 개략적으로 살펴본 내용들이다. 기술적으로 상세한 대부분의 내용들은 IT 관련 직원들에게 넘기도록 하고, 인포메이션 아키텍트로서 검색엔진의 기술적인 구성요소들보다는 검색 성능에 영향을 미치는 항목들에 대해서 더욱 고민하도록 하자. 그러나 다음 섹션에서 논의하겠지만, IT 업무에 대한 이해도 충분히 갖출 필요가 있다.

---

6 (옮긴이) 불린연산자(Boolean operators): 불린 로직은 IT전반에 걸쳐 사용되는 로직으로 합집합, 교집합, 차집합 등의 연산을 가능하게 해준다. 불린연산자는 각각의 개별 연산을 의미하는 기호이다.

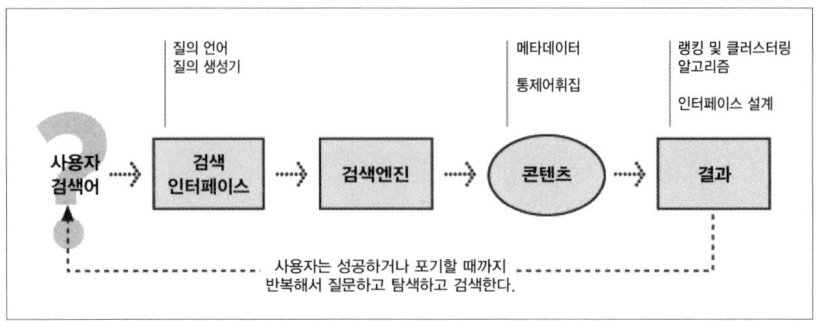

그림 8-1. 검색 시스템의 기본 구조 (이미지는 시멘틱 스튜디오의 「In Defense of Search」에서 발췌, 〈http://www.semanticstudios.com/publications/semantics/search.html〉)

8.3 검색은 IT 업무가 아니다

검색엔진은 검색 시스템의 기반이며, 소프트웨어 애플리케이션으로 만들어진다. 그리고 소프트웨어 애플리케이션은 인포메이션 아키텍트의 업무가 아니다. IT 인력들이 고민하고, 선택하고, 설치하고, 조작해야 한다. 과연, 그럴까? 절대 그렇지 않다.

웹 서버를 설치하는 것도 IT 업무다. 그러나 사이트의 콘텐츠를 작성하거나, 사이트의 비주얼 요소를 디자인하거나, 정보구조를 만드는 데 IT 인력을 할당하지는 않으며, 이상적이라면 각 업무들은 해당 영역의 전문가들이 책임을 지고 있다. 왜 검색 시스템을 만드는 것은 다른 것일까? 대개 검색은 인포메이션 아키텍트가 접근할 수 없는 영역이라고 얘기하기도 한다.

이유는 명확하다. 검색엔진은 복잡한 기술의 일부이기 때문이다. 검색엔진을 선택하고 설정하는 데는 서버의 로드 밸런싱, 플랫폼의 한계 등과 같은 기술적인 이슈에 대해서 이해하고 있는 사람이 필요하다.

그러나 궁극적으로 검색은 사용자를 위해서 존재하고, 인포메이션 아키텍트는 사용자의 니즈를 대변할 책임을 지고 있다. 인포메이션 아키텍트는 일반적으로 검색엔진이 메타데이터를 활용하여 사용자에게 어떻게 이익을 제공할 수 있는지, 검색 인터페이스가 어떻게 개선될 수 있는지, 검색이 브라우징과 어떻게 통합될 수 있는지에 대해 IT 전문가보다 더 많이 이해하고 있다. 더욱이, 위에서 언급한 검색 시스템의 모든 측면을 고려했을 때, 검색엔진은 퍼즐의 한 조각에 불과하다. 사용자를 위한 하나의 시스템으로 잘 작동하려면 모든 요소들이 조화를 이뤄야 하는데, 여기에는 다른 많은 의사결정 사항들이 있기 마련이다.

이상적으로는, 인포메이션 아키텍트, IT 전문가, 다른 분야의 전문가들이 한데 모여 각 분야에서의 니즈를 정의하고, 다양한 분야의 요소들이 서로에게 어떻게 영향을 미칠지 논의하여, 궁극적으로 검색엔진 애플리케이션 평가를 위한 통합된 요구사항을 만들어 낼 수 있어야 한다. 안타깝게도 이러한 일은 정치적이거나 다른 이유들로 인해 언제나 가능하지는 않다. 이것이 검색엔진을 선택하고 구현할 때 인포메이션 아키텍트들이 최소한 다른 전문가들과 동등한 책임을 가질 수 있도록 강력히 주장해야 하는 이유다. 그래야만, 특정인의 개인적인 취향에 따라 플랫폼과 프로그래밍 언어를 선택하지 않고, 사용자에게 최상의 서비스를 제공할 수 있다.

8.4 검색 대상의 선택

자, 검색엔진은 이미 선택했다고 생각하자. 검색을 위해서 어떤 콘텐츠를 인덱싱해야 할까? 사이트 전체에 검색엔진을 적용하기 때문에, 검색할 모든 문서의 전문을 인덱싱한다는 것은 확실히 일리 있는 얘기다. 이것이 검색 시스템을 통해 얻을 수 있는 상당히 큰 가치이다. 즉, 검색 시스템은 사이트 전체를 다룰 수 있고 대량의 콘텐츠를 빠르게 처리할 수 있다.

하지만 모든 것을 인덱싱하는 것이 항상 사용자들에게 좋은 결과를 제공해주지는 않는다. 이질적인 서브사이트와 데이터베이스로 꽉 들어차 있는 크고 복잡한 웹 환경에서, 검색 결과를 최신 HR 뉴스레터나 카페테리아 메뉴의 피시 스틱fish stick과 같이 불필요한 정보로 복잡하게 만들지 않고, 사용자에게 바로 기술 보고서를 저장해둔 곳을 찾게 해주거나 직원 명단을 찾도록 해주어야 한다. 가능한 동질의 콘텐츠를 한곳에 모아놓는 검색 범위의 설정은 '사과와 오렌지 효과'를 줄이고 사용자들이 검색에 집중할 수 있도록 해준다.

검색할 대상을 선택하는 것은 적절한 검색 범위를 선택하는 것만으로 해결되지는 않는다. 콜렉션collection 상의 개별 문서나 개별 레코드는 HTML, XML, 데이터베이스 필드를 통해 보여줄 수 있는 일종의 구조를 가지고 있다. 결과적으로 이 구조에는 콘텐츠 요소component들이 저장되어 있다. 이러한 콘텐츠 요소들은 일반적으로 문서보다는 사이즈가 작은 콘텐츠의 일부분이거나 콘텐츠를 구성하는 '가장 작은 요소'다. 구조에 따라, 콘텐츠 작성자 이름과 같은 콘텐츠는 검색에 활용될 수 있지만, 모든 페이지의 하단에 표시된 이용 약관과 같은 요소들은 그렇지 않다.

최종적으로 사이트 콘텐츠에 대한 목록inventory 작성과 분석을 마쳤다면, 어떤 콘텐츠가 검색에 '적합할지'에 대한 감을 이미 갖게 되었을 것이다. 수작업으로 태깅을 하거나 혹은 다른 메커니즘을 통해 중요한 콘텐츠를 구분해 낼수 있다. 이 '적합한' 콘텐츠들이 검색이 되게 하거나 사이트 내부 검색의 일부로 활용될 수 있다. 또한 최초 시도로 '적합한' 콘텐츠가 검색되도록 하고, 유용한 결과가 없을 경우에 사이트의 다른 콘텐츠로 확장하여 검색하도록 검색 엔진을 프로그래밍할 수 있다. 예를 들어, 상거래 사이트의 사용자 대부분이 제품을 찾는다면, 기본적으로 제품이 먼저 검색되고, 개선된 검색 옵션의 일부로서 전체 사이트의 콘텐츠를 포함하도록 검색 결과가 확장될 수 있다.

본 섹션에서는 입자성의 거시적인 수준(검색 범위)과 문서 내 검색의 보다 미세한 수준(콘텐츠 요소) 모두에서 검색될 정보를 어떻게 선정할지에 대해 논의하도록 한다.[7]

8.4.1 검색 범위의 정의

검색 범위search zones는 사이트 콘텐츠의 나머지 다른 부분들과는 달리 따로

---

[7] (옮긴이) 거시적인/미세한 수준(a coarse/atomic level): 저자는 거시적인 수준을 성긴 입자들이 보이는 수준에, 미세한 수준을 원자들이 보이는 수준으로 비유하고 있다.

인덱싱된 웹사이트의 부분집합이다. 사용자가 특정 검색 범위에서 검색할 때, 사용자는 이미 사이트와 상호작용을 통해 자신이 특정 정보에 대해서 관심이 있다는 것을 표현한 것이다. 이상적으로 사이트의 검색 범위는 사용자의 특정 니즈에 부합하게 되고, 검색 작업의 결과는 개선되게 된다. 사용자의 니즈와 관련이 없는 콘텐츠를 삭제함으로써, 사용자들은 적은 횟수의 검색을 통해 보다 적절한 결과를 얻을 수 있다.

델 사이트(그림 8-2)는 가정/홈 오피스, 소호 비즈니스 등 사용자 유형에 따라서 검색 범위를 구분하고 있다. ('전체'가 기본 설정이 아니라는 점을 주목하자.) 이러한 구분은 기업이 어떠한 조직을 가지고 있는지, 각 구분된 정보가 개별 파일 시스템 혹은 개별 서버에 저장되어 있는지 여부를 반영하게 된다. 이러한 경우, 검색 범위는 파일을 어떻게 논리적이고 물리적으로 저장할지에 영향을 끼친다.

또한, 사용자는 사이트의 카테고리 혹은 서브카테고리를 하나 이상 선택할 수 있다. 선택된 페이지들은 사용자별 서비스 사이트의 페이지들로 구성

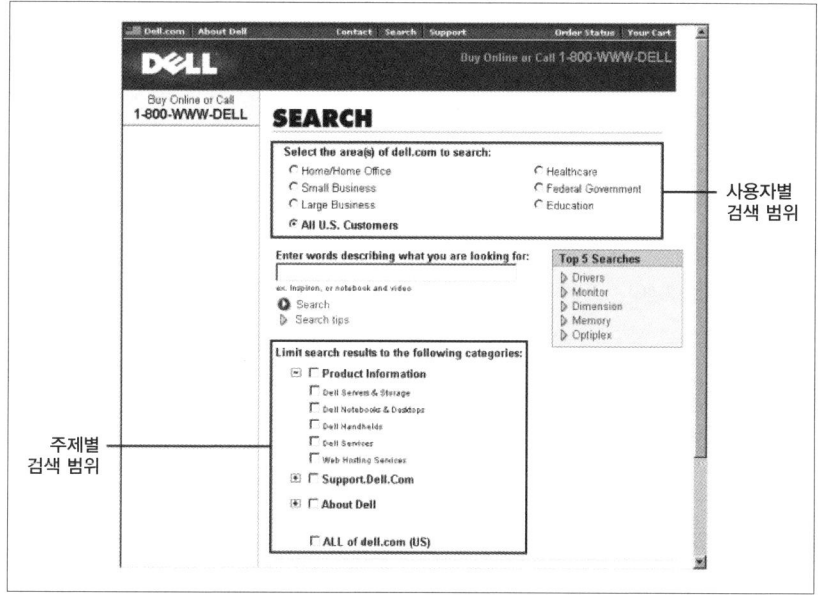

그림 8-2. 검색 범위의 두 가지 유형: 사용자별 범위(상단)와 주제별 범위(하단)

되고, 선택된 검색 범위를 대표하는 키워드로 문서를 인덱싱함으로써 사이트의 문서들이 새로운 검색 범위로 재결합되도록 하는 것이 가능하다. 특정 콘텐츠를 인덱싱하는 것은 비용이 많이 듦에도(특히 수작업으로), 이렇게 하는 장점 중의 하나는 유연한 검색 범위를 만들 수 있다는 것이다. 각 카테고리는 고유한 검색 범위를 가지게 되고 보다 큰 검색 범위로 통합될 수도 있다.

다양한 방법으로 문서를 물리적으로 분리하거나 논리적으로 태깅할 수 있는 것처럼, 검색 범위도 다양한 방법으로 만들 수 있다. 사이트의 조직화 체계를 선택하는 의사결정이 검색 범위를 정의하는 데도 종종 도움이 된다. 6장에서 살펴봤던 내용들이 검색 범위 정의를 위한 토대가 될 수 있다.

- 콘텐츠 유형
- 사용자
- 역할
- 주제/화제
- 위치
- 시간
- 콘텐츠 작성자
- 부서/비즈니스 부문

브라우징 시스템과 같이, 검색 범위는 콘텐츠의 내용을 새롭고 유용한 방법으로 잘게 나눌 수 있어, 사용자에게 사이트와 콘텐츠에 대한 다양한 '관점'을 제공할 수 있다. 그러나 본래 검색 범위는 '양날의 검'이다. 검색 범위를 통해서 검색의 폭을 좁히게 되면 검색 결과가 향상되지만, 검색 범위를 설정하는 부분에 있어서 복잡도가 증가하게 된다. 따라서 많은 사용자들은 검색을 시작할 때 사이트 전체 인덱스를 사용한 단순한 검색을 선택하고, 검색 범위 설정에 대해서는 그다지 고려하지 않는다는 점은 유의할 필요가 있다. 또한 사용자는 고급 검색 인터페이스를 사용하는 검색의 두 번째 단계를 거치기 전에는 정성 들여서 만든 검색 범위를 발견하지 못할 수도 있다.

아래는 사이트의 콘텐츠를 잘게 나누는 몇 가지 방법이다.

내비게이션 페이지 vs. 목적지 페이지

대부분 웹사이트는 최소한 두 가지 유형의 페이지를 가지고 있는데, 이들은 내비게이션 페이지와 목적지 페이지destination page이다. 목적지 페이지는 사용자가 웹사이트에서 기대하는 실제 정보(예: 스포츠 스코어, 도서 리뷰, 소프트웨어 문서 등)를 가지고 있으며, 내비게이션 페이지는 메인 페이지, 검색 페이지, 사이트의 브라우징을 돕는 페이지들로 구성된다. 사이트 내비게이션 페이지의 주요 목적은 사용자들이 목적지 페이지로 이동할 수 있도록 하는 데 있다.

사용자가 사이트를 검색하는 것은 사용자가 목적지 페이지를 찾는 것이라고 가정할 수 있다. 내비게이션 페이지가 검색 프로세스에 포함되는 경우, 이러한 페이지들은 검색 결과를 복잡하게 만들 수 있다.

간단한 예로, 기업이 웹사이트를 통해서 컴퓨터 제품을 판매한다고 생각해보자. 목적지 페이지는 제품 설명, 가격, 주문 정보로 구성되고, 각 제품들은 각 하나씩의 목적지 페이지를 가지게 된다. 플랫폼별 제품목록(예: 맥킨토시 vs. 윈도), 애플리케이션별 제품목록(예: 워드프로세서, 장부작성 툴), 비즈니스 혹은 가정을 위한 제품목록, 하드웨어 혹은 소프트웨어 제품목록과 같은 많은 내비게이션 페이지들이 사용자가 제품을 찾도록 도와준다. 사용자가 인튜이트 Intuit의 퀴켄Quicken[8]을 찾고자 하는 경우, 어떻게 찾을 수 있을까? 쉽게 퀴켄 제품 페이지를 찾는 대신, 아래와 같은 페이지들을 살펴봐야 할 수도 있다.

- 재무 관련 제품 인덱스 페이지
- 가정용 제품 인덱스 페이지
- 매킨토시 제품 인덱스 페이지
- 퀴켄 제품 페이지
- 소프트웨어 제품 인덱스 페이지
- 윈도 세품 인덱스 페이지

---

8 (옮긴이) Quicken: Intuit의 개인용 재무 관리 소프트웨어

사용자는 올바른 목적지 페이지를 찾게 되지만 다섯 가지의 순수한 내비게이션 페이지도 함께 검색된다. 다르게 표현하면, 검색 결과의 83%는 사용자가 제일 원하는 유용한 결과를 못 찾게 방해하고 있는 셈이다.

물론, 유사한 콘텐츠를 인덱싱하는 것은 항상 쉽지는 않은데, '유사하다'는 개념이 매우 상대적이기 때문이다. 또, 내비게이션 페이지와 목적지 페이지 간의 경계를 나누는 것이 언제나 명확하지만은 않다. 특정 페이지가 두 가지 페이지에 모두 해당되는 경우도 있다. 따라서 내비게이션/목적지 구별을 실제로 페이지들에 적용하기 전에 테스트해보는 것이 중요하다. 내비게이션/목적지 접근방식의 약점은 이 접근방식 자체가 본질적으로 페이지들이 목적지 혹은 내비게이션 둘 중의 하나이어야만 하는 (5장에서 언급한) 명확한 조직화 체계라는 것이다. 다음에 나오는 세 가지 접근방식에서는 조직화 체계가 모호하기 때문에, 페이지들이 다양한 카테고리에 동시에 속하는 것을 허용하고 있다.

특정 사용자층을 위한 인덱싱

이미 사용자 기반의 조직화 체계를 활용한 구조를 만들기로 결정했다면, 사용자별로 검색 범위를 만드는 것도 좋은 방법이다. 우리는 이러한 접근 방식을 미시간 도서관의 초기 웹사이트를 위해서 고안해냈다.

미시간 도서관은 세 가지 유형의 사용자들이 이용하고 있는데, 미시간 주의회 의원들과 관련 직원, 미시간주 내 도서관과 사서들, 미시간주 주민이다. 각 사용자별로 사이트에서 원하는 정보는 각각 다르기 때문에, 각 사용자들에게 적용되는 도서 대출 정책 또한 매우 다르다.

따라서 인덱스는 네 가지 형식으로 만들게 되었는데, 이 세 유형의 사용자

인덱스	검색된 문서	검색 결과의 감소율
통합	40	-
주의회 영역	18	55%
사서 영역	24	40%
주민 영역	9	78%

들을 위해 인덱스를 각 하나씩 만들고, 사용자별의 인덱스들이 특정 검색에서 제대로 작동하지 않는 경우를 위해 전체 사이트를 다루는 통합 인덱스를 하나 만들었다. 아래는 '대출'이라는 단어를 검색어로 입력했을 때, 네 가지 인덱스를 통해서 얻어진 결과이다.

여느 검색 범위와 같이, 인덱스 간 중복이 적을수록 검색 결과가 향상된다. 검색 결과가 매우 적게 감소된다면(10% 혹은 20% 수준) 사용자 기반 인덱스를 따로 만들기 위해서 너무 많이 고민할 필요가 없을 수 있다. 그러나 이 사이트의 경우, 많은 콘텐츠들이 개별 사용자들만을 위해서 작성되었다.

주제별 인덱싱

아메리프라이즈 파이낸셜은 사이트에 주제별 검색 범위를 느슨하게 적용하고 있다. 예를 들어, 경제적으로 보장된 퇴직을 준비하기 위해 도움이 될 만한 투자 정보를 찾는 경우, '개인individual' 검색 범위를 미리 선택할 수 있다(그림 8-3의 우측 영역).

85건의 검색 결과가 많게 느껴질 수도 있지만, 전체 사이트를 검색했을 때

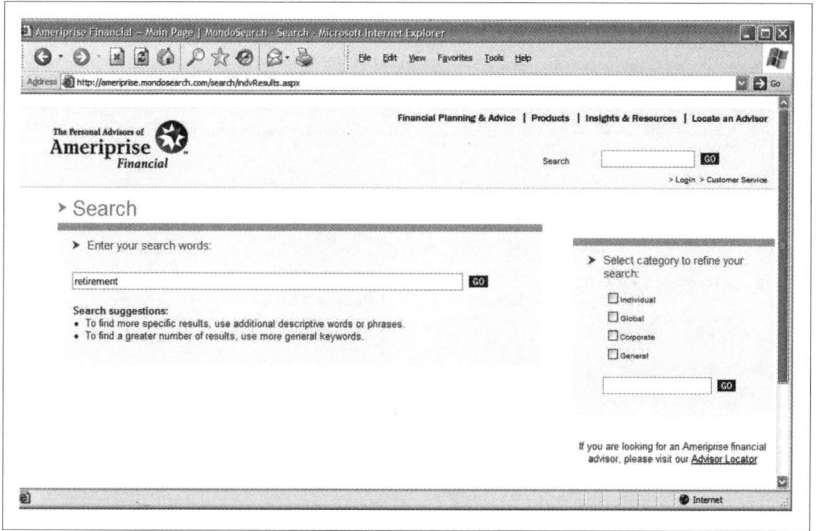

그림 8-3. '개인' 검색 범위에서 검색

검색 결과는 580건에 달하기 때문에, 주제별 영역을 설정하는 것은 개인의 퇴직 준비 정보를 얻는 데 있어서 비단 번거로운 일만은 아니다.

최근 콘텐츠 인덱싱

시간순으로 조직된 콘텐츠는 검색 범위의 구현이 가장 쉽다. (놀랄 것도 없이, 시간순은 검색 범위의 가장 보편적인 예라고 할 수 있다.) 날짜가 매겨진 콘텐츠들은 일반적으로 기준이 명확하고 날짜는 대개 얻기 쉬운 정보이기 때문에, 날짜에 의한 검색 범위는 특정 목적으로만 사용될 수 있기는 해도 검색 범위를 생성하는 것 자체는 간단하다.

뉴욕타임즈의 고급 검색 인터페이스는 지정한 날짜 범위를 통한 유용한 필터링 기능을 제공하고 있다.

정기적으로 사이트를 사용하는 사용자들은 사이트에 재방문하여 다양한

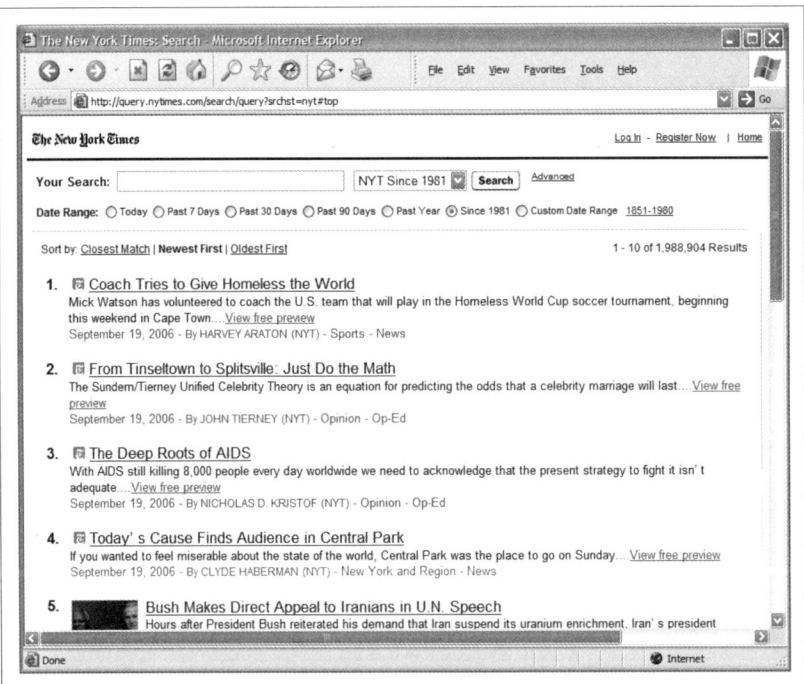

그림 8-4. 뉴욕타임즈의 날짜별 검색에서는 검색의 폭을 좁히는 다양한 방법이 제공된다.

시간순 검색 범위를 활용하여 뉴스를 보게 된다(예, 오늘의 뉴스, 지난주 뉴스, 지난 30일간 뉴스, 지난 90일간 뉴스, 작년 뉴스, 1996년 이후 뉴스). 더욱이, 특정 기간 내의 뉴스나 특정일의 뉴스를 찾고자 하는 사용자는 반드시 특정 검색 범위를 지정하게 된다.

8.4.2 인덱싱할 콘텐츠 요소의 선택

사이트 콘텐츠를 이루는 부분집합에 접근할 수 있도록 하는 것이 유용한 것처럼, 사용자로 하여금 문서의 특정 부분을 검색할 수 있도록 하는 것은 매우 유용하다. 이러한 방법으로 사용자는 보다 세분화되고 정교한 검색 결과를 얻게 될 것이다. 문서에 경영상의 이슈가 기록되어 있거나 특별히 사용자에게 의미 없는 콘텐츠 요소들이 포함되어 있는 경우, 이를 검색 대상에서 제외할

그림 8-5. 이 글은 겉으로 드러나거나 그렇지 않은 다양한 콘텐츠 요소들로 가득 차 있다.

Chapter 8 검색 시스템 | 231

수도 있다.

그림 8-5와 같이 살롱Salon의 글에는 눈에 보이는 것보다는 많은 콘텐츠 요소들이 존재한다. 사용자의 눈에는 쉽게 드러나지 않는 제목, 콘텐츠 작성자 이름, 설명, 이미지, 링크, (키워드와 같은) 몇 가지 속성들이 존재한다. 또한, 좌측 상단에 위치한 카테고리 전체 목록과 같이 검색될 필요가 없는 콘텐츠 요소들도 존재한다. 이와 같은 콘텐츠들은 검색 결과에서 사용자를 혼란스럽게 할 수도 있는데, 예를 들어, 검색을 위해서 문서의 전문이 인덱싱된 경우에, 'comics(그림 8-5의 좌측에 위치한 내비게이션 메뉴 중의 하나)'라고 검색하면 실제로 comics와는 전혀 상관이 없는 그림 8-5와 같은 아랍어 통역에 대한 글이 검색된다. (콘텐츠 관리시스템이나 XML 같은 논리적 마크업 언어를 사용한다면 내비게이션 옵션, 광고, 서비스 약관, 문서의 머리말과 꼬리말과 같이 인덱싱되지 않아야 하는 요소들을 쉽게 제거할 수 있는 부가적인 효과를 얻을 수 있다.)

살롱의 검색 시스템은 사용자들이 사이트 구조에 따른 콘텐츠 요소들을 검색에 사용할 수 있도록 해준다.

- 본문
- 제목
- URL
- 사이트 이름
- 링크
- 이미지 링크
- 이미지의 ALT 텍스트
- 설명
- 키워드
- 앵커 텍스트[9]

사용자는 이러한 요소들로 인해 검색을 방해 받고 있을까? 살롱의 경우,

---

9 (옮긴이) 앵커 텍스트(anchor text): 동일한 페이지 내에서 영역 간의 이동이나 다른 페이지의 특정 영역으로 이동할 수 있도록 하는 링크. 페이지 하단에 위치하는 '맨 위로'와 같은 링크가 대표적인 예이다.

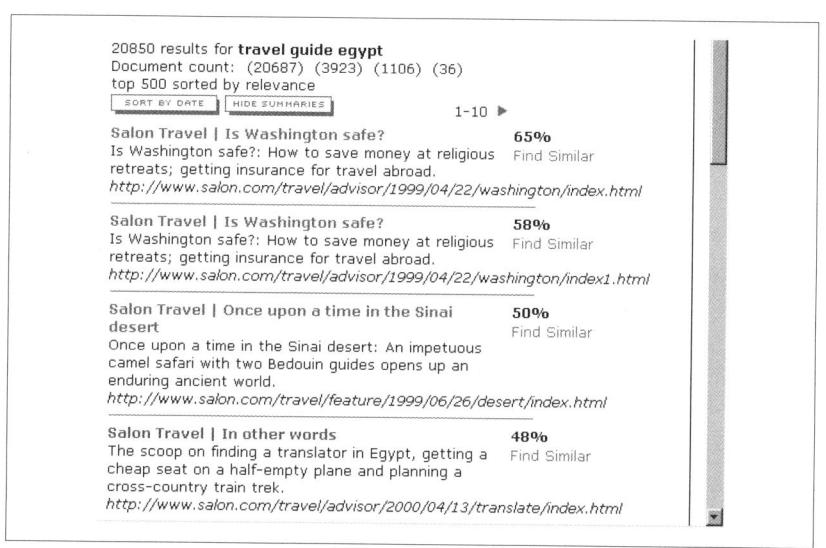

그림 8-6. 제목, 설명, URL과 같은 콘텐츠 요소들이 각 검색 결과에서 나타난다.

검색로그를 검토함으로써 이러한 문제를 찾아낼 수 있었다. 하지만, 검색 시스템이 아직 구현되지 않은 경우라면 어떨까? 검색 시스템을 설계하기에 앞서, 사용자들이 이러한 특수 기능을 사용할지 알 수 있을까?

이러한 문제는 어려운 모순에 봉착하게 되는데, 사용자가 상세한 옵션들을 제공하는 검색 기능을 효과적으로 사용하고 있더라도, 이를 초기 사용자 조사에서 발견하기는 어려웠을 것이다. 일반적으로 사용자는 검색 시스템의 복잡함과 성능에 대해서는 많이 알지 못한다. 유스 케이스use case와 시나리오를 만들어 보는 작업이 이러한 상세 수준의 검색 기능을 제공할 이유를 발견하게 해주지만, 사용자들이 잘 사용하는 다른 검색서비스의 인터페이스를 분석해보거나 다른 서비스들이 유사한 유형의 기능을 제공하는지 여부를 살펴보는 것이 더 나을 수 있다.

문서의 구조를 활용해야 하는 또 다른 이유가 있는데, 콘텐츠 요소들은 단지 세밀한 검색을 가능하게 하는 데만 유용한 것이 아니라 검색 결과의 형식을 보다 의미 있게 만들어주기 때문이다. 그림 8-6에서, 살롱의 검색 결과는 카테고리와 문서의 제목('Salon Travel | In other words'), 설명('The scoop on finding a translator in Egypt...'), URL을 포함하고 있다. 검색을 위해 방대한 콘텐츠 요소들을 인덱싱하는 것은 검색 결과 페이지를 설계하는 데 있어 유연성을 더해준다(이후에 설명할 '검색 결과 노출' 섹션을 참조).

8.5 검색 알고리즘

검색엔진은 다양한 방법으로 정보를 찾는다. 사실, 세상에는 40여 가지의 검색 알고리즘search algorithm이 독립적으로 존재하고, 대부분은 수세기 동안 사용되어 왔다. 여기서 각 알고리즘을 모두 다루지는 않을 예정인데, 이에 대해서 상세히 알고 싶다면, 정보 검색에 대한 표준 문서를 읽어보기를 권한다.[10]

이 주제에 대해서 논의하는 이유는 검색 알고리즘은 본질적으로 하나의 툴일 뿐이며, 다른 툴들과 마찬가지로 특정 알고리즘은 특정 문제를 해결하는 데만 도움이 된다는 것을 이해할 필요가 있기 때문이다. 사실 이러한 검색 알고리즘은 검색엔진의 핵심 요소다. 하지만 사용자의 정보 니즈를 모두 만족시켜줄 수 있는 절대적인 하나의 검색엔신은 존재하지 않는다는 사실에 주목할 필요가 있다. 앞으로 검색엔진 벤더들이 자신만의 새로운 알고리즘은 모든 정보 문제를 해결할 수 있다고 얘기할 때, 이에 현혹되지 말자.

8.5.1 패턴 매칭 알고리즘

대부분의 검색 알고리즘은 패턴 매칭pattern-matching 방식을 사용한다. 패턴 매칭 알고리즘은 사용자의 검색어와 사이트 문서의 (일반적으로) 전문에 대한 인덱스를 비교해서 텍스트가 동일한 문자열을 찾는 방식이다. 매칭된 문자열이 발견되면, 해당 문서는 검색 세트에 추가된다. 따라서 사용자가 'electric

---

10 검색 알고리즘 이해를 위한 좋은 출발점은 히카르도 바에자 에이츠(Ricardo Baeza-Yates)와 베르띠에 리베이로 네토(Berthier Ribeiro-Neto)가 쓴 『Modern Information Retrieval』 (Addison-Wesley 발간)이다.

guitar'라고 텍스트로 검색어를 입력하면 'electric guitar'라는 텍스트 문자열을 포함하는 문서들이 검색된다. 전반적으로 매우 간단해 보이지만, 이러한 매칭 프로세스는 다양한 방법으로 작동하며 각각 다른 결과를 제공한다.

재현율과 정확률

일부 알고리즘은 품질은 높지만 검색 결과가 적은 반면에, 일부 다른 알고리즘은 다양한 연관도를 가진 많은 검색 결과를 제공한다. 재현율recall과 정확률precision은 매우 상반된 결과를 의미하는 용어다. 이들을 계산하기 위한 공식은 아래와 같다(분모가 다르다는 것에 주의할 것).

재현율 = 검색된 관련 문서의 수 / 콜렉션의 **관련** 문서의 수
정확률 = 검색된 관련 문서의 수 / 콜렉션의 **전체** 문서의 수

사이트의 사용자들이 법률 관련 검색하고 있거나, 해당 분야에 대한 과학적 연구의 현 상황에 대해서 알고자 하거나, 기업 인수에 대한 타당성을 타진하고 있는가? 이러한 경우, 사용자들은 높은 재현율을 원할 수 있다. 수백 혹은 수천(혹은 그 이상)의 검색 결과들은 사용자의 검색에 대해 개별적으로 많이 관련되어 있지는 않더라도 조금은 관련된 정보를 제공해줄 수 있다. 예를 들어, 사용자가 '자기 이름을 검색'하는 경우, 사용자는 자신의 이름을 언급한 모든 문서를 보고 싶어 하기 때문에, 높은 재현율을 원한다고 할 수 있다. 문제점은 (당연히) 좋은 결과가 수많은 관련성 없는 정보들과 함께 제공된다는 점이다.

다른 한편, 사용자가 양모 카페트의 얼룩을 제거하는 방법에 대한 두세 가지의 정말 좋은 정보를 원하는 경우, 사용자는 높은 정확률 결과를 기대할 것이다. 충분히 좋은 답을 바로 찾을 수만 있다면, 문서가 얼마나 많이 검색되는가는 중요하지 않다.

재현율과 정확률을 동시에 높일 수 있는 없을까? 매우 높은 품질의 결과를 엄청 많이 제공할 수는 없을까? 슬프게도 두 마리 토끼를 동시에 잡을 수는 없다. 재현율과 정확률은 상반된 관계를 가지고 있다. 따라서 사용자에게 최

고의 가치를 전달할 수 있도록 두 요소를 적절하게 조율할 필요가 있다. 그런 다음, 재현율 혹은 정확율 한쪽에 초점이 맞춰져 있는 알고리즘을 가진 검색엔진을 선택하거나, 경우에 따라 검색엔진을 둘 중 하나에 적합하도록 설정할 수 있다.

예를 들어, 검색 툴은 자동 어미 변환 기능을 통해, 동일한 어근(혹은 어간)을 가진 다른 단어를 포함하도록 용어를 확장할 수 있다. 어미 변화 메커니즘이 매우 강력한 경우, 'computer'라는 검색어를 동일한 어근, 'comput'를 가진 단어인 'computers' 'computation' 'computational' 'computing'과 동일하게 다루게 된다. 실제로, 강력한 어미 변화 기능은 이러한 용어들을 포함하는 문서를 검색함으로써 사용자의 검색어를 확장하곤 한다. 보완된 검색어는 관련성이 있는 문서들을 보다 많이 찾을 수 있도록 해주고, 이는 보다 높은 재현율을 의미한다.

반대로, 어미가 확장되지 않은 'computer'라는 검색어는 'computer'라는 용어가 포함된 문서만을 검색하게 되고 다른 변형된 용어들은 무시하게 된다. 어미 변화 기능이 약한 경우, 복수형 검색어만 포함하게 되어 'computer'나 'computers'를 포함한 문서만을 검색하게 된다. 어미 변화 기능이 약하거나 혹은 어미 확장이 되지 않는 경우, 정확률은 높지만 재현율은 낮은 결과를 낳게 된다. 높은 재현율과 높은 정확률 중 어디에 집중한 검색 시스템을 만들어야 할까? 답은 사용자가 어떠한 정보 니즈를 가지고 있느냐에 달려 있다.

또 다른 고려사항은 콘텐츠가 어떻게 구조화되어 있느냐다. 검색엔진이 '인식'하고 찾을 수 있도록, HTML이나 XML 혹은 문서 레코드로 렌더링되는 데이터 필드가 있는가? 만약 있으면 우리가 Faulkner가 쓴 책을 찾는다고 가정한 상태에서 저자 필드에서 'William Faulkner'라고 검색한다면 정확율이 높은 검색 결과를 얻을 수 있을 것이다. 그렇지 않은 경우, 각 문서의 전문을 검색하거나, 저자명일지 아닐지도 모르는 단지 'William Faulkner'가 언급된 결과를 찾게 된다.

8.5.2 다른 접근방식들

이미 '검색에 적합한' 문서를 가지고 있다면, 알고리즘을 통해 문서를 검색어 형태로 변환할 수 있다. 이러한 접근방법은 일반적으로 문서 유사도document similarity이라고 알려져 있다. 'the' 'is' 'he'와 같은 불용어[11]가 문서에서 제거되고 남은 용어들은 검색어로 변환된다. 이 방법은 유사 메타데이터를 통해서 인덱싱된 결과를 만들어 낸다. 그림 8-7에서, 웹엠디WebMD의 'West Nile'에 대한 검색 결과 중 첫 번째 결과는 'See More Content like this(이와 유사한 콘텐츠 더 보기)'라는 링크를 통해서 보완된 형태를 보여주고 있다.

참여 기반 필터링이나 인용문 검색과 같은 접근방식은 하나의 관련 문서

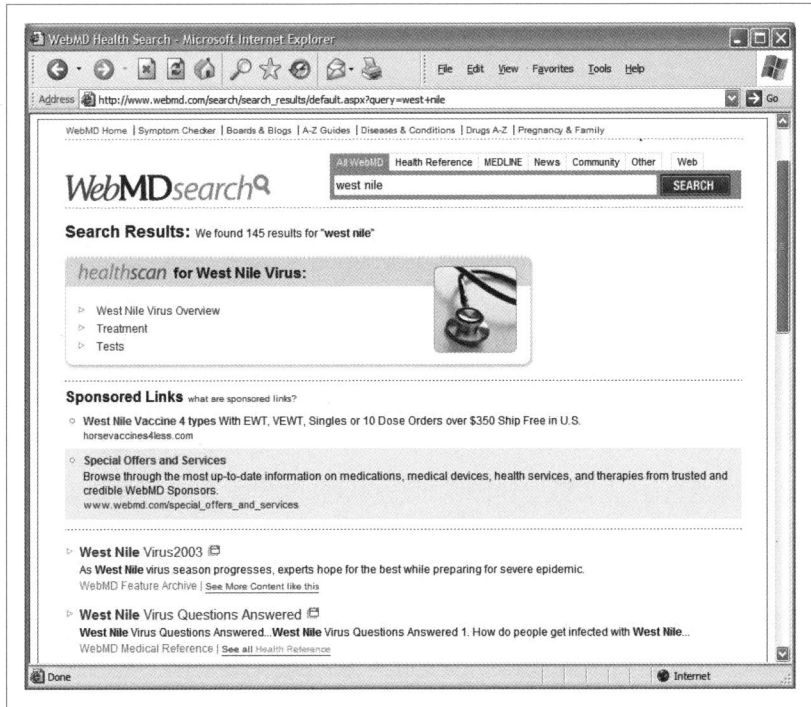

그림 8-7. 웹엠디의 많은 검색 결과는 'See More Content like this' 링크를 포함하고 있다.

---

[11] (옮긴이) 불용어(stop words) : 자연어 데이터 프로세싱 단계나 프로세싱 단계 전/후에 제거되는 단어들을 의미함. 주로 고유한 의미를 가지지 못하는 대명사, 조사, 접속사 등이 포함된다.

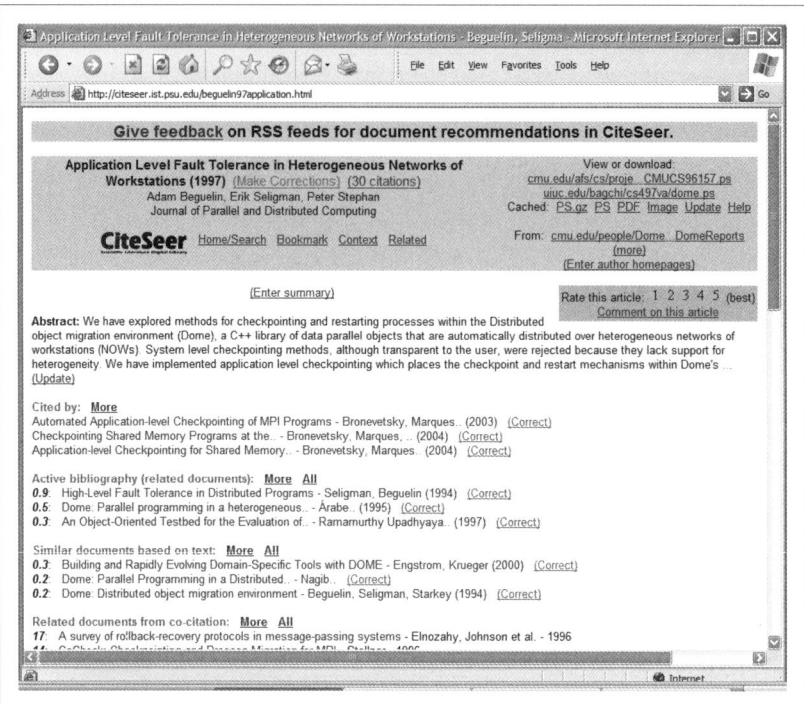

그림 8-8. 사이트시어는 단일 검색 결과에서 확장하는 다양한 방법을 제공한다.

로부터 결과를 확장시키는 것 이상의 효과를 가져올 수 있다. 사이트시어 CiteSeer(그림 8-8)의 예에서 보는 바와 같이, 'Application Fault Level Tolerance in Heterogeneous Networks of Workstations.'와 같은 문서에 대한 정보를 상세하게 살펴볼 수 있다. 사이트시어는 다양한 방법을 통해 자동으로 문서들을 검색한다.

인용

다른 어떤 논문이 이 논문을 인용하고 있는가? 인용된 논문과 인용하고 있는 논문의 관계는 일정 수준의 상호 연관성을 의미한다. 어쩌면 저자들은 서로 알고 있는 사이일 수도 있다.

참고자료(관련 문서)
반대로, 이 논문이 참고자료로 다른 논문들을 인용하고 있다면, 참고자료들은 연관성을 가지고 있는 유사한 유형의 정보일 수 있다.

본문 내용이 유사한 문서
문서는 검색어로 자동 변환될 수 있고, 이들은 다시 유사한 문서를 찾는 데 사용될 수 있다.

상호 인용을 통한 관련 문서
상호 인용은 인용 관계를 복잡하게 만드는 또 하나의 방법으로, 만일 특정 논문들이 다른 여러 논문의 참고자료에서 함께 언급되었다면, 이 논문들은 공통적인 요소들을 가지고 있다고 가정할 수 있다.

여기서 언급한 것 이외에도 다양한 검색 알고리즘이 존재한다. 가장 중요한 것은 이러한 알고리즘의 주요 목적은 검색 결과로서 보여질 최적의 문서 집합을 구분해내는 데 있다는 것이다. 그러나 '최적'이라는 의미는 다소 주관적이기 때문에, 사용자들이 사이트에서 검색을 할 때 무엇을 원하는지 잘 살펴볼 필요가 있다. 사용자가 무엇을 검색하고 싶어 하는지 이해하게 된 후에, 사용자들의 정보 니즈를 해결할 수 있는 검색 알고리즘을 검색 툴에 적용하도록 하자.

8.6 질의 생성기

검색 알고리즘 자체와는 별개로, 검색 결과에 영향을 줄 수 있는 다양한 도구들이 존재한다. 질의 생성기query builder는 검색어의 성능을 향상시킬 수 있는 툴이다. 질의 생성기는 대개 사용자의 눈에 쉽게 띄지 않기 때문에, 질의 생성기의 가치를 이해하지 못하거나 어떻게 사용하는지 알지 못하는 경우가 많다. 대표적인 예들은 아래와 같다.

맞춤법 검사 Spell-checker

사용자가 맞춤법이 틀린 용어를 입력하여 검색을 했을 때, 검색어를 자동으로 수정하여 올바른 결과가 검색될 수 있도록 해준다. 예를 들어, 'accomodation'를 'accommodation'과 동일하게 간주하여, 올바른 용어가 포함된 결과를 검색하도록 해준다.

동음어 처리 Phonetic tool

동음어 처리는(Soundex[12]라고 잘 알려져 있음) 특히 이름을 검색할 때 유용하다. 'Smith'라는 검색어를 확장하여 'Smyth'를 포함하는 결과도 보여줄 수 있다.

어미 변화 Stemming tool

어미 변화는 사용자가 특정 용어(예, 'lodge')를 입력했을 때 동일한 어간을 가진 다양한 용어들(예, 'lodging' 'lodger')을 담고 있는 문서를 검색하도록 해준다.

자연어 처리 Natural language processing tool

검색어의 구문론적syntactic 성질을 규정하고(예, 검색어가 '어떻게'를 묻는 질문인가 혹은 '누구'를 묻는 질문인가?), 이에 대한 정보를 상세 검색에 사용하게 해준다.

통제어휘집과 시소러스 Controlled vocabulary and thesaurus

9장에서 상세하게 다루겠지만, 통제어휘집과 시소러스는 검색어에 동의어를 자동으로 추가하여 검색어의 의미론적 특성을 확장할 수 있게 해준다.

맞춤법 검사는 사용자가 검색할 때 실수하는 대부분의 일반적인 문제들을 바로잡기 때문에 검색 시스템에 도입하는 것을 충분히 고려해봄 직하다. (사이트의 검색로그를 살펴보면, 검색어에 오타나 틀린 철자들이 압도적으로 많다는 사실

---

12 (옮긴이) Soundex: 영어 이름을 발음 기준으로 인덱싱하는 알고리즘. 동음어에 대한 처리를 주요 목적으로 하고 있다.

에 놀랄 수도 있다.) 질의 생성기들은 각각 장점과 단점을 가지고 있으며, 상황에 따라 다른 정보 니즈를 해소시켜준다. 다시 한 번 강조하면, 사용자의 정보 니즈에 대해 이해하는 것은 가장 적절한 접근 방식을 선택하는 데 큰 도움이 된다. 또한, 모든 검색엔진이 이러한 질의 생성기들을 지원하지는 않는다는 점도 명심할 필요가 있다.

8.7 검색 결과의 노출

검색엔진이 표시할 검색 결과를 조합한 다음에는 무슨 일이 벌어질까? 검색 결과를 노출하는 방법은 여러 가지가 있으며, 이 중에서 선택할 필요가 있다. 그리고 대개의 경우, 사이트 콘텐츠에 대한 이해와 사용자들이 콘텐츠를 어떻게 사용하는지를 토대로 검색 결과의 노출 형태를 결정해야 한다.

검색엔진이 결과를 노출하는 방식을 조정할 때, 중요한 두 가지 이슈에 대해서 고려해야 한다. 첫째는 각각의 검색된 문서에 대해서 어떠한 콘텐츠 요소를 노출시킬 것인가이고, 둘째는 검색 결과를 어떻게 목록으로 만들지 혹은 어떻게 그룹핑할지에 대한 것이다.

8.7.1 보여질 콘텐츠 요소

찾고자 하는 것이 무엇인지 알고 있는 사용자에게는 보다 적은 양의 정보(보다 정확한 정보만)를 보여주고, 찾고자 하는 것이 확실하지 않은 사용자에게는 보다 많은 양의 정보를 보여주는 것은 아주 명쾌한 가이드라인이 될 수 있다. 이 접근방식을 변형하여, 무엇을 찾는지 명확히 알고 있는 사용자에게 제목이나 저자명과 같은 대표적인 콘텐츠 요소만을 보여주어서 자신이 찾고 있는 정보를 검색 결과에서 빨리 구분해낼 수 있도록 하는 방법도 좋은 방법이다. 무엇을 찾아야 하는지 명확하지 않은 사용자에게는 요약문, 초록의 일부, 키워드와 같은 서술적인 콘텐츠 요소를 보여주어 검색 결과가 무엇에 대한 내용인지 이해할 수 있도록 하는 것도 좋다. 또한, 사용자에게 어떠한 정보를 볼지 선택할 수 있는 옵션을 제공할 수도 있다. 하지만, 기본 설정을 정의하기 위해서는, 사용자들의 가장 보편적인 정보 니즈에 대해서 고민해볼 필요가 있다. 그림 8-9와 8-10은 사이트가 제공하는 두 가지 옵션을 보여준다.

검색 결과에서 공통적으로 보이는 필드(예: 제목)로 원하는 문서를 구분해 내기 어려운 경우에는 보다 많은 정보(예: 페이지 수)를 보여줌으로써 사용자가 검색 결과에서 원하는 것을 찾아내는 데 도움을 줄 수 있다.

그림 8-11은 이와 같은 개념을 보여주는 또 다른 예로, 검색 결과에서 동일한 책의 세 가지 버전을 보여주고 있다. 도서별로 차이를 보이는 부분적인 정보 중 어떤 도서관에서 도서를 보유하고 있는지와 같은 정보는 의미가 있지만, 출판사가 어디인지와 같은 정보는 별로 도움이 되지 않는다.

검색 결과별로 얼마나 많은 정보를 보여줘야 할지는 일반적인 검색 결과 세트의 양이 얼마나 많은가와 직결되는 문제이다. 사이트가 매우 작거나 대부분 사용자들의 검색어가 매우 구체적이어서 적은 수량의 검색 결과만 보

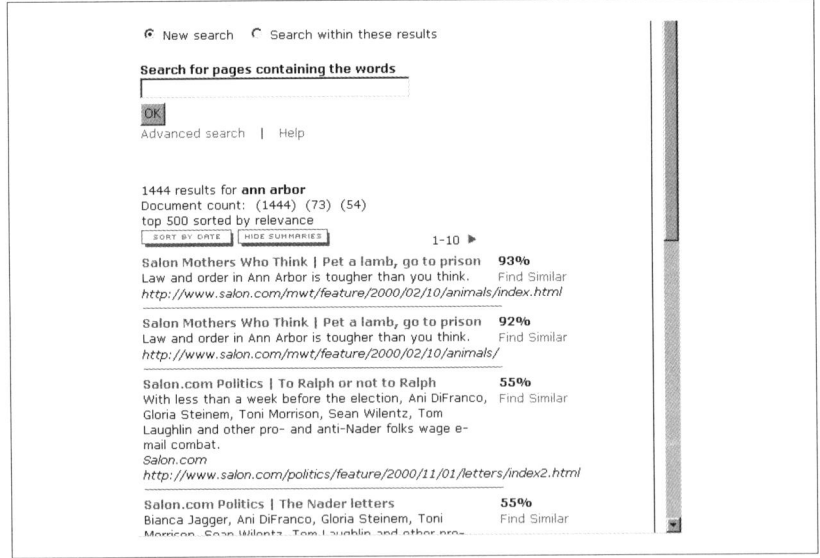

그림 8-9. 살롱은 검색된 문서에 대해서 자세히 살펴보고 싶은 사용자를 위해 요약문을 검색 결과에서 보여주고 있다.

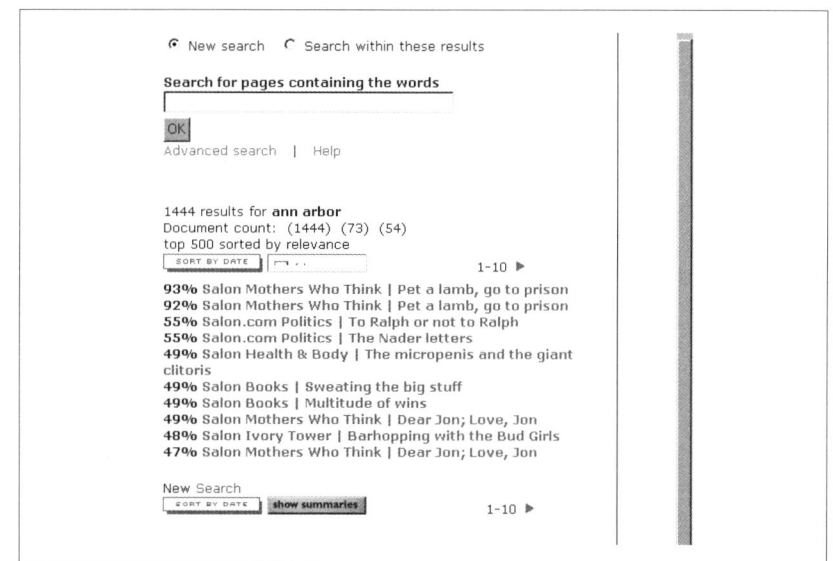

그림 8-10. 무엇을 찾아야 할지 알고 있는 사용자를 위해서 요약문이 없는 검색 결과도 제공한다.

그림 8-11. 콘텐츠 요소는 동일한 도서의 다른 세 가지 버전을 구별하는 데 도움을 준다.

여주고 있을 수도 있다. 이 경우에 사용자들이 보다 많은 정보를 원한다고 판단된다면, 검색 결과에 보다 많은 콘텐츠 요소를 노출하는 것을 고려해볼 수 있다. 그리고 첫 번째 화면에서 보여주는 것보다 더 많은 정보가 존재한다는 사실을 다양한 방법으로 알려주더라도, 사용자들은 첫 번째 검색 결과 화면에서 잘 벗어나지 않는다는 것은 명심할 필요가 있다. 따라서, 첫 번째 화면에 나타난 몇 개의 검색 결과들만이 주로 사용자들에게 선택되기 때문에, 검색 결과별로 많은 콘텐츠를 보여주는 방법에만 치중하지는 않도록 해야 한다.

검색 결과별로 어떤 콘텐츠 요소를 보여줄지는 또한 각 콘텐츠별로 어떠한 요소들이 사용 가능한가(콘텐츠가 얼마나 구조화되어 있는가)와 해당 콘텐츠가 어떻게 활용될 수 있는가에 달려 있다. 예를 들어, 전화번호부 사용자는 무엇보다도 먼저 전화번호를 찾게 된다. 사용자들이 전화번호 정보를 얻기 위해 검색 결과를 클릭해서 다른 문서로 이동하도록 하는 것보다, 검색 결과에서 전화번호 필드의 정보를 보여주는 것은 당연한 것이라고 할 수 있다. (그림 8-12 참조)

활용할 수 있는 구조화된 콘텐츠가 많지 않거나 검색엔진이 전문을 검색하는 경우에, 문서의 텍스트 중에 검색어가 사용된 문맥을 보여주는 것도 좋은 방법이다(그림 8-13 참조). 예에서 이*트레이드E*Trade는 검색어를 볼드 처리

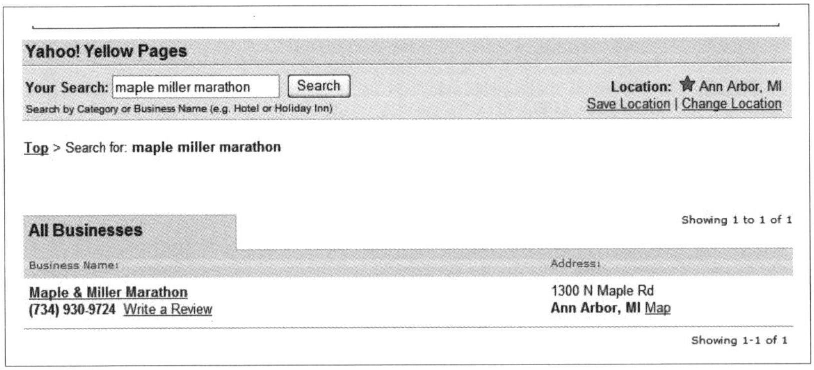

그림 8-12. 전화번호부 검색은 사용자로 하여금 전화번호를 알기 위해 클릭하도록 강요하지 않는다.

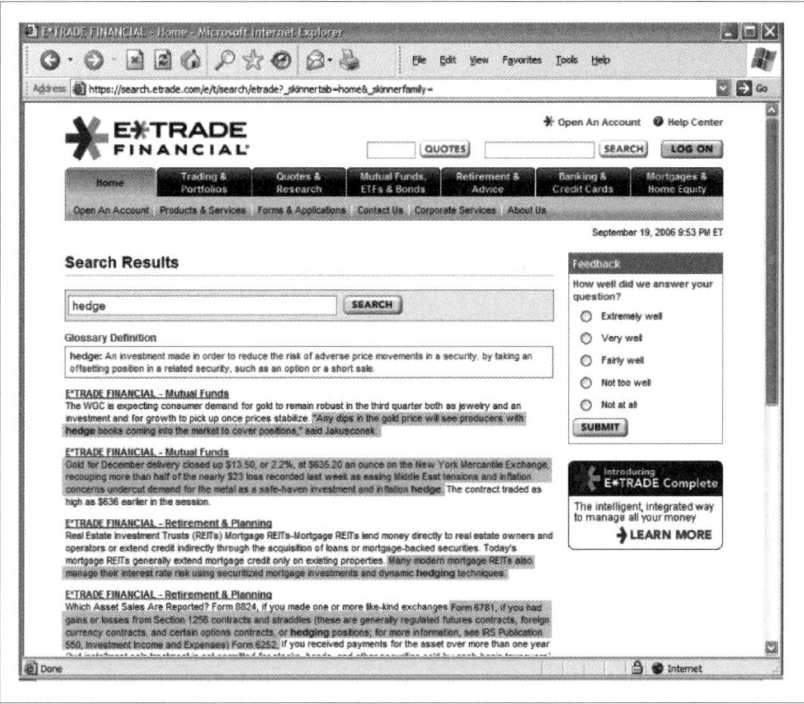

그림 8.13. 이*트레이드는 검색어가 사용된 문맥을 보여주기 위해서 검색어를 볼드 치리하고 주변의 문장을 하이라이팅하고 있다.

해서 훌륭하게 잘 보여주고 있으며, 이러한 방법은 사용자가 검색 결과 페이지를 빠르게 훑어보면서 각 결과에서 관련된 부분을 쉽게 찾을 수 있도록 해준다. 더 나아가, 이*트레이드는 주변의 문장을 하이라이팅해서 검색어가 사용된 문맥을 강조하고 있다.

8.7.2 노출시킬 문서의 양

노출시킬 문서의 양은 대개 두 가지 요소에 의해 결정된다. 검색엔진이 각 문서당 많은 정보를 보여주도록 설정되어 있는 경우, 검색 결과에서 나타난 항목의 수는 줄어들게 된다. 그 반대의 경우도 존재한다. 또한, 사용자의 모니터 해상도, 인터넷 회선속도, 브라우저 설정이 얼마나 효과적인가가 검색 결과의 양에 영향을 끼칠 수 있다. 사용자 니즈에 기반해서 선택할 수 있는 설정 기능이 다양한 경우에는 검색 결과를 적게 보여주는 것이 단순함을 유지하는 가장 안전한 방법일 수 있다.

검색된 문서의 전체 양을 알려줌으로써, 사용자가 검색 결과에서 더 봐야 하는 문서가 얼마나 많이 남아 있는지 알 수 있게 하는 것이 좋다. 또한, 검색 결과 페이지들을 둘러볼 수 있도록 검색 결과 내비게이션 시스템 제공을 고려할 필요가 있다. 그림 8-14에서, 아이콘 어드바이저ICON Adviser는 검색 결과 내비게이션 시스템으로 검색 결과의 전체 양을 보여주고 있다. (사용자들이 페이지당 10개씩의 검색 결과를 볼 수 있도록 하고 있다.)

많은 경우, 사용자는 검색 결과 개수가 많으면, 검색 결과가 너무 많다고 생각하게 된다. 이때가 바로 사용자들에게 검색어를 수정해서 재검색을 하거나, 검색 범위를 좁히는 옵션을 제공하는 순간이라고 할 수 있다. 아이콘 어

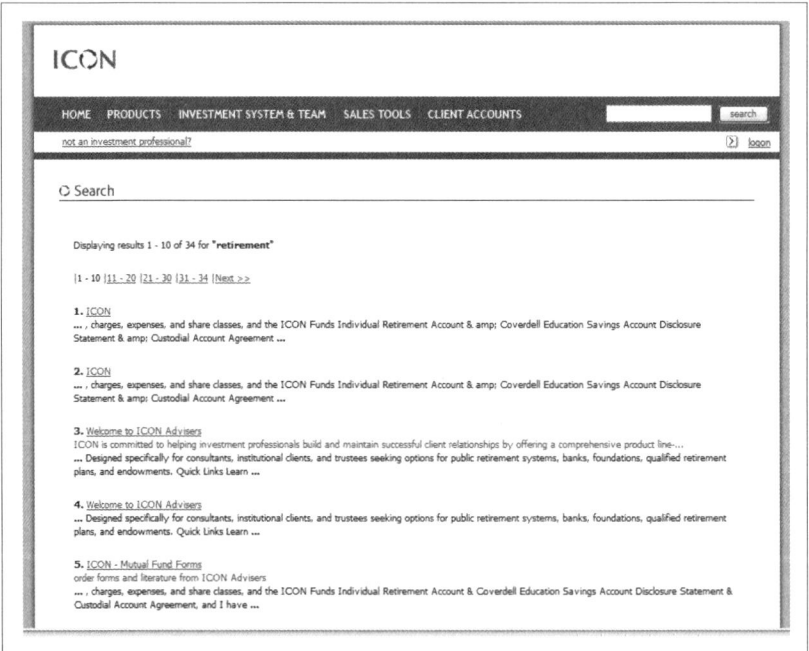

그림 8-14. 아이콘 어드바이저는 한 번에 10개의 검색 결과를 보여주고 사용자가 검색 결과 페이지를 이동할 수 있도록 하고 있다.

드바이저는 사용자가 이미 입력한 검색어를 검색 결과의 우측 상단에 다시 보여주어, 사용자들이 검색어를 쉽게 수정할 수 있도록 하고 있다.

8.7.3 검색 결과의 나열

이제 어떻게 검색 결과를 얻을 수 있는지와 각 결과에서 어떤 콘텐츠 요소를 보여야 할지도 살펴보았다. 그렇다면, 검색 결과를 어떤 순서로 나열해야 하는 걸까? 또 한 번 강조하면, 이 질문에 대한 답은 사용자들이 어떤 종류의 정보를 원하는가, 어떤 종류의 검색 결과를 보기 원하는가, 검색 결과를 어떻게 사용하고자 하는가에 따라 다르다.

검색 결과를 나열하는 방법에는 일반적으로 정렬sorting과 순위ranking, 두 가지 방법이 있다. 검색 결과는 날짜에 따라서 시간순으로 정렬되거나 콘텐츠 요소 유형의 숫자, 문자(예: 제목, 저자, 부서)에 따라 알파벳순으로 정렬될 수 있다. 검색 결과는 또한 검색 알고리즘(예: 관련성, 인기도)에 의해서 순위가 매겨질 수도 있다.

정렬은 검색 결과를 의사결정에 참고하거나 바로 활용하고자 하는 사용자에게 특히 유용하다. 예를 들어, 제품들을 비교하고자 하는 사용자는 가격 혹은 제품을 선택하는 데 도움이 되는 정보를 기준으로 검색 결과를 정렬해 볼 수 있다. 어떠한 콘텐츠 요소도 모두 정렬이 될 수 있지만, 사용자가 태스크를 수행하는 데 실제로 도움이 될 만한 요소로 정렬하게 하는 데는 세심한 고민이 필요하다. 어떤 것이 태스크기반이냐 아니냐의 판단은 당연히 각기 고유한 상황에 따라 달라진다.

순위는 정보에 대해서 이해하고자 하는 니즈가 있거나 무엇인가를 배우고자 하는 경우에 보다 유용하다. 순위는 일반적으로 검색된 문서의 관련성을 나타내는데, 가장 관련 많은 것에서부터 가장 관련이 적은 것 순으로 표현하기 위해서 사용된다. 사용자는 가장 관련이 많은 문서부터 살펴보게 된다. 물론, 앞으로 살펴보겠지만, 관련성이라는 것은 상대적이기 때문에 관련성에 따라 순위를 매기는 방식을 선택할 때는 신중할 필요가 있다. 사용자는 일반적으로 상위의 몇 개 검색 결과가 가장 좋다고 생각하기 때문이다.

다음 섹션에서는 정렬과 순위, 두 가지 모두에 대한 예와 함께 사용자에게 매우 유용할 수 있는 몇 가지 아이디어에 대해 소개한다.

알파벳순 정렬

어떠한 콘텐츠 요소도 알파벳순으로 정렬될 수 있다(그림 8-15 참조). 알파벳순 정렬은 범용적인 목적의 좋은 정렬 방법으로 이름을 정렬하는 경우에 특히 유용하다. 여하튼, 대다수의 사용자들은 알파벳순 정렬에 친숙하다고 생각할 수 있다. 정렬할 때, 'a'나 'the'와 같이 문장을 시작하는 관사를 생략하는 것이 최상의 결과를 보여준다(특정 검색엔진은 이러한 옵션을 제공하기도 한다). 예를 들어, 사용자는 'The Naked Bungee Jumping Guide'를 'T'보다는 'N'항목에서 찾을 수 있기를 기대한다.

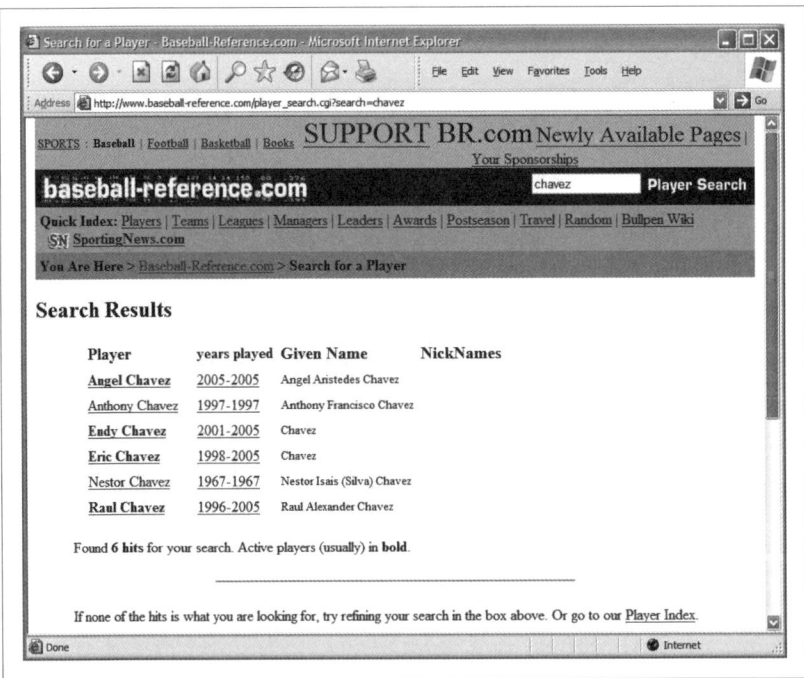

그림 8-15. 베이스볼-레퍼런스닷컴은 검색 결과를 알파벳순으로 제공한다.

그림 8-16. 워싱턴포스트의 기본 나열 순서는 시간 역순이다.

시간순 정렬

콘텐츠(혹은 사용자)에 있어 시간이 중요한 요소라면, 시간순 정렬이 효과적인 접근방법이 될 수 있다. 날짜 정보에 대한 다른 출처가 없는 경우에, 파일 시스템에 기록되어 있는 날짜를 활용할 수 있다.

사이트가 홍보자료나 다른 뉴스 기반 정보를 제공한다면, 시간 역순으로 정렬하는 방법이 좋다. 시간순은 별로 일반적이지 않지만, 역사적 자료를 보여주는 데는 효과적이다.

관련도순 순위

관련도순 순위 알고리즘(다양한 알고리즘이 존재)에는 일반적으로 아래의 항목들 중 한 가지 이상의 항목이 적용된다.

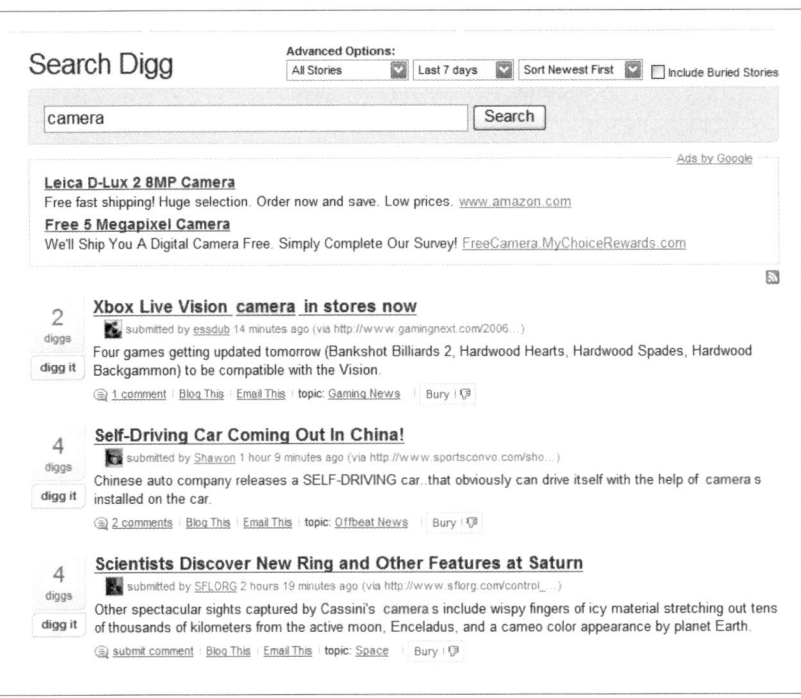

그림 8-17. 디그Digg도 마찬가지로 시간 역순으로 나열한다.

- 검색된 문서에서 검색어로 사용된 용어들이 얼마나 **많이** 발견되는가
- 검색된 문서에서 그 용어들이 얼마나 **자주** 발견되는가
- 용어들이 얼마나 **가까이에서** 함께 발견되는가 (예: 용어들이 바로 인접해 있는가, 동일한 문장에 함께 있는가, 동일한 문단에 함께 있는가)
- 용어들이 **어디서** 발견되는가 (예: 제목에서 검색어가 사용된 문서는 본문에서 사용된 문서보다 관련성이 높을 수 있다)
- 검색어들이 발견된 문서의 **인기도** (예: 다른 문서들이 해당 문서를 빈번하게 링크하고 있는가, 문서가 링크하고 있는 다른 문서들이 유명한가)

다른 콘텐츠 유형에는 다른 관련도순 순위 알고리즘을 적용하는 것이 당연하지만, 검색엔진으로 검색되는 대부분의 콘텐츠들은 이질적이어서 비교가 쉽지 않다. 예를 들어, 문서A는 문서B보다 높은 순위를 가지지만, 문서B가

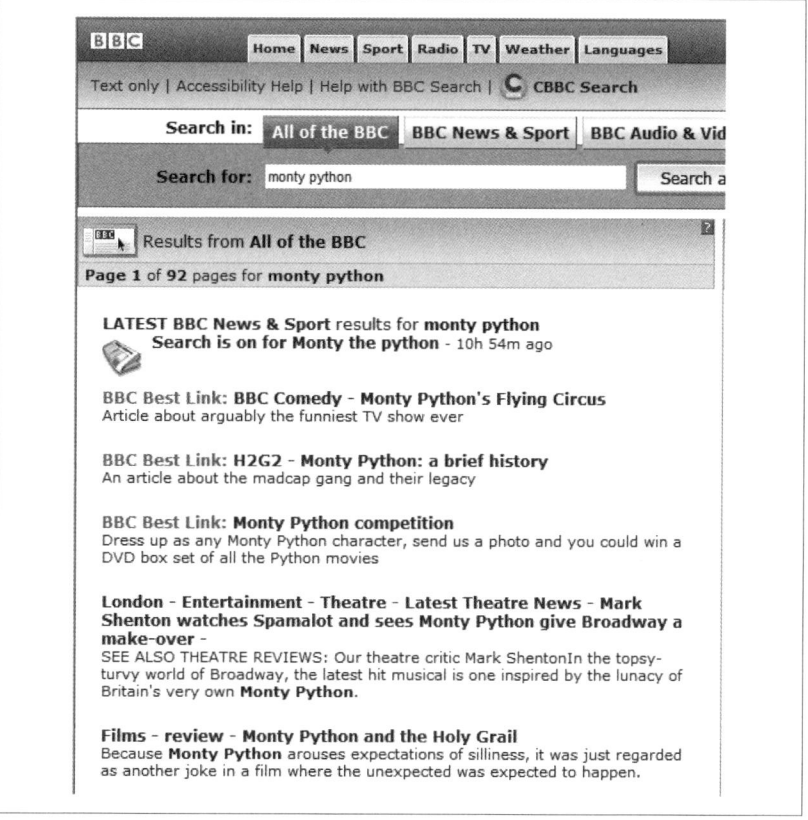

그림 8-18. BBC 사이트의 검색은 자동으로 검색된 결과뿐만 아니라 수작업으로 태깅된 문서도 제공한다. 추천 내용의 레이블은 '도박'이라는 의미를 피하기 위해서 'Best Bets'가 아니라 'Best Link'라고 명명하고 있다.

실제로 더 관련도가 높을 수 있다. 문서B는 실제로 관련 있는 작업에 대한 참고목록의 인용문인데 반해, 문서A는 검색어로 사용된 용어들이 많이 포함되어 있는 긴 문서일 수 있다. 따라서, 문서가 보다 이질적일수록 관련도순 순위를 보다 세심하게 만들 필요가 있다.

수작업으로 인덱싱하는 방법은 관련도를 높이는 또 다른 방법이다. 키워드와 서술자[13] 필드는 수작업 인덱싱의 가치를 높여준다. 예를 들어, '최적의

---

13 (옮긴이) 서술자(descriptor): 정보 검색에 있어 '인덱스 용어'라는 의미로 사용됨.

추천Best Bets'라고 널리 알려진, 수작업으로 선정한 추천 내용은 관련성이 높은 검색 결과로 제공될 수 있다. 그림 8-18에서, 검색 결과 중 첫 번째 세트는 'monty python'이라는 검색어에 대해 관련된 내용을 미리 구성해둔 것이다.

'최적의 추천'과 같은 방법은 전문 인력과 시간을 투자해야 하기 때문에, 쉽게 구현하기 어려우며 개별 검색어나 모든 검색어에 대해 적용하는 데 반드시 적합한 것은 아니다. 대신, 추천 내용을 매우 보편적으로 사용되는 검색어(검색로그 분석을 통해서 확인할 수 있음)에 대해서 제한적으로 사용할 수 있고, 자동으로 생성된 검색 결과와 함께 결합하여 보여줄 수 있다.

관련도 순위에 대한 다른 방식들도 존재하는데, 그중 하나는 검색 결과와 함께 관련도 점수를 함께 보여주는 방법이다. 본래, 관련도 점수는 검색 결과들의 순서를 정의하는 요소이다. 그림 8-19는 컴퓨터 어소시에이츠의 웹사이트에서 'storage'라고 검색한 결과를 보여준다.

첫 번째 검색 결과는 매우 적절해 보인다. 하지만 관련도 점수가 50%인 문서와 49%인 문서의 차이점은 실제로 무엇일까? 두 결과의 점수는 유사하지만, 맨 위의 검색 결과는 컴퓨터 어소시에이츠의 이벤트들을 보여주는 '컴퓨터 어소시에이츠 이벤트 캘린더'이다. 재미있게도, 이벤트 캘린더의 내용에는 'storage'라는 언급이 전혀 없다. 다른 검색 결과들은 실제로 관련도가 조금 더 높기는 하지만, 이 화면은 관련도 알고리즘이 어떻게 내부적으로 이상하고 복잡하게 동작할 수 있는지 보여주는 좋은 예라고 할 수 있다. 사용자는 검색 결과들이 왜 이런 순서로 나열되어 있는지 알지 못한다. 점수를 보여주는 방법은 단지 이러한 낯섦을 가중시키기만 하기 때문에, 신중하게 사용되어야 한다. 대개의 경우, 점수를 완전히 빼는 방법이 더 낫다.

인기도순 순위

인기도는 구글이 인기를 얻게 된 이유이다.

달리 말하면, 구글은 가장 인기가 있는 내용을 검색 결과의 상단에 노출함으로써 상당한 성공을 거두었다. 검색된 문서를 얼마나 다른 링크들이 연

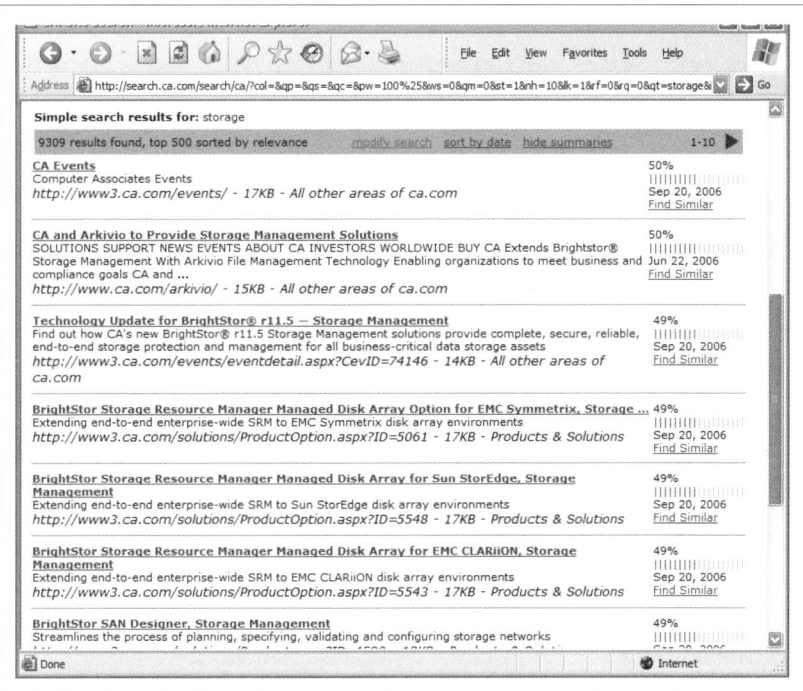

그림 8-19. 관련도 점수가 실제로 의미하는 것은 무엇일까?

계하고 있는지 계산하여 이러한 결과를 만들어 낸다. 구글은 또한 이러한 링크들의 품질을 구분해내고 있는데, 많은 사이트들이 연결하고 있는 링크는 잘 알려지지 않은 사이트의 링크보다 더 가치가 있다(이 알고리즘은 페이지랭크PageRank라고 알려져 있다).

 인기도를 측정하는 다른 방법들도 존재하지만, 소규모 사이트나 분리된 사이트의 집합, 링크되지 않은 사이트(대개 '저장고silos'라고 불린다)들은 많은 사용자를 가진 대규모의 사이트 환경처럼 인기도를 사용할 필요가 굳이 없다는 점을 명심하자. 대규모의 사이트는 폭넓고 다양하게 사용되며 링크들을 풍부하게 많이 가지고 있다. 소규모의 사이트에서는 인기도 방식이 유용하지 않은데, 각 다른 문서들 간의 인기도 차이가 아주 큰 경우가 드물기 때문이다. 특히 '저장고'와 같은 환경에서는 사이트 간의 링크가 거의 존재하지 않기 때문에, 인기도가 계산될 수 있을 만한 결과가 존재하지 않는다. 구글은 관련도를 계산하기 위해서 페이지랭크와 더불어 100여 가지가 넘는 다른 척도들을 함께 사용하고 있다는 점 또한 기억할 필요가 있다.

사용자 혹은 전문가의 평가에 의한 순위

사용자들이 정보의 가치에 대해서 평가하는 환경이 점점 더 많아지고 있다. 사용자의 평가는 검색 결과의 순서를 정하는 기준으로 사용될 수 있다. 디그 Digg(그림 8-20)의 경우, 사용자가 등록한 정보에 대해 다른 사용자들이 투표하게 되고, 이에 근거한 평가 순위는 사용자들이 각 정보에 대한 가치를 판단하는 데 도움을 주는 필수 요소로 활용되고 있으며, 전체적으로 정보를 효율적으로 사용하는 환경information economy의 근간을 형성하고 있다. 물론 디그에는 자신의 의견을 표현하고 싶어 하는 사용자들을 많기 때문에, 순위에 활용

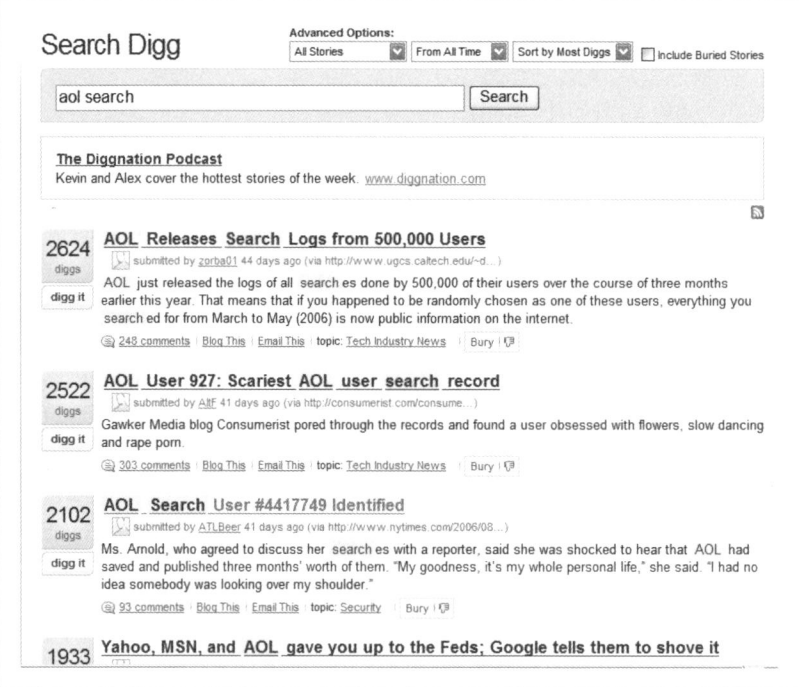

그림 8-20. 디그는 검색 결과의 순위에 사용자의 평가를 활용한다.

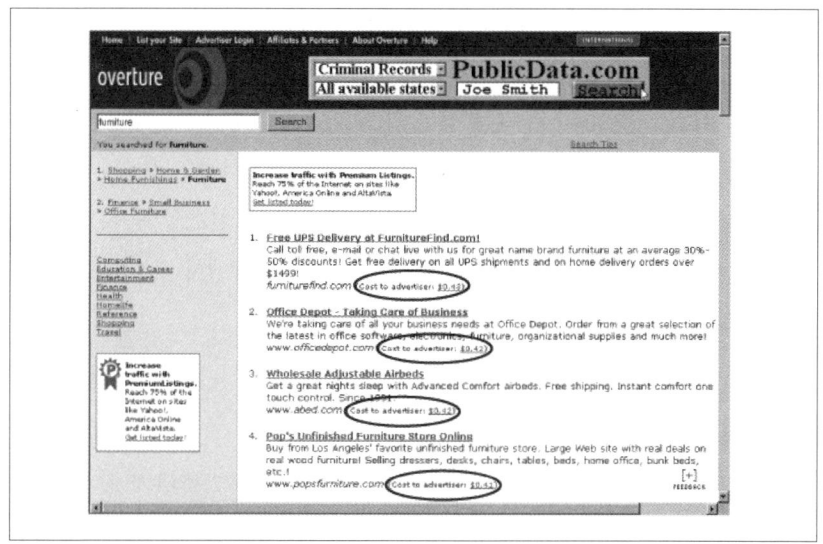

그림 8-21. 오버추어(현재는 야후! 서치 마케팅으로 바뀜)는 보다 높은 순위를 차지할 수 있는 권리를 경매로 판매한다.

할 수 있을 만한 다양한 평가들이 존재한다.

대부분의 사이트들은 평가에 적극적으로 참여하고 싶어 하는 사용자들이 충분하지 않다. 하지만, 사용자의 평가를 사용할 수 있는 상황이라면, 검색 결과의 노출 알고리즘presentation algorithm의 일부로 활용되지 않더라도 문서와 함께 사용자의 평가를 보여주는 것은 유용하다.

검색 결과 내 노출 위치 판매를 통한 순위

배너광고 판매는 더 이상 성장 가능성이 있는 경제모델이 아니기 때문에, 노출 위치 판매PFP[14]가 웹 검색에 점점 더 보편적으로 적용되는 추세이다. 개별 웹사이트들은 사용자가 검색한 검색 결과 목록에서 높은 순위 혹은 보다 더 높은 순위를 차지하기 위해서 경매에 참여하게 된다. 야후! 서치 마케팅(그림

---

14 (옮긴이) 노출 위치 판매(pay-for-placement): 검색 결과 페이지에 광고 공간을 할당하고, 경매를 통해서 가장 비싸게 입찰한 광고주에게 해당 공간을 판매하는 광고상품. 광고상품을 설명할 때는 '위치별 과금'이라고 번역하는 것이 적합할 수 있으나, 문맥상 '광고상품을 통한 순위 조정'의 의미가 강하므로 '노출 위치 판매'라고 번역하였다

8-21)은 이러한 접근방법을 사용하는 가장 잘 알려진 사이트들 중 하나이다.

사이트가 다양한 공급자들로부터 콘텐츠를 공급받는 경우, 검색 결과를 보여주기 위해 노출 위치 판매 방식 도입을 고민해볼 수 있다. 혹은, 사이트가 쇼핑을 목적으로 하는 경우, 사용자들은 가장 안정적이고 좋은 사이트가 가장 높은 순위를 차지한다는 가정 하에 이러한 방식을 선호할 수도 있다. 이것은 화장실을 고쳐줄 사람을 찾기 위해, 전화번호부상에서 가장 큰 광고를 하고 있는 배관공을 선택하는 것과 유사하다.

8.7.4 결과 그룹핑

위에서 살펴본 방식들이 모두 검색 결과를 나열하는 데 적합하지만, 한 가지 방법만 적용하는 것으로는 부족할 수 있다. 구글처럼 몇 가지 방식을 적절히 함께 사용하는 방식이 더 좋은 결과를 보여줄 수 있으나, 일반적으로는 검색 엔진을 새로 만들어야만 이러한 수준의 툴을 확보할 수 있다. 어떠한 경우든, 요즈음의 사이트들은 일반적으로 (작아지는 것이 아니라) 점점 커져가고 있어서 검색 결과 세트도 따라서 늘고 있다. 이러면 이상적인 검색 결과들이 다른 결과들에 파묻히게 되어 결과적으로, 사용자가 살펴보기를 포기하게 만들 수 있다.

그래서 정렬과 순위 방식이 좋은 결과를 내기 위해서 다른 대안을 생각해볼 수 있는데, 바로 검색 결과를 공통점을 기준으로 그룹핑하는 방법이다. 마이크로소프트와 UC버클리 대학의 연구원들은 연구[15]를 통해 검색 결과가 카테고리와 순위 목록에 의해서 그룹핑되었을 때 향상된 성능을 보여준다는 것을 훌륭하게 입증했다. 검색 결과를 어떻게 그룹핑할 수 있을까? 문서 포맷(예, doc, pdf)과 파일을 생성/수정한 날짜와 같이 이미 존재하는 메타데이터를 사용해서 검색 결과를 그룹으로 나누는 방식은 명확하지만 안타깝게도 별로 유용하지 않다. 보다 유용한 그룹핑들은 주제, 사용자, 언어, 제품군과 같이

---

15 두마이스(Dumais, S.T.), 커트렐(Cutrell, E.), 첸(Chen, H.), 「Optimizing search by showing results in context」 2001년 4월에 진행된 'CHI '01, Human Factors in Computing Systems'에서.

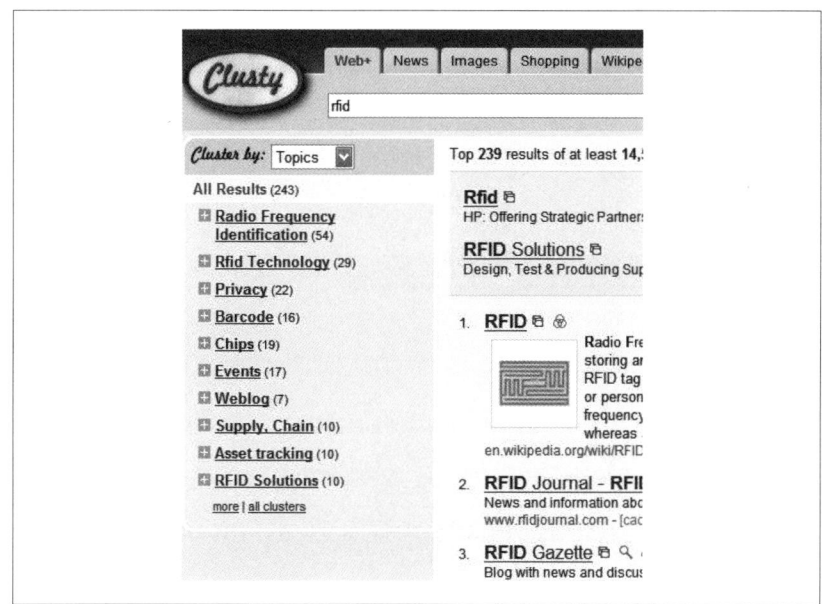

그림 8-22. 클러스티는 'RFID' 검색어의 검색 결과에서 맥락 정보를 제공한다.

수작업으로 만들어진 메타데이터로부터 만들어진다. 그러나 이 또한 안타깝게도 수작업으로 작업해야 하기에 엄청나게 많은 비용이 발생한다.

    몇몇 자동화된 툴이 주제별 그룹핑 유형을 보다 유용한 수준으로 끌어올리고 있어, 사용자들에게 최상의 결과를 제공하곤 한다. 그림 8-22와 8-23에서, 클러스티Clusty와 와이즈넛WiseNut은 'RFID'라는 검색어에 대해서 'Privacy(개인정보)', 'Barcode(바코드)', 'RFID implementation(구현)'과 같은 맥락적인 주제들을 제공하고 있다.

    위와 같은 그룹핑 방식은 검색 결과에 맥락 정보를 제공한다. 사용자는 자신이 원하는 내용에 가장 근접한 카테고리를 선택함으로써, 확실히 적은 검색 결과 세트와 (이상적으로) 동일한 분야의 주제를 다루고 있는 문서들만을 볼 수 있다. 이러한 방식은 그때그때 상황에 맞게 검색 범위를 생성하는 것과 매우 유사하다.

그림 8-23. 와이즈넛도 마찬가지로 카테고리를 가지고 있지만 관련 카테고리의 위치가 클러스티와 다르다.

8.7.5 검색 결과 내보내기

사이트는 사용자에게 검색 결과를 제공한다. 그 다음에는? 물론, 사용자는 입력한 검색어를 수정하거나 자신이 찾고자 하는 것에 대한 생각을 바꿔서 검색을 계속할 수 있다. 혹은 운이 좋게 원하는 것을 이미 찾았으며 찾은 내용을 사용하려는 찰나일 수도 있다. 정황조사[16]와 태스크 분석 기법은 사용자가 검색 결과에서 무엇을 원하는지 이해하는 데 도움을 준다. 다음 섹션에서는 검색 결과의 몇 가지 보편적인 옵션들을 다루도록 한다.

검색 결과의 인쇄, 이메일 발송, 저장

사용자는 마침내 원하던 목적지인 검색 결과 페이지에 도착하게 된다. 사용자는 검색 결과를 북마크할 수 있기는 하지만, 사이트 내에 존재하는 검색 결

---

16 (옮긴이) 정황조사(contextual inquiry): 사용자가 서비스를 사용하는 실제 환경에서 서비스를 어떻게 사용하는지 관찰하는 조사 방법. 상세한 방법은 카렌 홀츠블랫(Karen Holtzblatt)이 저술한 『Contextual Design』이나 『Rapid contextual Design』 (번역서: 『컨텍스트를 생각하는 디자인』, 인사이트, 2008)을 보기 바란다.

그림 8-24. 뉴욕타임스의 기사들은 인쇄를 위한 양식과 이메일 보내기 기능을 제공한다.

과 페이지를 다시 방문하고 싶어 하지 않는다. 대신에 원하는 결과만 취해서 가져가고 싶어 한다.

물론 사용자는 인쇄할 수도 있으나 모든 문서들이 인쇄에 적합하게 디자인된 것은 아니다. 문서에 배너광고나 내비게이션 옵션들이 포함되어 있을 수도 있다. 많은 사용자들이 인쇄하기를 원하거나 콘텐츠가 인쇄에 적합하지 않다면, 보다 깔끔하게 인쇄할 수 있도록 문서를 바꿔주는 '인쇄하기print this document' 옵션을 고려해봄 직하다. 그리고 많은 사용자들이 정보를 수집하고 관리하기 위해서 이메일 프로그램을 사용하기 때문에, '이메일로 보내기 email this document' 기능 또한 여러 모로 유용하다. 두 가지 기능은 그림 8-24에서 찾아볼 수 있다.

뉴욕타임스는 기사를 나중에 찾아볼 수 있도록 저장하는 기능도 제공한다. 하지만, 많은 사용자들은 특정 사이트에 한정적이지 않은 브라우저의 북마킹 기능을 사용하기 때문에, 과연 얼마나 많은 사용자들이 '저장save' 기능을 사용할지는 미지수다. 이 사이트는 또한 '타 서비스에 게재reprints' 옵션도 제공하고, 기사를 한 페이지씩 볼 것인지 여러 페이지를 한 번에 볼 것인지 선택할 수 있도록 하고 있다.

검색 결과의 일부 선택하기

사용자들은 때로 검색 결과에서 한 가지 이상의 문서를 취하고 싶을 수 있다. 아마존에서 여러 권의 책을 살펴보듯이 문서를 여러 개 '살펴보고자' 할 수도 있다. 또 수많은 검색 결과를 훑어볼 때, 원하는 문서의 위치를 잊어버리지 않도록 표시하는 방법이 필요할 수도 있다.

쇼핑카트 기능은 도서관 카탈로그처럼 검색이 빈번한 환경에서 매우 유용하다. 그림 8-25와 그림 8-26에서, 사용자는 검색 결과의 일부를 '저장'할 수 있고, 검색을 마친 후에 '쇼핑 바구니' 안에 저장된 검색 결과들을 살펴볼 수 있다.

검색 저장

경우에 따라, '검색 저장'은 검색 결과를 저장하는 것이 아니라 '보관'하고 싶은 검색 내용 자체(예: 검색어, 검색 옵션)를 저장하는 것을 의미한다. 저장된 검색은 수시로 변화하는 분야에 대해서 지속적으로 살펴보고 싶은 경우에 특히

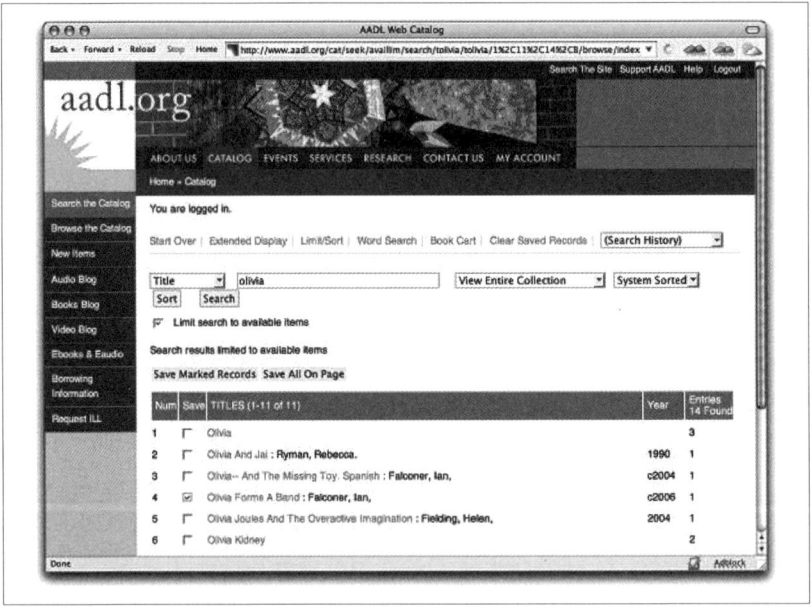

그림 8-25. 앤 아버 디스트릭트 도서관(Ann Arbor District Library)의 카탈로그는 사용자들이 몇 개의 레코드를 선택해서 '저장'할 수 있도록 하고 있다.

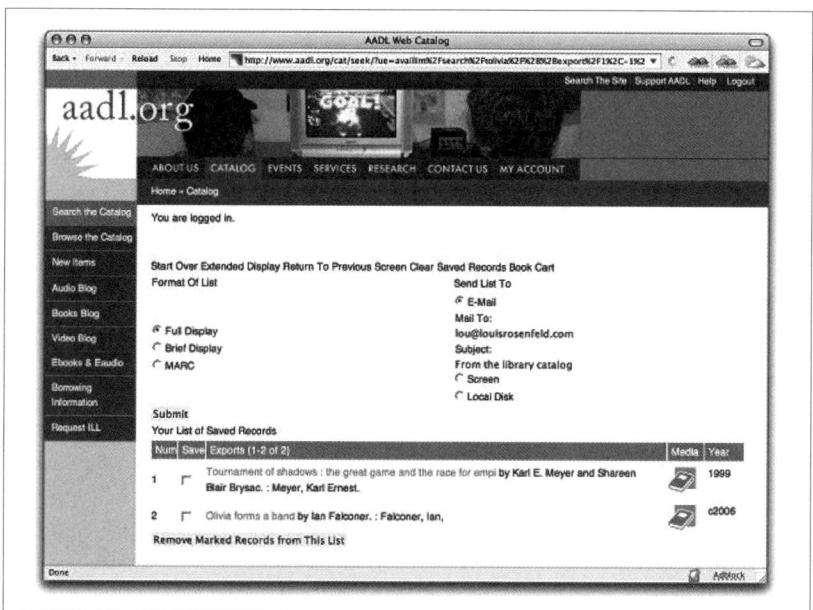

그림 8-26. 또한, 검색 결과를 이메일로 보낼 수도 있고, 컴퓨터로 다운로드할 수도 있다.

유용하다. 정기적으로 저장된 검색을 다시 실행해볼 수도 있고, 자동으로 정기적인 검색을 하도록 할 수도 있다. 그림 8-27에서 보는 것과 같이, 사이언스 매거진의 ScienceNOW 서비스와 같은 일부 검색 툴은 검색 저장과 검색 결과 저장을 모두 지원한다.

   사용자가 본래 검색 시스템을 가진 사이트를 방문하지 않고도 검색 결과에 접근할 수 있도록 검색 결과가 보다 '이식 가능하게portable' 변하였으며, 검색 결과는 RSS나 Atom[17]을 통해 배급될 수 있다. 예를 들어, 구글 얼럿 Google Alerts 서비스를 사용하여 구글의 검색을 자동으로 재실행할 수도 있고 (그림 8-28 참조), 저장된 검색어에 대한 검색 결과는 RSS나 Atom 피드를 통해 (또한 이메일을 통해서도) 받아볼 수 있다.

---

17 (옮긴이) RSS나 Atom: RSS는 Real Simple Syndication의 약자. 둘 다 빈번하게 업데이트되는 콘텐츠를 제공하기 위한 데이터포맷인 Web feed의 일종이다.

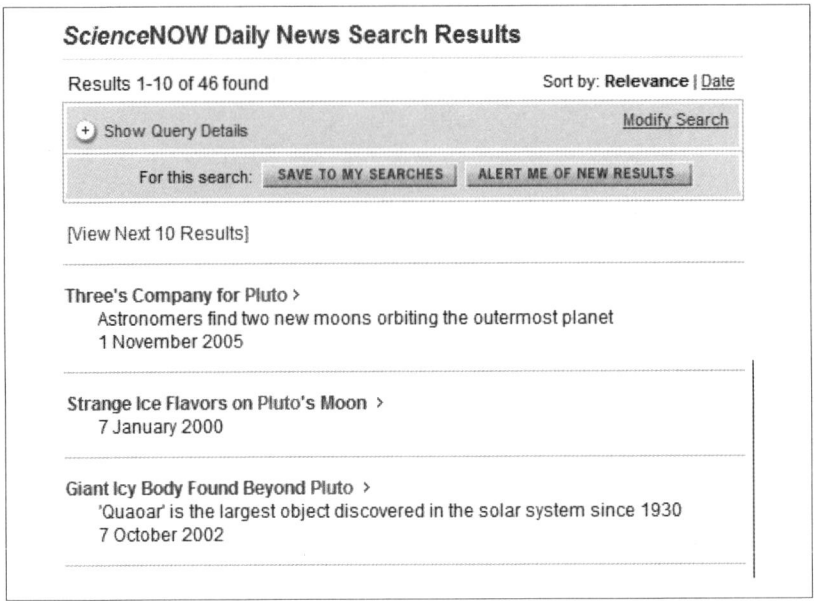

그림 8-27. 추후 사용을 위해서 검색어를 저장하고 정기적으로 자동 검색이 실행되도록 일정을 정해놓을 수 있다.

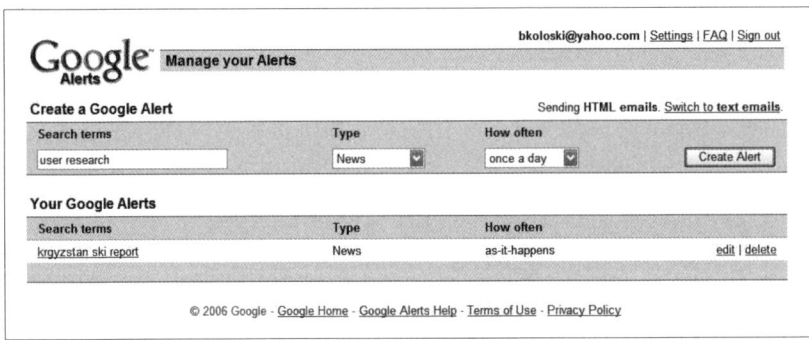

그림 8-28. 구글 얼럿를 통한 검색어 모니터링. 검색 결과는 RSS나 Atom 피드, 이메일을 통해 전달될 수 있다.

8.8 검색 인터페이스 설계

현재까지 논의해왔던 모든 요소들은(무엇을 검색해야 하는가, 무엇이 검색되어야 하는가, 검색 결과를 어떻게 보여줄 것인가) 검색 인터페이스에서 하나로 조합된다.

그리고 사용자와 검색 기술은 항상 다양함과 동시에 변화하기 때문에, 검색 인터페이스에는 절대적인 정답이 존재할 수 없다. 정보검색학 분야가 다양한 검색 인터페이스 설계에 대한 연구를 다루고 있기는 하지만, 다양한 고려사항들이 존재하기 때문에 검색 인터페이스를 설계하기 위한 '정도正道'를 정의하는 것은 불가능에 가깝다. 대신, 여기에 몇 가지 고려사항들을 소개 한다.

검색 전문성과 동기의 수준

사용자들은 특수한 질의 언어(예: 불린연산자)를 능숙하게 사용할 수 있거나 혹은 자연어를 선호하는가? 사용자들은 간단한 인터페이스를 원하는가 아니면 매우 강력한 인터페이스를 원하는가? 사용자들은 완벽한 검색을 하기 위해서 열심인가 혹은 '적당히 충분한' 결과에 만족하는가? 검색을 얼마나 많이 반복할 의향이 있는가?

정보 니즈의 유형

사용자는 검색 대상이 무엇인지 적당히 이해하기를 원하는가 아니면 종합적인 조사를 원하는가? 어떤 콘텐츠 요소가 문서를 클릭해볼지 결정하는 데 도움이 되는가? 검색 결과는 개괄적이어야 하는가 혹은 검색 결과가 각 문서에 대해 폭넓게 상세한 내용을 제공해야 하는가? 그리고 정보 니즈를 표현하기 위해 검색어를 얼마나 상세하게 입력하려고 하는가?

검색될 정보의 유형

정보는 구조화된 필드로 구성되어 있는가 혹은 그냥 텍스트로 구성되어 있는가? 내비게이션 페이지인가 혹은 목적지 페이지인가 아니면 둘 다인가? HTML로 작성되어 있는가 혹은 텍스트가 아닌 요소를 포함하고 있는 다른 포맷인가? 콘텐츠는 가변적인가 혹은 보다 고정적인가? 정보는 메타데이터로 태깅되어 있는가 혹은 필드로 나눠져 있는가 아니면 텍스트 한 덩어리인가?

검색될 정보의 양

사용자는 검색된 수많은 문서에 압도당하는가? 얼마나 많은 검색 결과가

'적절한 수량'인가? 여기에는 많은 고민이 필요하다. 다행스럽게도, 검색 인터페이스를 설계할 때 고려해야 할 기본적인 가이드가 이미 존재한다.

웹의 초창기에는, 많은 검색엔진이 온라인 도서관 카탈로그나 CD ROM 기반의 데이터베이스에 사용된 '전통적인' 검색엔진의 기능을 모방하거나 이와 같은 환경으로부터 그대로 이식되었다. 이러한 전통적인 시스템은 대개 연구원, 문헌정보학자와 같이 검색에 대해서 어느 정도의 지식이 있고 자신의 정보 니즈를 복잡한 질의 언어로 표현하고 싶어 하는 사람들에 의해서 설계되었다. 그 결과, 당시의 많은 검색 시스템에서는 불린연산자, 검색 필드 등을 사용하였기에 사실, 사용자들은 복잡한 언어를 배워야만 했다.

웹이 일반 사용자 기반으로 확장되면서, 웹 검색에 대한 전반적인 전문지식이나 경험이 없는 이런 상황에서 새롭게 등장한 사용자층은 특히나 참을성이 없었다. 그들은 보통 연산자도 없이 한 단어 혹은 두 단어를 입력하고 그냥 '검색' 버튼을 눌렀다. 그리고 최고의 결과를 기대했다.

검색엔진 개발자들은 오랫동안 선호되던 기능들을 '고급 검색' 인터페이스 안으로 밀어 넣거나, 검색엔진에 고급 기능을 바로 적용함으로써 이전의 기능들이 사용자의 눈에 보이지 않도록 만들었다. 예를 들어, 구글은 사용자가 어떠한 종류의 검색 결과를 원할지(관련도 알고리즘)와 어떤 검색 결과를 선호하는지(인기도 알고리즘)에 대해서 일련의 가정을 만들어냈다. 구글이 성공한 이유 중 하나는 이렇게 웹 검색에 있어서 적절한 가정을 하고 있다는 것이다. 하지만, 대부분의 검색 시스템(웹 검색이나 로컬 검색)은 이를 제대로 하지 못하고 있다.

그렇기 때문에, 여타 검색 시스템들은 사용자들이 (좌절에서 벗어나) 검색기술을 배우고, 복잡한 검색 인터페이스를 사용하고 검색어를 만드는 방법을 익히는데 더 많은 시간을 보내도록 장려한다. 하지만 현실에서는, 사이트의 사용자들이 문헌정보학자, 연구원, 특수한 전문가(예: 특허 검색을 주로 하는 변리사)가 아닌 한, 일반 사용자들은 검색어를 신중히 고민해서 정밀하게 만드는 데 많은 시간과 노력을 할애하고 싶어하지 않는다. 이것은 검색에 대한 책임이 대부분 검색엔진, 검색 인터페이스, 콘텐츠의 태깅과 인덱싱에 달려 있다는 것을 의미한다. 따라서, 검색 인터페이스가 검색창과 '검색' 버튼만 가지고 있도록 최대한 단순하게 유지하는 것이 최선이다.

8.8.1 검색창

그림 8-29에서 보는 바과 같이, 보통 사이트들은 항상 이런 검색창을 가지고 있는 경우가 많다.

단순하고 명확하다. 키워드를 입력하거나('Somers 가는 길') 자연어로 된 표현('Somers 상업지구로 어떻게 가야하는가?')을 입력한 후 '검색' 버튼을 클릭하면, 전체 사이트가 검색되고 검색 결과가 나타난다.

사용자들은 검색 인터페이스가 어떻게 작동하는지 나름대로 상상을 하고 있기에, 검색 시스템 설계에 이러한 사용자들의 생각을 반영하기 위해서는 검증을 거치는 작업이 필요하다. 사용자들이 보편적으로 하고 있는 생각들은 아래와 같다.

- 내가 찾고 싶은 것을 설명할 수 있는 용어를 입력하면, 검색엔진이 나머지는 알아서 다 해준다.
- 나는 AND, OR, NOT 따위를 입력할 필요가 없다.
- 내가 입력할 용어의 동의어를 고민할 필요가 없다. 내가 개를 찾는다면, '개'라고 입력하면 되지 '개과 동물'이라고 입력할 필요가 없다.
- 필드 검색? 어떤 필드를 검색해야 할지 배우고 있을 시간이 없다.
- 내가 입력한 검색어는 사이트 전체를 검색할 것이다.

사용자가 이러한 생각을 가지고 있더라도 사이트의 검색이 실제로 어떻게

그림 8-29. 사이트 전반에 있는 범용적인 검색창. (ibm.com의 예)

다른지 알고 싶어하지 않는다면, 다음과 같이 순서대로 하면 된다. 검색창을 제공한다. 보다 고급의 정확한 검색어를 어떻게 만들 수 있는지 설명하는 '도움말'를 제공한다. (하지만 사용자들은 도움말 페이지를 거의 보지 않는다.)

그렇다면, 사용자들이 배워보려고 준비가 되었을 때에 대해서 생각해보자. 가장 좋은 때는 초기 검색을 마친 후에 사용자가 어떤 결과가 적절한지 선뜻 결정을 하지 못하거나 혼란스러워하는 시점이다. 최초 한 번의 검색으로 자신이 원하는 것을 정확히 찾아줄 것이라는 처음의 기대는 사라지게 된다. 그래서 사용자가 재검색을 하려고 할 때, 어떻게 검색어를 수정해야 하는지 알고 싶어 한다. 예를 들어, IBM 사이트에서 'servers'라고 검색했을 때(그림 8-30 참조), 사용자들은 원했던 것보다 많은 검색 결과를 보게 된다.

이때, IBM의 검색 시스템은 검색창 이상의 것을 제공한다. "요청하신 검색에는 729,288개의 결과가 있습니다. 너무 많다고 생각하시나요? 그렇다면, 고성능의 '고급 검색advanced search' 인터페이스를 사용해서 재검색 해보세

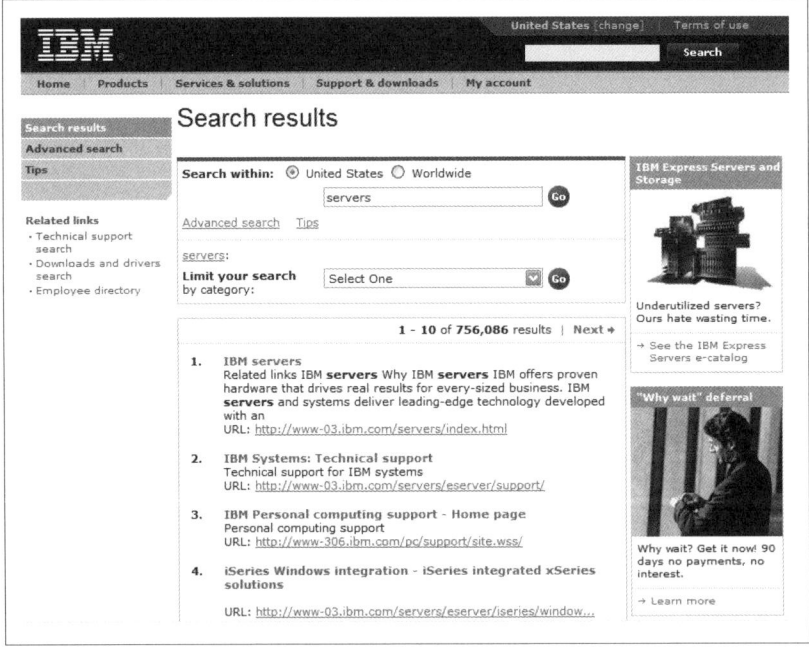

그림 8-30. IBM의 검색 결과는 재검색할 수 있는 다양한 방법을 제공한다.

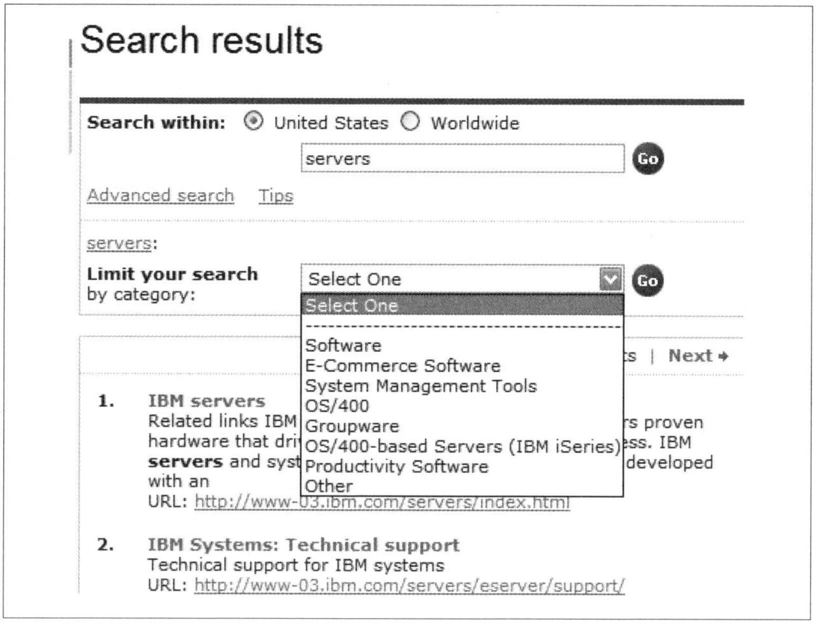

그림 8-31. 카테고리를 통한 세분화 기능을 제공

요." 그림 8 31에서 보는 것처럼 검색 내용을 세부적으로 한정할 수 있습니다. 혹은 '사용팁tips' 페이지에서 검색을 잘 할 수 있는 방법에 대한 내용을 살펴보시기 바랍니다"와 같이 사용자에게 영향을 끼칠만한 얘기를 해준다. 또는 검색 결과를 세분화하기 위해서 카테고리 리스트(실제로는 검색 범위)에서 한 가지 항목을 선택하도록 해준다.

일반적으로, 너무 많거나 너무 적은(대개 한 개도 없는) 검색 결과는 사용자에게 재검색할 필요가 있다는 것을 알려주는 좋은 기회이다. 이 주제에 대해서는 8.8.3 '재검색 지원' 섹션에서 다뤄보도록 하자.

검색창이 다른 입력창들과 함께 보이는 경우에 혼란을 일으킬 수 있다. 그림 8-32는 많은 입력창들이 있는 메인 페이지를 보여주고 있는데, 기능과는 상관없이 모든 입력창은 동일하게 '이동go' 버튼을 가지고 있다. 사용자들은 각 입력창에 붙어 있는 공들여 만든 레이블에는 신경 쓰지 않기 때문에, '검색창'에 URL을 입력하는 것은 말할 것도 없고, '비밀번호' 입력창에 검색어를 입

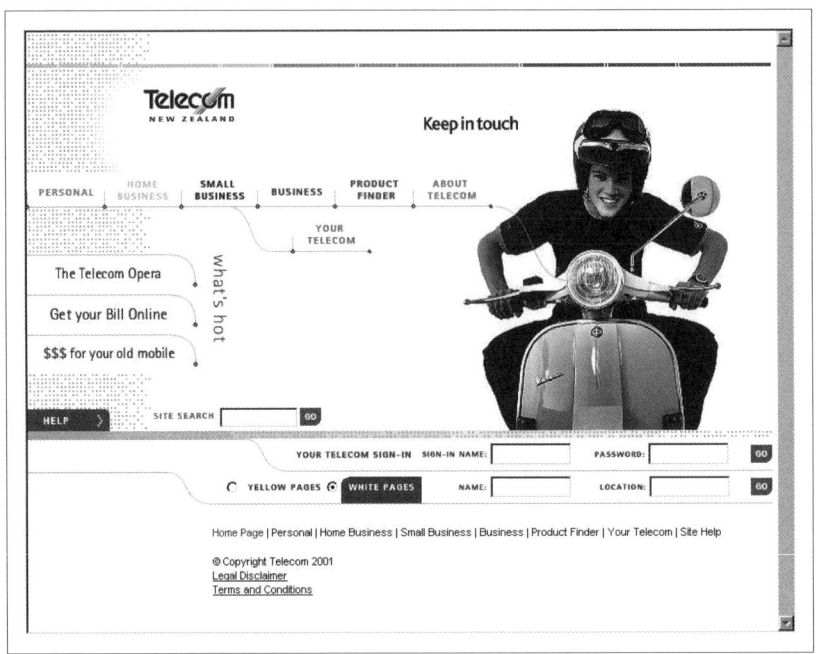

그림 8-32. 사용자는 어디에 검색어를 입력해야 할까?

력하는 등 매우 혼란스러워한다. (검색로그에서는 지속적으로 '입력창 오류'[18]가 발견된다.)

    검색창을 배치하는 보다 효과적인 방법은 페이지 상단에 위치한 사이트 전체 내비게이션 시스템과 가깝게 배치하고, '이동' 버튼의 레이블을 '검색'이라고 변경하는 것이다. 페이지 내의 다른 입력창은 보다 덜 눈에 띄도록 디자인하고 다른 곳에 한데 모아두는 것이 좋다. 사이트의 모든 페이지에서 사이트 전체 내비게이션 옆에 배치되어 있으며, 검색창 옆에 항상 '검색'이라고 레이블링된 버튼이 함께 있는 검색창의 일관적인 위치는 사용자들이 최소한 어디에 검색어를 입력해야 하는지 알 수 있도록 해준다.

---

18 (옮긴이) 입력창 오류(box bloopers): 검색창을 다른 입력창으로 착각하여, 입력창에 입력할 정보를 검색창에 입력하게 되는 오류. 실제로 검색로그를 살펴보면 전혀 '검색어스럽지' 않은 로그가 나타난다. 사용자 아이디, 패스워드 같은 정보는 검색어와 유사한 경우가 있어 검색로그 분석 결과에 예상치 않은 영향을 끼칠 수도 있다.

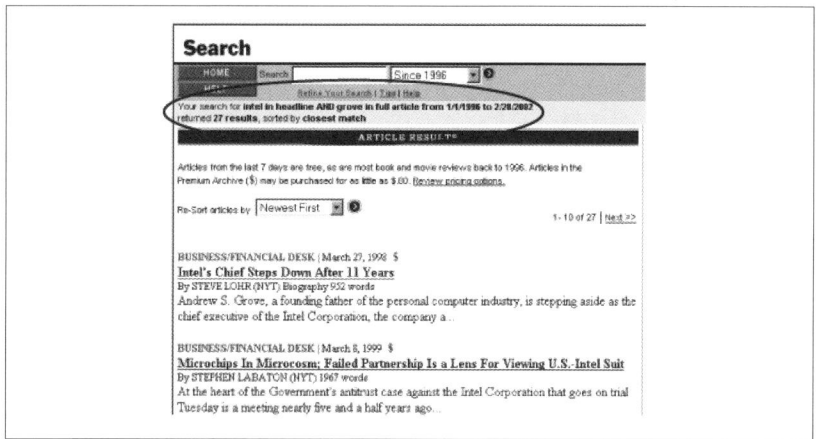

그림 8-33. 세 개의 검색창을 하나로 통합이 가능하다.

그림 8-33에서, 세 가지 검색창은 하나의 검색창으로 합쳐서 기사, 코멘트, 사용자에 대한 인덱스들을 통합적으로 검색할 수 있다. 이를 통해 공간을 절약하고 사용자의 부담을 줄일 수 있다. 검색 범위의 세 가지 유형에 대한 구분은 항상 (선택이 가능하도록) 풀다운 메뉴pull-down menu나 고급 검색 인터페이스로 한다.

이 작은 검색창의 이면에는 다양한 기대들이 존재하는데, 일부는 사용자들에 의해서, 일부는 인포메이션 아키텍트(어떠한 기능이 검색창 뒤로 숨겨져야 하는지 결정하는)에 의해 만들어진다. 단순한 검색 인터페이스를 설계할 때 기본 설정을 어떻게 할 것인가는 사용자들이 어떠한 기대를 가지고 있는가에 근거를 두어야 한다.

8.8.2 고급 검색: 오남용 금지[19]

고급 검색 인터페이스는 검색 시스템이 가진 대부분의 기능들을 사용자에게

---

19 (옮긴이) 오남용 금지(Just Say No): 본래 'Just Say No'는 미국에서 '약물과의 전쟁'의 일환으로 사용된 광고 캠페인이다. 어린이들이 흥미에 의해서 약물을 사용하지 않도록 하는 내용을 주요 골자로 하고 있다.

'노출'한다. 일반 검색에서의 검색창과는 매우 대조적으로, 고급 검색 인터페이스는 검색 시스템을 다양하게 조작할 수 있고, 일반적으로 두 가지 유형의 사용자들에 의해서 사용된다. 이들은 고급 사용자(문헌정보학자, 법률가, 박사 과정 학생, 의학 관련 연구원 등)와 초기 검색에서 실망하고 재검색을 하려는 사용자(대개 일반 검색의 검색창이 자신의 니즈를 충족시켜주지 못한다고 생각하는 사용자)이다.

종종 고급 검색 인터페이스가 (별 생각 없이 엄청나게) 다양한 항목들로 빽빽하게 가득 차 있는 것을 발견할 수 있다. 여기에 필드 검색, 데이터 범위, 검색 범위 선택, 특수 질의 언어들이 모두 활용된다. 사실, 이러한 요소들은 인터페이스를 복잡하게 만들고 사용자가 무엇을 해야 할지 알기 어렵게 만든다. 예

그림 8-34. 가트너의 매우 긴 고급 검색 인터페이스. 누가 사용할까?

를 들어, 가트너 사이트의 고급 검색 인터페이스(그림 8-34 참조)는 옵션들이 너무 많아서 한 페이지에 모두 보여주지도 못한다.

본래 기대했던 것과는 달리, 사용자들은 고급 검색 기능을 거의 사용하지 않기 때문에, 이 장에서 고급 기능들을 상세히 다루지는 않을 것이다. 사용자들은 고급 검색 페이지를 거의 방문하지 않으므로, 고급 검색 기능 설계에 너무 많은 자원을 투자하지 않는 것이 좋다. 사용자가 원할 때 (달리 말하면, 적절한 맥락에서) 재검색을 지원해줄 다른 방법을 모색해보는 것이 더 낫다. 이러한 방법은 다음에 소개하는 것들보다 다양하게 존재한다.

안타깝지만, 고급 검색을 완전히 무시할 수는 없다. 어쩌면 일종의 습관이나 선입견에 관련된 문제일 수 있는데, 많은 사용자가 고급 검색 기능이 있기를 바라기는 한다. 경험상, 고급 검색을 사용하고자 하는 소수의 사용자들에게 고급 검색 페이지를 통해 검색엔진의 다양하고 강력한 검색 기능을 보여주는 것이 좋을 수도 있지만, 대부분의 사용자들에게는 고급 검색 페이지까지 갈 필요가 없게 검색 시스템을 설계하는 것이 중요하다.

8.8.3 재검색 지원

여기까지, 사용자가 원하는 것을 찾은 후나 검색이 완료된 후에 발생할 수 있는 것들에 대해서 알아보았다. 그러나, 사용자가 원하는 것을 항상 찾을 수 있는 것은 아니다. 이번에는 사용자가 검색을 잘 활용할 수 있도록 (그리고 검색 시스템이 어떻게 작동하는지를 이해할 수 있도록) 도움을 줄 수 있는 가이드라인을 살펴보도록 하자.

검색 결과 페이지에서 검색 반복하기

'내가 찾고 싶었던 것이 무엇이었더라?' 사용자는 가끔 잊어버리곤 하는데, 특히 많은 검색 결과를 살펴본 이후에는 더욱 그렇다. 검색창에서 초기의 검색어를 보여주는 것은 매우 유용하다. 이 정보는 방금 완료된 검색이 무엇인지 알려주고, 사용자가 검색어를 고치거나 다듬기 위해서 검색어를 처음부터 다

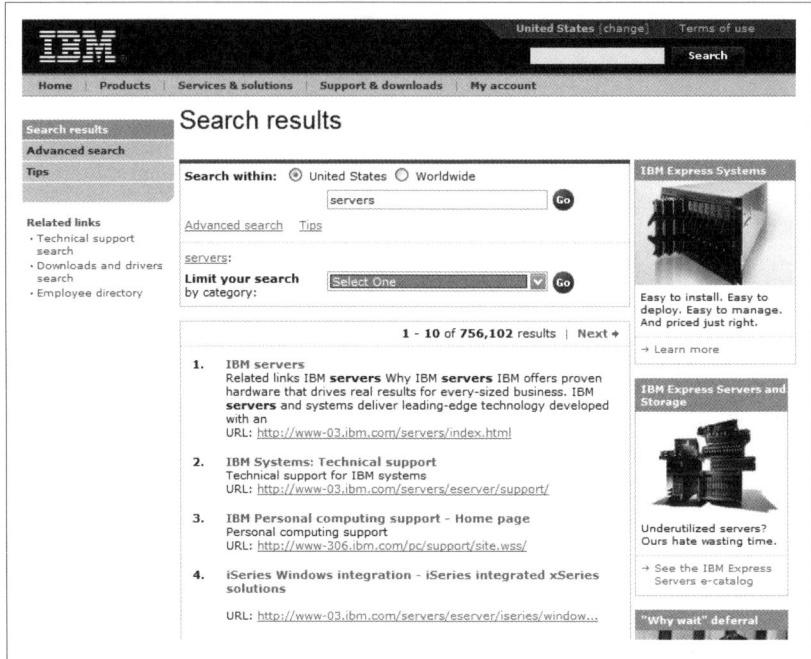

그림 8-35. 본래 입력된 검색어는 검색 결과 페이지에 나타나며, 이를 수정하거나 다시 검색할 수 있다.

시 입력해야 하는 수고를 덜어준다.

검색 결과의 출처에 대해서 설명하기

어떤 콘텐츠가 검색되었는지 명확하게 정보를 제공하는 것은 유용한데, 특히 검색 시스템이 복수의 검색 범위를 지원하는 경우에 확실히 유용하다(그림 8-36 참조). 이러한 방식은 검색 범위를 넓히거나 좁히는 것을 쉽게 만들어주기 때문에, 재검색을 하는 경우에 사용자는 자신의 의도에 따라 검색 범위를 더 많이 선택하거나 더 적게 선택할 수 있다.

사용자가 수행한 내용에 대해서 설명하기

검색 결과가 만족스럽지 못한 경우, 현재 상황과 어디서 재검색이 가능한지에 대한 상세한 설명을 통해 검색 시스템에서 어떠한 일이 수행되었는지 사용

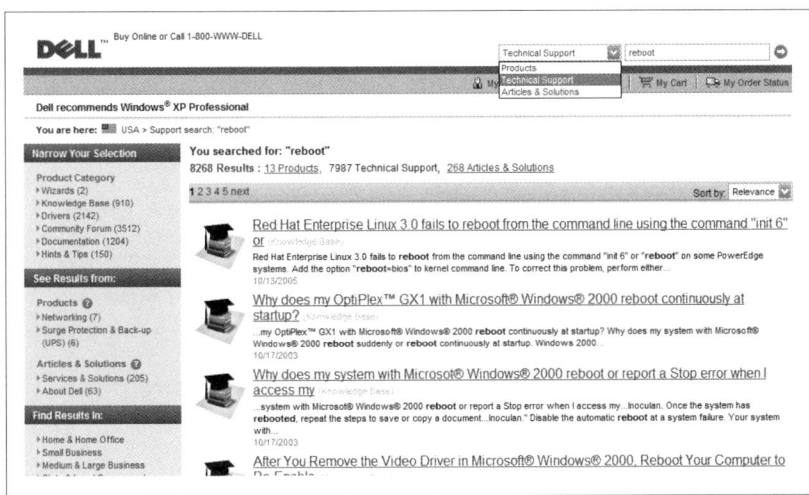

그림 8-36. 델의 검색 시스템은 어떠한 종류의 콘텐츠(예, 'Technical Support')가 검색되었는지 알려주며 다른 검색 범위로 이동하는 것을 쉽게 해준다.

자에게 알려주는 것이 좋다.

'수행된 내용'은 위에서 언급한 두 가지 가이드라인과 더불어 아래의 내용을 포함하면 좋다.

- 입력된 검색어
- 어떠한 콘텐츠가 검색되었는가
- 어떠한 필터를 사용하였는가 (예: 날짜 설정 범위)
- 사용된 불린 혹은 다른 연산자 (예: 기본 AND와 같은 연산자)
- 기타 현재 설정값 (예: 정렬 순서)
- 검색된 결과의 수량에 대한 언급

그림 8-37에서 뉴욕타임스 사이트는 사용자에게 검색 시스템에서 수행된 내용을 설명해주는 좋은 예를 보여주고 있다.

검색과 브라우징의 통합

이 책의 주요한 내용은 검색과 브라우징을 통합하는 것이지만(이 모두를 '정보

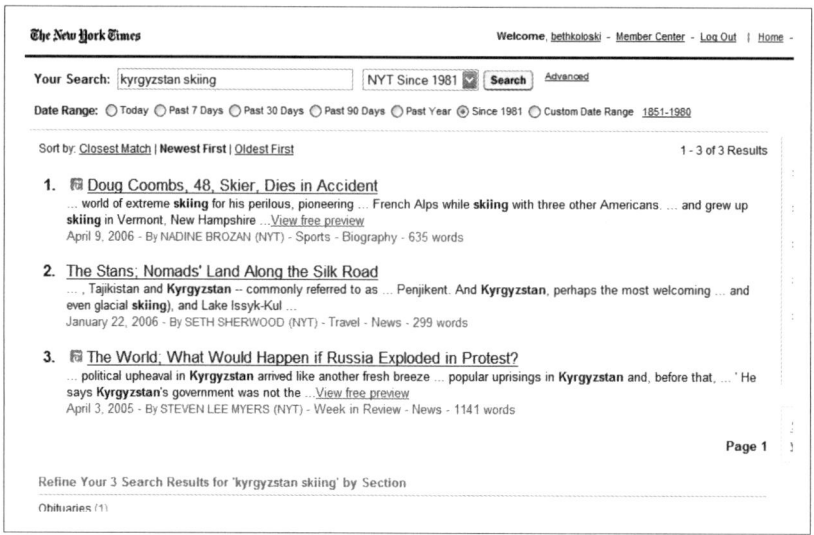

그림 8-37. 검색의 모든 속성값들이 검색 결과의 일부로 보인다.

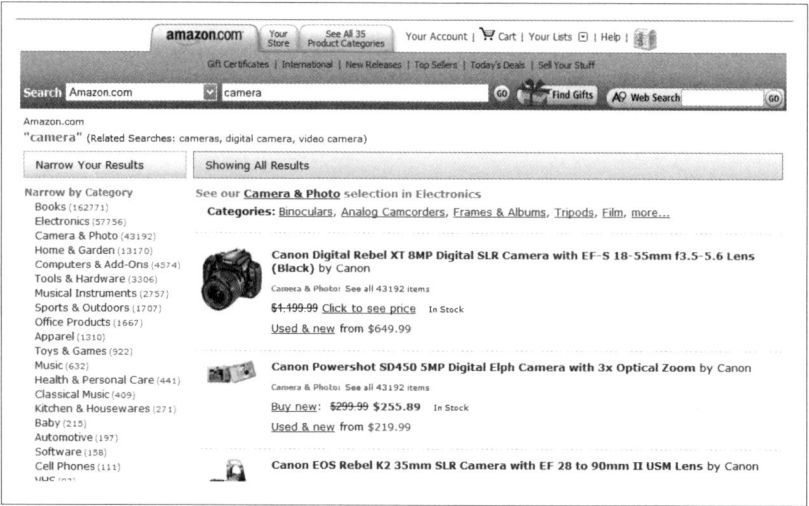

그림 8-38. 검색이 브라우징을 유도: 'camera'에 대한 검색은 문서와 함께 카테고리를 결과로 보여주고 있다.

의 검색finding'라고 간주할 수 있다), 여기서 장황하게 논의하지는 않을 예정이다. 다만, 사용자가 쉽게 정보를 찾을 수 있도록 검색 시스템과 브라우징 시스템

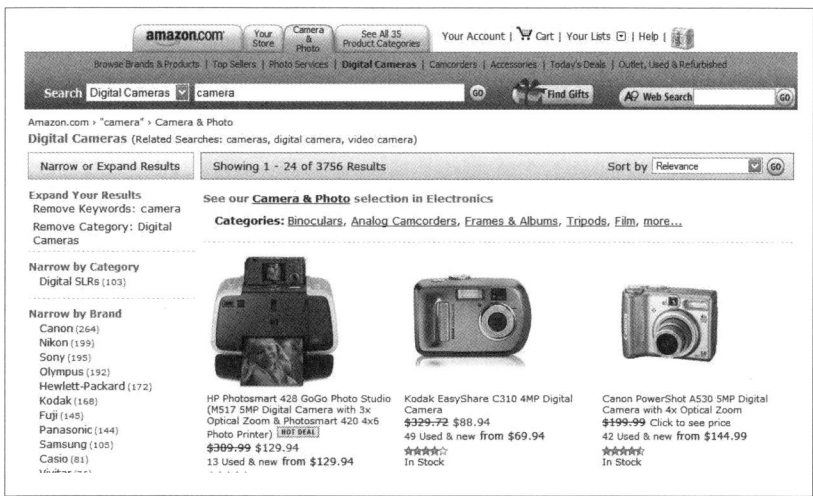

그림 8-39. 브라우징이 검색을 유도: 'Digital Cameras' 섹션으로 들어오면, 해당 섹션으로 검색 범위가 설정되어 있는 검색창이 제공된다.

을 연결할 수 있는 방법에 대해서 고민할 필요가 있다는 것은 유념해둘 필요가 있다.

그림 8-38과 8-39에서, 아마존닷컴은 검색과 브라우징을 적절하게 잘 통합하고 있다.

8.8.4 사용자가 곤경에 처하는 경우

브라우징과 최첨단 검색 기능 및 결과노출 알고리즘을 통합해서 반복적인 검색을 지원하더라도, 사용자는 종종 검색에 실패하곤 한다. 검색 결과가 0건이거나 너무 많은 경우에 사용자를 위해서 무엇을 할 수 있을까?

검색 결과가 너무 많은 경우는 비교적 해결하기 쉬운데, 대부분의 경우 검색엔진이 연관도를 기준으로 순위가 정리된 검색 결과를 제공하기 때문이다. 사실, 많은 검색 결과를 걸러내는 것은 재검색의 한 형태이고, 사용자들은 선택할 만한 검색 결과를 발견하면 검색 결과 훑어보기를 멈추게 된다. 하지만, 그림 8-40와 같이 검색 결과의 폭을 좁히는 방법에 대한 설명을 제공하는 것은 여전히 유용하다.

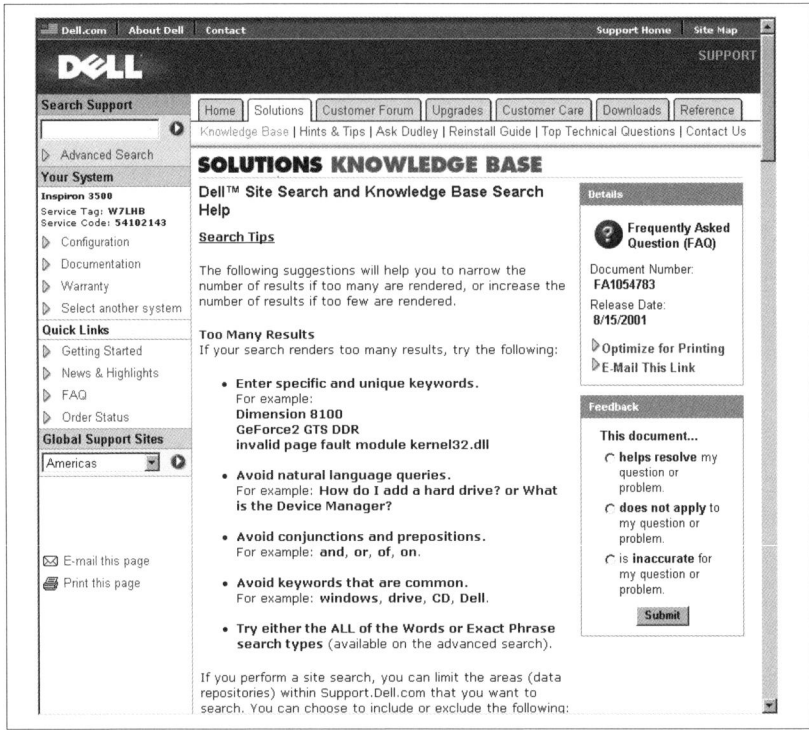

그림 8-40. 델의 기술지원 도움말 페이지는 너무 많은 검색 결과를 어떻게 해야 할지에 대한 안내를 제공하고 있다.

결과 내 검색을 통해서 사용자가 검색 결과의 폭을 좁히도록 허용하는 것도 좋은 방법이다. 그림 8-41에서, 'naked bungee jumping'에 대한 초기 검색 결과는 9,000건을 넘는다. 검색 범위를 좁혀서 'figure skating'에 대한 검색 결과를 얻기 위해 '결과 내 검색'을 할 수 있다.

검색 결과가 너무 많은 경우와는 반대로, 검색 결과가 0건이면 사용자는 더욱 좌절한다. 인포메이션 아키텍트에게도 더욱 해결하기 어려운 문제이다. 이 문제를 해결하기 위해서는 '완전한 종료가 없는'[20] 정책을 적용해볼 수 있

---

20 (옮긴이) 완전한 종료가 없는(no dead ends): 1인칭 게임에서 게임 도중에 캐릭터가 죽게 되면, 어떻게 손쓸 방법도 없이 게임은 종료되게 된다. 이를 dead ends라고 하고, 저자는 이러한 종료가 발생하지 않도록 하는 방법을 no dead ends라고 언급하고 있다.

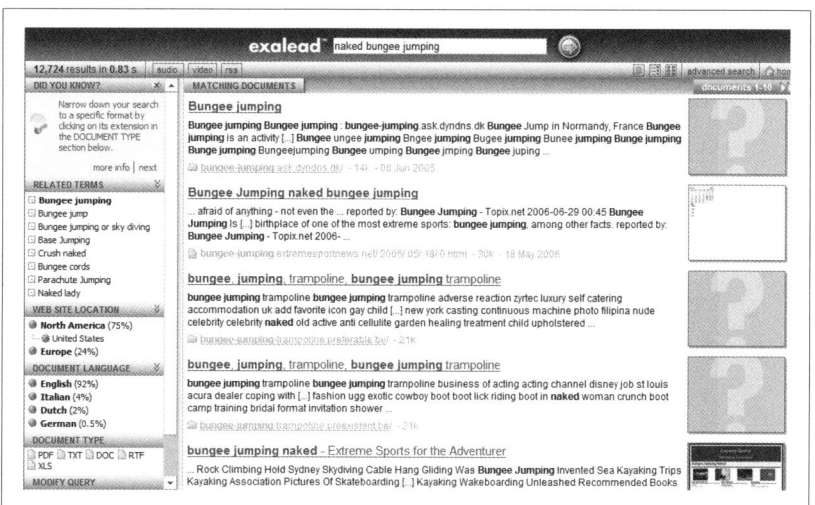

그림 8-41. 엑잴리드 사이트는 결과 내 검색을 제공하고 있다.

다. 여기서 '완전한 종료가 없도록 하는 것'이란 사용자가 검색 결과가 0건인 경우에도 선택할 수 있는 옵션을 제공하는 것을 의미한다. 이러한 옵션은 아래와 같은 내용으로 구성된다.

- 검색 수정 기능
- 더 나은 검색 결과를 얻기 위한 검색팁이나 안내
- 브라우징 도구 (예: 사이트 내비게이션 시스템이나 사이트 맵도 포함)
- 검색이나 브라우징이 소용없는 경우에는, 담당자의 연락처 정보

위의 모든 요건을 만족시키는 검색 시스템이 흔치 않다는 것은 의심할 여지가 없는 사실이다.

8.9 더 살펴볼 것들

이 책에서 이번 장이 가장 길기는 하지만, 우리가 살펴본 것은 검색 시스템의 빙산의 일각에 불과하다. 관심이 있다면, 정보 검색 분야에 대해서 보다 심도

깊게 탐구해보기를 권한다. 가장 추천할만한 읽을 거리는 아래의 세 가지다.

- 『Modern Information Retrieval』 히카르도 바에자 예이츠Ricardo Baeza-Yates와 베르띠에 리베이로 네토Berthier Ribeiro-Neto (Addison-Wesley).
- 『Concepts of Information Retrieval』 미란다 리 파오Miranda Lee Pao. 이 책은 절판되었지만 아마존에서 헌책을 구할 수 있다.
- 『On Search』 팀 브레이Tim Bray의 시리즈물, XML의 아버지로 불리는 팀 브레이의 검색에 대한 훌륭한 연작 에세이. ⟨http://www.tbray.org/ongoing/When/200x/2003/07/30/OnSearchTOC⟩

보다 즉각적이고 실용적인 조언을 찾고자 한다면, 검색툴에 대해서 배울 수 있는 가장 좋은 사이트인 서치툴스닷컴⟨http://www.searchtools.com⟩을 방문해보기를 권한다. 에이비 라포포트Avi Rappoport가 작성한 검색툴 설치 설명서 및 설정 가이드, 제품목록, 업계 뉴스를 볼 수 있다. 또 다른 훌륭한 참고 사이트는 대니 설리번Danny Sullivan의 서치엔진 워치⟨http://www.searchenginewatch.com⟩이다. 이 사이트는 웹 검색에 중점을 두고 있지만, 사이트 내 검색도 다루고 있다.

Information Architecture for the World Wide Web 9

시소러스, 통제어휘집, 메타데이터

다룰 내용:
- 메타데이터와 통제어휘집의 정의
- 동의어 고리, 전거 파일, 분류 체계, 시소러스의 개요
- 계층 관계, 동치 관계, 연계 관계
- 다면 분류와 유도 내비게이션

웹사이트는 복잡한 구성성분들을 가지고 서로 연결되어 있는 시스템들의 집합체라고 할 수 있다. 페이지에 존재하는 링크는 사이트 구조를 이루는 구성요소임과 동시에 조직화 시스템, 레이블링 시스템, 내비게이션 시스템, 검색 시스템의 일부이다. 각 시스템에 대한 개별적인 이해가 유용하기는 하지만, 시스템들이 어떻게 서로 상호작용하는지 고민하는 것도 매우 중요하다. 다양한 시스템들이 존재하는 상황에서, 환원주의[1]의 기본 원리만으로는 모든 현상을 설명할 수 없다.

---

1 (옮긴이) 환원주의(reductionism): 현상을 하나의 기본 원리만으로 설명하려는 철학사상. 복잡하게 다양한 시스템이 서로 얽혀 있는 상황에서는 단순하게 하나의 기준으로 모든 현상을 설명할 수 없다는 것을 의미한다.

메타데이터와 통제어휘집은 시스템 간의 관계 네트워크를 살펴볼 수 있는 매력적인 렌즈 역할을 한다. 많은 양의 대규모 메타데이터를 가지고 있는 웹사이트에서 통제어휘집은 시스템을 서로 이어주는 접착제처럼 사용된다. 백엔드back end의 시소러스는 프론트엔드front end에서 보다 매끄럽고 만족스러운 사용자 경험을 만들어 낸다.

또한, 시소러스의 적용은 과거와 현재를 하나로 이어준다. 최초의 시소러스는 월드와이드웹이 발명되기 오래 전에 도서관, 박물관, 정부기관에서 활용하기 위해서 개발되었다. 인포메이션 아키텍트는 이러한 수십 년의 경험을 빌려올 수 있지만, 무분별하게 사용해서는 안 된다. 현재 인포메이션 아키텍트들이 설계하는 웹사이트나 인트라넷은 새로운 문제점들을 드러내고 있으며 창조적인 해결방안을 필요로 하고 있다.

하지만, 서두르지 말고 기본 용어들과 개념들의 정의부터 살펴보도록 하자. 그런 다음에 다시 전체적으로 큰 그림을 살펴볼 수 있도록 하자.

9.1 메타데이터

메타데이터metadata는 그 정의를 내리기가 매우 어렵다. 메타데이터를 단순히 '데이터에 대한 데이터'라고 정의하는 것은 별로 유의미하지 않다. 딕셔너리닷컴Dictionary.com에서 발췌한 아래 내용은 좀 더 적절한 내용을 담고 있다.

> 데이터 프로세싱에서, 메타데이터는 특정 애플리케이션이나 환경에서 활용되고 있는 다른 데이터를 정의하기 위한 정보나 문서를 제공하는 데이터다. 예를 들어, 메타데이터는 데이터 요소나 속성에 대한 데이터(이름, 사이즈, 데이터 유형 등), 레코드나 데이터 구조에 대한 데이터(길이, 필드, 열 등), 데이터에 대한 데이터(어디에 위치하고 있는가, 어떻게 연계되어 있는가, 소유권 등)를 서술하고 있다. 메타데이터는 데이터의 맥락, 품질 및 상태, 특성에 대한 서술적인 정보를 포함할 수 있다.

이런 복잡한 설명이 인식론[2]과 형이상학[3]의 범위까지 확장될 수도 있겠지만, 그렇게까지는 생각하지 말도록 하자. 대신에, 메타데이터가 실제 정보설계에서 어떻게 사용되는지 자세히 살펴보도록 하자.

메타데이터 태그는 내비게이션과 검색을 개선할 목적으로 문서, 페이지, 이미지, 소프트웨어, 비디오나 오디오 파일, 기타 콘텐츠 요소들을 설명하기 위해 사용된다. 많은 웹사이트에 사용되고 있는 HTML 키워드 메타 태그는 쉬운 예가 될 수 있다. 콘텐츠 작성자는 문서를 설명하는 단어나 구문을 자유롭게 삽입할 수 있다. 이러한 키워드는 인터페이스상에서 보이지는 않으며 검색엔진에서 사용된다.

```
<meta name="keywords" content="information architecture, content
management, knowledge management, user experience">
```

오늘날 많은 회사들은 보다 정교한 방법으로 메타데이터를 사용하고 있다. 콘텐츠 관리 소프트웨어와 통제어휘집을 통해서 분산된 방식의 저작활동이 가능하고, 강력한 내비게이션 시스템을 제공하는 유동적인 메타데이터 기반 웹사이트들을 만들 수 있다. 이러한 메타데이터 기반 모델은 웹사이트의 제작방식과 관리방식의 근본적인 변화를 의미한다. 이제는 '이 문서를 분류체계상에서 어디에 배치할까?'하고 묻는 대신에, '이 문서를 어떻게 설명해야 할까?'하고 물어야 하며, 이 작업이 끝나면 소프트웨어와 어휘 시스템이 나머지를 모두 책임지게 된다.

---

2 (옮긴이) 인식론(epistemology): 인식 일반의 근본 문제를 다루는 철학의 한 부문. 지식론이라고도 불리며, 진리나 지식의 성질과 기원 그리고 범위(사람이 이해할 수 있는 한계 등)에 대하여 고찰한다.
3 (옮긴이) 형이상학(metaphysics): 존재의 근본을 연구하는 학문. 아리스토텔레스는 존재의 근본을 연구하는 부문을 '제1 철학'이라 하고 동식물 등을 연구하는 부문을 '자연학(그리스어: physik)'이라 했다. 그가 죽은 후 유고를 정리/편집함에 있어 '제1 철학'에 관한 것이 '자연학' 뒤에 놓여 그때부터 meta-physika(형이상학-자연학 뒤에 오는 학문)라고 불리게 되었다.

9.2 통제어휘집

용어를 통제하는 방식에는 다양한 형태와 규모가 존재한다. 가장 모호한 수준에서, 통제어휘집controlled vocabulary은 자연어의 일부를 정의해둔 것이라고 할 수 있다. 가장 단순한 수준에서의 통제어휘집은 동의어 고리 형식에서 동치어[4]의 목록이나 전거 파일[5] 형식에서 우선어preferred term의 목록이 될 수 있다. 용어 간의 계층 관계(예: 상위의 의미, 하위의 의미)를 정의하게 되면 분류 체계를 얻을 수 있으며, 개념 간의 연계 관계(예: 더 보기, 관련된 것 보기[6])를 만들게 되면 시소러스를 구성할 수 있게 된다. 그림 9-1은 통제어휘집의 종류와 이들 간의 관계를 보여준다.

완전한 시소러스는 보다 단순한 형식의 모든 관계와 기능을 통합하고 있다. '맥가이버 칼[7]'과 같이 만능인 시소러스를 자세히 살펴보기 전에, 이를 구성하고 있는 개별 요소에 대해서 살펴보도록 하자.

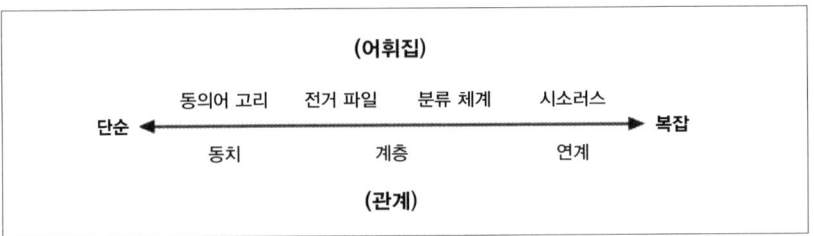

그림 9-1. 통제어휘집의 종류

---

4 (옮긴이) 동치어(equivalent terms): 우선어와 동일한 의미를 가지고 있거나 우선어를 대신할 수 있는 용어. 동치어는 단순히 동의어만을 대상으로 하는 것이 아니라, 서술된 용어의 의미가 다르더라도 우선어를 대신할 수 있는 변형어들을 포함하기 때문에 '강제적으로 같다고 정의하는 의미'가 강한 '동치'라는 단어로 번역하였다.

5 (옮긴이) 전거 파일(authority file): 우선어와 허용치의 목록.

6 (옮긴이) 더 보기, 관련된 것 보기: 원문에서는 see also, see related로 표기. 한국도서관 협회에서는 see를 '보라 참조', see also를 '도 보라 참조'라고 옮기고 있다. 전자는 '직접 참조', 후자는 '간접 참조' 혹은 '연결 참조'라고 부른다.

7 (옮긴이) 맥가이버 칼: Swiss Army Knife, 외화 시리즈 '맥가이버'로 인해 우리나라에서는 '맥가이버 칼'이라고 더 많이 알려져 있다.

9.2.1 동의어 고리

동의어 고리Synonym Ring(그림 9-2참조)은 검색 목적을 위해 동치어로 정의된 단어들의 집합으로, 각 단어끼리 서로 연결되어 있다. 실제로, 이러한 단어들은 종종 실제 동의어가 아닌 경우가 있다. 예를 들어, 다양한 회사의 가전제품에 대한 평점 정보를 제공하는 고객 포털 사이트를 재설계하는 경우를 생각해보자.

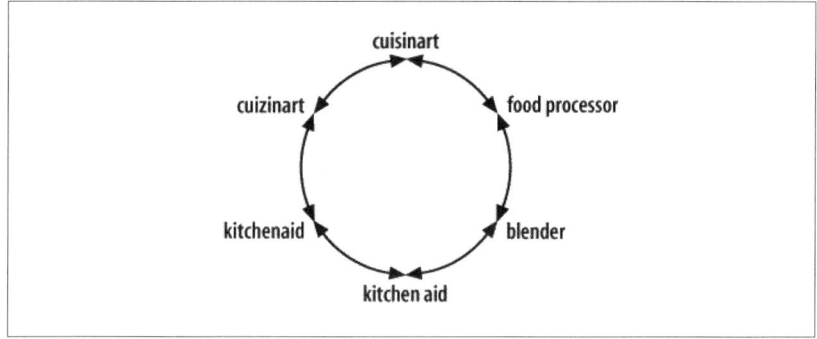

그림 9-2. 동의어 고리

검색로그를 살펴보거나 사용자들과 대화를 하다 보면, 동일한 제품을 찾기 위해서 사람들이 각각 다른 용어로 검색한다는 사실을 발견할 수 있다. 조리 도구를 구매하고자 하는 사람은 '분쇄기blender'라고 검색하거나 특정 제품의 이름(혹은 많은 사람들이 착각하고 있는 제품의 잘못된 이름)으로 검색한다. 콘텐츠를 잘 살펴보면, 동일한 대상을 의미하는 다양한 용어들을 발견할 수 있다.

여기에는 우선어가 존재하지 않거나, 이를 정의해야 할 특별한 이유 또한 존재하지 않을 수도 있다. 동의어 고리를 만들기 위해 검색엔진의 특별한 기능을 활용할 수 있다. 이 방법은 매우 간단한데, 텍스트 파일에 동치어들을 입력해두면 된다. 사용자가 검색엔진에 단어를 입력할 때, 해당 단어가 텍스트 파일에 존재하는지 체크하게 된다. 만일 단어가 존재하게 되면, 검색어는 모든 동치어를 포함하도록 '다양하게 분화exploded'된다. 예를 들어, 불린 로직을 살펴보면 아래와 같다.

(kitchenaid)는 (kitchenaid 혹은 "kitchen aid" 혹은 blender 혹은 "food processor" 혹은 cuisinart 혹은 cuizinart)가 된다.

동의어 고리를 사용하지 않으면 어떻게 될까? 'pocketpc'에 대한 검색 결과를 보여주는 그림 9-3을 살펴보자. 사용자들은 검색 결과에 실망할 수밖에 없으며, 다른 사이트에서 찾아봐야 할 것 같다는 생각을 하게 된다. 그러나 'pocket'과 'pc'사이에 빈 칸을 하나 넣었을 때의 검색 결과가 어떻게 달라지

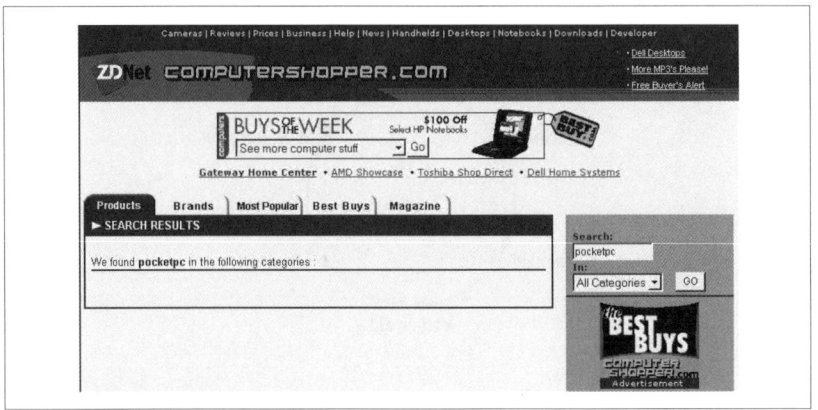

그림 9-3. 컴퓨터쇼퍼의 검색 결과

그림 9-4. 동일한 사이트의 다른 검색 결과

284

는지 다시 한 번 살펴보자. (그림 9-4)

갑자기, 사이트가 Pocket PC에 대한 많은 정보를 보여주게 된다. 'pocketpc'와 'pocket pc'를 연결하는 단순한 동의어 고리는 사용자와 비즈니스 관점에서 발생할 수 있는 보편적이지만 심각한 문제들을 해결해줄 수 있다.

그러나 동의어 고리가 새로운 문제를 야기할 수도 있다. 검색어의 확장이 시스템 상에서 이루어지는 경우, 사용자는 실제로 입력한 키워드를 포함하고 있지 않는 검색 결과로 인해 혼란스러워 할 수 있다. 또한, 동의어 고리의 사용은 연관도가 낮은 검색 결과를 만들어낼 수도 있다. 이러한 문제는 재현율과 정확률 이슈에 대해서 다시 고민하게 만든다.

8장에서 살펴본 것과 같이, 정확률은 검색 결과로 나타난 문서들이 검색어와 얼마나 관련이 있는지를 의미한다. 높은 정확률을 요하는 경우, '매우 관련 있는 문서만을 보여 달라'고 요청한다. 재현율은 시스템이 가지고 있는 모든 관련 문서 대비 검색 결과 내에서 보여지는 관련 문서의 비율을 의미한다. 높은 재현율을 요하는 경우, '조금이라도 관련 있는 문서들을 모두 보여달라'고 요청한다. 그림 9-5는 정확률과 재현율에 대한 공식을 보여준다.

높은 정확률과 높은 재현율을 동시에 갖는 것이 매우 이상적이기는 하지만, 정보 검색에서는 보통 어느 한쪽을 높이기 위해서 다른 한쪽을 희생시킬 수밖에 없다. 이것은 통제어휘집을 사용하는 데 있어 중요한 시사점을 의미한다.

쉽게 예상할 수 있듯이, 동의어 고리는 재현율을 엄청나게 높일 수 있다. 1980년대 벨코어에서 진행된 한 연구[8]에서, 소규모의 테스트용 데이터베이스

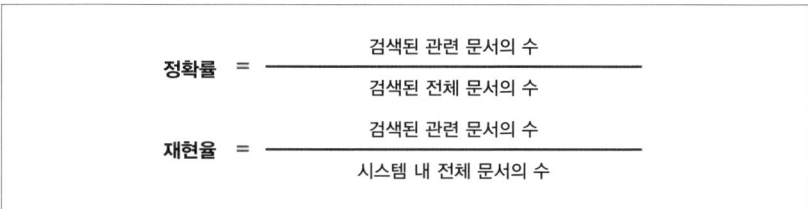

그림 9-5. 정확률과 재현율

내에 사용된 동의어 고리(당시, 연구원들은 '무한 앨리어싱unlimited aliasing[9]'이라고 명명했다)는 재현율을 20%에서 80%까지 향상시킨 반면에, 정확률은 감소시켰다. 세심한 인터페이스 설계와 사용자의 목적에 대한 이해는 적절한 조화를 이룰 수 있는 지점을 찾을 수 있도록 도움을 준다. 예를 들어, 동의어 고리 사용을 기본 설정으로 하고, 정확하게 매칭된 키워드를 검색 결과의 상단에 나열할 수 있다. 혹은 초기 검색에서는 동의어 고리를 사용하지 않고, 검색 결과가 적거나 없는 경우에 '관련된 단어를 포함하는 검색 결과 보기' 옵션을 제공할 수도 있다.

요컨대, 동의어 고리는 단순하면서도 유용한 어휘 통제의 한 형식이다. 실제로 오늘날의 많은 대규모 웹사이트들은 이 기능을 기본적으로 널리 사용하고 있다.

9.2.2 전거典據 파일

엄격하게 정의하자면, 전거 파일authority file은 우선어preferred term나 허용치acceptable value의 목록이라고 할 수 있다. 변형어variant나 동의어를 포함하지 않는다. 전거 파일은 전통적으로 도서관과 정부기관들이 제한된 분야 내의 개체들에 적절한 이름을 부여하기 위해서 주로 사용해 왔다.

그림 9-6에서 보이는 것과 같이, 유타주 기록보존소Utah State Archives & Records Service는 유타주 내 공공 기관들의 공식 명칭 목록을 공표한다. 이것은 주로 콘텐츠 작성과 인덱싱 관점에서 유용한데, 콘텐츠 작성자와 색인 작성자들은 용어를 정의할 때 정확성과 일관성을 유지하기 위해 이러한 전거 파일을 기초자료로 활용할 수 있다.

현업에서 전거 파일은 일반적으로 우선어와 변형어를 모두 포함한다. 달리

---

8 『The Trouble with Computers: Usefulness, Usability, and Productivity』 Thomas K. Landauer(MIT Press).
9 (옮긴이) 앨리어싱(aliasing): 동일한 대상에 대해서 다양한 이름을 부여하는 방법. 이를 통해서 변형어로 검색해도 동일한 검색 결과를 얻을 수 있다. 본문에서는 동의어 고리를 의미한다.

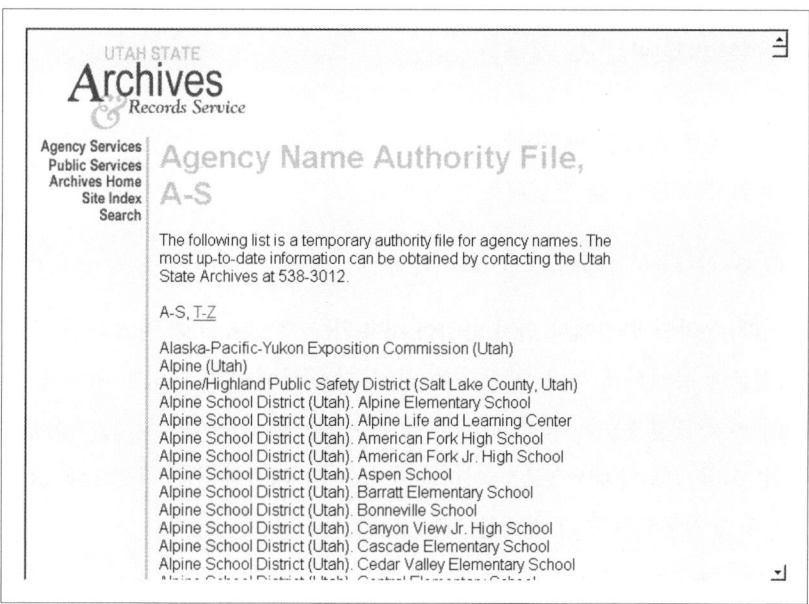

그림 9-6. 전거 파일

말하면, 전거 파일은 우선어와 허용치를 포함하는 동의어 고리이다.

미국 우정공사에서 정의한, 미국 각 주에 대한 표준 약어를 구성하는 두 글자의 코드를 좋은 예로 들 수 있다. 순수하게 정의대로만 한다면, 전거 파일은 사전에 정의된 코드만을 허용한다.

```
AL, AK, AZ, AR, CA, CO, CT, DE, DC, FL, GA, HI, ID,
IL, IN, IA, KS, KY, LA, ME, MD, MA, MI, MN, MS, MO, MT, NE, NV, NH,
NJ, NM, NY, NC, ND, OH, OK, OR, PA, PR, RI, SC, SD, TN, TX, UT, VT,
VA, WA, WV, WI, WY.
```

그러나, 이 목록을 보다 다양한 상황에서 유용하게 사용하기 위해서는 최소한 각 주의 명칭을 표기해줄 필요가 있다.

```
AL Alabama
AK Alaska
AZ Arizona
AR Arkansas
CA California
```

```
CO Colorado
CT Connecticut
 . . .
```

이 목록을 온라인 환경에서 더욱 유용하게 만들려면, 주의 공식명칭 외에도 보편적인 변형어를 포함하는 것이 좋다.

```
CT Connecticut, Conn, Conneticut, Constitution State
```

이때, 온라인 환경에서 전거 파일이 사용되는 방식과 그 가치에 대한 중요한 질문에 봉착하게 된다. 사용자는 한 가지 대상에 대해 다양한 용어를 사용해 키워드 검색을 하기 때문에, 정말 우선어를 정의해야만 할까? 혹은, 동의어 고리는 그 자체만으로도 이러한 상황을 잘 해결할 수 있을까? 왜 CT에 허용치를 적용하는 추가 단계를 거쳐야 할까?

먼저, 여기에는 백엔드 상의 몇 가지 이유가 존재한다. 전거 파일은 콘텐츠 작성자나 색인 작성자들이 공인된 용어를 효과적이고 일관되게 사용할 수 있도록 해주는 유용한 툴이다. 또한, 통제어휘집을 관리하는 입장에서, 우선어는 동치어 콜렉션의 고유 식별자unique identifier 역할을 수행하며 변형어의 추가, 삭제, 수정을 보다 효과적으로 할 수 있도록 해준다.

사용자에게 유용할 수 있도록 우선어를 선정하는 방법도 매우 다양하다. 그림 9-7를 살펴보면, 드럭스토어닷컴Drugstore.com은 동치어인 'tilenol'과 유명 브랜드명인 'Tylenol'를 대응시켜서 보여주고 있다. 우선어를 사용자에게 보여줌으로써, 사용자들을 학습시킬 수 있다. 경우에 따라 틀린 철자에 대한 올바른 명칭을 알려줄 수도 있고, 다른 경우에는 업계 용어를 설명해주거나 브랜드를 노출할 수도 있다.

이러한 '교육'은 다른 맥락에서도 매우 유용할 수 있는데, 전화 상담을 하거나 매장에 방문하여 문의를 하는 경우를 꼽을 수 있다. 교육을 통해서 모든 사람들이 (검색 시스템에 구애 받지 않고) 동일한 용어를 사용할 수 있도록 유도할 수 있다. 사실, 검색 경험은 고객의 언어를 이해하고 이를 기업이나 업계의 용어로 번역하여 다시 고객에게 알려주는 세일즈맨과의 대화와 유사하다.

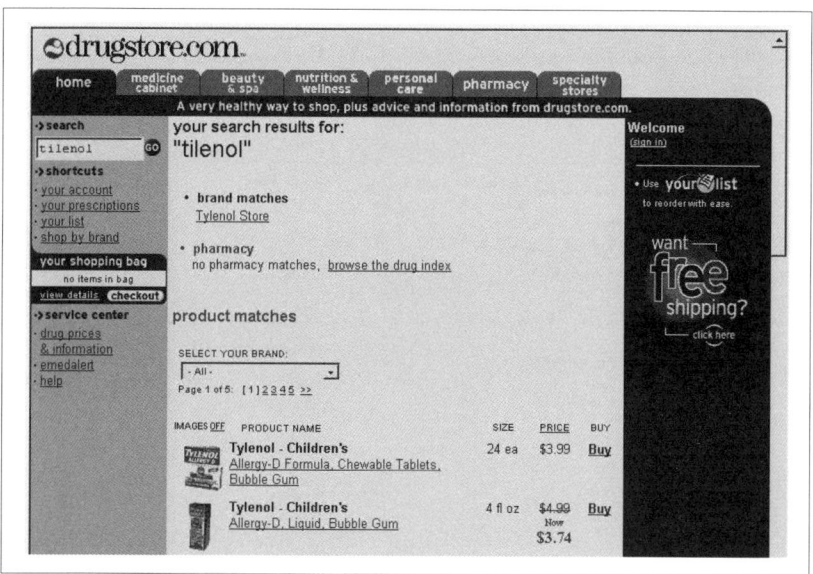

그림 9-7. 동치어의 대응

우선어는 사용자들이 검색에서 브라우징으로 전환할 때에도 중요하다. 분류 체계, 내비게이션 바, 인덱스를 설계할 때, 모든 용어에 대해서 동의어, 약어, 두문자어, 보편적인 오탈자를 모두 보여주는 것은 아주 복잡해 보여 사용자를 어리둥절하게 만들 수 있다.

드럭스토어닷컴에서는 브랜드 명만 인덱스에 포함되기 때문에(그림 9-8참조), 'tilenol'와 같은 동치어는 보여주지 않는다. 이러한 방법은 인덱스를 상대적으로 짧고 절제된 상태로 유지해주는데, 이 예에서는 브랜드 명을 보강시키는 역할을 하고 있다. 하지만, 여기에는 타협이 필요하다. 동치어가 우선어와 다른 글자로 시작되는 경우에(예, aspirin과 Bayer), 참조자를 만들어줄 필요가 있다.

    Aspirin 참고: Bayer

그렇지 않은 경우, 사용자가 aspirin을 인덱스의 A항목에서 찾고 있다면 Bayer를 발견할 수 없다. 참조자를 사용하는 것을 용어 순환term rotation이라

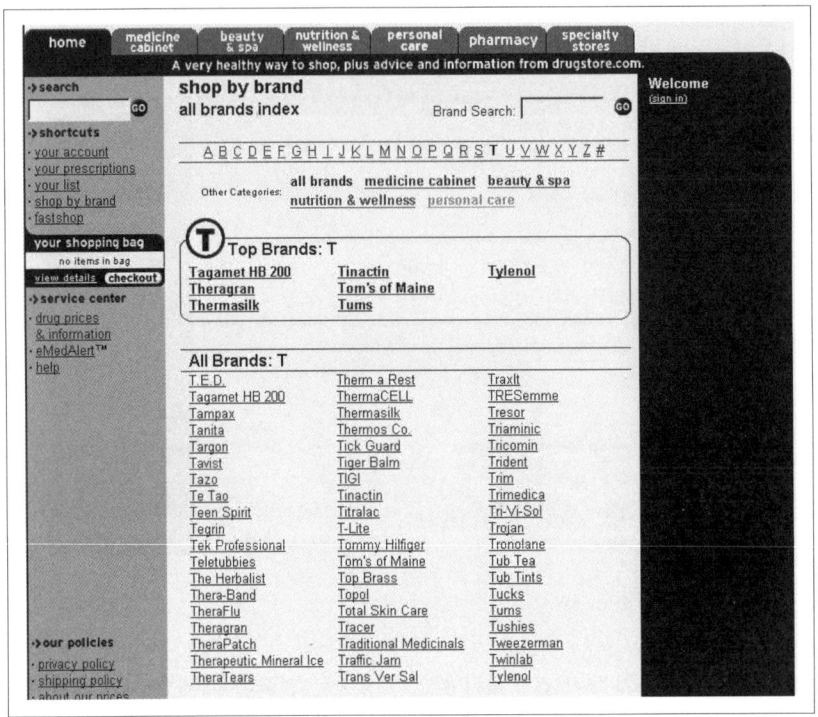

그림 9-8. 드럭스토어닷컴의 브랜드 인덱스

고 부른다. 드럭스토어닷컴은 이를 전혀 사용하고 있지 않다. 변형어에서 우선어로 사용자를 안내해주는 용어 순환이 인덱스에 사용된 좋은 예는 금융 서비스 업계에서 찾아볼 수 있다.

그림 9-9에서, 사용자가 'before-tax contributions'를 찾은 경우에 우선어인 'pretax contributions'에 대한 안내를 받게 된다. 이러한 도입 어휘[10] 간 통합은 사이트 인덱스를 놀라우리만큼 유용하게 만들어 준다. 하지만 선택적으로 만들 필요가 있는데, 그렇지 않은 경우, 인덱스가 매우 길어져서 전체적인 사용성에 좋지 않은 영향을 끼친다. 다시 한 번 강조하자면, 세심한 조율을

---

10 (옮긴이) 도입 어휘(entry vocabulary): 특정 개념에 대한 공식 용어 이외의 용어. 'entry vocabulary' 'entry points' 'lead-in terms' 'non-preferred terms' 라고 불리며, 사용자가 공식적으로 정의된 '우선어(preferred Term)'와 '서술자(descriptor)'로 이동하도록 연계해주는 역할을 한다.

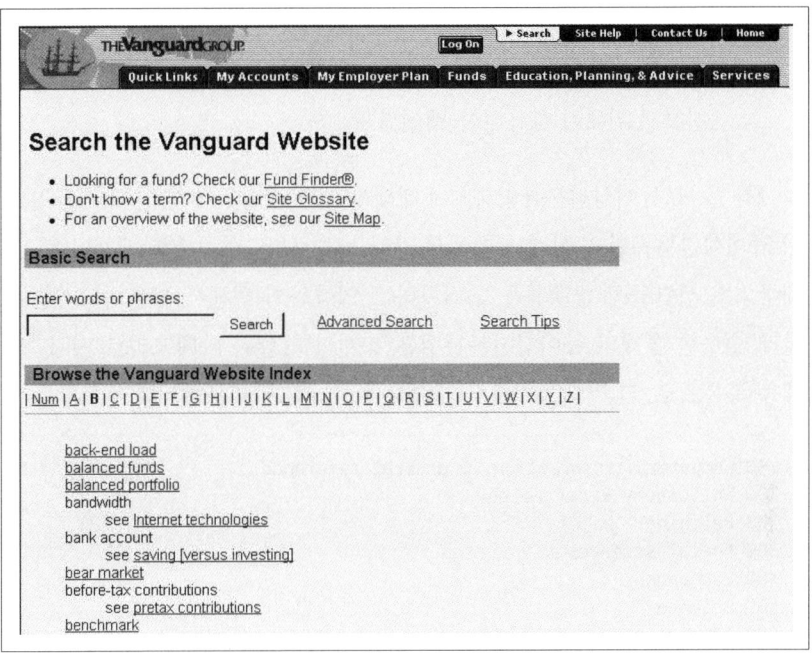

그림 9-9. 용어순환이 사용된 사이트 인덱스

하기 위한 연구와 현명한 판단이 필요하다.

9.2.3 분류 체계

우선어를 계층적으로 배열하기 위해서는 분류 체계classification scheme를 사용한다. 요즈음에는 많은 사람들이 분류 체계라는 표현 대신에 택소노미[11]라는 용어를 사용하곤 한다. 어느 쪽이든 우선어의 계층구조는 아래와 같이 다른 형태를 가질 수 있고 다양한 목적으로 활용될 수 있다는 것을 이해할 필요가 있다.

- 브라우징이 가능한 프론트엔드의 (야후!와 같은 스타일을 가진) 계층구조로,

---

11 (옮긴이) 택소노미(taxonomy): 원문에서 classification / classification scheme과 taxonomy를 함께 사용하고 있으나, 이 장에서는 내용상 굳이 taxonomy를 classification과 구분할 필요가 없어 '분류' 혹은 '분류 체계'라고 번역하였다.

가시적이며 필수적인 사용자 인터페이스 요소
- 인포메이션 아키텍트, 콘텐츠 작성자, 색인 작성자들이 문서를 조직화하고 태깅하기 위해서 사용하는 백엔드 툴

예를 들어, 듀이십진분류법DDC에 대해서 생각해보자. 1876년에 처음 발표된 듀이십진분류법은 현재 세계에서 가장 널리 사용되는 분류 체계이며, 135개국의 도서관들이 콜렉션을 조직화하고 열람하기 위해서 사용하고 있다.[12] 본래 순수한 형태의 듀이십진분류법은 10개의 최상위 카테고리로 시작하는 계층 목록으로, 각 카테고리별로 계속해서 상세하게 세분화된다.

```
000 Computers, information, & general reference
100 Philosophy & psychology
200 Religion
300 Social sciences
400 Language
500 Science
600 Technology
700 Arts & recreation
800 Literature
900 History & geography
```

좋든 나쁘든 간에, 듀이십진분류법은 다양한 인터페이스에 사용된다. 그림 9-10은 캐나다 국립도서관이 듀이십진분류법을 브라우징 가능한 계층구조에 적용한 예이다.

분류 체계는 또한 검색이 사용되는 상황에서도 활용될 수 있다. 야후!는 이를 매우 잘 활용하고 있다. 그림 9-11에서 보는 것과 같이, 야후!의 검색 결과는 사용자가 야후!의 분류 체계에 친숙해질 수 있도록, 'Category Matches(매칭된 카테고리)'를 보여주고 있다.

여기서 중요한 점은 분류 체계는 하나의 관점이나 대상에 얽매이지 않는다는 점이다. 분류 체계는 백엔드와 프론트엔드에 다양한 방법으로 사용될 수

---

[12] OCLC의 듀이십진분류법에 대한 소개 중에서 발췌. 〈http://www.oclc.org/dewey/about/about_the_ddc.htm〉

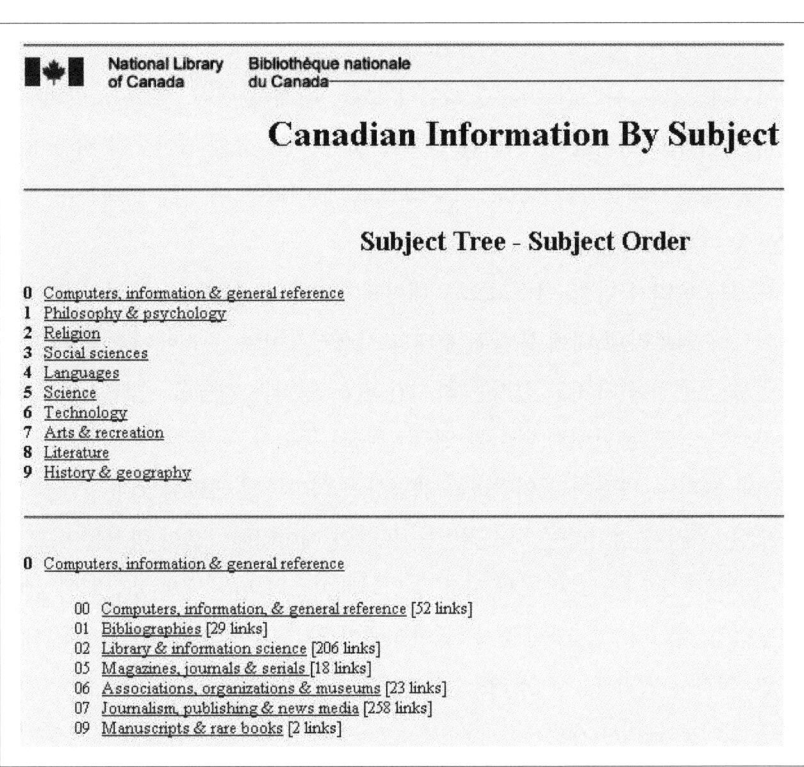

그림 9-10. 듀이십진분류법의 적용

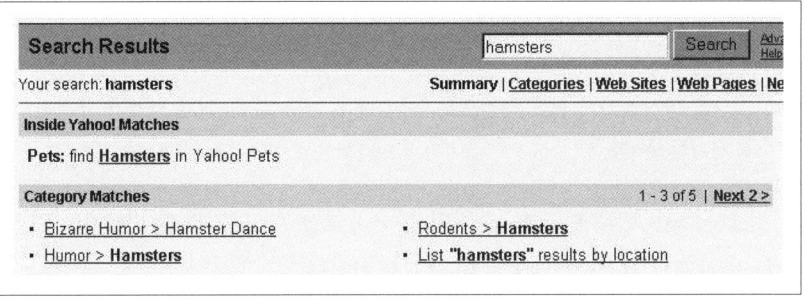

그림 9-11. 야후!의 카테고리 매칭

있다. 분류 체계의 종류에 대해서는 뒤에서 보다 상세하게 살펴보기로 하고, 어휘 통제에 있어 '맥가이버 칼'과도 같은 시소러스에 대해 먼저 살펴보도록 하자.

9.2.4 시소러스

딕셔너리닷컴은 시소러스를 "동의어의 모음. 대개 관련어, 상대어, 반의어를 포함함"이라고 정의한다. 이러한 정의는 고등학교 시절 영어수업 시간에 선생님을 곤란하게 만들기 위해 시소러스 중에 어려운 단어를 선택하곤 했던 일들을 떠올리게 한다.

여기서 우리가 다룰 시소러스는 내비게이션과 검색을 향상시키기 위해 웹사이트나 인트라넷 내에 통합된 형태의 시소러스이며, 우리에게 친숙한 참조 문헌과 공통점을 가지고 있기는 하지만 다른 형식과 기능을 가지고 있다. 시소러스는 참조 문헌처럼 단어를 해당 단어의 동의어, 동음이의어, 반의어, 상위어와 하위어, 관련어와 연결하는 개념상의 의미론적 네트워크다.

또한, 우리가 정의하는 시소러스는 온라인 데이터베이스의 형식을 띠고 있으며, 웹사이트나 인트라넷의 사용자 인터페이스와 밀접하게 통합되어 있다. 전통적인 시소러스가 사람들이 한 단어에서 많은 단어를 볼 수 있도록 해준다면, 여기서 정의하는 시소러스는 그 반대다. 시소러스의 가장 중요한 목표는 동의어를 관리하여(많은 동의어들과 변형어들을 하나의 우선어나 개념에 대응시킴), 언어의 모호성으로 인해 사람들이 원하는 것을 찾지 못하는 일을 방지하는 것이다.

따라서, 이 책에서 시소러스란,

> 검색을 향상시키기 위한 목적으로 동치 관계, 계층 관계, 연계 관계가 규정된 통제어휘집이다.[13]

시소러스는 보다 단순한 수준의 통제어휘집[14]에 근거하여 만들어지며, 의미론적 관계의 세 가지 기본 유형을 모델링한다.

그림 9-12에서 보는 것과 같이, 각 우선어는 개별 의미론적 네트워크의 중심

---

13 「Guidelines for the Construction, Format, and Management of Monolingual Thesauri」, ANSI/NISO Z39.19 1993(R1998).

14 (옮긴이) 보다 단순한 수준의 통제어휘집: 통제어휘집의 종류 중 시소러스보다 단순한 종류, 즉 동의어 고리나 전거 파일 등을 의미한다.

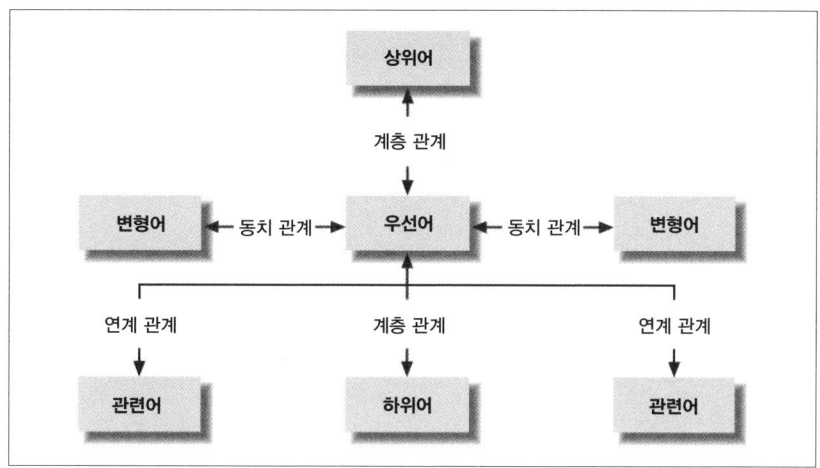

그림 9-12. 시소러스 내의 의미론적 관계

이 된다. 동치 관계는 동의어 관리에 중점을 둔다. 계층 관계는 우선어를 카테고리와 서브카테고리로 분류할 수 있도록 해준다. 연계 관계는 계층 관계나 동치 관계로 다룰 수 없는 유의미한 연결들을 만들어 준다. 세 가지 관계 모두 정보 검색과 내비게이션을 각각 다른 형태로 달성할 수 있도록 해준다.

9.3 전문용어

만일 통제어휘집이나 시소러스를 다루고 있다면, 이 분야의 전문가들이 정의나 관계를 표현하기 위해 사용하는 핵심 전문용어technical lingo들을 알아두는 것이 좋다. 이 특수한 기술적인 용어는 전문가들이 서로 커뮤니케이션할 때 효율성과 구체성을 부여할 수 있게 해준다. 하지만, 사용자들이 이러한 용어들을 이해할 수 있을 것이라고 기대해서는 안 된다. 웹 환경에서 사용자들이 정보시스템을 사용하기 전에 문헌정보학을 공부하도록 강요해서는 안 되는 것과 같은 이치이다.

우선어 Preferred Term (PT)

허용어accepted term, 허용치acceptable value, 주제 표목subject heading, 서술자descriptor라고도 불린다. 모든 의미론적 관계는 우선어를 기준으로 정의된다.

변형어 Variant Term (VT)

도입어entry terms 혹은 비우선어non-preferred terms라고도 불린다. 변형어는 우선어에 대한 동치어 혹은 유사어로 정의된다.

상위어 Broader Term (BT)

상위어는 우선어의 부모 개념이라고 할 수 있다. 계층구조상에서 상위 레벨을 가진다.

하위어 Narrower Term (NT)

하위어는 우선어의 자식 개념이라고 할 수 있다. 계층구조상에서 하위 레벨을 가진다.

관련어 Related Term (RT)

관련어는 연계 관계를 통해서 우선어와 연결된다. 관계는 대개 '관련 보기(See Also)'를 통해서 연결된다.

사용 Use (U)

전통적인 시소러스는 대개 색인 작성자나 사용자가 사용할 수 있는 툴로써 다음과 같은 구문을 제공한다. 변형어 사용 우선어. 예, Tilenol *Use* Tylenol. 하지만, 많은 사람들은 Tilenol *See* Tylenol에서처럼, 참조(See)를 사용하는 것에 더 익숙하다.

피사용 Used For (UF)

우선어가 가지는 관계의 역방향을 보여준다. 우선어 피사용 변형어(2개 이상일 수 있음). 우선어 레코드에 대한 변형어의 모든 목록을 보여주기 위해서 사용된다. 예, Tylenol *UF* Tilenol.

범위 주기 Scope Note (SN)

범위 주기는 본질적으로 우선어 정의에 대한 특정 유형으로, 최대한 모호함을 배제하기 위해 용어의 뜻을 고의로 제한하는 데 사용된다.

위에서 살펴본 것과 같이, 우선어는 의미론적 우주의 중심이 된다. 물론, 한 화면에서 우선어는 다른 화면에서는 상위어, 하위어, 관련어 혹은 변형어가 될 수도 있다. (그림 9-13 참조)

이 예를 와인 분류에 대한 개인적인 경험과 비교해봤을 때, 우선어와 의미

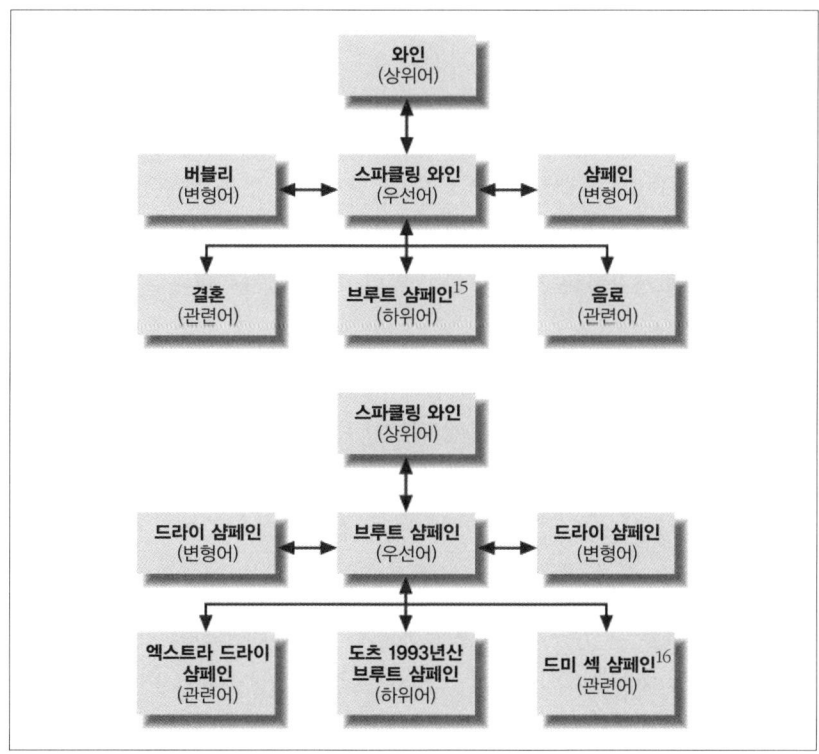

그림 9-13. '와인'에 대한 시소러스에서의 의미론적 관계

---

15 (옮긴이) 브루트 샴페인(Brut Champagne): 단맛이 나지 않는 샴페인
16 (옮긴이) 드미 섹 샴페인(Demi Sec Champagne): 적당히 단맛이 나는 샴페인

론적 관계의 선정에 대해 의문이 들었을 수 있다. 스파클링 와인이 정말 우선어가 되어야 하는 걸까? 그렇다면, 왜 그럴까? 매우 보편적인 용어라서? 기술적으로 올바른 용어라서? 그리고, 결혼이나 음료보다 더 적절한 관련어는 없는 걸까? 왜 이것들이 선택되었을까? 실제로 이런 질문들에 대한 '정답'은 존재하지 않으며, 시소러스를 설계하는 '정도正道' 역시 존재하지 않는다. 다만, 연구를 통해 얻어지는 전문적인 판단이 강력하게 작용할 수 있다. 이 질문들에 대해 '적절한' 답안을 만들기 위한 가이드라인을 가지고 다시 이 질문을 살펴보도록 할 예정이므로, 먼저 웹상의 실제 시소러스에 대해서 먼저 알아보도록 하자.

9.4 시소러스의 실제

공개된 웹사이트들 중에서 시소러스를 잘 활용하고 있는 예를 찾는 것은 쉽지 않다. 최근까지도 시소러스에 대한 지식을 가지고 있으며, 시소러스의 적용을 중요하게 생각하는 사람은 많지 않다. 향후 몇 년 내에는, 시소러스가 (지속적으로 규모가 성장하고 중요성이 높아지고 있는) 웹사이트와 인트라넷을 설계하는 주요 툴로 자리 잡기를 기대해본다. 예를 찾기 어려운 또 다른 이유는 사이트에서 시소러스를 사용하는지 여부가 대개 가시적이지 않다는 것이다. 시소러스가 잘 통합되어 사용되는 경우에 시소러스는 일반인의 눈에는 잘 띄지 않으며, 무엇을 찾으려고 하는지 세심하게 주의해야만 겨우 알아차릴 수 있다. Tilenol/Tylenol의 예를 다시 생각해보자. 얼마나 많은 사용자들이 잘못 입력한 오타를 사이트가 올바르게 수정했다는 것을 인지할 수 있을까?

이번 장에서 소개할 한 가지 좋은 예는 퍼브메드PubMed로, 미국 국립의학도서관의 서비스이다. 퍼브메드는 메드라인MEDLINE과 기타 생명과학 저널들의 1천 6백만 개 인용문을 열람할 수 있도록 해준다. 메드라인은 수년 동안 의사, 연구원, 기타 의약 관련 전문가들에게 최고의 전자정보서비스로 자리매김해왔다. 메드라인은 19,000개 이상의 우선어 혹은 주요 '주제 표목subject heading'을 포함하는 방대한 시소러스를 가지고 있으며, 강력한 검색 기능을

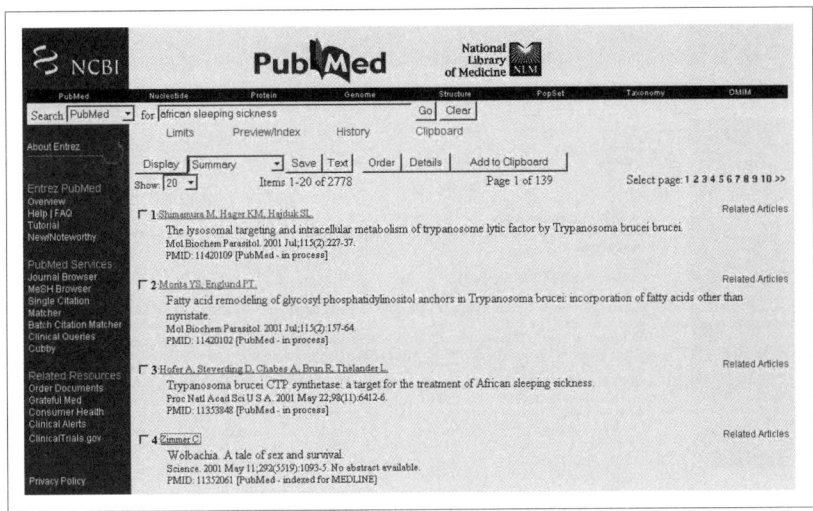

그림 9-14. 퍼브메드의 검색 결과

제공한다.

　퍼브메드는 인용문을 무료로 열람할 수 있는 간단한 공개형 인터페이스를 제공하지만, 저널 논문의 전문을 볼 수 있는 권한은 제공하지 않는다. 먼저 인터페이스에 대해서 살펴보고, 인터페이스 이면에서 실제로 어떠한 일들이 벌어지는지 알아보도록 하자.

　수면병African sleeping sickness에 대해서 연구하고 있다고 가정해보자. 퍼브메드의 검색엔진에 병명을 입력하면, 총 2,778개의 항목 중 처음 20개의 결과를 볼 수 있다(그림 9-14). 여기까지는 검색 경험에 있어서 특별하게 독특한 점이 보이지 않는다. 가능한 많은 정보를 얻기 위해서 1천 6백만 개 저널 논문의 전문을 검색해보자. 무엇이 일어나는지 이해하기 위해서는, 좀더 상세하게 살펴볼 필요가 있다.

　실제로 논문의 전문 검색은 수행되지 않았으며, 대신에 이 논문들의 초록抄錄과 주제 표목MeSH Terms[17]의 조합을 포함하고 있는 메타데이터 레코드가 검색되었다.

---

17 (옮긴이) MeSH Terms: Medical Subject Headings Terms, 의학 주제 표목 용어의 약어

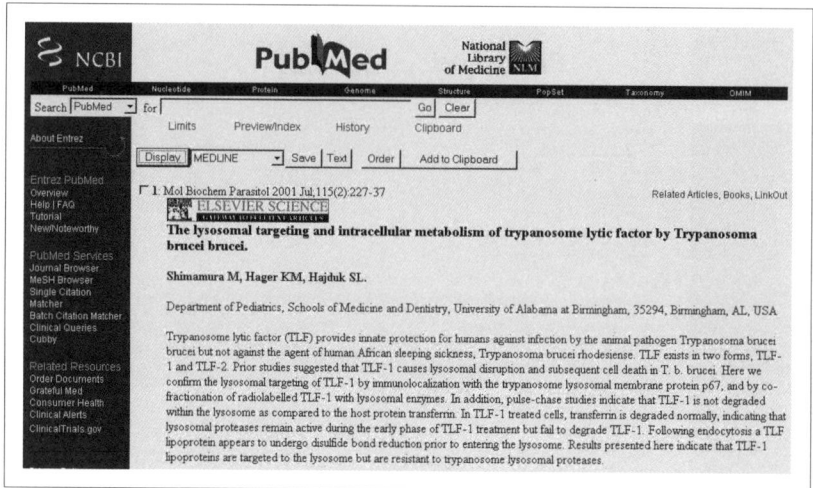

그림 9-15. 퍼브메드의 초록을 담고 있는 샘플 레코드

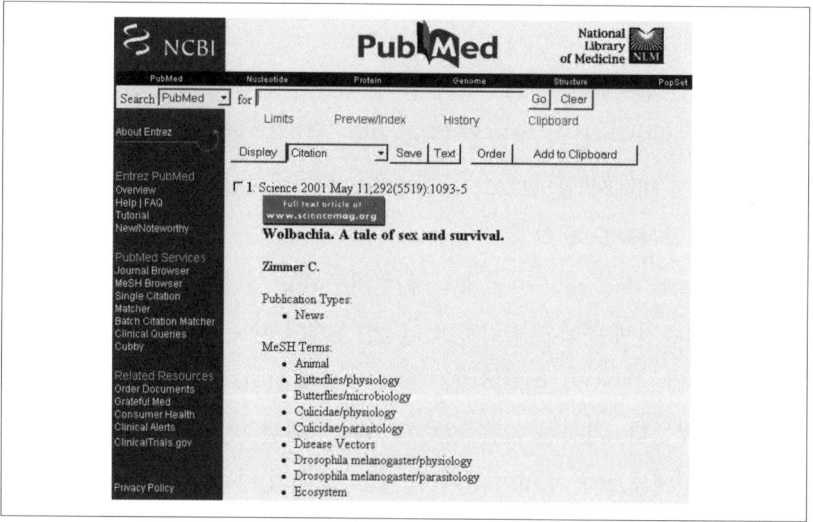

그림 9-16. 퍼브메드의 인덱스 용어를 가지고 있는 샘플 레코드

검색 결과에서 다른 항목을 선택하면, 주제 표목을 가지고 있으나 초록이 없는 레코드를 발견할 수 있다(그림 9-16).

용어의 전체 목록을 스크롤해가면서 확인해봐도, 수면병에 대한 도입어는

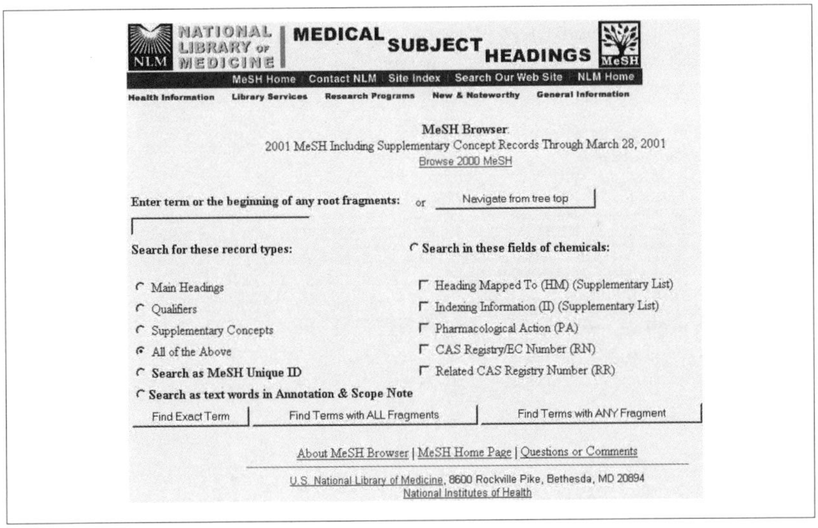

그림 9-17. MeSH 브라우저

찾을 수 없다. 어떻게 된 것일까? 왜 이 논문이 검색된 것일까? 이 질문에 답하기 위해서는, MeSH의 구조와 용어를 내비게이션할 수 있는 인터페이스인 MeSH 브라우저를 사용해볼 필요가 있다.

MeSH 브라우저는 시소러스 내의 계층적 분류 체계를 브라우징하거나 검색을 통해서 내비게이션할 수 있도록 해준다. '수면병'을 검색하게 되면, 'Wolbachia. A tale of sex and survival(볼바키아, 성별과 생존에 대한 설화)'이 검색된 이유를 알 수 있게 된다. '수면병'은 실제로 우선어 혹은 MeSH 도입어인 'Trypanosomiasis, African(편모충의 일종인 트리파노소마에 의한 수면증, 아프리카인)'에 대한 도입어이다. (그림 9-18 참조) 퍼브메드에서 검색했을 때에 사용한 변형어는 시스템 상에서 우선어에 대응되었다. 안타깝게도 퍼브메드는 MeSH 시소러스를 활용하는 수준에만 머물러 있으며 그 이상의 가치는 제공하지 못하고 있다. 예를 들어, 아마존이 제공하는 것처럼, 검색했던 레코드에 있는 모든 MeSH의 용어들을 클릭 가능한 링크로 전환하여 강화된 검색과 브라우징 기능을 제공해볼 수도 있으며, 이는 실제로 사용자들에게 유용할 수 있다.

이 예에서, 아마존은 검색과 브라우징의 강력한 옵션으로써 계층적 분류

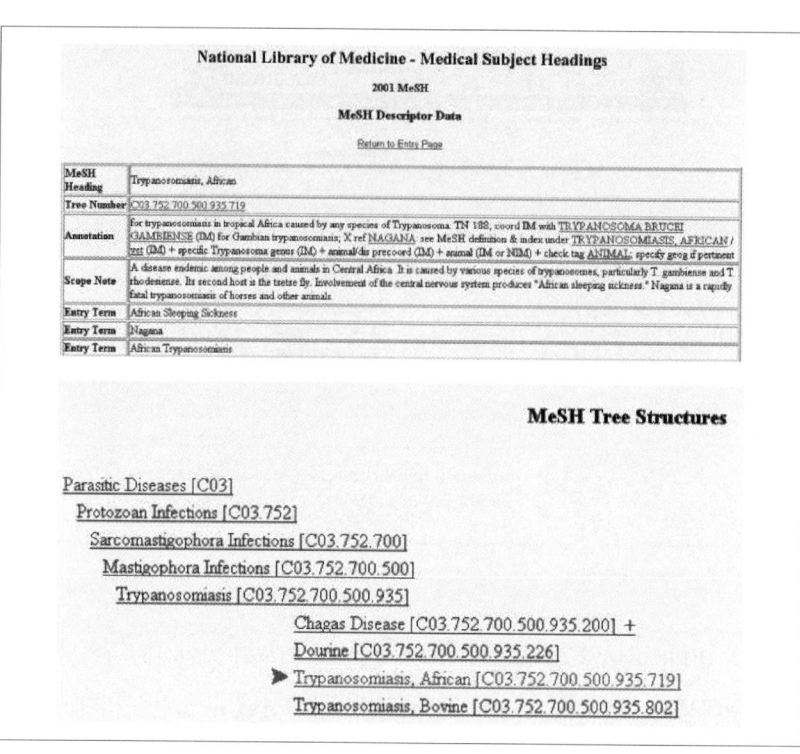

그림 9-18. 트리파노소마증에 대한 MeSH 레코드(페이지의 상단과 하단)

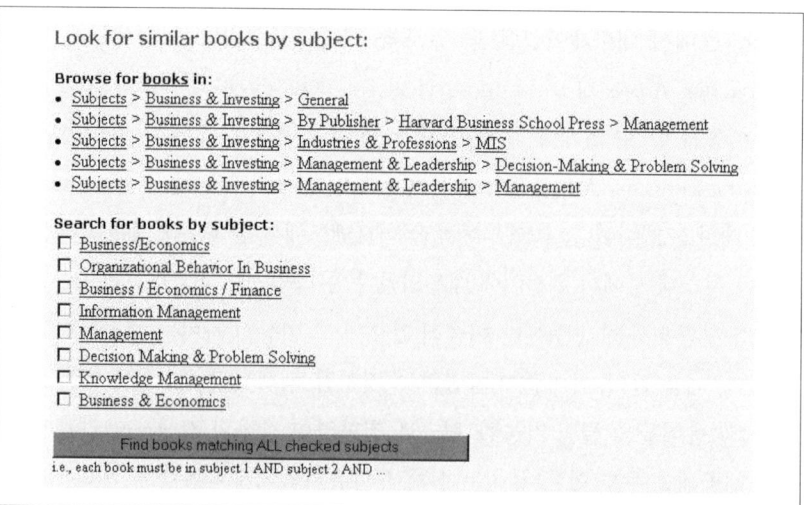

그림 9-19. 아마존에서 내비게이션 강화를 위해 사용된 구조와 주제 표목

체계와 주제 표목을 활용하고 있으며, 사용자들이 이를 통해 반복적으로 검색어를 다듬어 재검색할 수 있다. 이러한 방식은 퍼브메드를 개선하는 데 있어서도 확실히 유용하다.

시소러스를 사용함으로써 얻을 수 있는 이점 중 하나는 지속적으로 사용자 인터페이스를 구성하고 개선할 수 있는 무한한 가능성과 유연성을 갖출 수 있다는 것이다. 하지만 한 번에 이러한 이점들을 모두 취할 수는 없으며, 다양한 기능들에 대해 사용자 조사를 수행하여 지속적으로 연구하고 수정해 나가야 한다. 퍼브메드는 현재까지 모든 메드라인 시소러스를 십분 활용하지 못하고 있으나, 지속적인 설계와 개발을 통해 다양한 의미론적 관계를 추가해 나가고 있다는 점은 다행이라고 할 수 있다.

9.5 시소러스의 종류

웹사이트의 시소러스를 구축하기로 마음먹었다면, 기본 시소러스classic thesaurus, 인덱싱 시소러스indexing thesaurus, 검색 시소러스searching thesaurus, 이렇게 3가지 종류의 시소러스 중 하나를 선택해야만 한다(그림 9-20). 이러한 결정은 시소러스를 어떻게 사용하느냐에 따라 달라지며, 시소러스 설계에 큰 영향을 끼친다.

9.5.1 기본 시소러스

기본 시소러스는 인덱싱과 검색 모두에 사용된다. 색인 작성자는 문서 수준의 인덱싱을 수행할 때 변형어를 우선어에 대응시키기 위해서 시소러스를 사용한다. 검색하는 사람들은 검색 경험을 통해 시소러스의 역할을 이해하고 있든 그렇지 않든, 검색에 시소러스를 사용한다. 검색어는 동의어 관리, 계층적 브라우징, 연계 링크를 통해 시소러스의 다양한 어휘에 매칭된다. 이것이 바로 이번 장에서 많이 언급하게 될, 전체적으로 잘 통합된 시소러스다.

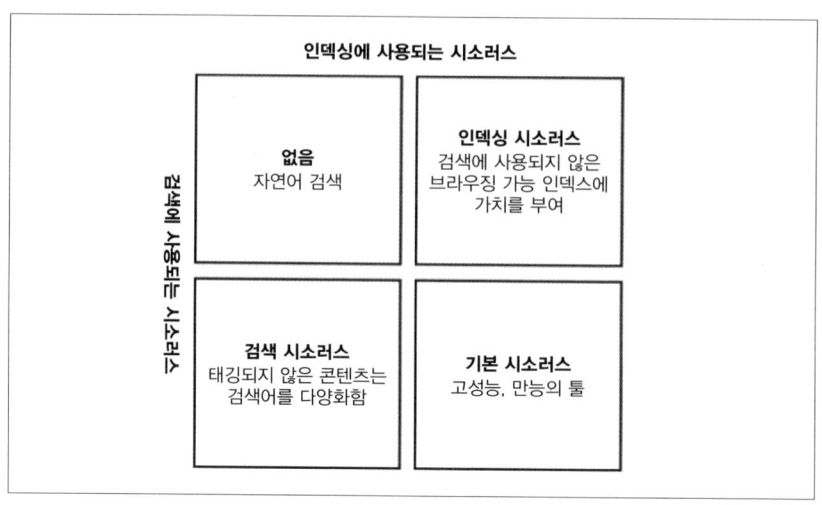

그림 9-20. 시소러스의 종류

9.5.2 인덱싱 시소러스

하지만, 기본 시소러스를 구축하는 것이 항상 필요하거나 가능한 것은 아니다. 통제어휘집과 인덱스 문서를 만들 역량을 갖추고 있으나 검색 경험에서의 동의어 관리 기능을 만들 수 없는 시나리오에 대해서 생각해보자. 다른 부서에서 검색엔진을 소유하고 있어서 사용할 수 없거나, 검색엔진의 설정을 대규모로 변경하지 않고서는 이러한 기능을 구현하지 못할 수도 있다.

어떠한 경우든지 통제어휘집 인덱싱을 할 수는 있으나, 결과물을 검색에 활용하거나 사용자의 변형어를 우선어에 대응시키는 작업은 불가능하다. 이것은 심각한 단점이기는 하지만, 몇 가지 이유에서 인덱싱 시소러스가 아무것도 없는 것보다는 낫다.

- 인덱싱 프로세스를 구성하고 일관성과 효율성을 증진시킨다. 여러 명의 색인 작성자들은 우선어와 인덱싱 가이드라인에 대한 이해를 공유하여, 통합된 하나의 조직으로서 작업할 수 있다.
- 우선어에 대한 브라우징이 가능한 인덱스를 만들 수 있도록 해주며, 이

인덱스는 사용자들이 특정 주제 혹은 제품에 대한 모든 문서를 한 번에 찾을 수 있게 해준다.

이러한 인덱싱의 일관성은 '사용할 수밖에 없는 사용자captive audiences'를 가진 정보시스템에서 진가를 발휘한다. 정기적으로 동일한 사람들에 의해 사용되는 인트라넷 애플리케이션을 설계하는 경우에는, 사용자들이 우선어를 꾸준히 배우려고 한다고 기대할 수 있다. 이러한 환경에서, 인덱싱의 일관성과 인덱싱의 품질은 서로 영향을 주고받으며 그 가치를 높이게 된다.

마지막으로, 인덱싱 시소러스는 기본 시소러스보다 진일보한 것이다. 문서의 콜렉션을 위해 개발되고 적용된 용어들을 활용함으로써, 가용 자원을 사용자 인터페이스 레벨의 통합에 집중할 수 있다. 이는 브라우징이 가능한 인덱스에 도입 어휘를 추가하는 것에서부터 시작하게 되며, 검색 결과를 한 화면에 보여줄 수 있게 된다. 결국, 시소러스가 가진 모든 가치를 통해 검색과 브라우징 경험이 강화된다.

9.5.3 검색 시소러스

때로 콘텐츠들이 서로 균질하지 않아 문서 수준의 인덱싱이 어렵기 때문에, 현실적으로 기본 시소러스의 구축이 어려운 경우가 있다. 제3자로부터 콘텐츠를 수급받고 있거나, 매일 변화하는 유동적인 뉴스를 취급하거나, 단지 수작업으로 인덱싱하기에는 엄청나게 많은 콘텐츠를 가지고 있어 천문학적인 비용이 소요되는 경우가 그렇다. (이 경우, 자동화된 카테고라이징 소프트웨어를 통해 기본 시소러스를 만들 수 있다. 16장 참조) 어떠한 경우든, 모든 문서 콜렉션에 대해 통제어휘집 인덱싱이 이뤄질 수 없는 웹이나 인트라넷 환경이 많이 존재하는 것은 사실이다. 하지만, 이러한 사실이 시소러스가 사용자 경험을 향상시키기 위해 할 수 있는 노력 중 하나가 아니라는 것을 의미하지는 않는다.

검색 시소러스는 인덱싱하는 순간이 아니라 검색을 하는 순간에 통제어휘집을 활용한다. 예를 들어, 사용자가 검색엔진에 검색어를 입력했을 때, 검색 시소러스는 전문 인덱스에 대해 질의를 수행하기 전에 검색어와 통제어휘집을 매칭하는 작업을 수행한다. 시소러스는 검색어를 수많은 동치어로 분화시키거나(동의어 고리에서 살펴본 것처럼), 동치 관계를 뛰어넘어 모든 하위어를 포함하도록 계층구조에 따라 세분화시킨다('포스팅 다운posting down'이라고 한다). 이러한 방법은 확실히 재현율을 향상시키지만 정확율은 떨어뜨린다.

사용자에게 우선어, 변형어, 상위어, 하위어, 연관어의 다양한 조합을 검색어에 사용하고자 하는지 물어보는 방법을 통해, 사용자가 보다 많은 권한을 가지고 다양한 조작을 하게 해줄 수도 있다. 이같이 방법이 검색 인터페이스와 검색 결과 화면에 세심하게 잘 통합된 경우, 사용자는 필요할 때 검색 결과의 폭을 줄이거나, 넓히거나, 수정할 수 있는 강력한 툴을 갖게 된다.

검색 시소러스는 탁월한 브라우징 유연성 또한 제공한다. 사용자가 시소러스의 일부 혹은 전체를 브라우징하게 할 수 있으며, 사용자는 이를 통해 동치 관계, 계층 관계, 연계 관계를 내비게이션할 수 있다. 시소러스상의 용어들은(혹은 우선어와 변형어의 조합) 전문 인덱스를 검색하기 위해 사전에 정의된 검색어 혹은 '잘 가공된canned' 검색어로 사용될 수 있다. 달리 말하면, 시소러스는 실제 포털이 될 수 있으며, 잠재적으로 양이 방대해질 수 있는 콘텐츠를 보다 잘 내비게이션하고 조작할 수 있는 새로운 방법을 제공하게 된다. 검색 시소러스의 가장 큰 장점은 본질적으로 개발 및 유지보수 비용이 콘텐츠의 양에 의존적이지 않다는 점이다. 반면에, 동치어 및 대응mapping의 품질에 대한 높은 요구 사항이 존재한다.

검색 시소러스에 대해서 좀더 알아보고 싶다면, 아래의 글들을 참조하자.

- 제임스 D. 앤더슨과 프레드릭 A. 로울리의 「Building End User Thesauri From Full Text」[18]
- 마샤 J. 베이츠의 「Design For a Subject Search Interface and Online Thesaurus For a Very Large Records Management Database」[19]

9.6 시소러스의 표준

앞서 설명한 것처럼, 사람들은 오랜 세월을 거쳐 시소러스를 개발해왔다. 크룩스David A. Krooks와 랭카스터F.W. Lancaster는 1993년에 「The evolution of guidelines for thesaurus construction」라는 논문에서 "시소러스 구축에 대한 기본적인 문제의 대부분은 1967년에 이미 구체화되었고 해결되었다"고 주장했다. 유구한 시간 동안 시소러스에 대한 국가 차원의 표준과 국제적 표준이 다수 만들어졌으며, 이들은 단일언어로 된 시소러스의 구축을 다루고 있다. 예를 들면 아래와 같다.

- ISO 2788 (1974, 1985, 1986, 국제적)
- BS 5723 (1987, 영국)
- AFNOR NFZ 47-100 (1981, 프랑스)
- DIN 1463 (19871993, 독일)
- ANSI/NISO Z39.19 (1994, 1998, 2005, 미국)

이 책에서는 국제적인 표준인 ISO 2788와 매우 유사한 미국 표준, ANSI/NISO Z39.19(1998)를 주로 다룰 예정이다. ANSI/NISO 표준은 '단일 언어 시소러스의 구축, 구성, 관리를 위한 가이드라인'이라고 명명되었다. 제목에서 사용된 '가이드라인'이라는 용어는 많은 의미를 내포하고 있다. 소프트웨어 벤더인 오라클Oracle이 이 표준의 해석에 대해 언급한 내용을 살펴보자.

> 전략… 시소러스 표준은 어느 정도 오해의 여지를 가지고 있다. 컴퓨팅 업계는 '표준'을 행위behavior나 인터페이스interface[20]를 규정하는 구체 사양

---

18 Anderson, James D. & Frederick A. Rowley; 「Building End User Thesauri From Full Text」 Advances in Classification Research, Volume 2; Proceedings of the Second ASIS SIG/CR Classification Research Workshop, 1991년 10월 27일, eds. Barbara H. Kwasnik and Raya Fidel, 113. Medford, NJ: Learned Information, 1992년.

19 Bates, Marcia J ; 「Design For a Subject Search Interface and Online Thesaurus For a Very Large Records Management Database.」 Advances in Classification Research, Volume 2; Proceedings of the Second ASIS SIG/CR Classification Research Workshop, 1991년 10월 27일, eds. Barbara H. Kwasnik and Raya Fidel, 113. Medford, NJ: Learned Information, 1992년.

specification이라고 여긴다. 하지만, 시소러스 표준은 어떠한 것도 특정할 수 없다. 시소러스 기능 인터페이스나 기본 시소러스 파일을 찾는 경우, 표준에서는 아무것도 관련된 내용을 찾을 수 없다. 대신에 시소러스 컴파일러에 대한 가이드라인을 얻을 수 있다. (여기서 컴파일러는 프로그램이 아니라 사람을 의미한다.)

오라클은 시소러스 가이드라인과 ANSI Z39.19에서 설명하고 있는 개념들을 차용하고 있다 … 그리고 이를 시소러스의 구체사양에 대한 기준으로 사용하고 있다. … 따라서, 오라클은 ISO-2788에서 정의하는 관계 혹은 ISO-2788에 준하는 시소러스를 지원하고 있다.

예를 통해 알 수 있을 듯이, ANSI/NISO 표준은 단순한 가이드라인만을 정의하고 있기 때문에 바로 적용하기는 어렵다. 표준은 매우 유용한 개념적 프레임워크를 제공하고, 경우에 따라 준수해야 하는 특정 규칙을 제공하기도 하지만, 시소러스 구축 프로세스에서 비판적인 사고, 창의성, 위험의 감수가 완전히 필요 없는 것은 아니다.

우리 저자들은 크룩스와 랭카스터가 '시소러스 구축에 있어서 기본적인 문제들은 이미 해결되었다'고 주장한 것에 대해 강력하게 반대한다. 또한, ANSI/NISO 표준 가이드라인에 대해서도 대부분 반대한다. 어떠한 문제들이 더 논의될 필요가 있는 걸까? 문제들이 아직 해결되지 않은 채로 남아 있는 걸까? 그렇다. 실제로 이러한 논쟁 뒤에는 인터넷의 파괴적인 힘이 존재한다. 네트워크화된 세상에서 현재의 인포메이션 아키텍트들은 전통적인 형식의 시소러스에서 새로운 패러다임의 시소러스로 전환되는 안개 속을 지나고 있다.

전통적인 시소러스는 학술 도서관 커뮤니티에서 발견할 수 있다. 전통적인 시소러스는 주로 전문가들을 위해서 설계되었으며, 인쇄된 형태로 사용되었

---

20 (옮긴이) 객체지향 프로그래밍에서 객체의 성질은 두 가지로 나뉜다. 상태(state: 정적으로 변하지 않는 성질)와 행위(behavior: 동적으로 변하는 성질), 예를 들어 드래그앤드롭 기능을 가지는 behavior를 컨트롤에 부여하면 그 컨트롤은 드래그앤드롭 기능을 사용할 수 있도록 되는 것이다. 그리고 컴퓨터를 사용하는 데 있어서 사용자에게 좀 더 편한 작업을 위해 정의되는 환경들을 interface 라고 한다. 자바(Java)에서는 서로 연관성이 없는 객체들이 상호작용하기 위해 사용되는 시스템으로 클래스 계층의 어디에, 어떤 클래스에 의하여 구현할 것인지 등의 행위 규약을 정한다.

다. 80, 90년대의 문헌정보학 교육과정으로 거슬러 올라가보면, 온라인 정보 검색의 주요 요소에는 도서관 내에 존재하는 방대한 분량의 인쇄된 시소러스들을 잘 내비게이션하는 방법을 배우는 것이 포함되어 있었는데, 이를 통해 다이얼로그[21] 정보 서비스에서 온라인 검색을 사용할 때 주제 서술자subject descriptor를 잘 정의할 수 있게 되었다. 사람들은 이러한 툴들을 잘 사용할 수 있도록 교육을 받아야만 했으며, 여기에는 '전문가들은 이런 툴들을 정기적으로 사용하기 때문에 시간이 흐르면 효율적이고 효과적으로 이들을 쓸 수 있게 된다'는 전제가 깔려 있었다. 전체적인 시스템은 상대적으로 고비용의 데이터 처리 시간 및 네트워크 대역폭을 기반으로 구축되었다.

세상은 변했으며, 이제 완전한 온라인 시스템을 사용할 수 있게 되었다. 고객에게 웹사이트를 사용하기 전에 도서관을 방문하도록 요청할 필요가 없어졌다. 일반적으로 온라인 검색 방법에 대해서 정규 교육을 받지 않은 초보 사용자들이 시스템을 사용한다. 사용자들은 사이트에 가끔씩 방문하거니와 시간을 들여서 사이트와 친숙해지려고 하지도 않는다. 그리고 시스템은 학교나 도서관이 가진 목표와는 다른 매우 광범위한 비즈니스 환경에서 운영된다.

이러한 새로운 패러다임에서, 인포메이션 아키텍트들은 오래된 가이드라인들 중에서 적용 가능한 것과 아닌 것을 구분해내야 하는 어려움에 직면하고 있다. 수십 년간의 연구와 경험에 기반하여 만들어진 ANSI/NISO 표준과 같이 매우 가치 있는 자원들을 통째로 버리는 것은 심각한 낭비라고 할 수 있다. 여기에는 아직 쓸만한 것들이 상당히 많이 존재한다. 하지만, 현대의 고속도로를 달리기 위해서 1950년대의 지도를 사용하는 것처럼, 무턱대고 가이드라인을 따르는 것 또한 큰 잘못이다.

표준을 적절히 잘 적용하는 것은 아래와 같은 장점이 있다.

- 가이드라인에는 훌륭한 생각과 지혜들이 녹아 있다.
- 대개 시소러스 관리 툴은 ANSI/NISO에 준하여 설계되었기 때문에, 이

---

21 (옮긴이) 다이얼로그(Dialog): Dialog LLC의 정보 검색서비스로 비즈니스, 과학, 공학, 금융, 법률 등 다양한 분야의 방대한 정보를 제공한다. 〈http://www.dialog.com〉

표준을 고수하는 것은 기술적인 통합 관점에서 유리할 수 있다.
- 표준을 준수하는 것은 데이터베이스 간 호환성을 높여주기 때문에, 현재의 회사와 경쟁사가 합병되는 경우라도 서로 가지고 있는 어휘집들을 쉽게 통합할 수 있다.

가이드라인은 충분히 읽어볼 가치가 있으며, 옳다고 판단이 된다면 준수하는 것이 좋다. 하지만, 필요하다면 표준을 과감히 벗어나는 것이 좋다. 무엇보다도, 규칙을 깨뜨릴 수 있는 이러한 기회들은 인포메이션 아키텍트로서의 삶을 즐겁고 흥분되게 만들어 준다!

9.7 의미론적 관계

시소러스를 구성하는 것은 보다 단순한 통제어휘집뿐만 아니라 시소러스가 가지고 있는 풍부한 의미론적 관계다. 각 관계에 대해서 보다 상세하게 알아보도록 하자.

9.7.1 동치

동치 관계(그림 9-21)는 우선어와 변형어의 연결에 사용된다. 동치 관계를 폭넓게 '동의어 관리'라고 정의하는 경우, 동치equivalence는 동의synonymy보다 상위어라는 것을 명심해야 한다.

인포메이션 아키텍트의 목표는 용어들을 '검색 목적의 동치 관계'로 정의하여 그룹핑하는 것이다. 동치 관계에는 동의어, 유의어near-synonym, 두문자어acronym, 약어abbreviation, 어휘의 변형lexical variant, 보편적인 철자 오류들이 포함된다. 예를 들면 아래와 같다.

    우선어
        Palm m505
    변형어(동치어)

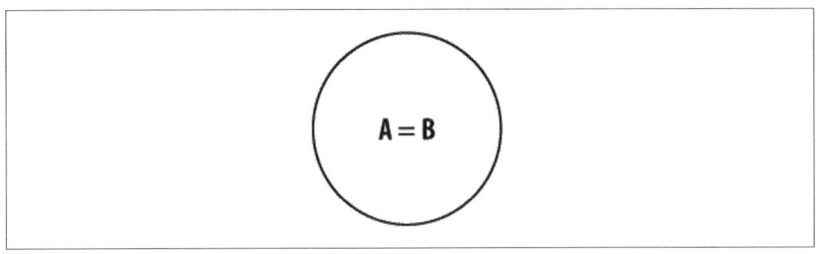

그림 9-21. 동치 관계

Palm, Palm Pilot, Palm 505, Palm505, Palm V, Handheld, Pocket PC, Handspring Visor

제품 데이터베이스의 경우, 단종된 제품의 이름이나 경쟁사 제품의 이름을 포함할 수도 있다. 통제어휘집에 요구되는 특수성에 따라 동치 관계에 일반적이거나 특정한 용어를 좀 더 포함시킬 수 있으며, 이를 통해 용어 간 계층구조의 추가 단계를 거치지 않고 우선어로 바로 연결될 수 있다. 목표는 깔때기 역할을 할 수 있도록 풍부한 도입 어휘들을 만들어서, 사용자들이 현재 찾고 있거나 향후 찾기 원하는 제품, 서비스, 콘텐츠와 사용자를 연결해주는 것이다.

9.7.2 계층

계층Hierarchical 관계(그림 9-22)는 정보 공간을 카테고리와 서브카테고리로 나누며, 상위와 하위의 개념을 사람들에게 친숙한 부모-자식 관계를 사용해 관련짓는다.

계층 관계는 3가지 유형으로 나누어진다.

일반 Generic

이는 생물학 분류 체계에서 차용한 전통적인 강과 종[22]의 관계이다. 종 B는 강 A의 구성원이며 부모로부터 특성을 물려받는다. (예, 새 *NT* 까치)

---

22 (옮긴이) 계(Kingdom) 〉 문(Phylum) 〉 강(Class) 〉 목(Order) 〉 과(Family) 〉 속(Genus) 〉 종(Species)

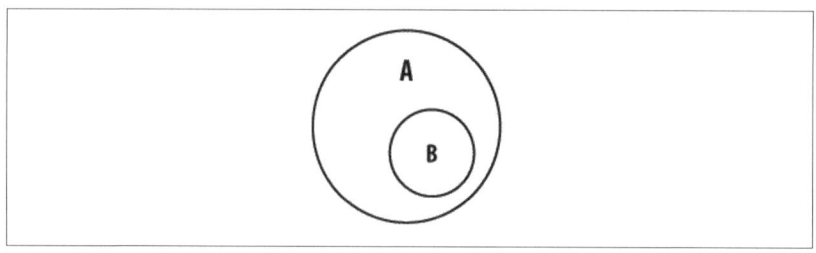

그림 9-22. 계층 관계

전체-부분 Whole-part

이 계층 관계에서, B는 A의 부분이다. (예: 발 *NT* 엄지발가락)

사례 Instance

이 경우, B는 A의 한 가지 사례이거나 예이다. 이 관계는 대개 고유 명사를 포함한다. (예: 바다 *NT* 지중해)

처음 얼핏 봤을 때는 계층 관계는 매우 단순해 보인다. 하지만, 계층구조를 구축해본 사람이라면 겉으로 보이는 것만큼 쉽지 않다는 것을 알 수 있다. 주어진 정보 공간을 계층적으로 구조화하는 데는 다양한 방법이 존재한다(예, 주제별, 제품 카테고리별, 지역별). 짧게 설명하자면, 다면 시소러스faceted thesaurus는 복합적인 계층구조를 생성할 수 있도록 해준다. 또한, 계층구조에서 얼마나 많은 계층을 만들 것인지 정의하는 입자성의 미묘한 문제도 고민할 필요가 있다.

다시 한 번 얘기하면, 이러한 작업들은 궁극적으로 사용자들이 원하는 것을 잘 찾을 수 있도록 하는데 목표를 두어야 한다. 카드 소팅 방법론(10장 참고)은 사용자의 니즈와 행동에 근거해 계층구조를 더욱 구조화하는 데 도움이 된다.

9.7.3 연계

연계Associative 관계(그림 9-23)는 제일 미묘하기 때문에, 대개 한두 가지의 관계 유형이 제대로 정의된 다음 필요에 따라 만들어진다. 연계 관계는 시소러

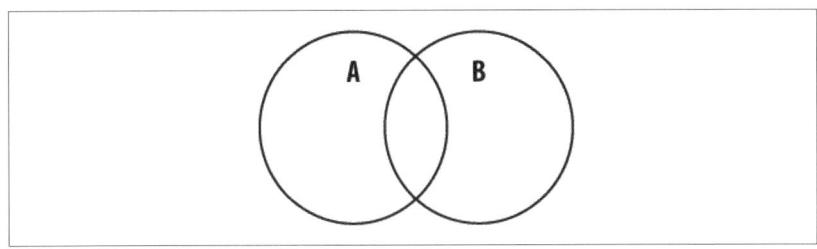

그림 9-23. 연계 관계

스 구조에서 대개 동치 관계나 계층 관계로 표현되지 않는 함축적인 의미론적 연결로 정의된다.

연계 관계는 '매우 함축적strongly implied'이어야 한다는 견해가 존재하지만(예, 망치와 못), 실제로 이러한 관계를 정의하는 것은 매우 주관적인 프로세스다.

ANSI/NISO 시소러스는 다양한 연계 관계 유형을 언급하고 있다. 예를 들면 아래와 같다.

상거래 분야에서 연계 관계는 고객과 관련 제품 및 서비스를 연결해주는 훌륭한 역할을 수행한다. 연계 관계는 상거래 사이트가 "와, 멋진 바지군요! 이 바지는 이 셔츠와 잘 어울리겠어요!"라고 보여줌으로써, 마케터들이 말하는 '교차 판매cross-selling'를 가능하게 해준다. 잘 설계된 연계 관계는 사용자 경험을 향상시키고 비즈니스 목표를 촉진할 수 있다.

관계 유형	예
연구 분야와 연구 대상	심장병학 RT 심장
과정과 대행	흰개미 억제 RT 살충제
개념과 특성	독약 RT 독성
행동과 제품의 행동	섭취 RT 소화불량
우연한 종속성에 의해 연결된 개념	축하 RT 새해 전야

9.8 우선어

어떤 개념을 나타내는 용어는 매우 중요하다. 이 섹션에서는 용어의 몇 가지 측면들을 상세하게 설명하기로 한다.

9.8.1 용어의 형식

우선어Preferred Term의 형식을 정의하는 것은 실제로 해보기 전에는 쉬워 보인다. 하지만, 일단 우선어의 형식을 정의하다 보면 뜻밖에 소소한 문법적 문제 때문에 열띤 논쟁을 하게 된다. 명사를 사용해야 할까? 혹은 동사를 사용해야 할까? 무엇이 '옳은' 철자일까? 단수형을 써야 할까? 혹은 복수형을 써야 할까? 우선어에 약어를 사용할 수 있을까? 이러한 논쟁은 많은 시간과 에너지를 소모하게 한다.

다행스럽게도, ANSI/NISO 시소러스 표준은 시소러스 분야에 있어서 매우 상세한 내용을 제공한다. 명확한 이점이 있다면 예외를 허용해야 하겠지만, 가능한 이 가이드라인을 따르는 것이 좋다. 표준에서 다뤄지는 이슈들의 몇 가지 예는 아래와 같다.

9.8.2 용어의 선택

물론, 우선어의 선택은 용어의 형식을 선택하는 것 이상의 문제이며, 일단 적합한 용어를 선택할 필요가 있다. ANSI/NISO 표준은 여기서 별로 도움이 되지 않는다. 아래의 발췌문을 살펴보자.

> 3.0항. "문어적 표현(문서상에서 사용되는 용어)는 우선어를 선택하는 기준이 된다."
> 5.2.3항. "우선어는 다수 사용자의 니즈를 해결할 수 있도록 선정되어야 한다."

문어적 표현과 사용자들의 일상적인 표현이 대립되는 경우에는, 시소러스

주제	해석 및 조언
문법적 형식	표준은 우선어에 명사를 사용할 것을 강력하게 제안하고 있다. 사용자들은 동사나 형용사보다는 명사를 잘 이해하고 기억하기 때문에, 기본 가이드라인이라고 할 수 있다. 하지만, 현업에서는 통제어휘집에 동사(구체적으로 태스크 중심의 단어 : 열다, 닫다 등)나 형용사(예: 가격, 사이즈, 종류, 색상(비싼, 큰, 빨간))를 사용해야 하는 타당한 이유들이 많다.
철자	표준은 특정 사전이나 용어집과 같이 '정의된 전거'를 선택하거나 '독자적인 규칙'을 사용할 수 있다고 명시하고 있다. 또한, 사용자들이 사용하는 제일 보편적인 철자 또한 고려해볼 수 있다. 여기서 가장 중요한 것은 의사결정이 필요하고 이를 준수해야 한다는 것이다. 용어의 일관성은 색인 작성자나 사용자의 삶을 향상시킨다.
단수형/복수형	표준은 '가산 명사'에 대해서 복수형을 쓸 것을 권장한다(예, 자동차들, 도로들, 지도들). 추상적 단어(예, 수학, 생물학)는 단수형으로 사용되어야 한다. 검색 기술의 발전으로 인해 단수/복수 문제는 이전보다 덜 중요한 문제가 되었다. 다시 한 번 얘기하면, 이 경우의 주요 목표는 일관성을 준수하는 데 있다.
약어/두문자어	가이드라인은 보편적으로 사용되는 것을 기본으로 정하도록 권장한다. 대부분의 경우, 우선어는 줄이지 않은 용어이다. 하지만 RADAR, IRS, 401K, MI, TV, PDA와 같은 경우, 약어나 두문자어를 사용하는 것이 더 낫다. 사용자를 한 가지 형식의 용어에서 다른 형식의 용어로 유도하기 위해서, 항상 변형어를 사용할 필요가 있다 (예, Internal Revenue Service See IRS).

의 목표를 재점검해보거나 시소러스가 웹사이트에 어떻게 통합될지를 고민해봐야만 이 문제를 해결할 수 있다. 사용자들에게 업계 용어를 알려주기 위한 용도로 우선어를 사용할 계획인가? 우선어를 도입 어휘로 사용할 계획인가?(예, 인덱스 내에 변형어가 없는 경우) 용어 선택을 위한 주요 기준들을 결정하기 전에 이러한 질문에 답을 할 필요가 있다.

9.8.3 용어의 정의

시소러스의 내부에서는, 용어들이 극도로 구체성을 띠고 있어야 한다. 인포메이션 아키텍트는 용어를 통제할 수 있어야 한다는 것을 기억하자. 다른 용어와 구별되도록 우선어를 선정하는 차원을 넘어, 용어의 모호함을 조정할 수 있는 몇 가지 방법에 대해서 알아보도록 하자.

　삽입어 한정자parenthetical term qualifier는 동형이의어homograph의 뜻을 한정할 수 있는 방법을 보여준다. 시소러스의 문맥에 따라 아래와 같은 방법으로

'Cells'라는 용어를 한정할 수 있다.

>Cells (생물학)
>Cells (전기)
>Cells (감옥)

범위 주기는 용어의 구체성을 다른 방식으로 향상시킨다. 범위 주기는 가끔 정의와 매우 유사해 보이지만, 확실히 정의와는 다르다. 정의는 대개 복합적인 의미를 가지는 반면에, 범위 주기는 의미를 한 가지 개념으로 제한하기 위해서 신중히 계획되어 만들어진다. 범위 주기는 색인 작성자들이 올바른 우선어를 선택할 수 있도록 많은 도움을 주고, 가끔 검색이나 검색 결과를 노출하는 데 활용되어 사용자에게 도움을 주기도 한다.

9.8.4 용어의 구체성

용어의 구체성Term specificity[23]은 시소러스를 설계하는 사람들이 당면하는 또 하나의 어려운 문제이다. 예를 들어, '정보 관리 소프트웨어'를 의미하는 용어는 한 가지뿐일까? 두 가지 용어? 세 가지 용어? 여기에는 관련된 표준이 존재한다.

> ANSI/NISO Z39.19. "모든 서술자descriptor는 …… 한 가지 개념만을 가져야 한다."
> ISO 2788. "일반적으로…… 합성어는 의미 단위의 요소들로 분리되어야 한다."

다시 말하면, 표준은 절대 인포메이션 아키텍트의 삶을 편하게 내버려두지 않는다. ANSI/NISO는 무엇이 '한 가지 개념'을 구성하는지 논쟁하게 만들며, ISO는 단일어uniterm(예, 지식, 관리, 소프트웨어) 문제에 대해 고민하게 만든다.

---

23 (옮긴이) 구체성(specificity): 용어가 아주 구체적이거나 특수해서 다른 용어와 쉽게 구분이 될 수 있는 성질을 의미함.

이러한 예로, '정보 관리 소프트웨어'를 단일어들로 분리하게 되면 의미 파악이 어렵게 된다.

당면하고 있는 맥락에 따라 균형을 잡는 것이 매우 중요하다. 가장 중요한 것은 사이트의 규모이다. 콘텐츠의 양이 지속적으로 많아지게 되면, 정확률을 높이기 위해서 합성어의 사용이 증가할 수밖에 없다. 그렇지 않으면, 사용자들은 매 검색마다(그리고, 매 우선어마다) 수백 혹은 수천 건의 결과를 얻게 된다.

콘텐츠의 범위 또한 중요하다. 예를 들어, 지식 관리 잡지 사이트를 만드는 경우, '지식 관리 소프트웨어' 혹은 '소프트웨어(지식 관리)' 중 한 가지 용어만 사용할 수도 있다. 하지만, 씨넷CNET과 같은 IT 사이트를 구축하고 있다면, '지식 관리'와 '소프트웨어'를 각각 독립적인 우선어로 사용하는 것이 좋다.

9.9 복합 계층구조

엄격한 계층구조에서는 각 용어는 한 위치에 한 번씩만 놓여지게 된다. 이것은 생물학의 분류 체계가 가지고 있는 초기 규칙에 준하는 것이다. 각 종species은 진화의 가지branch를 따라 한 곳에만 놓여 중복되지 않는다.

```
계(kingdom):
 문(phylum):
  아문(sub-phylum):
   강(class):
    목(order):
     과(family):
      종(species)
```

그러나, 규칙이 그대로 지켜지지는 않았다. 사실, 생물학자들은 다양한 종의 정확한 위치에 대해서 수십 년 동안 논쟁을 해왔다. 몇몇 유기체들은 여러 개의 카테고리가 가능한 특성을 동시에 보이기도 한다.

순수하게 이상적으로 사이트 내의 엄격한 계층구조를 준수할 수도 있고, 실용적이게 용어들을 복수의 카테고리에 교차 나열함으로써 몇 단계에 대해 복합 계층구조polyhierarchy를 허용할 수도 있다. 이는 그림 9-24과 같다.

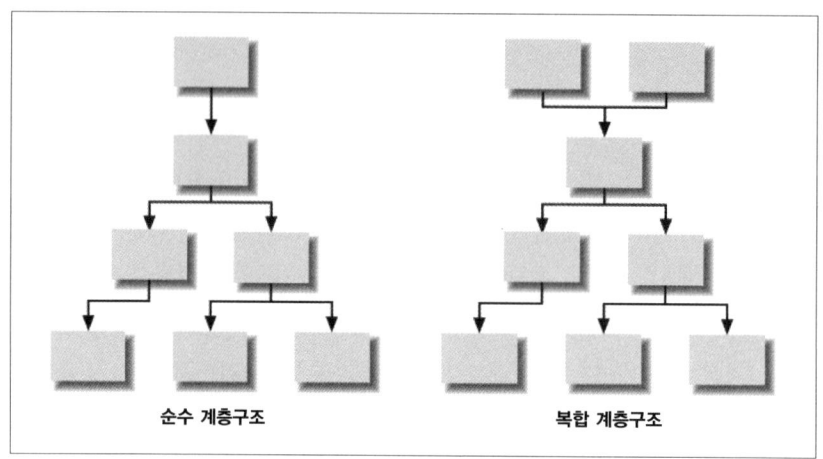

그림 9-24. 계층구조와 복합계층구조

대규모 정보시스템을 구축하고 있다면, 복합 계층구조를 사용할 수밖에 없다. 문서의 수량이 증가함에 따라, 정확률을 높이기 위해 최상위 수준의 전조합precoordination(복합어를 사용함)을 할 필요가 있으며, 여기에는 복합 계층 구조가 활용된다. 예를 들어, 메드라인은 바이러스성 폐렴을 바이러스성 질환과 호흡기 질환 모두에 교차로 나열하고 있다. (그림 9-25)

야후!는 복합 계층구조를 많이 활용하고 있는 또 다른 대규모 사이트이

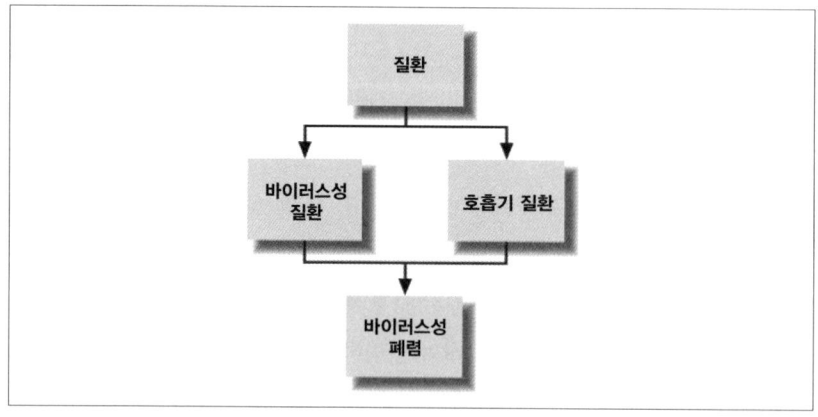

그림 9-25. 메드라인의 복합 계층구조

318

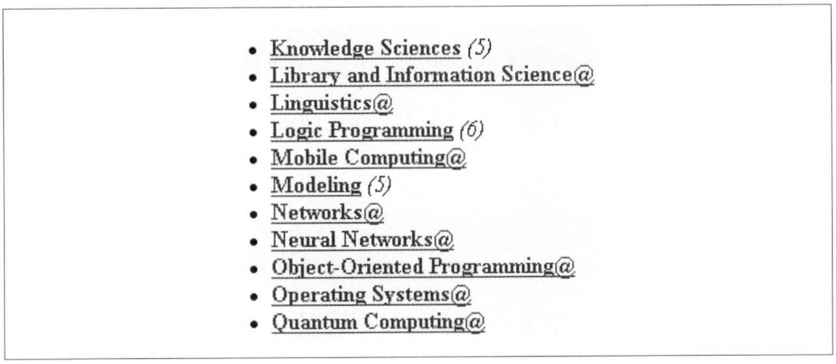

```
• Knowledge Sciences (5)
• Library and Information Science@
• Linguistics@
• Logic Programming (6)
• Mobile Computing@
• Modeling (5)
• Networks@
• Neural Networks@
• Object-Oriented Programming@
• Operating Systems@
• Quantum Computing@
```

그림 9-26. 야후!의 복합 계층구조

다.(그림 9-26) @표시는 계층구조 내의 다른 카테고리 아래에 교차 나열되어 있는 카테고리를 표시하기 위해서 사용된다. 하지만, 복합 계층구조는 물리적인 대상의 분류와 배치에 있어서는 적합하지 않다. 물리적인 물체는 일반적으로 한 위치에 한 번만 배치된다. 미의회도서관의 분류 체계는 도서관의 각 도서가 서고 내 하나의 물리적인 위치에만 배치되도록(즉 잘 찾을 수 있도록) 설계되었다. 디지털 정보시스템에서, 복합 계층구조로 인해 야기되는 단 하나의 실제적인 문제는 내비게이션에 대한 맥락 정보라고 할 수 있다. 대부분 시스템은 계층구조 내에서 주요 위치와 보조 위치라는 개념을 사용한다. 야후!가 사용하는 @표시는 사용자들이 보조 위치에서 주요 위치로 이동할 수 있도록 해준다.

9.10 다면 분류

1930년대에 랑가나단S. R. Ranganathan이라는 인도의 문헌정보학자는 새로운 유형의 분류 시스템을 만들어냈다. 하향식 단일 분류법에 대한 문제와 한계를 극복하기 위해, 그는 문서와 사물이 복합적인 차원 혹은 다면facets을 가진다는 개념을 근간으로 하는 시스템을 만들어 냈다.

이전 모델은 "이것을 어디에 배치해야 할까?"와 같은 질문을 한다. 이 질문은 물리적인 세계의 경험과 더욱 밀집하게 관련이 있는데, 각 아이템은 한 곳에만 배치할 수 있다는 개념을 내포하고 있기 때문이다. 이와는 반대로, 다면 분류법Faceted Classification은 "이것을 어떻게 설명할까?"와 같은 질문을 던진다.

많은 문헌정보학자들처럼 랑가나단 또한 이상주의자였다. 그는 한 번에 한 가지 분류원칙을 적용한 '순수한pure' 분류를 여러 개 만들어야 한다고 주장했다. 그는 모든 사물을 조직화하는 데 사용할 수 있는 다섯 가지 보편적인 면들을 제안하였다.

- 성질 personality
- 물질 matter
- 힘 energy
- 공간 space
- 시간 time

경험상, 다면 분류방식은 매우 유용하다. 하지만, 랑가나단이 제안한 보편적인 측면 대신에, 비즈니스 세계에서 일반적으로 사용되는 측면을 사용하는 것이 좋다.

- 주제 topic
- 제품 product
- 문서 유형 document type
- 사용자 audience
- 지리적 위치 geography
- 가격 price

아직도 다면에 대해서 잘 모르겠다면, 그림 9-27을 보자. 실제로 인포메이션 아키텍트가 하는 일이란 필드로 구분된 데이터베이스 구조를 문서와 애플리케이션이 이질적으로 섞여 있는 웹사이트에 적용하는 것이다. 야후!가 사용

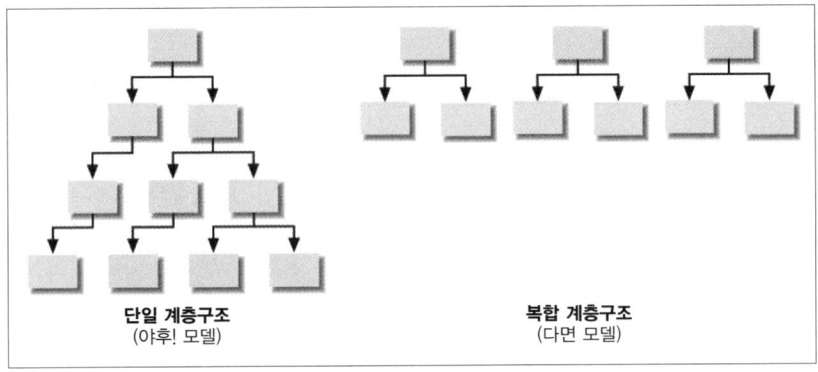

그림 9-27. 단일 계층구조와 복합(다면) 계층구조의 비교

하는 '하나의 분류를 모든 것에 적용하는' 방식보다는 문서의 다양한 차원에 중점을 둔 복합적인 분류 개념을 채택할 필요가 있다.

와인닷컴Wine.com은 다면 분류에 대한 단순한 예를 보여준다. 레스토랑이나 식료품가게에서 와인을 고를 때, 대개 와인이 가지고 있는 몇 가지 면들을 함께 고려하게 된다.

어떠한 면은 계층적으로 표현되는(예: 종류) 반면에 어떠한 면은 단순한 목록이라는(예: 가격) 점에 주의하자. 중간 가격대의 캘리포니아산 메를로를 찾는 경우에, 무의식적으로 여러 측면들을 정의하고 조합하게 된다. 와인닷컴은 이러한 경험을 온라인에서도 가능하도록 다면 분류를 활용하고 있다. 그림 9-28에서 쇼핑 메인 페이지는 동일한 정보에 다양한 경로로 접근할 수 있도록 세 가지 브라우징 방법을 제공하고 있다.

면	통제어휘집의 용어 예
종류	레드(메를로, 피노누아르), 화이트(샤블리, 샤르도네), 스파클링, 핑크, 디저트
지역(원산지)	호주산, 캘리포니아산, 프랑스산, 이탈리아산
양조장(생산자)	블랙스톤, 클로 뒤 부아, 케익브레드
연도	1969, 1990, 1999, 2000
가격	$3.99, $20.99, $199 이하, 싼, 중간, 비싼

그림 9-28. 와인닷컴의 다면 분류

    그림 9-29에서 Power Search는 대개 자연어로 표현하곤 하는 다양한 유형의 검색어를 만들어낼 수 있도록 각각의 측면들을 조합하는 기능을 제공한다.
    검색 결과 페이지(그림 9-30)는 중간 가격대의 캘리포니아산 메를로 와인들을 보여준다. 다면을 검색에만 사용할 수 있는 것이 아니라 검색 결과를 정렬하는 데도 사용할 수 있다는 것을 주목하자. 와인닷컴은 몇몇 잡지의 평가(WE = Wine Enthusiast, WS = Wine Spectator)들을 또 다른 측면으로 적용하고 있다.

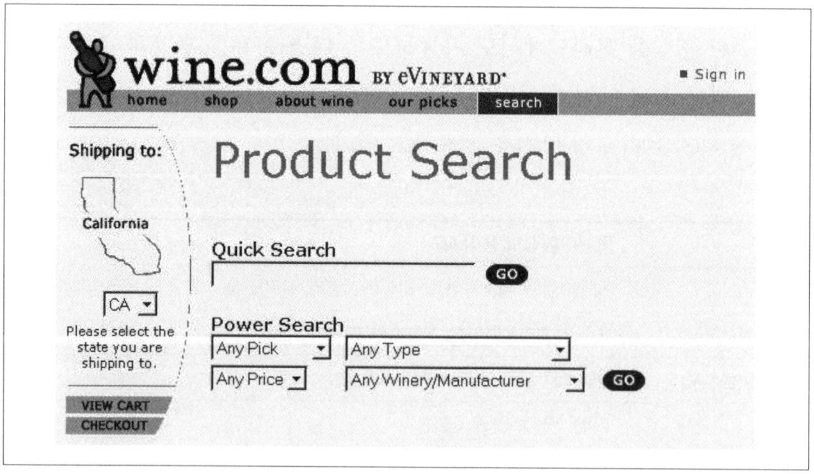

그림 9-29. 와인닷컴의 Power Search

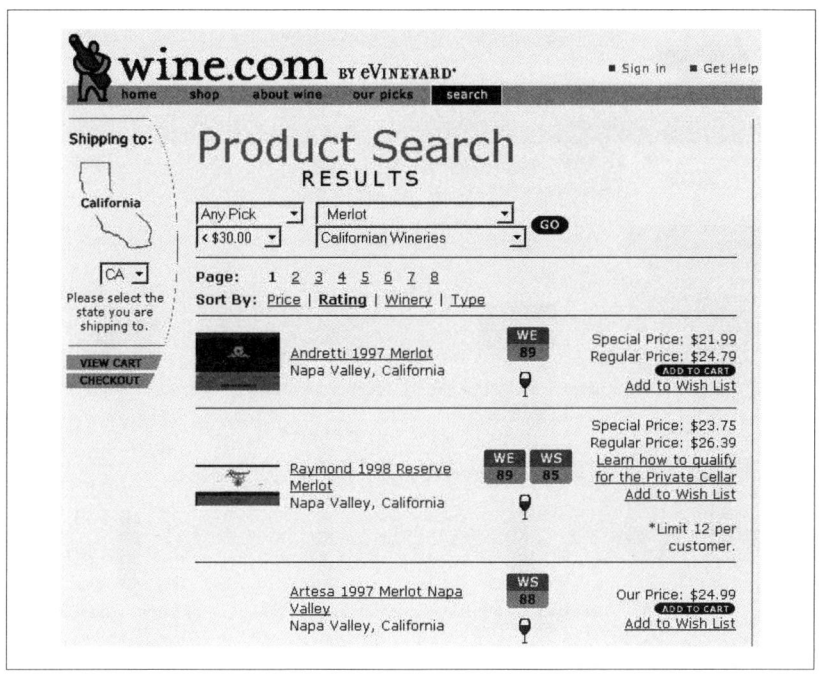

그림 9-30. 유연한 검색과 검색 결과의 노출

와인닷컴의 인포메이션 아키텍트와 디자이너는 사이트 전반에 걸쳐서 다면을 인터페이스에 언제 어떻게 활용할 것인지 의사결정을 하고 있다. 예를 들어, 메인 페이지에서는 가격과 평가점수로 브라우징할 수 없다. 이것은 사용자의 니즈(사람들은 어떻게 브라우징하거나 검색할까)에 대한 이해와 비즈니스 니즈(이빈야드eVineyard는 어떻게 고수익 아이템의 판매를 극대화할까)를 조율함으로써 만들어진 세심한 의사결정이라고 할 수 있다.

다면 분류방식의 좋은 점은 효과가 매우 높고 유연성이 뛰어나다는 것이다. 인포메이션 아키텍트와 인터페이스 디자이너는 실제 서비스의 기본적인 서술적 메타데이터와 구조를 활용해, 다양한 방식으로 내비게이션 옵션을 보여주는 실험을 해볼 수 있다. 다면 분류는 변경하는 데 유연성을 주기 때문에, 인터페이스는 지속적으로 테스트되고 개선될 수 있다.

최근 몇 년 동안, 다면 분류를 토대로 만들어진 검색 솔루션들은 검색 벤더

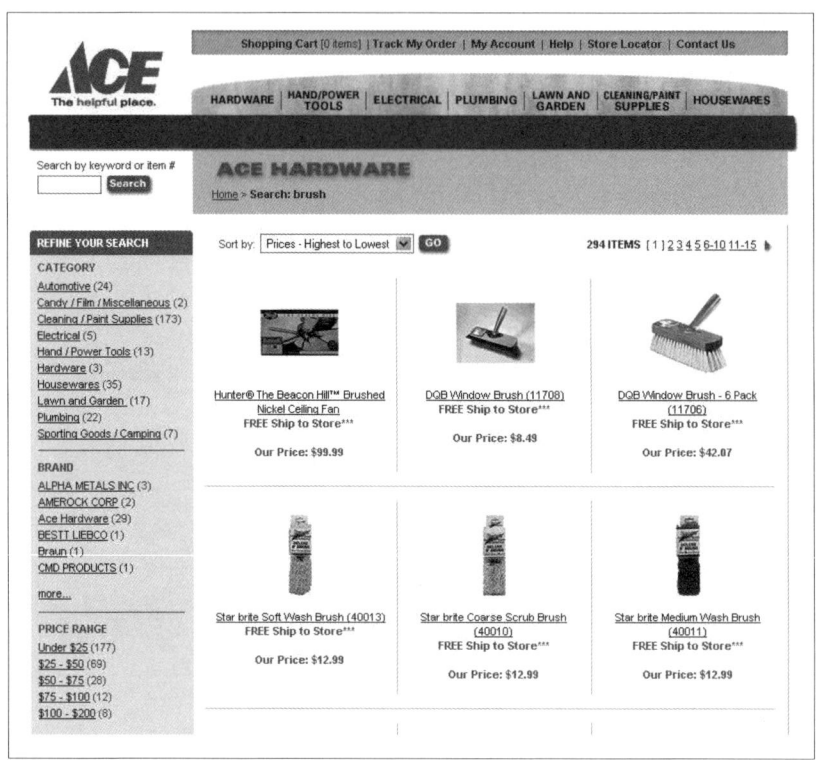

그림 9-31. 에이스 하드웨어의 유도 내비게이션

인 엔데카Endeca와 엔데카의 '유도 내비게이션Guided Navigation' 모델(그림 9-31, 9-32)에 힘입어 실제로 성공을 거두고 있다. 유도 내비게이션 모델은 사용자들이 메타데이터 필드와 값에 근거해서 검색어를 조정하거나 검색 결과의 폭을 좁힐 수 있도록 해준다.

유도 내비게이션은 검색성findability이 수익성으로 직결되는 온라인 소매 분야에서 빠르게 채택되었다. 더욱이 최근에는, 이러한 검색/브라우징 혼합 모델이 업계, 정부, 의료, 출판, 교육에 걸쳐 폭넓게 적용되고 있다. 그림 9-32에서 보이는 것처럼, 유도 내비게이션은 도서관 카탈로그를 개선하기 위해서도 사용되고 있다. 랑가나단이 자랑스러워할 것이다.

통제어휘집만을 주로 개발하는 일[24]이 증가하는 것 외에도, 이러한 노력에

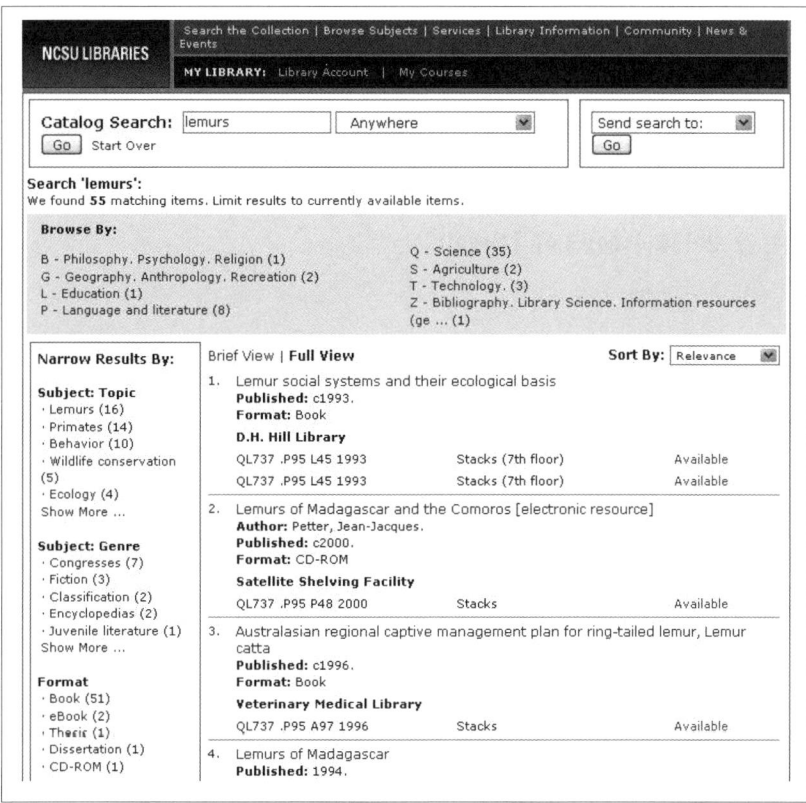

그림 9-32. NCSU의 유도 내비게이션

도움이 될 다양한 기초자료가 증가하고 있다는 점은 행복한 일이다. 여기에 몇 가지 예를 들면 아래와 같다.

ANSI-NISO Z-39.19-2005

단일어 통제어휘집의 구축, 구성, 관리를 위한 가이드라인. 2005년 재작성 ⟨http://www.niso.org/standards/standard_detail.cfm?std_id=814⟩[25]

---

24 (옮긴이) 다른 개발 업무의 일환으로서 통제어휘집을 개발하는 것이 아니라, 통제어휘집의 구현 자체에 목표를 두고 리소스를 배분하여 개발하는 것을 의미한다.

25 이 URL은 이미 폐기된 상태이다. 바뀐 URL 주소는 ⟨http://www.niso.org/kst/reports/standards?step=2&gid:ustring:iso-8859-1=&project_key:ustring:iso-8859-1=7cc9b583cb5a62e8c15d3099e0bb46bbae9cf38a⟩이다. 구글 쏘트너로 축약하면 ⟨http://goo.gl/Kwgqg⟩이다.

통제어휘집: 언어 시소러스
라이제Fred Leise, 파스트Karl Fast, 스테켈Mike Steckel 작성
〈http://www.boxesandarrows.com/view/controlled_vocabularies_a_glosso_thesaurus〉

더블린 코어 메타데이터 이니시에이티브
〈http://dublincore.org〉

플라멩코 검색 인터페이스 프로젝트
〈http://flamenco.berkeley.edu〉

시소러스 관련 용어집
〈http://www.willpowerinfo.co.uk/glossary.htm〉

택소노미 웨어하우스
〈http://www.taxonomywarehouse.com〉

시소라이온라인
〈http://www.asindexing.org/site/thesonet.shtml〉
〈http://www.semanticstudios.com/publications/semantics/speed.html〉

메타데이터, 통제어휘집, 시소러스는 점차적으로 웹사이트와 인트라넷의 주요 구성요소로서 자리를 잡아가고 있다. 또, 단일 분류 솔루션은 보다 유연한 다면 분류 방법에 그 자리를 내어주고 있다. 인포메이션 아키텍트들이여, 다면 분류 방법을 적용하자. 그래야만, 사람들이 점점 더 많이 다면 분류를 경험할 수 있게 될 것이다![26]

---

[26] 야후!, 와인닷컴, 다면 분류에 대해서 더 자세히 알아보고 싶다면, 〈http://semanticstudios.com/publications/semantics/000003.php〉를 참조.

Information Architecture for the World Wide Web

3부 | 프로세스와 방법론

Information Architecture for the World Wide Web **10**

리서치

다룰 내용:
- 웹 개발 프로세스에 정보설계 단계를 도입
- 사용자, 맥락, 콘텐츠를 연구해야 하는 이유와 방법
- 리서치 방법론: 이해관계자 인터뷰, 휴리스틱 평가, 시용성 평가, 카드 소팅

여기까지는 개념과 요소를 설명하는데 집중했지만, 지금부터는 정보구조를 만들기 위한 프로세스와 방법론에 대해 살펴볼 예정이다.

인포메이션 아키텍트의 주요 업무가 몇 가지 표준 구조도 정도만 후다닥 만들어 내는 것이라면, 일은 매우 쉬웠을 것이다. 하지만 앞서 설명해 왔던 것처럼, 정보구조는 무에서 창조되는 것이 아니다. 복잡한 웹사이트의 설계에는 그래픽 디자이너, 소프트웨어 개발자, 콘텐츠 관리자, 사용성 엔지니어 등 다양한 전문가들로 구성된 학제적인 팀이 필요하다.

또한 효과적인 협업을 위해서는 구조화된 개발 프로세스가 필요하다. 팀의 규모가 작고 각 구성원들이 한 번에 다양한 역할을 맡는 소규모의 프로젝트라고 하더라도, 적절한 시점에 적절한 문제를 다루는 것은 성공을 위한 필수 조건이다.

이후 몇 개의 장들에서는 협업을 할 때 맞닥뜨릴 수 있는 프로세스와 여러 문제에 대해 살펴볼 예정이다. 리서치가 우리 저자들의 주요 컨설팅 배경은 아니지만, 구현 및 운영과 같은 개발 프로세스의 후반 단계보다는 리서치, 전략, 설계와 같은 초기 단계에 집중할 예정이다. 우리가 가진 경험의 거의 대부분이 빠르게 진행되는 정보설계 프로젝트에서의 전략과 설계에 관련된 것이기는 하지만, 지속가능한 정보구조 프로그램[1]을 구축하는 데는 섬세함을 추구하는 것이 중요하다고 믿는다.

정보설계가 잘못된 방향으로 진행되는 것을 막고, 오랜 개발 기간에 걸쳐 꾸준하게 정보설계를 완료해내는 사내의 정보설계 전담 직원들은 전장의 이름 없는 영웅들이다.

10.1 프로세스 개요

웹디자인의 초창기에는, 많은 회사들이 'HTML 작성'이라고 불리는 단일 단계 프로세스를 사용했었다. 모든 사람들이 바로 사이트를 구축하기 바랬지, 리서치나 전략에 대한 관심은 전혀 없었다. 기획 단계 중반에 우리에게 이렇게 물어왔던 열성적인 클라이언트를 기억한다. "그러면, 실제 작업은 언제 시작하는 건가요?" 다행스럽게도, 이 뼈아픈 교훈을 얻고 몇 년이 지난 지금, 웹사이트를 설계하는 일은 어려운 작업이며 단계적인 접근방식이 필요하다는 생각들이 보편화되고 있다. 그림 10-1은 정보설계 프로세스를 보여준다.

리서치 단계는 전략기획팀과 회의를 갖고 존재하는 기초자료들을 검토하는 것으로부터 시작한다. 기존의 자료를 통해 목표와 비즈니스 환경, 현재의 정보구조, 콘텐츠, 목표 사용자에 대한 수준 높은 이해를 얻을 수 있다. 그런

---

[1] (옮긴이) 프로그램(program) : 『PMBOK- a guide to the Project Management Body Of Knowledge』에서는 project를 '고유한 제품, 서비스, 결과를 만들어내기 위해서 쏟는 일시적인 노력'이라고 정의하며, program은 '일련의 목적을 달성하기 위해 하나로 관리되고 있는 관련 project들의 모음'이라고 정의하고 있다. program은 project에 비해 기간이 길고 운영 단계를 포함하는 경향이 있으며 영속성을 지닌다.

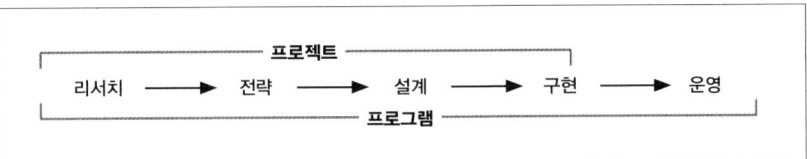

그림 10.1 정보구조 개발 프로세스

다음, 정보 생태에 대해서 살펴보기 위해 다양한 방법론을 활용하는 연구 단계로 빠르게 진행된다.

리서치는 정보설계 전략 수립의 근간을 이루는 맥락을 이해하는 데 도움을 준다. 정보설계 전략은 하향식 접근을 통해 사이트의 조직과 내비게이션 구조를 구성하는 최상위 두세 단계를 정의하게 되고, 상향식 접근을 통해 문서 유형에 대한 후보안과 개략적인 메타데이터 체계를 제안한다. 이러한 전략은 프로젝트를 구현 단계로 이끌 방향성과 범위를 정의함으로써, 정보구조의 상위 프레임워크를 제공한다.

설계는 상위 레벨 전략을 정보구조, 상세 구조도detailed blueprint, 화면설계 wireframe, 메타데이터 체계로 구체화하는 단계이며, 이러한 산출물들은 그래픽 디자이너, 개발자, 콘텐츠 작성자, 제작팀에게 전달된다. 이 단계에서는 일반적으로 인포메이션 아키텍트가 가장 많은 업무를 수행하며, 산출물의 양보다는 질에 치중하게 된다. 어설픈 설계 작업은 최고의 전략을 망가뜨릴 수 있다. 본디 핵심은 항상 숨겨져 있고 문제는 세부적인 사항들에서 발생하기 마련이기 때문에, 설계는 인포메이션 아키텍트에게 있어 고단하고 힘든 작업이다.

구현은 사이트를 구축, 테스트, 오픈함으로써 설계한 내용이 평가되는 단계이다. 인포메이션 아키텍트는 이 단계에서 정보구조가 오랫동안 효과적으로 유지보수될 수 있도록 문서의 조직화와 태깅, 테스트와 문제 해결, 개발 문서 작성과 프로그램의 교정을 진행한다.

마지막으로, 운영 단계에 이르게 되며, 이 단계에서는 사이트 정보구조를 지속적으로 평가하고 개선하게 된다. 운영은 새로운 문서를 태깅하고 오래된 문서를 추려내는 일상적인 업무를 포함한다. 또한, 이 단계에서는 사이트의 사용을 모니터링하고 사용자의 피드백을 수집하여 대규모 혹은 소규모 재설계를 통해서 사이트를 개선하게 된다. 효과적인 운영은 사이트를 더욱 훌륭하게 만든다.

위에서 살펴본 내용은 단지 프로세스를 단순화해서 살펴본 것에 지나지 않는다. 백지 상태에서 시작하는 프로젝트는 거의 없을뿐더러 각 단계 간의 경계가 명확한 경우도 매우 드물다. 게다가 예산, 일정, 정치적 이슈들은 항상 프로젝트가 정상궤도를 벗어나 다른 곳으로 가게 만든다.

현실의 세계는 매우 복잡하기 때문에 우리는 '따라하기식'[2] 설계 가이드를 제공하지는 않을 것이다. 대신에 프로젝트의 상황에 맞게 선택적으로 적용할 수 있는 프레임워크, 툴, 방법론에 대해서 설명할 예정이다.

시작하기 전에, 힘이 될 만한 말 한마디를 하려고 한다. 이러한 작업의 대부분을 실제 환경과는 별개로 따로 떼어놓고 보면 장황하고 지루하게 느껴진다. 모든 사람이 검색로그와 콘텐츠 분석을 신나게 할 수 있는 건 아니다. 그러나, 그런 작업 결과를 실제의 상황에 대입하면 매우 흥미진진해진다. 그리고, '탁'하고 마법의 전구가 켜진 것처럼 해결방안을 만들어낼 수 있는 패턴을 발견했을 때, 공들여 분석한 것에 대한 보람을 느끼게 될 것이다.

10.2 리서치 프레임워크

훌륭한 리서치란 적절한 질문을 던지는 것을 의미한다. 그리고 적절한 질문을 선택하는 데는 폭넓은 환경을 고려할 수 있는 개념적conceptual 프레임워크가 필요하다.

우리는 리서치의 균형 잡힌 접근방법을 정의하는 데 유용하게 쓰일만한,

---
2 (옮긴이) 따라하기식(paint-by-numbers: paint-by-numbers)은 우리가 흔히 '색칠공부'라고 부르는 미술교재를 의미한다. 색칠할 대상의 외곽선이 이미 그려져 있고 순서에 따라서 색칠하기만 하는 미술교재는 '따라하기'를 통해서 원하는 결과물을 쉽게 얻을 수 있게 해준다.

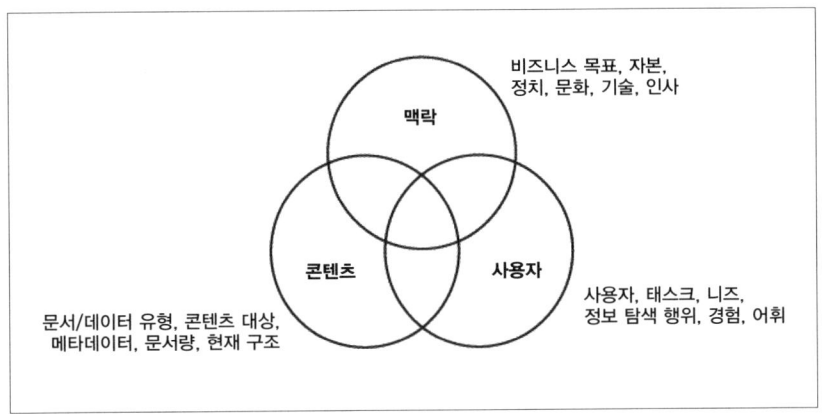

그림 10.2 균형 잡힌 리서치 접근방법

세 개의 원으로 된 다이어그램을 만들었다(그림 10-2). 다이어그램은 어디에 집중해야 하고 무엇을 이해할 필요가 있는지 결정하는 데 도움을 준다. 이 모델에 준해 리서치 프로세스를 살펴보자.

리서치를 위한 도구와 방법론(그림 10-3 참조)부터 살펴보도록 하자. 모든 프로젝트에 모든 도구를 사용할 수 있는 것은 아니다. 그리고 당연히, 여기서 다루지 못한 방법론들에 대해서도 찾아봐야 하고, 시도해봐야 한다.

여기서 다루는 내용들은 지도와 나침반일 뿐이며, 여행은 각자의 재량에 달려 있다.

10.3 맥락

현실적인 목적에 있어서도, 비즈니스 환경에 대한 조사는 좋은 출발점이다. 비즈니스 목표에 대한 명확한 이해와 정치적인 상황에 대한 인식은 프로젝트를 시작하는 데 매우 중요한 요소다. 비즈니스 현실을 무시하는 것은 사용자를 무시하는 것만큼 위험하다. 사이트가 사용하기에 편리하지만 비즈니스 목표에 충실하지 않는다면 오래 가지 못한다. '사용자 중심 디자인'과 같은 용어가 주는 가치가 사람들의 관점을 '경영자 중심 디자인'으로부터 멀리 떨어

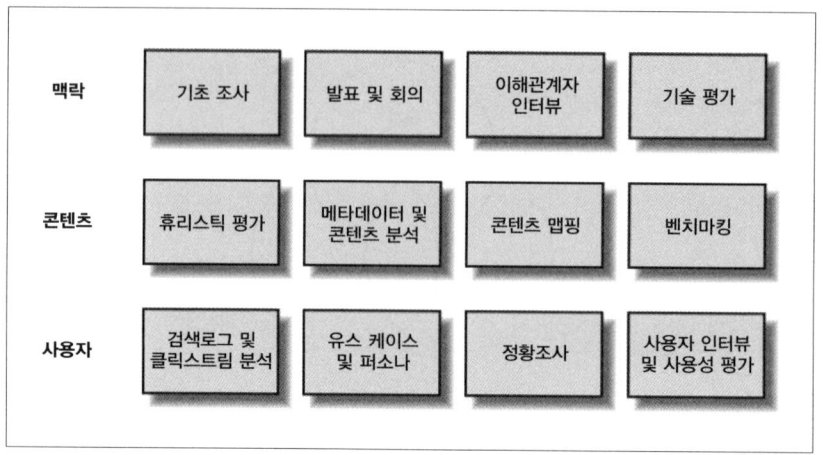

그림 10.3 리서치를 위한 도구와 방법론

뜨러 놓은 것이라 할 수 있지만, 핵심가치가 경영자로부터 너무 멀어져서는 곤란하다.

물론, 맥락은 단지 정치만을 의미하는 것은 아니다. 목표, 예산, 일정, 기술 기반구조, 인력 현황, 기업 문화에 대해서 이해할 필요도 있다. 법률적 이슈도 중요하며, 특히나 규제가 심한 업계에서는 더욱 중요하다. 이러한 모든 요소들은 정보설계 전략을 구체화하는 데에 영향을 끼칠 수 있으며, 또한 그래야만 한다.

10.3.1 지지 얻기

리서치는 일방통행 도로가 아니다. 조사를 진행할 때, 프로젝트에 대한 이해와 지원을 이끌어내는 것이 중요하다. 즉 우리는 실험실 쥐와 같이 수동적인 실험이나 관찰 대상이 되면 안 된다. 사람들이 가지고 있을 저마다의 질문과 관심사에 대해서 능동적으로 알고자 해야 한다. 예를 들면 아래와 같다.

- 당신은 누구이고, 왜 이런 질문들을 나에게 하는가?
- 정보구조는 무엇이고, 왜 내가 알아야 하는가?
- 당신의 방법론은 무엇이고, 내가 하는 일과 어떤 연관이 있는가?

이러한 질문에 대해 어떻게 답하는지가 프로젝트 내내 받을 지원의 수준에 영향을 끼친다. 오늘날 대부분의 대규모 웹사이트는 콘텐츠 소유권이 분산되어 있고 부서 간의 협업이 필요하기 때문에, 폭넓은 지지가 없이는 성공하기 어렵다. 이러한 이유에서, 리서치 프로세스 전반에 걸쳐 지속적인 토론과 설득 작업이 필요하다.

10.3.2 기초 조사

프로젝트가 시작될 때, 인포메이션 아키텍트의 머릿속은 온갖 종류의 질문들로 가득 차게 된다.

- 단기적인 목표와 장기적인 목표는 무엇인가?
- 비즈니스 목표는 무엇인가? 정치적인 이슈는 무엇인가?
- 일정과 예산은 어떻게 되는가?
- 목표 사용자는 누구인가?
- 사람들이 이 사이트를 왜 방문해야 하는가? 왜 재방문을 해야 하는가?
- 사용자는 어떤 종류의 태스크를 수행할 수 있는가?
- 콘텐츠는 어떻게 만들어지고 관리되는가? 누가 담당하고 있는가?
- 기술 기반구조는 어떠한가?
- 이전에 효과를 보았던 방법이나 실패했던 방법이 있는가?

그러나, 단지 적절한 질문을 던지는 것만으로는 충분하지 않다. 적절한 시간에 적절한 방법으로 적절한 사람에게 질문해야 한다. 언제 사람들에게 질문할지와 누가, 어떤 질문에 답변해줄 수 있을지에 대해 매우 집중할 필요가 있다.

따라서, 기초자료 검토부터 시작하는 것이 좋다. 때로, 미래를 아는 최고의 방법은 과거를 깊이 탐색하는 것이다. 사이트의 미션, 비전, 목표, 목표 사용자, 콘텐츠에 관련된 문서를 입수하자. 또한, 경영구조나 문화에 대한 폭 넓은 이해를 제공해줄 수 있는 문서도 찾도록 노력하자. 조직도는 실제로 외부 컨설턴트에게 매우 가치가 있으며, 특히 인트라넷을 구축하고 있는 경우라면 더욱 그렇다. 조직도는 사용자가 조직에 대한 멘탈모델mental model을 형성하는 데 중요한 요소이며, 인터뷰와 평가를 위한 잠재적인 이해관계자와 사용자 그룹을 정의하는 데도 도움을 준다.

개선점을 발견하는 작업revealing exercise은 현재 웹사이트를 만들기 전에 정의했던 비전과 실제 웹사이트의 비교를 통해 이루어진다. 웹사이트가 어떠해야 하는지에 대해 이전에 공들여 만든 파워포인트 발표 자료를 보게 될 수도 있는데, 경우에 따라서는 야심차게 묘사된 수백 페이지의 방대한 분량일 때도 있다. 그러나 그에 비해 실제 사이트는 규모도 작고 기능도 제한적인, 한마디로 제대로 설계·구현되지 않았다는 사실과 맞닥뜨리기도 한다. 비전과 현실의 차이만큼 문서를 작성한 관리자와 사이트를 구축한 팀 간에 오해가 생기곤 하는데, 이 차이가 일종의 위험 신호를 의미한다. 훌륭한 비전이라도 구현을 위한 전문성이나 시간, 돈이 없으면 무용지물이다. 이러한 경우, 사람들과의 대화를 통해 사람들이 기대하는 사이트의 모습을 즉시 조율해야 한다.

10.3.3 소개 발표

정보설계 프로젝트를 시작할 때, 소개 발표는 할 만한 가치가 있다. 콘텐츠 작성자, 소프트웨어 개발자, 그래픽 디자이너, 마케터, 관리자 모두가 아래와 같은 이슈에 대해서 이해할 수 있도록 동일한 내용으로 하는 것이 좋다.

- 정보구조란 무엇이고 왜 중요한가?
- 정보구조는 어떻게 사이트의 다른 요소들과 관련되고, 조직 자체와도 관련되는가?
- 주요 일정은 어떻게 되고, 산출물은 무엇인가?

사람들의 참여를 불러올 수 있는 이러한 발표와 토론은 잠재적인 위험요소를 찾아내고 팀 간의 생산적인 관계를 촉진할 수 있다. 또한, 사람들 사이의 커뮤니케이션이 보다 성공적으로 이뤄질 수 있도록 공통으로 사용할 용어를 정의하는 데 특히 유용하다.

10.3.4 리서치 회의

1990년대 초, 우리는 서비스의 미션, 비전, 사용자, 콘텐츠, 기술 기반구조에 대해서 가능한 많이 이해하고, 정보구조를 위한 프레임워크를 설명하기 위해서 고객사의 웹 개발팀과 함께 하루 종일 마라톤회의를 한 적이 있다. 당시 웹디자인팀은 규모도 작고 중앙집중적이어서 엄청나게 오래 걸리긴 했지만 리서치 회의는 한 번이면 족했다. 오늘날, 웹사이트의 설계와 제작은 다양한 부서에서 여러 팀이 참여하는 만큼 더욱 복잡해지고 있다. 이렇게 유관 부서들이 분산되어 있는 현실에서는 목표를 명확히 한 리서치 회의가 여러 차례 필요하다. 다음은 세 가지 종류의 회의와 각 회의 안건에 대해서 살펴본다.

전략기획팀 회의

오늘날 많은 조직에는 웹 혹은 인트라넷을 관리하는 업무를 담당하고 있는 중앙집중적인 전략기획팀이나 워킹그룹working group이 존재한다. 전략기획팀은 상위 레벨 목표를 설정하고 미션, 비전, 목표 사용자, 콘텐츠, 기능을 정의하며, 워킹그룹은 업무를 중앙집중적으로 할 것이냐 혹은 자치적으로 할 것이냐의 조율을 책임진다.

    신뢰와 기대를 형성할 필요가 있기 때문에, 전략기획팀과 직접 대면하는 회의는 필수적이다. 이러한 회의를 하는 것만으로도 프로젝트의 실제 목표를 이해할 수 있고 이후 진행될 단계에서 잠재적으로 발생할만한 문제점들을 발견할 수 있다. 또, 직접 대면하여 대화를 해야, 어렵지만 꼭 필요한 질문들을 그나마 편하게 할 수 있다.

    이러한 회의는 격식 없는 분위기에서 소규모로 진행하는 것이 중요하다. 회의 참석자는 다섯에서 일곱 명 정도가 적당하다. 참석자가 많아지면, 사람들은 정치적인 중립[3]을 띠면서 말하기를 주저하게 된다. 회의 안건 논의를 통해서 아래 질문에 대한 답을 찾아볼 수 있다.

- 이 사이트의 목표는 무엇인가?
- 목표 사용자는 누구인가?
- 계획된 콘텐츠와 기능은 무엇인가?
- 사이트 구축에 누가 참여하는가?
- 언제까지 결과물이 나와야 하는가?
- 예상되는 문제점은 무엇인가?

하지만, 이러한 회의에서 중요한 것은 직관을 따르는 것이다. 논의되는 주제 중 관심이 가거나 중요한 주제들에 대해 심도 깊게 살펴볼 수 있도록 해야 한다. 정형화된 회의 안건만 엄격하게 고집하는 것은 가장 잘못하는 일이다. 원활한 회의의 촉매 역할을 하도록 하자. 논의 주제가 핵심을 조금 벗어나는 것에 대해 걱정할 필요는 없다. 이를 통해 더 많은 사실을 알 수 있게 되고, 모든 사람들이 보다 즐겁게 회의를 할 수 있게 된다.

콘텐츠 관리팀 회의

콘텐츠 소유자나 관리자와의 회의를 통해 콘텐츠의 속성과 콘텐츠 관리 프로세스에 대한 상세한 정보를 얻을 수 있다. 일반적으로 이러한 사람들은 일선 업무를 통한 많은 실무 경험이 있어 넓은 식견을 가지고 있다. 이들과 좋은 유대 관계를 형성하게 되면, 조직 문화와 정치적 이슈들도 많이 파악할 수 있게 된다. 이 사람들에게 물어볼 것들은 다음과 같다.

- 콘텐츠 확보에 대한 공식적/비공식적 정책은 무엇인가?
- 저작이나 발행을 관리하는 콘텐츠 관리 시스템을 보유하고 있는가?
- 콘텐츠 관리 시스템은 콘텐츠를 관리하기 위해서 통제어휘집과 속성

---

3 (옮긴이) 정치적 중립(political correctness): 특정 사안에 대해서 반대하는 입장을 표명하지 않도록 극도로 주의하는 태도나 성향을 의미한다. 주로 '정치적 정당성 혹은 공정성'이라고 번역되나 문맥상 문제 의식이나 참여를 포기한다는 의미에서 '정치적인 중립'이라고 번역하였다.

attribute을 사용하는가?
- 콘텐츠는 시스템에 어떻게 입력되는가?
- 어떠한 기술을 사용하고 있는가?
- 콘텐츠의 소유자들은 각각 어떠한 콘텐츠를 관리하고 있는가?
- 콘텐츠의 목적은 무엇인가? 사이트에서 각 콘텐츠 영역 이면에 있는 목표와 비전은 무엇인가?
- 사용자는 누구인가?
- 콘텐츠 포맷은 무엇인가? 가변적인가? 혹은 고정적인가?
- 누가 콘텐츠를 유지보수하는가?
- 향후 어떤 콘텐츠와 서비스가 계획되어 있는가?
- 콘텐츠는 어디서 만들어지는가? 어떻게 선별되는가?
- 콘텐츠 관리 프로세스에 영향을 끼치는 법률적 이슈가 있는가? 있다면, 무엇인가?

개발팀 회의

웹사이트나 인트라넷에 적용될 목적으로 이미 구축된 기술적 기반구조와 향후 개발 계획을 파악하기 위해서는 시스템 운영자나 소프트웨어 개발자를 가능한 일찍 만나보는 것이 좋다. 개발자들과의 회의에서 정보구조와 기술 기반구조 간의 관계를 피력할 수 있고, 또한 이들로부터 신뢰와 기대를 이끌어 낼 수 있다. 아이디어를 실제로 구현하기 위해서는 개발자에게 의존할 수밖에 없다는 것을 명심하자. 개발자에게 할 질문들은 아래와 같다.

- 콘텐츠 관리 소프트웨어content management software : CMS를 활용할 수 있는가?
- 분산되어 있는 태그들을 지원하는 메타데이터 레지스트리[4]를 어떻게 만

---

4 (옮긴이) 메타데이터 레지스트리(metadata registry): 메타데이터를 한곳에서 저장하고 관리하는 프레임워크. 이를 통해서 메타데이터를 표준화할 수 있고 다양한 시스템에 사용되는 메타데이터들 간의 호환성을 유지할 수 있다.

들 수 있는가?
- CMS는 문서의 자동화된 카테고리 생성 기능을 지원하는가?
- CMS는 브라우징 가능 인덱스를 자동으로 생성할 수 있는가?
- CMS는 개인화 기능을 지원하는가?
- 검색엔진은 얼마나 유연한가?
- 검색엔진은 시소러스의 통합을 지원하는가?
- 검색로그와 사용 통계를 주기적으로 열람할 수 있는가?

안타깝게도, 많은 조직에서 개발자 그룹은 과중한 업무에 허덕이고 있으며 정보설계나 사용성 개선 작업을 도와줄 시간이 없다. 이러한 상황을 일찍 포착하여 실용적이고 현실적인 해결방안을 만들어 내는 것이 중요하다. 그렇지 않으면, 구현 단계에 이르렀을 때 인포메이션 아키텍트의 노력이 수포로 돌아갈 수 있다.

10.3.5 이해관계자 인터뷰

오피니언 리더 혹은 이해관계자와의 인터뷰는 비즈니스 환경 리서치에서 가장 중요한 요소 중 하나이다. 다양한 부서와 비즈니스 조직의 임원진 및 관리자와의 인터뷰는 정보설계 프로세스에서 폭넓은 참여를 유도할 수 있고 새로운 관점, 아이디어, 자원을 고려할 수 있게 해 준다.

이와 같은 인터뷰에서 인포메이션 아키텍트는 이들에게 자신이 현재 정보환경을 어떻게 평가하는지와 조직과 웹사이트에 대해 어떠한 비전을 가지고 있는지에 대해 자유로운 대답을 유도하도록 질문해야 한다. 이들에게 프로젝트에 대해 설명하는 시간을 갖는 것도 좋다. 어쩌면 인터뷰에서 얻을 수 있는 답변보다, 이해관계자들의 정치적인 지원이 프로젝트 전반에 걸쳐 훨씬 중요할 수 있다. 인트라넷 프로젝트에 대한 질문의 예는 아래와 같다.

- 조직에서 당신의 역할은 무엇인가? 당신의 팀은 무슨 업무를 담당하는가?

- 모든 것이 가능한 상황이라면, 귀사는 경쟁력을 갖추기 위해서 인트라넷을 어떻게 사용할 계획인가?
- 귀사의 인트라넷이 안고 있는 핵심적인 문제점은 무엇이라고 생각하는가?
- 인트라넷 전략기획팀이 알아야 하는 전사적인 계획은 무엇인가?
- 현재 인트라넷을 사용하고 있는가? 그렇지 않다면, 그 이유는 무엇인가? 사용하고 있다면, 인트라넷의 어떤 기능을 사용하는가? 또 얼마나 자주 사용하는가?
- 지식을 공유한 부서나 직원에게 어떠한 보상이 주어지는가?
- 인트라넷이 성공하기 위한 핵심적인 요소는 무엇인가?
- 성공의 핵심 요소는 어떻게 측정할 수 있는가? 투자 대비 효과는 어떻게 측정할 수 있는가?
- 인트라넷 재설계에서 가장 중요한 것 세 가지는 무엇인가?
- 인트라넷 전략기획팀에게 한 가지만 얘기한다면, 무엇인가?
- 우리가 질문하지 않았으나, 우리가 알아야 할 것은 무엇인가?

전략기획팀과의 회의와 마찬가지로, 이 인터뷰는 격식이 없는 토론이 되어야 한다. 이해관계자들이 자신의 머릿속에 담고 있는 생각을 표현하도록 만들어야 한다.

10.3.6 기술 평가

이상적인 상황에서는, 인포메이션 아키텍트가 기술적인 이슈에 구애 받지 않고 정보구조를 설계한 후라야, 시스템 운영자와 소프트웨어 개발자가 설계된 내용을 토대로 기반구조나 툴을 개발하게 된다.

하지만 현실에서는, 이러한 일이 거의 일어나지 않는다. 대개, 이미 구축되어 있는 툴이나 기술 기반구조를 가지고 정보설계를 진행해야 한다. 이는 프로젝트의 아주 초기부터 IT 환경을 충분히 이해해야만 하고, 전략이나 설계가 현실적이어야 한다는 것을 의미한다.

그렇기 때문에, 프로젝트 초기에 IT 관련자와 회의를 하는 것이 매우 중요하다. 현재 구축되어 있는 것이 무엇이고, 개발 중인 것이 무엇이고, 누가 도움을 줄 수 있는지 파악할 필요가 있다. 그런 다음 갭 분석[5]을 통해 비즈니스 목표 및 사용자의 니즈와 현재 기술 기반구조가 가진 현실적인 한계 사이에 존재하는 괴리를 찾아내게 된다.

갭 분석 이후라야 현 프로젝트 상황에서 격차를 메우는 일이 현실적으로 가능한지 확인하는 작업을 시작할 수 있다. 또한 이러한 격차를 메우는 데 활용할 수 있는 상업적 도구가 있는지도 찾아볼 필요가 있다(인포메이션 아키텍트가 활용할 수 있는 도구에 대해서는 16장에서 상세하게 알아보자). 어떠한 경우든지, IT 이슈에 대해 일찌감치 합의점을 찾아두는 것이 가장 좋다.

10.4 콘텐츠

광의의 의미에서 콘텐츠는 '웹사이트에 포함되는 모든 것'이라고 할 수 있다. 콘텐츠는 문서, 데이터, 애플리케이션, e-서비스, 이미지, 오디오 및 비디오 파일, 개인 웹페이지, 보관된 이메일 메시지 등을 모두 포함한다. 그리고, 현재 존재하는 내용뿐만 아니라 미래에 만들어질 내용도 포함한다.

사용자가 콘텐츠를 사용하기 위해서는, 일단 찾을 수 있어야 한다. 이러한 맥락에서 검색성findability은 사용성usability보다 우선되어야 한다. 찾을 수 있는 대상을 만들기 위해서는, 시간을 들여 그 대상에 대해서 연구할 필요가 있다. 대상 간의 구별을 무엇으로 할 수 있는지, 문서 구조와 메타데이터가 어떻게 검색성에 영향을 끼치는지 이해할 필요가 있다. 또, 사이트 내 정보구조를 살펴보는 하향식 작업과 상향식 리서치를 적절히 조합하여 사용해야 한다.

---

[5] (옮긴이) 갭 분석(gap analysis): 다양한 분야에서 사용되며, 비즈니스/경제 분야에서는 기업의 성과 계획과 실제 성과를 비교 분석한다.

10.4.1 휴리스틱 평가

많은 프로젝트에서 웹사이트를 새로 구축하기보다는 현재 존재하는 웹사이트를 재설계하곤 한다. 이 경우, 이전에 설계했던 사람들이 만든 산출물을 참고할 수 있다. 하지만, 사람들은 기존 설계의 잘못된 점만 부각하는 경향이 있고 클라이언트는 처음부터 다시 시작하기를 바라는 경향이 있기 때문에, 대개 기존의 산출물들은 무시되곤 한다. 현재 웹사이트를 버리고 싶어 하는 클라이언트들은 현재 사이트가 완전히 쓰레기여서 이 사이트를 살펴보는 데 시간을 허비하고 싶지 않다고 얘기하곤 한다. 이것은 쓸데없는 것을 버린다면서 중요한 것을 함께 버리는 전형적인 사례이다. 가능한 현재 사이트를 참고하고, 유지할 필요가 있는 것들이 있는지 살펴보도록 하자. 현재 사이트를 검토하는 방법 중 한 가지 손쉬운 방법은 휴리스틱 평가heuristic evaluation다.

휴리스틱 평가는 공식적/비공식적 디자인 가이드라인을 가지고 전문가의 손으로 웹사이트를 테스트하는 평가 방법이다. 평가를 수행하기 위해서 조직 외부의 사람을 초청하는 방법이 가장 좋은데, 새로운 시각으로 사이트를 둘러볼 수 있으며 정치적인 이슈에 영향을 받지 않기 때문이다. 휴리스틱 평가는 선입견을 피하기 위해 기초 조사 전에 수행하는 것이 이상적이다.

가장 단순하게는 한 명의 전문가를 초대하여 웹사이트를 검토하고, 개선되어야 할 주요 문제점과 개선 방법을 정의해볼 수 있다. 전문가는 다양한 조직에서 수행해봤던 많은 프로젝트 경험에 의거해(딱히 문서화되어 있지는 않더라도) 무엇이 좋고 무엇이 나쁜지에 대한 생각을 제공해줄 수 있다.

휴리스틱 평가는 내과의사가 '진찰한 후에 처방해주는 모델'과 유사하다. 아이가 목이 아픈 경우, 의사는 참고 도서를 살펴보거나 다양한 검사를 하는 대신, 환자가 얘기하는 내용, 육안으로 보이는 증상, 의사가 가지고 있는 일반적인 질병에 대한 지식을 토대로 질병을 추론하고 처방을 내린다. 추론이 항상 맞을 수는 없지만, 한 명의 전문가에 의해 수행되는 휴리스틱 평가 모델은 비용 대비 효과가 좋다.

보다 엄격하지만 비용이 많이 발생하는 방법으로는 여러 명의 전문가들이 원칙과 가이드라인이 적힌 목록[6]을 가지고 웹사이트를 검토하는 방법이 있다. 이러한 목록에는 다음과 같은 상식적인 가이드라인들이 포함된다.

- 사이트는 동일한 정보에 접근할 수 있는 다양한 경로를 제공해야 한다.
- 인덱스와 사이트 맵은 분류 체계를 보완할 수 있어야 한다.
- 내비게이션 시스템은 사용자에게 현재 위치에 대한 맥락 정보를 제공해야 한다.
- 사이트는 사용자들이 쉽게 이해할 수 있는 언어를 일관적으로 사용해야 한다.
- 검색과 브라우징은 상호 보완되도록 통합되어야 한다.

각 전문가들은 사이트를 개별적으로 리뷰하고 각 평가항목을 얼마나 만족시키고 있는지 기록하게 된다. 그런 다음, 전문가들은 모여서 각자의 기록을 비교하고, 서로 차이점에 대해서 논의하고, 일치된 결론을 도출하게 된다. 이런 방식은 개인적인 의견에 치우칠 가능성을 줄여주고, 다른 배경을 가진 전문가들을 한자리에 모을 수 있는 기회를 마련해준다. 예를 들어 인포메이션 아키텍트, 사용성 엔지니어, 인터랙션 디자이너로 전문가 집단을 구성할 수 있다. 각 전문가들은 문제점과 기회를 각자가 다른 관점에서 볼 것이다. 이 방법은 (프로젝트 범위에 따르더라도) 분명히 비용이 더 들 것이기 때문에 전문가의 수와 평가의 수준 간에 균형을 잘 잡아야 한다.

10.4.2 콘텐츠 분석

콘텐츠 분석은 인포메이션 아키텍트가 실제 존재하는 문서나 대상에 대해서 세심하게 살펴보는 상향식 접근방법 중 하나이다. 사이트에 존재하는 콘텐츠는 전략기획팀과 오피니언 리더들이 생각하고 있는 비전과 일치하지 않을 수

---

[6] 목록의 좋은 예는 제이콥 닐슨(Jakob Nielsen)이 작성한 10가지 사용성 휴리스틱이다. 〈http://www.useit.com/papers/heuristic/heuristic_list.html〉

있다. 위에서 내려오는 하향식 비전과 아래로부터의 상향식 현실 간에 발생하는 차이를 규정하고 해결할 필요가 있다.

콘텐츠 분석은 약식 조사informal survey 혹은 정밀 감사detailed audit의 형태를 띨 수 있다. 리서치 초기 단계의 상위 레벨 콘텐츠 조사는 콘텐츠의 범위와 속성을 알 수 있게 해준다. 프로세스 후반의 페이지 단위 콘텐츠 검사 혹은 콘텐츠 목록inventory은 콘텐츠 관리시스템으로 콘텐츠를 이전시킬 계획을 수립하게 해주거나 최소한, 페이지 수준의 저작이나 설계에 체계적인 접근방법을 사용할 수 있도록 해준다.

콘텐츠 수집하기

우선, 사이트 콘텐츠의 대표적인 샘플들을 찾고 인쇄해서 분석할 필요가 있다. 샘플을 찾는 데 있어, 과도하게 과학적인 방법은 피하는 것이 좋다. 여기에는 성공을 보장하는 공식이나 소프트웨어가 존재하지 않는다. 대신, 프로젝트 일정을 감안하여 샘플의 양을 정하는 데는 직관과 판단력에 의존할 필요가 있다.

이때, '노아의 방주' 방법을 활용해볼 수 있다. 각 종별로 동물을 한 쌍씩 고르도록 하자. 골라야 할 동물은 백서white paper, 연례 보고서, 온라인 실비 정산 양식과 같은 것이지만, 어려운 점은 무엇이 단일 종을 이루는 요소인지 파악하는 것이다. 아래의 기준들은 콘텐츠를 서로 구분하여, 다양하고 유용한 콘텐츠 샘플을 만드는 데 도움이 된다.

포맷

텍스트 문서, 소프트웨어 애플리케이션, 비디오 및 오디오 파일, 보관된 이메일 메시지와 같이 다양한 포맷을 대상으로 한다. 웹사이트 내의 내용에 대응되는 책, 사람, 설비, 조직과 같은 오프라인 자원도 포함할 수 있다.

문서 유형

다양한 문서 유형을 찾아내는 것은 제일 중요하다. 문서 유형의 예로 제품 카탈로그 모음집, 마케팅 브로슈어, 홍보 자료, 뉴스 기사, 연례 보고서, 기술 보고서, 백서, 양식, 온라인 계산표, 발표자료, 회계자료 등을 들 수 있다.

출처

샘플은 다양한 콘텐츠 출처를 반영할 수 있어야 한다. 기업 웹사이트 혹은 인트라넷에서 다양한 출처는 조직도를 그대로 반영한다고 할 수 있다. 엔지니어링, 마케팅, 고객지원, 재무, 인사, 세일즈, 리서치 등의 다양한 조직에서 샘플을 받을 수 있도록 해야 한다. 다만, 출처를 기준으로 콘텐츠 샘플을 찾는 방법은 정치적으로 민감한 사안에 있어서는 별로 유용하지 않다. 사이트가 전자 저널 혹은 ASP 서비스[7]와 같은 서드파티의 콘텐츠를 가지고 있다면, 이들도 샘플링 해야 한다.

주제

사이트에 주제별 분류를 가지고 있지 않다면, 주제별로 샘플을 추출하기가 까다롭다. 이 경우, 해당 업계에서 일반적으로 사용하는 분류 체계 혹은 시소러스를 참고할 수 있다. 콘텐츠 샘플의 주제나 제목을 넓은 범위로 확장해보는 것도 좋은 방법이다. 하지만, 꼭 해야 할 필요는 없다.

현재 정보구조

다양한 기준들이 함께 적용되어 있는, 사이트의 현재 정보구조는 다양한 콘텐츠 유형을 확인할 수 있게 해주는 좋은 가이드가 될 수 있다. 단지 메인 페이지나 글로벌 내비게이션 바의 주요 카테고리 링크를 따라가는 것만으로도, 다양한 콘텐츠 샘플을 얻을 수 있다. 하지만, 분석 작업이 이전 정보구조의 영향을 너무 많이 받아서는 안 된다는 것을 명심해야 한다.

사이트의 특징을 살린 대표적인 콘텐츠 샘플을 만들기 위해서 다른 어떤 차원들이 유용할지 고민해보자. 목표 사용자, 문서의 길이, 유동성, 언어 등은 이러한 차원으로서 충분히 가능성이 있다.

---

[7] (옮긴이) ASP: Application Service Provider

시간 및 예산 대비 적절한 샘플 규모를 정의해야 하기 때문에, 각 문서 유형의 상대적인 수량에 대해서도 고민할 필요가 있다. 예를 들어, 사이트가 수백 개의 기술 관련 리포트를 가지고 있는 경우, 당연히 여기서 몇 개의 샘플을 취하게 된다. 하지만 백서가 달랑 하나만 있는 경우에는 샘플로 취할 가능성이 줄어든다. 반면에, 특정 콘텐츠 유형을 중요하게 간주해야 하는 경우도 있다. 웹사이트에서 연례 보고서가 많이 존재하지는 않더라도, 연례 보고서는 콘텐츠가 풍부하고 투자자에게는 매우 중요한 자료가 될 수 있다. 샘플을 정의할 때는 항상 적절한 판단이 필요하다.

마지막으로 고려해야 할 요소는 수확 체감의 법칙[8]이다. 콘텐츠 분석을 진행하는 도중에 더 이상 새로 발견할만한 것이 없다고 느껴지는 때가 있다. 이것은 정의한 샘플을 분석하는 데 좋은 신호라고 할 수 있으며, 최소한 분석을 일단락 짓고 잠깐 쉴 수 있다. 콘텐츠 분석은 사이트 내의 내용을 파악할 수 있는 경우에만 유용하며, 이러한 내용을 토대로 사용자들을 어떻게 모을지 통찰을 얻을 수 있다. 콘텐츠 분석은 기계적인 반복 작업이 되어서는 안 된다. 생산적이지도 않을뿐더러 작업이 매우 지루해진다.

콘텐츠 분석하기

콘텐츠 분석으로 무엇을 찾아낼 수 있을까? 무엇을 알아내고자 기대하는가? 콘텐츠 분석의 부가적인 이점 중 하나는 해당 주제에 대해 친숙해질 수 있다는 것이다. 특히 외부 컨설턴트들은 클라이언트가 사용하는 용어에 대해 단기간에 익숙해질 수 있다. 하지만 콘텐츠 분석의 주요 목표는 탄탄한 정보구조를 개발하기 위해 핵심적인 데이터를 만들어내는 것이다. 콘텐츠 분석은 (콘텐츠를 보다 잘 구조화하고, 조직화하고, 접근할 수 있도록 해주는) 메타데이터와 콘텐츠의 관계 및 패턴을 밝혀내는 데 도움이 된다. 이 말은 곧, 콘텐츠 분석이 별로 과학적이지 않다는 것을 의미한다. 살펴봐야 할 콘텐츠 목록을 작성하

---

[8] (옮긴이) 수확 체감의 법칙(The law of diminishing returns): 경제 법칙으로, 일정 크기의 토지에 노동력을 추가로 투입할 때, 수확량의 증가가 노동력의 증가를 따라가지 못하는 현상을 일반화한 법칙이다.

자. 그런 다음, 콘텐츠를 분석해가면서 프로세스를 구체화하도록 하자.

예를 들어, 각각 콘텐츠에 대하여 먼저 아래에 나열된 요소들을 살펴볼 수 있다.

구조적 메타데이터

대상의 정보 계층구조에 대해서 설명해보자. 제목이 존재하는가? 콘텐츠는 섹션 혹은 청크chunck로 구분되어 있는가? 사용자들은 이러한 청크에 독립적으로 접근하고 싶어 하는가?

서술적 메타데이터

대상을 설명할 수 있는 가능한 모든 방법에 대해서 생각해보자. 주제, 사용자, 포맷은 어떨까? 콘텐츠를 서술할 수 있는 방법에는 최소한 십여 가지가 존재한다. 모든 방법을 도출해보도록 하자.

운영상 메타데이터

대상이 비즈니스 환경과 어떤 관계를 가지고 있는지 설명해보자. 누가 만들었는가? 누가 가지고 있는가? 언제 만들어졌는가? 언제 삭제되어야 하는가?

이 목록을 참고 삼아 분석을 시작할 수 있다. 경우에 따라, 대상이 이미 메타데이터를 가지고 있다면 메타데이터도 살펴보자. 하지만, 이미 존재하는 메타데이터 필드에 얽매여서는 안된다. 콘텐츠를 면밀히 분석해서, 전에는 고려하지 않고 있었던 새로운 필드를 찾아낼 수도 있다. 아래와 같은 질문을 반복함으로써 새로운 필드를 찾아낼 수 있다.

- 대상이 무엇인가?
- 대상을 어떻게 설명할 수 있는가?
- 대상을 다른 것들과 어떻게 구별할 수 있는가?
- 대상을 어떻게 검색 가능하게findable 만들 수 있을까?

개별 아이템을 넘어 많은 콘텐츠 대상을 연구할 때 드러나는 패턴이나 관계도 살펴보자. 콘텐츠를 특정 그룹으로 그룹핑할 수 있는가? 계층 관계가 명확하게 보이는가? 연계 관계로 정의할 수 있는 가능성이 보이는가? 혹은, 공통적인 비즈니스 프로세스로 연결된 전혀 다른 아이템들이 존재하는가?

모든 샘플이 가지고 있는 맥락에서 패턴을 찾아낼 필요가 있기 때문에, 콘텐츠 분석은 반복적인 프로세스로 진행된다. 특정 문서에서 패턴을 발견하고 실제로 혁신적이고 유용한 해결방안을 찾을 때까지는 두세 차례의 반복 작업이 필요하다.

상향식 방식을 진정으로 사랑하는 긱들geeks(우리는 이 단어를 존경의 의미로 사용했다)을 제외하고는, 대부분의 인포메이션 아키텍트들은 콘텐츠 분석에 특별히 스릴을 느끼거나 중독되지 않는다. 하지만, 경험에 비춰봤을 때, 힘든 작업을 통해야만 새로운 통찰력을 얻을 수 있고 멋진 정보설계 전략을 만들어 내게 된다. 특히, 콘텐츠 분석은 문서 유형과 메타데이터 체계에 살을 붙이기 시작하는 설계 단계에 도움이 된다. 또한, 콘텐츠 분석은 조직화 시스템, 레이블링 시스템, 내비게이션 시스템, 검색 시스템에 이르는 폭넓은 설계 작업에 귀중한 기초자료를 제공한다.

10.4.3 콘텐츠 맵핑

콘텐츠 분석이 사이트의 콘텐츠 대상에 대한 상향식 이해를 제공하는 반면에, 휴리스틱 평가는 사이트의 조직과 내비게이션 구조에 대한 하향식 이해를 제공한다. 이제, 이 두 가지 관점을 연결할 수 있는 콘텐츠 맵을 만들어보도록 하자.

콘텐츠 맵은 존재하는 정보 환경을 시각적으로 표현한 것이다(그림 10-4 참조). 콘텐츠 맵은 일반적으로 사실상 상위 레벨이거나 개념적이다. 콘텐츠 맵은 구체적인 설계 산출물이라기보다는 이해를 위한 도구이다.

콘텐츠 맵은 매우 다양하다. 어떤 것은 콘텐츠 소유권과 배포 프로세스에 집중하고 있고, 어떤 것은 콘텐츠 카테고리 간의 관계를 시각적으로 표현하

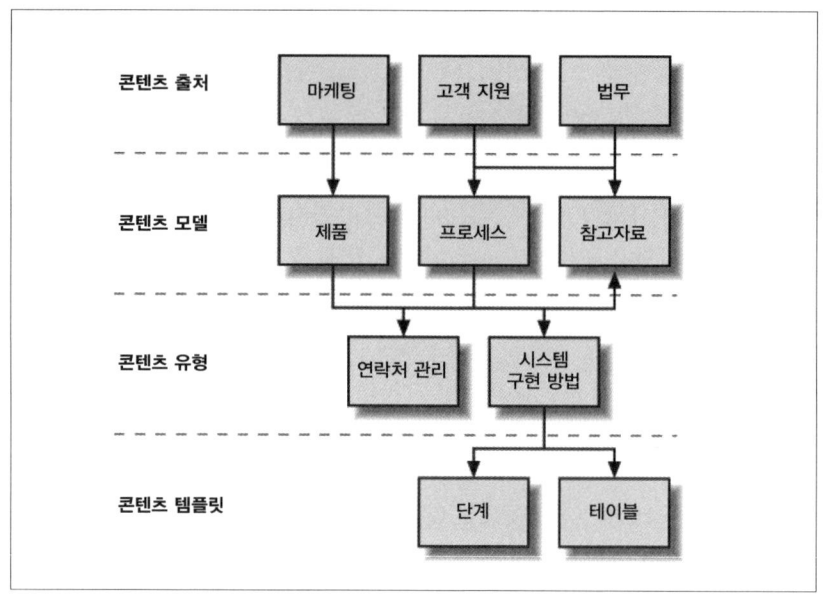

그림 10.4 콘텐츠 맵의 일부

기 위해서 사용된다. 그리고, 또 다른 것들은 콘텐츠 영역 내에서 내비게이션 경로를 보여준다. 콘텐츠 맵을 만드는 목표는 존재하는 콘텐츠의 구조, 조직, 위치에 대한 이해를 높이고, 궁극적으로 어떻게 개선할지 아이디어를 만들어 보는 데에 있다.

10.4.4 벤치마킹

우리는 일상적으로 '벤치마킹'이라는 용어를 '비교 측정이나 평가를 통해 도출된 참고 사항'이라는 의미로 사용한다. 이러한 맥락에서 보면, 벤치마킹은 웹사이트나 인트라넷의 정보구조 기능에 대한 체계적인 분석, 평가, 비교를 필요로 한다.

이러한 비교는 정성적일 수도 있고 정량적일 수도 있다. 사용자가 경쟁사 웹사이트들을 사용해서 태스크를 완료하는 데까지 걸리는 시간을 측정해 볼 수 있고, 각 사이트들의 가장 흥미 있는 기능을 살펴볼 수도 있다. 다른 웹사이트들을 비교할 수도 있고(경쟁사 벤치마킹), 동일한 웹사이트의 개편 전후를 비교할 수도 있다(사전-사후 벤치마킹). 두 가지 벤치마킹 모두 유연하고 유용한 도구임에는 틀림없다.

경쟁사 벤치마킹

경쟁사, 친구, 적, 모르는 사람들에게서 좋은 아이디어를 차용하는 것은 자연스러운 일이다. 이것은 인간만이 가진 경쟁우위의 일부라고 볼 수 있다. 만약 사람들이 바퀴의 발명을 따라 하지 않았다면, 대부분의 사람들은 아직도 걸어 다녀야 할 것이다.

그러나 다른 것들을 모방할 때, 좋은 아이디어와 함께 나쁜 아이디어도 차용되는 위험을 감수해야만 한다. 이러한 일들은 웹 환경에서 비일비재하게 발생한다. 웹사이트 설계의 개척기 이래, 사람들은 대규모 예산이 지출되고 강력한 마케팅이 전개되는 사이트를 훌륭한 정보설계가 이루어져 있음을 보여주는 신호라 여기는 잘못을 반복했다. 방향을 잘못 잡아 빗나간 모방이 걷잡을 수 없게 되기 전에 이를 바로잡으려면 벤치마킹을 세심히 해야 한다.

예를 들면, 우리가 주요 금융서비스 회사와 일을 했을 때, 피델리티 인베스트먼트가 업계의 리더로서 오랜 시간 군림해왔기 때문에 자연스럽게 이 회사의 웹사이트가 업계 표준으로 인지되고 있었다. 우리는 이를 바로 잡기 위해서 많은 노력했었다. 우리는 고객사의 사이트를 위해서 상당한 수의 개선안을 여러 차례 제안했으나 이러한 이유로 거절당했다. "이건 피델리티가 하고 있는 방식이 아닌데요."

당연히, 피델리티는 금융서비스 업계의 주요 지배사업자로 다양한 서비스와 세계적인 마케팅을 선보이고 있다. 하지만, 1998년에 피델리티 웹사이트의 정보구조는 복잡했었다. 따라할 만한 모델이 절대 아니었다. 우리가 몇 개 경쟁사 사이트의 기능을 평가하고 비교하는 동안, 클라이언트는 기특하게도 벤치마킹을 정식으로 수행했다. 클라이언트는 벤치마킹을 하는 동안, 피델리티가 잘못하고 있는 점을 명확하게 인지하게 되었고, 우리는 잘못된 점을 따라

하지 않고 더욱 좋은 방향으로 개선할 수 있었다.

여기서 중요한 교훈은 경쟁사로부터 정보구조 기능을 차용하는 것은 충분히 가치가 있으나, 반드시 신중할 필요가 있다는 점이다.

사전-사후 벤치마킹

벤치마킹은 또한 동일한 사이트에서 개선 효과를 측정하기 위해 사용된다. 벤치마킹을 통해서 투자 대비 효과를 묻는 질문에 답할 수 있다.

- 인트라넷 재설계가 직원들이 중요한 문서를 찾는 데 사용하는 평균 시간을 얼마나 감소시켰는가?
- 웹사이트 재설계가 고객들이 원하는 제품을 보다 쉽게 찾을 수 있게 해주었는가?
- 재설계의 어떠한 측면이 사용자의 효율성과 유효성에 부정적인 영향을 끼쳤는가?

사전-사후 벤치마킹은 미션과 비전에 명시된 상위 레벨의 목표를 성취하도록 압력을 가하게 되며, 목표를 구체적이고 수치화된 척도로 정의할 수 있게 해준다. 강제성이 있는 목표와 구체적인 방향성은 현재 프로젝트에서 보다 나은 정보구조를 설계하도록 하며, 부가적으로는 성공을 평가하는 참고 지표를 제공한다.

아래는 사전-사후 벤치마킹과 경쟁사 벤치마킹의 장점이다.

사전-사후 벤치마킹의 장점

- 현재 사이트 내의 정보구조 기능을 확인하고 우선순위를 정한다.
- 두리뭉실하게 일반화된 개념(예: 사이트 내비게이션의 문제)을 구체적이고 수행 가능한 개념으로 변화시킨다.
- 개선 효과를 측정할 수 있는 참고 지표를 생성한다.

경쟁사 벤치마킹의 장점
- 새로운 아이디어를 다양하게 낼 수 있는 정보구조 기능에 대한 상세 목록을 작성할 수 있다.
- 두리뭉실하게 일반화된 개념("아마존은 좋은 모델이다")을 구체적이고 수행 가능한 개념으로 변화시킨다("아마존의 개인화 기능은 재방문자에게 유용하다").
- 기존에 가지고 있는 가정(예: "우리는 피델리티처럼 되어야 한다")에 대해서 다시 고민하게 만들고, 잘못된 이유로 만든 잘못된 기능을 따라 하지 않게 방지한다.
- 경쟁사 대비 자사의 현재 위치를 확인하고 개선 속도를 측정할 수 있는 참고 지표를 생성한다.

10.5 사용자

서비스를 사용하는 사람들은 사용사, 응답사, 방문사, 관계자, 식원, 고객 등으로 불린다. 서비스의 사용 내용은 클릭 수, 노출 수, 광고 수익, 판매량으로 수치화된다. 사용하는 사람들을 누구라고 부르고 있든, 그 수를 어떻게 계산하고 있든, 웹의 궁극적인 설계자는 이들이라고 할 수 있다. 혼란스럽게 웹사이트를 만들면, 고객들은 다른 사이트로 이동하게 된다. 직원들이 좌절하도록 인트라넷을 만들면, 직원들은 사용하지 않을 것이다.

이것이 바로 인터넷이 가진 빠른 속도의 진화 방식이다. 타임 워너Time Warner의 패스파인더Pathfinder라는 웹사이트를 기억하는가? 타임 워너는 번쩍거리고, 화려한 그래픽에 수백만 달러를 사용했다. 사용자는 이를 싫어했고, 급기야 처음 서비스를 오픈 한 이후 한달 만에 완전히 재설계를 하게 되었다. 이는 '사용자를 세심하게 고려한 설계user-sensitive design'가 얼마나 중요한지를 일깨워준 값비싸고 (창피할 정도로) 공개적인 교훈이었다.

이제, 우리는 사용자들이 강력하다는 사실을 잘 알게 되었다. 사용자들은 또한 복잡하고 예측하기가 어렵다. 또한, 아마존에서 배운 교훈을 파이자닷컴Pfizer.com의 정보구조 설계에 그대로 적용할 수 없다. 각 사이트와 해당 사이트의 사용자 집단이 가진 고유한 특성을 고려해야만 한다.

사용자 집단을 연구하는 방법은 여러 가지가 존재한다.[9] 시장조사 업체는 브랜드 선호도를 연구하기 위해서 포커스 그룹 인터뷰를 수행한다. 정치 여론조사 업체는 후보자와 이슈에 대한 대중의 생각을 측정하기 위해서 전화설문을 활용한다. 사용성 컨설팅 업체는 어떤 아이콘 혹은 어떤 컬러 체계가 보다 효과적인지를 측정하기 위해서 인터뷰를 수행한다. 인류학자들은 사람들의 문화, 행동, 신앙에 대해서 연구하기 위해서 사람들이 원래 생활하는 환경에서 어떻게 행동하고 서로 상호작용하는지를 관찰한다.

어떤 방법론이든 하나만 가지고서는 사용자와 니즈, 우선순위, 멘탈모델, 정보 탐색 행위를 연구할 수 있는 올바른 방향을 제시할 수 없다. 이것은 다차원 퍼즐과도 같아서, 전체를 제대로 이해하기 위해서는 다른 다양한 측면을 관찰할 필요가 있다. 한 가지 실험을 10번 하는 것보다 다섯 번의 인터뷰와 다섯 번의 사용성 평가를 하는 것이 더 낫다. 각 방법론에는 수확 체감의 법칙이 적용된다.

설계 프로세스 과정에 사용자 리서치 방법론을 적용하려면 두 가지를 명심해야 한다. 첫째, 비용절감형 사용성 공학[10]의 황금법칙인 '테스트를 아예 안 하는 것보다는 테스트를 하는 것이 낫다'를 준수하자. 다만, 비용이나 일정에 무리가 되지 않도록 하자. 둘째, 사용자들은 강력한 동맹 세력이 될 수 있다는 것을 기억하자. 동료나 상관은 우리와 쉽게 논쟁하거나 싸울 수 있으나,

---

9 보다 자세한 내용을 원한다면, 핵코스(Joann Hackos)와 레디시(Janice Redish)가 쓴 『User and Task Analysis for Interface Design』(Wiley)을 읽어보기 권한다. (번역서: 『인터페이스 디자인을 위한 사용자 및 태스크 분석』, 한솜미디어) 또, 사용성 관련 권위자인 제이콥 닐슨(Jakob Nielsen)이 쓴 훌륭한 글과 책도 많이 있다. 〈http://useit.com〉

10 (옮긴이) 비용절감형 사용성 공학(discount usability engineering): 제이콥 닐슨에 의해 보편화된 용어로서, 저예산의 프로젝트에서 비용을 절감하기 위해 소규모로 적은 돈을 들여서 조사를 진행하되 오랜 시간에 걸쳐 꾸준히 하는 것을 의미한다. 기본적인 특성은 1) 조사를 위한 샘플 사이즈가 작고 2) 소규모 조사를 반복적으로 수행한다는 것이며 3) 통계적인 데이터를 얻기보다는 직접 관찰을 통한 정성적 데이터를 얻는 데 치중한다는 것이다.

고객이나 실제 사용자 행동을 쉽게 반박하지는 못한다. 사용자 리서치는 매우 효과적인 정치 도구이다.

10.5.1 사용 통계

오늘날 대부분의 프로젝트는 현재 사이트의 재설계 작업을 요한다. 이 경우, 먼저 사람들이 어떻게 사이트를 사용해왔고 어디에서 문제를 겪고 있는지 알려줄 수 있는 데이터를 살펴보는 것이 좋다.

사이트의 사용 통계는 좋은 출발점이다. 구글 애널리틱스Google Analytics(그림 10-5 참조)와 같은 대부분의 통계 소프트웨어 패키지는 아래와 같은 보고서를 제공한다.

페이지 정보

사이트 내의 각 페이지가 하루 동안에 히트hits[11]된 횟수. 이 데이터는 어떠한 페이지가 가장 인기가 있는지를 보여준다. 시간에 따라 페이지가 히트된 횟수의 변화를 살펴보면, 트렌드를 발견하거나 페이지의 인기도를 광고 캠페인 혹은 사이트 내비게이션의 재설계와 같은 이벤트와 관련지어 이해할 수 있게 된다.

방문자 정보

통계 제품들은 누가 사이트를 사용하고 어디서 왔는지 알려줄 수 있다고 홍보한다. 실제로 제품들은 사용자가 사용하는 인터넷 서비스 제공자의 도메인만(예, aol.com, mitre.org)을 알려줄 뿐이다. 대개 제한된 가치만 가지고 있다.

통계 소프트웨어는 그림 10-5에서처럼, 사람들이 방문한 시간 및 날짜, 사용자가 유입된 경로referring site, 사용한 브라우저의 종류를 알려줌으로써 사

---

11 (옮긴이) hits: 웹서버에 저장되어 있는 파일을 브라우저가 요청한 횟수. 페이지가 2개 이상의 파일로 구성될 수 있기 때문에, 엄밀히 따지면 페이지가 보여진 횟수(page view)와 파일이 요청된 횟수(hits)는 다르다.

그림 10-5. 구글 애널리틱스의 사용 데이터

용 데이터에 추가적인 관점을 제공하기도 한다.

사용자가 웹사이트를 이동할 때 남긴 자취의 경로를 클릭스트림clickstream 이라고 부른다. 보다 높은 수준의 정교한 사용 통계를 얻고 싶다면, 클릭스트림 분석을 지원하는 소프트웨어를 구매하는 것이 좋다. 사용자가 어디로부터 방문하는지(유입 사이트), 사이트 내에서의 이동 경로는 어떠한지, 다음으로 어디를 방문하는지(이탈 사이트)를 추적할 수 있다. 분석을 통해서, 사용자들이 사이트의 각 페이지에서 얼마나 오래 머무르는지도 알 수 있다. 클릭스트림 분석은 대단히 흥미로운 데이터를 엄청 다양하게 만들어내지만, 이에 따라 바로 조치를 취하기는 어렵다. 클릭스트림 데이터를 가치 있게 만들기 위해서는 사이트를 왜 방문했는지, 사이트에서 무엇을 찾았는지, 왜 사이트를 떠났는지를 설명해줄 수 있는 사용자의 피드백이 필요하다. 일부 회사들은 이러한 정보를 얻기 위해서 사용자가 사이트를 떠날 때 팝업창을 띄워 설문을 하기도 한다.

10.5.2 검색로그 분석

검색엔진에 입력된 검색어를 추적하고 분석하는 방법은 단순하지만, 매우 가치 있는 데이터를 얻을 수 있다. 검색어에 대한 연구를 통해 사용자들이 무엇을 찾고 있는지, 무슨 단어나 구문을 사용하고 있는지 알 수 있다. 이것은 통제어휘집을 만들 때 매우 유용한 자료로 활용할 수 있으며, '최적의 추천Best Bets' 전략을 위해 용어들의 우선순위를 정할 때도 유용하다. ('최적의 추천'에 대해서는 20장의 MSWeb 사례연구에서 자세히 알아보자.)

기본적인 수준에서, 검색로그 분석은 사용자들이 실제 검색을 하는 방식에 대한 정보를 제공한다. 사용자들은 일반적으로 한두 개의 키워드를 입력하는데, 철자를 전부 틀리지 않고 입력하는 경우는 거의 드물다. 검색로그를 살펴보는 작업은 대학을 갓 졸업했거나 불린연산자와 삽입어구parenthetical nesting의 효과에 대해 열광하고 있는 인포메이션 아키텍트에게는 좋은 수업이라고 할 수 있다. 실제로 사람들이 검색에 사용하고 있는 용어를 실시간으

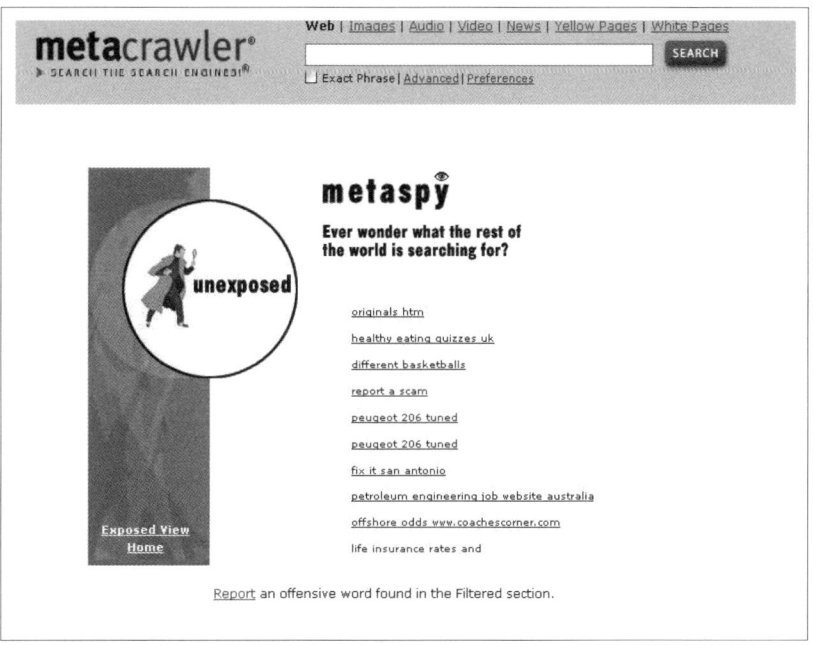

그림 10-6. 공개적으로 다른 사람들의 검색어를 볼 수 있는 서비스

로 보여주는 메타크롤러Metacrawler의 메타스파이metaspy와 같은 실시간 검색 정보를 통해서도 이와 동일한 교훈를 얻을 수 있다(그림 10-6 참조).

하지만, 실제 사이트의 검색로그에서는 보다 상세한 정보를 얻을 수 있다. 최소한 아래 보이는 것과 같은 '한 달 동안 사용자들이 특정 용어를 얼마나 많이 검색했는지' 보여주는 월간 보고서를 살펴보도록 하자.

```
54 e-victor
53 keywords:"e-victor"
41 travel
41 keywords:"travel"
37 keywords:"jupiter"
37 jupiter31 esp
30 keywords:"esp"
28 keywords:"evictor"
28 evictor
28 keywords:"people finder"
28 people finder
27 fleet
27 keywords:"fleet"
27 payroll
26 eer
26 keywords:"eer"
26 keywords:"payroll"
26 digital badge
25 keywords:"digital badge"
//..//
```

가능하다면 개발인력들과 협업하여, 정보를 날짜, 시간, IP 주소로 필터링할 수 있는 보다 정교한 검색어 분석 도구를 구축하거나 구입하는 것이 좋다. 그림 10-7은 정교한 분석 도구의 좋은 예로, 아래와 같은 질문에 답을 제공한다.

- 빈번한 검색어 중, 검색 결과가 0건인 검색어는 무엇인가?
- 검색 결과가 0건인 경우, 사용자는 잘못된 검색어를 입력하는가? 혹은 사이트에서 존재하지 않는 내용을 찾는가?
- 빈번한 검색어 중 너무 많은 검색 결과를 보여주는 검색어는 무엇인가?
- 검색 결과가 너무 많은 경우, 사용자가 실제로 찾고 있는 것은 무엇인가?

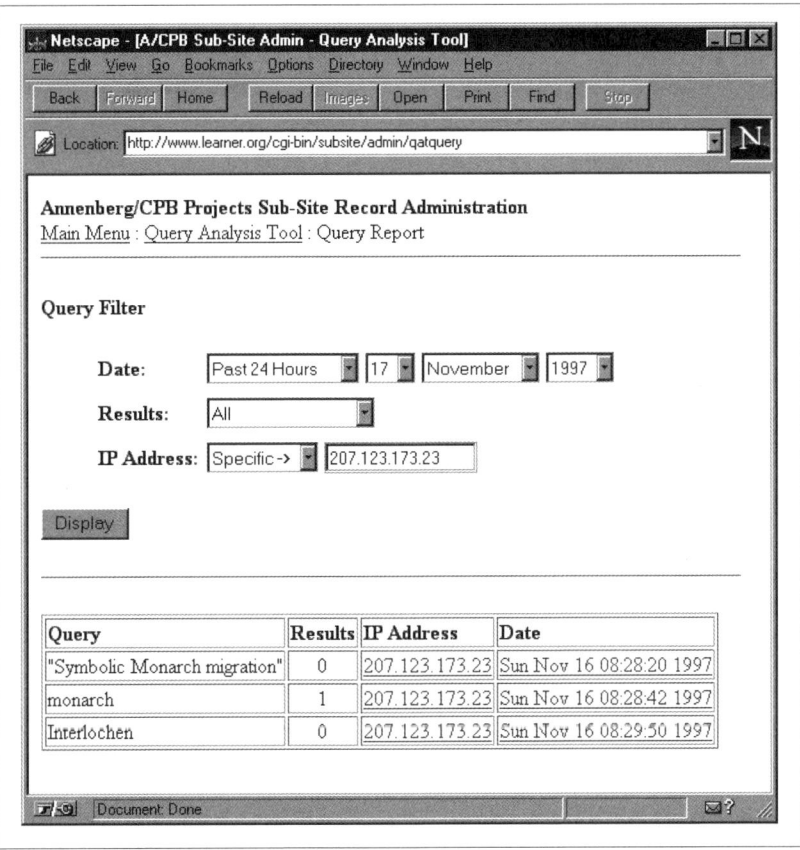

그림 10-7. 검색어 분석 도구

- 검색어들의 검색 빈도 추이는 어떠한가?

위의 질문에 대한 답에 기반해서 정보 검색에서 발생되는 문제를 즉각적으로 해결하고 성능을 개선하는 구체적인 작업을 수행할 수 있다. 통제어휘집에 우선어나 변형어를 추가할 수 있고, 사이트 내 주요 페이지의 내비게이션 레이블을 바꿀 수 있고, 검색팁을 개선하거나, 사이트의 콘텐츠를 수정할 수 있다. 검색로그는 고객의 니즈를 알려주는 중요한 정보원이 될 수 있기 때문에 마케팅 측면에서도 유용하다.

10.5.3 고객지원 데이터

고객지원 혹은 기술지원 부서에서 지속적으로 수집하는, 웹사이트 혹은 인트라넷에 대해 사용자들이 발견한 문제점, 질문, 피드백도 웹사이트의 사용 통계로서 가치가 있기 때문에, 이러한 데이터를 검토하는 것도 좋다. 대개 대기업 조직에서 고객이나 직원들에게 답변을 제공해주는 업무지원팀 직원, 콜센터 상담원, 사서, 행정 비서 또한 다양한 정보를 제공해줄 수 있다. 이들은 고객이나 직원들이 어떠한 질문을 하는지 알고 있는 사람들이다.

10.6 참가자 정의 및 모집

설문조사, 포커스 그룹, 인터뷰, 인류학적ethnographic 연구를 포함해서 앞으로 설명할 모든 사용자 리서치 방법론들은 리서치에 참여할 사용자들의 대표 샘플을 선정하는 작업을 필요로 한다. 다만, 설문조사만 예외적으로 웹사이트의 모든 사용자들을 대상으로 리서치 할 수 있다.

사이트의 목표 사용자와 실제 사용자를 정의하고 우선순위를 정하는 것은 매우 중요하다. 앞서 언급했던 것처럼, 사용자를 세분화하는 방법은 무수히 많다. 웹사이트에서 주요 계층구조를 정의하는 것처럼, 참가자 선정에 있어서도 주요 우선순위를 정의할 필요가 있다. 우선순위의 정의는 조직이 사용자를 구분하는 전통적인 방식(예: 개인 사용자, 기업 사용자, 재판매자)과 인포메이션 아키텍트가 관심을 가지는 특이성(예: 이전 웹사이트에 친숙한 사람, 이전 웹사이트에 친숙하지 않은 사람) 간의 균형을 이뤄야 한다.

대형 프로젝트를 하려면 전통적인 시장조사 업체들과 협업하는 방법을 고민해야 한다. 그들은 사용자들을 카테고라이징하고, 그 카테고리 내에서 참가자 요건 정의, 모집, 실무 관리(참가자 사례비나 관찰 노트 작성 혹은 시설 운용 등)와 같이 리서치 계획을 수행하는 데 많은 경험을 가지고 있기 때문이다.

10.6.1 설문조사

설문조사는 심도가 얕지만 광범위한 결과를 얻을 수 있는 리서치 도구이며, 다량의 의견을 상대적으로 빠르고 저렴하게 수집할 수 있는 방법이다. 설문조사는 이메일, 웹, 전화, 우편, 직접 질문을 통해서 이뤄질 수 있으며, 정성 혹은 정량 데이터를 수집하는 데 사용할 수 있다.

설문조사를 설계할 때, 높은 응답비율을 원한다면 질문 수를 제한할 필요가 있다. 또한 익명성을 보장해야 하고 응답자들에게 소정의 사례비를 제공해야 한다. 설문조사에서는 응답자의 답변에 대해서 추가적으로 질문하거나 대화할 수 없기 때문에, 사용자의 정보 탐색 행위에 대해 다양한 데이터를 얻기는 어렵다. 대신에 아래의 내용을 얻는 데는 가장 유용한 방법이다.

- 사용자가 가장 중요하게 생각하는 콘텐츠와 태스크
- 현재 사이트에서 사용자를 가장 좌절하게 만드는 것
- 사용자가 가지고 있는 개선 아이디어
- 사용자의 현재 만족도 수준

설문조사의 결과는 실제 사용자 의견을 담고 있다는 가치 외에도, 설득을 위한 정치적 도구로도 활용할 수 있는 가능성을 가지고 있다. 예를 들어, 사용자의 90%가 '인트라넷에서 직원주소록이 가장 중요하지만 가장 사용하기 어렵다'고 응답했다면, 직원주소록 개선을 위한 강력한 근거가 될 수 있다.

10.6.2 정황조사

현장 연구field study는 동물 행태 조사에서부터 인류학에 이르기까지 다양한 학문에서 사용되는 중요한 리서치 프로그램 중 하나이다. 환경적인 맥락은 행위와 긴밀하게 얽혀 있다. 대머리 독수리나 청백 돌고래에 대한 연구는 실험실에서 행해지기 어렵다. 이러한 사실은 사람이나 정보기술의 활용에도 동일하게 적용된다. 실제로도 비즈니스 환경을 위한 제품 설계에 인류학적 리서치 방법론을 적용하는 인류학자들이 증가하고 있다.

정황조사 방법론은 인포메이션 아키텍트에게도 매우 유용할 수 있다.[12] 예를 들어, 사용자의 업무환경을 살펴보는 것만으로도 사용자들이 매일 사용하는 다양한 정보 자원들을 발견해낼 수 있다(예: 컴퓨터, 전화, 게시판, 포스트잇에 써둔 메모).

가능하다면, 일상적인 비즈니스 환경에서 사이트를 사용하는 사람들을 관찰해보는 것도 좋다. 사용자들이 하루 종일 업무 수행에 꼭 사용해야 하는 콜센터 애플리케이션을 재설계하는 경우, 사용자들이 어떻게 사용하는지 몇 시간 정도는 꼭 살펴봐야 한다. 하지만, 일반적인 비즈니스 웹사이트를 재설계하는 경우, 사용자들이 사이트를 이따금씩 사용하기 때문에 이러한 관찰방법은 적절하지 않을 수 있다. 대부분의 사용자들은 몇 주 혹은 몇 달에 한 번 정도 사이트를 방문하게 된다. 이러한 경우라도, 사용자의 실제 사용 환경에서 조사를 진행할 수 있다면 사용성 평가를 진행해보는 것이 좋다.

경우에 따라, 사람들이 어떻게 일하는지를 관찰하는 것만으로도 중요한 것을 발견할 수가 있다. 일상적인 업무(회의 참석, 전화 걸기 등)를 어떻게 수행하는지 관찰하게 되면, 인트라넷 혹은 웹사이트가 어떻게 사람들의 생산성을 높일 수 있을지에 대한 통찰력을 얻을 수 있다. 여기서 어려운 점은 정보설계의 범위가 지식 관리나 비즈니스 프로세스 리엔지니어링으로까지 확대되기 시작한다는 점이다. 이상적인 상황에서 부서, 팀, 개인의 역할과 책임은 통합된 방식으로 설계되지만, 실제로(특히 대규모 조직에서는) 대부분의 프로젝트는 개별 부서들이 가진 범위, 일정, 예산의 제약을 받는다. 정보설계를 담당하는 사람들은 다른 부서들이 실제로 일하는 방식에 영향을 끼치기 어렵다. 이러한 이유 때문에, 리서치 프로세스 내내 데이터를 실제로 적용할 수 있을지에 대해 고민해야 한다. 리서치 프로세스를 제대로 완료하려면, 단순히 리서치를 성공적으로 수행하는 것뿐만 아니라 결과를 실제로 적용할 수 있어야 한다.

---

12 정황조사에 대해서 더 자세하게 알고 싶다면, 바이엘(Hugh Beyer)과 홀츠블랫(Karen Holtzblatt)이 쓴 『Contextual Design』(Morgan Kaufmann)을 읽어보기를 권한다. (국내에는 『Rapid Contextual Design』이 번역되어 있다. 『컨텍스트를 생각하는 디자인』, 인사이트)

10.6.3 포커스 그룹

포커스 그룹Focus Groups은 사용자에 대해서 연구하는 방법들 중 가장 보편적이고 가장 남용되는 방법론 중 하나이다. 포커스 그룹을 진행할 때, 사이트의 실제적인 사용자 혹은 잠재적인 사용자 그룹을 초대하게 된다. 일반적인 포커스 그룹 세션에서는 사용자들에게 사이트에서 무엇을 보고 싶은지에 대해 사전에 작성해둔 질문들을 한다. 그리고 프로토타입이나 사이트를 시연해 보여준 다음, 사이트에 대한 사용자의 의견을 묻거나 개선점이 무엇인지 제안을 구하곤 한다.

포커스 그룹은 사이트에 적용할 만한 콘텐츠나 기능에 대한 아이디어를 수집하는 데는 매우 효과가 있다. 사이트의 목표 사용자target audience 중 몇 명을 초대해서 브레인스토밍을 수행함으로써 단시간에 다양한 제안사항을 얻을 수 있다. 하지만, 포커스 그룹은 일반 소비자 제품에 적용되는 것처럼 정보구조에서는 제대로 적용하기 어렵다. 예컨대, 대개의 사람들은 정보구조를 제대로 이해하지 못하거나 제대로 설명하지 못한다.

포커스 그룹은 사이트의 사용성을 평가하는 데 매우 취약하다. 공개적으로 사이트를 시연하더라도 웹사이트를 사용하는 사용자들의 실제 사용 환경을 재연할 수는 없다. 따라서, 포커스 그룹에서 나온 사람들의 제안에는 대개 큰 가치를 부여하기 어렵다. 애석하게도, 포커스 그룹은 능숙하게 선별되고 표현된 질문들에 의해 결과가 의도된 방향 혹은 다른 방향으로 쉽게 유도되어 특정 방식이 적절한지를 검증하기 위한 용도로 종종 사용된다.

10.7 사용자 조사

한 번에 한 명의 사용자를 조사하는 대면face-to-face 방식은 사용자 조사 프로세스의 핵심이라고 할 수 있지만, 비용이 많이 발생하고 많은 시간이 소모된다. 대면 방식의 리서치를 두 가지 이상의 리서치 방법론과 함께 사용하면 가치 있는 정보를 최대한 얻을 수 있다. 일반적으로 인터뷰와 카드 소팅 혹은 사용성 평가를 결합하여 사용할 수 있다. 복합적인 방법론을 사용하면 제한된 시간 동안에, 실제 사용자들을 대상으로 효과적인 조사를 할 수 있게 된다.

10.7.1 인터뷰

대개 사용자 조사는 질문으로 시작해서 질문으로 끝난다. 간단한 질문과 답변으로 시작함으로써 참여자가 리서치에 편하게 참여할 수 있도록 만들어 준다. 이때, 사이트에 대해서 기대하는 전반적인 우선순위와 니즈에 대해서 질문할 수 있다. 리서치 마무리 단계에서는 사용성 평가 중에 발견된 이슈에 대해서 부가적으로 질문할 수 있다. 현재 사이트를 사용하면서 어려웠던 점이나 참여자가 생각하고 있는 개선방향에 대해서 질문할 수 있다. 이러한 마지막 질문과 답변은 자연스럽게 리서치를 마무리할 수 있도록 해준다. 아래는 이전에 인트라넷 프로젝트에서 사용했던 질문들이다.

기초 질문
- 현재 맡고 있는 업무는 무엇입니까?
- 자신의 배경에 대해서 설명해주시겠습니까?
- 이 회사에 얼마나 재직하셨습니까?

정보 사용
- 업무에 어떠한 정보가 필요하십니까?
- 어떤 정보가 가장 찾기 어렵습니까?
- 정보를 찾지 못하면 어떻게 하십니까?

인트라넷 사용
- 인트라넷을 사용하십니까?
- 인트라넷에 대한 인상은 어떠십니까? 사용하기 쉽습니까? 혹은 어렵습니까?
- 인트라넷에서 정보를 어떻게 찾으십니까?

- 사용자 설정이나 개인화 기능을 사용하십니까?

문서 배포
- 다른 직원이나 부서에서 사용될 문서를 작성하십니까?
- 작성하시는 문서의 생명주기에 대해서 알고 계시는 내용을 설명해주세요. 문서를 작성한 다음에는 무엇을 하십니까?
- 인트라넷에 문서를 배포하기 위해서 콘텐츠 관리 도구를 사용하십니까?

제안
- 인트라넷에서 세 가지를 바꿀 수 있다면, 무엇을 바꾸시겠습니까?
- 웹사이트에 세 가지 기능을 추가할 수 있다면, 무엇을 추가하시겠습니까?
- 웹 전략기획팀에 세 가지 조언을 해준다면, 무엇을 하시겠습니까?

어떤 질문을 할지 정할 때, 대부분의 사용자들은 인포메이션 아키텍트가 아니라는 점을 명심해야 한다. 현재 존재하거나 앞으로 만들게 될 정보구조에 대한 기술적인 이해가 없고 관련 용어도 알지 못한다. 현재의 조직화 체계를 신호하는지나 시소러스가 사이트의 사용성을 개신할 수 있을지에 대한 질문을 한다면, 아무런 대답을 얻지 못하거나 즉흥적으로 지어낸 대답을 얻을 수밖에 없다.

10.7.2 카드 소팅

실무에 바로 적용할 수 있는 세상에서 가장 강력한 정보설계 리서치 방법을 활용해보고 싶다면, 인덱스 카드, 포스트잇, 펜을 준비해보자. 카드 소팅card sorting은 기술적 난이도도 낮지만 사용자를 이해하는 데도 매우 훌륭한 효과가 있다.

사용하는 도구는 그림 10-8과 같이 많지 않다. 인덱스 카드에 사이트 내의 카테고리, 서브카테고리, 콘텐츠에 있는 제목을 적는다. 약 20~25개의 카드가 일반적으로 적절한 수량이다. 카드에 숫자를 적어 놓으면 나중에 데이터를 분석하는 작업이 한결 수월해진다. 사용자에게 본인이 좋다고 생각하는 대로 카드들을 그룹핑하고 포스트잇을 사용하여 그룹의 이름을 적게 한다. 이 작업을 수행하는 동안 사용자에게 자신이 생각하고 있는 것을 지속적으로 말하도록think aloud 요청해야 한다. 리서치 수행 내용을 잘 기록하고 사용자가 만든 그룹의 이름과 콘텐츠들을 사진으로 남긴다. 이것이 카드 소팅 수행 방법의 전부다.

카드 소팅 방법은 사용자의 멘탈모델을 엿볼 수 있게 해주고, 사용자들이 주로 어떻게 그룹핑하는지 보여주며, 태스크와 콘텐츠에 대해서 사용자들이 생각하고 있는 레이블을 알 수 있게 해준다. 이 방법론은 단순하기 때문에 매우 유연하게 응용할 수 있다. 리서치 초기 단계에는 위에서 설명한 것과 같이 비제약적 카드 소팅 방법을 사용하여 사용자의 멘탈모델을 탐색하고 그런 다음, 정보구조 초안에 대한 의견을 듣거나 검증하기 위해 사전에 정의된 레이블을 사용하는 제약적 카드 소팅을 수행해볼 수 있다. 또한, 사용자에게 가장 중요한 순서대로 카드들을 정렬해보도록 요청할 수 있으며, 더욱이 사용자가 '관심이 없는 항목들'만 모아놓은 그룹에 대해서도 이를 요청해볼 수 있다. 응용 방법은 무궁무진하다. 아래에 나열한 여러 수준의 카드 소팅들도 참고해 볼만 하다.

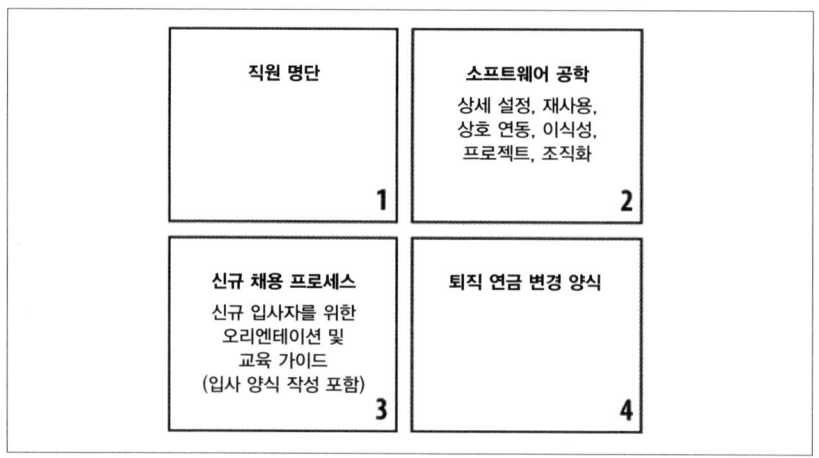

그림 10-8. 인덱스 카드의 예

비제약적/제약적 Open/Closed

완전한 비제약적 카드 소팅에서 사용자는 자신의 생각대로 카드와 카테고리 레이블을 작성하게 된다. 반면, 완전한 제약적 카드 소팅에서 사용자는 사전에 레이블링된 카드와 카테고리만을 정렬하게 된다. 비제약적인 카드소팅은 새로운 것을 발견하는 데 사용되고, 제약적 카드 소팅은 검증하는 데 사용된다. 완전한 비제약과 완전한 제약 사이에는 다양한 수준이 존재한다. 이 방법론을 활용하는 목적에 따라 적절하게 조정할 필요가 있다.

표현 Phrasing

카드의 레이블은 단어, 구, 문장 혹은 샘플 서브카테고리를 가진 카테고리명으로 작성될 수 있다. 심지어 그림을 붙일 수도 있다. 카드의 레이블을 질문이나 답변 형식의 표현으로 작성할 수 있고, 또한 주제 기반 혹은 태스크 기반의 단어를 사용할 수도 있다.

입자성 Granularity

카드는 상위 수준일 수도 있고 상세한 수준이 될 수도 있다. 레이블은 메인 페이지의 카테고리이거나 서브사이트의 이름일 수도 있다. 또, 특정 문서들로 한정할 수도 있고 문서 내의 콘텐츠 요소에 집중할 수도 있다.

이질성 Heterogeneity

초기에는, 다양한 정성 데이터를 얻기 위해서 이질적인 요소들(예: 서브사이트의 이름, 문서 제목, 주제 용어)이 한데 섞여 있는 광범위한 범위에 카드소팅을 활용할 수 있다. 이런 경우, 실제로 사용자들은 이질적인 카드들이 한데 섞여 있어서 혼란스러울 수밖에 없다. 결국 나중에는, 정량 데이터(예: 80%의 사용자들이 이 세 가지 요소들을 하나의 그룹으로 정렬했다)를 만들어 내기 위해서 일관성이 높은 주제(예: 주제 표목에 대해서만 적용-)에 대해서만 사용해야 할 수도 있다.

교차나열 Cross-listing

혹시, 사이트의 주요 계층구조에 살을 붙이거나 부가적인 내비게이션 경로를 고민하고 있지는 않은가? 후자의 경우, 사용자에게 카드를 복사해서 복수의 카테고리에 교차해서 나열하도록 요청할 수 있다. 또한, 사용자에게 카드나 카테고리 레이블에 설명을 위한 용어를 적도록 요청할 수 있다. 이것은 메타데이터로 활용할 수 있다.

임의성 Randomness

가설을 검증하기 위해서 카드 레이블을 전략적으로 선택할 수도 있고, 가능한 레이블들 중에서 임의적으로 레이블을 선택할 수도 있다. 언제나 그렇듯이, 결과물에 영향력을 행사하는 일은 좋을 수도 있고 나쁠 수도 있다.

정량/정성 Quantitative/Qualitative

카드 소팅은 인터뷰 도구로써 활용될 수 있기도 하고 데이터를 수집하는 도구로 사용될 수도 있지만, 정성 데이터를 수집하는 데 가장 효과적이다. 정량 조사를 진행하는 경우, 과학적인 방법론의 기본 원칙을 철저하게 준수해야 하고 산출물이 편향되지 않도록 주의해야 한다.

이 리서치 방법론은 대중적으로 많이 사용되기 때문에, 몇몇 기업들은 원격으로 카드 소팅을 할 수 있는 소프트웨어를 개발하여 판매하고 있다(그림 10-9는 그 예다). 따라서, 사용자와 같은 공간에 있지 않아도 카드 소팅을 할 수 있다. 다시 강조하자면, 카드 소팅은 매우 유연한 방법론이라고 할 수 있다.

카드 소팅은 다양한 방법이 존재하기 때문에, 결과를 분석하는 방법 또한 다양하다. 정성적인 관점에서는, 사용자들이 리서치 동안에 설명한 이유, 질문, 좌절감 등을 통해 아이디어를 얻거나 구체화할 수 있다. 추가적인 질문을 통해 보다 심도 깊은 내용을 발견할 수 있고, 콘텐츠를 조직화하고 레이블링하는 데 도움이 되는 요소를 보다 잘 포착할 수 있다.

정량적인 측면에서는, 몇 가지 명확한 측정 방법이 존재한다.

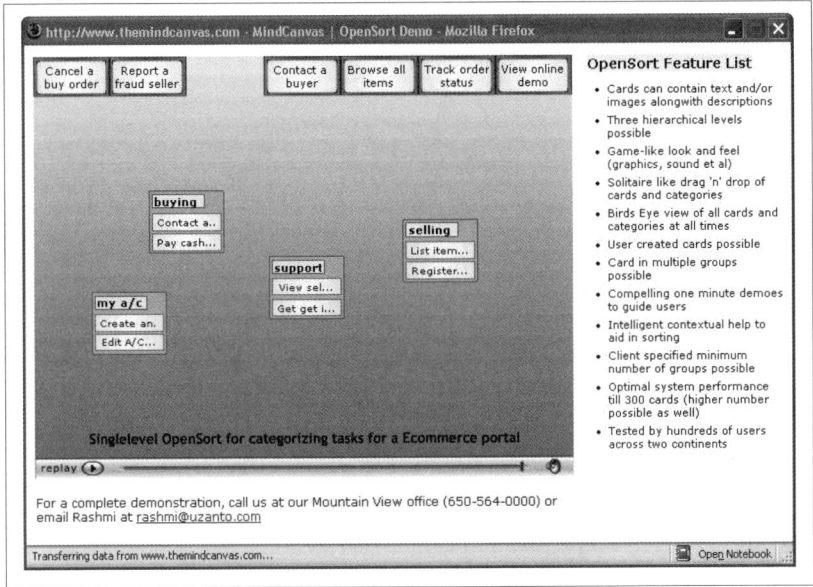

그림 10-9. 마인드캔버스(MindCanvas)의 원격 리서치 소프트웨어

- 사용자들이 두 장의 카드를 함께 배치하는 빈도. 항목 간 높은 연관성은 사용자의 멘탈모델과 밀접하게 관련되어 있음을 의미한다.
- 특정한 카드가 동일한 카테고리에 배치된 빈도. 이 방법은 제약적 카드 소팅에 적절하다. 비제약적 카드 소팅에서 이 방법을 사용하기 위해서는 카테고리 레이블을 일반화(예: Human Resource는 HR, Admin/HR과 동일하다고 정의)할 필요가 있다.

위의 측정 방법들은 클러스터[13]와 클러스터 간의 관계를 보여주는 친화도 모델링 다이어그램affinity modeling diagram(그림 10-10)을 통해 시각적으로 표현될 수 있다. 데이터를 통계분석 소프트웨어에 입력하고 자동으로 시각적인 산출물을 생성할 수 있다. 하지만, 이렇게 자동으로 생성된 시각적인 산출물

---

13 (옮긴이) 클러스터(cluster): 일반적으로 동일 속성을 가지는 대상들을 한 덩어리로 간주한 것을 의미하나, 본문에서는 '일정 수준 이상의 유사성을 보이는 데이터들이 형성하는 집단이나 그룹'의 의미로 해석된다.

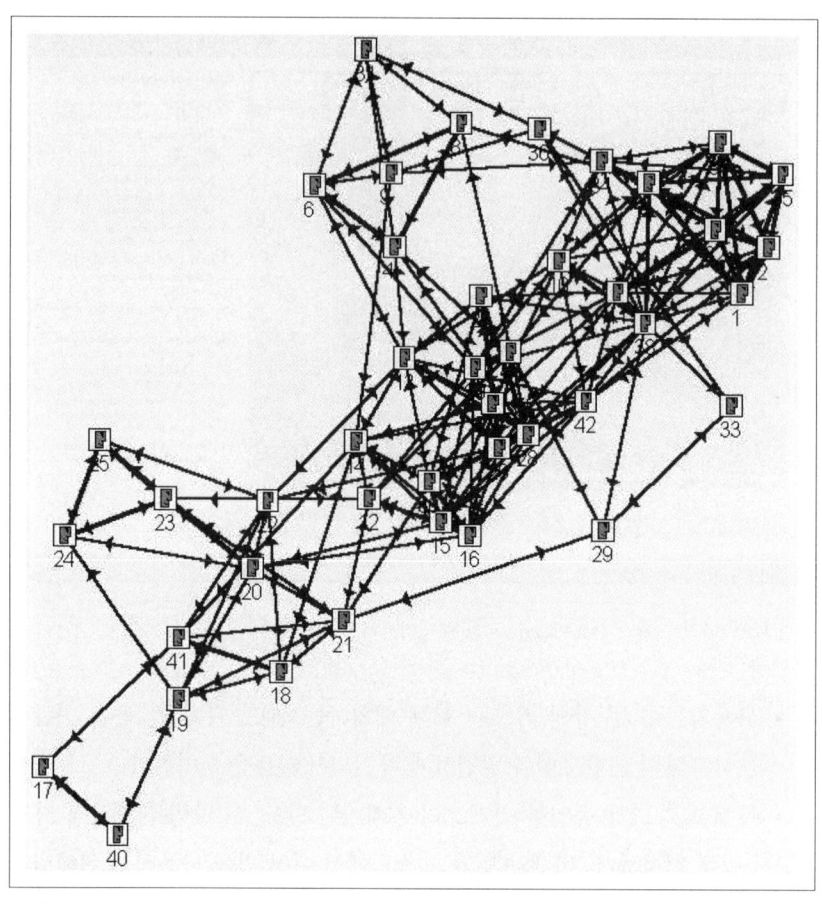

그림 10-10. 자동으로 생성된 친화도 모델(에드워드 비엘메티가 로젠펠드와 이글레시아를 위해 발디스 크렙스의 InFlow 3.0 네트워크 분석 소프트웨어를 사용하여 생성함).

은 대개 매우 복잡하기 때문에 쉽게 이해하기 어렵다. 시각적인 산출물은 최종 결과를 생성하기보다는 패턴을 도출하는 데 더 적합하다.

    클라이언트에게 보여줄 리서치 결과물을 준비할 때는 보다 단순한 친화도 모델을 손으로 그리는 것이 좋다. 이렇게 손으로 그린 다이어그램은 카드 소팅 결과에서 중요한 점을 강조할 수 있게 해준다.

    그림 10-11에서, 사용자의 80%가 'DHTML 이벤트 속성 설정 방법' 카드를 '기업용: 배치'와 동일한 카테고리로 그룹핑했다는 사실은 두 카드는 사이트

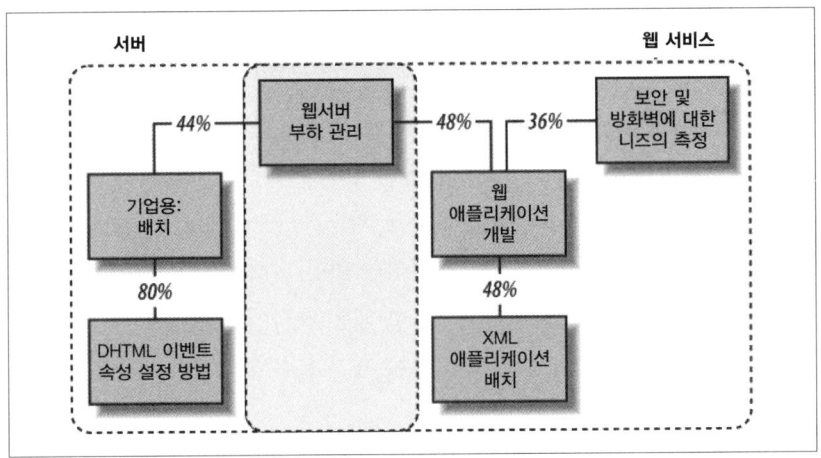

그림 10-11. 손으로 그린 친화도 모델

내에서 밀접하게 연계되어야 한다는 것을 의미한다. '웹서버 부하 관리'는 두 개의 카테고리를 연결하고 있기 때문에, 사이트 상의 두 카테고리 모두에서 참조될 수 있다는 점을 유념할 필요가 있다.

친화도 모델은 광범위하게 사용될 수 있기 때문에, 브레인스토밍 단계에도 사용될 수 있고, 리서치 결과를 보여주거나 전략적 의사결정의 근거로 활용할 수도 있다. 하지만, 정성적인 리서치를 정량적인 분석으로 포장할 수 없다는 것을 명심해야 한다. 다섯 명의 사용자만으로 리서치를 수행했다면, 결과가 통계적으로 의미를 가지기는 어렵다. 따라서, 카드 소팅이 매우 매력적인 결과를 만들어냈을지라도, 그 결과를 정성적으로 활용하는 것이 가장 좋다.

10.7.3 사용성 평가[14]

사용성 평가는 사용성 공학usability engineering 혹은 정보니즈 분석information-needs analysis과 같이 다양한 이름으로 불린다. 무엇이라고 부르든지, 사용

---

[14] (옮긴이) 사용성 평가(User Testing)는 '사용자 조사'라고 직역할 수도 있으나 User Research와 혼동의 여지가 있어, 본문의 의미상 동일한 방법론을 의미하는 Usability Testing을 번역한 '사용성 평가'라는 용어를 사용하였다.

성 평가는 매우 간단하다. 어드밴스트 커먼센스[15]의 사용성 전문가인 크룩은 "사용성 평가는 로켓 공학[16]이 아니다"라고 말하곤 한다.

기본적인 사용성 평가에서는 사용자는 컴퓨터 앞에 앉아서, 웹 브라우저를 열고, 리서치의 대상인 사이트를 사용하여 정보를 찾거나 태스크를 수행하도록 요청받는다. 대략적으로 태스크당 3분 정도가 주어지며, 사용자에게 사이트를 내비게이션하는 동안 자신이 생각하는 바를 말하도록 요청한다. 리서치 수행 내용을 잘 기록하고, 사용자가 말한 내용과 사이트 내에서 이동한 경로를 녹화한다. 각 태스크별로 클릭한 수를 세거나 수행에 걸린 시간을 측정할 수 있다.

사용성 평가를 수행하는 데도 엄청나게 많은 방법이 존재한다. 태스크별로 오디오와 비디오를 녹화할 수도 있고, 사용자의 클릭스트림을 추적하는 특별한 소프트웨어를 사용할 수도 있다. 현재 존재하는 사이트를 사용할 수도 있고, 높은 완성도high-fidelity를 가진 웹 기반 프로토타입을 사용할 수도 있다. 심지어 낮은 완성도를 가진 페이퍼 프로토타입[17]을 사용할 수도 있고 사용자에게 브라우징만 하거나 검색만 하기를 요청할 수도 있다.

가능하다면 다양한 사용자 유형을 대상으로 수행하는 것이 좋다. 특히 웹사이트에 친숙한 사람과 친숙하지 사람을 섞는 것이 중요한데, 전문가와 초보자는 일반적으로 매우 다른 행동을 보이기 때문이다. 적절한 태스크를 선정하는 것 또한 중요하다. 이러한 사항은 리서치 계획서에 명확하게 정의되어 있어야 한다. 리서치 계획 단계에서는 아래에 언급한 사항들에 따라 태스크를 적절하게 배치해야 한다.

---

15 (옮긴이) Advanced Common Sense: 스티브 크룩(Steve Krug)이 세운 사용성 컨설팅 회사. 그는 『Don't Make Me Think』(번역서: 『상식이 통하는 웹사이트가 성공한다-2판』, 대웅출판사)'라는 책으로 매우 유명하며, 최근에 『Rocket Surgery Made Easy』라는 책을 출간했다.

16 (옮긴이) 로켓 공학(rocket surgery): 매우 어렵고 많은 지식과 기술을 요하는 작업을 의미함.

17 (옮긴이) 페이퍼 프로토타입(Paper Prototype): 말 그대로 종이에 사용자 인터페이스를 그려 놓은 프로토타입. (경우에 따라, 이 프로토타입을 통해서 사용자의 피드백을 받는 일련의 과정을 의미하기도 한다.) 캐롤린 스나이더(Carolyn Snyder)는 『Paper Prototyping: The Fast and Easy Way to Design and Refine User Interfaces』(Morgan Kaufmann)에서 엄밀한 의미에서, 페이퍼 프로토타입은 프로토타입 종류가 아니라 하나의 사용자 조사방법으로 보는 것이 타당하다고 언급하고 있다.

쉬운 것에서 불가능한 것의 순서

사용자가 편안함을 느끼고 자신감을 갖게 하기 위해서는 쉬운 태스크로 시작하는 것이 좋다. 그 다음에, 보다 어려운 상황에서 사용자가 사이트를 어떻게 사용하는지 관찰하기 위해 훨씬 어렵거나 불가능한 태스크를 부여한다.

특정 아이템에서 포괄적인 것의 순서

사용자에게 특정 답안이나 아이템을 찾도록 요청한다(예: 고객지원 전화번호). 그리고, 특정 주제에 대해 사용자가 찾을 수 있는 모든 것을 찾아보도록 요청한다.

주제에서 태스크의 순서

특정 주제 혹은 주제와 관련된 질문을 부여한다(예: 마이크로 전자공학에 관련된 정보 찾기). 그리고, 특정 태스크를 완수하도록 요청한다(예: 휴대폰 구매).

인위적인 것에서 실제적인 것의 순서

대부분의 태스크들이 인위적으로 만들어지지만, 실제 상황과 같은 시나리오도 만들어 볼 필요가 있다. "프린터 X를 찾아보세요"라고 얘기하지 말고, 문제만을 줄 수도 있다. 예를 들어, "홈 오피스를 꾸밀 계획인데요, 구매할 프린터를 골라보세요"라고 말할 수 있다. 사용자로 하여금 특정 상황을 가정해서 그에 맞는 행동을 하도록 유도할 수 있어야 한다. 사용자는 리서치 대상의 사이트가 아닌 다른 사이트에 방문해서 프린터에 대한 제3자의 평가를 찾아볼 수 있다. 사용자는 프린터 대신에 팩시밀리나 복사기를 구매하기로 마음먹을 수도 있다.

콘텐츠 분석과 마찬가지로, 웹사이트의 다양한 영역과 수준에 대한 태스크를 수행해볼 수도 있다.

사용성 평가는 일반적으로 분석해야 할 풍부한 데이터를 제공한다. 사용자를 관찰하고 사용자들이 말하는 것을 보는 것만으로도 많은 것을 얻어낼 수 있다. 명확한 측정방법에는 '클릭 수'와 '찾는 데 걸리는 시간'이 있다. 이러한 측정방법은 최근 개편을 통해서 사이트가 얼마나 개선되었는지를 확인하기 위한 사전-사후 비교에 유용하다. 또한 사용자를 잘못된 경로로 유도하는 보편적인 실수를 추적해볼 수도 있다.

이러한 사용성 평가는 혈기왕성한 인포메이션 아키텍트에게 활기를 불어넣어 줄 수 있다. 사용자라는 말에 민감한 전문가들에게 사이트와 씨름하고 있는 실제 사용자를 관찰하게 해주는 것만큼 동기를 부여해줄 수 있는 것은 없다. 사용자들이 어려워하는 것을 볼 때, 무엇이 문제인지를 알 수 있고, 머릿속으로 보다 나은 다양한 해결방안들을 그려볼 수 있다. 이런 좋은 아이디어들이 버려지지 않도록 유의하자. 전략기획 단계에서만 아이디어를 고민해야 한다는 생각을 버려야 한다. 쇠는 달구어졌을 때 쳐야 한다. 사용성 평가 동안에 떠오른 아이디어를 적어두도록 하고, 평가 세션 사이의 쉬는 시간에 동료나 클라이언트와 논의해보도록 하자. 그리고 여유 시간이 생기는 즉시 아이디어를 확장해 보자. 이러한 기록과 논의는 전략기획 단계에 이르렀을 때 매우 유용하다.

10.8 리서치의 옹호

복잡한 웹사이트의 설계나 재설계는 정보설계 전략의 토대를 마련하는 리서치에서부터 시작되어야 한다. 리서치를 통해서, 견고한 전략을 수립하기 위한 비즈니스 목표, 사용자, 정보 생태에 대한 충분한 이해를 도모할 수 있다. 충분한 이해를 토대로 전략을 수립하고 공유하고 다듬어서, 사이트 구조와 조직화에 대한 방향과 범위에 관해 합의를 이끌어 낼 수 있다.

전략은 이후의 모든 설계와 구현 업무에 대한 지침으로 활용된다. 정보설계 프로세스에만 활용되는 것이 아니라, 그래픽 디자이너, 콘텐츠 작성자, 개발자의 업무 또한 이끌게 된다. 팀의 구성원들은 각각 다른 경로에서 왔지만, 정보설계 전략은 모두가 동일한 목적지로 향하도록 만들어 준다.

때로는 리서치 단계와 전략기획 단계가 구분되기도 하고, 때로는 리서치-전략기획 단계로 통합되기도 한다. 어떠한 경우든지, 리서치를 수행한 팀이 전략을 수립할 수 있도록 해야 한다. 만일 리서치와 전략기획이 개별적으로 수행되게 되면, 리서치팀은 구체적으로 구현 가능한 것보다는 흥미를 끌만한 답변을 찾는 경향이 있기 때문에 방향성이나 핵심을 잃게 되고, 전략기획팀은 사용자, 오피니언 리더, 콘텐츠와 직접적인 상호작용을 하지 못하게 된다. 결국, 형식적인 발표나 보고서 형태로 실무적으로 파악된 내용의 일부만이 공유하게 된다.

리서치에 충분한 시간을 할당하지 않으면 어떻게 될까? 결과는 생각해볼 필요도 없이, 제대로 통합되지 않은 매우 지저분한 웹 개발 프로젝트를 초래하게 된다. 한 번은, 대규모 상거래 프로젝트을 했었는데, 프로젝트 중반에 투입된 적이 있었다. 클라이언트는 프로젝트의 '빠른 진행'을 위해서 리서치와 전략기획 단계를 건너뛰기로 결정했다. 그래픽 디자이너는 예쁜 페이지 템플릿을 디자인했고, 콘텐츠 작성자는 수많은 글들의 구조를 조정하고 이들의 인덱스를 작성했으며, 개발팀은 콘텐츠 관리시스템을 선정하고 구매했다. 하지만, 이들 요소들 중 어떠한 것도 통합되지 못했다. 어떻게 사용자와 콘텐츠를 연결해야 하는가에 대한 비전이 전혀 공유되지 않았던 것이다. 프로젝트는 누군가 '죽음의 소용돌이'라고 표현한 단계에 접어들게 되었다. 사실, 아무도 웹사이트의 주요 목표에 대해서 동의조차 하지 않았으며, 각 팀은 서로 다른 팀의 비전이 옳지 않다고 주장하기에 이르렀다. 클라이언트는 끝내 프로젝트를 중단시켰다. 각 팀의 이해 차이가 너무 커서 서로 양립할 수 없는 것을 조율하느라 노력하느니 차라리 프로젝트를 처음부터 다시 시작하는 것이 더 효율적이라는 결정을 내렸다.

안타깝게도 이러한 시나리오는 주변에서 자주 볼 수 있다. 오늘날의 빠르게 돌아가는 세상에서, 모든 사람은 지름길을 찾는다. 사람들(특히 웹 개발 실무 경험이 거의 없는 고위 경영진)에게 리서치를 수행하고 견고한 전략을 만드는 데 시간을 할애하는 것이 얼마나 중요한지 설득하는 것은 매우 어렵다. 이러한 문제에 봉착하고 있다면, 다음 섹션이 도움이 되기를 바란다.

10.8.1 리서치를 반대하는 상황 극복하기

많은 회사의 조직에서, 리서치라는 단어를 언급하는 것은 즉각적으로 반대 의견을 불러올 수 있다. 여기에는 세 가지 주요 반대 의견들이 있다.

1. 우리는 시간과 돈이 없다.
2. 우리는 우리가 무엇을 원하는지 이미 알고 있다.
3. 우리는 이미 리서치를 수행했다.

이러한 반대 의견에는 타당한 이유가 있다. 모든 사람은 시간과 예산의 제약 하에서 일을 하고 있다. 또한 무엇이 제대로 작동하는지와 그렇지 않은지, 어떻게 고칠 수 있을지에 대한 의견(때로는 좋은 견해)을 가지고 있다. 그리고 최근 프로젝트를 제외한 모든 프로젝트에는 현재 상황에도 어느 정도 참고할 수 있는 과거 리서치 자료들이 존재한다. 분석 작업으로 인해 생기는 업무 마비를 피하기 위해서, 비즈니스 관리자는 바로 적용할 수 있는 것을 선호한다. "리서치는 건너뛰고 진짜 일을 시작합시다"라고 얘기하는 것은 그들이 가진 일반적인 정서다.

하지만, 어떠한 주요 설계 혹은 재설계 프로젝트에서라도, 인포메이션 아키텍트는 정보설계 리서치의 중요성을 피력할 수 있는 방법을 찾아야만 한다. 진실을 밝혀내기 위한 세심한 조사와 실험이 없이는 편향된 견해와 잘못된 가정을 근간에 두고 있는 불안정한 전략을 세울 수밖에 없다. 정보설계 리서치를 피력할 수 있는 보편적인 주장들을 살펴보자.

리서치를 수행함으로써 시간과 돈을 절약할 수 있다

리서치를 건너뛰고 설계를 바로 진행하려는 경향은 적극적인 사용자 패러독스[18]의 프로젝트 관리자 버전이다. 즉각적인 프로젝트 진행은 기분은 좋지만, 대개 전체적인 효율과 효과에 있어 추가적인 비용이 발생하게 된

---

18 사용자는 실제 효율보다는 빠른 것을 선호한다. 이것은 사용자들이 만족스럽지 못한 검색 결과에도 불구하고 왜 자꾸 검색을 하는지를 설명해준다. 사용자들은 브라우징이 너무 느리다고 느끼는 것이다.

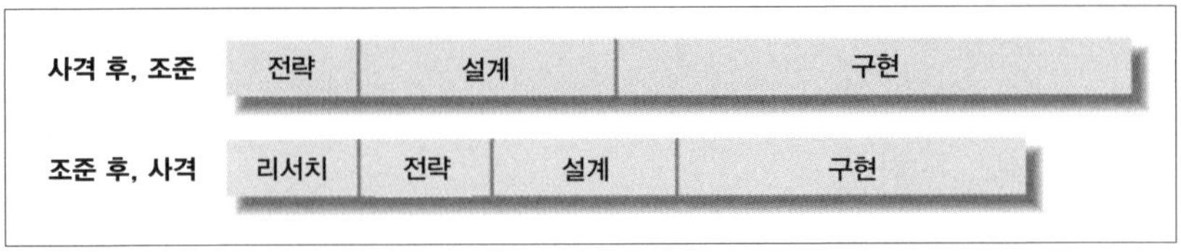

| 사격 후, 조준 | 전략 | 설계 | | 구현 |
| 조준 후, 사격 | 리서치 | 전략 | 설계 | 구현 |

그림 10-12. 적극적인 관리자의 패러독스

다. 정보구조가 전체 웹사이트의 근간을 형성하기 때문에, 설계에서 발생되는 착오는 엄청난 파급효과를 가져오게 된다.

경험상, 리서치에 필요한 시간을 할당하게 되면 설계와 구현 단계를 많이 단축시킬 수 있으며(프로젝트의 진행상 발생하는 많은 논쟁과 재설계를 방지함으로써), 궁극적으로 전체 프로젝트 기간을 실제로 단축시킬 수 있다.

하지만, 가장 큰 절약은 사이트가 정상적으로 작동하도록 구축하는 것이며, 향후 6개월 동안은 완전히 재설계할 필요가 없게 하는 것이다.

관리자는 사용자가 원하는 것을 모른다

대부분의 인포메이션 아키텍트는 사용자 중심 디자인의 중요성을 '모태신앙' 같이 가슴속 깊이 품고 있다. 하지만, 비즈니스 관리자 대부분은 그렇지 않다. 그들은 사용자가 실제로 원하는 것과 자신이 생각하기에 사용자가 원하는 것 그리고 자신이 원하는 것과 상관이 원하는 것을 혼동한다. 이러한 무신론자들을 개종시키는 가장 좋은 방법은 사용성 평가에 참여시키는 것이다. 보통의 사람들이 어떻게 사이트 내비게이션을 하는지 관찰하게 하는 것처럼 사람을 겸손하게 만드는 경험은 없다.

우리는 정보설계 리서치를 꼭 해야만 한다

인포메이션 아키텍트는 고유한 방법으로 독특한 질문을 한다. 시장조사와 일반적인 목적의 사용성 평가는 유용한 정보를 제공해주지만, 충분하지 않다. 또한, 동일한 사람이 리서치와 설계에 참여해야만 한다. 오래된 리서치 보고서는 별로 가치가 없다.

리서치를 옹호하기 위한 이러한 전투는 정보설계의 가치를 옹호하는 광범위한 전쟁의 일부일 뿐이다. 더 나아가 방어진지를 요새화하려 한다면 17~19장을 살펴보도록 하자.

Information Architecture for the World Wide Web **11**

전략 수립

다룰 내용:
- 정보설계 전략의 요소
- 리서치 산출물을 전략 수립에 활용하는 방법
- 전략에 활기를 불어넣는 메타포, 시나리오, 개념도의 활용
- 프로젝트 계획, 발표, 전략 보고서(weather.com의 사례에서 사용된 보고서)

리서치는 중독성이 있어서, 더 많은 내용을 발견할수록 더 많은 질문을 하게 된다. 이것이 바로 박사 과정 학생들이 학위논문을 완성하는데 때로는 10년 이상이 걸리는 이유다. 하지만 인포메이션 아키텍트는 이렇게 많은 시간을 쓸 수 있을 만큼 여유롭지 않다. 인포메이션 아키텍트는 계획된 일정에 따라 연 단위가 아니라 월 혹은 주 단위로 리서치에서 설계 단계로 이동한다.

리서치에서 설계 단계로 넘어가는 연결고리가 정보설계 전략이다. 리서치를 시작하기 전에 이러한 연결고리를 어떻게 만들 것인지 고민하는 것이 매우 중요하며, 리서치 프로세스에서도 전략을 항상 염두에 두고 있어야 한다. 마찬가지로, 전략을 수립할 때도 리서치 단계에서 했던 것처럼 지속적으로 가설을 테스트하고 다듬는 노력이 필요하다.

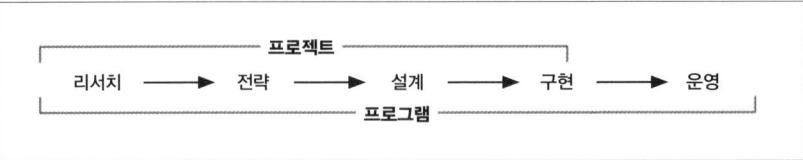

그림 11-1. 정보구조 개발 프로세스

요컨대, 리서치와 설계의 경계는 모호하다. 둘 간의 경계는 10장에서 11장으로 페이지를 넘기는 것처럼 단순하지 않다. 리서치에서 운영까지 진행되는 프로세스는 그림 11-1에서 보이는 것처럼 높은 수준에서는 일방향적linear으로 보이지만, 실제로 상세한 수준에서는 매우 반복적이고iterative 인터랙티브한 프로세스다.

인포메이션 아키텍트는 반복적으로 이전 단계와 이후 단계를 넘나들어야 하고, 예산과 일정상의 제약 때문에 리서처researcher의 역할과 전략가strategist의 역할을 동시에 수행하기도 한다. 그래서 작업이 어렵다는 것은 말할 것도 없고 많은 스트레스가 따르지만, 한편으론 흥미진진하기도 하고 보상도 따른다.

11.1 정보설계 전략은 무엇인가?

정보설계 전략은 웹사이트나 인트라넷을 구조화하고 조직화하는 상위 레벨의 개념적 프레임워크conceptual framework다. 설계와 구현 단계를 진행하는 데 필요한 방향과 범위를 명확하게 이해할 수 있게 해준다. 또한 토론을 매끄럽게 해주고 비용이 많이 발생하는 설계 단계를 진행하기 전에 사람들이 동일한 생각을 공유할 수 있도록 해준다. 각 운영 부서의 계획이 통합 사업전략의 영향을 받는 것처럼, 상세한 정보구조의 설계는 전체적인 정보설계 전략의 영향을 받는다.

성공하기 위해서는 각각의 환경에 따라 고유한 정보 생태에 바로 적용할 수 있는 해결방안이 필요하다. 맥락, 사용자, 콘텐츠에 대한 리서치의 결과를 토대로 각 요소의 니즈와 현실을 조율할 수 있는 전략을 설계해야 한다.

정보설계 전략은 아래의 항목들에 대한 상위 레벨의 제안사항을 담고 있다.

정보구조 운영

미래를 예측하여 정보구조를 개발하고 유지하기 위한 현실적인 전략을 수립하는 것이 매우 중요하다. 운영 전략은 정보구조를 강압적으로 한곳에 집중하여 관리할 것인지 혹은 개별적으로 분산할 것인지를 다루어야 한다. (이 문제는 정치, 부서 구조, 콘텐츠 소유권과도 밀접하게 관련되어 있다.) 수직적인 명령 체계 혹은 연합체federated 방식을 도입하고자 하는가? 정보구조가 사용자에게 서브사이트를 제공하거나, 콘텐츠나 애플리케이션에 접근하는 다각적인 경로를 제공하는가? 콘텐츠 작성자가 적용한 메타데이터를 신뢰할 수 있는가? 누가 통제어휘집을 관리하는가?

기술 통합

전략은 현재 가지고 있는 툴의 활용 방법과 정보구조를 구축하고 관리하는 데 필요한 추가적인 기술을 정의하여야 한다. 핵심 기술에는 검색엔진, 콘텐츠 관리, 자동 분류, 참여 기반 필터링, 개인화 등을 꼽을 수 있다.

하향식 혹은 상향식 집중

사이트의 현재 상황, 정치적인 환경, 정보구조 관리모델 등의 다양한 요소들은 정보설계 시에 어디에 집중할지에 대해 영향을 끼친다. 예를 들어, 이미 견고한 하향식 정보구조가 존재하거나 주요 계층구조를 '좌지우지하는' 강력한 인터랙션 디자인팀이 있다면, 상향식 접근방법이 더 적합할 수 있다.

조직화와 레이블링 시스템(하향식)

사이트의 주요 조직화 체계를 정의하며(예, 사용자는 제품별, 태스크별, 고객별 카테고리를 통해서 내비게이션 할 수 있어야 한다), 그런 다음, 주요 계층구조 역할을 하는 중요 조직화 체계dominant organization scheme를 정의한다.

문서 유형의 정의(상향식)

문서와 대상의 유형을 정의하며(예: 기사, 보고서, 백서, 재무계산표, 온라인 강좌 모듈) 여기에는 콘텐츠 작성자 및 관리팀과의 긴밀한 협업이 필요하다.

메타데이터 필드 정의

운영적, 구조적, 서술적 메타데이터의 정의가 필요하다. 어떤 필드는 전체적일 수도 있고(모든 문서에 적용), 어떤 필드는 국부적일 수도 있고(특정 서브사이트 내의 문서에만 적용), 또 어떤 필드는 특정 문서 유형에만 연계될 수도 있다(예: 모든 뉴스기사에는 제목이 필요).

내비게이션 시스템 설계

전략은 통합적인 내비게이션 시스템과 부가적인 내비게이션 시스템이 어떻게 상향식/하향식 전략을 활용하는지 반드시 설명할 수 있어야 한다. 예를 들어, 필드 검색은 사용자가 특정 백서를 검색할 수 있도록 해주는 반면, 검색 영역은 사용자가 하향식의 제품 계층구조를 사용할 수 있도록 해준다. 이는 또한 사용자 설정이나 개인화 기능과도 관련이 있다.

전략이 많은 내용을 다루기는 하지만, 모든 것을 망라하지는 않는다. 각각 정보 생태에 따라 전략에 포함되어야 할 것과 강조되어야 할 것이 다르기 때문에, 설계에 있어 고유한 요구사항이 존재한다. 언제나 그렇듯이, 창의적으로 현명한 판단을 해야 한다.

전략은 일반적으로 정보설계 보고서에서 구체적으로 기술되고, 상위 레벨 전략 발표를 통해 논의되며, 정보구조 설계를 위한 프로젝트 계획을 통해 적용된다. 그러나, 완벽한 산출물을 만들려고 너무나 많은 공을 들이지 않도록 경계할 필요가 있다. 궁극적으로, 정보설계 전략은 디자이너, 개발자, 콘텐츠 작성자, 이해관계자 등 사이트의 설계, 구축, 운영에 참여하는 모든 사람들의 이해와 동의를 이끌어 낼 수 있어야 한다. 준비한 비전을 사람들이 수용할 수 있도록 만드는 것이 성공을 위한 핵심 요소다.

11.2 전략 사수하기

다른 사람들이 이미 이해하고 인정한 내용이라고 하더라도, 정보설계 전략을 수립하는 도중에 지속적으로 모습을 드러내는 중요한 이슈들에 대해서는 토론해볼 가치가 있다. 클라이언트의 조직 내에 있는 비우호적인 이해관계자들은 인터뷰 시에 아래와 같은 질문을 하곤 한다.

- 비즈니스 전략이 없을 경우에 어떻게 정보구조를 구축합니까?
- 콘텐츠를 확보하기 전에 어떻게 정보구조를 구축합니까?

이러한 질문들은 경험이 부족한 인포메이션 아키텍트들을 당황하게 만들 수 있으며, 특히 포춘Fortune이 선정한 500대 기업의 최고 정보 책임자나 비즈니스 전략 담당 부사장이 이러한 질문을 던졌을 때는 더욱 그렇다. 이런 순간에는 아마도 상대하기 어려운 사람들을 확실히 설득하는 방법이나, 아니면 공기 중으로 흔적도 없이 사라져버릴 수 있는 방법이 절실할 것이다.

다행스럽게도, 문서화된 비즈니스 계획이나 완벽한 콘텐츠 목록이 없다고 하여 프로젝트에서 하차해 집에 돌아가야 한다는 의미는 아니다. 포춘 500대 기업을 컨설팅했던 과거의 우리 경험에서도, 완벽하거나 최신의 내용을 담은 비즈니스 계획을 본 적이 없으며, 12개월 동안 큰 변경이 없었던 콘텐츠 콜렉션을 본 적도 없다.

현실에서는 닭이 먼저냐 달걀이 먼저냐, 하는 고전적인 문제에 봉착하게 된다. 아래의 질문들에 명확한 답은 존재하지 않는다.

- 비즈니스 전략과 정보구조 중 무엇이 먼저일까?
- 콘텐츠와 정보구조 중 무엇이 먼저일까?

비즈니스 전략, 콘텐츠 콜렉션, 정보구조는 무에서 만들어지는 것이 아니며, 오랜 기간 품은 달걀로부터 부화되는 것도 아니다. 이들은 매우 긴밀하게 영향을 주고받으며 함께 발달한다.

정보설계 전략을 수립하는 것은 비즈니스 전략과 콘텐츠 컬렉션 사이의 틈을 매우는 좋은 방법이다. 이 프로세스에서는 지금까지 애써 피해왔던 어려운 선택을 하게 된다. 보기에는 간단한 조직화나 레이블 이슈에 대한 질문일지라도 비즈니스 전략 혹은 콘텐츠 정책에 큰 파문을 일으킬 수 있다. 예를 들면 아래와 같다.

인포메이션 아키텍트의 순수한 질문
"컨슈머즈 에너지Consumers energy 웹사이트의 계층구조를 설계할 때, '컨슈머즈 에너지'와 그 모기업인 'CMS 에너지'의 콘텐츠를 동시에 수용할 수 있는 구조를 만들기가 너무 어렵더라구요. 계층구조를 두 개로 분리하거나 콘텐츠를 분리하지 않는다는 게 확실하지요?"

이 질문에 대한 장기적인 영향
이 간단한 질문이 두 방향의 독립된 웹사이트를 만드는 쪽으로 비즈니스 의사결정을 내리게 하고, 두 가지 조직에 대해서 독립적인 온라인 아이덴티티와 독립적인 콘텐츠 콜렉션을 구축하도록 만든다.

http://www.consumersenergy.com/
http://www.cmsenergy.com/

이 의사결정이 내려진 지 10년이 지났으며, 사이트의 URL에서 확인해볼 수 있다. 사이트를 한 번 둘러보라.

비즈니스 전략과 콘텐츠 정책 사이에는 일종의 양방향 관계가 존재한다. 일례로, 우리의 동료 중 한 사람이 호주 전화번호부Australian Yellow Pages의 정보구조 설계 프로젝트에 참여한 적이 있었다. 비즈니스 전략은 배너광고를 많이 노출함으로써 수익을 향상시키는 데 중점을 두고 있었다. 곧, 비즈니스 전략을 수행하는 데는 콘텐츠 정책이 핵심 요소라는 것이 명백해졌고, 실제로 이 전략은 궁극적으로 성공을 거둘 수 있었다.

이상적으로, 인포메이션 아키텍트는 비즈니스 전략팀 및 콘텐츠 정책팀과 직접적으로 함께 일할 수 있어야 하고, 이를 통해 정보설계 전략, 비즈니스 전략, 콘텐츠 정책, 이 3가지 핵심 영역 간의 관계를 정의할 수 있어야 한다. 비즈니스 전략가와 콘텐츠 관리자는 정보설계 전략이 비즈니스 영역이나 콘텐츠 영역에서 틈을 발견해내거나, 새로운 기회를 찾아낼 수 있는 가능성에 대해서 항상 마음을 열어두어야 한다. 마찬가지로, 인포메이션 아키텍트는 정보설계 전략이 절대적이거나 변경 불가능한 것이 아니라는 사실을 명심해야 하고 다른 사람들에게도 상기시켜 주어야 한다. 그래야 인터랙션 디자이너나 프로그래머들이 프로젝트의 다음 단계에 참여하여, 정보구조의 틈을 메우거나 정보구조를 개선할 수 있는 가능성을 모색할 수 있다.

11.3 리서치에서 전략까지

훌륭한 인포메이션 아키텍트는 리서치를 시작하기도 전에 사이트의 구조화와 조직화에 적용 가능한 전략을 고민하기 시작한다. 리서치가 진행되는 동안, 사용자 인터뷰, 콘텐츠 분석, 벤치마킹을 통해 지속적으로 누적되는 데이터를 활용하여, 머릿속에 있는 가설을 지속적으로 테스트하고 다듬게 된다. 실제로 명확해지면(혹은 명확해질 것 같으면, 보는 관점에 따라 다르다), 조직화 구조와 레이블링 체계를 정리해보기 위해 고군분투하게 된다. 이러한 일을 하기 가장 좋은 장소는 화이트보드라고 할 수 있다.

어떤 경우라도, 팀 구성원들과 전략에 대해서 고민하고 논의하는 것을 전략수립 단계까지 기다려서는 안된다. 실제로 그렇다. 언제 전략에 대한 아이디어를 내고, 논의하고, 테스트할지 결정하는 것은 정말 어려운 문제다. 언제 개념 구조도와 상세 설계서를 만들기 시작할까? 언제 클라이언트와 공유할까? 언제 사용자 인터뷰에서 가설을 검증할까?

대개 그렇듯이, 명쾌한 답은 존재하지 않는다. 리서치 단계는 콘텐츠, 맥락, 사용자에 관해 우리가(혹은 다른 사람이) 미리 생각해낸 개념에 이의를 제기하기 위해 존재한다. 리서치를 통해서 새로 발견한 것들을 잘 담아내기 위해서는 구조화된 방법론이 필요하다. 그렇더라도, 리서치 단계에서도 수확체감의 법칙을 경험하게 되는 시점에 다다르게 된다.

비제약적인 사용자 인터뷰에서 동일한 질문을 해도 더 이상 새로운 것을 발견할 수 없는 시점이 되면, 머릿속에 있는 한두 가지의 계층구조에 대한 아이디어를 구체화하여 스스로 만든 구조와 레이블을 사용자, 클라이언트, 동료들에게 보여주고 싶어지는 때에 이른다. 이 시점이 본래 프로젝트 일정과 일치하든 일치하지 않든, 바로 리서치에서 설계로 넘어갈 시점이다.

프로젝트의 중심은 비제약적인 연구에서 설계와 검증의 단계로 이동하게 된다. 단계가 이동되어도 리서치 방법론을 계속해서 사용할 수는 있다. 다만 중점을 두어야 할 것은 아이디어를 시각적인 자료(개념 구조도와 화면설계)로 표현해야 한다는 데 있다. 전략 회의에서 시각자료를 클라이언트나 동료들과 공유하고, 사용자와 함께 조직화된 구조와 레이블링 체계를 테스팅하게 된다.

11.4 전략 구축

리서치에서 전략으로 전환하는 데는 프로세스에 중점을 두는 것에서 벗어나 프로세스와 제품 사이의 균형을 맞추는 것이 필요하다. 여기서도 방법론은 여전히 중요한데, 작업물과 산출물이 초기 의도를 벗어나지 않게 해주기 때문이다.

흡수하는 모드에서 창조하는 모드로의 이동은 인포메이션 아키텍트에게 있어 어려운 전환이다. 얼마나 정량 혹은 정성조사를 했는가와는 상관없이 정보설계 전략을 수립하는 것은 본래 창조적인 프로세스이며, 여기에는 복잡함, 좌절, 고통, 즐거움이 공존한다.

그림 11-2는 전략 수립 프로세스와 결과 산출물들을 개괄적으로 보여준다. 화살표가 많은 것에 주목하자. 전략 수립 프로세스는 매우 반복적이고 인터랙티브한 프로세스다. 순서대로 네 가지 단계(TACT), 생각하기Think, 표현하기Articulate, 커뮤니케이션하기Communicate, 테스트하기Test에 대해 살펴보자.

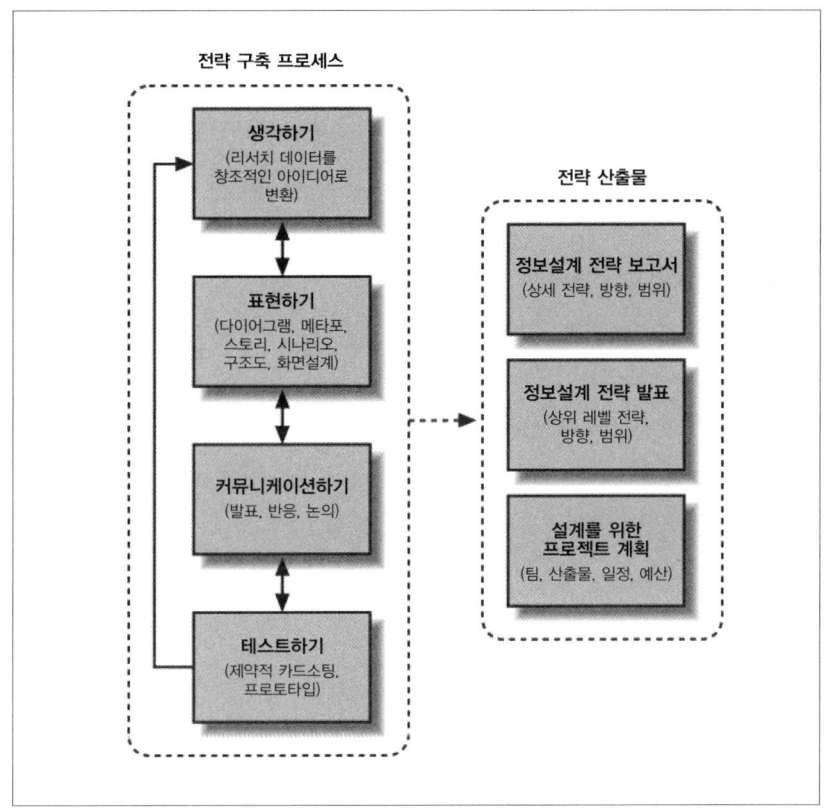

그림 11-2. TACT 프로세스를 활용한 정보설계 전략의 수립

11.4.1 생각하기

인간의 마음은 궁극적으로 블랙박스다. 아무도 입력된 내용(예: 리서치 데이터)이 결과물(예: 창조적인 아이디어)로 변환되어 나오는 실제 과정을 알지 못한다. 우리가 줄 수 있는 조언이란 본인에게 가장 잘 맞는 방법을 사용하라는 것이다. 어떤 사람들은 걸으면서 생각하거나 혼자서 종이에 낙서를 하면서 가장 좋은 아이디어를 만들어 낸다. 어떤 사람들은 그룹을 이뤘을 때 생각을 잘하게 된다. 중요한 것은 리서치 동안에 발견한 모든 것을 정리하는 시간을 가진 후에야 새로운 것을 만들어낼 준비가 된다는 것이다.

11.4.2 표현하기

아이디어가 구체화되기 시작할 때, 이를 표현하는 것이 중요하다. 형식에 매이지 않는 것이 가장 좋으며, 다이어그램을 그려보거나 종이나 화이트보드에 적어보는 것도 좋다. 이때는 시각 디자인 소프트웨어를 사용하지 말자. 그렇지 않으면, 아이디어를 구체화하는 데 집중해야 할 때에 레이아웃과 포맷을 정리하느라 정력을 낭비하게 된다.[1]

다시 한 번 말하자면, 어떤 사람은 혼자서 최고의 성과를 내고 어떤 사람은 여럿이서 최고의 성과를 낸다. 우리는 두세 명의 인포메이션 아키텍트가 함께 아이디어를 구체화하고, 상위 레벨 시각자료를 화이트보드 상에 함께 설계하여 좋은 성과를 내는 팀을 본 적이 있다. 또한, 다양한 배경을 가진 여덟 혹은 그 이상의 사람들이 하루 종일 한 방에 모여 '공동 설계 워크숍 collaborative design workshops'을 진행하는 팀도 본 적이 있다. 하지만 우리가 경험한 바로는, 집단적으로 생각하고 철저하게 검증하는 이런 활동들은 별로 효율적이지도 생산적이지도 못하다. 대규모 미팅은 브레인스토밍이나 반응을 공유하는 데는 적합하지만, 복잡한 시스템을 설계하는 데는 적절하지 않다.

11.4.3 커뮤니케이션하기

마침내, 아이디어를 만들어내는 단계에서 아이디어를 커뮤니케이션하는 단계로 이동하게 된다. 여기서는 청중이 어떤 사람인지 고려하여 자신의 아이디어를 전달할 수 있는 가장 효과적인 방법을 찾아내야 한다. 사용할 수 있는 방법에는 메타포metaphor, 스토리story, 유스 케이스 시나리오use case scenario, 개념도conceptual diagram, 구조도blueprint, 화면설계wireframe, 보고서, 발표 등이 있다. 형태는 기능을 따른다.[2] 목적에 맞게 적절한 커뮤니케이션 도구를 선택하자.

---

[1] (옮긴이) 아이디어를 효과적으로 스케치하는 기법에 대해서는 빌 벅스턴(Bill Buxton)이 쓴 『Sketching User Experience』(번역서 『사용자 경험 스케치』, 인사이트)를 읽어보기를 권한다. 저자는 스케치와 프로토타입의 차이점 등 다양한 정보 시각화 방법론들을 소개하고 있다.

아이디어를 다듬는 데 도움을 줄 수 있고 용기를 북돋울 수 있는 '우호적인' 동료와 비공식적인 커뮤니케이션을 먼저 해보는 것이 가장 좋다. 그런 다음, 어려운 질문을 하거나 꼬치꼬치 캐물을 것으로 예상되는 '비우호적' 동료에게 작업물 초안을 공유해보자. 이러한 프로세스는 아이디어를 다듬고 자신감을 가지는 데 도움이 되며, 다양한 클라이언트와 동료를 대상으로 하게 되는 발표를 자연스럽게 준비할 수 있게 해준다.

우리는 많은 경험을 통해, 아이디어는 가능한 빠른 시기에 자주 커뮤니케이션하는 것이 좋다는 것을 깨달았다. 많은 사람들은 부분적으로만 구체화되어 아직 설익은 아이디어를 공유하기 두려워한다. 인간의 자아는 위험한 것을 좋아하지 않기 때문이다. 표현에 대한 부담을 줄이는 한 가지 방법은 허술해 보이는 작업물strawman work product을 내놓아 사람들의 반응과 활발한 논의를 유도하는 것이다. 이렇게 일부러 허술한 산출물을 내놓음으로써 사람들은 편안하게 다른 대안을 표현하고 논의할 수 있으며, 서로 공감대를 형성할 수 있다. 사전에 이러한 참여 기반의 방식을 활용함으로써 보다 나은 정보설계 전략을 완성할 수 있고, 클라이언트나 동료에게 보다 많은 지지를 얻어낼 수 있다.

11.4.4 테스트하기

매우 빈약한 예산으로 운영하든 엄청나게 많은 예산으로 프로젝트를 진행하든, 정보설계 전략을 완성하기 전에는 예외 없이 아이디어를 테스트해봐야 한다. 집안의 어머니라도 모시고 사용성 평가를 해보는 것이 아에 아무것도 안 하는 것보다 낫다.

리서치에 활용되는 다양한 방법론들은 약간만 변형하면, 전략의 적절성을 테스트하는 데 사용할 수 있다. 예를 들어, 작업물을 몇몇 오피니언 리더와

---

2 (옮긴이) 형태는 기능을 따른다(form follows function): 미국의 건축가 루이스 설리반(Louis H.Sullivan)이 1896년 리핀코트(Rippincott) 3월호에 게재한 에세이에서 처음 언급하였다. 이 말은 디자인 업계 전반에서 중요한 설계 원칙으로 사용되고 있다.

이해관계자들에게 보여주어 전략 수립이 비즈니스 환경에 잘 맞게 진행되고 있는지 확인할 수 있다. 마찬가지로, 현재 고민 중인 모델이 콘텐츠 분석 샘플에 포함되지 않은 문서나 애플리케이션들에 적합한지 테스트하여야 한다. 정보설계 전략이 전체 콘텐츠의 범위와 수준을 수용할 수 있는지 확인하기 위해서 말이다. 이 단계에서 가장 유용한 테스트 방법은 다양한 수준의 카드 소팅과 태스크 성과 분석task performance analysis이다.

제약적 카드 소팅을 통해 상위 레벨 조직화와 레이블링 체계에 대한 사용자의 반응을 관찰할 수 있다. 상위 레벨 카테고리의 수량만큼 '카테고리 카드'를 만들고 생각하고 있는 카테고리 레이블을 적는다. 그런 다음, 각 카테고리에 속하는 몇 개의 아이템을 선택한다. 각각 다른 입자성의 수준을 가진 아이템들(예: 두 번째 레벨 카테고리의 레이블, 목적지 문서와 애플리케이션)에 대해 이러한 테스트를 몇 차례 수행해볼 수 있다. 카드를 잘 섞은 후, 사용자에게 적절한 카테고리로 정렬해달라고 요청하며, 테스트를 수행하는 동안 사용자가 생각하고 있는 것을 입 밖으로 소리 내어 말하도록 요청한다. 이를 통해, 고민하고 있던 카테고리와 레이블이 실제 사용자들에게 적절하게 이해될 수 있는지 확인할 수 있다.

태스크 성과 분석 또한 유용한 방법이다. 리서치 기간 동안에는 현재 웹사이트에 대해 사용자의 내비게이션 능력을 테스트한 것과는 달리, 여기서는 사용자가 내비게이션 해볼 수 있는 페이퍼 프로토타입 혹은 HTML 프로토타입을 사용한다. 이러한 프로토타입 테스트를 설계하는 것은 까다롭다. 무엇을 테스트하고자 하는지와 신뢰할 만한 결과를 도출하기 위해서 어떻게 테스트를 진행해야 할지에 대해 신중하게 고민해야 한다.

극단적인 경우, 상위 레벨 정보구조(예: 카테고리, 레이블)를 인터페이스 요소(예: 그래픽 디자인, 레이아웃)로부터 분리시켜 테스트할 수도 있다. 사용자에게 계층적인 메뉴만 보여주고 콘텐츠를 찾아보게 하거나 태스크를 수행하도록 하여, 순수하게 정보구조만 살펴보는 이상에 가까운 테스트를 해볼 수 있다. 예를 들어, 사용자에게 아래의 계층구조를 내비게이션 하여 시스코Cisco의 현재 주식가격을 찾아보라고 요청할 수 있다.

    예술과 인간
    비즈니스와 경제
    컴퓨터와 인터넷

물론, 인터페이스 디자인의 영향에서 완벽하게 벗어나는 것은 불가능하다. 단순하게는, 카테고리를 어떻게 배열할지(예: 알파벳순, 중요도순, 인기도순)에 대한 의사결정이 결과에 영향을 끼친다. 보다 심각하게는 계층구조를 보여줄 때, 두 번째 레벨의 샘플 카테고리들을 어떻게 보여줄 것인지도 동시에 고민하여 인터페이스를 결정해야 한다.

리서치 결과, 실제로 두 번째 레벨의 카테고리는 사용자들이 주요 카테고리의 콘텐츠를 이해하는 데 도움을 준다는 사실이 밝혀졌다. 두 번째 레벨 카테고리를 추가함으로써, 정보에 대한 '냄새'[3]을 풍부하게 할 수 있다.

예술과 인간
    문학, 사진 등
비즈니스와 경제
    B2B, 금융, 쇼핑, 채용 등
컴퓨터와 인터넷
    인터넷, 월드와이드웹, 소프트웨어, 게임 등

정보구조를 인터페이스로부터 분리한 테스트의 장점은 아래와 같다.

- 프로토타입을 만드는 데 매우 적은 노력이 든다.
- 사용자가 인터페이스가 아닌 정보구조와 내비게이션에 집중하게 할 수 있다.

---

3 정보 냄새(information scent)에 대한 개념은 처음 제록스 팰로앨토 연구소(Xerox PARC)에서 개발된 정보 수렵 이론(information-foraging theory)에서 만들어졌다.

단점은 아래와 같다.

- 정보구조를 인터페이스로부터 분리했다고 생각하지만, 실제로 그렇지 못한 경우 위험할 수 있다.
- 인터페이스가 정보구조에 대한 사용자 경험을 어떻게 변화시키는지 살펴볼 기회를 잃게 된다.

정반대의 방법은 완전히 디자인해서, 웹 기반의 프로토타입을 만드는 것이다. 대개의 경우, 이러한 테스트는 프로세스의 후반부에서나 가능하다. 프로토타입을 만드는 데는 엄청난 노력이 필요하고, 인터페이스 디자이너와 소프트웨어 개발자가 필요할 수도 있다. 더욱이, 이 테스트는 너무나 많은 변수들을 쏟아내기 때문에 사용자가 정보구조에 대해 어떠한 반응을 보이는지 파악

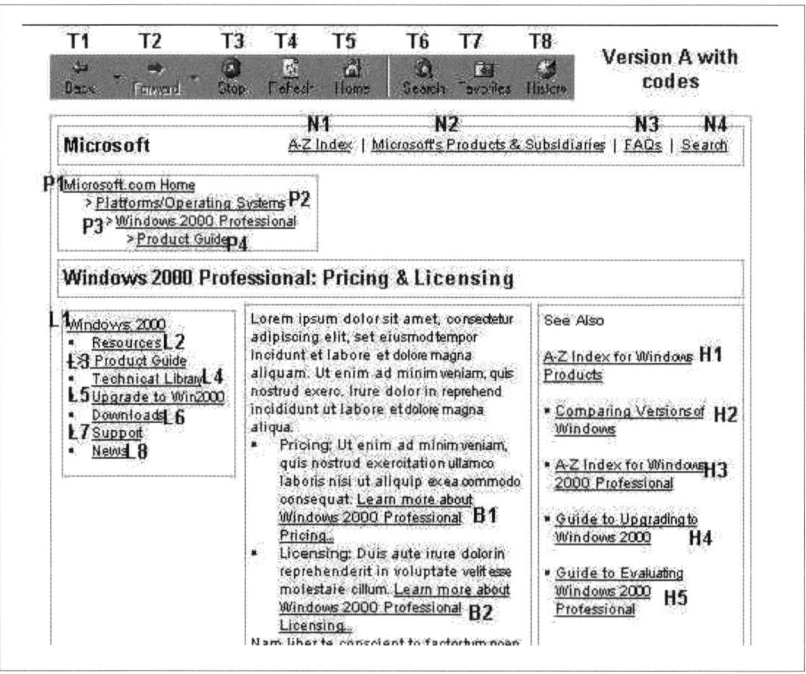

그림 11-3. 페이퍼 프로토타입 테스트에서 사용자의 선택을 추적하기 위해 코드가 쓰여진 화면설계 샘플

하기 쉽지 않다.

우리는 주로 순수하게 분리된 계층구조와 간단한 화면설계를 적절히 혼합하여 테스트를 수행하곤 한다. 화면설계는 완전히 디자인된 프로토타입은 아니나, 그림 11-3에서 보여주는 것과 같이 정보구조가 웹페이지가 가진 보다 넓은 맥락에 적용되었을 때, 사용자가 정보구조와 어떻게 상호작용을 하는지 관찰할 수 있도록 해준다.

이상적으로 이러한 테스트는 구축한 정보설계 전략을 검증할 수 있다고 하지만 실제로는, 전략의 문제점을 찾거나 전략을 다듬는 데 도움이 될만한 정보 정도만 제공할 뿐이다.

전략 수립은 반복적인 프로세스라는 것을 명심해야 한다. 예산과 일정 내에서, '생각하고' '표현하고' '커뮤니케이션하고' '테스트하기'를 반복하면 할수록, 보다 올바른 정보설계 전략을 수립할 수 있게 된다.

11.5 작업물과 산출물

이번 절에서는 정보설계 전략의 커뮤니케이션에서 유용하게 사용될 수 있는 다양한 작업물과 산출물(예: 정보구조 샘플, 조직화 스키마, 레이블링 시스템)에 대해 살펴보도록 하자. 장점과 단점은 물론 몇 가지 적절한 사용 방법에 대해서도 알아보자.

11.5.1 메타포 탐색

메타포는 복잡한 아이디어를 커뮤니케이션하고 사람들을 열광하게 만드는 강력한 수단이다. 관계들을 창의적으로 선보이거나 친숙한 대상을 새로운 개념에 맵핑했을 때, 메타포는 흥미를 유도하여 설명하거나 이해시키는 데 설득력을 갖게 한다.[4] 1992년, 부통령 후보였던, 앨 고어는 '정보 초고속도로 information superhighway'라는 용어를 유행시켰다.[5] 이 용어는 미국인에게 친숙한 메타포인 '물리적인 고속도로 기반구조'를 '국가 정보 기반구조'라는 새로운 개념에 맵핑시켰다. 고어는 이러한 메타포를 유권자들에게 자신의 미래 비전을 설득하는 데 사용했다. 이 용어가 지나치게 단순화되었고 심각하게 남용되고 있기는 하지만, 사람들로 하여금 글로벌 인터넷의 중요성과 방향성에 대해 궁금하게 하고 논의하게 만든 것은 사실이다.

웹사이트를 설계하는 데는 다양한 종류의 메타포가 사용될 수 있다. 이 중, 가장 중요한 세 가지에 대해 살펴보도록 하자.

조직화 메타포 organizational metaphor

이 메타포는 이미 친숙한 시스템의 조직화 방식을 빌려와 새로운 시스템의 조직화 방식을 빠르게 이해할 수 있도록 해준다. 예를 들어, 자동차 판매상을 방문하게 되면, 신차 구매, 중고차 구매, 수리 및 점검, 부품 및 소모품 중 하나의 서비스를 선택하게 된다. 사람들은 자동차 판매상의 서비스가 구성되어 있는 방식에 대한 멘탈모델을 가지고 있다. 자동차 판매 웹사이트를 만들 때, 이러한 모델을 적용한 조직화 메타포를 사용하는 것은 당연하다.

기능적 메타포 functional metaphor

이 메타포는 전통적인 환경에서 수행할 수 있는 태스크와 새로운 환경에서 수행할 수 있는 태스크 간의 연결고리를 만들어준다. 예를 들어, 전통적인 도서관에 들어가게 되면, 책장을 뒤지거나 카탈로그를 검색하거나 사서에게 도움을 청한다. 많은 도서관 웹사이트는 사용자에게 이러한 태스크를 옵션으로 제공하고 있다. 이는 기능적 메타포를 적용한 것이라고 할 수 있다.

---

4 메타포의 사용에 대해서 보다 자세히 알고 싶다면, 조지 레이코프(George Lakoff)와 마크 존슨(Mark Johnson)이 쓴 『Metaphors We Live』 (University of Chicago Press)를 읽어보자.

5 정보 초고속도로라는 메타포의 최초 사용은 최소 1988년으로 거슬러 올라간다. 당시, 로버트 칸(Robert Kahn)은 미국의 각 주들을 서로 잇는 고속도로 시스템에 비유하여, 초고속 컴퓨터네트워크 건설을 제안했다. 『Internet Dreams』 마크 스테픽(Mark Stefik), MIT Press.

시각적 메타포 visual metaphor

이 메타포는 이미지, 아이콘, 색상과 같은 친숙한 그래픽 요소들을 새로운 요소에 연결하는 데 사용된다. 예를 들어, 비즈니스 목적의 주소 및 전화번호를 가진 온라인 디렉터리는 노란 배경색과 전화기 아이콘을 사용하여 사람들에게 친숙한 전화번호부 책을 연상하게 만든다.

적절한 메타포를 찾아보는 프로세스에는 실제로 창의력이 많이 필요하다. 클라이언트나 동료와 함께, 프로젝트에 적용할 메타포 아이디어를 얻기 위해 브레인스토밍을 진행해보자. 얻어진 메타포에 대한 아이디어들이 조직적, 기능적, 시각적 방법으로 사용될 수 있는지 고민해보자. 가상의 서점, 도서관, 박물관을 어떻게 조직화할 수 있을까? 계획 중인 사이트는 이들 중 어느 것과 더 유사한가? 이들의 차이점은 무엇인가? 사용자는 어떠한 태스크를 수행할 수 있을까? 사이트는 어떻게 보여야 할까? 동료들과 함께 이러한 활동을 즐겨보도록 하자. 떠오르는 엄청난 아이디어에 깜짝 놀라게 될 것이다.

브레인스토밍 단계가 끝나면, 모든 아이디어를 면밀하게 검토를 해봐야 한다. 미완성된 메타포 기반의 정보구조에 예상 콘텐츠 몇 개를 골라 적용시켜봐서 콘텐츠가 구조에 잘 맞는지 확인해 보자. 메타포가 적절한지 한두 가지의 사용자 시나리오를 적용해 보자. 메타포 탐색이 유용한 프로세스이기는 하지만, 정보구조에 모든 아이디어를 꼭 적용할 필요는 없다. 실제로 메타포는 개념적인 설계 프로세스에서 다양한 아이디어를 얻는 데는 매우 유용하지만, 실제 사이트에 적용할 때는 많은 문제가 야기될 수 있다.

예를 들어, 가상 커뮤니티에 대한 메타포는 많은 경우 잘못 사용되곤 한다. 온라인 커뮤니티에 우체국, 관공서, 쇼핑센터, 도서관, 학교, 경찰서가 존재하는 경우에, 어떤 '건물'에서 어떤 일을 할 수 있을지 사용자가 파악한다는 것은 현실적인 어려움이 있다. 이 경우, 메타포는 사용성을 저해하게 된다. 건축가라는 입장에 서서, 메타포의 활용을 제한하기보다는 강화시킬 수 있도록 노력해야 한다.

인터넷 퍼블릭 라이브러리Internet Public Library(그림 11-4)가 처음 오픈했을

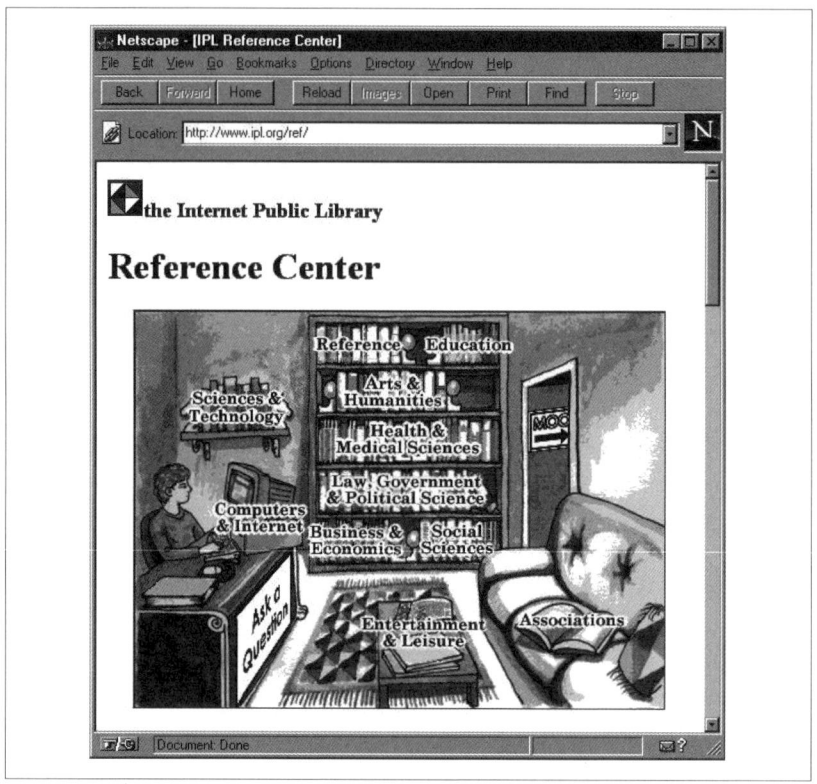

그림 11-4. 인터넷 퍼블릭 라이브러리의 메인 페이지에 사용된 메타포

때 참고자료 영역에 접근할 수 있도록 시각적 메타포와 조직화 메타포를 사용했었다. 사용자들은 서고를 뒤지거나 질문을 할 수 있었다. 하지만, 전통적인 도서관 메타포는 다-사용자 객체지향 환경MOO[6]이 통합된 개념을 제대로 전달하지 못했고, 마침내 전체 사이트는 재설계되었다. 이렇게 메타포가 사이트의 주요 기능으로 적용되는 경우, 메타포는 사이트 구조와 디자인 요소를 제한하기 쉬워진다.

---

6 (옮긴이) 다-사용자 객체지향 환경(multiuser object-oriented environment): Multi User Virtual Environment(MUVE)의 일종으로, 다양한 사용자가 가상의 환경에서 제공되는 객체들을 자신의 목적에 맞게 탐색, 조작하는 환경을 말한다. Multi User Dungeons(MUD) 게임의 교육용 버전이라고 생각할 수 있다.

또한, 사람들은 자신이 만든 메타포에 집착하는 경향이 있다는 것을 명심할 필요가 있다. 메타포를 만들어 본 게 단지 연습을 위해 한 것을 인지하도록 해야 하고, 메타포가 실제 정보구조 설계에 적용되는 경우는 거의 없다는 것을 이해시켜야 한다. 메타포가 가지는 위험에 대한 열띤 논의를 보고 싶다면 앨런 쿠퍼Alan Cooper의 책, 『About Face: The Essentials of User Interface Design』(Wiley, 1995)에서 「The Myth of Methaphor」 섹션을 읽어보기를 권한다.

11.5.2 시나리오

정보구조의 구조도는 상세하고 구조화된 방법으로 정보 조직화 방식을 설명하는 훌륭한 도구이기는 하지만, 사람들은 이에 대해서 별로 관심을 가지지 않는다. 인포메이션 아키텍트로서 우리의 접근방법이 옳다는 것을 동료에게 설득하려면, 우리가 마음의 눈으로 보는 것과 동일한 모습의 사이트를 그들도 상상할 수 있도록 도와주어야 한다. 시나리오는 사람들이 새로 설계한 사이트를 어떻게 내비게이션하고 경험할지 이해하도록 도와주는 훌륭한 도구이며[7], 정보구조와 내비게이션 시스템에 대한 새로운 아이디어를 만들어내는 데 도움을 준다.

사이트에서 실제로 일어날 법한 일들을 보여줄 수 있는 다차원적인 경험을 표현하기 위해서는, 다른 니즈와 행동을 가진 사람들이 각각 어떻게 사이트를 내비게이션하는지 보여주는 몇 가지 시나리오를 써보는 것이 가장 좋다. 사용자 리서치의 결과물은 이 단계에서 매우 가치 있는 기초자료로 활용될 수 있다. 반드시 리서치 결과 데이터를 충분하게 검토할 시간을 가진 후에, 아래의 질문에 답변을 하도록 하자.

사이트를 사용하는 사람들은 누구인가? 그들은 왜 그리고 어떻게 사이트

---

[7] 보다 공식적인 방법론을 알고 싶다면, 유스 케이스와 유스 케이스 시나리오(use case scenarios)에 대해서 살펴보도록 하자. 〈http://www.usecases.org〉

(옮긴이) 『앨리스터 코오번의 유스케이스』(인사이트)도 보길 권한다.

를 사용하고자 하는가? 그들은 원하는 것을 빨리 얻고자 하는가 아니면 천천히 둘러보기를 원하는가? 사이트를 매우 다른 방법으로 사용하는 주요 사용자 '유형type'을 서너 가지 선정해 보도록 하자. 각 유형을 대표하는 인물을 만들고, 이름, 직업, 사이트를 방문하는 이유를 부여하자. 그런 다음, 각 사용자 유형이 사이트를 어떻게 사용하는지 보여주는 예시를 구체화하고, 해당 시나리오 상에서 사이트의 가장 중요한 기능들을 강조한다. 예를 들어, 새로운 사용자 설정 기능을 설계하고 있다면, 사용자가 어떻게 사용할 수 있는지 보여주자.

이는 매우 창의적인 작업이다. 시나리오는 쓰기 쉽고 재미있다는 것을 알게 될 것이다. 또, 아이디어를 동료에게 설득시키는 데도 도움이 된다.

시나리오 샘플

자, 간단한 시나리오 샘플을 살펴보자. 로절린드는 샌프란시스코에 거주하는 10학년생으로, 인터랙티브한 학습 경험을 좋아하기 때문에 라이브펀 웹사이트를 정기적으로 방문한다. 그녀는 '조사 모드'와 '서핑 모드'를 둘 다 사용한다.

예를 들어, 해부학 수업 과제가 사람의 골격구조에 대해서 조사해오는 것이라면, 그녀는 골격에 대한 자료를 검색하기 위해서 조사 모드를 사용한다. 각 뼈의 정확한 이름과 기능에 대해 얼마나 지식을 가지고 있는지 테스트하는 '인터랙티브한 인간의 골격' 프로그램을 찾아낸다. 그녀는 이 페이지를 북마크하여, 기말고사 전날 밤에 다시 살펴본다.

숙제를 다하면, 가끔 서핑 모드로 사이트 여기저기를 둘러본다. 독사에 대해 관심이 있기 때문에 어떤 유형의 독이 인간의 신경계에 영향을 끼치는지를 다룬 기사들을 읽는다. 이러한 기사들 중 하나는 혈액 뇌관문을 통과할 수 있는 다른 화학물질들(알콜과 같은)에 대한 학습내용을 담고 있는 인터랙티브 게임으로 이동하게 해준다. 이 게임은 화학에 대한 흥미를 돋우게 되고, 그녀는 조사모드로 바꾸어 보다 많은 학습을 하게 된다.

이 간단한 시나리오는 사용자들이 사이트 내에서 왜 그리고 어떻게 검색과 브라우징을 동시에 하는지를 보여준다. 보다 복잡한 시나리오는 좀 더 니즈를 구체화하는 데 사용될 수 있다.

11.5.3 사례연구와 스토리

정보구조와 같이 복잡하고 추상적인 주제를 다루는 것과 다양한 사람들이 정보구조를 이해할 수 있게 하는 것은 쉬운 일이 아니다. 다른 인포메이션 아키텍트와 커뮤니케이션할 때는, (상대 역시 전문용어에 친숙하고 잘 알고 있다는 가정 하에) 전문용어를 사용하여 정보구조를 명확하게 설명할 수 있다. 그러나 다양한 클라이언트들이나 다른 동료들과 얘기할 때엔, 그들의 관심을 돋우고 이해를 도와야 하기 때문에 보다 창의적인 방식으로 커뮤니케이션할 필요가 있다.

사례연구와 스토리(20장과 21장에서 상세하게 다룰 예정)는 정보구조에 대한 개념에 생명을 불어넣을 수 있는 탁월한 방법이다. 정보설계 전략을 제안할 때, 과거 프로젝트에서 수행해봤던 작업과 그렇지 않은 것에 대한 논의를 통해 과거의 경험과 현재 상황을 비교해보는 것은 매우 유용하다.

11.5.4 개념도

그림은 추상적인 개념에 생명을 불어넣어 주는 또 다른 방법이다. 인포메이션 아키텍트는 조직화와 레이블링 체계를 넘어서는 상위 레벨의 개념과 시스템에 대해서 설명해야 할 때가 많다.

예를 들어, 비즈니스 범위 내에 존재하는 광범위한 정보 생태를 그림으로 그려서 보여줘야 할 경우가 있다. 인트라넷 개발팀과 협업을 할 때 보면, 개발팀이 '직원들은 정보를 찾기 위해서 인트라넷만 사용한다'는 협소한 시각을 갖고 있다는 사실을 발견하곤 한다. 그들이 믿는 것은 진실이 아니라는 것을 말해주어야 하며, 이 경우, 수천 마디의 말보다 한 장의 그림이 실제로 더 효과가 있다.

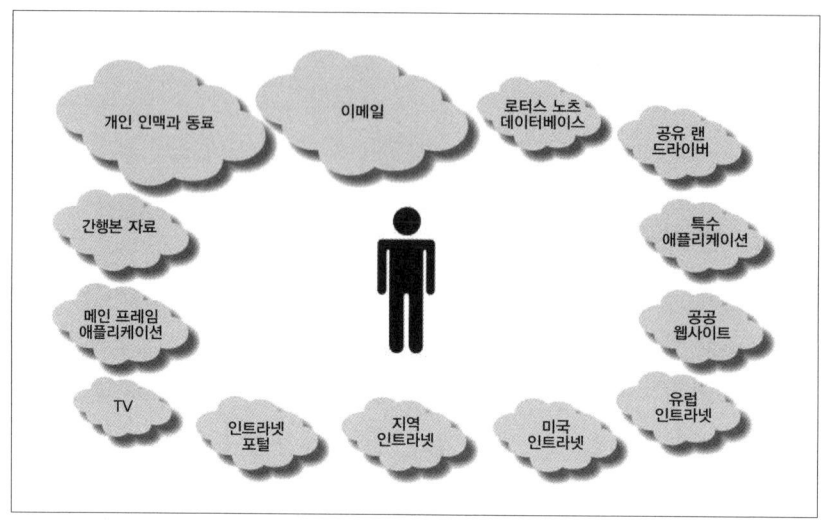

그림 11-5. 직원들이 회사의 정보 생태를 어떻게 생각하고 있는지에 대한 개념도

그림 11-5의 개념도는 그림의 가운데에 인트라넷이 아닌 직원을 배치하고 있다. '정보 구름'의 크기는 사용자 인터뷰에서 직원들이 설명한 각 정보 자원의 중요도를 의미한다. 이 다이어그램은 사람들이 개인적인 네트워크와 동료들을 가장 중요한 정보 자원이라고 생각하고 있으며, 현재 인트라넷은 자신들의 업무 생활에서 상대적으로 매우 작은 가치를 가지고 있다는 사실을 보여준다. 또한, 정보 환경이 분리되었다는 것도 보여주는데, 공동의 정보 자원 내에도 기술상(미디어와 포맷) 혹은 지리상 인위적인 경계가 존재한다. 이 그림의 모든 내용을 말로 모두 표현할 수 있을지라도, 이러한 유형의 시각자료는 명확하고 지속적인 영향력을 갖게 된다. 이게 바로 핵심이다.

11.5.5 구조도와 화면설계

협업을 통한 브레인스토밍 프로세스는 무질서하지만 열정적이고 흥미롭다. 하지만, 머잖아 협업을 마무리하고 무질서함을 질서로 바꾸는 작업을 시작해야 한다. 구조도(페이지와 다른 콘텐츠 요소들의 관계를 보여줌)와 화면설계(웹사이트의 주요 페이지에 대한 콘텐츠와 링크를 빠르고 간단하게 보여주는 시각자료)는 인포메이션 아키텍트가 질서를 만들어내는 작업을 위해 사용하는 도구이다. 구조도와 화면설계에 대해서는 12장에서 자세하게 살펴보도록 하자.

11.6 전략 보고서

경험상, 전략 보고서는 정보설계 전략을 최대한 상세하고 종합적으로 설명하기 위한 촉매 역할을 한다. 이전 단계의 결과, 분석, 아이디어들을 하나의 문서로 통합하는 프로세스에는 쉽지 않은 의사결정, 지적인 정직성[8], 명확한 커뮤니케이션이 필요하다. 훌륭한 아이디어라고 하더라도 보다 넓은 프레임워크에 맞지 않는다면 일관성과 전체적인 조화를 고려해 버릴 수 있어야 한다. 크고, 모호한 아이디어는 작은 요소들로 잘게 쪼개서 모든 사람이 그 의도와 의미를 이해할 수 있도록 설명해야 한다.

정보설계팀에게 있어서 전략 보고서는 가장 크고, 가장 어렵고, 가장 중요한 산출물이다. 팀 구성원들은 협업을 통해 정보구조에 대한 통합된 비전을 만들어 내고, 비전을 설명하거나 표현할 수 있는 방법을 찾아야 한다. 이를 통해 클라이언트와 인포메이션 아키텍트가 아닌 동료들이 그 내용을 이해할 수 있게 해야 된다.

보고서를 작성하는 데 있어서 가장 어려운 일 중 하나는 내용을 조직하는 것이다. 여기에는 또 다른 '닭이 먼저냐 달걀이 먼저냐' 문제가 도사리고 있다. 정보설계 전략은 순차적이지 않지만 보고서는 순차적으로 발표해야만 한다. '다음 섹션을 읽지 않는다면, 어떻게 이 섹션을 이해할 수 있을까?'는 보편적으로 하게 되는 질문이다. 이 문제는 완벽한 해결방안이 존재하지 않지만, 몇 가지 해결 방법을 모색해볼 수 있다. 첫째, 상위 레벨 시각자료를 보고서에 삽입하여 비순차적으로 큰 그림을 보여주고, 텍스트를 사용해 순차적으

---

8 (옮긴이) 지적인 정직성(intellectual honesty): 학문에 있어서 어느 한쪽으로 치우치지 않고 정직한 태도로 문제를 해결하는 접근방법.

로 설명을 한다. 둘째, 보고서는 절대 독립적으로 존재할 수도 없고, 해서도 안 된다. 항상 구두상으로 아이디어를 설명하고 질문에 답하는 기회를 마련해야 한다. 이상적으로는, 한 자리에 모여 서로 얼굴을 볼 수 있는 상황에서 정보설계 전략 발표회를 가지는 것이 좋다. 여의치 않다면, 최소한 다른 사람들이 어떻게 생각하고 있는지 논의하고 이들의 질문에 답하기 위해 컨퍼런스 콜이라도 해야 한다.

정보설계 전략 보고서를 작성하는 것보다 더 어려운 작업 한 가지는 보고서를 어떻게 추상화시켜 잘 작성해야 하는지를 설명하는 것이다. 이 주제에 대해서는 실제적인 내용을 살펴보는 것이 효과적이므로, 아르구스Argus가 웨더채널Weather Channel, 〈http://www.weather.com〉을 위해 1999년에 작성한 실제 전략 보고서를 한번 살펴보도록 하자.

11.6.1 전략 보고서 샘플

웨더닷컴Weather.com 웹사이트는 1982년부터 세계에 실시간 날씨정보를 제공하는 웨더채널Weather Channel의 패밀리 서비스(케이블 텔레비전, 데이터 및 전화, 라디오 및 신문, 인터넷 등) 중 하나이다. 이 웹사이트는 세계에서 가장 유명한 사이트 중 하나이며, 현지 및 지역 레이더를 통해 세계 1,700여개 도시의 현재 날씨정보와 일기예보를 제공한다.

1999년, 웨더채널은 웨더닷컴의 정보구조를 개선하기 위한 리서치를 진행하고 전략을 수립하기 위해서 아르구스 어소시에이츠Argus Associates를 고용했다. 이 프로젝트에서 제출된 최종 전략 보고서의 목차를 살펴보자.

이 목차는 전략 보고서의 규모와 범위에 대해서 대략적인 감을 잡을 수 있도록 도와준다. 우리가 만든 보고서(구조도와 화면설계 포함) 중 일부는 100페이지를 넘기기도 하지만, 가능한 50페이지 미만이 좋다. 이보다 많으면, 아무도 꼼꼼하게 읽어보지 않거나 아예 읽으려고 들지 않을 수 있다. 이 보고서의 주요 섹션은 매우 일반적이다. 각 섹션들을 차례로 살펴보기로 하자.

목차	
요약	1
사용자 & 사이트의 미션/비전	2
벤치마킹, 사용자 인터뷰, 콘텐츠 분석을 통한 발견점	3
지역별 사이트 구조와 콘텐츠	3
일반 사이트 구조와 콘텐츠	4
내비게이션	5
레이블링	5
기능	6
정보설계 전략 & 접근방법	7
로컬 허브 구조 전략	8
지리적 허브 구조 전략	10
콘텐츠 영역의 목업(mockups)	12
사용자 설정 & 개인화 전략	21
내비게이션 요소	25
분산된 콘텐츠 구조 전략	26
콘텐츠 관리	31

그림 11-6. 웨더닷컴 전략 보고서의 목차

요약

요약은 목적과 방법론에 대한 상위 레벨의 개요를 설명하고, 주요 문제와 주요 제안점에 대해 50,000피트 상공에서 내려다 본 것처럼 개략적인 설명을 제공한다. 요약은 전체 문서에 대한 논조를 정의할 수 있어야 하고 매우 세심하게 작성되어야 한다. 최고 책임자가 읽어볼 한 페이지짜리 전체 보고서라고 생각하는 것도 좋다. 전달하고자 하는 정치적인 메시지에 신중할 필요가 있고, 사람들이 보고서를 계속해서 읽어볼 수 있도록 충분히 흥미를 돋울 수 있어야 한다.

그림 11-7에서 요약은 보고서의 목적을 한 페이지에 잘 담아내고 있다. 웨더닷컴의 팀은 이미 잘 조직화되어 있고, 매우 견고한 정보구조를 적용하고 있었기 때문에 이렇게 낙관적인 내용을 담아낼 수 있었다. 우리가 이 요약에서 역점을 두어 제안한 내용은 '경쟁 우위 확보를 위한 정보구조 개선'이다.

> **요약**
>
> 아르구스 어소시에이츠(이후, '아르구스')는 웨더닷컴의 사용자, 경쟁사, 콘텐츠에 대한 조사와 서비스 전략에 대한 이해를 토대로 두 가지 최상위 레벨의 정보설계 전략을 수립하기로 계약하였다. 아르구스는 사이트 정보 설계 전략 제안을 위해 사용자 인터뷰, 벤치마킹, 콘텐츠 분석을 수행하였다.
>
> 현재 웨더닷컴 사이트는 인터넷상에서 가장 유명한 날씨정보 웹사이트이며, 수많은 사용자들이 사용하고 있다. 사이트는 현재의 콘텐츠를 통해 모든 사용자(지역 날씨정보를 원하는 사용자, 날씨에 대해서 공부하고 싶은 사용자, 쉽게 찾아볼 수 있다면 정보를 볼 의향이 있는 사용자)를 만족시키고자 하고 있다. 하지만, 매우 가치 있는 콘텐츠와 상세한 날씨 데이터를 가지고 있음에도 불구하고, 모든 사용자를 만족시킬 수 있도록 모든 정보를 하나의 사이트에 통합하는 것은 현실적으로 불가능하다.
>
> 따라서, 가능한 전략을 두 가지로 나누어 제안한다.
>
> - 날씨에 대해서 학습하고자 하는 사용자들에게 풍부한 정보를 제공할 뿐만 아니라 사용자들이 지속적으로 지역 날씨정보와 날씨와 관련된 정보에 접근할 수 있도록 견고한 정보구조를 구축한다.
> - 포털, 소프트웨어 및 하드웨어 어플리케이션, 특정 사용자 그룹 등 다양한 외부 정보원에 배급할 수 있도록 웨더닷컴의 콘텐츠를 구축하고 홍보한다. 이 방법은 특정 날씨 관련 주제(예: 정원손질, 별자리 관측)에만 관심이 있는 사용자뿐만 아니라 날씨정보에 접근하기 위해서 뭔가 많은 일을 하지 않기를 바라는 사용자(편리함을 추구하는 사용자)의 서비스 사용을 유도할 수 있다.
>
> 본 보고서는 웨더닷컴의 개발에 있어서 중요한 5가지 핵심 영역에 대한 제안사항을 담고 있다.
>
> - 사용자가 관련 콘텐츠를 보다 쉽게 사용할 수 있도록 한다 - 사용자가 지역 날씨정보와 관련 날씨 콘텐츠를 동일한 페이지에서 볼 수 있도록 로컬 허브 구조를 구축한다.
> - 개인화 기능을 개선한다 - 최적의 날씨정보를 사용자에게 제공할 수 있도록 사용자 설정 및 개인화 옵션을 제공한다.
> - 날씨 데이터의 지역화를 강화한다 - 로컬 허브 영역을 만들어 가장 최신 날씨 데이터가 레이아웃 상에서 눈에 잘 띄도록 한다.
> - 고객 충성도를 높인다 - 사용자의 니즈에 맞춰 날씨 데이터와 콘텐츠를 설정할 수 있도록 한다. 사이트 외부의 다양한 곳에 콘텐츠를 배급한다. 날씨정보에 관심이 있는 사용자들이 서로 대화할 수 있는 장소를 마련한다.
> - 배급 기회를 마련하고 확충한다 - 웨더닷컴의 콘텐츠를 인터넷을 통해 다양한 외부 정보원에 배급함으로써 사용자 기반을 넓힌다.
>
> 본 보고서의 제안을 따라 전략적 해결방안을 구현하게 된다면, 웨더닷컴은 사용자들이 원하는 정보를 더욱 쉽게 찾도록 도움을 줄 수 있고, 더 많은 사용자를 확보할 수 있으며, 많은 사용자들의 재방문을 유도할 수 있다. 웨더닷컴은 사이트의 브랜딩과 콘텐츠에 힘입어 이미 날씨정보 웹사이트의 선두를 달리고 있으나, 경쟁 사이트들과의 격차를 벌이기 위해서는 제안사항을 수용할 필요가 있다.

그림 11-7. 웨더닷컴 전략 보고서의 요약

사이트의 사용자, 미션, 비전

보고서가 사이트의 전반적인 상황에 근거를 두기 위해서는 사이트의 사용자와 목적을 정의하는 것이 중요하다. 웹사이트의 미션을 다시 한 번 언급하는

역할	약어	웨더닷컴의 사용자 분류*
편리할 때 날씨정보를 보고 싶다	편리함	생활자
살고 있는 도시의 예보를 보고 싶다	내 지역	기획자: 일정 계획, 활동
다른 지역의 예보를 보고 싶다	다른 지역	특정인: 복지, 산책 기획자: 일정 계획, 활동
다양한 지역의 날씨정보를 보고자 하며 날씨에 대해서 관심이 많다	학습	특정인: 학습

* 1996년에 수행된 인비전(Envision)의 사용자 분류 연구에서 차용

그림 11-8. 웨더닷컴의 사용자와 그 역할

것이 좋다.

아래는 웨더닷컴 전략 보고서에 언급된 미션이다.

> 웨더닷컴은 인터넷에서 최고의 날씨정보 웹사이트가 될 것이다. 인터넷 날씨 정보에 대한 시장 지배적인 브랜드 선도자로서, 웨더닷컴은 최신의 올바른 날씨 관련 정보를 사용자에게 제공한다. 사이트는 지역별 날씨 데이터 및 부가가치와 전문적인 날씨정보 및 (명확하게 저작권이 없는) 날씨 관련 콘텐츠를 제공하는 데 중점을 둔다. 웨더닷컴은 기술적인 투자를 통해서 콘텐츠의 개인화와 사용자 설정 기능을 제공하고, 어떠한 날씨 여건에서도 사용자들의 요구를 해소시켜줄 수 있도록 한다.

비전은 또한 사용자의 역할과 사용자 분류에 대해서 논의할 때, 사용하게 되는 어휘들을 정의하게 된다. 그림 11-8은 웨더닷컴 보고서에서 어떻게 정리되어 있는지 보여준다.

발견점

이 섹션은 리서치/분석과 제안 사이의 다리 역할을 한다. 제안 내용들이 경쟁사 리서치(벤치마킹), 사용자 인터뷰, 콘텐츠 분석에 근거를 두고 있다는 것을 보여주는 것만으로도 확신과 신뢰를 얻을 수 있다.

웨더닷컴 보고서에서 우리는 이 섹션을 5가지의 서브카테고리로 나누었다. 아래의 표는 각 서브카테고리에 대한 관찰 결과 샘플을 보여준다.

관찰	결과	사이트 구조 개선 방안
지역별 사이트 구조와 콘텐츠 사용자들은 자신들이 거주하고 있는 도시의 날씨정보를 먼저 보고 싶다고 언급하였다. (사용자 인터뷰)	지역 정보	지역 날씨정보 접근은 쉽게 눈에 띄는 검색창과 지도 혹은 링크를 통한 브라우징을 통해 이루어지도록 한다.
일반 사이트 구조와 콘텐츠 날씨정보 사이트에서, 계절 콘텐츠는 대개 몇 개의 콘텐츠 영역에 걸쳐 흩어져 있다. (벤치마킹)	일회성 콘텐츠는 사이트 구조에서 명확히 정의된 영역에 배치되지 않는다.	주제별로 관련된 콘텐츠는 계절성 콘텐츠라고 하더라도, 별개의 독립된 영역에 배치한다. 이는 모든 콘텐츠 영역의 효과적인 콘텐츠 관리에 도움이 된다.
내비게이션 사용자는 로컬 및 글로벌 내비게이션을 통해 (날씨정보와 다른 콘텐츠를 함께 제공하는) 포털 사이트 내를 이동할 때, 자신의 위치를 제대로 이해하지 못한다. (사용자 인터뷰 & 벤치마킹)	날씨정보는 콘텐츠의 일부분이므로, 결과적으로 지역별 날씨정보 사이트의 글로벌 내비게이션에 콘텐츠가 보이는 것은 사용자를 혼란스럽게 만든다.	날씨정보와 날씨정보와 관련되지 않은 콘텐츠를 위한 내비게이션은 내비게이션 프레임에 함께 위치해서는 안 된다.
레이블링 많은 레이블들이 하위에 존재하는 콘텐츠 영역을 정확하게 표현하지 못한다. (벤치마킹)	레이블링은 하위에 존재하는 내용을 정확하게 표현해야 한다.	레이블의 의미가 명확해질 수 있도록 설명이나 범위 주기를 사용한다. 구어적인 표현이나 전문용어를 사용하지 않는다.
기능 어떤 날씨정보 사이트도 효과적인 개인화 기능을 제공하지 않는다. 사실, 몇 개 사이트들이 제공하고 있지만 매우 조악한 수준이다. (벤치마킹)	비로그인 기반과 콘텐츠 연관성을 활용한 개인화가 가장 효과적이다.	아마존을 벤치마킹 대상으로 사용한다. '날씨이야기 톱10' 혹은 '미시간 사용자들이 선정한 톱5'와 같은 옵션을 제공한다. 지역 날씨 페이지가 이러한 페이지들을 링크하도록 한다.

구조 전략과 접근방법

이제, 보고서의 핵심적인 내용인 구조 전략과 접근방법의 제안에 대해서 알아보도록 하자. 구조 전략과 접근방법은 매우 광범위하기 때문에 여기서 모두를 다루기는 어렵고, 제안을 표현하기 위해서 사용되는 몇 가지 시각자료에 대해 개략적으로 살펴보도록 하자.

 이 보고서는 로컬 허브local hub와 분산된 콘텐츠distributed content, 두 가지 전략을 보여주게 되는데, 두 전략은 함께 사용해야 한다. 로컬 허브 전략은 사용자들이 주로 자신의 거주 지역 날씨를 알고 싶어 하는 사실에 중점을 두고 있다. 그림 11-9에서 개념 구조도는 이러한 로컬 허브 전략을 토대로 만들어진 정보구조를 보여주고 있다.

이 구조도는 그림 11-10과 같이 설명을 위한 텍스트나 맥락이 함께 보이지 않으면 이해하기 매우 어렵다. 상위 레벨에서, 구조도는 지역에 따른 접근방식(로컬 허브)의 제공과, 궁극적으로 로컬 허브 웹페이지의 내비게이션 옵션으로 반영될 주요 콘텐츠 영역과 태스크들을 구체적으로 명시하고 있다. 이러한 개념적 구조도 다음에는 핵심 요소들을 설명하는 화면설계가 보인다.

화면설계에서 알파벳이 매겨진 요소에 대해서는 텍스트로 설명을 달았다. 아래의 표는 두 개의 예를 보여준다.

다른 한편, 분산된 콘텐츠 구조 전략은 사용자들이 날씨정보를 접하기 위해서 웨더닷컴 이외에도 다양한 포털을 사용한다는 사실에 중점을 두고 있다. 예를 들어, 야후!는 대중적인 포털 서비스를 제공하며, 날씨정보는 야후! 사용자들이 원하는 다양한 정보 중의 한 가지이다.

웨더채널은 이러한 몇몇 포털들과 제휴를 맺고 있으며, 이들 포털에 웨더닷컴의 콘텐츠를 맞춤형 서비스로 제공하고 있다. 그림 11-11에서처럼 분산 콘텐츠 구조 전략은 이러한 파트너들을 위해 정보구조를 어떻게 구조화할

코드	요소	설명	(발견점에서) 개선 방안
A	도시, 주, 우편번호 검색창	지역 날씨정보의 검색은 페이지의 맨 상단에 위치되어야 하고, 이 요소는 명확하게 강조되어 보여야 한다. 그렇지 않으면, 사용자들은 모르고 지나치게 된다.	눈에 쉽게 띄는 검색창과 지도나 링크를 통한 브라우징을 통해 지역 날씨정보에 대한 접근이 이뤄져야 한다.
B	지역 날씨정보 찾기 (검색, 지도, 경로표시)	사용자는 검색창 옆의 '지역 날씨정보 찾기' 링크를 클릭할 수 있고, 지역을 바로 선택하기 위해서 지도나 링크를 클릭할 수 있고, 전체 지역을 보기 위해서 '세계'를 클릭할 수도 있다. 이러한 방식은 사용자가 모든 수준에서 날씨정보를 찾아볼 수 있도록 해준다. 검색은 정보에 접근하는 주요 방법이기 때문에, 지도가 제공되는 경우라도 지도가 검색창에 대한 주의를 떨어뜨리게 해서는 안 된다.	위와 같음.

것인지에 대한 모델을 보여준다.

이 구조 전략이 가진 또 하나의 주요 목표는 사용자들이 웨더닷컴 웹사이트의 콘텐츠를 다시 보기 위해 재방문하도록 만드는 것이다. 콘텐츠가 분산되어 있을 때는 사용자들이 원하는 모든 것을 보여줄 수 없기 때문에, 사용자를 사이트로 유도하는 '예고 광고teaser'를 보여주는 것이 중요하다.

이 구조 다이어그램은 웨더닷컴 사이트의 재방문율에 중점을 두고 있다. 사용자는 임베디드 소프트웨어 애플리케이션(예: 자바 기반의 마이애미 체감 온도)나 무선 하드웨어 플랫폼(예: 팜파일럿 혹은 휴대폰)보다는 주제별 웹사이트와 일반 포털에서 웨더닷컴으로 더 많이 방문하게 된다는 것을 보여주고 있다.

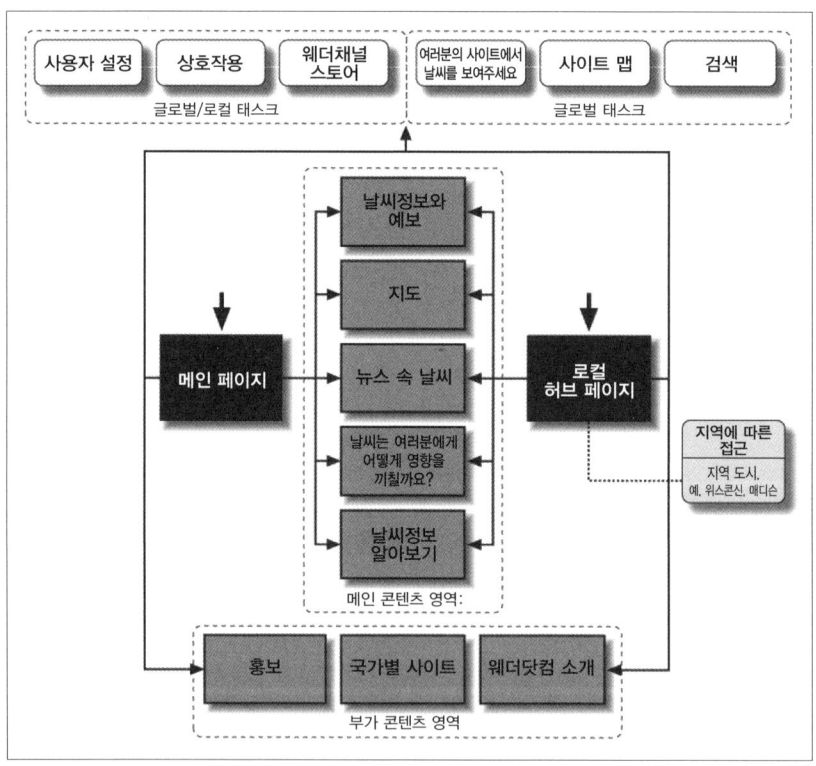

그림 11-9. 웨더닷컴의 개념적인 구조도

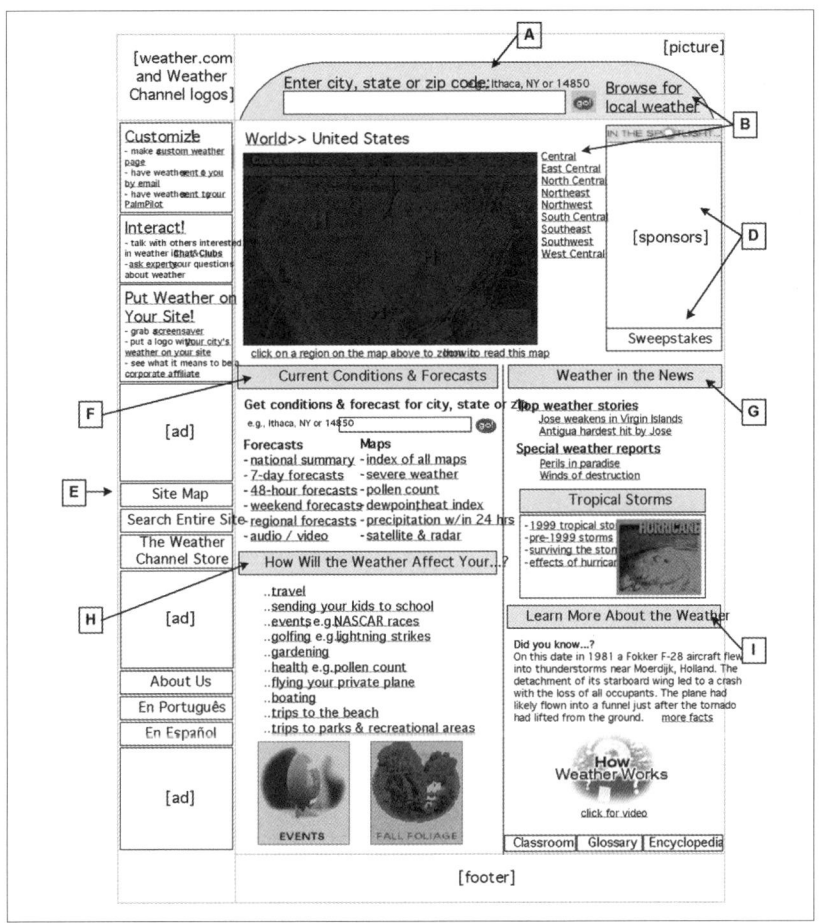

그림 11-10. 부연 설명이 추가된 웨더닷컴의 화면설계

콘텐츠 관리

이 보고서의 마지막 섹션은 이러한 정보구조 제안이 어떻게 콘텐츠 관리 기반구조에 영향을 끼칠 수 있는지를 설명함으로써 구현 가능성을 타진하게 된다. 콘텐츠 관리에 대한 어떠한 논의라도 사람, 기술, 논의되고 있는 콘텐츠에 매우 민감할 수밖에 없다. 여기서 살펴보고 있는 보고서는 정보구조와 콘텐츠 관리 간의 관계를 상위 레벨에서 설명하였으며, 아래와 같이 효과적인

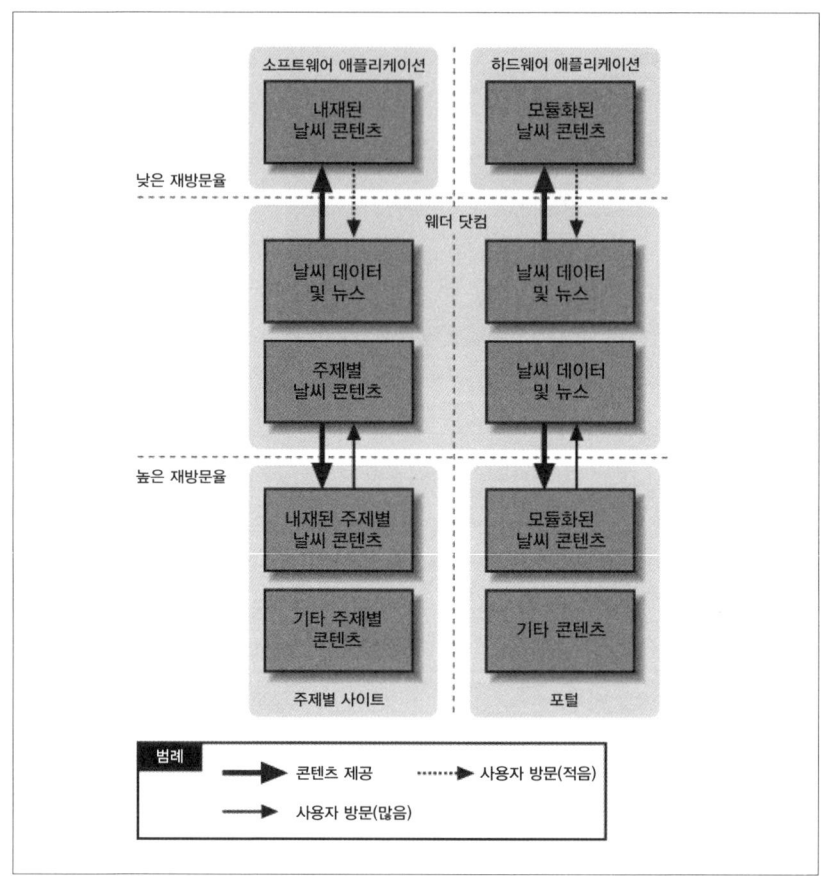

그림 11-11. 웨더닷컴의 분산 콘텐츠 구조

콘텐츠 관리의 세 가지 요소에 대해 먼저 간략하게 설명하였다.

규칙

규칙은 콘텐츠를 관리하는 프로세스다. 대개 규칙은 사이트의 콘텐츠를 만들고, 배포하고 관리하는 직원들이 준수하게 되는 워크플로workflow다. 워크플로는 구매했거나 자체 개발한 콘텐츠 관리 소프트웨어의 일부가 될 수도 있고, 소프트웨어가 다루는 범위에서 제외될 수도 있다. 보조적인 프로세스 문서에는 스타일 가이드라인과 표준이 있다.

역할

역할은 콘텐츠 관리 프로세스를 수행하는 직원이라고 할 수 있다. 이러한 사람들은 프로세스와 가이드라인을 준수하고, 또한 그것들을 만들고 유지하는 데도 기여한다. 여기에는 매우 특수한 역할이 존재할 수 있는데, 메타데이터를 만들거나 콘텐츠를 검토하거나 콘텐츠를 작성하거나 외부 콘텐츠 제공자와 연락을 담당하거나 소프트웨어에 문제가 발생하였을 때 수리하는 역할들을 꼽을 수 있다. 또한, 색인 작성자와 같이 동일한 역할을 여러 사람이 맡을 수도 있다.

자원

자원에는 정적인 콘텐츠와 동적인 데이터를 보관하는 장소뿐만 아니라 생성, 수정, 삭제와 같은 다양한 형식을 가진 콘텐츠 그 자체도 포함된다. 또한, 규칙과 역할이 수행되기 쉽도록 해주는 관리 소프트웨어도 포함된다.

그 다음에는, 콘텐츠를 보다 효율적으로 관리할 수 있도록 웨더닷컴에 구체적인 제안을 하였다. 여기에 몇 가지 제안사항을 소개한다.

템플릿

사이트가 가지고 있는 콘텐츠의 많은 부분은 외부 공급자로부터 가져오는 가변 데이터(예: 이슬점, 화분 계측, 항공기 도착 시간)이다. 템플릿template은 가변 데이터를 다루는 데 매우 유용하다. 동일한 유형의 데이터가 반복적으로 사용될 수 있도록 공통적인 구조를 가진 페이지를 만드는 것은 쉬운 일이다. 하지만, 텍스트 콘텐츠는 문서 유형(예: 뉴스 스토리 템플릿)을 가지고 있더라도, 본래 매우 가변성이 크기 때문에 템플릿에 쉽게 적용하기 어렵다. 정적인 콘텐츠와 가변적인 콘텐츠는 모두 구조화된 내비게이션 템플릿, 즉 글로벌, 로컬, 컨텍스추얼 내비게이션들이 서로 명확하게 구분되는 일관적인 프레임이 필요하다.

메타데이터

서술적인 메타데이터는 사이트 구조에 관련 콘텐츠를 보다 쉽게 채워 넣기 위해서 만들어진다. 예를 들어, 각 뉴스 스토리가 메인 페이지의 '뉴스 속 날씨'에서 노출되기 위해서는 아래의 서술적 데이터가 작성되어야 한다.

시소러스

메타데이터에 시소러스를 적용하는 것은 사용자가 정보를 보다 쉽게 찾을 수 있도록 도움을 준다. 예를 들어, 사용자가 '열대성 폭풍'과 '허리케인' 중 어떤 용어를 사용해야 할지 확실치 않은 경우에, 시소러스를 사용하면 우선어를 알 수 있다. 시소러스를 통해 인덱싱 목적의 '키워드' 메타데이터를 일반화하는 것뿐만 아니라, 날씨 용어와 지리적 영역에 대한 시소러스를 구축하는 것은 매우 유용하다. 일반적으로, 시소러스는 콘텐츠 청크에 대한 메타데이터를 구축(예: 각 청크에 매칭될 용어를 정리)하는 직원이 시스템에서 사용할 목적으로 만들지만, 사이트의 검색 및 브라우징 단계에 있어서도 유용하다.

메타데이터 요소	예시
저자	테렐 존슨
발행자	조디 펜넬
제목	안티과 섬에 폭풍 '요세' 강타
날짜	1999년 10월 21일 목요일
유효기간	1031999 12:01:23
링크	/news/102199/story.htm
문서 유형	뉴스토리, 용어 목록
주제 영역	열대성 폭풍
키워드	요세, 안티과, 피해, 강력
관련	날씨 속보, 뉴스 스토리, 폭풍 기상도
지리적 접근 수준	지역 도시, 지역 지방, 국가
지리적 영역	안티과, 노스캐롤라이나, 사우스캐롤라이나

11.7 프로젝트 계획

전략 보고서에서 콘텐츠 관리 방안만을 언급하는 것이 아니라 더 나아가, 실제 정보구조 설계 프로젝트 계획을 전략 단계 산출물의 일부로서 명시할 필요가 있다.

    프로젝트 계획은 두 가지 주요 목표를 성취할 수 있다. 첫째, 전략 보고서와 병행해서 계획이 수립되는 경우, 팀원들은 아래와 같은 질문들에 대해 계속해서 고민할 수 있다.

- 어떻게 제안한 바를 성취할 것인가?
- 얼마나 걸릴 것인가?
- 누가 할 것인가?
- 어떤 종류의 산출물이 필요할 것인가?
- 프로젝트에 영향을 줄만한 요소는 무엇인가?

프로젝트 계획은 정보설계 전략이 현실성을 갖도록 만들어 준다. 프로젝트 계획의 두 번째 목표는 전략과 설계 사이에 다리를 놓는 것이다. 프로젝트 계획은 다른 팀들(예: 인터랙션 디자인, 콘텐츠 작성, 애플리케이션 개발)의 계획과 하나로 합쳐져서 전체 사이트 설계 프로젝트의 구조화된 일정을 작성하게 된다.

    어느 정도의 즉각적인 진척 상황을 보여주기 위해서는, 단기 계획과 장기 계획을 정의하는 것이 좋다. 단기 계획에서는, 쉽게 얻을 수 있는 성과에 중점을 두고 정보구조 개선을 바로 수행할 수 있는 설계 변경 요소에 대한 프로세스를 정의한다. 장기 계획에서는, 정보구조를 구체화할 수 있는 방법론을 제시하고, 다른 팀들과 협업이 필요한 단계를 명시한다.

11.8 발표

이제, 정교한 리서치와 훌륭한 브레인스토밍을 완료했다. 상세하고, 수준 높은 전략 보고서와 건고한 프로젝트 계획도 완성했다. 여기까지 열심히 잘 해왔기 때문에, 성공적으로 전략 수립 단계를 마쳤다고 할 수 있지 않을까? 틀렸다!

정보설계 산출물은 문서로만 제출되면 조용히 묻혀버릴 수 있다! 우리는 가슴 아픈 경험을 통해서야 이를 깨달을 수 있었다. 사람들은 바쁘고, 주의할 수 있는 시간도 짧으며, 무엇보다 일반적으로 50페이지나 되는 정보설계 전략 보고서를 읽고 싶어 하지 않는다. 발표나 토론과 같은 형식을 통해 전달하지 않으면 최고의 제안들은 세상의 빛을 보지 못할 수도 있다.

제안사항을 알 필요가 있는 사람들을 대상으로 한두 차례 발표를 하는 것이 좋다. 경우에 따라, 웹사이트 혹은 인트라넷 전략기획팀을 대상으로 한 차례 발표만 해도 좋을 수 있다. 다른 경우에는, 조직별로 이해와 수용을 얻어내기 위해 다양한 부서들을 상대로 수차례 발표해야 할 수도 있다. 이러한 발표를 세일즈 관점에서 생각해볼 필요가 있다. 성공 여부는 명확하고 매력적인 방법으로 커뮤니케이션하여 세일즈한 아이디어의 규모나 정도에 좌우된다.

첫째, 기본 내용을 줄여야 한다. 발표할 특정 그룹의 주의를 끌 수 있는 몇 가지 핵심 제안사항을 선별하자. 그런 다음, 발표가 매끄러워질 수 있도록 논리적인 순서로 생각을 정리하자.

생각을 모두 정리했다면, 발표에 어떻게 활기를 불어넣을 수 있을지 고민해볼 필요가 있다. 차트, 그래프, 개념도와 같은 시각자료는 메타포를 사용하기 때문에 큰 차이를 만들어 낸다. 아이디어를 세일즈하고 있다는 사실을 기억하자. 메타포는 흔해빠진 아이디어를 전염성이 강하고, 자기 증식을 하는 밈[9]으로 변화시켜주는 강력한 도구다.

예를 들어보자. 우리는 한 글로벌 100대 기업의 주요 웹사이트를 위한 정보설계 전략을 만들고 있었다. 우리는 가능성 있는 세 가지 전략을 개발하여 다음과 같은 가칭을 붙였다.

---

9 (옮긴이) 밈(memes) : 유전자가 아니라 모방을 통해서 다음 세대로 유전되는 문화적인 요소.

분리된 허브를 위한 우산형 셸 Umbrella Shell for Separate Hubs
사용자들을 독립적으로 운영되는 서브사이트 혹은 '허브'로 이동하게 만드는 광범위하고 얕은 구조의 우산형 웹사이트를 구축한다. 운영이 분산되어 있다. 비용이 적게 드는 대신 사용성도 낮다.

통합된 콘텐츠 저장소 Integrated Content Repository
강력하고 유연하고 일관적인 검색과 브라우징을 위해 모든 콘텐츠를 통합하고 구조화한 데이터베이스를 구축한다. 운영이 중앙집중적이다. 비용이 많이 들지만 사용성은 높다.

적극적인 허브 간 관리 Active Inter-Hub Management
글로벌 메타데이터 속성을 정의하는 표준을 만들고, 로컬 서브사이트('hub') 속성도 허용한다. 허브 간 가이드와 허브 내의 가이드를 한데 엮는다. 연합 형태의 운영 모델이다. 비용이 중간 정도 들고, 사용성도 중간 정도 수준이다.

붙인 이름이 매우 서술적이라서, 정확하게 술술 말하기도 어렵고 관심을 불러일으키기도 힘들었다. 그래서 우리는 발표에서 보다 적극적인 참여를 유도하기 위해서 이 복잡한 주제에 재미있게 음악적 메타포을 사용했다.

이러한 메타포의 사용은 즉각적인 논의을 가능하게 할 뿐만 아니라, 사람들은 발표 후에 동료들과 이에 대해 얘기하는 경향이 있어 아이디어는 바이러스처럼 확산된다. 그제서야, 다른 사람들은 우리가 가진 통찰력을 이해할 수

모델	작업 명칭	설명	비고
붐 박스 겨루기	분리된 허브를 위한 우산형 셸	가장 시끄러운 음악을 만드는 사람이 우승	현재 상황. 회사와 고객 모두에게 도움이 되지 않는 방법
교향악단	통합된 콘텐츠 저장소	많은 악기들이 하나인 것처럼 연주, 대규모 투자	많은 위험을 감수하는 '도전적인' 접근방법
재즈밴드	적극적인 허브 간 관리	보편적인 키와 비트, 좋은 팀워크, 짜임새 있는 리듬과 즉흥 연주	우리가 가장 좋아하는 방법. 이 방법은 교향악단 방법보다 적은 위험으로 다양한 기능을 제공함

있게 되었다.

자, 잠깐 휴식을 취하며 설계와 문서 작성 단계에 대해 상세한 설명을 들을 준비를 하자.

Information Architecture for the World Wide Web **12**

설계와 문서 작성

다룰 내용:
- 설계 단계에서 다이어그램[1]의 역할
- 정보설계 다이어그램 중 가장 보편적인 두 가지 유형인, 구조도와 화면설계를 작성하는 시점, 이유, 방법
- 사이트의 콘텐츠를 목록화하고 맵핑하는 방법
- 사이트 내에 흩어져 있는 콘텐츠를 연결하고 맵핑하기 위한 콘텐츠 모델과 통제어휘집
- 설계팀이 다른 팀원들과 협업하는 방법
- 과거의 의사결정을 추적할 수 있고, 향후의 의사결정에 도움을 주는 스타일가이드

리서치 및 전략 수립 단계에서 설계 단계로 넘어가는 과정에서, 주변 상황은 매우 극적으로 변한다. 이제 클라이언트나 동료들은 개념화 과정에서 벗어나 실제로 명확하게 잘 정의된 정보구조를 기대하게 된다. 여기서 프로젝트 상의 중점은 프로세스에서 산출물로 옮겨가게 된다.

---

[1] (옮긴이) 다이어그램(diagram): 저자는 '인포메이션 아키텍트가 가지고 있는 생각을 시각적으로 표현한 것 모두'를 다이어그램이라고 언급하고 있다.

하지만 이러한 변화는 결코 쉽지 않다. 인포메이션 아키텍트는 리서치 단계에서의 리서처의 역할과 전략 수립 단계에서의 전략가의 역할을 버리고, 창의성이 가시적으로 드러나는 설계의 영역에 발을 들이게 된다. 아이디어를 종이에 적으면, 더 이상 번복할 수 없다는 점에서 두렵기까지 하다. 인포메이션 아키텍트는 이 단계에서 사용자 경험을 열심히 구체화하게 된다. 리서치와 전략 수립에 충분한 시간과 자원을 활용하였다면, 설계 단계에서 이러한 두려움과 불안감은 사라질 수 있다. 하지만 이런 절차 없이 설계를 바로 진행하게 되는 경우(실제로, 너무 많은 경우가 그렇다), 직관과 직감에 의존해야만 하는 어려움을 겪게 된다.

설계 작업은 맥락에 따라 천차만별이고 암묵적 지식의 영향을 많이 받기 때문에, 설계에 대해 글로 설명한다는 것은 쉽지 않다. 인포메이션 아키텍트는 기존에 존재하지 않던 소규모 사이트를 처음부터 그래픽 디자이너와 긴밀하게 협업하여 만들 수도 있고, 대규모 재설계 프로젝트를 수백 명과 함께 그 일원으로 참여하여 통제어휘집과 사이트 인덱스를 만들 수도 있다. 어떤 경우든, 설계 단계에서 만들어지는 산출물과 의사결정은 설계자의 종합적인 경험을 담아내게 된다.

여기서 설명하고자 하는 것은, 한마디로, '창의적인 프로세스'이다. 인포메이션 아키텍트는 광대하고, 복잡하고, 변화하는 캔버스에 그림을 그린다. 미술을 가르치는 최고의 방법은 시간을 들여 실제 그림을 보여주면서 설명하는 것이다. 따라서, 이번 장에서는 작업물과 산출물을 통해 인포메이션 아키텍트가 설계 단계에서 무슨 일을 하는지 설명할 예정이다.

본격적으로 살펴보기 전에 주의할 점을 언급한다면, 이 장이 산출물에 중점을 두고 있기는 하지만 리서치 단계와 전략 수립 단계에서 프로세스가 중요했던 것처럼 설계 단계에서도 역시 프로세스가 중요하다는 것이다. 이것은 어휘집, 화면설계, 워킹 프로토타입working prototype과 같은 산출물들이 보다 명확하고 상세한 내용을 담고 있기는 하지만, 이전 단계에서 사용되었던 방법론들이 설계 단계에도 마찬가지로 적용되어야 한다는 것을 의미한다.

또 다른 주의점은 불가항력적인 이유로 인해서, 때로는(심지어는 빈번하게) 리서치 단계와 전략 수립 단계 모두를 뛰어넘어 설계 단계 한가운데로 황급히 투입되는 경우가 발생한다는 것이다. 설계 단계의 산출물은 이러한 상황에서 매우 중요한 역할을 수행한다. 프로젝트팀은 산출물 점검을 통해 진행하던 업무가 제대로 진행되고 있는지 확인함으로써, 제어가 불가능하게 된 프로젝트를 정상화시킬 수 있다. 또한, 산출물을 통해서 설계상의 문제점들이 드러날 수도 있고, 프로젝트가 이전에 수행되었어야 했을 리서치나 설계 업무로 되돌아가기도 한다.

12.1 정보구조 도식화 가이드라인

인포메이션 아키텍트는 작업 내용을 알기 쉽게 표현해야 하는 엄청난 압박 속에서 일한다. 잠재 클라이언트에게 정보구조의 가치를 납득시키든, 설계한 내용을 동료에게 설명하든, 인포메이션 아키텍트는 자신들이 실제로 작업하고 있는 내용을 시각적으로 보여줄 수 있어야 한다.

하지만, 정보구조는 우리가 수차례 언급했던 것처럼 추상적이고 개념적이다. 웹사이트에서 어디가 시작이고 어디가 끝인지 말할 수 없을 만큼, 웹사이트 자체도 경계를 가지고 있지 않다. 한술 더 떠서, 데이터베이스와 같이 '보이지 않는 웹'이나 서브사이트에서는 특정 구조에 무엇이 포함되어야 하고 무엇이 포함되지 말아야 하는지 구분하기도 쉽지 않다. 디지털 정보 자체는 거의 무한한 방법으로 조직화되고 다양한 목적으로 재가공될 수 있다. 또, 정보구조는 일반적으로 다차원적이기 때문에 화이트보드나 송이와 같은 2차원 공간에 표현하는 일은 매우 어렵다.

따라서, 인포메이션 아키텍트들은 고약한 패러독스에 갇혀 있다고 할 수 있다. 업무의 가치와 핵심을 시각적인 도구로 보여주어야 하지만, 업무 자체는 전혀 시각적이지 않다.

여기에는 실제로 이상적인 해결방법이 존재하지 않는다. 정보설계 분야는 역사가 짧아, 인포메이션 아키텍트들이 정보구조를 시각적으로 표현할 수 있는 최적의 방법을 아직 찾아내지 못했고, 하물며 모든 환경에서 모든 대상들에게 보여줄 수 있을 만한 다이어그램의 표준 세트[2]에 대한 합의도 거의 이루어지지 않았다. 그리고 우리가 커뮤니케이션하고자 하는 메시지가 A4용지에 쉽게 옮겨질지도 미지수다.

그렇지만, 정보구조를 문서화할 때 참고할만한 두 가지 가이드라인 정도는 꼽아볼 수 있다.

1. 정보구조에 대한 다양한 '관점views'을 제공하라. 디지털 정보시스템은 매우 복잡해서 한 번에 전체를 보여주기 어렵고, 한 가지 다이어그램으로 모든 상황에서 모든 사람을 만족시킬 수는 없다. 따라서, 정보구조의 다른 측면들을 보여줄 수 있는 다양한 방법을 사용해야 한다. 존 고드프레이 색스John Godfrey Saxe의 우화, '장님 코끼리 만지기'처럼(18장의 '다양한 좋은 방법들' 절을 참조), 전체 그림을 설명할 하나의 관점이란 존재하지 않지만, 다양한 다이어그램의 조합으로 설명한다면 전체 그림에 가까워질 수 있다.

2. 특정 대상과 니즈만을 고려한 관점을 만들도록 하라. 시각적으로 굉장히 아름다운 다이어그램은 클라이언트의 기대를 만족시키고, 투입된 비용의 가치가 얼마인지 충분히 증명할 수 있다. 하지만, 다이어그램이 하루에도 몇 번씩 수정될 수도 있는 제작 환경에서는 자원이 너무나 많이 소요된다. 항상 다이어그램을 만들기 전에, 다른 사람들이 다이어그램에서 무엇을 기대하는지 확인하자. 예를 들어, IBM의 인포메이션 아키텍트인 키스 인스톤이 만드는 다이어그램은 이해관계자나 임원진과의 '상위

---

[2] 산출물에 대한 표준은 아직 없으나, 다이어그램 자체는 이미 성숙 단계에 있다는 것은 주목할 만하다. 2006년 가을에는 댄 브라운(Dan Brown)이 산출물에 대해서 유일하게 다루고 있는 책, 『Communicating Design: Developing Web Site Documentation of Design and Planning』(New Rider)(번역서: 『UX 디자인 커뮤니케이션: 성공적인 UX전략과 산출물을 위한 노하우』 위키북스)을 출판한 바 있다. 그는 인포메이션 아키텍트로, 많은 사람들이 그의 작업물을 높이 평가하고 있다.

upstream' 커뮤니케이션인지 디자이너나 개발자와의 '하위downstream' 커뮤니케이션인지에 따라 매우 다르다.

항상 정보구조 다이어그램은 자신이 직접 보여주어야 하며, 특히 듣는 사람들이 정보구조에 문외한인 경우에는 더욱 그렇게 해야 한다. (직접 그 자리에 참석하기 어려운 경우, 최소한 전화연결을 통해서라도 직접 설명해주어야 한다.) 다이어그램을 만들 때 의도한 내용과 사람들이 실제로 이해하는 내용 간에는 엄청난 괴리가 발생할 수 있다. (그리고 이로 인해서 인포메이션 아키텍트들은 고통 받고 있다.) 정보구조를 설명하기 위해 사용할 수 있는 시각 언어에 대한 표준이 아직 존재하지 않기 때문에, 이는 딱히 놀랄만한 일은 아니다. 따라서, 다이어그램을 보여줄 때에 그 자리에 참석해서, 내용을 잘 풀어서 설명해줘야 하고, 필요하다면 작업물에 대해 옹호할 수도 있어야 한다.

더 좋은 방법은 다이어그램을 최종적으로 보여줄 사람들(클라이언트, 관리자, 디자이너, 프로그래머)과 함께 작업해서, 이들이 다이어그램에서 기대하는 것을 미리 파악하는 것이다. 그들이 다이어그램을 사용하는 방법은 예상했던 바와 완전히 다를 수 있다. 우리는 높이 평가받는 대형 컨설팅 업체들이 다이어그램을 화려하게 디자인하고 컬러로 출력하고 제본하느라 너무 많은 시간을 들이는 바람에, 대규모 프로젝트에서 중도 탈락하는 상황을 많이 봐왔다. 클라이언트들은 가능한 빠른 시간 내에 볼 수 있는 (손으로 그려도 좋으니) 단순한 스케치를 선호한다(또, 요청한다).

앞 장에서 살펴본 바와 같이, 가장 많이 사용되는 다이어그램은 구조도와 화면설계다. 이들은 사이트 콘텐츠의 내용보다는 사이트 콘텐츠의 구조에 더 중점을 두고 있다. 구조도와 화면설계는 콘텐츠의 구조structure, 움직임movement, 흐름flow, 관계relationship를 보여주는 데에는 효과적이지만, 콘텐츠나 레이블의 의미론적 성질을 표현하는 데는 적절하지 않다. 이 두 가지 다이어그램에 대해서 상세하게 살펴보기에 앞서, 먼저 이러한 다이어그램들이 사용하고 있는 '언어language'에 대해서 알아보도록 하자.

12.2 시각적으로 커뮤니케이션하기

다이어그램은 정보시스템의 구조적 요소들이 가진 두 가지 기본적인 측면을 설명하는데 유용하다(통제어휘집과 같이 의미론적 측면은 시각적으로 표현하기 쉽지 않다). 다이어그램은 아래의 두 가지 측면을 정의한다.

콘텐츠 요소
무엇이 단위 콘텐츠를 구성하는가, 이러한 요소들은 어떻게 그룹핑되고 배열되는가

콘텐츠 요소 간의 연결
요소들 간의 내비게이션이 가능하도록 요소들은 어떻게 연결되는가

다이어그램의 주요 목표는 사이트의 콘텐츠 요소가 무엇이고 콘텐츠 요소들이 어떻게 연결되어 있는가를 설명하는 데 있으며, 이 목표는 매우 명확하여 실제로 다이어그램이 얼마나 복잡하게 만들어지는가에 영향을 받지 않는다.

인포메이션 아키텍트와 디자이너들이 다이어그램을 만들 때 참고할 만한 다양한 시각적 어휘[3]들이 존재하며, 이들은 콘텐츠 요소와 요소들 간의 링크를 시각적으로 설명하는데 유용한 용어 세트와 문법을 제공한다. 가장 대중적이고 영향력 있는 시각적 어휘는 제시 제임스 개릿Jesse James Garrett이 만든 것[4]으로, 8개 국어로 작성되어 있다. 그가 만든 어휘는 현재 많이 사용되고 있으며, 앞으로도 많이 사용될 것으로 예상된다. 이 어휘가 보편적으로 많이 사용되고 있는 가장 큰 이유는 단순하다는 데 있다. 다이어그램을 만들 때 이를 쉽게 사용할 수 있으며, 심지어 손으로 그릴 수도 있다.

시각적 어휘는 구조도와 화면설계를 만드는 데 사용되는 다양한 템플릿들의 핵심요소라고 할 수 있다. 개발자들의 기여에 힘입어 산출물을 만드는 데

---

[3] (옮긴이) 시각적 어휘(visual vocabulary): 언어에서 대상을 지칭하는 용어가 존재하고 용어 간의 관계를 표현하기 위한 어휘들이 존재하는 것과 마찬가지로, 정보구조를 구성하는 요소들에 대한 용어와 이들의 관계를 시각적으로 표현하는 방식이 정의되어 있는 것을 의미한다.

[4] 〈http://www.jjg.net/ia/visvocab〉

활용할 수 있는 다양한 무료 템플릿들이 존재한다. 아래의 표에서 유용한 템플릿을 몇 개 소개하였으며, 각 템플릿을 사용하기 위해서는 마이크로소프트의 비지오Visio(PC용)나 옴니그룹의 옴니그래플OmniGraffle(Mac용)과 같이 대중적으로 사용되는 차트 생성 프로그램이 필요하다.

　　디자인 배경을 가지고 있지 않아서 비지오의 사용법을 배우는 것이 꺼려지더라도, 혹은 커뮤니케이션을 해야 하는 대상이 시각적인 산출물에 대한 이해가 없더라도, 산출물이 시각적이어야 할까?

　　절대 그렇지 않다. 시각적인 완성도가 떨어지더라도, 워드프로세서를 사용해서 구조도의 윤곽을 표현할 수 있고, 비슷한 방법으로 스프레드시트의 셀을 사용할 수도 있다. 텍스트로 페이지에 설명을 써 넣어 거의 모든 것을 표현할 수 있다. 이러한 산출물은 최초로 문서화된 가장 중요한 커뮤니케이션 도구가 될 수 있다. 자신이 가진 장점을 십분 활용할 필요가 있으며, 더욱 중

이름	만든 사람	필요한 애플리케이션	URL
OmniGraffle Wireframe Palette	마이클 앤젤리스	옴니그래플	http://urlgreyhot.com/personal/resources/omnigraffle_wireframe_palette/
Sitemap Stencil and Template	개럿 다이몬	비지오	http://www.garrettdimon.com/resources/templates-stencils-for-visio-omnigraffle
Wireframe Stencil	개럿 다이몬	비지오	http://www.garrettdimon.com/resources/templates-stencils-for-visio-omnigraffle
Wireframe Template	개럿 다이몬	비지오	http://www.garrettdimon.com/resources/templates-stencils-for-visio-omnigraffle
Sitemap Stencil	닉 핀크	비지오	http://www.nickfinck.com/stencils.html
Wireframe Stencil	닉 핀크	비지오	http://www.nickfinck.com/stencils.html
Block Diagram Shapes Stencil	매트 리콕, 브라이스 글래스, 리치 풀처	옴니그래플	http://www.paperplane.net/omnigraffle/
Flow Map Shapes Stencil	매트 리콕, 브라이스 글래스, 리치 풀처	옴니그래플	http://www.paperplane.net/omnigraffle/
OmniGraffle GUI Design Palette	로버트 실버만	옴니그래플	http://www.applepi.com/graffle/
Wireframe Stencil	제이슨 셔터	옴니그래플	http://jason.similarselection.org/omnigraffle/webwireframe.html

요한 것은 커뮤니케이션 대상이 가장 쉽게 이해할 수 있는 스타일을 사용하는 것이다.

하지만, 사람들이 '백문이 불여일견'이라고 얘기하는 데는 나름 이유가 있다는 점을 명심하자. 정보구조 설계와 좀 더 시각적인 측면을 가진 디자인 간의 경계는 모호하며, 어떤 부분에서는 (텍스트로 된) 정보설계 콘셉트를 그래픽 디자이너와 인터랙션 디자이너가 책임진 시각적 작업물에 연결시킬 필요가 있다. 이러한 이유 때문에, 이번 장에서는 정보구조를 커뮤니케이션할 때 필요한 시각적 도구들에 대해 설명하는 데 대부분의 지면을 할애하고자 한다.

12.3 구조도

구조도blueprint는 페이지와 다른 콘텐츠 요소들 간의 관계를 보여주기 때문에, 조직화, 내비게이션, 레이블링 시스템을 표현하는 용도로 사용될 수 있다. 구조도는 흔히 '사이트 맵'이라고 불리기도 하며, 실제로 7장에서 살펴보았던 부가 내비게이션 시스템의 한 유형인 '사이트 맵'과 많은 공통점을 가지고 있다. 다이어그램인 구조도와 내비게이션 시스템인 사이트 맵 모두 정보 공간의 '형태shape'를 개괄적으로 보여주며, 각각 사이트 개발자와 사용자를 위한 요약도要約圖, condensed map 기능을 한다.

12.3.1 상위 레벨 구조도

상위 레벨 구조도high-Level architecture blueprint는 주로 인포메이션 아키텍트에 의해 만들어지며, 하향식 정보설계 프로세스의 한 부분이다(또, 프로젝트 전략수립 단계에서 만들어질 수도 있다). 메인 페이지에서 시작해서 하위 페이지들을 추가하고, 상세한 수준을 높이거나, 하향식으로 내비게이션을 붙이는 등, 구조에 계속적으로 살을 붙여 나가는 반복적인 프로세스를 거쳐서 구조도를 만들 수 있다. (구조도는 콘텐츠 모델content model의 콘텐츠 청크content chunk와 그 상호 관계를 보여주는 방식과 같은 상향식 설계방식으로도 만들 수 있는데, 이에 대해서는 이 장의 뒤에 살펴보도록 하자.)

구조도를 만드는 작업은 아이디어를 보다 형식적인 구조로 구체화하는 작업이며 현실적인 감각이 필요하다. 브레인스토밍이 산의 정상에 오를 수 있게 해준다면, 구조도는 현실이라는 계곡으로 내려올 수 있게 해준다. 화이트보드에 적었을 때는 멋져 보였던 아이디어도 현실적인 수준에서 조직화하려고 하면 제대로 구체화되지 않는 경우도 많다. '개인화'나 '적응성이 있는 정보구조'와 같은 개념은 처음의 의도와는 다른 방향으로 변형되기 십상이다. 이러한 개념들을 특정한 웹사이트에 어떻게 적용할지를 문서로 표현한다는 것은 결코 쉬운 일이 아니다.

상위 레벨 구조도는 설계 단계에서 주요 조직화 체계와 접근방식을 가장 잘 살펴볼 수 있게 해준다. 상위 레벨 구조도는 대개 웹사이트를 메인 페이지에서부터 차례로 조망함으로써, 주요 영역의 조직과 레이블링을 상세하게 기술한다. 정보구조를 보다 정교하게 설계하기 위해 이러한 검토 작업이 몇 차례 필요할 수 있다.

상위 레벨 구조도는 사용자의 예상 접근 경로뿐만 아니라 조직화 및 콘텐츠 관리에 대한 논의도 활발하게 촉진시킨다. 구조도는 손으로 그릴 수도 있지만, 비지오나 옴니그래플과 같이 다이어그램을 그리는 소프트웨어를 사용할 것을 권한다. 이러한 소프트웨어는 구조도를 빨리 그릴 수 있도록 해줄 뿐만 아니라, 사이트 구현과 운영에도 도움을 준다. 또한, 산출물이 더욱 전문적으로 보이도록 해준다. 안타까운 현실이지만, 실제 설계를 얼마나 잘 했는지 보다 산출물이 얼마나 전문적으로 보이는지가 중요할 때가 있다.

그림 12-1은 페이지 내의 요소, 페이지 그룹, 페이지 간의 관계를 담고 있는 상위 레벨 구조도를 보여준다. 페이지 그룹은 페이지 배열에 대한 정보를 제공한다. 예를 들어, 이 구조도에서는 세 가지 가이드가 함께 보이는 반면에, 검색 & 브라우징, 피드백, 뉴스는 독립적으로 보인다.

클라이언트나 동료에게 구조도에 대해 설명한다는 가정 하에, 그림 12-1의 구조도를 살펴보도록 하자. 이 구조의 기본 구성단위는 서브사이트다. 이 회사에서 콘텐츠에 대한 소유권과 운영권은 각기 다른 부서의 다양한 직원들에게 분산되어 있다. 이미 크고 작은 웹사이트들이 다수 존재하고 있으며, 그래

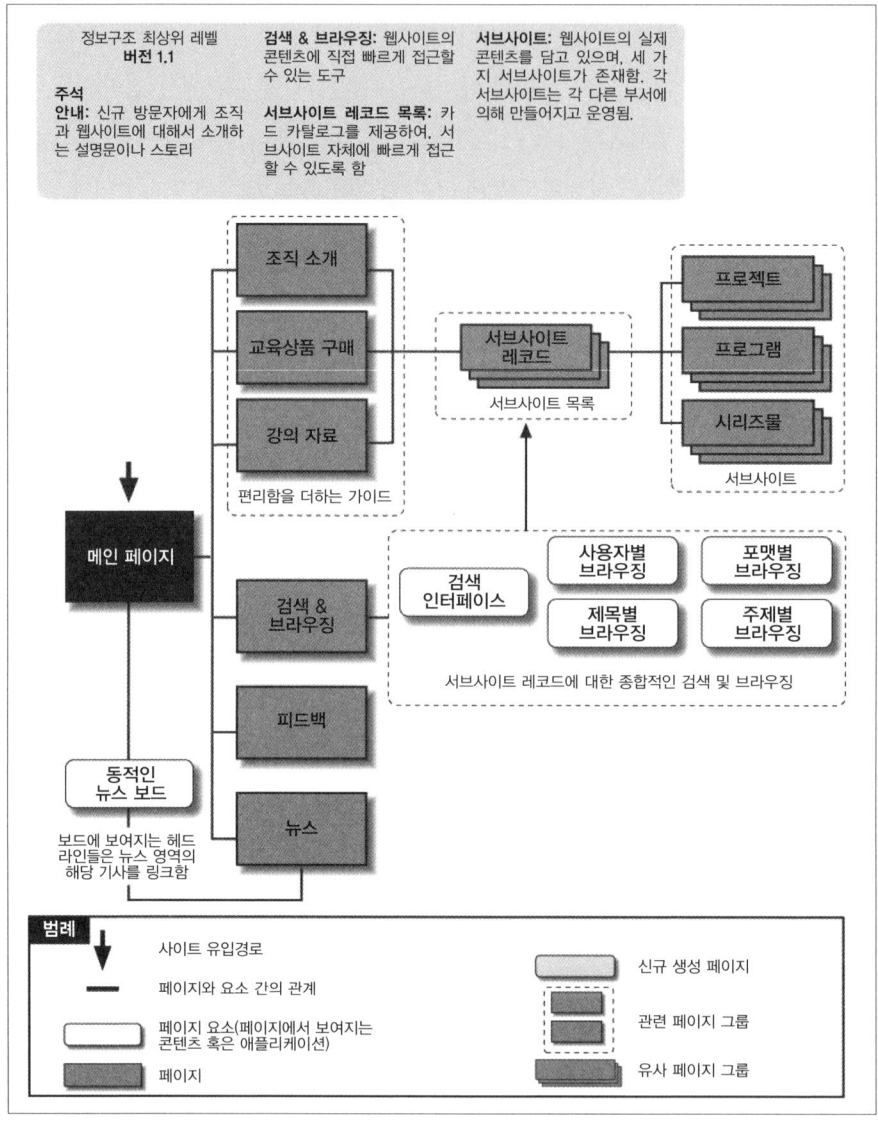

그림 12-1. 상위 레벨 구조도

픽 아이덴티티graphic identity와 정보구조도 제각각이다. 이 구조도는 모든 사이트들에 한 가지 표준을 강요하는 것이 아니라, 많은 이질적인 서브사이트를 허용하는 '우산형의 포괄적인 구조umbrella architecture'를 제안하고 있다.

서브사이트를 살펴보면, 서브사이트 레코드 목록을 발견할 수 있다. 이 목록은 서브사이트에 쉽게 접근할 수 있는 '카드 카탈로그'를 제공한다. 각 서브사이트에는 레코드들이 존재하는데, 각 레코드는 해당 서브사이트의 콘텐츠를 서술하는 제목, 설명, 키워드, 사용자, 포맷, 주제와 같은 필드로 구성된다.

각 서브사이트에 적용될 표준 레코드를 만들게 되면, 실제로 서브사이트의 데이터베이스를 만들 수 있다. 이러한 데이터베이스 구축 방식은 알려진 아이템 검색know-item searching과 탐색적인 브라우징exploratory browsing을 제대로 활용할 수 있게 해준다. 검색 & 브라우징 페이지에서 보이는 것처럼, 사용자는 제목, 사용자, 포맷, 주제에 따라 검색하거나 브라우징할 수 있다.

구조도는 또한 세 가지 가이드에 대해서 설명하고 있다. 이 가이드들은 사이트의 후원사나 웹사이트에서 선별된 영역을 신규 방문자들에게 안내하기 위한 설명문이나 '스토리'로 구성된다.

마지막으로, 특집 뉴스 헤드라인이나 공지사항을 순환시켜 보여주는 동적인 뉴스 보드(자바 혹은 자바스크립트로 구현)를 살펴보자. 메인 페이지에 부가적으로 추가된 기능인, 뉴스 보드는 중요하지만 서브사이트에 묻혀버리기 쉬운 콘텐츠에 접근할 수 있는 또 하나의 경로를 제공한다.

상위 레벨 구조도에 대해서 고민할 때, 몇 가지 질문들을 던져볼 수 있다. 앞서 살펴본 것과 같이 구조도는 정보구조를 완벽하게 모두 보여줄 수 없는데, 이것은 당연하다. 상위 레벨 구조도는 구조적인 접근방법을 설명하는 데 훌륭한 도구이지만, 클라이언트나 관리자들에게 질문 공세를 받기도 쉬운 도구이다. "지역단위로 고객을 설정하는 회사의 새로운 계획을 감안했을 때, 이러한 가이드들이 타당성이 있는가?"와 같은 질문을 통해 구조도를 점검하여, 클라이언트가 구조도에 대해 쉽게 동의할 수 있도록 만들 수 있다. 또, 이를 통해, 구조도를 수정하는 데 훨씬 많은 비용이 발생하는 후반부 프로세스에서 이와 유사한 질문을 피할 수 있다.

구조도를 직접 발표하게 되면 새로운 아이디어를 즉각적으로 설명할 수도 있을 뿐만 아니라, 다른 사람들의 질문에 바로 답변할 수 있고 본래 의도를 설명할 수 있다. 구조도에 대해서 설명할 때, 자신의 생각을 전달하고 발표 시에 나올 수 있는 질문에 답변하기 위한 간단한 텍스트 문서를 준비하는 것도 좋다. 또, 최소한 '주석' 영역을 사용해서 기본 개념을 개략적으로 설명해주도록 한다.

12.3.2 구조도에 대해 심층적으로 고민하기

구조도를 만들 때, 특정 유형의 레이아웃만 고집할 필요가 없다. 대신, 목적에 따라서 형태를 정하는 것이 좋다. 그림 12-2와 그림 12-3의 차이점에 주목해보자.

그림 12-2는 글로벌 컨설팅 회사 사이트의 정보구조에 대한 전체적인 관점을 보여준다. 이 구조도는 회원사들이 가진 콘텐츠와 서비스에 통합적으로 접근하는 전체적인 비전을 제시하고, 이에 대한 지지를 이끌어내기 위한 계획의 일부로 작성되었다. 반대로, 그림 12-3은 웨더채널 웹사이트의 내비게이션 측면만 다루고 있으며, 사용자가 지역별/국가별 날씨 보고서와 뉴스들 간에 어떻게 이동할 수 있는지를 보여주는 데 목적이 있다. 각 구조도는 목적에 따라 다른 형태를 가지고 있지만, 두 가지 모두 상위 레벨이며 개념적인 특성을 가지고 있다.

그림 12-4는 온라인 축하카드 사이트인, 이그리팅스닷컴Egreetings.com의 상위 레벨 구조도를 보여준다. 이 구조도는 사용자가 주요 분류 체계를 통해 다양한 단계에서 포맷 혹은 분위기에 따라 어떻게 카드를 선택할 수 있는지만을 다루고 있다.

인포메이션 아키텍트(특히, 문헌정보학 배경을 가진 인포메이션 아키텍트)는 웹사이트가 곧 콘텐츠는 아니라는 것과 인포메이션 아키텍트도 온라인 애플리케

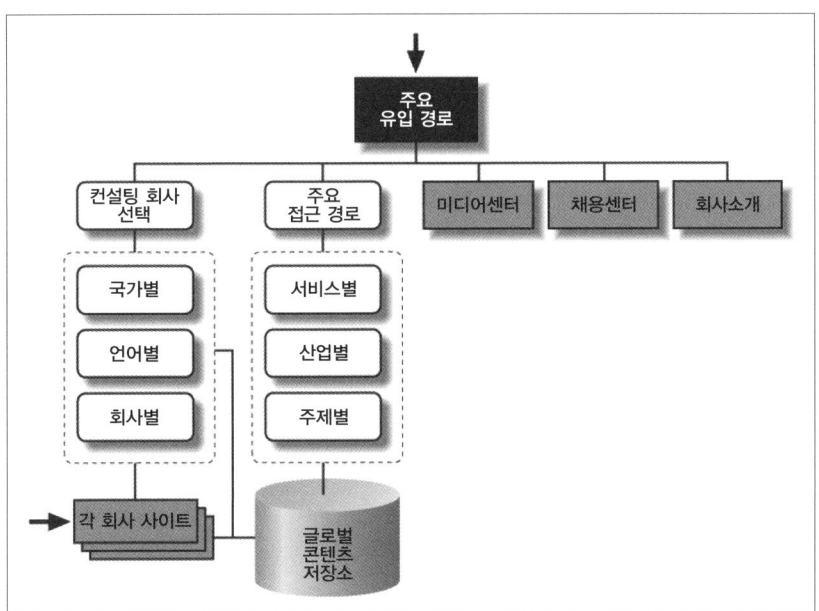

그림 12-2. 이 구조도는 컨설팅 회사 사이트의 전반적인 모습을 보여준다.

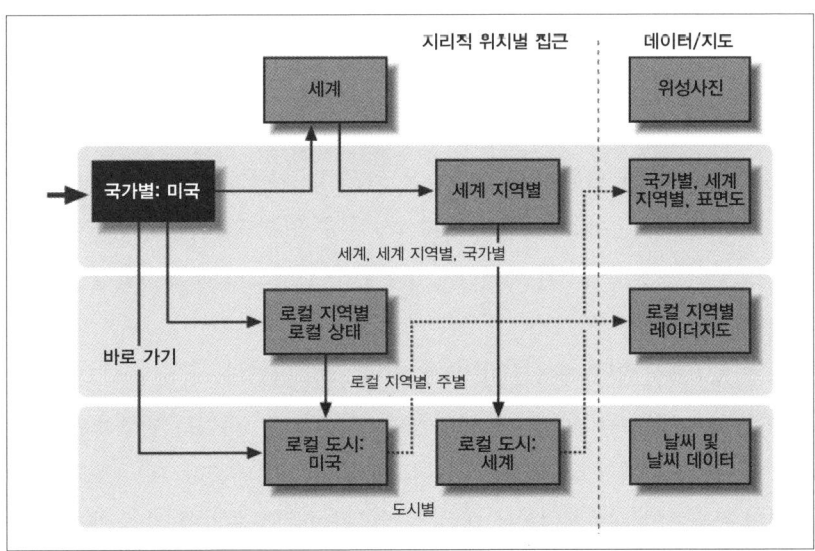

그림 12-3. 이 구조도는 웨더채널 사이트의 지리적 허브 내비게이션에 집중하고 있다.

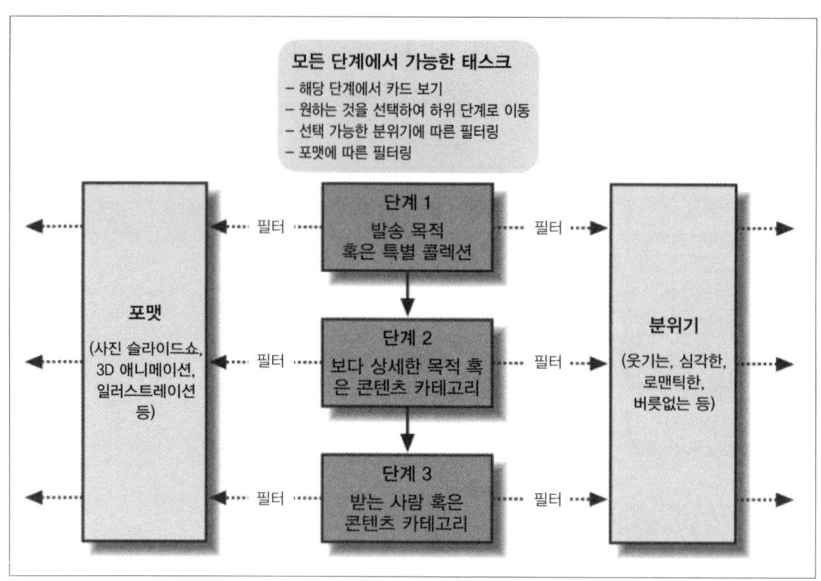

그림 12-4. 이 구조도는 이그리팅스닷컴에서 카드를 어떻게 선택할 수 있는지를 보여주고 있다.

이션이나 e-서비스의 디자인에 기여할 수 있다는 사실을 항상 유념해야 한다. 이러한 업무에는 태스크 기반의 구조도가 필요한데, 이것은 인터랙션 디자이너들이 만드는 프로세스 순서도와 유사하다.

예를 들어, 그림 12-5는 이그리팅스닷컴의 재설계 프로젝트 이전에 만들어진 것으로, 사용자 중심의 관점에서 본 카드 발송 프로세스를 보여주고 있다. 프로젝트 팀은 사용자 경험을 개선시킬 수 있는 기회를 포착하기 위해, 웹으로 구현된 프로세스와 이메일로 구현된 프로세스의 각 단계들을 살펴보게 된다.

그림 12-6에서, 인포메이션 아키텍트인 오스틴 가벨라Austin Govella의 구조도는 정치에 별로 관심이 없는 사람들이 지속적으로 사이트 콘텐츠와 상호작용함으로써 어떻게 선거운동에 참여하게 되는지 보여준다. 이 구조도는 사이트의 콘텐츠와 내비게이션에 대한 설명만큼이나 사용자가 가진 생각의 변화에 대해서도 많이 다루고 있다.

구조를 깊이 있게 다룰수록 구조도는 사이트의 전반적인 방향성을 설명하

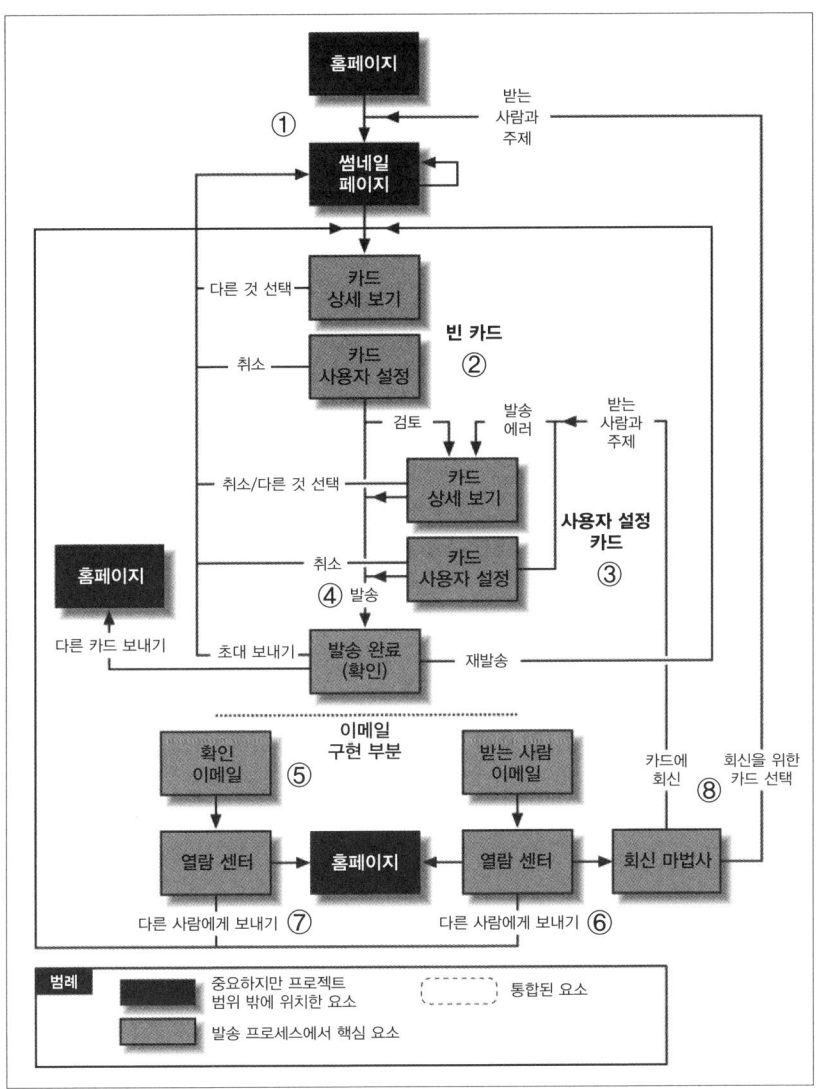

그림 12-5. 카드발송 프로세스에 대한 태스크 기반 구조도

는 상위 레벨 구조도에서 벗어나, 구조의 독립적인 특정 부분에만 집중하는 다이어그램으로 변하게 된다. 구조도는 놀라우리만큼 유연하다. 구조도의 박스와 연결선이 설계의 모든 것을 말해줄 수는 없지만, 대부분의 사람들이

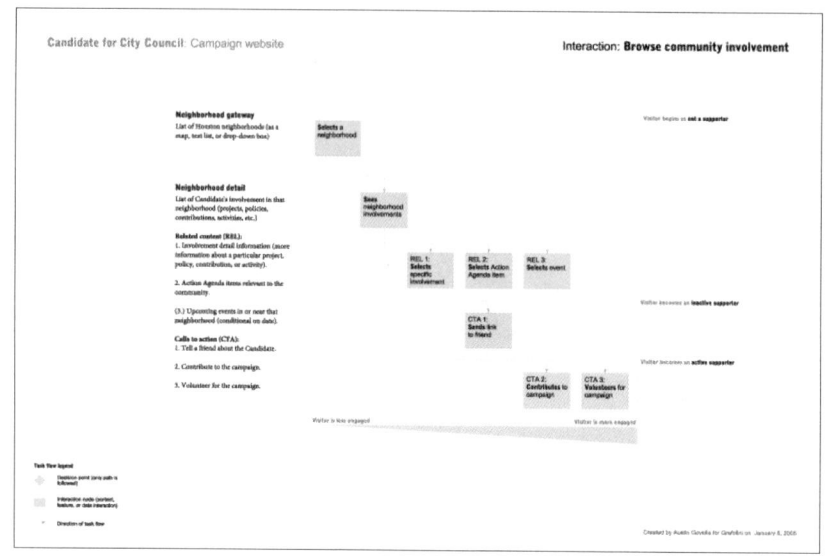

그림 12-6. 이 구조도는 선거운동에 참여하는 수준이 점진적으로 발전하는 것을 보여준다.

구조도를 만들고 이해할 수 있을 만큼 단순하다.

모든 구조도는 어느 정도의 정보를 배제하고 있다는 사실에 주의할 필요가 있다. 구조도는 많은 내비게이션 요소와 페이지 수준의 구체적인 부분은 생략한다. 사이트의 주요 영역과 구조에 중점을 두고 있는 것이다. 이러한 생략은 우연히 누락된 게 아니라 의도된 것이라고 생각해야 한다. 웹사이트를 위한 구조도를 그릴 때, '적을수록 더 좋다'는 경험칙을 기억하도록 하자.

12.3.3 구조도를 단순하게 유지하기

프로젝트가 전략 수립 단계에서 설계 단계로, 다시 구현 단계로 진행됨에 따라, 구조도는 설계와 개발에 참여하는 사람끼리 잘 커뮤니케이션할 수 있도록 보다 실용적으로 변하게 된다. 이에 따라 전략이나 서비스 내용에 대해 정의해야 할 부분도 줄어들게 된다. '하위 레벨' 구조도는 빠르게 반복적으로 만들 수 있을 뿐만 아니라 쉽게 수정할 수 있어야 한다. 그리고 시각 디자이너에서 편집자, 개발자에 이르기까지 다양한 관점과 의견을 수용할 수 있어

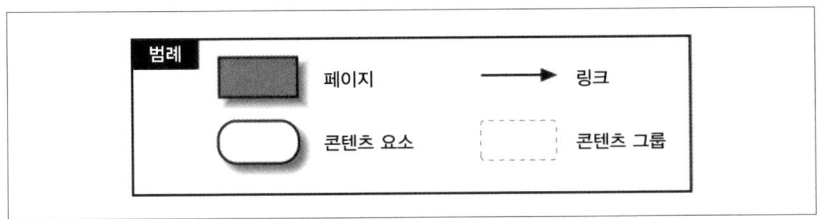

그림 12-7. 구조도의 범례는 의도적으로 단순한 어휘로 요소들을 설명한다.

야 한다. 팀 구성원들이 모두 정보구조를 이해할 수 있도록, 그림 12-7과 같이 단순하고 간결한 어휘로 요소들을 설명한 일종의 범례를 제공하는 것이 무척 중요하다.

  이 그림에서, 범례는 콘텐츠 입자성의 세 가지 수준을 보여준다. 콘텐츠 요소는 구조도에서 볼 수 있는 가장 고운 입자성을 가진 콘텐츠다. 가장 거친 것은 콘텐츠 그룹이다(페이지들로 구성된다). 화살표는 콘텐츠 요소 간의 링크를 표현하고, 경우에 따라 단방향 링크일 수도 있고 양방향 링크일 수도 있다.

  여기에서의 예는 활용할 수 있는 요소들을 최소화한 것이다. 제한된 어휘만을 사용하게 되면 하나의 다이어그램에 너무 많은 정보 넣으려는 유혹을 피할 수 있다. 정보구조의 다른 관점을 보여주려면 다른 다이어그램을 새로 그리는 것이 더 효과적이다.

12.3.4 상세 구조도

구현 단계로 접어들게 되면, 외부적인 것에서 내부적인 것으로 중점은 자연스럽게 전환되게 된다. 상위 레벨 정보구조에 대한 개념을 클라이언트에게 설명하기보다는, 개발팀의 동료들과 구체적인 조직, 레이블링, 내비게이션을 결정하기 위해 커뮤니케이션하게 된다. '물리적인' 건축 분야에서는 이러한 변화를 건축architecture과 시공construction의 관계에 비유한다. 건축가는 방의 배열이나 창의 위치 같이 큰 그림을 그리기 위해 클라이언트와 긴밀하게 논의하지만, 못의 사이즈나 수도관의 경로 같은 세세한 부분에 대해서는 클라이언트와 논의하지 하지 않는다. 또, 사실상 이렇게 상세한 사항에 대해서는 건축가도 관여하지 않는다.

상세 구조도는 매우 현실적인 목적에 의해 만들어진다. 상세 구조도는 전체 사이트에 대한 계획을 다루기 때문에, 제작 단계에서 인포메이션 아키텍트의 참여가 없어도 제작팀은 계획의 내용을 그대로 구현할 수 있다. 구조도는 메인 페이지에서부터 목적지 페이지까지 모든 정보 계층구조를 다루고 있어야 한다. 또한, 사이트의 각 영역에서 구현될 레이블과 내비게이션 시스템에 대해서도 구체적으로 언급하고 있어야 한다.

구조도는 프로젝트와 그 범위에 따라서 다양하게 변형될 수 있다. 소규모 프로젝트에서는 정보구조, 디자인, 콘텐츠를 그냥 통합하는 한두 명의 그래픽 디자이너가 구조도를 주로 보곤 한다. 하지만 대규모 프로젝트에서는 정보구조, 디자인, 콘텐츠를 데이터베이스 기반 프로세스로 통합하는 기술팀이 주요 대상일 수 있다. 몇 가지 예를 통해, 구조도가 무엇을 전달하는지와 어떻게 변형될 수 있는지 알아보자.

그림 12-8은 다양한 개념을 소개하는 'SIGGRAPH 96 학회'의 구조도를 보여준다(물론, 오래된 예이기는 하지만 아직 유효하다). 인포메이션 아키텍트는 조직화된 제작 프로세스를 위한 기초 작업으로, 각 요소(예: 페이지와 콘텐츠 청크)에 고유 식별 번호(예: 2.2.5.1)를 부여한다. 이상적으로 이러한 작업에는 웹사이트 구조를 콘텐츠로 채워 넣는 데이터베이스 시스템이 사용된다.

그림 12-8에서 로컬 페이지와 원격 페이지 간에는 차이가 있다. 로컬 페이지는 구조도에서 메인 페이지의 하위 페이지이고 그래픽 아이덴티티와 내비게이션 요소들이 메인 페이지와 동일하다. 이 예에서, '논문심사위원회' 페이지는 '논문' 메인 페이지와 색상 체계 및 내비게이션 시스템이 동일하다. 한편, 원격 페이지는 정보 계층구조의 다른 가지에 속한다. '발표 장소 배치도' 페이지는 웹사이트의 '지도' 영역에 적용된 다른 그래픽 아이덴티티와 내비게이션 시스템을 가지고 있다.

다른 중요한 개념으로는 콘텐츠 요소 혹은 청크를 꼽을 수 있다. 제작 프로세스를 보다 쉽게 만들기 위해서 대개 콘텐츠를 담고 있는 컨테이너

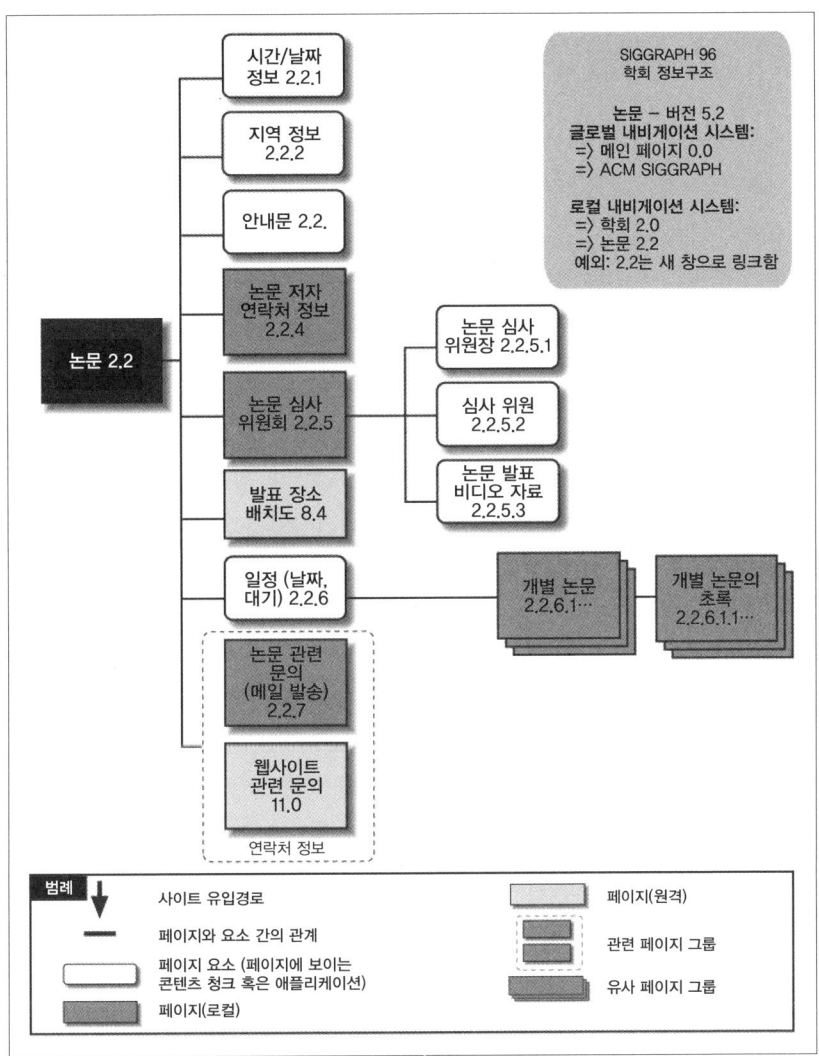

그림 12-8. SIGGRAPH 학회 웹사이트의 주요 섹션에 대한 구조도

container(즉, 페이지)에서 콘텐츠(즉, 청크)를 분리하게 된다. '논문 관련 문의'나 '웹사이트 관련 문의'와 같은 콘텐츠 청크는 하나 이상의 단락으로 작성되는 콘텐츠 섹션으로, 독립적인 정보 단위로 분리될 수 있다. (콘텐츠 청킹에 대해서는 이 장의 뒷부분에서 상세하게 다뤄보도록 하자.) 이 콘텐츠 청크들을 둘러싸고 있

는 사각형은 콘텐츠 청크들이 긴밀한 관계가 있다는 것을 의미한다. 이러한 방법을 통해, 인포메이션 아키텍트는 디자이너에게 레이아웃 정의 시에 고려해야 하는 '유연성'을 설명하게 된다. 디자이너는 각 콘텐츠 청크가 보여야 하는 구분된 공간에 따라, 한 페이지에서 모든 청크들을 보여줄지, 긴밀한 페이지들을 여러 개 만들어 각 청크를 따로 보여줄지를 선택하게 된다.

상세 구조도를 사용하여 내비게이션 시스템에 대한 논의를 할 수도 있다. 경우에 따라, 화살표는 내비게이션을 표현하는 데 사용될 수 있지만, 제작 인력들이 혼동하거나 쉽게 모르고 지나칠 수도 있다. 그림 12-8에서 보이는 것처럼 대개 문서의 측면 공간 sidebar은 글로벌 내비게이션 시스템과 로컬 내비게이션 시스템에 대해 설명하기 제일 좋은 공간이다. 구조도의 우측 상단 측면 공간은 '논문' 메뉴 영역에 글로벌/로컬 내비게이션 시스템이 어떻게 적용되어야 하는지 설명하는데 사용되고 있다.[5]

12.3.5 구조도 조직화하기

정보구조 개발이 진행됨에 따라, 최상위 레벨 페이지가 아닌 더 많은 페이지들에 대한 설계가 필요하게 된다. 앞서 설명한 것과 동일한 방법으로 하위 페이지들에 대한 구조도를 만들 수 있지만, 이 모든 문서들을 어떻게 통합해야 좋이 한 장에 담을 수 있을까? 다양한 애플리케이션들이 한 장으로 작성된 커다란 문서를 여러 장으로 나누어 출력할 수 있도록 해주기는 하지만, 설계하는 것보다 이 문서들을 어떻게 한 장으로 통합할 수 있을까 고민하는데 더 많은 시간을 허비하게 될 수도 있다. 한 장으로 출력하기에 너무 큰 다이어그램은 일반 사이즈의 모니터에서 적절한 크기로 보거나 수정하는데 너무 클 수 있다.

이 경우, 구조도를 모듈로 분리할 것을 권한다. 최상위 구조도가 하위 구

---

[5] (옮긴이) 상세 구조도의 새로운 차원을 경험하고 싶다면, Dynamic Diagrams가 작성한 구조도를 살펴보자. 놀라우리만큼 상세하고 정교하게 다듬어진 구조도들은 정보가 도식화될 수 있는 최고의 경지를 보여준다. 이 회사는 삼성전자 글로벌 사이트의 스타일 가이드도 컨설팅한 바 있다. 〈http://www.dynamicdiagrams.com/create〉

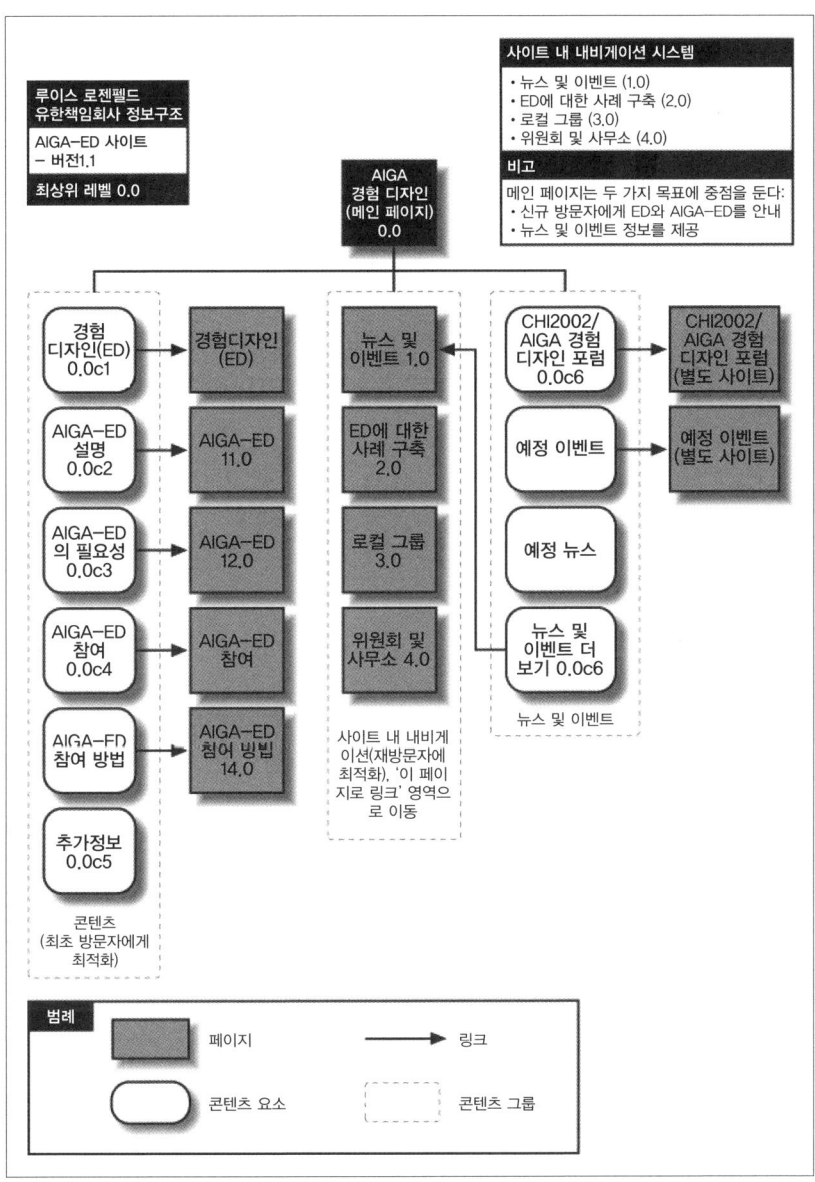

그림 12-9. 다양한 개념을 설명하는 상세 구조도

조도에 연결되고, 계속해서 하위 구조도는 더 하위 구조도에 연결된다. 이러한 다이어그램들은 고유 식별자 체계를 통해서 하나로 묶일 수 있다. 예를 들

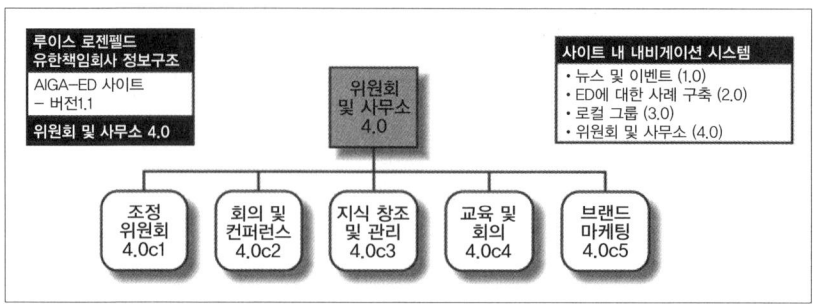

그림 12-10. 하위 구조도는 최상위 구조도로부터 연결된다.

어, 그림 12-9의 최상위 다이어그램에서 '위원회 및 사무소'와 같은 대표적인 주요 페이지는 4.0이라고 번호가 매겨져 있다. 이 페이지는 새로운 다이어그램(그림 12-10)에서도 동일하게 4.0이라고 번호가 매겨져 있어서, '연결 페이지 lead page' 역할을 하게 된다. 이 페이지의 하위 페이지들과 콘텐츠 요소들은 상위 페이지와의 연결되어 있음을 나타내기 위해서 4.0으로 시작하는 코드를 사용하게 된다.

다양한 다이어그램을 하나로 묶기 위해서 고유 식별체계를 사용하게 되면 어느 정도는 종이 사이즈의 압박에서 벗어날 수 있다(하지만 여전히 정보구조가 여러 장으로 나뉘어 출력될 수도 있다). 이러한 체계는 콘텐츠 요소들이 동일한 고유 식별자를 콘텐츠 목록과 구조도 모두에서 사용하기 때문에, 콘텐츠 목록과 구조화 프로세스를 연결하는 데도 도움이 된다. 이를 통해, 제작 단계에서 사이트에 콘텐츠를 채워 넣는 일은 색칠공부와 별반 다를 게 없이 매우 쉬워진다.

12.4 화면설계

인포메이션 아키텍트는 구조도를 통해서 콘텐츠가 어디에 배치되어야 하고, 콘텐츠들이 사이트, 서브사이트, 콘텐츠 콜렉션의 맥락에서 어떻게 내비게이션되어야 하는지 정의한다. 화면설계wireframe는 이와는 다른 역할을 수행하는데, 개별적인 페이지 혹은 템플릿이 구조적인 관점에서 어떻게 보여야 하는지를 정의한다. 화면설계는 사이트의 정보구조와 시각 디자인 및 정보 디자인의 특성을 모두 가지고 있다.

예를 들어, 인포메이션 아키텍트는 화면설계를 통해 내비게이션 시스템이 페이지의 어디에 위치해야 하는지와 같은 이슈를 고민한다. 그리고, 화면설계의 초기 버전에서 내비게이션 시스템이 보여졌을 때, 실제로 내비게이션하는 방법이 너무 많다는 것을 깨달을 수도 있다. 화면설계에서 아이디어를 테스트해보는 작업은 프로젝트 진행상황을 되돌려 구도를 화이트보드에 다시 그려보게 할 수도 있지만, 설계 단계에서 변경은 나중에 실제 사이트의 동일

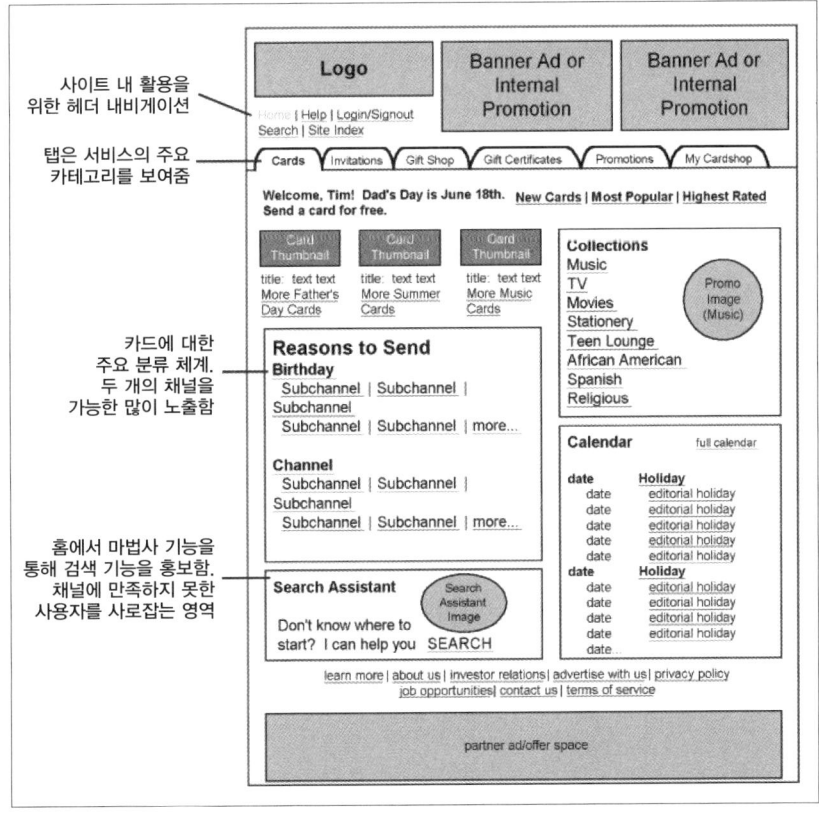

그림 12-11. 축하카드 사이트의 메인 페이지에 대한 화면설계

한 부분에서 발생한 수정 작업을 수행하는 것보다 훨씬 경제적이다.

화면설계는 '페이지'라고 불리는 상대적으로 좁은 2차원 공간에 포함될 콘텐츠와 정보구조를 설명한다. 따라서, 화면설계는 본질적으로 사이즈에 대한 제약을 가지고 있다. 이러한 제약은 인포메이션 아키텍트로 하여금 정보구조에서 어떤 요소가 보여야 하고 사용자의 접근성은 어떠해야 하는지 선택하도록 만든다. 결국, 구조적 요소들이 화면상의 너무 많은 공간을 차지해버렸다면, 실제로 콘텐츠가 표현될 공간은 거의 없을 수도 있다!

화면설계를 만드는 작업은 또한 콘텐츠 요소를 어떻게 그룹핑할지, 어떻게 배열할지, 어떤 요소 그룹들이 높은 우선순위를 가질지 결정하는 데 도움이 된다. 그림 12-11에서, 인포메이션 아키텍트는 'Reason to Send(발송 목적)'가 'Search Assistant(검색 도우미)'보다 중요하다고 정의하고 있다. 이러한 우선순위는 콘텐츠의 잘 보이는 위치와 제목에 사용된 보다 큰 서체를 통해 명확해진다.

화면설계는 일반적으로 메인 페이지, 주요 카테고리 페이지, 검색으로 이동하는 인터페이스와 같이 사이트의 가장 중요한 페이지들과 그밖의 중요한 애플리케이션을 위해 생성된다. 또한, 화면설계는 사이트의 콘텐츠 페이지와 같이 많은 페이지들에 일관적으로 적용되는 템플릿을 설명하기 위해서도 활용된다. 그리고, 설계 단계 동안 이후의 시각화 작업에 도움이 되도록, 많이 복잡하고 혼란스러운 페이지를 명확하게 정의하는 데도 사용된다. 하지만 사이트의 모든 페이지에 대해서 화면설계를 만드는 데 목표를 둘 것이 아니라, 복잡하고 독특하지만 다른 페이지에도 사용할 수 있는 패턴을 만드는 데(예: 템플릿) 두어야 한다.

화면설계는 어떤 종류의 페이지라도 설명할 수 있다는 것을 기억하자. 그림 12-12는 사용자가 팝업창과 상호작용하는 두 단계를 보여준다.

화면설계는 일정 수준의 룩앤필look and feel을 가지고 있으며, 시각 디자인과 인터랙션 디자인의 영역에 걸쳐 있다. 화면설계(일반적으로 페이지 디자인도 포함)는 많은 웹디자인 관련 분야들이 하나로 합쳐지고 자주 충돌이 발생하는

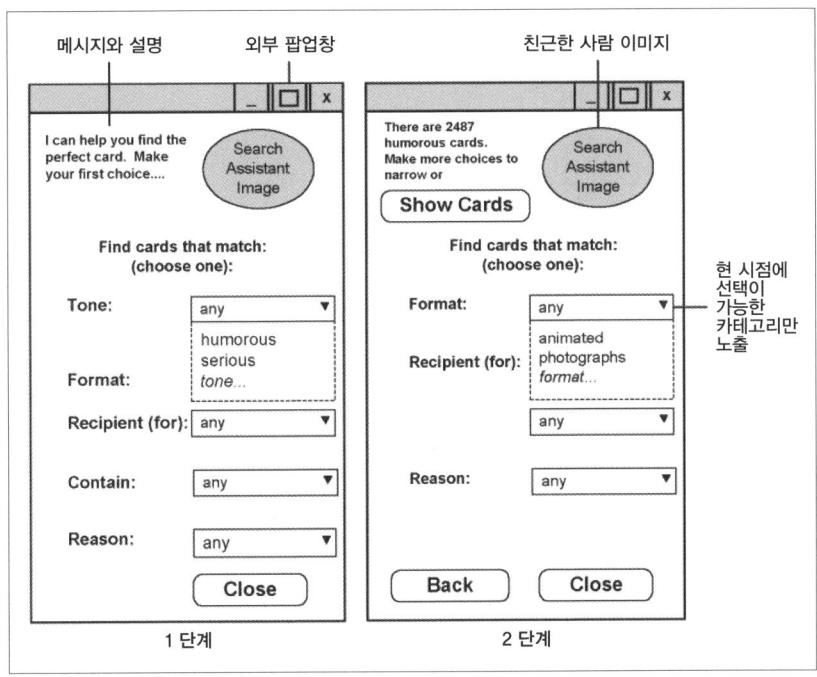

그림 12-12. 화면설계는 어떤 유형의 콘텐츠라도 표현할 수 있다.

국경지대라고 할 수 있다. 화면설계가 인포메이션 아키텍트(디자이너가 아닌 사람)에 의해 시각적으로 별로 괜찮아 보이지 않게 만들어졌음에도 시각 디자인에 대해서 언급한다는 사실은 종종 그래픽 디자이너들이나 다른 디자인 관련 실무자의 심기를 불편하게 만든다. 이러한 이유에서, 화면설계는 '실제 시각 디자인'의 대체재가 아니라는 것을 명확하게 설명해주는 것이 좋다. 화면설계에서 사용된 폰트, 색상(혹은 색상을 사용하지 않음), 여백, 다른 시각적 특성들은 사이트의 정보구조가 특정 페이지에 어떤 영향을 주고 어떻게 상호작용을 하는지에 대해 설명하는 목적으로만 사용되어야 한다.[6] 전체 사이트를 심미적으로 개선하기 위해서 그래픽 디자이너와 협업하기를 원하고, 페이지 요소들

---

[6] (옮긴이) 화면설계가 시각 디자인적인 산출물로 보여지는 것을 최대한 막기 위해서, 직사각형 외에는 특별한 모양을 사용하지 않거나 흑백으로만 문서를 작성하기도 한다.

의 기능성을 개선하기 위해서 인터랙션 디자이너와 협업하기를 원한다는 의도를 명확하게 전달하도록 하자.

또한 화면설계가 시각 디자이너나 인터랙션 디자이너가 별로 고민하고 싶지 않은 것들이나 자신들의 전문성 밖에 있는 이슈들을 해결해줄 수 있다는 점을 구두상으로 충분히 설명해주는 것이 좋다. 예를 들면, 디자이너는 내비게이션 바에 사용되는 레이블을 정의하는 업무에서는 해방될 수 있기 때문에, 내비게이션 바의 색상이나 위치를 정하는 일에 집중할 수 있다.

마지막으로, 사실 화면설계는 시각적 디자인이 필요하기 때문에, 화면설계를 작성할 때 시각 디자이너와 협업하는 기회를 통하여 많은 것을 보완할 수 있다. 화면설계를 디자이너나 개발자에게 전달해주고 더 이상 관여하지 않는 산출물로 생각해서는 안 되며, 대신에 화면설계를 활발한 학제적인 협업을 이끌어내는 도화선으로 활용해야 한다. 이러한 협업이 프로젝트의 일정을 늦추게 되더라도, 최종 결과물의 수준은 높아진다(게다가, 프로젝트의 개발 단계에서의 시간을 단축시킬 수 있다).

12.4.1 화면설계의 종류

구조도와 마찬가지로, 화면설계는 다양한 형태와 사이즈로 만들어질 수 있고, 목적에 따라 완성도fidelity의 수준도 다양하다. 완성도는 낮지만 종이나 화이트보드에 빠르고 간편하게 화면설계를 그려볼 수 있다. 높은 수준의 완성도를 가진 화면설계는 HTML로 구현되거나 어도비 일러스트레이터Adobe Illustrator와 같은 편집 툴을 통해 만들어진다. 대부분의 화면설계는 중간 수준에서 다양한 완성도를 가지게 된다. 몇 가지 예를 살펴보도록 하자.

그림 12-13은 상대적으로 낮은 완성도의 화면설계다. 여기에는 어떤 그래픽 요소나 실제 콘텐츠가 담겨있지 않다. 이 화면설계는 시각 디자이너가 페이지의 글로벌, 로컬, 컨텍스추얼 내비게이션 요소에 집중할 수 있도록 해준다.

그림 12-14는 이그리팅스닷컴의 재설계 프로젝트에서 사용된 중간 완성도의 화면설계로, 세부사항들이 잘 표현되어 있다. 이 화면설계 콘텐츠, 배열,

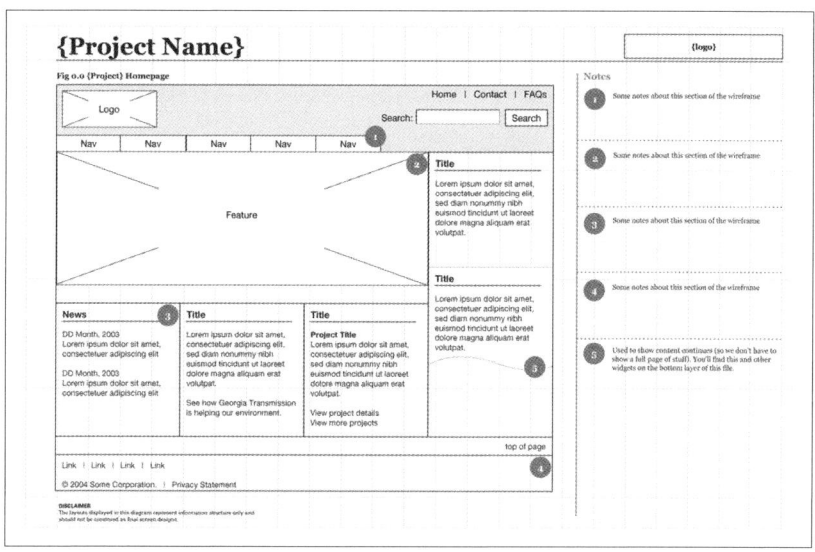

그림 12-13. 메시지퍼스트(MessageFirst)의 타드 워플(Todd Warfel)에 의해 만들어진 낮은 완성도의 화면설계. 콘텐츠의 배열과 시각 요소들에 집중할 수 있도록 모든 콘텐츠가 '눈에 잘 띄지 않게 의도된 점'에 주목하자.

내비게이션의 몇 가지 측면을 보여주기 위한 목적으로 만들어졌다. 관리자, 그래픽 디자이너, 개발자에게 정보구조를 설명하기 위해서 사용되는 전형적인 화면설계다.

마지막으로, 그림 12-15는 상대적으로 높은 완성도의 화면설계로, 실제 페이지 모습과 매우 흡사하다. 이 화면설계는 대부분의 인포메이션 아키텍트가 그래픽 디자이너의 도움 없이도 이미지를 사용할 수 있다는 것을 보여준다.

높은 완성도의 화면설계는 아래와 같은 장점이 있다.

- 콘텐츠와 색상은 페이지에 활기를 불어넣어줄 수 있어, 클라이언트나 동료의 관심을 끄는 데 도움이 된다.
- 화면설계를 통해 페이지 너비와 폰트 사이즈를 시뮬레이션해봄으로써 HTML 페이지를 만들 때 발생할 수 있는 제약사항을 찾아낼 수 있다.
- 사용자를 대상으로 하는 페이퍼 프로토타입 테스트에 활용하기 충분한 완성도를 가지고 있다.

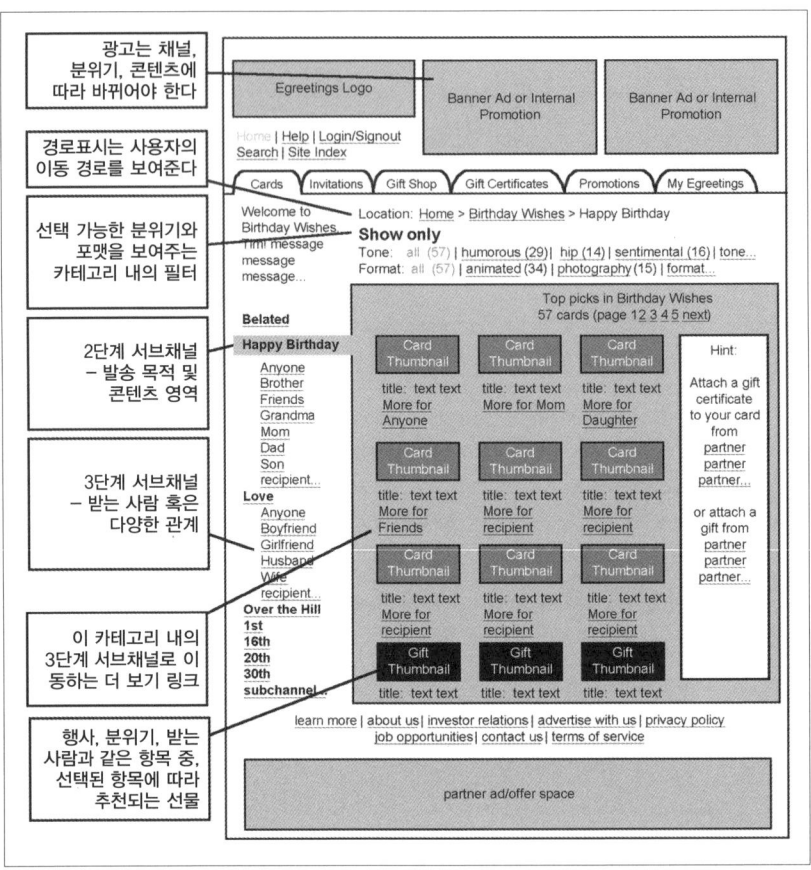

그림 12-14. 이그리팅스닷컴(Egreeting.com)의 중간 완성도 화면설계. 보다 많은 상세요소와 설명, 독특한 콘텐츠들이 담겨 있다.

반면에, 다음과 같은 단점이 존재한다.

- 높은 완성도에는 엄청나게 많은 노력이 필요하다. 상세 화면설계를 만들기 위해서는 많은 시간이 소요된다. 이는 프로세스를 지연시키고 비용을 증가시킨다.
- 시각적 요소와 콘텐츠를 구조적 레이아웃에 통합하는 경우, 중점이 너무나 빨리 정보구조에서 인터페이스와 시각 디자인으로 전환되게 된다.

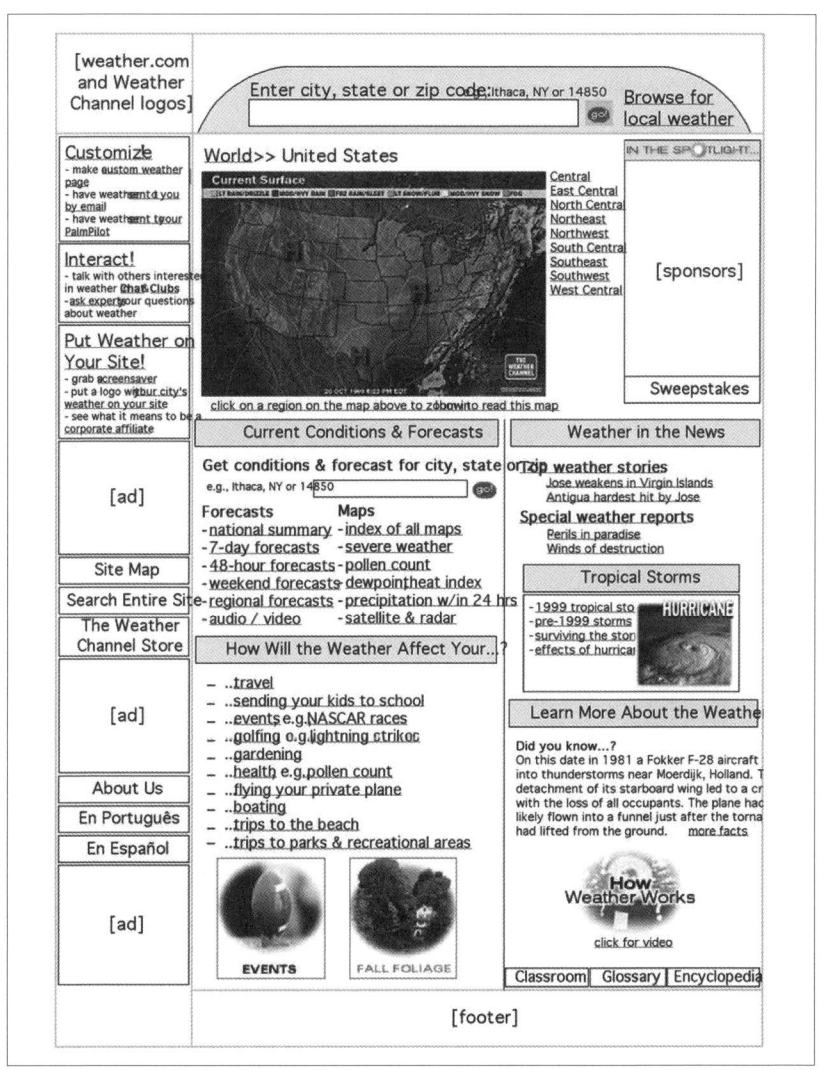

그림 12-15. 웨더닷컴(Weather.com) 프로젝트에서 사용된 높은 완성도의 화면설계

다양한 완성도의 수준에 따라 지니는 각각의 장단점을 항상 염두에 두게 되면, 화면설계는 정보구조 설계 프로세스에서 커뮤니케이션과 협업을 위한 매우 강력한 도구가 될 수 있다.

12.4.2 화면설계 가이드라인

아르구스 어소시에이츠Argus Associates 재직 당시의 동료이자 화면설계 전문가인, 크리스 파넘Chris Farnum은 화면설계를 만들 때 고려할만한 실질적인 가이드를 아래와 같이 언급했다.

- 일관성은 매우 중요하다. 특히 다양한 화면설계를 발표하는 경우에는 특히나 중요하다. 일관성이 있어야 클라이언트들은 화면설계가 보여주는 전문성에 감동받게 된다. 무엇보다 중요한 사실은 동료들이 화면설계를 아주 문서 그대로 받아들인다는 것이다. 따라서 일관성은 그들의 설계와 제작 업무를 보다 매끄럽게 진행하도록 해준다.

- 비지오Visio나 다른 표준 차트 생성 툴은 배경 레이어를 지원하기 때문에, 사이트에 공통적으로 적용되는 내비게이션 바나 페이지 레이아웃은 재사용할 수 있다.[7] 마찬가지로, 비지오의 스텐실stencil 기능은 페이지 요소를 표현하는 데 사용되는 드로잉 요소들을 모아 자신만의 표준 라이브러리를 만들 수 있게 해준다.

- 콜아웃[8]은 페이지 요소의 기능을 설명하기 위한 효과적인 방법이다. 콜아웃을 배치할 수 있도록 화면설계의 상단과 측면에 빈 공간을 남겨두어야 한다.

- 다른 산출물과 마찬가지로, 화면설계도 프로젝트에서 활용되어야 하고 전문성 있게 만들어져야 한다. 페이지 번호, 페이지 명, 프로젝트 명, 최종 수정 날짜를 사용하여 화면설계 문서들을 하나로 묶어야 한다.

- 두 명 이상의 인포메이션 아키텍트들이 프로젝트의 화면설계를 만드는

---

7 (옮긴이) 마이크로소프트 파워포인트의 경우, '슬라이드 마스터' 기능을 사용할 수 있다.
8 (옮긴이) 콜아웃(callouts) : 말풍선 등을 사용해서 해당 요소를 상세하게 설명하는 방법. 그림 12-14에 보이는 설명방식을 콜아웃이라고 할 수 있다.

경우에는, 공통 템플릿과 스텐실을 정의하고, 구체화하고, 갱신하는 절차를 가져야 한다. (또, 화면설계를 위한 '보조 인력'을 채용하는 것도 고려해봄 직하다.) 프로젝트 계획을 수립할 때, 팀원들의 화면설계가 일관적인 모습을 갖추도록 조정하고 나누어져 있는 문서들이 확실히 기능적으로 맞물리는지 확인하는 일정도 감안해야 한다.

12.5 콘텐츠 맵핑과 콘텐츠 목록

리서치와 전략 수립 단계에서는, 사이트의 미션, 목표, 사용자, 콘텐츠를 담아낼 정보구조를 정의하는 하향식 접근방법에 집중해 왔다. 설계와 제작 단계에 이르게 되면, 콘텐츠를 수집하고 분석하는 상향식 프로세스를 수행하게 된다. 콘텐츠 맵핑Content Mapping은 하향식 정보설계가 상향식 접근방법을 만나는 장소이다.

상세한 콘텐츠 맵핑 프로세스에서는 기존의 콘텐츠를 사이트에 포함하기 쉬운 콘텐츠 청크로 잘게 나누고 재조합하는 작업을 수행한다. 콘텐츠 청크는 반드시 문장이거나, 단락이거나, 페이지일 필요는 없다. 더 정확하게 말하자면, 콘텐츠 청크는 개별적으로 다뤄질 필요가 있고 개별적으로 다뤄질 가치가 있는, 최대한 잘게 나누어진 콘텐츠의 일부이다.

콘텐츠는 대개 다양한 출처에서 얻어지고 다양한 포맷을 가지고 있으며, 반드시 정보구조 상에서 맵핑되어야만 제작 프로세스에서 어떤 콘텐츠를 어디에 배치할지 명확히 파악할 수 있다. 콘텐츠의 포맷이 다르기 때문에, 출처 페이지와 목적지 페이지를 일대일로 맵핑하기는 어렵다. 인쇄물 브로슈어의 한 페이지는 웹사이트의 한 페이지에 반드시 맵핑되지도 않는다. 이러한 이유 때문에, 출처 페이지와 목적지 페이지 모두에서 각각 콘텐츠를 담고 있는 컨테이너로부터 콘텐츠를 분리하는 것이 중요하다. 게다가, XML이나 데이터베이스 기반 기법을 통해 한곳에서 콘텐츠를 관리하도록 통합하는 경우, 콘텐츠와 컨테이너를 분리하는 작업은 콘텐츠 청크를 다양한 페이지에 걸쳐 쉽게 재사용할 수 있도록 해준다. 예를 들어, 고객서비스 부서의 연락처 정보는 웹사이트의 많은 페이지에 걸쳐서 보이게 할 수 있다. 만일 연락처 정보가 변경되면, 해당 콘텐츠 청크에 대한 데이터베이스 레코드만 수정하면 되고, 수정된 정보는 클릭 한 번으로 사이트 전체에 확산되어 반영된다.

사이트에 새로 추가할 콘텐츠를 만드는 경우에도 콘텐츠 맵핑은 필요하다. 콘텐츠를 만들 때, HTML 편집툴을 사용하는 것보다 워드프로세서 애플리케이션을 사용하는 것이 편리한데, 마이크로소프트 워드와 같은 툴은 보다 다양한 편집 기능, 레이아웃, 맞춤법 검사 기능을 제공하기 때문이다. 이 경우, 워드 문서를 HTML 페이지에 맵핑할 필요가 생기게 된다. 조직 내의 다양한 콘텐츠 작성자들을 통해 새로운 콘텐츠가 만들어졌을 때는 매우 세심하게 콘텐츠를 맵핑해야만 한다. 이렇게 해야 맵핑 프로세스를 서로 다른 출처에서 얻어지는 콘텐츠를 추적하기 위한 중요한 관리 툴로 활용할 수 있게 된다.

청크를 정의하는 프로세스는 주관적이어서 아래와 같은 질문들을 던져야 한다.

- 이 콘텐츠(사용자들이 따로따로 사용하기 원하는)는 보다 작은 청크로 나누어져야 하는가?
- 개별적으로 인덱싱될 필요가 있는 콘텐츠의 가장 작은 섹션은 무엇인가?
- 이 콘텐츠는 다양한 문서에서 혹은 다양한 프로세스의 일부로 용도가 변경될 필요가 있는가?

일단 콘텐츠 청크가 정의되면, 콘텐츠 청크들은 웹페이지, PDA 등과 같은 콘텐츠의 목적지에 맵핑될 수 있다. 모든 콘텐츠의 출처와 목적지를 체계적으로 문서화해야만, 제작팀이 이 문서에 따라 제작업무를 수행할 수 있다. 앞서 설명했던 것과 같이, 이를 위한 방법 중 한가지는 각 콘텐츠 청크에 고유 식별 코드를 부여하는 것이다.

예를 들어, SIGGRAPH 96 학회 웹사이트 제작에는 인쇄된 콘텐츠들을 온라인 환경에 맞게 변환하는 작업이 필요했다. 이러한 경우의 콘텐츠 맵핑에

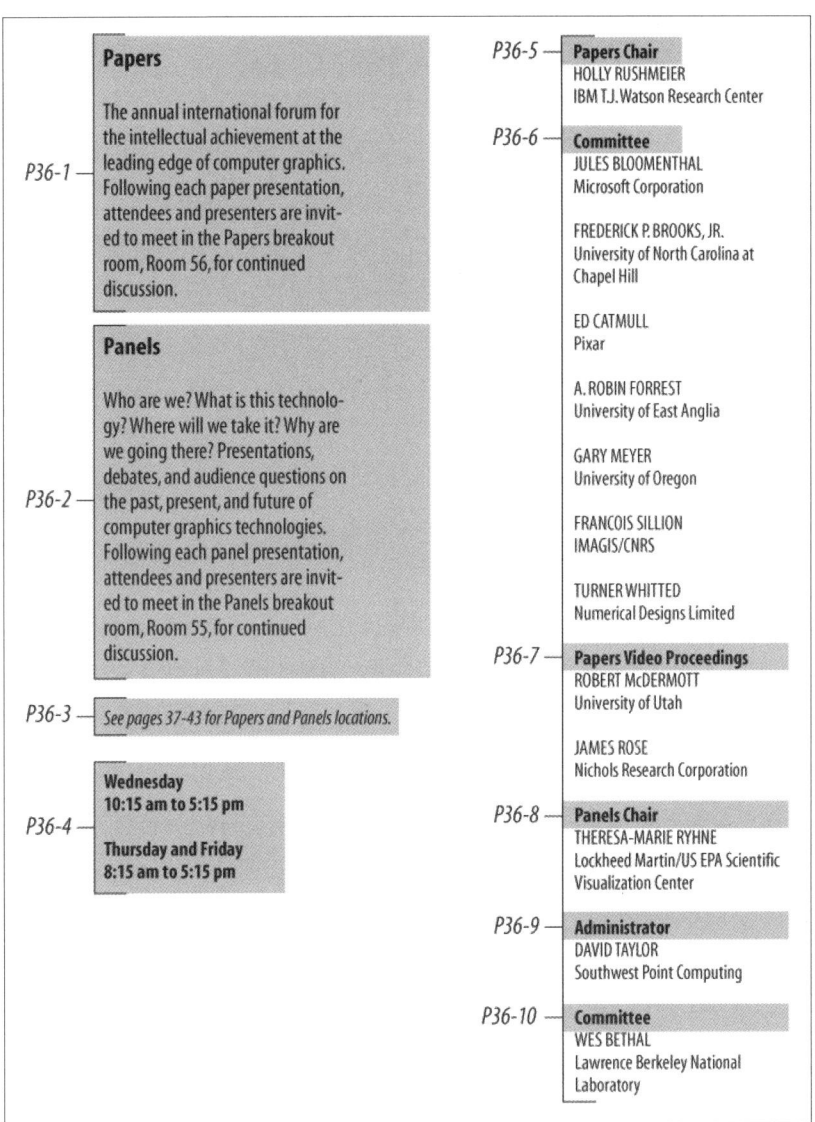

그림 12-16. 인쇄된 브로슈어에서 얻어진 청크는 고유 식별자(예: 'P36-1')로 태깅되어 체계적으로 정리되고 목록화된다.

는 인쇄물에 있는 콘텐츠 청크들을 웹사이트의 페이지에 어떻게 맵핑할지 정의하는 단계가 필요하다. SIGGRAPH 96 학회 웹사이트의 경우, 정성껏 디자

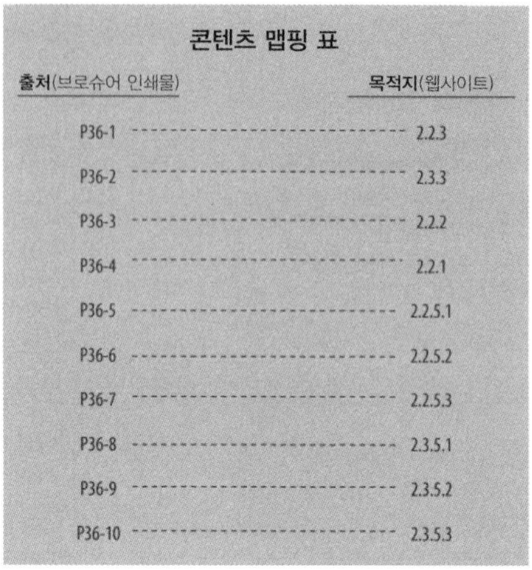

콘텐츠 맵핑 표	
출처(브로슈어 인쇄물)	목적지(웹사이트)
P36-1	2.2.3
P36-2	2.3.3
P36-3	2.2.2
P36-4	2.2.1
P36-5	2.2.5.1
P36-6	2.2.5.2
P36-7	2.2.5.3
P36-8	2.3.5.1
P36-9	2.3.5.2
P36-10	2.3.5.3

그림 12-17. 콘텐츠 맵핑 표는 콘텐츠 청크와 목적지를 매칭시킨다.

인된 브로슈어, 안내자료, 행사 프로그램의 콘텐츠를 웹페이지로 맵핑해야만 했다. 인쇄된 페이지를 웹페이지에 일대일로 맵핑하는 것은 쉽지 않았기 때문에, 대신에 콘텐츠 편집기를 통한 콘텐츠 청킹 및 맵핑 프로세스를 도입했다. 먼저, 브로슈어의 모든 페이지를 콘텐츠의 논리적인 청크로 분리하고, 결과를 목록화하였다. 그런 다음, 각 청크를 레이블링하기 위해 사용한 페이지 숫자와 연계된 단순한 체계를 고안해냈다.

그림 12-9에서 보이는 것과 같이, 콘텐츠 청크 식별체계를 가지고 상세 정보설계 구조도를 만들어냈다. 그런 다음, 인쇄된 브로슈어에서 얻어진 각 콘텐츠 청크가 웹사이트에서 어떻게 보여야 하는지를 설명하는 콘텐츠 맵핑 표를 만들었다(그림 12-17).

이 예에서, P36-1은 본래 인쇄 브로슈어의 36페이지에 있는 첫 번째 콘텐츠 청크를 의미하는 고유 식별 코드이다. 이 콘텐츠 청크는 2.2.3이라는 레이블을 가진 콘텐츠 청크에 맵핑된다. 2.2.3은 웹사이트의 논문(2.2)의 하위 페이지를 의미한다.

본래의 인쇄 문서, 구조도, 콘텐츠 맵핑 표를 무기로 활용하여 제작팀은

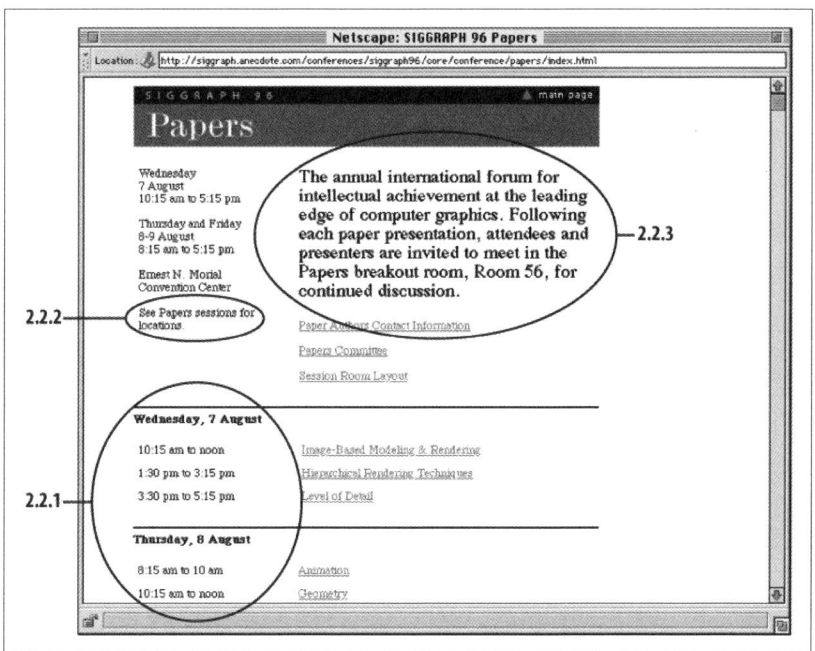

그림 12-18. 웹페이지는 콘텐츠 매핑 프로세스에 의해 만들어진다. P36-1은 2.2.3에 매핑되고, P36-3은 2.2.2에 매핑되고, P36-4는 2.2.1에 매핑된다.

SIGGRAPH 96 학회 사이트의 콘텐츠를 채워 넣었다. 그림 12-18에서 보는 것과 같이, 이 웹페이지(2.2)의 콘텐츠는 P36에서 가져온 세 개의 콘텐츠 청크로 구성된다.

 콘텐츠 매핑 프로세스의 부산물은 콘텐츠 목록으로, 활용 가능한 콘텐츠와 그 콘텐츠가 어디에서 보이는지(예: 현재 사이트 혹은 연간 보고서)를 설명해줄 뿐만 아니라 채워질 필요가 있는 콘텐츠 공백을 알려준다. 웹사이트의 규모와 복잡도, 프로세스, 제작에 적용되는 기술에 따라서 다양한 방법으로 콘텐츠 목록을 만들 수 있다. 대규모 사이트에서는 방대한 콘텐츠 콜렉션을 관리하기 위해 문서나 데이터베이스 기술을 활용한 콘텐츠 관리 솔루션이 필요하다. 이런 류의 많은 애플리케이션들은 페이지 레벨의 설계와 편집에 팀 작업을 지원하는 워크플로 기능을 제공한다. 보다 단순한 사이트에서는 스프레

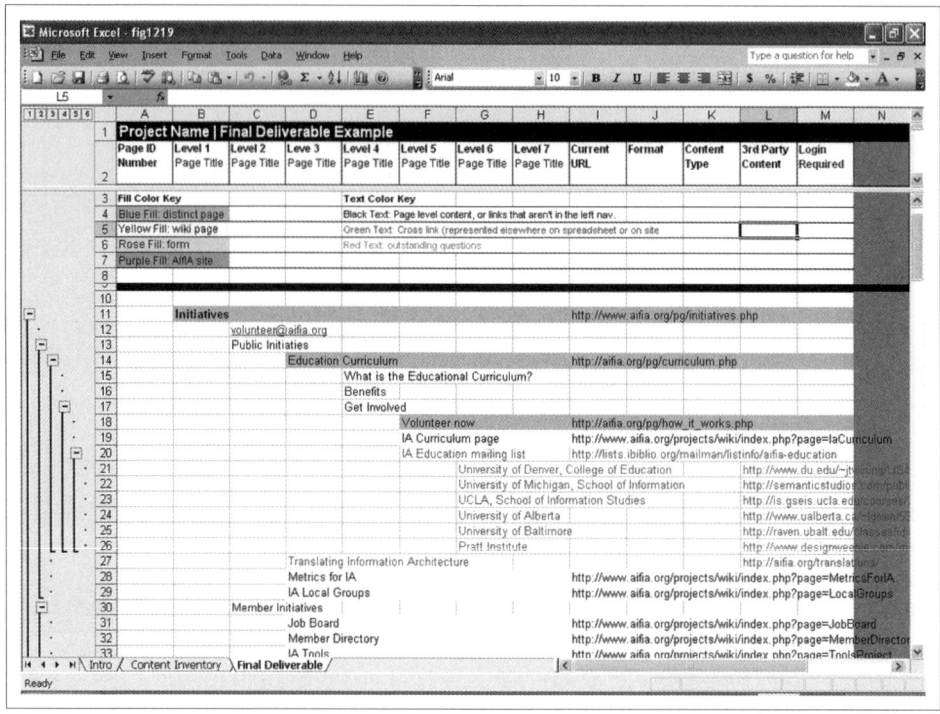

그림 12-19. 마이크로소프트 엑셀로 관리하는 콘텐츠 목록

드시트를 사용할 수 있다(그림 12-19 참조). 세넵 컨설팅Seneb Consulting의 사라 라이스Sarah Rice는 다운로드해서 사용할 수 있는 매우 유용한 스프레드시트를 만들어냈다. 〈http://www.seneb.com/example_content_inventory.xls〉 이 파일에서 그녀는 정보설계 협회Information Architecture Institute(前, AIfIA) 사이트에 대한 예를 보여주고 있다.

혹, 뭔가 새로운 것에 도전해보고 싶다면, 사이트의 각 페이지의 제목과 고유 식별 번호를 보여주는 웹 기반의 목록을 만들어볼 수도 있다(그림 12-20 참조). 하이퍼텍스트로 된 고유 식별 번호를 선택하면 새로운 창이 떠서 해당 웹페이지를 보여주게 된다.

콘텐츠 맵핑 프로세스를 마무리하는 대로 콘텐츠 목록[9]을 만들 수 있다. 콘텐츠 목록은 각기 시점에 따라 제작해야 하는 페이지의 목록, 설계해야 하

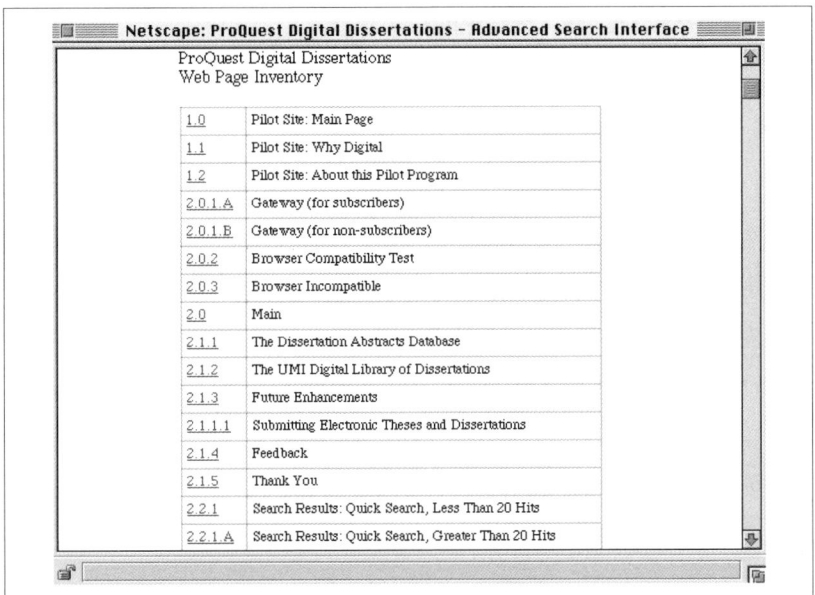

그림 12-20. 웹 기반 콘텐츠 목록

는 페이지 목업mockup의 목록, 웹사이트로 통합되기 전에 검토할 필요가 있는 디자인된 페이지의 목록으로 사용된다.

12.6 콘텐츠 모델

콘텐츠 모델content model은 서로 연결된 작은 청크들로 만들어진 '미세한' 정보구조이다. 콘텐츠 모델은 웹사이트에서 누락되기 쉬운 중요한 요소인(그리고, 사이트 내에서 겉으로 잘 드러나지 않게 작동하는) 컨텍스추얼 내비게이션을 가능하게 해준다. 왜 누락되기 쉬운 걸까? 물방울처럼 작은 콘텐츠들을 모아두는 것은 쉽지만, 이 작은 콘텐츠들을 유용하게 사용할 수 있도록 서로 연결

---

9 제프 빈(Jeff Veen)이 콘텐츠 목록에 대해 쓴 짧지만 훌륭한 글을 읽어보자. 「Doing a Content Inventory (Or, A Mind-Numbingly Detailed Odyssey Through Your Web Site)」 〈http://www.adaptivepath.com/publications/essays/archives/000040.php〉

하는 것은 엄청나게 어렵기 때문이다.

12.6.1 왜 중요한가?

우리는 웹이나 다른 전통적인 미디어들에서 콘텐츠 모델을 항상 접하고 있다. 음식 요리법을 훌륭한 예로 들 수 있다. 요리법이 다루고 있는 콘텐츠 요소들은 재료 목록, 요리 방법, 요리 명 등이다. 요리법이 적힌 텍스트를 제대로 읽을 수 없게 되더라도, 여전히 요리법이라는 것을 알 수 있다. 하지만 재료 소개 이전에 요리 방법을 설명하거나 중요한 요소를 아예 빼버려서 논리적인 순서가 바뀌면, 콘텐츠 모델은 사라지게 된다. 콘텐츠 모델이 제 기능을 발휘하기 위해서는 요소들의 일관적인 세트나 요소들 간의 논리적인 연결이 필요하다.

컨텍스추얼 내비게이션 지원

멋진 파란색 옥스포드 셔츠를 사기 위해, 수단과 방법을 가리지 않고 의류 판매 사이트의 내부 깊숙한 페이지를 찾아 들어갔다고 생각해보자. 한 명의 사용자로서 엄청나게 구체적인 정보 니즈를 확실히 가지고 있는 상황이라고 할 수 있다. 이러한 니즈는 사이트의 메인 페이지를 그냥 둘러보고 있는 사용자와 비교했을 때 훨씬 더 구체적이다. 의류 판매자는 이와 같은 상황에 대한 이해를 사이트에 적용하여 사용자에게 유익함을 제공할 필요가 있다.

이것이 바로 대부분 온라인 판매 사이트들이 위와 같은 상황에서 사용자에게 매칭되는 바지나 다른 액세서리들을 소개하는 이유다. '고객님이 관심 있을 만한 상품'을 소개하는 방법은 사용자에게 1) 관련된 상품을 판매하고 있다는 사실을 알려주고 2) 실제로 사이트의 하향식 조직화 시스템과 내비게이션 시스템을 사용하지 않고도 관련 상품을 쉽게 찾을 수 있도록 해준다는 측면에서 확실히 효과적이다. 계층구조를 수평적으로 뛰어넘는 것은 컨텍스추얼 내비게이션의 한 형식이며, 사용자가 이동하는 경로는 사이트의 구조보다는 사용자의 니즈에 기반하고 있다. 그리고, 콘텐츠 모델은 상품의 교차 판매를 유도하거나, 야구팬에게 경기 결과에 가려진 숨은 이야기를 보여주거나, 잠재 고객에게 제품의 사양을 알려주기 위한 내비게이션을 제공하기 위해 주로 사용된다.

많은 양의 콘텐츠 처리

콘텐츠 모델은 대규모의 콘텐츠 또한 처리할 수 있도록 해준다. 콘텐츠를 목록화할 때, 콘텐츠 관리시스템이나 데이터베이스에 묻혀 있는 엄청나게 많은 유사한 정보들을 우연하게 발견하는 경우가 많다. 예를 들어, 휴대폰의 정보를 제공하는 회사는 콘텐츠 목록을 완성한 후에야, 각 모델별 기본 제품에 대한 (상당량의 콘텐츠 청크, 수천 개의 사용자 리뷰, 액세서리와 관련된) 엄청나게 많은 정보를 가지고 있었다는 사실을 알아차릴 수도 있다. 휴대폰 제품 페이지들은 동일한 디자인, 구현방식, 작동방식을 가지고 있기 마련이다. 사용자 리뷰 페이지들이나 액세서리 페이지들도 마찬가지이다.

각 콘텐츠 청크의 유형이 동일한 방식으로 작동한다면, 콘텐츠 청크들을 링크하여 활용할 수 있다. 사용자들이 자연스럽게 특정 휴대폰 페이지에서 해당 제품의 리뷰나 액세서리 페이지로 이동할 수 있도록 해줄 수 있다. HTML 개발자들을 동원하여 어떤 요소가 어디에 연결되어야 하는지 판단해서 작업하는 것보다는, 링크를 즉각적으로 자동 생성하는 방식을 활용하는 것이 더 좋다. 콘텐츠 청크 간의 링크를 자동으로 생성하게 되면, 사용자는 더 효율적으로 맥락에 따라 내비게이션할 수 있게 되고 회사는 콘텐츠에 대한 투자를 통해 엄청난 가치를 얻게 된다.

따라서, 콘텐츠 모델은 아직 활용되지 않은 높은 가치의 콘텐츠 청크를 많이 가지고 있고, 자동으로 링크를 생성할 수 있는 기술력을 가진 경우에 특히 유용하다고 할 수 있다. 물론, 작은 양의 콘텐츠 청크에 대해서도 콘텐츠 모델을 활용할 수 있다. 예를 들어, 회사의 이사진을 맡고 있는 소수의 사람들과 관련된 정보에 대해서 적용해볼 수 있는데, 이들 요소들을 수작업으로 연결하는 것은 무척이나 쉽다. 또한, 가지고 있는 모든 콘텐츠에 대해서도 콘텐츠 모델을 활용할 수도 있지만 약간의 프로세스가 필요하기 때문에, 가장 가치가 있는 콘텐츠에 대해서만 적용하기를 권한다(당연히, 콘텐츠의 가치는 사용자와 회사의 니즈를 모두 만족시킬 수 있도록 신중하게 평가되어야 한다).

12.6.2 예

대중음악에 대한 정보를 조직화하는 데 많은 자원을 투자하고 있는 미디어 기업에서의 작업을 예로 들어보자. 아티스트에 대한 정보, 앨범에 대한 페이지와 같은 콘텐츠 청크는 양이 엄청나게 많고, 이러한 콘텐츠 청크들은 동일하게 표현되고 동일한 방법으로 작동한다. 여기서, 음악 팬들을 위한 콘텐츠 모델을 적용할만한 가능성을 발견할 수 있다. 팬들이 특정 아티스트 혹은 앨범과 관련된 콘텐츠를 찾기 위해서 사이트의 계층구조를 활용하도록 하는 것보다는 콘텐츠 모델을 적용해보는 것은 어떨까?

콘텐츠 목록과 분석을 통해서, 콘텐츠 모델로 충분히 사용될 수 있을 만한 음악 관련 콘텐츠 요소들(그림 12-21 참조)을 찾아낼 수 있다.

이러한 요소들은 어떻게 연결될 수 있을까? '앨범 페이지는 해당 리뷰에 연결되고' '아티스트 정보는 앨범 설명과 연결된다' 등의 결정은 확실히 할 수 있

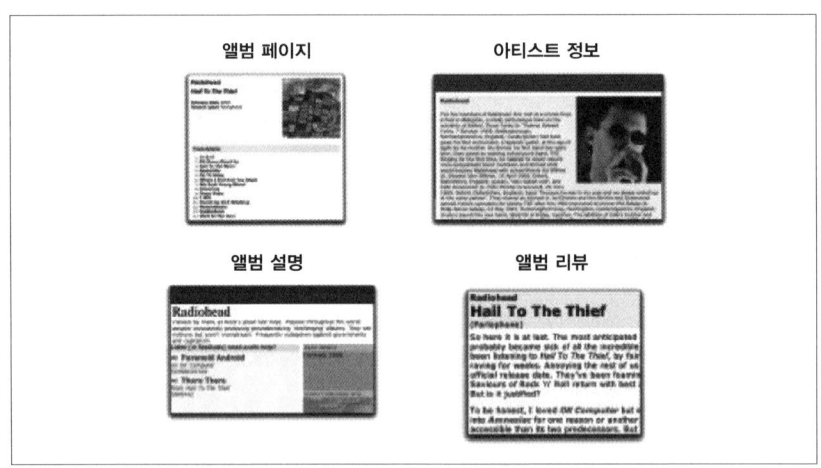

그림 12-21. 앨범 정보에 적용될 콘텐츠 모델에 활용될 수 있을 만한 콘텐츠 요소들

다. 하지만, 가장 적절한 링크를 찾아내는 것이 항상 쉽지는 않다. 또, 링크가 매우 명확하다고 생각이 되더라도 이를 검증하기 위해서 사용자 리서치를 해 볼 필요가 있다.

이 경우에, 카드 소팅을 변형하여 활용해볼 수 있다. 각 콘텐츠 요소의 샘플을 출력한 다음, 현재의 정보구조가 사용자들에게 영향을 주지 않도록 위해 내비게이션 옵션들을 제거하자. 그런 다음, 참여자들에게 각 콘텐츠 요소들을 둘러본 다음에 어디로 이동하고 싶은지 질문해보자. 그 다음에는, 콘텐츠 요소들을 관련이 있는 것들끼리 그룹핑한 다음, 콘텐츠 요소들 간의 내비게이션 과정을 선으로 표현해달라고 요청한다(끈이나 실을 사용할 수도 있고, 콘텐츠 요소 샘플을 화이트보드에 붙인 다음, 마커를 사용해 선을 그을 수도 있다). 사용자들은 화살표로 양방향 내비게이션을 원하는지 혹은 단방향 링크를 선호하는지를 표현할 수 있다.

간단한 갭 분석gap analysis을 하려면, 참가자에게 어떤 콘텐츠 요소가 더 있으면 좋을지 물어보면 된다. 이 방법을 통해서 무엇이 콘텐츠 모델에 추가되어야 하는지 알 수 있다. 운이 좋다면, 필요한 콘텐츠 요소가 사이트의 다른 어딘가에 이미 존재할 수도 있다. 그렇지 않은 경우, 최소한 어떤 콘텐츠를 만들거나 외부에서 수급해야 하는지 결정하는 데 참고자료로 활용할 수 있다.

사용자 조사를 했든, 본인의 직관에 의존했든 간에 이 프로세스가 끝나게 되면 콘텐츠 모델이 어떻게 사용되어야 할지에 대한 아이디어를 갖게 된다. 결과는 그림 12-22와 같다.

결과를 통해, 디스코그라피discography와 같이 새로 만들 필요가 있는 콘텐츠 요소를 발견할 수 있다. 그리고 공중파로 방송된 콘서트를 보여주는 TV 프로그램 목록이나 콘서트 일정표 내의 이벤트와 같은 다른 콘텐츠들을 연결할 수 있게 된다. 이러한 작업은 콘텐츠 모델의 논리적인 확장이라고 할 수 있다(그리고 향후 만들어질 수 있는 콘텐츠 모델에 대한 연결이라고 볼 수도 있다). 또, 콘텐츠들 중에 논리적으로 '최상위 수준'을 가진 콘텐츠가 무엇인지 확인할

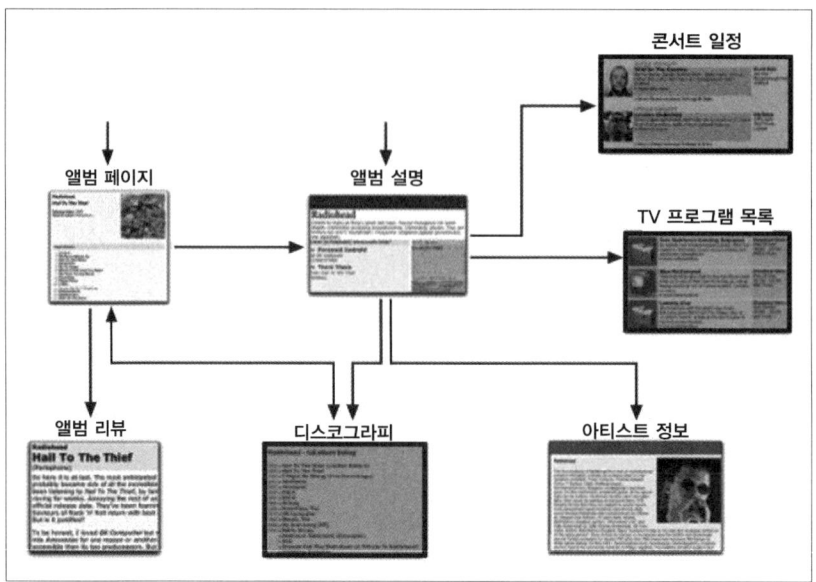

그림 12-22. 내비게이션과 추가될 콘텐츠 요소를 보여주는 이상적인 콘텐츠 모델

수 있고, 콘텐츠로 유입되는 보편적인 경로를 찾아낼 수 있다. 그리고 궁극적으로, 사용자들이 사이트를 구성하고 있는 상세한 요소들을 어떻게 내비게이션하고자 하는지 알 수 있다.

이렇게만 하면 되는 걸까? 안타깝게도, 아직도 설명해야 할 것들이 더 남아 있다. 콘텐츠 요소들 간의 이러한 링크들은 어떻게 만들어질까?

아마존 사이트에는 활용할 수 있는 많은 사용 데이터usage data들이 존재한다. 아마존은 콘텐츠 모델 상에서 관련된 제품들을 연결하기 위해 사용자 행동 데이터customer-behavior data를 활용한다. 친숙한 예로 'Customers who bought this item also bought(이 아이템을 구매한 사람들이 구매한 다른 아이템들)' 과 'What do customers ultimately buy after viewing this item?(이 아이템을 보고 나서 사람들이 실제로 구매한 아이템들)'이라는 제목 밑에 나열되어 있는 제품들을 들 수 있다. 그러나 모든 회사들이 이런 종류의 유용한 데이터를 추려낼 수 있을 정도로 충분한 트래픽을 가지고 있지는 않다.

따라서 일반적으로 대부분의 회사들은 콘텐츠 청크를 서로 연결할 수 있는 기본적인 로직으로써 메타데이터를 활용할 수밖에 없다. 공통 메타데이터shared metadata는 한 쌍의 콘텐츠 청크를 연결하는 데 사용된다. 예를 들어, 앨범 페이지를 앨범 리뷰와 연결하고 있다면, 로직은 아래와 같다.

```
IF ALBUM PAGE'S ALBUM NAME = ALBUM REVIEW'S ALBUM NAME
THEN LINK ALBUM PAGE AND ALBUM REVIEW
```

'써전트 페퍼즈 론리 하츠 클럽 밴드'[10]와 같이 고유한 앨범명을 가진 앨범에 대해서는 규칙이 충분할 수 있다. 하지만, 앨범명이 'Greatest Hits'와 같이 아주 흔한 경우라면 어떨까? 운이 좋다면, 해당 앨범은 메타데이터를 연결하는 데 사용될 수 있는 ISBN[11] 같은 고유 식별자를 가지고 있을 수 있다(많은 클래식 앨범들은 고유 식별자를 가지고 있지만, 안타깝게도 팝 앨범들은 가지고 있지 않다).

```
IF ALBUM PAGE'S UNIQUE ID = ALBUM REVIEW'S UNIQUE ID
THEN LINK ALBUM PAGE AND ALBUM REVIEW
```

그러나 실제로 이러한 경우가 많지는 않기 때문에, 링크 로직은 조금 더 복잡해져야 하고, 부가적인 메타데이터 속성도 추가될 필요가 있다.

```
IF ALBUM PAGE'S ALBUM NAME = ALBUM REVIEW'S ALBUM NAME
AND ALBUM PAGE'S ARTIST NAME = ALBUM REVIEW'S ARTIST NAME
THEN LINK ALBUM PAGE AND ALBUM REVIEW
```

위에서 보는 것과 같이, 링크를 만들기 위한 규칙은 메타데이터를 필요로 한다. 필요한 메타데이터 속성은 항상 존재하는 것일까? 안타깝게도 대개는 처음부터 새로 메타데이터를 만들거나 외부에서 가져오는 수밖에 없다.

물론, 메타데이터 가용성에 대한 문제는 어떤 규모의 어떤 정보설계 프로젝트에서도 고려되는 사항이다. 그리고 콘텐츠 모델링 프로세스는 다양한 메타데이터 속성들 중에 어떤 것이 가장 유용한지 선택하는 데 도움을 주기 때문에, 이를 참고하여 어떤 메타데이터 속성에 투자를 할지 결정할 수 있다.

---

10 (옮긴이) 『Sergeant Pepper's Lonely Hearts Club Band』: 비틀즈의 1967년 앨범
11 (옮긴이) ISBN: International Standard Book Number 국제표준자료번호제도. 참고로 ISSN (International Standard Serial Number)은 연속간행물에 사용된다.

그림 12-22에서 보았던 화살표를 상기해보자. 어떤 메타데이터가 각 링크를 정의하는 로직에 필요할까? 각 콘텐츠 요소, 링크되어야 할 다른 콘텐츠 요소, 콘텐츠 요소들을 연결하는 데 필요한 메타데이터 속성들을 나열한 단순한 표를 만들어 보자. 표는 아래와 같을 수 있다.

콘텐츠 요소	링크되어야 할 다른 콘텐츠 요소	활용될 일반 메타데이터 속성
앨범 페이지	앨범 리뷰, 디스코그라피, 아티스트	앨범명, 아티스트명, 레이블, 발매 일자
앨범 리뷰	앨범 페이지	앨범명, 아티스트명, 리뷰 작성자, 출처, 리뷰 일자
디스코그라피	앨범 리뷰, 아티스트 설명	아티스트명, 앨범명, 발매 일자
아티스트 설명	아티스트 정보, 디스코그라피, 콘서트 일정, TV 프로그램 목록	아티스트명, 정보 작성자, 작성 일자
아티스트 정보	아티스트 설명	아티스트명, 개별 아티스트명
콘서트 일정	아티스트 설명	아티스트명, 투어, 장소, 날짜, 시간
TV 프로그램 목록	아티스트 설명	아티스트명, 채널, 날짜, 시간

여기서 패턴을 발견할 수 있는가? 특정 메타데이터 속성은 다른 것들보다 더 자주 출현한다. 이것이 바로 콘텐츠 모델을 성공하게 만드는 데 가장 필요한 메타데이터 속성이다. 제한된 자원을 가지고 작업을 하는 경우(누구나 그렇기는 하다), 이 방법을 통해 어떤 메타데이터 속성에 우선적으로 투자할지 결정할 수 있게 된다.

12.6.3 가치 있는 프로세스

여기까지 살펴본 것과 같이, 콘텐츠 모델은 하나의 산출물임과 동시에 하나의 업무exercise라고 할 수 있다. 주요 결과물로서 사이트 내부에서 컨텍스추얼 내비게이션에 활용될 수 있는 유용한 정보구조 산출물을 만들어내고, 또한 그 프로세스는 매우 유용한 두 가지 (부차적인) 이익을 만들어 낸다.

첫째, 콘텐츠 모델링은 어떤 콘텐츠가 콘텐츠 모델에 있어 가장 중요한 콘텐츠인지 정의하도록 한다. 알다시피, 이는 결코 어려운 작업은 아니지만 무시할만한 것도 아니다. 모든 콘텐츠에 대해서 콘텐츠 모델을 만들기는 어렵다. 따라서 '어떤 콘텐츠가 동질성이 있고, 양이 많으면서, 무엇보다도 높은 가치가 있는가?'라고 자문해볼 필요가 있다. 콘텐츠 모델링을 하는 작업에 일련의 우선순위를 정해볼 수도 있다. 예를 들어, 올해는 제품 영역에 대한 콘텐츠 모델을 만들고 내년에는 지원 영역에 대한 콘텐츠 모델을 만든 후에, 두 모델을 연결해서 보다 큰 이익을 만들어 내는 식이다.

둘째, 콘텐츠 모델링은 많은 메타데이터 속성 중에서 콘텐츠 모델 운영에 사용될 메타데이터 속성을 선택하게 만든다. 중요한 콘텐츠와 중요한 메타데이터로 폭을 줄여가는 과정과 집중하는 과정의 결합은 대규모의 복잡한 문제들을 엄청나게 단순화하고 명확하게 만든다. 그리고 여기에는 인포메이션 아키텍트들이 가장 많이 사용하는 파레토의 법칙[12]이 적용된다.

12.7 통제어휘집

통제어휘집의 작성과 관련된 작업물에는 주요하게 두 가지 유형이 존재한다. 첫 번째 유형은 어휘들의 우선순위를 정의하는 데 도움을 주는 메타데이터 메트릭스이고(표 12-1에서 그 예를 볼 수 있다), 두 번째 유형은 어휘들과 어휘간의 관계를 관리하게 해주는 애플리케이션이다.

표 12-1는 빠뜨린 어휘 없이 필요한 어휘들은 모두 나열하고 있다. 인포메이션 아키텍트의 업무는 우선순위와 시간 및 예산의 제약을 고려하여, 어떤 어휘들이 만들어져야 하는지 정의하는 데 도움을 주는 것이다. 메타데이터 메트릭스는 각 어휘의 가치를 개발 및 운영 비용 대비 사용자 경험으로 저울질하여 보여주기 때문에, 클라이언트들과 동료들에게 어려운 의사결정 프로세스를 설명하는 데 도움이 된다.

---

12 (옮긴이) 파레토의 법칙(Pareto Principle): 일반적으로 80/20 법칙이라고도 불린다. 이탈리아의 경제학자인 파레토가 발표한 법칙으로, 20%의 부자들이 부의 80%를 차지한다는 법칙이다. 본문에서는 소수의 중요한 콘텐츠와 메타데이터가 가장 많이 활용된다는 의미로 사용되었다.

표 12.1 쓰리콤(3com)의 메타데이터 메트릭스

어휘	설명	예	유지보수
대상	네트워킹을 서술하는 용어	홈 네트워킹; 서버	어려움
제품 유형	쓰리콤이 판매하는 제품의 유형	허브; 모뎀	중간
제품명	쓰리콤이 판매하는 제품의 이름	PC 디지털 웹캠	어려움
제품 브랜드	쓰리콤이 판매하는 제품의 브랜드	홈커넥트; 수퍼스택	쉬움
기술	제품과 관련된 기술	ISDN; 브로드밴드; 프레임 릴레이	중간
프로토콜	제품과 관련된 표준 및 프로토콜의 유형	TCP/IP; 이더넷	중간
하드웨어	제품 내부에 사용된 장비의 유형	PDA; 무선 전화; 인터넷 기기; PC	중간
지리적 위치: 지역	지리적 지역의 이름	유럽; 아시아태평양지역	쉬움
지리적 위치: 국가	국가의 이름	독일; 체코	쉬움
언어	언어의 이름	독어; 체코어	쉬움
기술의 적용	기술을 적용한 사업의 이름	콜센터; e-비즈니스	중간
산업	쓰리콤이 활동하고 있는 산업의 유형	의료서비스; 정부서비스	쉬움
사용자	쓰리콤이 대상으로 하고 있는 사용자의 구분	고객; 최초 방문자; 미디어	쉬움
고객 그룹: 업무공간	고객이 일하는 업무공간의 유형	가정; 사무실	중간
고객 그룹: 비즈니스	고객이 일하는 비즈니스의 규모 혹은 범위	소규모 비즈니스; 대규모 기업; 서비스 제공자	중간
역할	사람들이 비즈니스에서 맡게 되는 역할	IT 관리자; 컨설턴트	중간
문서 유형	콘텐츠 요소의 목적	양식; 설명; 안내	쉬움

어휘들을 선택하는 일에서 만드는 일로 중점을 옮겨오면, 용어와 용어 관계를 관리하는 데이터베이스 솔루션을 선택할 필요가 생긴다. 동치, 계층, 연계 관계를 가진 정교한 시소러스를 만들려면, 시소러스 관리 소프트웨어(16장에서 보다 상세하게 설명한다)에 대한 투자도 신중하게 고려해볼 필요가 있다. 하지만, 우선어와 변형어만을 가지고 있는 단순한 어휘집은 워드 프로세서나 스프레드시트 프로그램 혹은, 기본 데이터베이스 패키지만 가지고도 충분히 관리할 수 있다.

우리는 AT&T의 인바운드 콜센터에서 수천 명의 상담원들이 사용할 통제어휘집을 만들 때, 허용어와 변형어를 마이크로소프트 워드를 사용하여 관리했다(표 12-2 참조).

표 12.2 AT&T의 통제어휘집 데이터베이스에서 발췌

고유 ID	허용어	제품 코드	변형어
PS0135	Access Dialing	PCA358	10-288; 10-322; dial around
PS0006	Air Miles	PCS932	AirMiles
PS0151	XYZ Direct	DCW004	USADirect; XYZ USA Direct; XYZDirect card

이 프로젝트에서, 우리는 7가지로 구분된 어휘집과 600여 개의 허용어를 정리했다.

- 제품 및 서비스 (151개의 허용어)
- 협력사 및 경쟁사 (122개의 허용어)
- 요금제 및 홍보활동 (173개의 허용어)
- 지역 코드 (51개의 허용어)
- 조정 코드 (36개의 허용어)
- 기업 용어 (70개의 허용어)
- 시간대 코드 (12개의 허용어)

어휘집들이 상대적으로 소규모이고 단순하기는 했지만, 이 업무에 마이크로소프트 워드는 간신히 활용할 수 있을만한 수준이었다. 각 어휘집에 대해서 표를 가진 매우 긴 문서를 하나씩 만들었다. 통제어휘집 관리자 한 명씩 각 하나의 문서를 '담당하고', 사내 네트워크를 통하여 서로 공유하였다. 인덱싱 전문가 팀은 마이크로소프트 워드의 검색 기능을 사용하여 워드 안에 만들어진 '데이터베이스'에서 허용어와 변형어를 검색할 수 있었다. 그리고 탭으로 데이터들이 구분된 문서tab-delimited file를 만들어서, AT&T 사이트를 만드는 개발자를 지원할 수 있었다.

12.8 설계 협업

일단 구조도, 화면설계, 콘텐츠 모델, 어휘집을 완성하게 되면, 사이트 개발에 참여하는 시각 디자이너, 개발자, 콘텐츠 작성자, 관리자와 같은 다른 사람들과 협업할 필요성을 더욱 느끼게 된다. 자신이 설계한 개념을 설명하고 설득하는 단계에서 벗어나, 자신이 가진 생각과 팀 내의 다른 구성원들이 가진 비전을 통합하는 단계로 옮겨와야 한다. 물론, 이 단계는 모든 사람들이 자신의 아이디어가 최종안에 반영되기를 원하기 때문에 디자인만큼이나 어려운 단계이고, 팀원들은 대개 다양한 배경을 가지고 있기 때문에 사용하는 용어들이 달라 커뮤니케이션에 단절이 생기기도 한다. 그러나 개개인이 열린 마음을 갖고 있으며 협업에 유용한 도구를 가지고 있다면, 이렇게 어려운 단계도 마지막에는 (각자 다른 생각을 가지고 있는 것이 아니라) 모두가 공유된 비전을 가지게 되어 가장 만족스러운 단계로 변하게 된다. 디자인 스케치와 웹 프로토타입은 다른 아이디어들을 합치는 데 유용한 도구이다.

12.8.1 디자인 스케치

리서치 단계에서, 디자인팀은 바람직한 그래픽 아이덴티티나 룩앤필에 대한 감을 잡아가게 된다. 개발팀은 사내의 정보기술 기반구조와 예상 사용자들이 가진 플랫폼의 제약사항들을 검토하여, 동적인 콘텐츠 관리와 같이 도입이 가능한 기능이나 적절한 상호작용 방식을 찾아내게 된다. 그리고, 물론, 인포메이션 아키텍트는 사이트의 상위 레벨 정보구조를 만들게 된다. 사이트 내 최상위 레벨 페이지들의 인터페이스를 처음으로 디자인할 때, 디자인 스케치design sketch는 이 작업에 세 팀들이 가지고 있는 집단적인 지식을 한데 모아준다. 이것은 사용자 인터페이스 디자인에 대한 아주 멋진 학제적인 접근이라고 할 수 있다.

화면설계를 가이드로 사용하여, 디자이너는 사이트의 페이지들을 종이에 스케치해볼 수 있다. 디자이너가 각 페이지들을 스케치함에 따라, 꼭 논의할 필요가 있는 질문들이 나타나게 된다. 아래는 스케치하는 동안에 발생하는 대화의 예다.

> **개발자** : 저는 디자이너께서 그리신 메인 페이지의 레이아웃은 좋은데요, 내 비게이션 시스템에는 뭔가 재미있는 게 들어가야 하지 않을까 싶어요.
>
> **디자이너** : 내비게이션 시스템을 풀다운 메뉴pull-down menu를 써서 만들 수 있을까요? 구조적으로 좋을 것 같지 않나요?
>
> **인포메이션 아키텍트** : 괜찮네요. 근데, 계층구조의 맥락을 보여주는 건 어려울 것 같네요. 목차 기능으로 분리하는 건 어떨까요? 예전에, 이런 접근방법에 대해서 사용자들은 매우 좋아하는 반응을 보였었죠.
>
> **개발자** : 순수하게 기술적인 관점에서 봤을 때, 이런 방식으로 진행하는 건 확실히 문제가 없습니다. 분리된 목차는 어떻게 보여지나요? 스케치해서 보여주실 수 있으세요? 저는 빠르고 간편한 프로토타입을 좋아합니다만…….

보다시피, 이렇게 스케치하는 작업에는 각 팀의 구성원들의 참여가 필수적이다. 디자이너와 함께 대략적인 스케치를 그려보는 작업은 실제 HTML 페이지를 만들고 완성된 그래픽을 사용하는 것보다 훨씬 쉽고 경제적이다. 이러한 스케치는 빠른 반복작업rapid iteration과 열정적인 협업을 가능하게 해준다. 스케치 작업의 최종 산출물은 그림 12-23과 비슷하다.

이 예에서, 직원 핸드북, 라이브러리, 뉴스는 웹사이트의 주요 영역으로 함께 묶여 있다. 검색/브라우징과 가이드라인/정책은 페이지 내비게이션 바를 구성한다. 뉴스 영역은 동적인 자바 기반 뉴스 패널을 위한 공간으로 정의되어 있다. 이 스케치는 화면설계와 별반 다르지 않게 보일 수도 있다. 사실, 인포메이션 아키텍트가 만든 화면설계를 기초로 삼아 작업을 시작해서 이러한 스케치가 나올 때까지 반복적으로 디자인을 하게 된다. 결과적으로 이 스케치는 화면설계 수정과 최종 화면설계의 밑바탕이 된다.

스케치가 정식 화면설계든지 혹은 '냅킨에 한 낙서back-of-the-napkin'보다 더한 것이더라도, 다양한 팀이 모인 회의에서 스케치를 꼭 해볼 필요가 있다. 스케치는 사람들의 개별적인 관심을 최소화함으로써 회의 참석자들이 모두 주

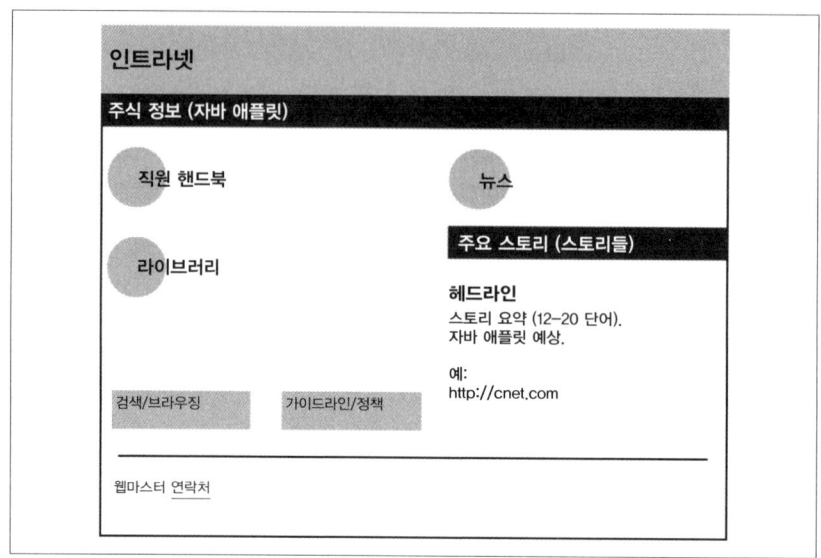

그림 12-23. 기본 디자인 스케치

목할 수 있게 해준다. 또한, 참석자들이 디자인에 대해서 논의하기 위해 동일한 용어를 사용하도록 해준다. 디자인 컨셉에 대한 공용어는 스케치로부터 바로 도출되기도 한다.

마지막으로, 디자인 스케치가 꼭 인포메이션 아키텍트에게 '귀속'될 필요는 없다. 예를 들어, 기능적 요구사항을 설명한 스케치는 디자이너나 개발자의 권한 하에 있을 수도 있다. 소유권 이슈에 휘말리지 않도록 조심하자. 누가 비지오, 옴니그래플, 일러스트레이터를 사용하느냐와는 상관없이, 디자인에 기여한다는 사실 자체가 프로젝트 결과에 있어 훨씬 더 중요하다.[13]

12.8.2 웹 기반 프로토타입

인포메이션 아키텍트가 설계 프로세스에서 가장 재미있어할 수 있는 부분은

---

13 (옮긴이) 안타깝지만, 인하우스 조직에서 다양한 유관 부서들이 협업하는 경우, 누가 산출물을 만드느냐의 문제는 서비스에 대한 영향력을 얼마나 끼칠 수 있느냐의 문제로 옮겨가기 쉽다. 가능하다면, 프로젝트 초기에 산출물의 소유권에 대한 논의를 명확하게 하는 것이 좋으며, 때로는 이 논의 자체에도 정치적인 개입이 필요할 수도 있다.

웹 기반 프로토타입을 만드는 작업이다. 웹 기반 프로토타입을 만드는 디지털 작업은 스케치나 시나리오보다 사이트가 어떻게 보이고 작동하는지 더 잘 보여준다. 프로토타입은 구체적이고 대개 미적으로도 보기 좋다. 지금까지 진행했던 작업들이 어떻게 실제로 통합되는지 확인할 수 있으며, 묵었던 피로를 모두 날려버릴 수 있다.

관심의 균형이 이제는 페이지 레이아웃과 같은 미적인 고려사항으로 옮겨가고 있지만, 프로토타입은 전에 보이지 않았던 정보구조 관련된 문제들이나 기회들을 자주 드러내곤 한다. 일단 정보구조와 내비게이션 시스템이 실제 웹페이지에 적용되면, 웹페이지들이 제대로 작동하는지 여부를 확인하기 더욱 쉬워진다.

디자이너는 동일한 정보구조에 기반을 두고, 두 가지 컨셉을 발전시켜 나갈 수도 있다. 클라이언트로부터 피드백을 수렴하여, 디자이너와 인포메이션 아키텍트는 선택된 컨셉을 함께 조정하고 확장해나간다. 이때, 개념적인 설계 작업은 공식적으로 끝나고 실제로 제작 단계가 시작된다. 인포메이션 아키텍트에게는 가장 신나는 도전들이 앞에 펼쳐지게 되고 상세함과 씨름해야 하는 나날들이 시작된다.

12.8.3 제작 관리를 위한 정보구조

이상적인 경우, 제작 프로세스는 가이드에 따라 순차적으로 매끄럽게 진행되고 인포메이션 아키텍트는 한 걸음 물러서서 휴식을 취할 수 있다. 하지만 실제로는, 인포메이션 아키텍트는 정보구조가 계획에 따라 제대로 구현되고 있는지 확인하고, 새로 발생되는 문제를 해결하기 위해서 동분서주하게 된다. 무엇보다, 어떤 인포메이션 아키텍트도 모든 것을 미리 예측하지는 못한다.

제작 단계에서 많은 의사결정들이 내려지게 된다. 이 콘텐츠 청크들은 한 페이지에 함께 모아놓을 수 있을 만큼 충분히 작은가? 혹은, 몇 개의 페이지로 분리해야 하는가? 사이트의 이 섹션에 로컬 내비게이션을 추가해야 하는가? 이 페이지의 레이블을 줄일 수 있는가? 이 단계에서는, 이러한 질문에 대한 답변이 웹사이트의 사용성뿐만 아니라 제작팀이 수행해야 하는 업무의 양에도 영향을 끼칠 수 있다는 점을 주의해야 한다. 클라이언트의 요청을 제작팀의 수용 가능성, 예산 및 일정, 웹사이트의 정보구조에 대한 비전과 조율할 수 있어야 한다.

이상적으로는 정보구조에 대한 주요 의사결정은 이전에 이미 내려졌기 때문에, 제작 단계에서 주요한 의사결정을 해서는 안 된다. 제작 단계에서 발견되는 정보구조에 대한 결함은 인포메이션 아키텍트가 겪는 악몽이라고 할 수 있다. 다행스럽게도 리서치, 전략 수립, 설계 단계를 차례로 거쳐 왔다면, 이런 일은 발생하지 않는다. 웹사이트의 미션, 비전, 사용자, 콘텐츠를 정의하기 위해서 열심히 일하고, 이러한 프로세스를 거쳐서 만들어지는 의사결정들을 문서화해야 한다. 또, 콘텐츠 맵핑과 상세 구조도를 통해 상향식/하향식 접근방법으로 문제들을 해결해야 한다. 이렇게 세심한 계획이 있어야 오랜 시간 유지될 수 있는 견고한 정보구조가 만들어진다.

하지만, 정보구조는 절대 완벽할 수 없다는 사실은 기억할 필요가 있다. 콘텐츠, 사용자, 맥락과 같은 요소들은 계속해서 바뀌고, 이에 따라 정보구조도 역시 바뀐다. 정보구조 설계는 '완전한' 것을 만들어 내기 위해서 고군분투하는 것이 아니라, 계속 진행 중인 프로세스라는 것을 동료들에게 교육하는 것이 더욱 중요하다.

12.9 모든 것을 한데 모으기: 정보구조 스타일 가이드

웹사이트는 항상 성장하고 변화한다. 인포메이션 아키텍트로서, (사이트를 오픈한 이후라도) 웹사이트의 개발을 이끌어주고 구조적인 문제를 피할 수 있도록 도와주어야 한다. 사이트를 관리하는 사람들이 콘텐츠를 추가할 때 구조적인 영향에 주의를 기울이지 않아서, 세심하고 유연하게 설계한 조직화 시스템, 내비게이션 시스템, 레이블링 시스템, 인덱싱 시스템이 훼손되는 것을 지켜보는 것은 절망스러운 일이다. 무질서가 증가하는 것[14]을 완전히 막기는 불가능하지만, 정보구조 스타일 가이드는 콘텐츠 관리자들에게 올바른 방향을 제시해줄 수는 있다.

정보구조 스타일 가이드[15]는 사이트를 조직화하는 방법, 이러한 방향으로 조직화되어야 하는 이유, 누가 해야 하는가, 사이트가 성장함에 따라 정보구조를 확장시키는 방법을 설명한 문서이다. 사이트의 본래 목적을 이해하는 것이 중요하기 때문에, 가이드는 사이트의 미션과 비전에 대해서 설명하는 것으로 시작해야 한다. 이어서, 목표 사용자를 설명한다. 사이트는 누구를 위해서 설계되었는가? 사용자들의 목표는 무엇인가? 사용자들의 정보 니즈에 대해서 어떤 가정을 하고 있는가? 그런 다음, 콘텐츠 개발 정책에 대한 설명을 해야 한다. 어떤 유형의 콘텐츠가 추가될 수 있고, 어떤 것은 아닌가? 그 이유는 무엇인가? 얼마나 자주 업데이트가 되어야 하는가? 언제 삭제되어야 하는가? 그리고 누가 책임을 지고 있는가?

12.9.1 '이유'에 관한 문제

리서치, 전략 수립, 설계 단계에서 얻어진 시사점과 각 단계에서 내려진 의사결정을 문서화하는 것은 매우 중요하다. 이러한 근본적인 철학은 정보구조의 설계와 운영을 이끌 뿐만 아니라, 미래에 회사가 반드시 직면하게 될 큰 변화의 흔들림 속에서도 사이트를 안전하게 인도한다.

예를 들어, 회사가 다른 회사와 합병되었거나 한 조직을 분사시킬 수 있다. 새로운 제품을 출시하거나 새로운 시장을 개척하고 글로벌화를 진행하고 있을 수도 있다. 이와 같이 큰 변화는 대개 (사이트의 디자인을 포함한 모든 영역에 자신의 흔적을 남기고 싶어 하는) 새로운 고위 경영진의 출현과 같은 대규모 조직

---

14 (옮긴이) 무질서가 증가하는 것: 원문에서는 the effects of entropy라고 표현하고 있다. 이는 열역학 제2법칙, '자연 상태에서 엔트로피는 지속적으로 증가한다는 것'을 의미하며, 여기서 엔트로피는 '무질서도'라고 이해될 수 있다.

15 정보구조와 다른 영역을 모두 포함하고 있는 일반적인 스타일 가이드의 훌륭한 예를 보고 싶다면, 어댑티브 패스(Adaptive Path)의 도움으로 만들어진 「Best Practices for PBS Member Stations」 디자인 가이드라인을 살펴보자: 〈http://www.pbs.org/remote_control/resources/best_practices/bp_adaptivepath.html〉

개편과 함께 일어난다. 그러나 조직에 대한 새로운 요구사항과 환경의 변화가 꼭 사이트 정보구조의 변화로 이어질 필요가 있을까? 이상적으로는 아니다. 명확하게 문서화된 근거는 정보구조를 상세히 설명하고 정보구조가 가진 유연성을 입증한다. 그렇게 함으로써, 많은 영역에 대한 재설계를 피할 수 있다.

앞으로 당면하게 될 '이유'를 설명하는 일 중, 가장 어려운 것은 대개 부사장, 마케팅 관리자, 제품 관리자로부터 오는 질문에 답하는 것일 수 있으며, 사실상 이들 질문의 본질은 "내가 좋아하는 기능이나 더 눈에 잘 띄어야 할 내 부서의 콘텐츠가 왜 최우선순위가 아닌가?"이다. 정보구조 스타일 가이드는 앞으로 직면할 수 있는 이와 같은 다양한 요구사항에 대한 우선순위를 정하는 데 도움이 되는 구체적인 문서를 제공한다. 또한, 언제 "안 된다"고 대답해야 할지도 알려준다.

12.9.2 '방법'에 관한 문제

스타일 가이드는 사이트를 운영하는 다양한 사람들을 위해 실질적인 기본요소들에 대한 설명을 포함하고 있어야 한다. 아래와 같은 섹션들이 포함될 수 있다.

표준

대개 사이트를 운영하고 변경할 때, 준수해야 하는 최소한의 몇 가지 규칙들이 존재한다. 예를 들면, 새로 만들어진 콘텐츠는 사이트에 게재되기 전에 올바른 통제어휘집의 용어를 사용해 인덱싱되어야 한다. 혹은 새로운 콘텐츠가 사이트의 검색 시스템에 곧바로 크롤링되거나 인덱싱되기 위해서는 따라야 하는 특정한 절차가 존재할 수도 있다. 이곳은 규칙을 설명하는 공간이다.

가이드라인

가이드라인은 정보구조가 어떻게 운영되어야 하는지 제안하지만, 규칙과는 달리 강제성을 가지고 있지 않다. 가이드라인은 정보구조의 모범 사례[16]에서 차용될 수 있고, 대개 각 사이트가 처한 상황에 따라 해석하는 과정이 필요하다. 예를 들어, 매우 긴 링크 목록을 어떻게 피할 수 있는지에 대한 조언과 페이지에 제목을 붙이는 방식에 대한 설명을 제공할 수도 있다.

유지보수 절차

언제 그리고 어떻게 새로운 용어를 통제어휘집에 추가해야 하는지와 같이 사이트가 정상적으로 작동하기 위해서 필요한 일반적인 태스크들을 모두 문서화한다.

패턴 라이브러리

동일한 요소들을 새로 만드는 중복작업을 줄이기 위해서, 사이트 디자인에서 재사용할 수 있는 요소들을 문서화하고 활용할 수 있도록 패턴 라이브러리[17]를 만들 수 있다. 검색 결과 페이지를 사용자가 스크롤할 수 있게 해주는 내비게이션 위젯widget을 패턴의 예로 들 수 있다.

스타일 가이드는 또한 구조도, 화면설계, 통제어휘집 정보, 설계 단계에서 만들어진 다른 문서들을 보여주어야 하고, 이러한 문서들이 사이트가 운영되는 동안 재사용될 수 있게 해주어야 한다. 이러한 산출물들에 대해서 설명해 주기 위해서 언제나 현장으로 달려갈 수는 없기 때문에, 구조도와 함께 문서화된 설명을 제공할 필요가 있다. 또한 조직화 시스템, 레이블링 시스템, 내비

---

16 다음 링크에서 정보구조 휴리스틱에 대한 예를 찾을 수 있다: 루이스 로젠펠드의 「IA heuristics」 〈http://www.louisrosenfeld.com/home/bloug_archive/000286.html〉 「IA heuristics for search systems」 〈http://louisrosenfeld.com/home/bloug_archive/000290.html〉 제임스 로버트슨(James Robertson)/스텝투 디자인(Step Two Designs)의 「Intranet Review Toolkit」 〈http://www.intranetreviewtoolkit.org〉

17 야후!가 훌륭한 라이브러리를 만들 수 있었던 비법을 알고 싶다면, 에린 말론(Erin Malone), 매트 리콕(Matt Leacock), 샤넬 휠러(Chanel Wheeler)의 「Implementing a Pattern Library in the Real World: A Yahoo! Case Study」 (Boxes & Arrows, 2005년 4월 29일): 〈http://www.boxesandarrows.com/view/implementing_a_pattern_library_in_the_real_world_a_yahoo_case_study〉를 읽어보자.

게이션 시스템, 인덱싱 시스템의 지속적인 완결성을 유지하면서 콘텐츠를 추가하는 방법에 대한 가이드라인도 제공할 필요가 있다. 하지만 이것은 쉽지 않다. 언제 계층구조에 새로운 레벨을 추가해야 하는가? 어떤 상황에서 새로운 인덱싱 용어가 설명되어야 하는가? 사이트가 성장함에 따라 어떻게 로컬 내비게이션 시스템이 확장되어야 하는가? 미리 고민하고 결정사항을 문서화하여 꼭 필요한 지침(사실상, 사용자 매뉴얼)을 사이트 관리자에게 전달하도록 하자.

스타일 가이드를 사용하는 사용자들이 다양하다는 점을 명심해야 한다. 예를 들어, 대규모 조직 내의 지구 반대편에서 일하고 있는 콘텐츠 작성자는 문서 제목에 들어갈 수 있는 최대 글자수에 대한 이해만 있으면 충분하며, 사이트의 전반적인 전략을 이해할 필요는 없다. 인터랙션 디자이너는 내비게이션 시스템에서 마우스 오버 시에 나타나는 ALT 태그를 만드는 규칙을 이해할 필요가 있다. 정보구조 스타일 가이드를 다른 정보시스템처럼, 활용을 염두에 두고 만든 일종의 '방법과 이유'에 대한 문서라고 생각하자. 또한 회사는 자사의 브랜딩, 콘텐츠, 온라인상의 다른 요소들에 대한 스타일 가이드를 이미 가지고 있을 수 있다. 가능한 시점에 정보구조 가이드라인을 기존의 스타일 가이드에 통합할 수 있도록 하자.

Information Architecture for the World Wide Web

4부 | 정보설계의 실제

Information Architecture for the World Wide Web **13**

교육

다룰 내용:
- 정보설계에 대한 교육 현황
- 인포메이션 아키텍트로 취업하는 데 있어 관련 학위의 가치
- 정보설계 수업과 학위를 수여하는 대학교

우리는 인포메이션 아키텍트가 되고 싶어 하는 사람들로부터 많은 메일을 받는다. 호주에 있는 한 테크니컬 라이터는 인포메이션 아키텍트로 과감하게 전향하고 싶다면서, "어떻게 하면 제 능력을 키울 수 있을까요? 어떤 조언을 해주실 수 있으신가요?"하고 물어왔다. 플로리다에서 문헌정보학을 공부하고 있는 한 학생은 꼭 인포메이션 아키텍트가 되고 싶다고 하면서, 인포메이션 아키텍트가 되기 위한 명확한 방향을 찾기 어렵다고 푸념했다.

또, 우리는 자신의 전문성을 향상시키기 위한 방법을 모색하고 있는 여러 현업 인포메이션 아키텍트와 많은 이야기를 나누고 있다. 어떤 이는 정보설계의 모든 기본들을 다루는 폭넓은 지식을 원하고, 다른 누군가는 현업의 특정 분야에 적용되는 고급 기술을 원한다. 소수의 사람들만이 관련 학위를 받고자 하고 또 받을 수 있지만, 여전히 많은 사람들이 바쁜 일상에서도 참석할

수 있는 교육 과정을 찾고 있다.

마지막으로, 우리는 인포메이션 아키텍트가 되는 것에는 관심이 없지만, 정보설계에 대해서는 궁금해 하는 사람들과 정기적으로 만나고 있다. 이런 사람들에는 의사결정권자나 웹이나 인트라넷 개발 전반에 대한 책임을 지고 있는 관리자들이 해당된다. 이들의 핵심 역량은 마케팅, 소프트웨어 개발, 인터랙션 디자인, 그밖의 다양한 영역일 수 있다. 정보설계는 이들이 하는 업무의 작은 부분이지만 상당히 중요하다.

요컨대, 이런 다양한 사람들이 정보설계를 배우는 방법을 찾고 있지만 교육 과정을 찾는 데는 많은 어려움을 겪고 있다.

13.1 교육에 있어서의 변화

어쩌면 이러한 어려움은 당연한 것인지도 모른다. 정보설계는 새로운 학문이기 때문에 모든 접근방법들이 '아직 완전히 검증되지 않았다'. 학교는 무엇을 가르쳐야 할지 확신이 없으며, 학생들은 무엇을 배워야 할지 모른다.

의학, 법률, 비즈니스와 같이 이미 확립된 전문 분야의 교육 프로그램은 시장의 점진적인 검증을 거쳐 오며 가치를 인정받은 것들만 살아남았다. 수요와 공급이라는 독립적인 힘이 평형 상태로 이끈 것이다.

하지만 이 분야에서는 아직 채용 시장과 교육 시장이 모두 미성숙한 상태다. 컨설팅업체나 대기업에서 전문 인포메이션 아키텍트를 채용하는 것은 비교적 근래에 와서야 이뤄지고 있다. 앞으로 얼마나 많이 정보구조 설계가 이뤄질지도 확실치 않고 누가 할지도 미지수다. 최근 IT업계에 불어 닥친 금융 위기는 정보설계 분야뿐만 아니라 업계 전반에 어려움을 가중시키고 있다. 이런 큰 어려움은 정부, 경제, 커뮤니케이션, 엔터테인먼트, 교육과 같은 광범위한 분야에 변화를 일으키고 있다. 우리를 둘러싼 환경(특히나 정보구조 설계에 대한 분야)이 빠르게 변하는 것을 한 개인으로서 정확히 이해하는 것은 쉽지 않은 일이다. 이렇게 역동적이고 경쟁이 치열한 환경에서, 우리는 자신의 교육을 스스로 책임져야 한다. 우리 모두 평생 배워야 한다.

13.2 선택의 기회

21세기 삶에서 가장 좋은 점은 소비자들이 선택의 자유를 가지고 있다는 것이다. 교육의 성공 여부는 다양한 기회의 중요성에 대해 얼마나 인식하고 있는가에 달려 있다. 전에 없었던 공부방법이 다양하게 존재한다. 정보설계와 같은 분야는 커뮤니케이션과 협업에 있어 인터넷 기술을 가장 먼저 도입하기 때문에 이러한 일들이 가능하다. 배움을 위한 자료와 방법은 아래와 같다.

경험

장기간에 걸쳐 직접 체험해야지 배우는 방법에는 딱히 대안이 없다. 오늘날의 인포메이션 아키텍트 대부분은 현업에서 기술을 연마했다. 비영리 단체에서 자원봉사를 하거나 개인 웹사이트를 만드는 것이 초심자들에게 좋은 시작점이 될 수 있다.

견습

초심자에서 전문가로 변할 수 있는 가장 **빠르고**, 가장 신뢰할만한 방법은 전문가와 매우 가깝게 일하는 것이다. 무언의 지식을 나눠줄 만한 멘토를 찾아보자.

정규 교육

업계가 성숙해져 감에 따라, 정규 교육을 찾는 인포메이션 아키텍트들이 늘어나게 될 것이다. 궁극적으로, 회사는 학위와 경험을 모두 가진 사람을 원하게 된다. 이 중요한 주제에 대해서는 다음 섹션에서 살펴보도록 하자.

학회 및 세미나

빠른 교육이나 수준 높은 연구를 원한다면, 대학, 학회, 컨설팅회사에서 진행하는 강의, 워크숍, 세미나를 찾아보자. 하나만 추천하라고 한다면,

매년 개최되는 IA 서미트[1]를 추천한다.

문헌
정보설계와 관련된 책과 글의 양은 실로 어마어마하게 많다. 잘 찾아보면 리서치 보고서, 조사 결과, 산출물 샘플도 발견할 수 있다.

커뮤니티
전문가 협회나 온라인 커뮤니티를 통해서 성공 사례에 대해서 배울 수 있고, 업계의 사람들과 관계를 형성할 수 있다. 온라인 토론은 좋은 시작점이 될 수 있다.

뉴스 및 전문가 의견
정보설계와 경험 디자인을 다루고 있는 뉴스 피드와 블로그 또한 최근에 자주 언급되는 인물이나 최근 이슈들을 알게 해주는 아주 유용한 방법이다.

완벽하지는 않겠지만, 부록에 교육 자료들을 선별하여 언급하였다. 정보설계에 대한 주요 자료들이 더 배우고자 하는 여정에 출발점이 될 수 있을 것이다.

13.3 여전히 학위가 필요한가?

인포메이션 아키텍트가 되는 데 특별한 학위가 필요하지는 않지만, 도움이 되는 것은 사실이다. 업계가 성숙하고 경쟁이 치열해질수록 정식 학위의 중요성이 확실히 늘어나게 될 것이다.

현재, 단지 몇 개의 학교만이 정보설계에 대한 학위를 수여하고 있지만, 다

---

[1] (옮긴이) IA Summit: 원문에서는 ASIS&T Summit라고 소개하고 있으나, 현재는 보편적으로나 공식적으로 IA Summit라는 명칭을 사용하고 있다. ⟨http://iasummit.org⟩

양한 대학들이 정보설계에 대한 교육을 받을 수 있는 관련 학위를 수여하고 있다.

예를 들어, 많은 인포메이션 아키텍트들이 정보설계와 관련된 선택과목을 고를 수 있는 문헌정보학Library and Information Science: LIS이나 인간-컴퓨터 상호작용Human-Computer Interaction: HCI 대학원 과정에 진학하고 있다. 일부 LIS 과정은 전통적인 문헌정보학을 확장하여 온라인 환경에서의 정보조직화를 다루고 있고, 일부 HCI 과정은 소프트웨어 인터페이스의 범위를 벗어나 다양한 콘텐츠 환경과 정보 탐색 행위에 대해서 다루고 있다.

사실, 다양한 대학원 과정을 통해 인포메이션 아키텍트 직종에 대한 견고한 기반을 다질 수 있다. 필수과목의 구성, 교수의 관심사, 타학과 학점 인정이 가능한지를 중요하게 살펴봐야 한다. 예를 들어, LIS 과정의 학생이 대학 내 비즈니스 과정이나 엔지니어링 과정의 수업을 들을 수 있는지 확인해볼 필요도 있다.

대학원 과정을 밟아 나갈 때, 전공과 부전공을 구체화하기 위해서 세 가지 원 모델(사용자, 콘텐츠, 맥락)을 활용해볼 수 있다. 예를 들어 HCI 과정에서, 사용자에 관한 전공(사용자가 인터페이스와 어떻게 상호작용하는지를 연구)을 선택하고 콘텐츠와 관련된 부전공(정보조직화와 검색에 대한 LIS 수업을 수강)을 선택할 수 있다. 핵심 전문 분야를 만드는 것과 더불어 다재다능한 것도 역시 중요하다.

13.4 업계의 현황

빠르게 변화하는 이 분야에 대한 명확한 이해를 얻기 위해 정보설계 관련 교육자와 실무자를 대상으로 최근에 설문조사[2]를 수행한 바 있다. 표 13-1에서 보이는 것과 같이, 실무자들의 절반 정도가 관련 분야의 정규 교육을 받은 것

---

2 완전한 조사 결과는 다음을 참조. 〈http://iainstitute.org/pg/polar_bear_book_third_edition.php〉

표 13.1 정규 교육

당신은 정보설계, 사용성, HCI, 문헌정보학, 기타 관련 분야에 대한 *정규* 교육 (예, 전문대학, 대학교)을 받았습니까?	
예	48.6%
아니오	48.6%
확실치 않음	2.8%

으로 나타났다.

정규 교육을 받은 사람들 중에서 약 70%가 석사 학위를 가지고 있고, 표 13-2에서 보이는 바와 같이 문헌정보학 학위가 월등히 많다.

그리고 채용 권한이 있는 실무자 중 약 50%가 채용을 결정할 때, 관련 분야에서 정규 교육을 받았는지를 중요하게 혹은 매우 중요하게 고려한다고 응답했다.

다행스럽게도, 수요를 만족시킬 수 있도록 정보설계 과목이 존재하는 대학원 과정이 점차 많아지고 다양해지고 있다. 정보설계 학위를 수여하는 학교들은 아래와 같다.

- 볼티모어 대학교, 인터랙션 디자인 및 정보설계, 이학 석사 University of Baltimore, Interaction Design and Information Architecture
- 일리노이 공과대학교, 정보설계 이학 석사 Illinois Institute of Technology, Information Architecture
- 켄트 주립대학교, 정보설계 및 지식 관리 이학 석사 Kent State University, Information Architecture and Knowledge Management

그리고, 실질적인 정보설계 과목이 있는 학교들은 다음과 같다.

- 캘리포니아 대학교, 버클리 캠퍼스(UC버클리) 정보대학원 University of California-Berkeley, School of Information
- 카네기 멜론 디자인대학원 Carnegie Mellon, School of Design

표 13.2 전공 분야

전공이 무엇입니까? (위에서 '예'라고 대답한 경우)	
문헌정보학	40.3%
HCI	12.3%
정보 관리	8.4%
정보설계	4.5%
인간공학[3]	3.9%
정보학	3.9%
사용성	3.2%
인터랙션 디자인	2.6%
테크니컬 커뮤니케이션	2.6%
인지심리학	1.3%
컴퓨터공학	1.3%
디자인	1.3%
정보시스템	1.3%
멀티미디어 디자인	1.3%
소프트웨어 개발	1.3%
커뮤니케이션 디자인	0.6%
컴퓨터 기반 교수설계	0.6%
전산학/컴퓨터과학	0.6%
인간공학	0.6%
산업 디자인	0.6%
인터랙티브 멀티미디어	0.6%
학습 설계 & 기술	0.6%
문헌정보학 & 인간공학	0.6%
사용자 중심 디자인	0.6%
비주얼 커뮤니케이션	0.6%

---

3 (옮긴이) 인간공학(Human Factors/Ergonomics): 미국에서는 Human Factors를, 유럽에서는 Ergonomics를 사용하는 경향이 있다. 실제 학문적으로 다루는 내용은 큰 차이가 없다.

- 미시간 대학교 정보대학원 University of Michigan, School of Information
- 텍사스 대학교 정보대학원 University of Texas, School of Information
- 워싱턴 대학교 정보대학원 University of Washington, Information School

요컨대, 정보설계 분야는 변화하고 있다. 10년 뒤에도, 이 분야가 더 이상 초창기는 아니겠지만, 여전히 성장할 수 있는 가능성이 충분하다. 선택한 목표와 학위가 무엇이든 간에 확실히 두 가지를 예상해볼 수 있다. 첫째, 변화는 빨라지고 계속될 것이다. 둘째, 시간과 관심은 제한될 것이다. 따라서 결코 모든 것을 배울 수도 없다. 다만 계속해서 배워야 한다. 배울 것을 신중하게 선택하고, 배움을 사랑하는 방법을 터득하자.

Information Architecture for the World Wide Web 14

윤리

다룰 내용:
- 카테고리와 분류에 작용하는 정치
- 접근 가능한 정보의 범위와 정보에 접근할 수 있는 주체에 대한 이슈
- 인포메이션 아키텍트의 윤리적 책임

이 책도 종반으로 치닫고 있다. 우리가 설명한 개념에 대해서 모두 이해했고, 방법론들도 친숙해졌기를 기대한다. 앞으로 더 나가기 앞서, 아래와 같은 질문에 대해서 고민해보자.

- 도덕적 딜레마로 점철되어 있는 정보설계의 현실을 이해하고 있는가?
- 레이블링과 입자성에 대한 의사결정이 생명을 구할 수도, 해칠 수도 있다는 사실을 알고 있는가?
- 윤리적인 차원을 고려하여 정보구조를 설계하고 있는가?[1]

이런 질문들에 대해 고민해본 적이 없더라도 걱정할 필요는 없다. 이것은

---

1 이 장은 피터 모빌이 쓴 「Strange Connections」라는 글에 기초하고 있다. 〈http://argus-acia.com/strange_connections/strange008.html〉

우리의 문제가 아니고, 앞서 갔던 인포메이션 아키텍트들을 탓할 문제다. 우리가 '헨젤과 그레텔의 이야기는 비효율적인 경로 표시 내비게이션의 전형이라는 것'을 깨닫기 시작하던 초보 시절일 때, 우리의 선배들은 우리와 함께 시간을 보내준 적이 있었던가? '스파이더맨이 웹이 가지고 있는 하이퍼텍스트의 고결한 힘을 상징한다'[2]는 사실을 그들은 우리에게 알려준 적이 있었던가? 역할 모델이 될만한 정보설계 분야의 슈퍼영웅이나 하다못해 악당 두목도 없이, 어떻게 멋진 장밋빛 미래나 암흑 같은 미래를 점칠 수 있을까?

14.1 윤리적 고려사항

사실, 윤리는 정보구조가 가지고 있는 다양하게 숨겨진 차원 중 하나이다. 조프리 보우커Geoffrey Bowker와 수잔 스타Susan Star는 자신들의 책, 『Sorting Things Out』(MIT Press)에서 다음과 같이 언급했다.

> 시스템이라는 의미로 보면 훌륭하고 유용한 시스템들은 더 이상 존재하지 않는다. 사용하기 편리해지는 만큼, 눈으로 보기는 어려워진다.
> 인터넷이나 글로벌 데이터베이스와 같은 대규모 정보시스템들은 특정 조직의 정치적 목소리를 싣게 되는데 이런 것들은 드러나지 않는다. 시스템의 기반구조 계층에 내재되어 있기 때문이다.

보우커와 스타는 이 책을 통해 정보의 조직화와 레이블링에 있어 심각하게 다뤄질 필요가 있는 윤리적 차원의 문제들을 언급하고 있다. 그러나 걱정하지 말라. 세상을 구원하기 위해 앞장서라고 얘기하는 것이 아니다. 단지, 인포메이션 아키텍트가 고민해야 할, 여섯 가지 차원으로 만들어진 프레임워크에 대해서 얘기해 보고자 함이며, 선택은 각 개인에게 달려 있다. 보이지 않는

---
2 (옮긴이) 스파이더맨이 거미줄로 빌딩숲을 활보하는 것을 의미한다. 즉, 드넓은 빌딩숲과 같은 웹 공간을 하이퍼텍스트라는 거미줄로 내비게이션할 수 있으며, 때로는 새로운 경로나 빠른 경로를 만들어 낼 수 있는 것을 의미한다.

것을 보이게 만드는 방법을 조심스럽게 얘기해보자 한다.

14.1.1 접근 가능한 정보의 범위

많은 정보설계 작업은 사람들이 정보를 찾거나 태스크를 효과적이고 효율적으로 완수할 수 있도록 돕는 데 중점을 두고 있다. 무의미한 마찰을 줄여서 시간과 돈을 절약하고 혼란을 피하도록 해야 한다.

하지만 우리는 사용자와 그들이 분명하게 찾고 있는 정보를 연결시켜주는 것을 넘어, 시소러스나 추천 엔진을 사용해서 사용자들이 존재하는지 알지도 못했던 제품, 서비스, 지식을 추가적으로 알려주기도 한다. 그런데 이런 작업은 최초로 원자폭탄을 만들었을 때와 같이 더 이상 윤리적 중립을 준수하고 있지 못하다.

최근, 아마존Amazon은 낙태를 반대하는 책들에 대해 왜곡된 검색 결과를 보여줘, 이것을 낙태옹호자들이 항의하자 검색엔진을 조정하였다[3] 사용자들이 abortion(낙태)라고 검색어를 쳤을 때, 아마존은 "adoption(입양)을 의미하셨나요?"라는 질문과 함께 추천도서를 보여주었다. 아마존은 이것이 수자업으로 편집한 것이 아니라 알고리즘에 의한 것이라고 해명했지만, 이런 추천 기능을 넣기로 한 것은 분명 윤리적(또한, 정치적, 경제적) 영향을 염두에 두고 편집 결정을 내린 것으로 봐야 한다.

훌륭한 정보구조는 의료 연구원들이 질병 치료에 대해서 찾지 못했던 결과를 발견할 수 있도록 도움을 준다. 또한, 훌륭한 정보구조는 화가 난 십대들이 어떻게 파이프 폭탄을 만드는지도 잘 알게 해준다. 이렇듯 비즈니스, 비영리조직, 대학, 정부, 정치후보, 군대, 원자력발전소와 같이 어떠한 주제를 다루느냐에 따라, 정보구조의 윤리적인 측면은 달라진다. 따라서, 새로운 업무나 프로젝트를 시작하기 전에 광범위한 윤리적 맥락에 대해서 고민할 필요가 있다.

---

[3] 「Amazon Says Technology, Not Ideology, Skewed Results」 로리 J. 플린(Laurie J. Flynn) 뉴욕타임즈, 2006년 3월 20일 〈http://www.nytimes.com/2006/03/20/technology/20amazon.html〉.

14.1.2 레이블링

레이블처럼 강력한 힘을 발휘하는 것은 없다. 우리는 레이블에 둘러싸여 있지만, 레이블이 가지는 대부분의 영향력은 눈에 보이지 않는다. 다만, 사람들을 상처받게 하는 경우에만 눈에 띄기 마련이다.

보우커와 스타는 몇 가지 좋은 예를 제시하였다. 그들은 '동성애에 의한 면역장애gay-related immune disorder : GRID'라는 레이블이 수년 동안 다른 레이블들을 거쳐서 현재 보편적으로 사용되는 '후천성 면역 결핍증AIDS'에 이르는 변화를 통해 나타난 정치적 이슈와 역효과에 대해서 논의하였다.[4] 다른 예로는 '만성 피로 증후군chronic fatigue syndrome을 앓고 있는 환자들이 겪는 가장 큰 중압감 중의 하나는 질병의 이름이라는 사실'을 들었다. '피로'라는 단어는 일상에서 느낄 수 있는 피곤함을 의미하기 때문에 친구, 가족, 회사, 동료들은 이 병을 별로 심각하게 생각하지 않는다.

레이블링 시스템이나 통제어휘집을 만들 때, 문맥적 의미(콘텐츠 작성자가 정의한 용어의 사용)와 사용상 의미(사용자들이 사용할만한 용어를 예측) 간의 균형을 맞추는 데 많은 노력을 해야 한다. 레이블은 명확성, 예측 가능성, 간결성을 갖추어야 한다. 어쩌면, 레이블이 사람들과 선입견에 끼칠 수 있는 잠재적인 영향에 대해서도 고려해야 한다.

14.1.3 카테고리와 분류

카테고리의 유무와 각 카테고리에 무엇이 속하고 무엇이 속하지 않는지에 대한 정의 또한 엄청난 결과를 불러올 수 있다. 보우커와 스타는 20세기 전에도 아동학대는 존재했었지만, 당시에는 해당 '카테고리'가 존재하지 않았기 때문에 무엇이라고 말할 수 없었다고 설명한다. 카테고리의 생성은 아동학대를 사회적, 법률적으로 더욱 부각시켰다.

---

4 (옮긴이) 후천성 면역 결핍증이라는 이름의 역사와 관련된 이야기들이 궁금하다면 'AIDS history: from 1981 until now'를 참고하는 것도 좋다. 〈http://www.essortment.com/all/aidshistory_rvso.htm〉.

또한, 그들은 어떠한 대상이 현존하는 카테고리에 해당되지 않거나('상상 속의 괴물') 동시에 다양한 카테고리에 속할 때('사이보그') 발생하는 문제점에 대해서도 언급했다. 18세기와 19세기에 확산되었던 괴물에 대해서는 '괴물들을 일반적인 카테고리에 포함시키기 위해, 기형이나 기이한 행동을 기준으로 삼기보다는 공통적으로 무엇인가가 결여되었다는 점을 활용했다'라는 해리엇 리트보Harriet Ritvo의 말을 인용하였다.

분류 체계를 설계할 때, 이것저것 짜깁기한 결과에 대해서 책임을 지고 있는가? 우리가 만드는 분류 체계는 사람들의 이해에 미묘한 영향을 끼치고, 민감한 주제에 대해서는 예상치 못했던 선입견을 불러일으킬 수도 있다. 조심해서 신중하게 분류하도록 하자.

14.1.4 입자성

보우커와 스타는 간호학자들이 개발한 간호 중재 분류Nursing Intervention Classification: NIC 평가 작업을 진행했다. 그들은 이 분류가 간호사들의 업무를 보다 가시적이고 적절하게 만드는 데 도움이 되기를 바랐다.

프로젝트 과정에서, 확실성에 대한 견해politics of certainty와 모호성에 대한 견해politics of ambiguity 간의 정치적 균형을 맞추는 작업에 입자성이 가장 큰 화두가 되었다.

> 이러한 논의의 핵심은 가시성을 높이는 것과 감시를 철저히 하는 것(간호사가 해야 하는 일을 매우 포괄적으로 정의하는 것과 각 실무자들의 재량에 맞기는 것) 간의 균형을 이루는 것이었다.

웹사이트나 인트라넷 환경에서 입자성의 윤리를 고민하는 것은 흥미로운 일이다. 콘텐츠를 청크하는 데서 야기될 수 있는 의도하지 않은 결과에는 무엇이 있을까? 확실성과 모호성 사이의 균형이 변했을 경우, 누가 고통 받을 수 있는가? 때로, 어렵고 민감한 문제들이 세세한 수준에서 발생한다.

14.1.5 정보에 접근할 수 있는 주체主體[5]

건축가, 문헌정보학자, 디자이너들은 경사로나 엘리베이터 이용, 커다란 인쇄물이나 오디오 북에 이르기까지 모든 사람들이 전통적인 도서관을 사용하는 데 있어서 불편함이 없어야 한다는 이슈를 잘 이해하고 있다. 안타깝게도, 어려움은 이러한 경험을 디지털 환경으로 옮겨오는 데서 발생한다.

W3C의 웹 콘텐츠 접근성 가이드라인[6]과 508조 표준[7]을 참고할 수 있음에도 불구하고, 많은 소프트웨어 애플리케이션과 웹사이트들은 다양한 사용자들이 가진 육체적인 능력과 한계에 대해 별다른 고려 없이 설계된다. ACM 윤리 강령은 다음과 같이 언급하고 있다.

> 공정한 사회를 위해 모든 개인은 인종, 성별, 신앙, 나이, 장애, 국적 등에 상관없이 컴퓨터 자원을 사용하고, 이로 인해 이익을 얻는 동일한 권리를 갖는다.

HCI 분야의 선구자인, 벤 슈나이더만[8]은 이러한 윤리 강령을 유니버설 사용성universal usability 개념으로 확장했다.

> 유니버설 사용성은 사용법을 쉽게 알 수 있고affordable, 유용하고useful, 사용 가능한usable 기술이 전 세계의 모든 사람들에게 활용될 수 있어야 한다는 것을 의미한다. 이것은 기술의 다양성, 사용자의 다양성, 사용자가 가진 지식의 차이를 극복해야 한다는 것을 뜻하며, 교육기관, 회사, 정부기관에 이제 막 전파되기 시작하고 있다.

물론, 인포메이션 아키텍트들은 다양한 사용자들을 고려하여, 유용하고

---

5 (옮긴이) 정보에 접근할 수 있는 주체(Physical Access) : 개인이 가지고 있는 물리적, 육체적 특성과는 상관없이 정보에 접근할 수 있어야 한다는 것을 의미한다. 특히 시각, 청각과 같은 감각기관의 장애뿐만이 아니라 근력이나 인지능력 등의 다양한 장애를 가진 사람들 모두 정보를 사용하는 데 있어서 문제가 없어야 한다는 점을 강조한다.

6 Web Content Accessibility Guidelines, Web Accessibility Initiative, 〈http://www.w3.org/WAI〉

7 Section 508 Standards :미국 재활법 508조(Section 508 of the Rehabilitation Act), 전자 및 정보기술 (Electronic and Information Technology), 〈http://www.access-board.gov/508.htm〉

8 벤 슈나이더만(Ben Schneiderman), 「Communications of the ACM, 2000」.

사용 가능한 시스템을 만들기 위해 노력한다. 하지만, 유니버셜 사용성을 고려하여 설계해본 적이 있는가?

14.1.6 지속성

전에 언급한 것처럼, 정보구조는 겉으로 드러나는 화려함이 아니라 정말 필수적인 기반구조라는 데 방점이 있다. (기반구조는 광범위하고 장기간에 걸쳐 영향을 끼친다.) 설계의 내용은 널리 확산되어 인터페이스 디자이너, 개발자, 콘텐츠 작성자의 업무에 영향을 끼치고, 결국은 사용자에게도 영향을 끼친다. 우리는 빠르고 간편하게 만든 프로토타입이 "이렇게 하세요, 혹은 절대 이렇게 하지 마세요"하고 가이드를 제공해주기 때문에, 지속성이 있는 사이트를 만드는데 많은 도움이 된다는 사실을 경험을 통해 알게 되었다. 오랜 시간 동안 지속가능한 정보구조를 설계하기 위해서는, 현재는 물론이고 미래에 대해서도 충분히 고려해야 한다(이 주제에 대해서는 15장의 '빠른 계층과 느린 계층' 절에서 자세하게 설명하기로 하자). Y2K 버그[9]를 기억하는가? 그러면 충분하다.

14.2 미래를 구체화하기

인간으로서, 우리는 윤리적 딜레마들이 엄청나게 많지 않다고 치부함으로써 대부분을 애써 외면하고 있다. 이런 딜레마들이 우리가 어찌 할 수 없는 범위에 있거나 다른 사람에게 책임이 있다고 자위하고 있다.

한 명의 인포메이션 아키텍트로서, 이러한 윤리적 딜레마들의 일부 혹은 모든 것들이 '우리의 문제가 아니다'라고 단정해버릴 수도 있다(책임은 실제로

---

9 (옮긴이) Y2K버그(Year Two Kilo Bug): 시스템들이 연도 표시의 뒤 두 자리만을 인식했기 때문에, 1900년과 2000년을 동일하게 간주하는 데서 많은 문제점이 발견되었다. 2000년 이전에 만들어진 시스템들이 2000년 이후에도 사용될 것이라고 예측을 하지 못해서 발생한 문제라고 볼 수 있다. 본래 이 문제는 100년마다 발견이 되는 문제지만 이 문제가 2000년 들어서면서 처음 대두되었기 때문에 'Y2K 버그' 혹은 '밀레니엄 버그'라고 부른다.

클라이언트, 비즈니스 관리자, 콘텐츠 작성자, 사용성 엔지니어, 사용자에게 있을 수도 있다). 혹은, 세상을 구원할 슈퍼영웅을 마냥 기다릴 수도 있다.

애기가 나와서 말을 하자면, 몇 안 되는 사용자 경험 슈퍼영웅들은 우리가 맞닥뜨린 이런 골치 아픈 문제들을 해결하는 방법에 대한 책들을 써오고 있다. 예를 들어 포그B.J. Fogg의 『Persuasive Technology: Using Computers to Change What We Think and Do』(Morgan Kaufmann)은 '설득의 기술에 대한 윤리'를 한 개의 장으로 다루고 있다. 젤드만Jeffrey Zeldman의 『Designing with Web Standards』(Peachpit Press)는 접근성을 고려한 디자인의 경제성과 윤리를 상세히 다루고 있다. 그리고, 그린필드Adam Greenfield의 『Everyware: The Dawning Age of Ubiquitous Computing』(Peachpit Press)은 유비쿼터스 컴퓨팅 환경에서의 사용자 경험 디자인에 필요한 윤리적 가이드라인을 제시하고 있다. 이러한 책들을 읽고 슈퍼영웅들의 생각을 행동에 옮겨보기를 적극 권한다. 이렇게 하면, 우리는 보다 나은 미래를 만들어 나갈 수 있다.

Information Architecture for the World Wide Web 15

정보설계팀 구성하기

다룰 내용:
- 내부 인력과 외부 인력 조율하기
- 정보설계팀 구성에 있어 '속도가 다른 계층'의 효과
- 정보설계 프로젝트 및 프로그램을 위한 인력 채용(단기 및 장기적 고려사항)
- 전문 인포메이션 아키텍트의 사례

이장의 제목이 많은 사람들의 신경을 많이 거슬리게 할 수도 있기 때문에, 먼저 몇 가지 단서를 달고자 한다. 첫째, 여기서 다루고자 하는 것은 정보설계팀을 만드는 데 있어서 역할과 분야 간에 벽 쌓는 법을 안내하려고 하는 것은 아니다. 반대로, 우리는 다양한 분야의 사람들이 유기적으로 서로 엮여 있는 팀의 가치를 굳게 믿는다. 둘째, 여기서 설명하는 정보설계 드림팀은 도발적이고 야심차지만 희망사항일 뿐이라는 것을 우리는 아주 잘 알고 있다. 이 비전은 아주 큰 프로젝트 혹은 대규모 조직에서나 완벽하게 이뤄질 수 있다.

우리의 의도는 현재의 한계에 도전하고, 전문 인포메이션 아키텍트 커뮤니티에 작지만 영향을 끼칠 수 있는 방법을 찾아보자는 것이다. 세계에서 가장 큰 사이트는 어떻게 설계되고 관리될까? 누가 그 일을 할 수 있을까? 아웃소

싱을 해야 하는 것일까? 아니면, 내부적으로 구축해야 할까? 직원들은 중앙집중적으로 업무를 하는 것이 좋을까? 아니면, 서로 독자적으로 일하는 것이 좋을까?

많은 사람들이 이런 문제가 곧 닥칠 것이라고 생각한다. 내부in-house 인포메이션 아키텍트가 되어야 하는 걸까? 혹은 컨설팅회사에 남는 것이 더 좋을까? 내부 인력 혹은 외부 인력? 어떤 쪽이 가장 안전할까? 어디서 가장 많이 성장할 수 있을까?

인트라넷 관리자나 웹사이트 관리자도 동일한 질문을 한다. 어떻게 인포메이션 아키텍트를 고용할 수 있을까? 정식직원으로 채용해야 할까? 혹은 컨설턴트를 고용해야 할까? 누구를 고용해야 할까? 어떤 능력을 가진 사람을 고용해야 할까? 어떤 경우든지 간에 이러한 질문들은 참 어렵다.

이러한 질문들은 정보설계가 어떤 학문적 배경을 가지고 있고 그 역할이 무엇인지에 대한 논란을 불러일으킨다. 또한 인포메이션 아키텍트로 하여금 웹사이트, 인트라넷 외에도 회사의 미래를 고민하게 만들고, 일시적인 서비스와 영구적인 서비스를 구분하도록 만든다. 이러한 질문들은 인포메이션 아키텍트들을 혼란스럽고 불안하게 만든다. 다른 말로 표현하자면, 던질 필요가 있는 아주 좋은 질문이다.

이러한 질문은 비행기를 타고 있는 동안에 비행기를 고치는 것과 같기 때문에 매우 어려운 질문이라고 할 수 있다. 더 안 좋은 것은, 비행기가 아직 자동항법이 가능한 고도에도 이르지 못했다는 사실이다. 구름 위까지 올라가서 시야를 확보한 후에야, 우리는 엄청난 변화의 한가운데에 서있다는 것을 파악할 수 있게 된다.

1990년대 회사들은 웹사이트와 인트라넷을 단기 프로젝트라고 인식했다. 그들은 디자이너와 IT 컨설팅회사들이 몇 개월만에 완성해주기를 기대했다. 다행스럽게도, 이렇게 순진한 태도는 점차적으로 계몽된 관점으로 변화되었다. 웹사이트와 인트라넷이 비즈니스에 있어서 필수적인 요소로 성장해가는 것을 많은 관리자들이 파악하게 되었다. 그들은 전략 수립과 정보구조의 장기적인 가치를 인식하게 되었고, 사이트가 점차 커지고 복잡해짐에 따라서 정보설계의 어려움은 배가 된다는 사실을 이해하게 되었다.

결과적으로, 많은 선도 기업들은 내부에 인포메이션 아키텍트를 채용하기 시작했다. 이것은 업계 전체를 고려했을 때 긍정적이라고 할 수 있지만, 한편으론 컨설턴트와 컨설팅회사들이 불안감을 갖게 되었다. 하지만 이런 사실이 모든 정보구조 설계 작업들을 내부 인력으로 하라는 것을 의미할까? 물론, 절대 그렇지 않다. 이것은 언제 어떠한 상황에서 어떤 접근방법이 가장 효과가 있는지를 밝혀내야 한다는 것과 웹디자인 생명주기의 핵심적인 이슈에 인포메이션 아키텍트도 참여하게 되었다는 것을 의미한다.

15.1 창조를 위한 파괴

웹이나 인트라넷 재설계 프로젝트에서 인포메이션 아키텍트를 가장 어렵게 하는 것은 벼룩 잡으려다 초가삼간 태우는 관행이 만연해 있다는 것이다.[1] 사이트 개발 프로세스는 전략 수립 단계에서 설계 단계를 지나 구현 단계로 진행된다. 그 다음, 대개 몇 개월간(몇 년간이 아니라) 운영을 한 뒤, 누군가가 재설계가 필요하다고 의사결정을 한다. 새로운 CEO가 '새로운 디자인'을 원했거나, IT 부서에서 새로 콘텐츠 관리시스템을 구매했을 수 있다. 혹은, 사용자 경험 디자인팀이 유지보수에 싫증을 느꼈을 수도 있다.

이유야 어찌되었든, 누군가가 마치 적을 몰살시키듯 이전 사이트가 가진 요소들을 모두 지워버리는 재설계 작업을 결정하게 된다. 가장 좋지 않은 상황은, '바로 업무에 착수'하기 위해서 조직적인 이해가 전혀 없는 완전히 새로운 팀이 꾸려지는 것이다.

우리는 무한하게 반복되는 파괴적인 창조를 중지시킬 수 있다고 낙관하지

---

[1] 이 장의 절들은 피터모빌의 글, 「The Speed of Information Architecture」에서 차용했다. ⟨http://semanticstudios.com/publications/semantics/000003.php⟩

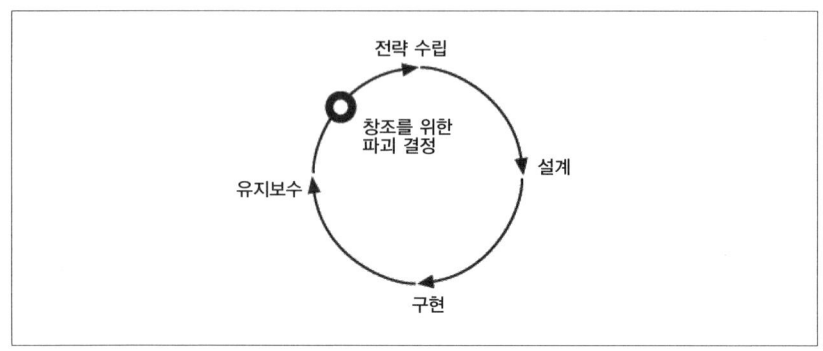

그림 15-1. 무한하게 반복되는 파괴적인 창조

만, 먼저 반드시 해야 할 일은 현재의 정보구조, 콘텐츠, 인터페이스가 한데 엮여 있는 계층들을 더 잘 이해하고 구분하는 일이라고 생각한다.

15.2 빠른 계층과 느린 계층

스튜어트 브랜드Stewart Brand는 자신의 저서, 『The Clock of the Long Now』에서 사회는 각각 고유한 변화 속도를 가진 몇 개의 계층으로 이루어져 있다는 개념을 소개했다(그림 15-2). 속도가 느린 계층은 안정적이며, 빠른 계층은 혁신을 이끌어낸다. 계층 간 속도의 독립성은 사회가 자연스럽고 건강하게

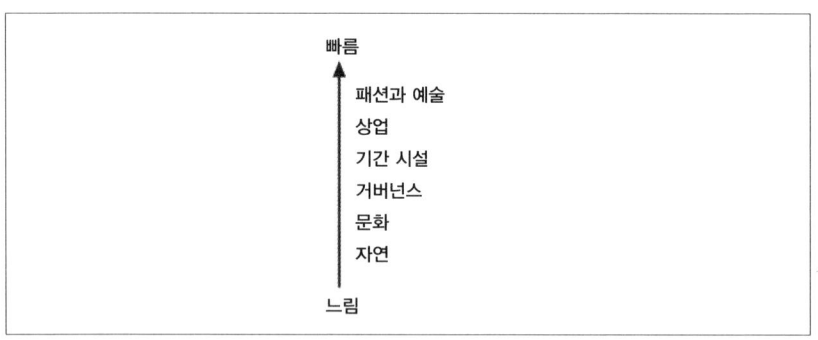

그림 15-2. 사회의 계층

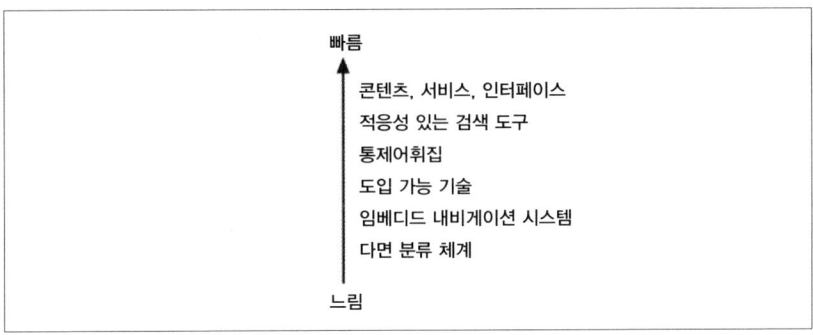

그림 15-3. 정보구조의 계층

발전할 수 있도록 만든다. 다음을 서로 비교해보자. 미연방 정부에서 상업의 변화 속도는 어떠한가? 소비에트 연방의 경우는 어떠했는가?

 독립적으로 변화하는 계층에 대한 개념은 정보구조와 같이 한정된 분야에도 적용할 수 있다. 변화 가능한 정보구조와 지속적인 정보구조를 구분하여, 필요한 부분에 유연성을 부여하는 작업을 할 수 있고 장기적인 기반구조에 분별 있는 투자를 할 수도 있다. 그림 15-3은 이러한 계층구조의 개략적인 개념을 보여준다.

 가장 하위에 위치한 가장 느린 계층은 다면 분류 체계이다. 이는 기업 정보구조의 기반을 마련한다.

 그 다음으로 브라우징이 가능한 분류 체계와 검색 시스템 그리고 인덱스로 구성된 임베디드 내비게이션 시스템은 사용자가 검색을 하고 브라우징을 하게 되는 기반 계층을 정의하게 된다. 이러한 두 개의 계층은 안정적이어야 한다. 콘텐츠, 기술, 프로세스와 엮이게 되어 사용자 멘탈모델의 핵심을 구성하기 때문이다. 하위 계층에서의 변화는 위험이 크고 비용이 많이 발생한다. 콘텐츠 관리시스템, 검색엔진, 포털 소프트웨어와 같은 도입 가능한 기술이라도 자주 변경하게 되면, 콘텐츠나 프로세스상의 문제가 발생하게 된다.

 빠른 속도를 가진 계층을 살펴보면, 통제어휘집의 용어들은 제공하는 제품이나 서비스 그리고 비즈니스 및 기술에 사용되는 광범위한 언어와 함께 변화한다는 것을 알 수 있다. 또한 프로젝트별 가이드, 인덱스, 참여 기반 필터링 도구와 같은 적응성 있는 검색 도구들은 지속적인 변화가 가능하다. 그리고 마지막으로, 사이트 콘텐츠와 서비스는 정기적으로 사용자 인터페이스가 변경됨에 따라 변화할 수 있다.

15.3 프로젝트 vs 프로그램

인포메이션 아키텍트 채용에 있어서 고려해야 하는 모든 중요한 요소들은 프로젝트와 프로그램, 두 가지 모두의 관점에서 바라볼 필요가 있다.

첫째, 회사는 오랜 시간 지속성이 있는 정보구조의 기틀을 설계하는, 짧지만 집중적인 정보설계 프로젝트를 위해 인력을 채용하게 된다. 사이트의 규모에 따라, 프로젝트는 6주에서 18개월 정도가 소요될 수 있고, 리서치와 정보설계 전략을 수립하게 된다. 여기에는 '큰 그림'을 볼 줄 아는 인포메이션 아키텍트가 필요하다. 이들은 조직화 시스템과 내비게이션 시스템을 소프트웨어, 프로세스를 통해 통합하는 전반적인 전략적 프레임워크를 설계할 수 있어야 한다. 또, 정보구조를 구현하고 유지하기 위해 필요한 인력을 채용할 권한이 있어야 한다. 그리고, 정보구조의 각 차원에 대한 통제어휘집을 구축하는 데 있어 정교한 작업을 할 수 있는 '꼼꼼한' 인포메이션 아키텍트도 필요하다. 물론, 이 둘의 작업은 협업을 필요로 한다. 다른 말로 표현하면, 프로젝트를 위해서는 전문성과 경험을 가진 전문적인 인포메이션 아키텍트들로 팀을 잘 조직해야 한다. 프로젝트에서 이들이 만들어내는 산출물은 회사가 오랫동안 활용할 것이기 때문에 품질이 중요하다.

둘째, 운영이나 지속적인 개선을 위해서 정보설계 프로그램을 진행할 수 있다. 이 경우도 대개, 수작업으로 인덱싱을 하거나 통제어휘집을 관리할 수 있는 꼼꼼한 인포메이션 아키텍트가 필요하다. 콘텐츠, 구조, 사용자들의 사용방식에서 패턴을 도출해 유용한 지도나 다른 내비게이션 도구를 만드는 '툴 제작자cartographer'와 같은 사람들이 필요할 수도 있다. 그리고, 기업 차원에서 인력을 채용하는 경우 전략 아키텍트strategic information architect를 원할 수도 있다. (기업 내의 인포메이션 아키텍트에 대해서는 19장을 살펴보도록 하자.) 전략 아키텍트는 사이트의 장기적인 비전을 수립하고 사이트에 지속성을 부여하며, 서브사이트 프로젝트의 기능과 비즈니스, 다양한 조직에 걸친 홍보의 일관성에 대한 컨설팅을 제공한다.

15.4 구매 혹은 대여

아직 외부 컨설턴트와 내부 직원들 간의 균형을 어떻게 이룰 수 있을까에 대한 질문이 남아 있다. 외부 인력에 대해 먼저 설명해보자. 일반적으로 컨설턴트를 고용해야 하는 데는 몇 가지 이유가 있으며, 이러한 이유 중 대부분은 정보구조에 구체적으로 반영된다.

프로젝트

회사는 제한된 기한 내에 프로젝트를 완료하기 위해서 대개 컨설턴트를 고용한다. 이것은 위에서 설명했던 프로젝트/프로그램 간 구분과 관련이 있다. 6개월짜리 프로젝트를 위해 정규직원을 채용할 필요는 없다. 이러한 이유 때문에, 회사는 정보구조의 기틀을 만들기 위한 초기 투자나 대규모 재설계 작업을 위해서 (단 한 명이 아니라) 많은 컨설턴트들을 고용한다.

비용 및 정치

단기투자의 속성상, 내부 직원을 채용하는 것보다는 외부 컨설턴트를 고용하는 예산을 할당받는 것이 비교적 쉽다. 더구나, 조직 내의 관리자들은 회사 내부 직원들의 '편향된 의견'보다는 회사 외부로부터의 '객관적인 전문가의 조언'을 선호하는 경향을 가지고 있다. 많은 회사에서 정보설계 작업이 낯설어 이에 대한 확신이 없어 하는데, 이런 경우에 내부적인 확신을 이끌어내고 성공적으로 운영할 수 있도록 영향력을 발휘할 만한 '힘 있는 컨설턴트'가 필요하다.

관점

내부 직원들이 편향되지 않은 관점을 가지고 있지 않더라도, 컨설턴트는 확실히 외부인으로서의 신선한 관점을 제공할 수 있다. 이것은 조직 내부의 사고방식에서 벗어나거나 실제 사용자의 니즈와 행동양식을 이해하는 데 확실히 중요하다. 또한, 컨설턴트는 다른 회사에서 경험했던 '성공 사례'를 소개하고, 다른 회사의 성공과 실패에서 얻은 교훈을 배울 수 있게 해준다.

다른 한편, 회사가 내부 직원을 채용하는 데는 타당한 이유가 있으며, 이러한 이유들은 인포메이션 아키텍트들에게도 해당된다.

프로그램

진행되고 있는 프로그램에서, 정규직원을 채용하는 것은 비용적인 측면에서 효과가 있다. 정보구조의 빠른 속도를 가진 계층들(예: 통제어휘집, 보조 내비게이션 구조)을 관리할 인력을 채용할 때가 바로 그렇다. 웹사이트와 인트라넷이 점차 필수요소로 인식되는 가운데, '인포메이션 아키텍트를 채용해야 할까?'와 같은 질문은 '어떤 유형의 인포메이션 아키텍트를 얼마나 많이 채용해야 할까?'로 변하고 있다.

비즈니스 환경

시간이 지남에 따라, 내부의 인포메이션 아키텍트들은 비즈니스 환경에 대한 많은 이해를 갖게 되며, 이러한 이해는 외부 컨설턴트와 비교했을 때 확실히 강점이라고 할 수 있다. 회사의 전략, 고객, 문화에 대한 심도 깊은 이해는 외부인이 발견할 수 없는 니즈와 기회에 대한 통찰력을 가져올 수 있다.

관계

내부 인포메이션 아키텍트들은 대규모 조직에서 실제 변화를 불러 일으키는 데 필요한 직원, 고객, 협력사와 장기적인 관점에서 전략적 관계를 형성할 수 있다.

대규모 조직에서는 외부 컨설턴트와 내부 직원을 적절하게 섞는 것이 최고의 시작점이 될 수 있다. 정보설계 프로젝트의 초기에는 외부 컨설턴트의 막강한 능력이 필요할 수 있다. 컨설턴트를 고용하여 내부 인력과 섞는 방법을 통해, 현재 조직이 필요한 요구사항이나 보유한 기술이 무엇인지 돌이켜볼 수도 있다. 이런 방법은 프로젝트에서 프로그램으로, 컨설턴트에서 내부 직원으로의 변화에 도움이 된다. 물론, 컨설턴트를 고용할 수 있는 예산을 지속적으로 유지하여, 특별한 프로젝트를 다른 능력을 지니거나 때로는 내부 직원들을 신선한 시각에 노출되도록 하는 것도 좋다.

웹과 관련된 인력이 몇 안되는 작은 조직에서는, 정규 인포메이션 아키텍트가 필요하지 않을 수 있다. 이러한 경우, 전문 컨설턴트로 하여금 프레임워크를 만들도록 하고, 그런 다음 지속해야 할 유지보수를 최소화시켜 누군가에게 그 책임을 넘겨주는 방법이 좋다.

15.5 정말, 전문가를 채용할 필요가 있는가?

우리는 누군가가 저지른 잘못된 가정으로 인해 발생된 엄청난 규모의 비즈니스 실수들을 계속해서 경험하고 있다. 우리가 컨설팅한 포춘 선정 500위 기업들 중 상당수는 웹사이트나 인트라넷 개발팀에 단 한 명의 전문 인포메이션 아키텍트가 없어서 말 그대로 수백만(혹은 수천만) 달러를 낭비하고 있었다.

대기업 내부의 내부 승진 정책이 때론 비즈니스 환경에 대해서는 잘 이해하고 있으나, 사용자와 콘텐츠에 대해서는 이해가 부족한 '인포메이션 아키텍트'를 양산해내곤 한다. 컨설팅 회사 역시 이러한 경우가 있다. 얼마 전까지만 해도, 인포메이션 아키텍트를 원하는 클라이언트의 요구에 부응하기 위해서 그래픽 디자이너들이 인포메이션 아키텍트로 포지션을 바꾸는 일들이 컨설턴트들 사이에서 비일비재했다. 아주 손쉽게 명함만 바꾸면 그 즉시 인포메이션 아키텍트들이 탄생했다!

삶을 살면서 우리는 빠르고 효과적으로 일을 처리하고자 할 때 전문가를 고용하곤 한다. 언제 추가적으로 비용을 지불해야 할지 끊임없이 판단한다. 유리에 손가락을 베었을 때 봉합해야 할 필요를 느끼지 않으면 1회용 반창고와 연고로 스스로 치료한다. 그러나 피를 많이 흘리는 경우, 손가락을 꿰매기 위해 응급실을 찾게 된다. 법률가, 세무사, 배관공을 고용할 때도 마찬가지로 필요성을 판단하게 된다.

이 중 일부의 경우, 전문성이라는 정의는 경험뿐만 아니라 교육과 자격에 대한 요구조건을 포함한다. 우리는 법대를 졸업하고, 자격시험을 통과하고, 실무를 경험한 법률가를 기대한다. (물론 배관공을 구하는 경우에는 경험과 좋은 평판만으로도 만족할 수 있다.)

하지만, 모든 경우에 전문 인포메이션 아키텍트가 필요한 것은 아니다. 소규모의 웹사이트를 개발하거나 대규모의 웹사이트를 유지보수하는 경우에는 전문가적인 태도를 가진 꼼꼼한 사람이 제격일 수 있다. 전문 인포메이션 아키텍트라고 반드시 관련 학위를 가지고 있을 필요는 없다.

그러나, 기업의 웹사이트나 대기업 포털에 수백만 달러를 투자할 예정이라면, 정보구조 설계 경험을 실제로 가지고 있으며, 정보를 구조화하고 조직화하는 방법을 제대로 이해하고 다룰 줄 아는 사람을 채용하는 것이 좋다.

이런 일은 실제로 매우 어렵다! 우리 저자들 역시 관련 학위를 가지고 있고 수년간의 컨설팅 경험이 있으며 업계의 최고 인력들과 일한 경험 또한 있지만, 여전히 정보구조를 어떻게 효과적으로 설계할지 계속해서 배우고 있는 상황이다. 정보구조는 책 몇 권을 읽고 강의 몇 번을 듣고 나서 뽑아낼 수 있는 그런 무언가가 아니다.

우리는 모두가 알고 있는 상황에 대해 불만을 토로한 사실을 미안하게 생각한다. 지난 수십 년에 걸친 전반적인 경향 속에서 전문 인포메이션 아키텍트를 채용하는 방향으로 흘러가고 있다는 사실은 분명 좋은 소식이다. 우리가 지난 몇 년 동안 함께 일한 최고의 기업들은 내부 인포메이션 아키텍트들과 전문 정보구조 컨설턴트들이 함께 참여하여 강력하고 유연한 정보구조를 지속적으로 설계하고 있다. 이러한 선도적인 성공 사례들은 전문 인포메이션 아키텍트들에 대한 투자 확신을 보다 널리 확산시킬 수 있을 것이다. 그전까지는 정보설계에 대해 지속적으로 설파할 필요가 있다.

15.6 드림팀

다행스럽게도, 오늘날의 프로젝트와 프로그램에는 인포메이션 아키텍트가 한 명이라도 참여한다. 향후 몇 년 후에는 사이트가 점차 필수요소로 자리잡게 되고 업계가 성숙해감에 따라, 각 업계의 고유한 문제점을 해결하기 위해 전문가들로 구성된 팀이 출현하게 될 것이다.

표 15-1은 웹사이트 혹은 인트라넷이 가진 가치와 복잡성을 고려하여, 드림팀의 일원이 될 수 있는 정보설계 전문가들의 예를 보여준다.

이 표는 단지 향후 몇 년 안에 인포메이션 아키텍트가 자리매김할 전문적인 역할을 나열한 목록의 일부에 지나지 않는다. 출현할 수 있는 또 다른 역할들을 나열해본나닌 나음과 같다.

- 기업 인포메이션 아키텍트 Enterprise Information Architect
- 사회적 내비게이션 아키텍트 Social Navigation Architect
- 콘텐츠 관리 아키텍트 Content Management Architect
- 지식 관리 아키텍트 Knowledge Management Architect
- 웹서비스 아키텍트 Web Services Architect

일부의 사람들은 이러한 생각이 어리석다고 여기거나, 인포메이션 아키텍트 자신을 위해 인포메이션 아키텍트들이 만든 환상이라고 생각할 수도 있다. 그러나, 정보구조의 복잡성, 정교함, 중요성은 (느끼기에도 그렇고 실제로도) 지속적으로 커지고 있으며, 머지않아 대규모 조직들이 다양한 전문가들로 팀을 구성하는 모습을 자주 보게 될 것이다.

표 15.1 정보설계 드림팀

직종	설명
전략 아키텍트 Strategy Architect	전반적인 정보구조 설계를 감독하고, 다른 팀들과 협업에 대한 책임을 가진다. 비즈니스 맥락을 잘 이해하고, 고위 경영진들과 좋은 관계를 유지하는 것이 매우 중요하다.
시소러스 디자이너 Thesaurus Designer	분류 체계, 통제어휘집, 시소러스를 구축한다. 상세한 이슈들에 대한 교육을 받아야 하고, 이를 해결하기 위한 경험, 열정이 필요하다.
통제어휘집 관리자 Controlled Vocabulary Manager	우선어와 변형어 추가, 수정, 삭제를 통해 통제어휘집을 지속적으로 관리한다. 인덱싱 전문가와 협업이 필요할 수 있다.
인덱싱 전문가 Indexing Specialist	통제어휘집의 메타데이터로 콘텐츠와 서비스를 태깅한다. 상세한 이슈에 대한 인식과 품질 및 일관성을 유지하기 위한 헌신을 필요로 한다.
인터랙션 디자이너 Interaction Designer	인포메이션 아키텍트와 그래픽 디자이너 사이의 서로 교차되는 영역에서 일한다. 사용자 인터랙션에 중점을 두고 내비게이션 체계와 페이지 레이아웃을 만든다.
IA 소프트웨어 분석가 IA Software Analyst	사용자 경험을 생성하고, 관리하고, 이끌어가는 데 있어 소프트웨어 사용에 중점을 두고 있으며, 인포메이션 아키텍트와 IT팀 간의 중요한 연결자의 역할을 한다. 콘텐츠 관리시스템, 검색엔진, 자동 분류, 참여 기반 필터링, 시소러스 관리 소프트웨어들을 능숙하게 다룰 수 있어야 한다.
IA 사용성 엔지니어 IA Usability Engineer	사용성과 정보구조의 교차지점에 중점을 두고 있다. 정보구조 요소들(예: 카테고리 레이블)을 분리하여 연구를 진행한다. HCI나 인류학을 배경으로 하고 있다.
내비게이션 툴 제작자 Cartographer	콘텐츠, 구조, 사용상의 패턴을 지도, 가이드, 인덱스 또는 다른 유용한 내비게이션 도구로 변환하는 작업을 담당한다.
검색 분석가 Search Analyst	검색 시스템의 설계, 개선, 분석을 주도한다. 디자인팀, 개발팀, 콘텐츠 관리팀, 정보설계팀과 긴밀하게 협업한다.

사실, 우리는 일부 가장 앞서나가는 조직들에서 이러한 틈새를 메우는 전문화된 역할들이 이미 출현하고 있는 것을 목격했다. AT&T의 통제어휘집 전문가와 인덱싱 전문가와 함께 일한 적이 있다. 뱅가드Vanguard에는 전략 아키텍트와 인터랙션 디자이너가 존재한다. 그리고 휴렛팩커드에서는 시소러스 디자이너, 검색 분석가와 협업한 적이 있다.

이장은 윌리엄 깁슨William Gibson의 불후의 명언으로 마무리하고자 한다.

"미래는 이미 존재한다. 다만, 고르게 분산되어 있지 않을 뿐이다."

Information Architecture for the World Wide Web **16**

툴과 소프트웨어

> **다룰 내용:**
> - 인포메이션 아키텍트에게 유용한 툴과 올바른 소프트웨어를 선택하는 방법
> - 비지오나 옴니그래플과 같은 도식화 툴
> - 드림위버나 아이라이즈와 같은 프로토타이핑 툴
> - 포털과 콘텐츠 관리시스템
> - 검색엔진과 분석 툴, 자동 카테고리 생성 툴, 사용자 리서치 툴

정보 전문가들은 정보기술을 사랑하거나 혹은 미워한다.[1] 정보기술은 엄청나게 많은 양의 콘텐츠, 애플리케이션, 프로세스를 만들고 연결하는 작업을 가능하게 만들어주기 때문에, 우리는 정보기술을 사랑한다. 반면, 정보기술은 끊임없이 우리의 역할을 위협하기 때문에 우리는 정보기술을 미워한다. 1957년 영화, 『데스크 세트Desk Set』에서 '전자두뇌'가 출현하여 문헌정보학자의 자리를 위협하는 것을 본 적이 있다면 이 끝이 없는 싸움의 본질을 이해할 수 있을 것이다.

---

[1] 이 장도 피터 모빌의 글, 「Strange Connections」에 근거하고 있다. ⟨http://argus-acia.com/strange_connections/strange011.html⟩

정보기술을 사랑하든 미워하든, 우리는 모두 빠르게 변화하는 기술과 함께 진화하는 여정에 참여하고 있다. 인포메이션 아키텍트인 우리는 정보기술에 대한 이해와 건전한 회의론을 정보기술의 수용과 통합 프로세스에 불어넣음으로써 (윤리적 의무가 없다면) 결과에 긍정적인 영향을 끼칠 수 있다.

16.1 변화의 시간

현재의 정보기술이 인포메이션 아키텍트를 위해 개발된 소프트웨어라고 생각해본다면, 우리는 지금 석기시대에 살고 있는 셈이다. 우리가 실제로 원하는 것에 비하면 제품들은 대충 만들어졌다. 웹사이트와 인트라넷을 지원하는 기업 규모의 애플리케이션을 사용한 경험에 대해서 얘기할 때, 대다수의 사람들이 힘들고 고통스러웠다는 얘기들을 하곤 한다. 많은 조직들은 처음 도입한 웹 애플리케이션 때문에 매우 실망하고 낙심하여서 다른 관련 제품들은 찾아볼 생각조차 하지 않게 된다.

변화가 시작되고 있다. 향후 몇 년 내에, 모든 대규모 웹사이트와 인트라넷은 다양하게 선택할 수 있는 소프트웨어 애플리케이션을 활용하게 될 것이다. 자동 분류 소프트웨어와 참여 기반 필터링 엔진, 둘 중 하나를 선택하는 것이 아니라, 둘 다 필요할 것이고 더 많은 것이 필요하게 될 것이다. 그리고 인포메이션 아키텍트는 이런 정교한 애플리케이션을 선택하고 구입하고 통합하고 활용하는 데 있어 비즈니스 관리자, 콘텐츠 관리자, 소프트웨어 엔지니어와 긴밀하게 협업하는 필수적인 역할을 수행하게 될 것이다. 혼자서는 이러한 일을 성공적으로 완수할 수 없다.

16.2 혼돈의 카테고리

아이러니하게도, 인포메이션 아키텍트가 이러한 소프트웨어를 이해하는 데 있어서 가장 어려운 문제 중 하나는 소프트웨어를 의미하는 카테고리를 정의하는 것이다. 벤더들과 제품들이 엄청난 속도로 다양화되고 통합되고 변형되긴 하지만, 소프트웨어가 분류 체계를 만들어내고 콘텐츠를 관리하고 기타 모든 일을 해낼 수 있다고 너무 과장된 홍보를 하기에, 제품 간에는 엄청난 중복이 존재한다. 이 장은 이렇게 유동적이고, 모호한 상황에서도 인포메이션 아키텍트들이 활용할 수 있는 몇 가지 제품 카테고리를 정의해보고자 한다.[2] 제품 카테고리들은 아래와 같다.

- 자동 카테고리 생성 툴 (16.2%)[3]
- 검색엔진 (56.4%)
- 시소러스 관리 툴 (19.7%)
- 포털 혹은 기업 내 지식 관리 플랫폼 (37.6%)
- 콘텐츠 관리시스템 (65.8%)
- 웹로그 분석/추적 툴 (62.4%)
- 도식화 소프트웨어 (79.5%)
- 프로토타이핑 툴 (70.9%)
- 사용자 리서치 및 사용성 평가 (설문조사에는 포함되지 않았음)

(설문조사의 결과에 따른) 각 카테고리에 가장 대중적인 툴을 나열하고, 경우에 따라 언급할 필요가 있는 툴은 목록에 추가했다. 여기서 나열한 제품들의 예는 절대로 종합적인 것이라고 볼 수 없다. 다만 툴에 대해서 고민해볼 수 있는 좋은 프레임워크와 시작점이 되기를 바랄 뿐이다.

---

[2] 보다 다양한 사람들이 실제 사용하는 툴에 대한 이해를 얻기 위해, 온라인 설문조사를 진행했었다. 전체 결과는 ⟨http://iainstitute.org/pg/polar_bear_book_third_edition.php⟩에서 볼 수 있다.

[3] 설문조사 참석자들은 직접 사용해본 소프트웨어의 카테고리를 묻는 질문을 받았다.

자동 카테고리 생성 툴

사람이 정의한 규칙이나 패턴 매칭 알고리즘을 사용하여 통제어휘집의 메타데이터를 문서에 적용하는 소프트웨어. 이것은 문서를 분류 내의 카테고리에 매칭시키는 것과 같다.

동의어

자동 분류 툴, 자동 인덱싱 툴, 자동 태깅 툴, 클러스터링clustering 툴

예

- 인터우븐의 메타태거Metatagger
  〈http://www.interwoven.com/products/content_intelligence/index.html〉
- 엔트리바의 세미오태거SemioTagger
  〈http://www.entrieva.com/entrieva/semiotagger.htm〉
- 비비시모의 클러스터링 엔진Clustering Engine
  〈http://vivisimo.com/html/vce〉
- 오토노미 IDOL 서버
  〈http://www.autonomy.com/content/Products/IDOL/index.en.html〉

의견

분류를 설계하는 인간의 전문성과 분류를 빠르고, 일관적이고, 저렴한 방법으로 적용할 수 있는 소프트웨어의 성능을 통합할 수 있는 큰 잠재성을 가지고 있다. 그러나, 아래와 같은 문제점들을 주목할 필요가 있다.

- 문서 전문의 콜렉션에 대해서만 최적의 효과를 낸다.
- 이미지, 애플리케이션 등 다른 멀티미디어는 인덱싱하지 못한다.
- 사용자의 니즈 혹은 비즈니스 목표에 따라 소프트웨어를 조정할 수 없다.
- 뜻meaning을 이해하지 못한다.

그리고, (비비시모나 오토노미가 시도하는 것과 같이) 분류 자체를 자동으로 생성하는 기능은 대부분 애플리케이션에 충분히 적용할 수 있을만한 수준의 카테고리나 레이블을 만들어내지 못한다.

참고

- 캣 하게돈Kat Hagedorn 「Extracting Value from Automated Classification Tools」

  ⟨http://argus-acia.com/white_papers/classification.html⟩

- 서치 툴스Search Tools 「Tools for Creating Categories and Browsable Directories」

  ⟨http://www.searchtools.com/info/classifiers-tools.html⟩

- 피터 모빌 「Little Blue Folders」

  ⟨http://argus-acia.com/strange_connections/strange003.html⟩

검색엔진

전문 인덱싱과 검색 기능을 제공하는 소프트웨어.

예

- 인데카 정보 접근 플랫폼, ⟨http://endeca.com⟩
- 구글 엔터프라이즈 솔루션, ⟨http://www.google.com/enterprise⟩
- 패스트, ⟨http://www.fastsearch.com⟩
- 오토노미, ⟨http://autonomy.com⟩

의견

콘텐츠의 양이 증가함에 따라, 검색엔진은 대부분 웹사이트와 인트라넷의 핵심이 될 것이다. 검색엔진을 판매하는 벤더가 많지 않지만, 이들 벤더들 모두 '솔루션'을 보유하고 있다. 한편, 자체적인 검색엔진을 가지고 있는 대다수 기업의 IT 기술진들이 겪고 있는 실질적인 문제는 사용자와 콘텐츠를 왜, 어떻게 연결하는지를 이해하고 있지 못하다는 것이다. 이런 종류의 문제는 기술 때문이 아니라, 사람의 문제이다! 기술적 영역에서 흥미로운 발전들도 눈에 띈다. 구글의 멀티 알고리즘 솔루션과 인데카Endeca의 유도 내비게이션guided-navigation 솔루션은 점점 유명해지고 있으며 다른 벤더들도 이를 따라잡으려고 노력하고 있다.

참고

- 아비 랩포포트Avi Rappoport 「Search Tools for Web Sites and Intranets」
  〈http://searchtools.com〉
- 대니 설리반Danny Sullivan 「Search Engine Software for Your Web Site」
  〈http://www.searchenginewatch.com/resources/software.html〉
- 기업 검색 보고서Enterprise Search Report
  〈http://www.cmswatch.com/Search/Report〉
- 피터 모빌 「In Defense of Search」
  〈http://semanticstudios.com/publications/semantics/000004.php〉

시소러스 관리 툴

통제어휘집과 시소러스를 구축하고 관리하는 툴

예

- 멀티테스MultiTes
  〈http://www.multites.com〉
- 팩티바 시냅티카Factiva Synaptica
  〈http://www.factiva.com/products/taxonomy/synaptica.asp〉
- 렉시코Lexico
  〈http://www.pmei.com/lexico.html〉

- 웹콰이어WebChoir

  〈http://www.webchoir.com〉
- 텀 트리Term Tree

  〈http://www.termtree.com.au〉
- 데이터하모니DataHarmony

  〈http://www.dataharmony.com〉

의견

최첨단의 툴임은 분명하다! 하지만, 원하는 대로 활용하기 위해서는 커스터마이징이 꼭 필요하다. 통제어휘집을 관리하는 데 어려운 점은 오늘날의 콘텐츠 배포 환경이 분산되어 있다는 사실이다.

참고

- 미국 색인 작성자 협회American Society of Indexers「Thesaurus Management Software」

  〈http://www.asindexing.org/site/thessoft.shtml〉
- 윌파워 인포메이션Willpower Information「Software for Building and Editing Thesauri」

  〈http://www.willpower.demon.co.uk/thessoft.htm〉

포털 혹은 기업 내 지식 관리 플랫폼

'완전히 통합된 기업 포털 솔루션'을 제공하는 툴.

예

- 마이크로소프트 셰어포인트 포털 서버Microsoft SharePoint Portal Server, 〈http://www.microsoft.com/sharepoint/portalserver.asp〉
- 오라클 포털Oracle Portal, 〈http://www.oracle.com/technology/products/ias/portal/index.html〉

- IBM의 웹스피어 포털WebSphere Portal, ⟨http://www.ibm.com/websphere/portal⟩

의견

콘텐츠가 저장된 물리적인 위치, 소유권, 포맷과 상관없이 기업 내의 모든 콘텐츠와 제3자로부터 공급된 콘텐츠에 대해 지속적이고 직관적인 접근을 제공한다는 비전은 매력적이지만, 실제로는 이를 완벽하게 구현하지 못하고 있다. 업체들은 자사의 툴이 모든 것을 제공한다고 피력하지만, 제대로 지원하는 기능이 무엇인지 확인할 필요가 있다.

참고

- 야누스 보이어Janus Boye의 「Portal Software」
  ⟨http://www.cmswatch.com/Feature/120⟩
- 피터 모빌의 「Pandora's Portal」
  ⟨http://www.semanticstudios.com/publications/semantics/portal.html⟩

콘텐츠 관리시스템

콘텐츠 작성에서부터 편집, 배포에 이르기까지의 워크플로를 관리하는 소프트웨어.

예 (기업용)

- 인터우븐Interwoven, ⟨http://www.interwoven.com⟩
- 비그네트Vignette, ⟨http://www.vignette.com⟩
- 마이크로소프트 콘텐츠 매니지먼트 서버Microsoft Content Management Server, ⟨http://www.microsoft.com/cmserver⟩
- 스텔런트Stellent, ⟨http://www.stellent.com⟩

예 (개인용 및 워크그룹용)

- 워드프레스WordPress, 〈http://wordpress.org〉
- 무버블 타입Movable Type, 〈http://www.sixapart.com/movabletype〉
- 드루팔Drupal, 〈http://drupal.org〉
- 플론Plone, 〈http://plone.org〉
- 소셜텍스트SocialText, 〈http://www.socialtext.com〉

의견

포레스터 리서치Forrester Research는 기업에서 이러한 제품을 구매하는 것은 '시기상조'라고 언급했다. 문제는 콘텐츠 관리가 매우 복잡하고 맥락에 따라 매우 가변적이라는 것이다. 예상한 대로, 제품을 구매하게 되면, 많은 부분에서 커스터마이징이 필요하다. 이것은 대기업들이 피해갈 수 없는 골칫거리이다. 개인용이나 워크그룹용 제품은 상대적으로 빠르고 쉽게 설치가 가능하다. 이들 제품은 블로깅에 진화를 가져왔고, 현재는 기업환경에 대해서도 긍정적인 영향을 끼치고 있다.

참고

- CMS워치CMSWatch, 〈http://www.cmswatch.com〉
- CM 프로페셔널CM Professionals, 〈http://www.cms-list.org〉

분석 툴

사용자 행동과 특성을 측정할 수 있는 유용한 방법을 통해, 웹사이트의 사용 행태와 통계적인 성과를 분석하는 소프트웨어.

예

- 웹트렌드WebTrends, 〈http://www.webtrends.com〉
- 구글 어낼러틱스Google Analytics, 〈http://www.google.com/analytics〉

- 옴니추어Omniture, ⟨http://www.omniture.com/products/web_analytics⟩
- 코어메트릭스CoreMetrics, ⟨http://www.coremetrics.com⟩
- 민트Mint, ⟨http://www.haveamint.com⟩

의견

사용자 행동의 추적과 이해를 활용하여 광고와 마케팅에 가치를 더해주기 때문에, 최근 몇 년간 엄청나게 많은 관심을 불러일으킨 분야이며 빠르게 성장하고 있다.

참고

- 위키피디아Wikipedia의 웹 분석에 대한 설명, ⟨http://en.wikipedia.org/wiki/Web_analytics⟩
- 루이스 로젠펠드와 마르코 허스트Marko Hurst의 「Search Analytics」, ⟨http://www.rosenfeldmedia.com/books/searchanalytics⟩

도식화 소프트웨어

인포메이션 아키텍트가 다이어그램, 차트, 화면설계, 구조도를 만드는 데 사용하는 시각 커뮤니케이션 소프트웨어.

예

- 마이크로소프트 비지오Microsoft Visio, ⟨http://www.microsoft.com/office/visio⟩[4]
- 옴니그래플OmniGraffle, ⟨http://www.omnigroup.com/applications/omnigraffle⟩
- 일러스트레이터Illustrator, ⟨http://www.adobe.com/products/illustrator⟩
- 파워포인트PowerPoint, ⟨http://microsoft.com/powerpoint⟩[5]

---

4 (옮긴이) Visio 2010버전 ⟨http://visiotoolbox.com/2010⟩

- 인튜이텍트Intuitect, ⟨http://www.intuitect.com⟩

의견

위의 소프트웨어들은 인포메이션 아키텍트가 작업물과 산출물(특히 구조도와 화면설계)을 만들기 위해 사용할만한 시각 커뮤니케이션 툴들이다.

참고

- 댄 브라운Dan Brown의 「Where the Wireframes Are」
  ⟨http://www.boxesandarrows.com/view/where_the_wireframes_are_special_deliverable_3⟩

프로토타이핑 툴

인터랙티브한 화면설계와 클릭이 가능한 프로토타입을 만들도록 해주는 웹 개발 소프트웨어

예

- 드림위버Dreamweaver, ⟨http://www.adobe.com/products/dreamweaver⟩
- 비지오Visio, ⟨http://www.microsoft.com/office/visio⟩
- 플래시Flash, ⟨http://www.adobe.com/products/flash/flashpro⟩
- 세레나 콤포우저Serena Composer, ⟨http://www.serena.com/Products/composer⟩
- 아이라이즈iRise, ⟨http://www.irise.com⟩
- 엑슈어Axure, ⟨http://www.axure.com⟩

의견

리치 인터넷 애플리케이션Rich Internet Application : RIA은 웹사이트와 소프트웨

---

5 (옮긴이) PowerPoint 2010버전 ⟨http://www.microsoft.com/office/2010/en/powerpoint/default.aspx⟩

어 애플리케이션 간의 경계를 점점 더 흐리게 만들기 때문에, 디자인 프로세스상에서 내비게이션, 인터랙션, 기타 다른 기능들을 효과적으로 보여줄 수 있는 프로토타이핑 툴이 필요하다.

참고

- 줄리 스탠포드Julie Stanford 「HTML Wireframes and Prototypes」 〈http://www.boxesandarrows.com/view/html_wireframes_and_prototypes_all_gain_and_no_pain〉
- 케빈 헤일Kevin Hale의 「A Designer's Guide to Prototyping Ajax」 〈http://particletree.com/features/a-designers-guide-to-prototyping-ajax〉

사용자 리서치

온라인 카드 소팅 및 원격 사용성 평가와 같은 사용자 리서치를 지원하는 소프트웨어.

예

- 마인드캔버스MindCanvas, 〈http://www.themindcanvas.com〉
- 모래Morae, 〈http://www.techsmith.com/morae.asp〉
- 매크로미디어 캡티베이트Macromedia Captivate, 〈http://www.adobe.com/products/captivate〉
- 에스니오Ethnio, 〈http://www.ethnio.com〉
- 엑스소트xSort, 〈http://www.ipragma.com/xsort〉

의견

이러한 제품들은 사용자 조사와 관련된 시간과 비용을 절감하게 해주고, 사용자의 행동과 선호도를 조사하는 최적의 방법에 대해 새로운 아이디어를 주기도 한다. 하지만, 사용자를 충분히 이해하기 위해서는 사용자와 동일한 공간에 있는 것보다 더 좋은 방법은 없다는 것을 명심할 필요가 있다. 직접 사용자를 초대해서 진행하는 방법과 원격으로 테스트하는 방법을 적절하게 조합하면 최고의 결과를 얻을 수 있으며, 인간적인 요소를 놓치지 않을 수 있다.

참고

- 댑니 고프Dabney Gough와 홀리 필립스Holly Phillips의 「Remote Online Usability Testing」
  〈http://www.boxesandarrows.com/view/remote_online_usability_testing_why_how_and_when_to_use_it〉
- 원격 사용성 평가 위키Remote Usability Testing Wiki
  〈http://remoteusability.com〉
- 네이트 볼트Nate Bolt와 토니 투라팀우티Tony Tulathimutte의 「Remote Research」
  〈http://www.rosenfeldmedia.com/books/remote-research/〉

16.3 확인해야 할 문제

어떤 종류가 되었든지, 복잡하고 비싼 소프트웨어를 선택하는 데 참여하게 되었다면, 다음과 같은 문제들을 꼭 확인해봐야 한다.

자체적으로 개발하는 방법, 제품을 구매하는 방법, ASP[6]와 계약을 하는 방법 중 제일 적절한 방법이 무엇인지 고민해야 한다. 구매에서부터, 통합, 커스터마이징, 유지보수, 업그레이드에 이르는 종합적인 비용이 얼마나 드는지 확인해야 한다. 벤더의 장기적인 전망도 확인할 필요가 있다. 달리 얘기하면, 향후 6개월 내에도 여전히 사업을 진행하고 있어서 전화 상담을 해주는 데 문제가 없을지 확인해야 한다.

---

6 (옮긴이) Application Service Provider: 고가의 하드웨어, 소프트웨어를 구매하지 않고도, 네트워크를 통해 고품질의 서비스를 사용할 수 있는 애플리케이션 임대 서비스이다.

가장 중요한 것은, 벤더 업체 내에 아래와 같은 질문들에 답해줄 수 있는 엔지니어가 있는지 여부이다. 만화 딜버트[7]에서 나온 명언 중의 하나는 엔지니어들은 스타트렉의 불칸족[8]과 같아서 거짓말을 할 줄 모른다는 것이다. 엔지니어들은 일말의 주저함도 없이 기꺼이 자사의 광고가 과대광고라는 것을 폭로할 수 있는 존재이다. 기꺼이 답해줄 것이다.

- 자사 제품의 좋은 기능
- 자사 제품의 부족한 기능
- 향후 제품을 개선할 계획

엔지니어들이 인포메이션 아키텍트를 대신할 자동화 소프트웨어를 열심히 만들고 있다고 하더라도, 그들은 우리에게 정직하고 도움을 많이 주기 때문에, 그들을 좋아해야 한다. 반면, 우리들은 엔지니어들이 개발하는 새롭고 멋진 툴을 생산적으로 사용할 사용자이기 때문에, 엔지니어들도 앞으로 우리를 더 많이 필요로 할 것이다.

---

[7] (옮긴이) 딜버트Dilbert: IT 기업 내에서 벌어지는 다양한 이야기들을 담아내고 있으며, 위트와 풍자로 유명하다. ⟨http://www.dilbert.com⟩

[8] (옮긴이) 불칸족(Vulcans): 미국 드라마 스타트렉에 나오는 불칸족은 휴머노이드 종족으로, 감정이 없으며 논리와 이성으로만 현상을 판단하는 특성을 가지고 있다. ⟨http://en.wikipedia.org/wiki/Vulcan_(Star_Trek)⟩

Information Architecture for the World Wide Web

5부 | 조직 내에서의 정보설계

Information Architecture for the World Wide Web **17**

정보설계 사례 만들기

다룰 내용:
- 세일즈[1]의 필요성
- 정보설계의 ROI 사례
- 정보설계에 관한 ROI 개념의 오류
- 정보설계 사례를 만드는 다른 방법들
- 정보설계의 가치: 체크리스트

정보구조는 어디에나 존재하고 또 존재할 수 있기 때문에, 누군가는 정보설계에 자원을 투자할 가치가 있다는 것을 피력해야 한다. 물론 그 누군가는 뛰어난 설득력을 갖추고 있어야 한다. 인포메이션 아키텍트는 이런 설득을 위해서 자신이 하고 있는 업무에 대한 좋은 사례를 만들려는 노력을 기울여야 한다.

---

[1] (옮긴이) 세일즈: 원문에서는 selling이라고 표현하고 있다. '설득'이라는 의미를 가지고 있으나, 원문에서 사용된 '보다 적극적인 설득'의 의미를 담기 위해서 '세일즈'라고 번역하였다.

17.1 세일즈의 필요성

어쩌면 클라이언트에게 정보설계를 설득해본 경험이 전혀 없을 수 있다. 이런 일은 세일즈를 담당하는 사람들이 하는 일이거나, 조직 내부의 인포메이션 아키텍트라면 상위 조직의 장이 고민할 일이라고 생각할 수 있다. 인포메이션 아키텍트가 하는 일은 단지 구조도와 화면설계를 만들고 보여주는 일이라고 생각할 수 있다. 만일, 이 내용들이 지금 이 책을 읽고 있는 당신의 태도와 일치한다면, 이 장은 읽지 않아도 좋다. (하지만, 어느 날 갑자기 회사에서 잘린다고 해서 놀라지는 말자.)

어떤 사람들이 정보설계를 부정적으로 인식한다면, 이를 긍정적으로 바꾸도록 준비를 해야 한다. 대부분의 사람들은 아직 '정보설계'라는 말을 들어본 적도 없고, 많은 사람들은 실재하지 않거나 관심을 가질 필요가 없다고 생각한다. 또, 많은 사람들은 '애매한' 것이라는 이유로 그것이 갖는 가치를 이해하지 못한다. 특히, 모든 문제를 해결해준다고 대대적으로 홍보하는 소프트웨어와 같이 비교적 명확한 것과 비교했을 때는 더욱 그렇다.

일부 사람들은 정보설계의 가치를 인식하고는 있지만, 어떻게 동료를 설득해야 하는지는 모른다. 그리고 다른 일부 사람들은 은연중에 이론상으로 가치를 인식하고 있지만, 다른 곳에 투자해야 할 것과 비교했을 때 얼마나 가치가 있는지 실제로 의사결정권자에게 얘기해본 경험이 없다.

이 모든 상황에 대해서 준비할 필요가 있다. 단지 여러분의 의사를 먼저 제시할 것이 아니라, 여러분이 현장에서 무엇을 하는지를 '세일즈'할 수 있어야 한다. 왜냐하면 최악의 상황은 계약을 한 이후에 발생할 수 있고 실제로도 종종 그렇기 때문이다. 우리가 정보설계 커뮤니티를 대상으로 2002년 5월에 진행했던 설문조사에서 발견한 내용은, 실제 정보설계를 알리는 데 있어서 가장 큰 어려움은 정보설계에 대해서 설명할 수 있는 기회가 디자인 및 개발 프로세스에 반영하기에는 너무 늦은 시점에서야 주어진다는 것이다. 컨설턴트를 즉시 투입하여 정보설계를 설명할 기회를 잡아 대규모 정보설계 컨설팅 계약을 많이 따낼 수 있었지만, 프로젝트 전체를 위태롭게 할만한 예측하지 못한 돌발상황들이 발생하곤 했다. 예를 들면, 포춘 선정 50대 기업에서 우리를 고용한 사람이 우리가 업무를 착수하기 하루 전에 퇴사한 경우가 있었다. 상황이 더 좋지 않았던 것은, 그가 우리에게 얘기했던 것과는 달리, 실제로 그는 우리가 원활하게 업무를 진행할 수 있도록 해줄 만한 조직 내 정치적 영향력이 전혀 없었다는 것이다. 더욱 더 악재는 후임자에게 어떠한 언급도 하지 않아서, 후임자는 정보설계의 가치에 대한 명확한 비전을 가지고 있지 않아서 자신의 동료들에게 정보설계에 대해 설득할 수도 없었던 것이다. 그래서 우리 회사의 컨설턴트들은 그를 대신해서 정보설계를 세일즈할 수밖에 없었다. 이 모든 상황은 실제 업무 진행을 어렵게 만들었지만, 다행스럽게도 우리 컨설턴트들은 설득할 준비가 되어 있었기 때문에 상황을 반전시킬 수 있었다. 만일 우리 회사의 컨설턴트들이 정보설계에 대한 좋은 사례를 만들어두지 않았었다면, 전체 프로젝트는 완전히 무산되었을 수도 있었다.

따라서 모든 인포메이션 아키텍트들은 프로젝트가 확정되기 전과 프로젝트 진행 중에 한 번 이상은 세일즈맨이 될 필요가 있다.

17.2 두 종류의 사람

방금 정보설계를 세일즈할 필요성에 대해서 살펴보았다. 이제, 정보설계 사례를 만들기 위해서는 무엇을 해야 할까? 이것은 누구에게 세일즈를 할 것인가에 따라 다르다. 극도로 일반화 해본다면 비즈니스맨들은 '수치지상주의자'와 '직감주의자' 이렇게 두 가지 부류로 나누어진다.

'원칙주의자'들은 의사결정을 하는 데 도움이 되는 데이터를 필요로 한다. "만약 우리가 이만큼의 금액을 정보설계에 투자한다면, 몇 배를 벌 수 있거나 얼마를 절약할 수 있다"와 같이 수치를 확인하고 싶어 한다. 이들은 비즈니스에 대한 의사결정의 근거로 투자 대비 효과ROI를 이성적으로 검토한다. "투자가 타당합니다. 그렇죠?" "흠, 보시다시피, 투자가 타당하지는 않은 것 같군요" 이런 상황은 계속해서 마주칠 수 있기 때문에 이들의 사고방식을 이해할 필요가 있다.

'직감주의자'들은 느낌이 가는 대로 일을 한다. 이들은 자신의 본능을 믿으며, 대개 의존할만한 풍부한 경험을 가지고 있다. 이들은 의사결정을 할 때 무언가 말로 형용할 수 없는 것을 기준으로 삼는다. 그리고 종종 수치 자체와 수치들이 어떻게 '실제 세상'을 설명할 수 있는지에 대해서 미심쩍어 하곤 한다. 직감주의자들에게 보여줄 사례의 성공 여부는 대개 운에 달린 경우가 많다. 이들이 가진 무형의 기준들은 모호할 뿐만 아니라 의심스럽기까지 하다. 따라서 이런 경우에는 직감주의자와 얘기를 시작하기 전에, 어떤 선입견들을 털어내 버리도록 하는 것이 좋다.

실제로 정보설계 사례를 만들 때는 실제 클라이언트가 어느 쪽에 가까울지 알 수 없다. 따라서, 수치와 무형의 기준 두 가지 모두에 대해서 얘기할 수 있도록 준비해야 한다.

17.3 수치지상주의자 다루기

자, 그러면 어려운 질문을 하나 할까 한다. 정보구조는 실제로 어떤 가치가 있을까?

수치에 대한 가장 좋은 출처는 포레스터 리서치Forrester Research나 가트너 그룹Gartner Group과 같은 시장조사회사에서 발간한 백서이다. 백서에 언급된 수치들이 정보설계의 ROI 자체에 중점을 두고 있지는 않지만, 현업에서 유사하거나 서로 겹치는 분야(예: 사용자 경험)를 언급하거나 특정 구조화 방법을 활용한 첨단 기술(예: 포털)을 다룬다.

인트라넷에서 ROI를 평가하기 위한 방법으로는 기회비용 계산법이 가장 많이 활용되며, 이 방법은 제이콥 닐슨Jakob Nielsen이 웹디자인 업계에 보편화시킨 테크닉[2]을 사용하고 있다. 표 17-1은 기본적인 계산 방식을 보여준다.

예를 들어, 발견된 디자인 문제가 레이블링 시스템이 혼란스럽다는 것일 경우, 이것을 개선하는 데 150,000달러를 투자하기로 했다고 치면, 178%의

표 17.1 썬 마이크로시스템즈 인트라넷의 정보설계 ROI 사례

항목	비용
디자인 관련 문제점으로 인한 시간 손실(사용성 평가를 통해 정의)	10초/1회
직원당 연간 시간 손실(10초/1회 x 3회/일 x 200일/년)	6000초 (1.67시간)/년
직원당 임금(예, $50/시간/직원, 급여 외 수당 포함)	$83.33/직원
이 문제를 경험하는 직원의 수	5,000명
디자인 관련 문제로 인한 전체 손실 비용	$416,667/년

투자효과를 볼 수 있다($416,667 - $150,000 / $150,000). 나쁘지 않은 수치다. 특히 이 디자인 문제가 투자를 통해 해결될 수 있는 많은 문제 중의 하나라고 생각하면 더욱 그렇다.

기회비용 계산법에 대한 몇 가지 예를 더 들어본다면 아래와 같다.

- 베이 네트웍스Bay Networks는 7,000명의 사용자를 위해서 23,000개의 문서를 조직화하는 데 3백만 달러를 투자했으며, 다양한 개선 효과를 얻을 수 있었다. 베이 네트웍스는 세일즈 담당 직원들이 문서를 찾는 데 한 명당 하루 최소 2분을 절약할 수 있게 되었고, 연간 약 천만 달러[3]를 절약하게 되었다고 추산했다. 이것은 233%의 투자 대비 효과다.

- 2001년 11월의 보고서, 「Intranets and Corporate Portals: User Study」[4]에서 에이전시닷컴Agency.com은 포털을 사용하는 다양한 회사의 직원 543명을 대상으로 설문조사를 수행했다. 응답자들은 포털을 사용하게 되면 주당 평균 2.8시간을 절약할 수 있다고 응답했다. 이는 직원들의 시간 중 7%를 절약하는 셈이다. 직원당 연간 55,000달러를 받는다고 가정하면(모

---

2 「Intranet Portals: The Corporate Information Infrastructure」 〈http://www.useit.com/alertbox/990404.html〉

3 패브리스(Fabris, P.) 「You Think Tomaytoes, I Think Tomahtoes」 〈http://www.cio.com/archive/webbusiness/040199_nort.html〉

4 〈http://research.agency.com〉 참조

든 혜택/수당 포함), 잘 설계된 포털은 직원당 3,908달러를 절약하게 된다. 회사에 5,000명의 직원이 있다면 연간 약 2천만 달러를 절약할 수 있다.

- 제이콥 닐슨은 기회비용 계산법을 인트라넷 포털에 적용해봤을 때, "제대로 설계되지 않은 내비게이션과 디자인 표준의 부재는… 10,000명의 직원을 가진 회사에 최소 연간 천만 달러에 해당하는 직원들의 생산성 손실을 야기시킨다"고 언급했다.

마지막 두 가지의 예는 투자 비용을 언급하고 있지 않기 때문에, ROI를 측정할 수는 없다. 그럼에도 불구하고, 수치를 따지기 좋아하는 사람에게는 큰 인상을 심어줄 수 있다.

위의 예들은 주로 절감된 비용을 측정한 인트라넷의 ROI에 중점을 두고 있다. 수익을 발생시키기 위해 만들어진 상거래 사이트와 같은 외부 사이트는 어떨까? 고객을 혼란스럽게 만들거나 좌절시키는 사이트로 인해 발생하는 판매 손실을 계산해서 ROI를 파악할 수 있다. 예를 들어, 크리에이티브 굿 Creative Good은 베스트바이닷컴BestBuy.com 상거래 사이트를 테스트해서 고객의 구매시도가 78% 이상이나 실패한다는 사실을 발견했다.[5] 이후, 크리에이티브 굿은 베스트바이닷컴 사이트의 (다른 요소들은 차치하고) 정보구조 측면을 개선한 프로토타입을 설계했다. 프로토타입을 사용한 고객 중, 88%가 구매를 완료할 수 있었고, 사이트에서 구매 성공률이 4배나 증가하게 되었다.

개선에 대한 비용이 얼마가 들었는지 명확하지는 않지만, 크리에이티브 굿은 개발하고 구현하는 데 1개월이 채 걸리지 않았다고 계산했다. 개선에 소요된 비용이 100만 달러(상당히 큰 금액이다)라고 보수적으로 가정해보자. 베스트바이의 현재 판매액이 1억 달러이고, 개선 후에 판매액이 2억 달러로 (4배가 아니고) 2배가 되었다고 해도, 투자 대비 효과는 여전히 상당한 수치를 보인다. (1억 달러 − 100만 달러)/100만 달러 = 9,900%!

---

5 「Holiday 2000 E-Commerce: Avoiding $14 Billion in 'Silent Losses'」〈http://www.creativegood.com/holiday2000〉

상거래 사이트의 투자 대비 효과 중에는 이와 유사하거나 엄청난 수치를 보여주는 사례들이 많다.[6] 예를 들어, IBM은 ibm.com의 정보구조를 개선하는데 10주 이하의 기간 동안 100명 이상의 직원을 통해 100만 달러를 사용했으며, 그 결과 판매액이 400퍼센트나 증가했다.[7] 그리고 타워 레코드Tower Records는 검색 시스템을 개선하여 사이트 방문자들의 구매율이 두 배나 증가했다.[8]

정보구조의 개선은 사이트의 다양한 성공지표에 긍정적인 영향을 끼친다. 그리고 각 정보구조 개선에는 엄청난 수치의 투자 대비 효과가 따르는 경향이 있다. 엘엘빈LL Bean이 더 많은 넥타이를 팔고자 할 때는, 셔츠를 보여주는 영역에서 잘 어울리는 넥타이로 연결될 수 있도록 컨텍스추얼 내비게이션을 개선하여 매출을 증가시킬 수 있다. 시에라 클럽Sierra Club이 환경 문제에 대한 인식을 높이고자 할 때는, 메일링리스트나 피드로 연결되는 링크를 보다 눈에 잘 띄게 개선하여 구독자를 늘릴 수 있다. 아메리칸 익스프레스American Express가 전국의 투자 고문들에게 제공할 상품설명서를 출력하고 유지보수하고 배포하는 비용에 허덕이고 있다면, 잘 구조화된 익스트라넷이 많은 비용을 절감시켜줄 수 있다. 그리고 델Dell이 기술지원 상담 통화의 양을 줄이고자 한다면, 사이트의 검색 시스템을 변경하여 고객들이 사이트를 더 많이 사용할 수 있게 할 수 있고, 이는 기술지원 직원의 감소로 이어질 수 있다.

결국, 정보설계가 사용자 기반 디자인의 개선처럼 사이트 성능에 직접적이고 수치화할 수 있는 성과가 있어야 한다는 관점이다. 그래야 비용 측정과 ROI 계산이 가능하기 때문이다. 이렇게 해야 비로소 수치지상주의자들과 생산적인 대화를 나눌 수 있게 된다.

---

[6] 좋은 글 중 하나: 나자(Najjar, L. J.) 「E-commerce user interface design for the Web」 〈http://mime1.gtri.gatech.edu/mime/papers/e-commerce%20user%20interface%20design%20for%20the%20Web.html〉

[7] 테데스키(Tedeschi, B.) 「Good Web site design can lead to healthy sales」 〈http://www.nytimes.com/library/tech/99/08/cyber/commerce/30commerce.html〉

[8] 건지(Guernsey, L.) 「Revving up the search engines to keep the e-aisles clear」 뉴욕 타임즈 2001년 2월 28일자.

17.3.1 투자 대비 효과 사례의 오류

이제부터는, 마지막으로 아래 세 가지 항목에 대해 심각하게 생각해볼 필요가 있다. 정보설계에 대한 실제 투자 대비 효과를 계산하는 것은 안타깝게도 대부분의 경우 불가능하다. 우리는 투자 대비 효과를 이론적으로 논의할 수는 있지만, 투자 대비 효과를 수치로 증명할 수 있다고 믿는 함정에 빠지지 않도록 주의를 기울여야 한다.

아래는 정보설계에 대한 투자 대비 효과 측정을 아무리 잘해도 신뢰할 수 없는 세 가지 주요 이유이다.

완벽하게 잘 설계된 정보구조의 효과는 수치화될 수 없다

일반적으로 정보구조의 개별 요소들 중 일부의 가치는 (그리고 투자 대비 효과도) 측정이 가능하다. 예를 들어, 사용자가 넓고 얕은 구조와 좁고 깊은 구조 중 어떤 것을 얼마나 잘 내비게이션하느냐는 측정이 가능하다. 혹은 사용자가 검색 결과를 보여주는 여러 가지 방식들에 각각 어떻게 반응하는지도 측정이 가능하다. 하지만, 정보구조는 다양한 요소들로 구성이 되어 있다. 그리고 개별적인 정보구조 요소의 성능은 다른 요소들의 영향을 받을 수 있기 때문에, 개별적인 정보구조 요소를 측정하는 것은 일반적으로 옳지 않다. 앞서 언급한 것처럼, 사용자는 한 번 정보를 찾는 데 대개 검색과 브라우징을 함께 사용한다. 테스트의 목적으로 두 가지 기능을 분리하는 전반적인 경향이 있기는 하지만, 검색과 브라우징의 성능을 함께 측정하는 것이 보다 바람직하다(결국, 이 결과는 사이트를 어떻게 사용하는가에 대한 내용이 된다). 하지만 두 가지를 동시에 측정하는 것은 엄청나게 어렵다. 각 요소의 성능에 영향을 주는 요소를 구별해내지 못하는 상황에 이내 봉착하기 마련이다. 정보구조 요소의 성능을 측정하는 것은 전체 정보구조에 대한 측정과 명확하게 구분될 수 있는 경우에 한해 유용하다.[9]

잘 설계된 정보구조가 가지고 있는 다양한 요소들의 효과는 여전히 수치화될

수 없다

정보구조는 정보구조를 이루는 부분들을 단순하게 모아놓은 것 이상이기 때문에, 많은 부분의 성능들은 여전히 수치화될 수 없다.

예를 들어, 검색 성능을 측정하기 위한 방법은 사용자가 답을 찾기 위해서 얼마나 오랜 시간이 걸리느냐와 얼마나 많은 클릭을 하느냐에 집중하고 있다. 이런 방법은 질문에 대한 '정답'이 존재하고 항상 일관적이고 측정이 가능한 검색 완료지점이 존재하는 상황에서, 사용자가 알고 있는 아이템을 검색하는 경우에 한해 유효하다. 그러나 앞에서 논의했던 것처럼, 대다수 사이트 사용자는 알려진 아이템 검색을 수행하지 않는다. 대신, 사용자들은 포괄적인 검색을 하거나, 뉴스를 찾아보거나, 여기저기 둘러보면서 여흥을 즐기며 주제에 대해서 새로운 사실을 조금씩 알아 간다. 이러한 유형의 검색은 보통 완료지점이 존재하지 않는다. 완료지점이 없으면, 검색이 성공했다고 정의하는 것이 (그러므로 수치화도) 불가능하다.

또 한 가지 고려할 점은 많은 사용자들이 사이트 안에서 원하는 것을 찾지 못한다는 점이다. 이를 개선하는 데는 잠재적으로 엄청난 비용이 발생할 수 있는데, 이를 어떻게 측정할 수 있을까? 이러한 상황에는, 사용자들이 결과에 만족하는지 질문을 해볼 수 있다. 그러면 사용자들은 실제로 만족하는 것에 대해서 대답해줄 수도 있다. 그러나 정보에 관해서 얘기하게 되면, 그 대답을 무시하는 편이 나은 경우가 많다. 사용자들은 자신들이 무엇을 모르는지 인지하지 못하기 때문이다. 사용자들은 제일 좋고, 가장 관련이 있는 콘텐츠를 놓칠 수 있으며, 그런 콘텐츠가 존재한다는 사실조차 모를 수도 있다.

수치화된 대부분의 정보구조가 주는 유효성은 입증될 수가 없다

---

9 정보구조 요소를 측정하는 기법에 대한 좋은 참고자료는 ACIA의 스티브 터브(Steve Toub)가 쓴 2000년 11월 백서, 「Evaluating Information Architecture」이다. 〈http://argus-acia.com/white_papers/evaluating_ia.html〉

위에서 논의한 것처럼 정보구조에 대한 대부분의 수치화는 증명된 것이 아니다. 각 직원들이 하루에 몇 분을 절약할 수 있는가 혹은 재설계된 쇼핑카트가 얼마나 많은 판매를 일으킬 수 있는가에 대한 내용은 본질적으로 예측일 뿐이다. 측정된 시간이 테트리스 게임이 아니라 생산적인 업무에 쓰였다는 사실이나, 재설계로 인해서 고객들이 얼마나 더 많이 혹은 더 적게 구매를 했는지를 증명할 수 있는 방법은 궁극적으로 존재하지 않는다. 이러한 유효성을 검증하는 작업은 엄청나게 많은 비용이 발생하고 많은 시간이 소요되기 때문에 거의 이뤄지지 않는다. 그리고 재설계 작업 외에도 매우 많은 요소들이 재설계 전후에 영향을 끼친다. 상거래 사이트에서 측정된 수치가 증가하는 것은 정보구조가 개선되었기 때문일까? 혹은, 중복된 링크들이 사이트의 서버에 더 많이 추가되었기 때문일까? 아니면 웹 이용자의 전체 숫자가 증가했기 때문일까? 통제가 불가능한 수치들이 (동시에) 엄청나게 많이 존재하고, (측정이 가능하더라도) 측정의 유효성 검증을 어렵게 만드는 알 수 없는 변수들이 수없이 존재한다.

정보설계는 인간적인 문제이다. 그렇기 때문에, 다른 기술 분야에서 기대할 수 있는 것과 같은 수치화(예: 라우터를 구매할 때 어떤 종류의 라우터가 더 많은 네트워크 트래픽을 감당할 수 있는지 측정)가 불가능하다. 안타깝게도, 정보설계에 대해 충분한 지식을 가지고 있지 못한 사람들은 정보설계를 수치화가 가능한 기술 분야와 혼동하곤 한다.

정보설계와 관련된 수치는 먼저 그것이 무엇인지 입증되어야 한다. 대략적인 수치에 기초를 둔 예측은 유효하지도 않고 그럴 수도 없다. 하지만, 이러한 수치가 유용하지 않다는 것은 아니다. (논리적으로 유효하게 보인다면) 투자대비 효과 사례는 사람들을 설득하는 데 사용할 수 있는 많은 도구 중 하나가 된다. 가끔은 '수치지상주의자'들을 설득할 수 있는 유일한 도구가 수치를 보여주는 것뿐일 때도 있다. 이렇게라도 인포메이션 아키텍트는 살아남아야 한다.

그러나 투자 대비 효과 수치를 관리자나 잠재 고객에게 보여줄 때는, 수치들이 실제가 아니라는 것을 정직하게 말할 수 있어야 한다. 완전한 측정은 불가능하지만, 수치는 실제로 존재하는 가치를 예측한 것이라고 설명해야 한다. 정보설계 시장을 교육시키는 일이 인포메이션 아키텍트가 가져야 하는 관심사임은 말할 것도 없고, 인포메이션 아키텍트의 책임이다. 마침내, 현명한 사람을 설득하고 그들과 협업할 수 있게 된다면, 정보설계 업무는 무엇보다 쉬워질 수 있고 보다 효과적일 수 있다. 계속해서 투자 대비 효과 수치의 진실을 정직하게 설명하다 보면, 정보설계는 마침내 공공교육이나 심리치료처럼 가치 있는 분야로서 폭넓게 받아들여지게 될 것이다. 아니면 관리, 마케팅, 인사, IT처럼 독립된 분야로 정착될 수도 있을 것이다.

17.4 직감주의자와 대화하기

'직감주의자'는 수치에 별로 관심을 보이지 않고 종종 느낌상 좋은 것을 선택하거나 경험에 근거하여 판단한다. 이러한 방법은 이들이 정보설계나 관련 분야에 직접적인 경험을 가지고 있는 경우에 훌륭한 결과를 가져온다. 그런 경우라면, 항후 계획에 대해 논의할 때 그들의 경험에 근거해 이야기를 풀어 나갈 수 있다.

그러나 직감주의자들이 관련성이 없는 경험에 의존하는 경우라면 어떨까? 이런 경우에, 직접 경험한 '스토리'[10]를 얘기해주는 것이 이런 유형을 가진 사람들의 관심을 끌고 교육할 수 있는 최선의 방법이다. 스토리는 자신을 비슷한 상황에 처한 사람이라고 여길 수 있게 하고, 그 상황에서 겪을 수 있는 어려움을 같이 느끼게 해주며, 정보설계가 이런 상황에 어떻게 도움이 되는지 이해할 수 있게 해준다. 사례연구 또한 어려운 상황을 벗어나거나 유용한 해결 방안을 소개하는 데 사용될 수 있지만, 얘기를 듣고 있는 사람과 스토리 내에서 실제 상황에 처한 사람을 동일시하기 위해 스토리를 각색해서는 안 된다.

---

10 (옮긴이) 스토리(story): 단순히 '이야기 자체'라기보다는, 설득의 수단으로서 이야기를 통해 '상대에게서 뭔가를 이루려는 의도가 있는 말하기 방법'을 의미하기 때문에 보통 '이야기'와는 구분하기 위해서 '스토리'라고 번역하였다.

스토리가 효과적이기 위해서는 듣는 사람에게 스토리 내 인물이 가진 역할과 처한 상황을 명확하게 설명해줄 수 있어야 한다. 역할과 시나리오는 고통스러운 문제 상황을 설정하여 듣는 이로 하여금 같은 고통을 느끼게 하고 정보설계에 투자하는 것이 어떻게 도움이 되는지 이해할 수 있도록 해줘야 한다.

아래는 실제 스토리의 한 예로, 문제 시나리오와 정보구조 기반의 해결방안 모두에 대해서 설명하는 데 유용하다. 스토리는 아래와 같다.

우리를 찾아온 클라이언트는 포춘 50대 기업의 대규모 기술지원 콜센터의 중간 관리자였습니다. 이 사람은 매일 24시간 동안 전화로 고객의 질문에 응답하는 수천 명의 콜센터 직원들이 사용하는 문서를 책임지고 있었죠. 고객들의 질문에 대한 답변은 본래 엄청나게 두꺼운 매뉴얼로 만들어져 있어서 만드는 데 많은 비용이 든답니다. 더더욱 문제는 다양하게 활용하기 어렵고, 검색도 안 될 뿐더러 업데이트하거나 유지하는 것도 무척이나 어렵다는 점입니다.
웹이 대중적으로 성장함에 따라서, 회사는 이 출력된 문서 모두를 HTML 페이지로 변환해서 인트라넷으로 구축하기로 결정했습니다. 웹사이트로 구축된 상황에서 콘텐츠들이 어떻게 브라우징되거나 검색될지, 콘텐츠 템플릿은 어떻게 디자인될지, 유지보수는 어떻게 할지 전혀 고려되지 않은 채로, 실제 수천 개의 페이지들이 HTML로 변환이 되었습니다. 인쇄된 매뉴얼이 HTML이라는 고기 분쇄기에 넣어진 것과 같은 셈이었죠. 물론 결과물은 매우 좋지 않고 심각한 문제들을 야기시켰습니다.
가장 큰 문제는 콜센터 직원들이 정보를 빨리 찾을 수 없었거나, 전혀 찾을 수 없었다는 겁니다. 속도는 확실히 중요한 요소였죠. 빠른 속도는 직원들이 시간당 더 많은 고객들을 상대할 수 있다는 것을 의미했습니다. 보다 중요한 것이 있습니다. 고객의 입장에서 보는 빠른 속도란 조금만(화를 참을 수 있는 만큼) 기다려도 된다는 것을 의미한다는 겁니다. 그러나 사이트는 너무 허술하게 설계되어서, 직원들이 한 제품에 대한 모든 정보를 찾기 위해서는 열 개 혹은 스무 개의 다른 페이지들을 뒤져봐야 했습니다. 콘텐츠들이 일관성 있게 레이블링 되어 있지 않은 탓이었죠. 물론, 직원들은 대답하기를 포기하거나 불완전한 대답을 하기 일쑤였습니다.

때로는 직원들이 한 가지 정보를 찾기 위해서 너무나 많은 시간을 허비해야 했기 때문에, 정보를 찾게 되면 (안도의 한숨과 함께) 정보를 출력해서 자신의 책상 앞에 붙여놓곤 했습니다. 그렇게 하면 이런 시련을 다시 겪지 않아도 되기 때문이었죠. 물론, 제품 요금표와 같이 시기적으로 변경되는 정보에 대해서는 직원들이 오래된 대답을 하곤 해 부정확했습니다. 별로 놀랄 일도 아닌 것이, 시급 10달러는 그들에게 인트라넷을 제대로 활용하게 할 만큼 회사나 고객에 대한 동기부여나 충성심을 불러일으키지 못했죠.

당신도 예상할 수 있는 것처럼, 이러한 모든 요소가(오랜 대기시간과 불완전하거나 잘못된 대답) 고객들이 굉장히 부정적인 인상을 갖게 했고, (측정할 수는 없겠지만) 회사의 브랜드 충성도는 실제로 큰 타격을 입었습니다.

설상가상으로 직원들에게 투자되는 비용은 매우 비쌌습니다. 이미 비싸진 교육비용이 더 상승하게 되었습니다. 현재, 한 사람당 만 달러나 되는 교육비용은 한 직원이 시간당 10달러를 번다는 사실과 비교해본다면 엄청나게 큰 숫자죠. 보다 심각한 것은, 이렇게 비싼 교육비용에도 불구하고 매년 25%의 직원들이 이직을 했다는 겁니다. 직원들은 수입이 비슷하다면 지역 패스트푸드 식당 일자리를 더 선호했고 오히려 그 직업에 만족했다는 겁니다. 이런 끔찍한 인트라넷을 사용하는 것보다 더 나쁜 일은 없었을 겁니다.

그래서 클라이언트가 우리에게 찾아왔을 때 그는 엄청 골치를 앓고 있었습니다. 회사는 이미 한 컨설팅회사에 의뢰를 했었지만 완전히 실패한 상태였습니다. 그 회사 컨설턴트는 데이터 세트와 같이 복잡한 텍스트를 처리하는 데이터베이스 설계에만 집중했습니다. 그들의 방법이 실패하자, 클라이언트는 직원들을 활용해서 내부적으로 문제를 해결해보려고 했죠. 그러나 내부직원들이 이렇게 심각한 문제를 일으키는 정보구조를 다룰 수 있는 기술이나 경험을 가지고 있지 않다는 것을 곧 깨닫게 되었답니다.

그 다음에야 클라이언트는 새로운 정보구조를 설계하기 위해서 우리를 고용했습니다. 우리는 몇 가지 방법으로 문제들을 해결할 수 있도록 클라이언트를 도왔습니다.

- 우리는 콘텐츠 중 무엇이 'ROT'[11]인지 구분해내어 사용자가 사용해야 하거나 회사가 관리해야 하는 콘텐츠의 양을 줄일 수 있도록 했습니다. 우리

---

11 ROT: 중복되거나(Redundan), 오래되어 유효하지 않거나(Outdated), 너무나 사소한(Trivial) 콘텐츠.

는 콘텐츠가 최초로 생성될 때부터 ROT를 줄일 수 있고, 사이트에서 콘텐츠가 사용되고 폐기되는 생명주기에서 ROT를 구분해내고 제거하는 데 도움이 되는 정책과 절차를 설계했습니다.

- 콘텐츠를 조직화하고 레이블링을 표준화할 수 있는 방안을 마련했습니다. 현재, 내부직원들은 콘텐츠를 브라우징하거나 정보가 있을 것이라고 예상하는 곳에서 원하는 정보를 찾을 수 있습니다. 또, 직원들은 자신들이 찾을 수 있는 모든 것들이 있어야 할 곳 즉, 모든 것이 한곳에 있다는 자신감을 갖게 되었습니다.

- 우리는 일관성 있는 몇 개의 템플릿 세트를 만들었고, 사내의 콘텐츠 작성자들에게 템플릿을 어떻게 사용하는지 교육을 했습니다. 결과적으로 예측이 가능한 콘텐츠들이 만들어졌습니다. 모든 페이지는 동일한 방식으로 만들어졌고, 콜센터 직원들이 답을 찾기 위해 빨리 훑어보는 일이 쉬워졌습니다.

- 마지막으로, 우리는 기술지원 콜센터 직원들이 콘텐츠를 인덱싱하기 위해서 통제어휘집을 어떻게 운영해야 하는지 교육을 했습니다. 3년이 지났지만, 직원들은 여전히 우리가 설계한 시스템을 사용하고 있고, 여전히 잘 작동하고 있습니다. 우리는 우리의 임무를 완수한 뒤, 우리를 대신할 만한 사람들을 교육하고, 프로젝트를 완료하였습니다.

여기에는 고통스런 상황과 행복한 결말이 존재한다. 위의 스토리에서 볼 수 있는 것처럼, 액터actor와 그들이 가진 문제를 정의하고(문제의 유머러스한 부분도 포함), 마침내 문제가 해결되도록 결말지어야 한다. 스토리를 들려주는 것은 복잡한 계산을 할 필요가 없기 때문에 재미도 있고 놀라우리만큼 효과적이다. 스토리는 듣는 사람, 즉 클라이언트, 동료들로 하여금 스토리 속 영웅이 가진 관점을 공유하게 한다. 사실, 스토리를 듣는 사람은 스토리에 자신을 투영하게 되고, 그렇게 함으로써 자신만의 상상의 나래를 펴게 할 수 있다. 스토리텔링storytelling은 실제로 '참여적인 경험participatory experience'이 된다. 참여는 '직관주의자'나 정보설계에 문외한인 사람들을 교육하는 데 도움이 된다.

자신만의 정보설계 스토리가 있는가? 과거에 경험했던 문제와 정보구조

설계가 그 상황을 어떻게 개선했는지 적어보는 것도 좋다. 혹은 클라이언트가 가지고 있는 웹사이트와 비슷한 사이트 때문에 좌절했던 사용자로서의 경험을 활용하는 것도 좋다. 쓸만한 좋은 스토리가 없다면, 위에서 언급한 스토리를 사용해도 좋다.

17.5 사례를 만들기 위한 다양한 기법들

스토리텔링은 인포메이션 아키텍트가 사례를 만들어 보여주기 위한 방법 중 한 가지일 뿐이다. 여기에는 다양한 방법이 존재하고, 정보설계에 대한 마케팅이나 세일즈에 참여하고 있느냐 혹은 프로젝트 기간 동안 동료들과 커뮤니케이션이 필요한가와 같이 다양한 상황에 따라 적절한 방법을 선택할 수 있다. (대부분의 기법들은 이 책의 다른 장에서 매우 상세하게 다루고 있다.)

사용자 입장을 배우는 '신병 훈련소 boot camp' 활동

방법은 단순하다. 웹에 친숙하지 않은 의사결정권자가 웹 브라우저로 웹사이트를 직접 사용하게 하는 것이다. 참석자들에게 서너 개의 기본적이고 일반적인 태스크를 수행하도록 요청한다(혹, 활용할 수 있는 사이트가 없다면 경쟁사의 것을 사용한다). 참석자들이 태스크를 수행하는 동안 생각하고 있는 것을 입 밖으로 소리 내어 얘기하도록 한다. 그리고 사이트를 사용하면서 겪는 문제점을 화이트보드에 기록하여 일반적인 태스크 분석도 하도록 한다. 문제점들을 검토하여, 문제점이 정보구조를 제대로 설계하지 않아 생긴 것인지 아니면 설계상의 다른 측면들 때문인지를 구별하도록 한다. 상당히 많은 문제들이 실제 정보구조상의 문제라는 것을 파악할 수 있게 되고, 의사결정권자는 (인포메이션 아키텍트인 스티브 터브가 얘기한 것처럼) '실제로 자신들의 제품을 사용'[12]해봄으로써 얼마나 심각한 문제가 있는지 깨달을 수 있다.

전문가 평가

사이트의 정보구조 평가는 쉽고 빠르게 수행될 수 있다. 사이트를 둘러보면서 처음 10분 이내에 5~10개의 주요 정보구조 문제들을 발견할 수 있다. 평가 결과를 문서로 제공하든 정보설계를 세일즈하는 과정에서 구두로 설명하든, 평가 내용은 아주 큰 효과를 가져올 수 있다. 예상 클라이언트의 사이트를 충분히 이해하고 있다는 것을 피력할 수 있을 뿐만 아니라, 클라이언트가 모르고 있는 문제를 알려주거나 알고는 있지만 해결방법을 모르고 있던 문제들을 드러내줌으로써 좋은 인상을 심어줄 수 있다. 의사결정권자들은 내부 직원들의 의견보다 외부의 의견을 훨씬 중요하게 생각하기 때문에, 외부 인력(특히, 전문가)에 의해 수행된 평가는 조직 내에서는 매우 심각하게 다뤄진다. 현재 자신이 조직 내부의 인포메이션 아키텍트이고 충분한 예산이 있다면, 정보설계의 가치를 동료들에게 인식시킬 필요가 있을 때 외부의 전문가를 초빙하는 것도 좋은 방법이다.

전략 수립 회의

의사결정권자와 오피니언 리더들을 모두 한 자리에 모이도록 하여 하루에서 이틀 동안 진행하는 활동이다. 정보설계에 대한 간략한 소개를 한 후, 회사의 전략을 논의하고 정보의 과부하, 조직화, 접근성에 대한 이슈들이 회사의 전략에 얼마나 큰 영향을 끼치는지 논의하도록 한다. 사이트 평가를 활용한 전략 수립 회의는 더욱 효과적이다. 사이트 평가자료는 클라이언트가 모르고 있는 사이트의 문제점을 알려주거나 모호하게 알고 있던 문제점을 정확하게 표현할 수 있도록 해준다. 또 부가적인 효과도 가지고 있다. 그룹을 대상으로 진행되기 때문에, 참석자들은 '정보로 인한 고통'[13]을 느끼는 사람이 비단 자신뿐만이 아니라는 사실을 발견하게 된다.

경쟁 분석

---

12 (옮긴이) 실제로 자신들의 제품을 사용해보기: 원문에서는 'Eating their own dog food'라고 표현하고 있으며, '개밥 먹이기(dogfooding)'이라고도 표현한다. 제품이 얼마나 문제가 있는지 혹은 얼마나 훌륭한지 보여주기 위해서 제품을 만든 사람이 직접 사용해보는 것을 의미한다.

13 (옮긴이) 정보로 인한 고통(information pain): 원하는 정보를 제때에 제대로 찾지 못해서 겪게 되는 고통.

사이트의 정보구조 이슈는 경쟁사의 사이트와 나란히 놓고 봤을 때, 보다 명확하게 보인다. 여기서 활용할 '남에게 뒤지지 않기'는 심리적으로 사람을 다루는 가장 효과적인 방식 중의 하나이다. 예상 클라이언트나 클라이언트의 사이트에 얼마나 많은 문제들이 산적해 있는지 알려주려면 항상 경쟁사의 정보구조 요소와 기능들을 비교해 보여준다. 이 과정에서 정보설계에 대해 교육을 할 수 있는 충분한 기회를 포착할 수도 있다. 혹은 자신이 내부의 인포메이션 아키텍트인 경우, 사내의 각 비즈니스 부문들이 가지고 있는 서브사이트들 간의 차이점을 설명하기 위해 경쟁 분석을 해볼 수도 있다.

비교 분석

경쟁사가 존재하지 않는 경우, 다른 사이트들과 회사의 사이트를 비교해 볼 수 있다. 검색 인터페이스나 쇼핑카트와 같은 특정 기능에 대해서 '최고의 평가'를 받고 있는 타 업종의 사이트들과 비교해보는 것도 고려해봄 직하다.

애플리케이션 벤더의 세일즈에 편승

정보구조 관련 소프트웨어 애플리케이션(예: 검색엔진, 콘텐츠 관리 툴, 포털)의 벤더들은 엄청난 양의 자금을 투자한다. 이러한 벤더들과 파트너십을 가지거나 혹은 벤더의 이름만 빌리는 수준이더라도, 벤더들을 따라서 클라이언트의 프로젝트에 참여하는 방법은 매우 유용하다. 벤더들은 이미 클라이언트 교육에 많은 비용을 투자하고 있기 때문에, 비용을 안 들이고도 지렛대로 삼을 수 있다. 하지만, 벤더들은 자신들의 기술을 통한 '솔루션'에 초점을 두고 있기 때문에, 교육이 일반적으로 완전하지는 않다. 클라이언트는 도입할 기술에 가치를 더하고 기술을 활용하는 데 인포메이션 아키텍트가 필요하므로, 인포메이션 아키텍트가 설명하는 정보설계 사례를 더욱 경청하게 된다.

초기부터 적극적인 자세

이 방법은 기법이랄 것까지는 없고, 프로세스의 이른 단계에서 정보설계의 중요성을 피력하는 방법이다. 예를 들어, 에이전시나 컨설팅회사에서 일하고 있다면, 정보설계가 회사가 제공하는 서비스 목록에 단순히 명시되는 것이 아니라, 회사의 외부적인 이미지를 형성하는 마케팅이나 브랜딩에 정보설계가 포함될 수 있도록 최선을 다해야 한다. 세일즈 프로세스에 적극적으로 참여하게 되면 정보설계는 회사가 하는 제안이나 더 중요하게는 프로젝트 계획의 일부로 자리매김할 수 있게 된다. 그리고 조직 내부 속해 있든 컨설팅회사에서 일하든 디자인 팀의 동료들이 정보설계도 다른 분야와 마찬가지로 중요하다는 것을 이해할 수 있도록 그들을 적극적으로 교육할 필요가 있다. 요컨대, 이러한 노력들은 정보구조와 같이 눈에 보이지는 않지만, 시간과 예산이 빠듯한 경우에 노력의 결과가 빛을 발하게 된다.

어떠한 기법을 사용하든지, 아래의 세 가지 조언을 명심할 필요가 있다.

고통은 최고의 친구다

투자 대비 효과 수치나 다른 어떠한 것보다도, 클라이언트가 겪고 있는 고통의 근원이나 예상되는 원인을 밝혀내도록 노력해야 한다. 너무 빤한 것이라고 생각할 수도 있지만, 눈에 보이는 것은 일부에 불과하다. 많은 사람들이 '정보 과부하'라는 용어를 얘기하지만, 실제로 정보를 중요한 전략적 대상으로 생각하는 사람은 거의 없다. 그리고 접근 가능한 정보는 유용한 상품이라는 사실을 깨닫지 못하고 있거나, 정보의 접근과 관리를 쉽게 만드는 데는 특별한 노력과 전문성이 필요하다는 사실을 모르고 있을 수도 있다. 또한 많은 의사결정권자들은 기업 인트라넷과 같은 정보시스템을 직접 사용하지 않는다. 즉 직원들이 결정권자를 대신해 사용한다. 이러한 경우에 가장 효과적인 도구는 생각의 관점을 넓혀줄 수 있는 '스토리', 불안감을 조장할 수 있는 '경쟁 분석', 사이트 때문에 고통당하는 사용자가 되어 보는 '신병 훈련소'와 같은 체험을 꼽을 수 있다.

표현할 수 있다면 절반은 성공한 셈이다

사람들이 무엇이 고통을 유발하는지 파악했더라도, 그것들을 어떻게 표현할지 모르는 경우가 많다. 사람들에게 정보 문제는 낯설기 때문에, 사람들이 무엇이 문제인지 표현할 수 있게 되기 전에는 어떠한 컨설팅도 도움이 되지 않는다. 이것은 정보구조가 매우 중요한 이유이기도 한데, 정보구조는 정보로 인한 고통을 표현할 수 있는 언어로서, 일련의 개념, 용어, 정의를 제공한다. 예상 클라이언트와 현 클라이언트에게 정보구조의 언어를 교육하게 되면, 그들이 겪고 있는 고통을 해결하기 위해 서로 의견을 나눌 수 있고 협업할 수 있다. 전략 수립 회의 때에 한두 시간 동안 정보설계에 대한 기본 교육을 제공하는 것은 클라이언트를 교육하는 최고의 방법이다. 초기 보고서에 교육 자료를 추가하거나 좋은 정보설계 관련 도서를 포함시키는 것 또한 '용어를 확산'시키는 유용한 방법이다.

허세를 부리지 마라

솔직히 말해서, '정보설계'라는 용어는 매우 허세처럼 들린다. 2002년 5월에 진행한 설문조사에 따르면, '정보설계'라는 용어가 가진 전문적인 특성은 정보설계를 알리는 데 있어 두 번째로 큰 어려움이다. 이런 문제점에 대해서 솔직하게 인정하고 사람들의 반응에 어떻게 대응할지 고민해야 한다(사람들이 타인이나 타인이 지닌 전문성을 조롱하는 건 비일비재한 일이다). 그리고 정보설계가 실제로 의미하는 것과 정보설계가 설명하는 문제점을 표현할 때, 전문용어를 '일상 언어'로 바꿀 필요도 있다. 이때, 1장에서 설명했던 엘리베이터 피치elevator pitch를 유용하게 사용할 수 있다. 정보설계를 알리기 위한 방법으로, 사례연구 및 스토리와 더불어 이해하기 쉬운 용어들에 대해서도 평소에 고민하고 있어야 한다.

17.6 정보설계 가치 체크리스트

정보설계를 위한 사례를 만들기 위해서 어떠한 기법을 사용하든지, 정량적인 혹은 정성적인 사례를 만들든지, 만들고 있는 사례 혹은 스토리와 관련된 사항을 체크리스트를 통해 검토하도록 하자. 일부 사항들은 무엇보다 인트라넷에 관련되어 있고, 일부 사항들은 웹사이트에 관련되어 있다. 먼저 처한 상황(만들고 있는 사이트의 종류, 자신이 외부 컨설턴트인지 내부 인포메이션 아키텍트인지 등)과 사례를 만드는 작업이 어느 정도의 진척을 보이고 있는지(사전 세일즈 단계, 세일즈 단계, 프로젝트 진행 중)를 고려할 필요가 있다. 그런 다음, 사례를 만들 때 중요한 사항을 빠뜨리지는 않았는지 체크리스트로 검토해 보도록 하자.

- 정보를 찾는 비용의 감소
- 잘못된 정보를 찾게 되는 비용의 감소
- 정보를 전혀 찾지 못하는 비용의 감소
- 경쟁우위의 제공
- 제품 인지도의 증가
- 판매의 증가
- 사이트의 사용을 보다 즐거운 경험으로 승화
- 브랜드 충성도의 증가
- 문서화에 대한 의존도 감소
- 유지보수 비용 감소
- 교육 비용 감소
- 직원 이직률 감소
- 사내 대규모 변화의 감소
- 사내 정치 공작의 감소
- 지식 공유의 증가
- 업무 중복의 감소
- 비즈니스 전략의 견고화

17.7 마지막 당부

어떠한 요소와 방법으로 정보설계에 대한 사례를 만들든지, 정보설계가 얼마나 어려운 문제인지를 잊지 않기를 바란다. 정보설계는 추상적이어서 실체가 없다. 새로운 무엇인가를 설명할 때는 각각의 상황에 따라 고유한 해결방법을 사용해야 한다. 이것은 일반적으로 스프레드시트처럼 모든 사람이 동일한 방식으로 사용하도록 대량 생산된 툴이나 그래픽 디자인 회사의 포트폴리오처럼 시각적으로 보이는 것을 파는 것보다 훨씬 더 어렵다.

오늘날 대부분 웹사이트와 인트라넷에 저장되어 있는 정보는 놀라운 속도로 증가하고 있다. 그래서 이러한 사이트에 담겨 있는 콘텐츠들은 오늘 사용하기에는 좋지만, 제대로 된 유지보수 계획이 없다면, 내일은 사용하기 어려울 것이다. 정보의 확장과 관련된 문제들은 계속해서 악화되기만 하고 있다. 장기적으로 봤을 때, 정보로 인한 고통을 경험한 사람들이 계속해서 증가하고 있기 때문에, 정보설계를 설득하고 홍보하는 노력들은 점점 쉬워질 것이다. 정보설계를 고수하자. 시간은 우리 편이다.

Information Architecture for the World Wide Web **18**

비즈니스 전략

전략 운영에 있어, 기습은 전술적으로 구체화될수록 실현 가능성이 높아진다.
— 카를 폰 클라우제비츠Carl von Clausewitz
『전쟁론』 1832년

다룰 내용:
- 비즈니스 전략에 대한 제한적 정의
- 전략의 적용: 뱅가드의 사례연구
- 정보구조와 비즈니스 전략의 관계
- 정보구조가 경쟁우위에 기여하는 방법

정보설계를 다루는 책에서 왜 비즈니스 전략을 언급하는 것일까? 정보구조와 비즈니스 전략이 무슨 공통점이라도 있는 것일까? 문헌정보학과 정보학 교육과정에는 비즈니스 전략에 대한 수업이 없었기 때문에, MBA 과정에도 정보설계에 대한 수업은 거의 없다고 말해도 무방하겠다.

실제로, 이 두 가지 영역은 현재까지는 서로를 인식하지 못한 상태로 독립적으로 존재하고 있다. 하지만 이런 독립은 이제 변화를 맞이하고 있다. 인터넷이 우리 삶에 스며듦에 따라, 관리자와 경영진들은 웹사이트나 인트라넷이 필수적인 요소라는 사실을 서서히 인지하고 있으며, 이러한 인식은 마침내 정보설계가 성공을 위한 핵심적인 요소라는 인식으로 이어지고 있다. 이런 생각이 햇볕을 본 이상, 이전으로 되돌아갈 가능성은 없다. 관리자는 더 이상 인포메이션 아키텍트를 고립된 공간에서 혼자 놀도록 내버려두지 않는다. 아니, 관리자들은 좋든 싫든 간에 인포메이션 아키텍트와 함께 놀기 시작했다. 좋은 소식은 관리자들이 함께 놀 장난감을 가지고 온다는 것인데, 이것을 위기가 아닌 기회로 생각한다면 우리는 함께 노는 동안 전략과 정보구조의 관계에 대해서 많은 것을 배울 수 있다.

현업에서, 정보구조와 비즈니스 전략은 상징적인 관계를 가지고 있다. 웹사이트의 구조가 비즈니스의 목표와 전략에 부응하는 것은 당연한 것이다. 따라서, 비즈니스 전략(대개 '비즈니스 원칙business rules'이라고 불린다)은 정보구조를 주도하게 된다. 하지만 둘 간의 커뮤니케이션이 양방향이어야 하느냐는 점에서는 명확하지 않은 구석이 있다. 정보구조 설계 프로세스는 비즈니스 전략 내에서 틈새나 비일관성을 드러낸다. 현명한 회사들은 그림 18-1에서 보이는 것과 같이 순환적인 피드백을 활용한다.

보다 이론적인 수준에서, 우리는 정보설계라는 신생 학문이 비즈니스 전략이라는 이미 확립된 영역에서 많은 것을 수용할 필요가 있다고 생각한다. 이것은 우연히 매칭된 것이 아니라, 두 분야는 공통점을 가지고 있다. 두 가지 모두 높은 수준의 모호성과 애매함이라는 문제를 가지고 있다는 점이다. 둘 다 형체가 없으며, 구체적으로 수치화된 투자 대비 효과 분석이 불가능하다.

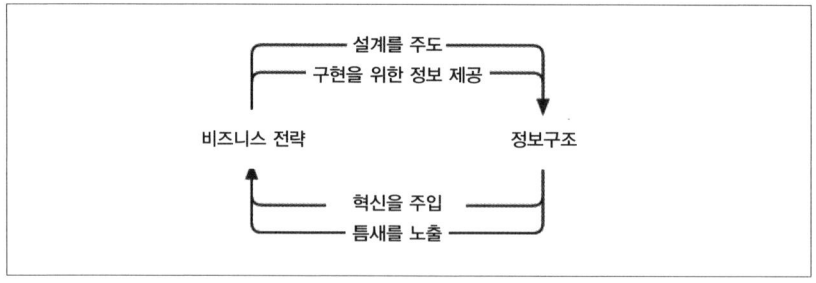

그림 18-1. 비즈니스 전략과 정보구조 간의 피드백 루프

또한 두 영역은 성공하기 위해서 회사의 모든 조직을 수용할 수 있어야 하고 전사적으로 영향을 끼쳐야 한다. 인포메이션 아키텍트와 비즈니스 전략가는 현실과 동떨어진 상아탑을 쌓으려고 해서는 안 되며, 단일 부서가 가지고 있는 제한된 시각을 가지고 있어서도 안 된다.

그리고 마지막으로, 정보설계는 경험 설계나 지식 관리와 같이 다른 분야를 포괄하는 것들과 마찬가지로 혁신적인 비즈니스 전략을 위한 새로운 기회와 도전을 만들어낸다. 인터넷이 업계에 창조적인 파괴[1] 돌풍을 계속해서 불어옴에 따라, 기술만을 주력했던 회사들은 문을 닫았다. 성공은 시장에서 고유한 위치를 유지하기 위해서 기술, 전략, 구조를 어떻게 서로 통합할지 이해하는 사람들의 몫으로 돌아간다. 이렇듯 정보구조는 생존에 필수적인 경쟁 우위를 끊임없이 탐색하는 역할을 수행한다.

18.1 전략의 어원

딕셔너리닷컴Dictionary.com은 전략을 '평화 혹은 전생 시에 작전을 쥐어한 효과적으로 수행하기 위해서 국가의 전 병력을 활용하는 학문이나 기술'이라고 정의한다. 이 정의가 말해주는 것처럼, 전략은 군사적인 역사를 가지고 있다. 사실, 전략의 어원은 'strat-egos(군대의 우두머리)'[2]라는 용어가 사용된 고대 그리스 시대로 거슬러 올라간다. 『손자병법孫子兵法』이나 클라우제비츠Carl von Clausewitz의 『전쟁론On War』과 같은 고전들은 아직도 비즈니스 업계에서 종종 인용되곤 한다.

이러한 어원은 왜 비즈니스 전략의 용어들이 군사용어들(자리매김해야 할 시장은 전장戰場, 경쟁사는 적, 전략은 승리를 위해 반드시 성공적으로 수행되어야 하는 작

---

[1] '창조적인 파괴(creative destruction)'이라는 개념은 경제학자, 슘페터(Joseph Schumpeter, 1883-1950)가 처음으로 사용했다.

[2] 「The Historical Genesis of Modern Business and Military Strategy」 1850-1950, 호스킨(Keith Hoskin), 맥브(Richard Macve), 스톤(John Stone) 〈http://les.man.ac.uk/ipa97/papers/hoskin73.html〉

> ## 유명한 전쟁 격언
>
> 어떠한 상황에서도 최고의 전략은 매우 막강한 전력을 갖는 것이다. 전력을 한데 집중하는 것만큼 강력하고 쉬운 전략은 없다.
> — 칼 폰 클라우제비츠 Carl von Clausewitz
>
> 장수는 적이 어디를 방어해야 할지 모르도록 공격에 능해야 하고, 적이 어디를 공격해야 할지 모르도록 방어에 능해야 한다.
> — 손자 孫子
>
> 문제를 논의하기도 전에 먼저 행동하는 것은 처음부터 잘못된 전쟁을 일으키는 보편적인 실수이다.
> — 투키디데스 Thucydides
>
> 우리의 목적이 무엇인가? 나는 한 마디로 대답할 수 있다. 승리. 모든 수단을 동원한 승리, 어떠한 두려움에도 불구하고 얻어진 승리, 어렵고 긴 여정이 예상되는 승리. 승리가 없이는 생존도 없다.
> — 윈스턴 처칠 Winston Churchill

전)로 채워져 있는지 잘 설명해준다. 또, 비즈니스 전략 분야가 어째서 권력과 자신감을 표출하고, 자신의 계획, 모델, 철학이 '유일한 최고의 방법'이라고 내세우는 남성들에 의해 대부분 독점되고 있었는지를 설명해 준다. 비즈니스 전략의 세계에서 결단력이 없다는 것은 연약함의 상징이다.

그러나, '기술art'이라는 용어가 사전의 정의와 손자의 책에 모두 사용되었다는 점을 주목할 필요가 있다. 이것은 비즈니스 전략이 순수한 학문이 아니라는 점을 인정하는 것이다. 기술은 (정보설계 같은 발생 초기 단계의 분야에서와 마찬가지로) 어느 정도의 창의력과 위험 감수가 요구된다.

18.2 비즈니스 전략 정의하기

지난 수십 년간, 하버드 비즈니스 스쿨의 교수이자 성공한 기업가인, 마이클 포터Michael Porter는 비즈니스 전략 분야와 경쟁우위에 대한 이해를 구체화하고 이끄는 데 큰 영향을 끼쳤다.

그의 훌륭한 저서, 『On Competition』(Harvard Business School Press)[3]에서 포터는 전략을 운영 효과와 비교하여 정의하였다.

> 효과적인 운영이란 유사한 활동을 경쟁자가 수행하는 것보다 더 잘 하는 것을 의미한다. 효과적인 운영은 효율성을 포함하지만 효율성에 제약되지는 않는다.

그는 비즈니스 성공에 효과적인 운영이 필요하지만 충분조건은 아니라고 언급했다. 그 다음, 전략이 무엇이냐는 질문에는 다음과 같이 대답했다.

> 전략이란 차별적인 활동을 통해서 독창적이고 가치 있는 포지션을 선점하는 것이다.

그는 다음과 같이 설명을 이어간다. '전략의 핵심은 활동이다. 경쟁자의 활동과 비교하여 다르게 수행할 방법을 선택하거나 차별적인 활동을 하는 것이다.' 지속가능한 경쟁우위를 만들기 위한 모든 활동에 전략을 도입해야 궁극적으로 장기적인 수익성 증가를 가져올 수 있다.

18.2.1 대응

그러면 정보설계 활동을 어떻게 비즈니스 전략에 맞출 수 있을까? 먼저 비즈니스가 어떠한 전략을 추구하고 있는지 확인할 필요가 있다. 하지만, 이것은 대규모 조직에서는 거의 불가능하다.

포춘 500대 기업들에 대한 컨설팅을 해왔지만, 우리는 (우리가 생각하기에)

---

[3] (옮긴이) 번역서: 『경쟁론』 세종연구원, 2001년 2월.

회사의 비즈니스 전략을 설명해줄 수 있을 만한 임원을 만나볼 기회가 거의 없었다. 그리고 우리와 함께 일한 사람들은 회사의 전체적인 전략적 방향과 회사의 웹사이트나 인트라넷이 어떻게 하나의 큰 그림으로 조합되어야 하는지 명확한 생각을 가지고 있지 못했다. 그들은 대개 전략의 음지에 남겨져 있었다.

임원들이나 기업의 전략가들이 향후 사이트 개발에 보다 많이 관여하게 되기를 기다리는 동안, 지금 할 수 있는 것들을 일단 해보자. 이해관계자 인터뷰는 고위 경영진과 대화할 수 있는 기회를 제공한다. 고위 경영진들이 회사의 전략을 잘 정리하여 줄줄 얘기해줄 수는 없겠지만, 적절한 질문을 던진다면 이들은 충분히 유용한 답변을 해줄 수 있다. 예를 들면 아래와 같다.

- 회사의 진짜 강점은 무엇입니까?
- 회사의 진짜 약점은 무엇입니까?
- 경쟁사와 차별화된 점은 무엇입니까?
- 경쟁사를 어떻게 공략합니까?
- 회사의 웹사이트나 인트라넷이 경쟁우위에 어떤 기여를 합니까?

지속적으로 캐묻는 것이 중요하다. 웹사이트나 인트라넷에 대해 명시한 목표를 넘어 회사가 가지고 있는 보다 폭넓은 목표와 조직을 이해하는 것이 필요하다. 지금 캐묻지 못하면, 이러한 사실을 알아내는 것은 쉽지 않기 때문에 나중에 큰 대가를 치르게 된다. 몇 년 전, 우리는 포춘 100대 기업 중 문제가 있는 비즈니스 부문을 불편한 마음으로 컨설팅한 적이 있었다.

우리는 회사의 현재 사이트 평가를 완료하고, 고위 경영진들에게 평가결과와 제안사항을 발표하는 단계에 있었다. 발표 도중에, 비즈니스 부문의 부사장은 전체 프로젝트가 잘못된 방향으로 진행되어 왔다고 질타하기 시작했다. 부사장의 질책들을 한데 모으면 다음의 질문으로 요약할 수 있다. "우리는 비즈니스 전략이 없는데, 당신들은 어떻게 우리의 웹사이트를 설계할 수 있죠?"

안타깝게도, 우리는 당시에 이 질문을 제대로 이해할 수 없었고, 이 질문에 명확하게 답변하는데 사용할 수 있는 적절한 어휘도 알지 못했다. 우리는 이러한 무지로 인해 반 시간이나 전전긍긍할 수밖에 없었고, 부사장은 신나게 우리를 괴롭혔다. 그런 다음에야 부사장은 숨은 의도를 드러냈는데, 우리로 하여금 "이 비즈니스 부분에 더 많은 시간과 자원이 할당되지 않으면, 웹사이트를 개선하는 노력은 수포로 돌아갈 수밖에 없다"는 내용이 담긴 직설적인 경영진 보고서(본래 부사장이 작성해서 자신의 상관에게 보고해야 하는 보고서)를 작성하도록 했다.

그전 이유야 어찌됐든 간에 그는 올바른 질문을 던진 것이다. 우리는 잔인하리만치 정직한 경영진 보고서(우리의 정보구조와 회사의 비즈니스 전략을 연결하는 보고서)를 작성해달라는 부사장의 요청에 한껏 기뻐했고, 몇 군데 상처만 입은 채 무사히 프로젝트를 마무리 할 수 있었다.

이 프로젝트에서 얻은 보다 중요한 교훈은, 인포메이션 아키텍트는 정보구조와 비즈니스 전략 간의 관계를 잘 이해해야 한다는 개인적인 확신이었다.

18.3 전략의 도입

비즈니스 전략과 정보구조를 연결하는 방법을 알아보기 위해서 포터의 『On Competition』에서 다루고 있는 예를 하나 살펴보자. 포터는 전략의 도입을 평가하고 강화하기 위한 툴로써, '활동시스템 맵activity-system map'을 사용했다. 그림 18-2는 뮤추얼 펀드 업계의 선도주자인, 뱅가드의 활동시스템 맵을 보여준다.

포터는 다음과 같이 설명했다. 뱅가드가 제공하는 서비스는 보수적이고 장기적인 투자자들에게서 폭넓게 좋은 반응을 얻고 있으며, 회사의 브랜드는 피델리티Fidelity나 티 로우 프라이스T. Rowe Price 같은 경쟁사와 매우 차별화 되어 있다.

뱅가드는 광고와 출장비용을 줄이는 데서부터 주주들의 교육과 온라인 정

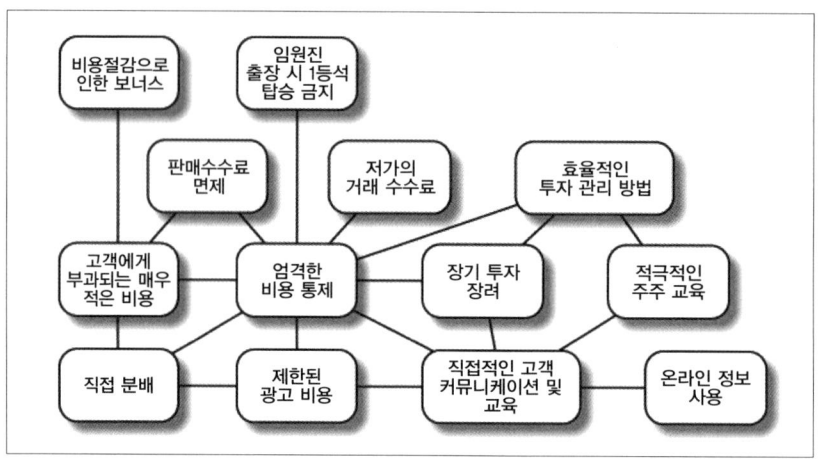

그림 18-2. 뱅가드의 활동 시스템 맵

보를 사용하는 데에 이르기까지 회사의 모든 활동에 회사의 전략을 적용하는 노력을 기울이고 있다. 투자자에 대한 교육과 비용 절감이 밀접하게 연관이 되어 있다.

이러한 전략은 우연의 산물이 아닙니다. 창업자, 보글John C. Bogle은 "당시 업계에서 창업을 하면 주주들의 초기 수익이 주로 독립적으로 운영하는 펀드에서 나왔는데 뱅가드는 전례 없이 상호적인mutual 구조[4]를 만들어 냈다"고 설명한다. 그는 "전략은 구조를 따른다는 사실에 주목할 필요가 있으며, 이것은 비용을 기본 수준으로만 지출하고 외부 전문가나 대리점과의 계약 시 최저 수준으로 협상함으로써 높은 수준의 경제적 효율성을 논리적으로 추구하는 것"이라고 설명한다. 적게 소비할수록 주주나 소유주에게 돌아가는 수익은 그 차이만큼 커진다는 말이다.

흥미로운 점은 이러한 전략이 뱅가드 웹사이트의 설계에도 그대로 드러난다는 점이다. 뱅가드의 메인 페이지는 그림 18-3과 같다. 우선, 브랜딩이 최소화되어 있는 깔끔한 페이지에 주목할 필요가 있다. 큼지막한 로고나 배너 광

---

[4] 존 보글(John C. Bogle),「The Vanguard Story」〈http://www.vanguard.com/bogle_site/october 192000.html〉

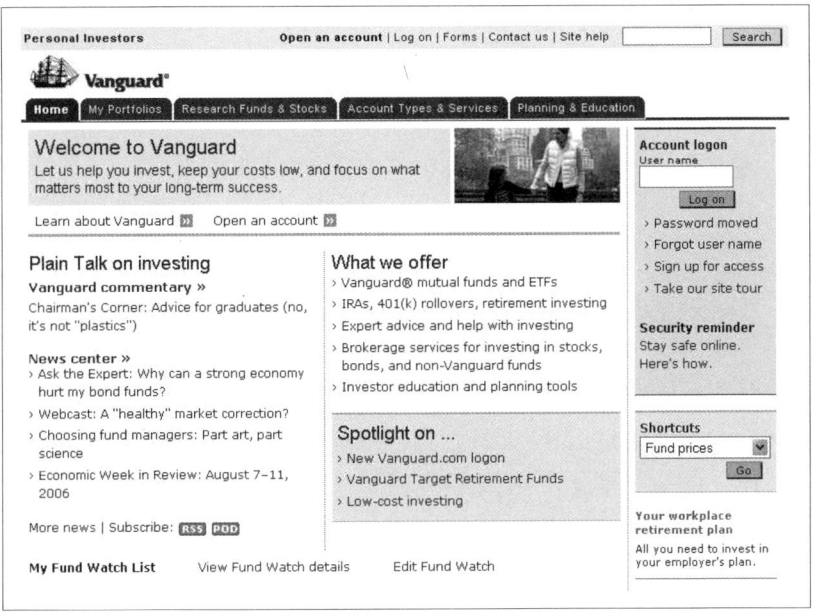

그림 18-3. 뱅가드 웹사이트의 메인 페이지

고가 없으며, 사용성이 최우선 순위다. 둘째, 금융업계에서 사용되고 있는 전문적인 용어가 전혀 없다는 점도 주목하자. 뱅가드는 '평범한 대화' 수준의 어휘를 사용하여 정보를 명쾌하게 설명하고 있다.

둘러보면 사이트의 중점이 전반적으로 교육, 계획, 조언들의 긴밀한 상호연결에 있음을 알 수 있다. 사이트 용어사전, 사이트 맵, 사이트 투어는 고객들이 사이트를 내비게이션하는 것을 도와줌과 동시에 고객들이 학습할 수 있도록 해준다.

뱅가드의 웹사이트는 독특한데, 이는 모범적인 사례라고 할 수 있다. 설계에 있어 차별화하고 있으며, 회사의 고유한 전략을 반영하고 있다. 웹사이트에서 구조는 전략을 반영하고 전략과 구조 모두에서 최고의 회사라는 특성을 보여준다. 이것이 바로 델닷컴Dell.com이 컴팩Compaq이나 IBM의 웹사이트와 다르고, 랜젠드닷컴Landsend.com이 엘엘빈L.L.Bean이나 제이크루J. Crew의 웹사이트와 다른 이유다.

이들 회사들은 경쟁사를 따라 하거나 제로섬 가격 경쟁에 뛰어들기보다 업계에서 자신들의 고유한 위치를 활용하고, 강화하기 위한 노력을 기울이고 있다. 그리고 이 회사들의 웹사이트들은 경쟁우위를 확보하는 데 사용될 수 있는 중요한 전략적 자산으로서 점차 인정을 받아가고 있다.

18.4 비즈니스 전략 내 틈새 드러내기

정보설계는 문제를 해결하고 질문에 답하는 과정이다. 따라서, 인포메이션 아키텍트는 문제점을 찾아야 하고 질문을 해야 한다. 맥락, 사용자, 콘텐츠가 서로 어떻게 맞물릴 수 있는지 고민하는 과정에서, 우리는 종종 비즈니스 전략 내의 (특히, 웹 환경과 연결되는 방식에 대한) 심각한 비일관성이나 틈새를 발견하게 된다.

많은 경우, 이러한 문제는 고칠 수 있다. 고객서비스가 훌륭하기로 유명한 한 회사는 고객지원 서비스를 웹사이트와 통합하는 방안을 등한시한다. 혹은 폭넓은 사랑을 받고 있는 온라인 서점 웹사이트는 출판사로부터 어떤 대가를 받고 검색 결과에서 잘 보이도록 비밀리에 조작하여 고객의 신뢰를 저버리는 모험을 하기도 한다. 회사가 건강하다면, 인포메이션 아키텍트는 이러한 이슈들을 제기하고 해결하도록 해야 한다.

그외 경우를 보더라도, 이와 같은 문제는 회사가 진짜 곤경에 빠져 있다는 것을 알려주는 표면적인 증상이기도 하다. 아래의 예들을 고민해보자. (저지른 죄는 크지만 회사를 보호하기 위해서 회사명은 삭제했다.)

- 글로벌 500대 기업인 모 회사는 최근 대규모 합병을 진행했다. 미국 지사는 중앙집권적이고 하향식으로 관리되는 공식적인 기업 인트라넷을 가지고 있었다. 유럽 지사는 분산형이고 상향식으로 관리되는 비공식적인 부서별 인트라넷을 가지고 있었다. 대서양을 두고 서로 반대편에 있는 이해관계자들은 인트라넷에 대한 매우 다른 목표와 아이디어를 가지

고 있었다. 계획은 하나의 통합된 회사라는 분위기를 조성하기 위해서 하나의 통합된 인트라넷을 설계하는 것이었다. 하지만 실제로는 두 개의 다른 문화가 많은 부분에서 충돌했다. 정보구조라는 꼬리는 회사라는 개를 흔들지 못했다.

- 포춘 100대 기업인 모 회사는 4천만 달러를 고객 건강 포털을 만드는 데 투자함으로써 전자상거래 골드러시에 참여하기로 결정했다. 미국 내에 이미 많은 경쟁자가 있다는 사실을 발견한 후, 회사는 갑자기 시장을 일부 유럽국가로 돌려버렸다. 여기에는 작은 문제가 하나 있었는데, 이 회사는 그 나라들의 국민들이 지닌 건강 관련 정보 니즈나 정보 탐색 행위에 대해서 아는 바가 거의 없었다. 그리고 찾아내려고도 하지 않았다. 마침내 회사는 통제력을 잃고 E-비즈니스 사업을 접게 되었다.

미칠 것 같은 상황에 처해 있음에도, 일이 정상적으로 잘 돌아가는 척하는 것은 인간의 본성이다. 이런 때 우리는 임원들이 현재 상황을 잘 파악하고 있고 전체 계획이 곧 명확해질 것이라는 추측을 하게 된다. 하지만, 안타깝게도 나타난 결과들은 그 상황이 반대였음을 의미한다. 미친 것처럼 보인다면, 그건 아마 거의 미친 것이다. 자신의 직관을 믿어야 한다. 전략을 수립하는 임원들 역시 인간이라는 사실을 기억하자. 전략 수립에 참여한 사람이 계획에 큰 틈새나 결함을 발견했으나, 이를 지적하기를 꺼리거나 지적할 마땅한 동기가 없는 상황은 어디서나 쉽게 발견할 수 있다. 인포메이션 아키텍트는 "임금님은 옷을 입지 않았다!"라고 진실을 외칠 수 있는 좋은 위치에 있으며, 더 나아가 관리자, 전략가, 이해관계자와 협업하여 더욱 합리적인 계획을 만들어 낼 수 있다.

그림 18-4. 전략을 만드는 SWOT 모델

18.5 최상의 방법

그림 18-4는 전략을 만드는 모델 중 가장 잘 알려진 모델인 SWOT이다. SWOT은 회사 내부의 강점과 약점을 분석하는 방법이다. 이러한 강점과 약점은 회사의 외부 환경에 존재하는 기회와 위협 요소를 살펴봄으로써 발견할 수 있다.

   SWOT은 비즈니스 스쿨, 교과서, 경영 컨설팅회사, 임원들이 선호하는 모델이다. SWOT 분석은 교실이나 사무실에서 적은 인원으로 짧은 시간에 수행할 수 있다. '전략을 수립하는 사람'들은 분석 작업에 참여하여 객관적인 내부 역량과 외부 환경을 평가할 수 있고, 회사 내의 '주무 부서'에서 구현할 수 있도록 계획적이고 신중하게 전략을 수립할 수 있다. 이 모델은 적응성이 매우 뛰어나, 어느 유형의 회사에서도 언제든지 적용할 수 있다. 이렇듯 SWOT은 다양한 환경에서 비즈니스 전략을 만드는 '최상의 방법'으로 간주되어 왔다.

   하지만, 여기에는 다른 방법들도 존재한다. 이 중 어떤 것이 정보구조와 관련이 있는지 궁금하다면, 잘 뒤따라오기 바란다. 다음 섹션에서 자세히 알아보도록 하자.

18.6 다양한 좋은 방법들

민츠버그Henry Mintzberg, 알스트랜드Bruce Ahlstrand, 램펠Joseph Lampel의 흥미로운 책, 『Strategy Safari』(Free Press)는 비즈니스 전략이라는 주제를 인포메이션 아키텍트들이 따라해볼 수 있는 수준으로 다루고 있다. 이 책은 뭔가 인식

장님과 코끼리

존 고드프리 삭스(1816-1887)

세상을 무척 알기 원하는
여섯 명의 인도인이 있었네
그들은 코끼리를 보러 갔다네
(비록 모두 장님이었지만),
직접 체험해봐야
흡족해 할 수 있을 거라 생각했네.

첫째 사람이 코끼리에 다가갔네,
그러다가 우연히도 넓고 튼튼한 몸통에
부딪혔네,
그는 즉시 소리치기 시작했네:
"신이여 감사하나이다. 그런데 코끼리는
마치 벽 같구나."

둘째 사람이 송곳니를 만지고서
소리쳤네, "오! 여기 있는 이
둥글고, 매끄럽고, 날카로운 게 무언고
내게 말하길 "이제 알겠구나
코끼리가 어떻게 생겼나 궁금했더니
그것은 꼭 뾰쪽한 창 같구나."

셋째 사람도 그 동물에게로 다가가자
꿈틀거리는 코가 손에 잡혔다네
그래서 크게 소리쳤네:
"알겠다, 코끼리는
꼭 뱀 같구나!"

넷째 사람도 열심히 손을 휘저어
무릎을 만졌네,
"이 진기한 짐승이 뭐 같은지
쉽게 알 수 있겠구나.
코끼리는 꼭 나무 같은 것이
분명해."

다섯째 사람이 귀를 만지게 되었네,
"비록 장님이지만
이게 무얼 닮았는지는 말할 수 있다네
이것을 누가 부정하리오
이 신기한 코끼리는
꼭 부채 같구나."

여섯째 사람은 곧바로
그 짐승을 손으로 더듬어 보더니
흔들거리는 꼬리를 손에 쥐게 되었네.
꼬리만을 만지고서는 말했네.
"알겠다, 코끼리는
꼭 밧줄 같구나."

그리고는 여섯 명의 인도인들은
큰 소리로 오랫동안 다투었네
각자 자기 생각이 옳다고
절대로 굽히지 않고 주장했네
부분적으로는 각각 옳을지라도
전체적으로는 모두 틀렸는데도!

그림 18-5. 장님 코끼리 만지기

학교	전략 수립 방법
설계 기조	구상 프로세스
기획 기조	형식 프로세스
포지셔닝 기조	분석 프로세스
기업가적 기조	비전 프로세스
인지 기조	정신적 프로세스
학습 기조	창발적 프로세스
권력 기조	협상 프로세스
문화 기조	집단적 프로세스
환경 기조	반응적 프로세스
구성 기조	변화의 프로세스

은 하고 있지만 대상을 거의 알지 못한다는, '장님 코끼리 만지기' 우화로 시작한다. 책을 따라 한 번 살펴보도록 하자.

이 책의 저자들은 이렇게 선언하고 있다. "우리는 장님이고 전략 수립은 우리의 코끼리다. 코끼리 전체를 볼 수 있는 식견을 가진 사람이 아무도 없기 때문에, 모든 사람들은 일부분만을 쥐고 있으면서 나머지 부분에 대해서는 '완전히 무지한 상태'로 남아 있게 된다." 여기서 '전략 수립'을 '정보설계'로 바꾸면, 이 선언을 우리의 학회나 토론에서 벌어지는 수많은 열띤 논의들을 설명하는 데도 사용할 수 있다.

또 이 책은 비즈니스 전략 분야에 적용 가능한 '10가지의 기조'를 상정하여, '다양한 좋은 방법'이라는 그들의 철학을 보여주고 있다.

저자들은 지난 50년에 걸쳐 하향식이고 매우 중앙집중적이었던 설계 기조와 기획 기조가 상향식의 기업가적 기조, 학습 기조, 문화 기조로 진화해온 것을 설명하고 있다. 오늘날의 정보 경제에서 전략적 사고는 CEO나 기업의 전략가들로 구성된 엘리트 팀에만 한정될 수 없다는 것이 보편적으로 인식되고 있다. 지식 노동자도 전략을 수립하는 역할을 반드시 수행해야 한다. 계획을 수행하는 사람도 반드시 전략적으로 사고할 줄 알아야 하고, 계획은 반드시 실천을 전제로 해야 한다. 이러한 진화는 정보기술의 발전, 비즈니스 관리 이론의 성숙, 고등 교육의 확대, 변화하는 사회적 동력에 기인한다.

저자들은 이러한 50년 간의 진화 동안, 비즈니스 업계는 각각의 새로운 기조를 '최고 방법'이라며 필사적으로 수용하고, 더 나은 새로운 방법이 출현하면 기존의 것을 새로운 것으로 대체해왔다는 사실에 주목했다. 저자들은 각각의 기조는 장님들과 같이 부분적으로 옳고 부분적으로 그르다고 설명한다. 절대적으로 수용될만한 것도 없고, 완전히 쓸모없는 것도 없다.

18.7 우리의 코끼리 이해하기

정보설계 업계는 전략에 대해 정직하고, 광범위하고, 다차원적으로 접근하는 방법을 보다 열심히 배울 필요가 있다. 신생 분야이기 때문에 종종 '장님 코끼리 만지기'(그림 18-6) 같은 착각이 동반되기도 한다. 우리는 아직 우리만의 '기조'를 구축하지 못했다. 그리고 우리의 코끼리는 복잡하고, 역동적이며, 규정하기 어려운 동물이다. 정보설계를 총체적으로 이해하는 것은 분통이 터질

그림 18-6. 장님 코끼리 만지기(이미지는 〈http://www.jainworld.com/literature/story25i1.gif〉에서 발췌)

만큼이나 어렵다.

우리의 아이디어와 방법들을 구체화할 때, '절대적인 방법'을 설명하는 사람들을 경계해야 한다. 다양한 정의, 다양한 방법론, 다양한 차원들을 수용해야 한다. 또한, 정보설계에 대한 새로운 방향이나 새로운 기조를 제안하는 트렌드가 보일 초기 조짐에 대해서도 촉각을 곤두세워야 한다. 우리의 분야는 10년도 채 되지 않았음을 순순히 인정할 필요가 있다.

그렇다고 우리가 엄청난 진보를 이루지 못했다고 얘기하는 것은 아니다. 정보설계의 분야는 1990년대 초 이후 커다란 발전을 이루었다. 우리는 고도로 집중화된 하향식 접근방법으로, 안정적인 해결방안을 만들기 위해 세심한 작전을 활용하기 시작했다. 어느 정도는 잘해왔지만, 변화가 계속되는 상황에서 기습 작전이 필요하다는 것을 어렵게 깨달을 수 있었다. 최근에는, 적응성이 있는 해결방안을 새롭게 만들어내기 위해 조직 내에서 분산된 지식을 사용하는 상향식 접근방법을 면밀히 살펴보고 있다. 아래의 표는 전형적이거나 '하향식'인 정보설계와 현대적이거나 '상향식'인 정보설계를 비교해서 보여준다.

전형적인 정보설계	현대적인 정보설계
지시적인	서술적인
하향식	상향식
계획된	창발적인
안정된	적응성이 있는
집중된	분산된

이러한 아이디어를 고민하고 있을 때, 재미있는 질문이 하나 떠올랐다. 정보구조는 만드는 것일까? 혹은 밝혀내는 것일까?

대븐포트Thomas Davenport와 프루삭Laurence Prusak은 함께 쓴 『Information Ecology』에서 이러한 주제를 언급한 바 있다.

생태학적 관점에서, 구조화된 설계는 미래를 모델링하는 것보다 어떤 정보가 현재 유용한지, 어디서 찾을 수 있는지를 규정하는 데 훨씬 더 적합하다. 정보 맵핑은 현재의 정보 환경으로 이끄는 가이드이다. 정보 맵핑은 정보의 위치만을 언급하는 것이 아니라 누구에게 정보에 대한 책임이 있는가, 어디에 정보가 사용되는가, 누가 정보에 제목을 붙이는가, 어떻게 정보에 접근할 수 있는가를 다룬다.

위의 도발적인 언급은 부분적으로 맞지만, 부분적으로는 틀렸다. 정보 맵핑은 더 많은 사람들이 수용해야 할 유용한 방법임에는 틀림없지만, 다른 방법을 사용할 필요가 없거나 무력화시킬 만큼 완벽하지는 않다. 우리는 장님이고, 정보구조는 우리의 코끼리라는 사실을 명심하자.

18.8 경쟁우위

우리가 전체적인 그림을 보지 못한다는 사실이 앞으로 빠르게 나아갈 수 없다는 것을 의미하지는 않는다. 비즈니스 전략과 정보설계 분야는 기가 죽을 만큼 추상적이고 복잡하다. 그러나 우리는 분석 마비중[5]의 희생양이 될 수는 없다. 이 두 분야는 비즈니스의 세상에서 지속가능한 경쟁우위를 만드는 데 기여하지 못하면 전혀 쓸모가 없다.

비즈니스 전략은 이러한 필수적인 사안에 대한 교훈을 한 가지 더 알려준다. 한마디로, 우리 업무가 지닌 비가시적인 특성은 경쟁우위에 기여할 수 있다는 것이다. 무어Geoffrey Moore는 비즈니스 전략에서 이런 숨겨진 기회를 발견했다. 저서 『Living on the Fault Line』에서, 전략이 세워지는 다층적인 기반을 보여주기 위해서 경쟁우위의 계층구조를 설명했다. (그림 18-7)

무어는 대부분의 사람들이 '차별화된 판매'(예: 브랜딩과 포지셔닝)라는 최상위 계층에 집중하지만, 비즈니스는 아래에서 상향식으로 계층을 구축해야

---

5 (옮긴이) 분석 마비중(analysis paralysis): 의사결정을 내리기에는 분석해야 하는 정보가 너무나 많아서 의사결정을 내리지 못하는 상태

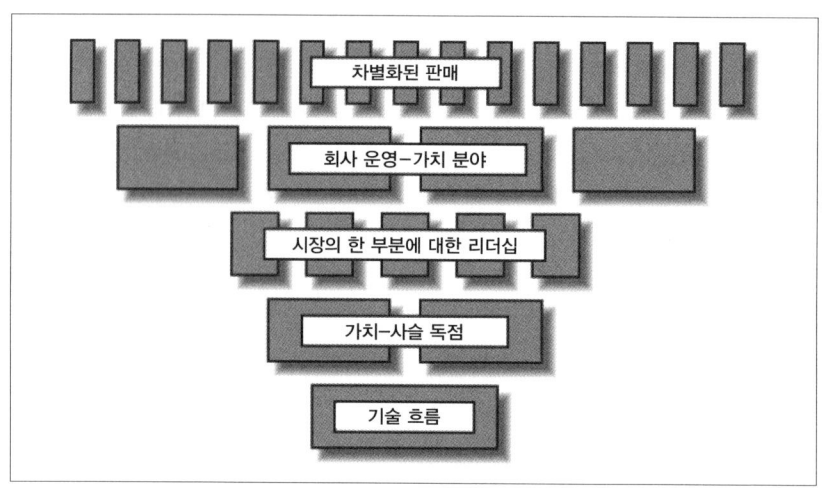

그림 18-7. 경쟁우위 계층구조

만 지속가능한 경쟁우위를 성취할 수 있다고 설명했다.

> 맨 하위에는 기술이 존재하며, 핵심 중의 핵심이라고 할 수 있다. 기술 위에는 잠재성을 현실로 변환하는 가치 사슬value chain이 존재한다. 이러한 진화의 위에는 세분화된 시장이 존재하고… 모든 시장에서 회사들은 자신의 전략 수행 능력을 기반으로 서로 경쟁하고 있다… 누구나 알 수 있는 표면적인 경쟁은 '차별화된 판매' 계층에서 가격, 유용함, 제품 기능, 서비스 등으로 고객이나 소비자를 붙잡기 위해서 벌이는 직접적인 경쟁이다. 하지만 기술 기반 시장에서는 그림과 같은 구조의 회사는 밑바닥이 무너지면 다른 단계에 경쟁요소가 있어도 무너진다.

미디어 전문가와 냉수기 판매원은 브랜딩과 포지셔닝에 대해 열변을 토하지만, 장기간에 걸쳐 적용할 전략적인 결정은 표면 아래서 이루어지며, 바깥 세상과 다른 회사에 속한 '내부인'들에게는 보이지 않는다. 전략 수립 작업의 비가시적인 특성은 선도 기업에게는 엄청난 혜택을 부여하지만 선도 기업을 따라 하는 경쟁사들에게는 좌절을 줄 뿐이다.

18.9 시작의 끝

인포메이션 아키텍트는 비가시성을 장점으로 활용할 수 있어야 한다. 정보설계 분야가 빙산과 같은 거대한 문제 때문에 어려움을 겪고 있다는 사실은 굳이 말할 필요도 없다(그림 18-8 참조). 대부분의 클라이언트들과 동료들은 수면 아래의 구조와 의미를 알아보지 못하고 빙산의 일각일 뿐인 인터페이스에만 관심을 가진다.

요령 있는 디자이너는 수면 아래를 들여다 볼 줄 알고, 구조도와 화면설계가 사이트 개발에 중요하다는 것을 이해하고 있다. 그러나 심지어 웹디자인 업계에서도, 성공적인 사용자 경험을 구축하는데 하위의 계층들이 중요한 역할을 수행한다는 것을 이해하고 있는 사람은 거의 없다. 이렇게 정보구조에 대한 이해가 얕음으로 인해 단기적이고, 표면적이고 (대개는) 불운한 프로젝트를 양산하게 된다.

구조를 아래에서부터 위로 만들어야 할 필요성을 이해하고 있는 사람은 표면만 붙들고 있는 사람을 뛰어넘을 수 있는 직접적인 우위를 가지게 된다. 그리고 구조적인 설계가 바깥 세상에는 보이지 않기 때문에, 이들은 매우 큰 장점을 가지고 시작할 수 있다. 성공회교도들이 "내부의 영적인 은총에 대한 외부의 가시적인 증거"라고 부르는 것처럼 바깥으로 표출되고 난 후에는, 경

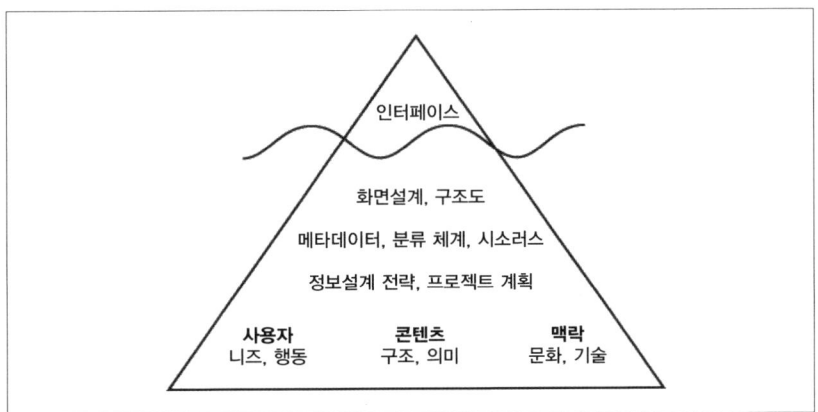

그림 18-8. 정보구조 빙산

쟁자들이 안다고 하더라도 경쟁하기에는 이미 때가 너무 늦게 된다. 보더 북스 & 뮤직Borders Books & Music이 아마존의 사용자 경험을 알아차렸을 때, 그들은 이미 몇 년이나 뒤처져 있었다.

그러나 이러한 비가시성은 아무런 노력 없이 영원한 우위를 보장하지는 않는다. 오늘날 빠르고 유동적인 경제에서, 우수사례는 쉽게 복제되어 삽시간에 퍼진다. 인터넷은 진입장벽을 낮추고 개방된 표준을 갖춤으로써 더 많은 경기장을 만들어 내고 있다. 이것이 바로 회사가 더 이상 기술에만 의존할 수 없는 이유이다.

마이클 포터는 하버드 비즈니스 리뷰에 게재된 글[6]에서 아래와 같이 언급했다.

> 모든 회사가 인터넷 기술을 수용함에 따라, 인터넷 그 자체는 경쟁우위의 원천으로서의 의미를 상실할 것이다. 기본적인 인터넷 애플리케이션은 도박판의 판돈이나 마찬가지여서 회사는 인터넷 애플리케이션 없이는 생존하기 어렵게 되었다. 이렇듯 인터넷 애플리케이션은 어떠한 우위도 갖게 해주지 못한다.

오늘날의 최첨단 기술은 내일의 상품이다. 복제될 수 있는 것은 복제될 것이다. 포터는 계속해서 아래와 같이 설명한다.

> 회사들이 경쟁우위를 갖기 위해서는 일반적인 '특별판' 패키지 애플리케이션의 도입을 서두르지 말고, 대신에 인터넷 기술을 맞춤화해 자신만의 특화된 전략에 적용해야 한다. 패키징되어 있는 애플리케이션을 커스터마이징하는 것은 어려운 문제이지만, 이러한 어려움이 오히려 경쟁우위를 지속가능하게 하는 데 도움을 준다.

마지막 문장은 정보설계 업계에 큰 반향을 불러일으켰다. 사실, 인포메이션 아키텍트는 우리 업무의 비가시성과 어려움을 골칫거리에서 회사의 자산으로 변화시킬 수 있다. 지속가능한 경쟁우위를 만들어내기 위해 정보설계와

---

6 마이클 포터(Michael Porter), 「Strategy and the Internet」 Harvard Business Review, 2001년 3월.

비즈니스 전략을 서로 조정할 수 있다는 사실은 아주 신나는 일이다.

우리는 많이 배워야 한다. 이제 시작이다. 현재로부터 과거를 되짚어봤을 때, 웹에 대한 초기 노력들이 어리석었음에 빙그레 웃게 된다. 가까운 미래에 우리는 어떻게 정보설계와 비즈니스 전략이 서로 독립적으로 존재할 수 있었는지 의아해할 것이다. 우리는 아직 모든 답을 찾지는 못했지만, 최소한 우리는 올바른 질문을 하기 시작했다.

윈스턴 처칠은 이렇게 얘기한 적이 있다. "이것은 끝이 아니다. 또한, 끝의 시작조차 아니다. 그것은 아마 시작의 끝이다."

Information Architecture for the World Wide Web **19**

기업을 위한 정보설계

다룰 내용:
- 기업정보설계는 무엇인가, 그리고 여기에 관여해야 하는 이유
- 기업정보설계의 목표(목표가 집중화에 있지 않음)
- 하향식/상향식 내비게이션, 검색, 창발적 혹은 '게릴라식' 접근 방법을 위한 실질적인 기업정보구조 설계기법
- 내부에서 기업정보설계를 할 수 있는 방법과 숙련도를 높이는 방법(전략과 운영 모두에 있어서)
- 기업정보설계 업무 내용과 그 적임자
- 조직 내 기업정보설계 그룹의 운영 비용의 마련과 기업 내부에서의 포지셔닝
- 기업정보설계 서비스 목록
- 시간이 지남에 따라 기업정보설계 그룹을 성장시킬 수 있는 방법

19.1 정보설계, 기업을 만나다

기업정보설계enterprise information architecture : EIA는 무엇일까? 간단히 얘기하면, 기업환경에서 정보를 설계하는 것이다.

이 정의는 명확하지만 안타깝게도 별로 도움은 되지 않는다. 다시 돌아가

서, 기업이 무엇인지에 대해서 먼저 생각해보자. 많은 사람들은 규모가 크고 물리적으로 분산된 조직을 얘기할 때 일반적으로 기업 혹은 정부기관을 언급하지만, 실질적인 교육기관과 비영리기관도 여기에 포함된다. 기업들은 만만찮게 값비싼 솔루션을 사용할 만큼 크고 복잡한 문제들을 안고 있다. (이러한 이유로, 소프트웨어 제작사들은 자사의 제품이 대규모의 환경에서 이론적으로 적절하다는 의미로 '기업용'이라는 용어를 제품명에 사용한다.)

그러나 '크다'와 '물리적으로 분산되어 있다'는 것으로는 기업을 정확하게 정의하지 못한다. 사실, 기업에 대해서 가장 많이 얘기되는 속성은 '한 손이 한 일을 다른 손이 모르는' 장소라는 것이다. 혹은 한 손이 하는 일을 다른 손이 무시하거나 상관하지 않을 수도 있다. 혹은 첫 번째 손이 두 번째 손을 경멸하여 이를 약화시키고자 조치를 취하기도 한다. 흥미롭게도, 규모나 물리적인 분산과 상관없이 이러한 속성들은 모든 조직에서 발견된다. 따라서 엑손모빌ExxonMobil, 톰슨Thomson, UN 같은 곳에서 일하지 않더라도 기업의 정보구조 문제를 접할 수 있다.

기업은 집중화와 자치화 사이에 벌이는 지속적인 줄다리기로 특징지어진다. 새로운 경영진이 나타나면 낭비되고 있는 업무의 중복과 비용을 찾아내고, 비즈니스 부문 간의 조화와 협업의 부재를 발견하게 된다. 새로운 경영진은 재임 기간 동안 가능한 많은 집중화를 이루려고 한다. 일반적으로 이러한 프로세스는 의도한 효과를 내는 데 실패하고, 심지어는 지역적인 혁신을 가로막는 것과 같이 의도하지 않은 부정적인 결과를 초래한다. 이후 들어선 새 권력은 더 큰 그림을 보게 되고, 새롭게 발견한 일련의 문제를 해결하여 성과를 빨리 만들어내기 위해 방향 수정을 모색하게 된다. 마치 '천 개의 꽃이 만개하는' 상황 같이 소외되었던 부문의 손에 권력을 쥐어주지만, 또다시 조화를 이루지 못하는 방향으로 일은 진행되고 낭비는 중복된다. 다시 시작점으로 되돌아간다.

지속적인 줄다리기는 회사의 웹사이트가 외부적이든 내부적이든 상관없이 웹사이트의 모습에도 영향을 끼친다. 사실, 웹은 민주적이지만 오히려 이런 민주적인 방식 때문에 지역과 중앙 간의 태생적인 긴장관계가 실제로 악화된다. 수백 혹은 수천 개의 독립된 미니 웹사이트가 만들어지는 웹 환경에 놓여 있지만 결과적으로 보면, 대개 공통 디자인 표준이나 플랫폼을 따르지 않아 어떤 일관적인 방식으로 통합되지 못하고 있다. 이러한 비정상적인 환경에서 성공적인 정보구조를 설계하는 것은 아마 오늘날 우리가 당면하고 있는 가장 큰 어려움일 수 있다. 설계자인 우리들에게 어렵다면, 사용자에게는 더 끔찍한 경험일 수 있다.

19.1.1 기업정보설계를 위한 나만의 방법 찾기

자신을 글로벌 컨설팅회사의 직원이라고 생각해보자. 클라이언트를 만나는 출장에서 이제 막 돌아왔으며, 지갑에는 현지에서 사용한 영수증 한 뭉치가 있다. 이제 출장비 정산을 받고자 한다. 이는 일반적인 태스크이고, 회사의 인트라넷을 통해서 완료할 수 있다. 어디서부터 시작할까?

안타깝게도, 정보구조는 수많은 인트라넷들이 잘못하고 있는 것처럼 조직도를 그대로 반영하고 있다. 그림 19.1과 같이 구조화되어 있는 것이다. 회사가 어떻게 조직화되어 있는지 알고 있는가? (종이를 한 장 꺼내서 지금 바로 한 번 그려보자. 생각보다 쉽지 않다. 그렇지 않은가?) 새로 채용된 직원이라면 얼마나 혼란스러울지 상상해보자. 많은 기업을 마구 휘젓는 조직개편의 '끊임없는 혁명'이 지속되는 한, 장기근속한 직원이라도 전혀 모를 수 있다.

따라서 여러분은 인트라넷을 뒤지기 시작한다. 출장비용을 얼마까지 정산해줄 수 있는지는 법무팀이 가지고 있는 클라이언트 계약서에 명시되어 있을 수 있다. 그러나, 준수해야 하는 다양한 출장비용 정산 규정과 절차는 인사팀이 가지고 있을 수 있다. 또, 두 부서가 지정하고 있는 툴, 양식, 다양한 자료는 출장비용을 정산하는데 도움이 될지 안 될지조차도 알 수 없다.

물론 북아메리카 부문에서 일하고 있다면, 북아메리카 국가들에서 진행되는 비즈니스와 관련된 일련의 유사한 계약 정보, 정책, 툴 등이 존재할 수(존재하지 않을 수도) 있다.

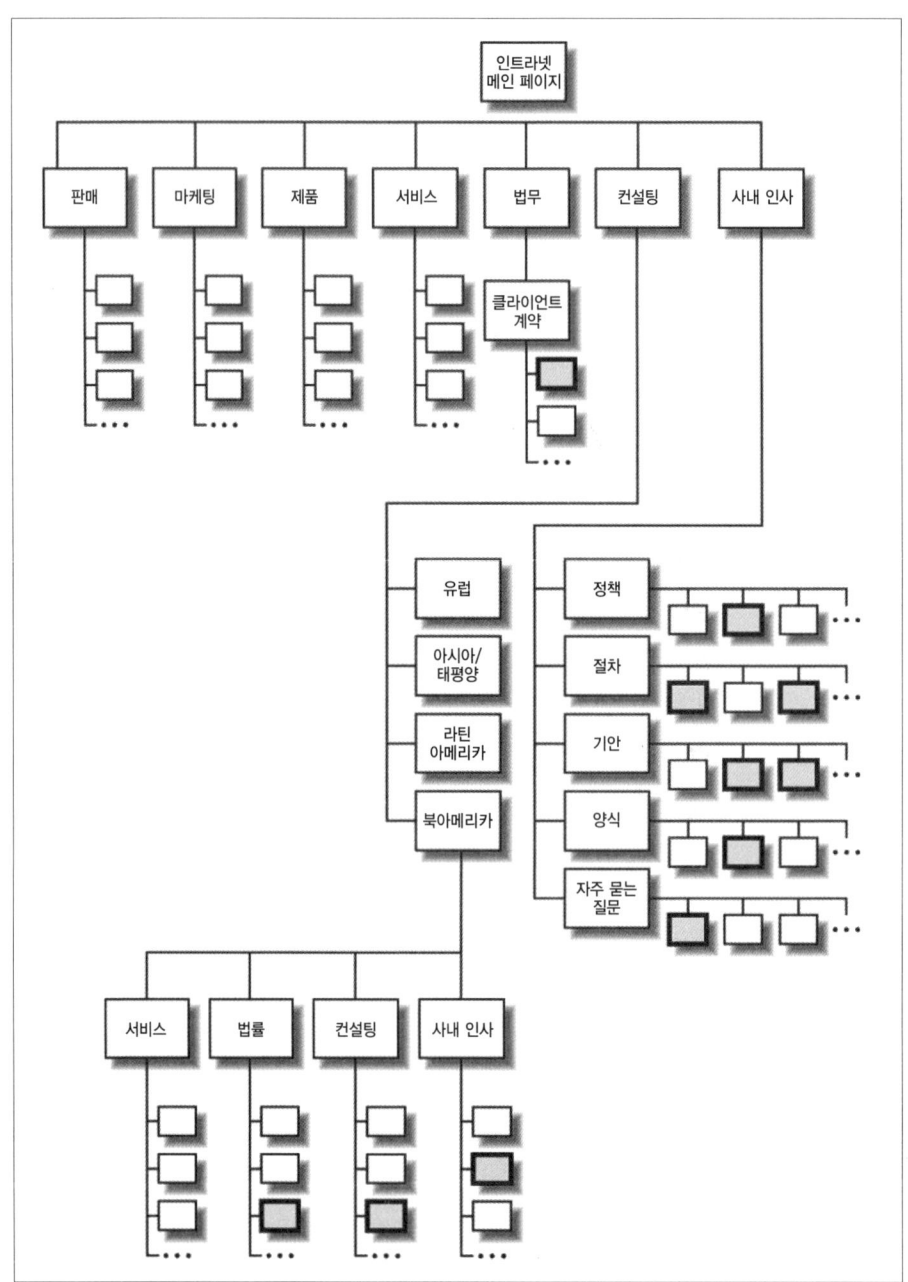

그림 19-1. 조직도처럼 보이는 인트라넷. 정확한 정보가 부서별 내부 메뉴에 묻혀 있기 때문에 일반적인 태스크들조차 수행할 수 없다.

정보가 어디에 있을지 고민하고 찾는 데 아마 지칠 것이다. 그 다음에는 어떻게 될까?

여러분은 아마도 포기하고 말 것이다. 아마도 회사는 식사비용을 청구하지 않았기에, 비용을 절약했다고 기뻐할지도 모르겠다. 하지만 장기적인 관점에서 직원들의 충성도 추락을 고려해본다면, 비단 좋다고 할 수만은 없을 것이다.

아니면 가장 일반적인 방법으로, 도움을 받을 수 있을 만한 사람에게 가서 묻게 된다. 결국 회사가 구축하고 운영하는 데 많은 비용을 들인 인트라넷을 창문 밖으로 버리는 꼴이 된다. 더불어 다른 일을 해야 하는 값비싼 전문가의 업무를 방해하는 결과를 낳는다. 그런데 문제는 그 전문가의 정보가 정확한 것이라고 볼 수도 없다는 사실이다.

두 가지 경우 모두 좋지 않은 결과다. 기업정보설계를 하나의 장에 걸쳐서 설명하고자 하는 이유가 여기에 있다. 하지만 별로 신나지도 않고 재미도 없는 주제일 수 있다. 대부분의 인포메이션 아키텍트들은 이런 주제보다는 웹 2.0, 디자인 패턴, 시맨틱 웹 그리고 Ajax와 같은 주제를 더 선호하는 경향이 있다.

그러나 우리 중 점점 많은 사람이 균형자로서의 역할을 하고 있음이 드러나고 있다. 예산의 균형이 아니라 집중화된 콘텐츠와 자치화된 콘텐츠 사이를 조정하는 균형자요, 조직 내 충돌하는 권력의 이면에서 개인 자아, 동기나 충동 그리고 인간관계를 조정하는 균형자 말이다. 이렇게, 우리가 내딛는 작지만 귀중한 걸음은 기업정보설계에서 제기되는 어려움을 해결하고자 하는 방향으로 나아가고 있다. 이 장의 목표는 최소한, 기업의 정보구조를 개선하는 데 실질적으로 도움이 될만한 조언을 하는 것이다.

19.2 EIA의 목표는 무엇인가?

우리는 아직까지 분산에 따른 문제로 고통받지 않는 기업의 사이트를 본적이 없다. 달리 생각해본다면, 과도하게 집중화된 사이트는 거의 없다고 할 수 있다. 이제 웹사이트는 21세기에서 비즈니스를 하기 위한 기본 요소로서 인식되고 있다. 웹의 신기함이 빛을 바래기 시작한 것이다. 집중화에 반대했던 초창기의 많은 이유들은 사라지고 있다. 비즈니스 부문들은 기업의 입장뿐만 아니라 사용자의 입장에서도 자원의 공유와 일관성 있는 사용자 경험이 효과가 있다고 이해하기 시작했다.

19.2.1 모두에게 동일한 페이지를 보여주기

그러나 집중화가 어떠한 측면에서 추구할만한 가치가 있는지 모두가 명확히 이해하고 있지는 못하다. 집중화가 가져다 줄 수 있는 이점들에 대해서 살펴보자.

수익의 증대

특히 전자상거래 상황에서 사이트를 내비게이션할 때 고객은 조직도를 보고 싶어하지 않는다. 사용자들은 단지 구매를 완료하고 일상으로 돌아가고 싶어 한다. 집중화된 정보구조는 사용자들이 조직의 정책이나 구조가 아닌 자신의 니즈에 집중할 수 있도록 도움을 준다.

비용의 절감

집중화는 기업이 다양한 방식으로 비용을 절감할 수 있도록 도움을 준다. 그 중 하나는 검색엔진과 같은 기술에 대한 중복 구매와 중복 라이선스를 피할 수 있도록 해준다. 대신, 단일 기업용 라이선스를 저렴한 가격에 구매할 수 있다. 또, 기업은 공동 자원을 통해서 커스터마이즈된 툴을 개발할 수 있고(혹은 패키징된 툴을 커스터마이징), 전문화된 인력을 갖출 수 있게 된다. 그 외에도 동일한 프로젝트에 두 개의 리서치팀이 일하는 것과 같은 노력의 중복을 없앨 수 있다. 그리고, 물론, 정보를 찾는 데 소요되는 시간의 감소는 기업의 가용 시간을 늘려준다.

명확한 커뮤니케이션

인트라넷에 접속하고자 하는 직원이든지 새로운 회사의 인수에 궁금해하는 투자자이든지, 집중화가 이뤄지면 모든 사용자들은 회사를 대표한 일관적이고 정확한 메시지를 기대할 수 있다.

전문성의 공유

집중화는 협업과 의사결정이 집단적으로 이뤄진다는 것을 의미한다. 이는 조직이 일반적인 관점에서 커뮤니케이션과 지식의 공유에 대해 건강한 태도를 가지고 있다는 것을 의미하는 것은 물론, 조직이 개별적으로 저장하고 있는 콘텐츠들을 하나로 '붙이는 데' 도움이 되는 정보설계와 다른 영역들에 대해 배우고 있다는 것을 의미한다. 물론, 둘 다 좋은 현상이라고 할 수 있다.

조직개편 가능성의 감소

과장일 수도 있으나, 회사가 조직개편하는 주된 이유가 원활하지 못한 커뮤니케이션과 협업이기 때문에, 강력하게 집중화된 정보구조는 조직개편의 요구를 감소시킬 수 있다. 보통 조직개편은 기업이 직면하는 작업 중 가장 힘들고 비용이 많이 드는 작업이기 때문에, 이러한 가능성을 줄여주는 것이라면 어떠한 것이든지 충분히 고려해봄 직하다.

집중화는 피할 수 없다

대부분 기업들은 의식적이든 아니든 정보구조를 집중화하는 작업을 이미 시작하고 있다. 이러한 현실을 인지하고 이를 활용하거나, 가능하다면 구체화하고 앞당길 수 있도록 의도된 전략을 통해서 이를 지휘하는 것은 어떨까?

19.2.2 무엇보다도 집중화?

위의 이점을 고려했을 때, 집중화는 기업정보설계가 가진 궁극적인 목표로 고려할 만하다. 위의 예에서 설명한 인트라넷이 가진 문제들을 해결하는 방법으로는 집중화가 좋은 것처럼 보인다. 모든 부문에 저장되어 있는 콘텐츠들을 합리적이고 유용한 방법으로 통합할 수 있는 정보구조를 설계하고, 전사적으로 구현하자.

하지만 이러한 생각은 많은 기업이 보편적으로 가지고 있다. 그리고 실제로 시도를 해본 사람이라면 비즈니스 부문들이 공통된 표준을 준수하도록 만드는 것이 얼마나 어려운 것인지를 알고 있다. 이것이 완전히 불가능한 것은 아니지만(예를 들어, IBM.com의 페이지들은 현재 모두 표준 템플릿을 사용하고 있다. 엄청나게 많은 콘텐츠의 소유자와 사이트의 규모를 고려해봤을 때 이것은 무척 고무적인 성과라고 할 수 있다) 정보구조가 집중화되면 여러 측면들을 동시에 이해하기란 쉽지 않기 때문에 표준을 준수하기가 어렵다. 예를 들어, 공통 페이지 템플릿은 사용자 경험에서 볼 때 바로 느낄 수 있는 부분이지만, 공통 메타데이터 shared metadata와 같은 경우는 보다 추상화된 개념이기 때문에 기업의 많은 의사결정권자들이 쉽게 이해하기 힘들다.

19.2.3 그렇다면, 목표는 무엇인가?

기업정보설계의 목표는 눈에 보이는 모든 것을 집중화하는 것이 아니다. 사실, 기업정보설계의 목표는 다른 정보설계와 별반 차이가 없으며, 사용자와 사용자가 가장 필요로 하는 정보를 연결해줄 수 있는 가장 효과적인 방법을 찾는 것이다. 흔히 몇 가지 집중화 도구를 도입하기도 하지만, 직원들이 인트라넷 콘텐츠를 태깅할 수 있는 소셜 북마킹 툴 같은 분산적인 접근법 또한 필요하다(앞서 언급한 IBM도 활용하고 있다). 핵심은 언제나 그렇듯이 각 조직, 사용자, 콘텐츠, 맥락에 가장 적합한 접근방법을 도입하는 것이다.

당연히, 이러한 방법은 정보구조를 집중화하는 방안을 무턱대고 고민하는 것보다 훨씬 현명한 방법이다. 다르게 표현한다면 훨씬 효과적이다. 감사하게도 최근에는 기업정보설계의 일반적인 어려움과 해결방안을 패턴화하는 작업들이 보이기 시작한다. 이장의 나머지 부분에서는, 기업정보설계가 일반적으로 설계, 전략, 운영 측면에서 어떻게 진화하는지와 각 상황에서 어떻게 긍정적인 효과를 낼 수 있는지에 대해서 설명하겠다.

19.3 기업 정보구조의 설계

다른 정보설계와 마찬가지로, 기업 정보구조를 설계하는데 '정도正道'는 없다. 그러나 어떤 설계 방법이라도 시간을 들여서 적절한 순서로 사용한다면, 기업 환경에서 좋은 결과를 얻을 수 있다. 이 섹션에서는 다양한 정보구조 설계의 요소들을 4개의 카테고리로 나누어, 각각에 대해서 어떤 것을 해야 하고 어떤 것은 하지 말아야 하는지 금덩이처럼 귀중한 실질적 조언을 하고자 한다. 이 책 전체를 기업정보설계로 다 채울 수도 있다. 다만, 빙산의 일각과도 같은 이러한 조언들이 유용하다는 것을 깨닫기를 바랄 뿐이다.

19.3.1 하향식 내비게이션과 기업정보설계

향상된 검색엔진과 RSS 신디케이션syndication에 힘입어, 사용자들은 하향식 내비게이션을 보지 않고 지나치는 경우가 점점 더 많아졌다. 그렇다고 하향식 내비게이션이 곧 사라질 리는 없다. 하향식 요소들은 기업 정보구조를 개선할 수 있는 다양한 기회를 제공하기 때문이다.

메인 페이지 건너뛰기

눈을 의심하지 않아도 좋다. '메인 페이지 건너뛰기'가 맞다. 많은 대규모 정보설계 프로젝트는, 사이트를 구성하는 수백만 페이지 중 단지 하나일 뿐인 메인 페이지로 인해서 정상궤도에서 완전히 탈선하곤 한다. 확실히, 사이트의 콘텐츠에 접근할 수 있는 방법은 웹 검색엔진, RSS 피드, 사이트에 대한 광고와 같이 나날이 다양해지고 있다. 하지만, 메인 페이지는 여전히 사이트에서 가장 중요한 페이지이긴 하다는 것을 명심할 필요가 있다. 문제는 사내의 다른 사람들도 메인 페이지가 가장 중요하다고 생각한다는 것이다. 결과적으로 디자인 회의는 각 부문의 임원들이 메인 페이지에 자신이 원하는 것을 조금이라도 더 넣으려고 각축을 벌이는 장이 되어버린다.

물론, 이러한 회의를 보다 생산적인 결론을 얻는 회의로 인도해야 한다. (메인 페이지 디자인 회의가 각 부서 간의 갈등이 불거지는 장소가 아니라 기업의 전체의 니즈와 사용자의 니즈를 논의할 수 있는 공간이 될 수 있도록 노력을 해야 한다.) 그러나 이것은 몇 년이 걸릴 수도 있고, 중간에 더 중요한 일이 생길 수도 있다. 따라서 메인 페이지에 대한 일반적인 노력은 잠시 접어둘 필요가 있다. 부서 간의 격렬한 전쟁이 끝난 다음에야 제대로 메인 페이지의 화면 분할과 배치를 할 수 있을 것이기 때문이다. 나중에 메인 페이지를 재정리할 시간이 생길 것이므로, 지금은 다른 것을 살펴보자.

사이트맵을 다른 용도로 사용하기

일부 사람들에게는 눈에 거슬리지만 대다수에게는 상당히 유용한 화면상의 한 조각을 살펴보자. 예를 들어, 사이트맵은 이미 사이트 전체에 링크가 되어 있다. 이러한 사실 때문에 사이트맵을 활용하는 방법을 충분히 고려해볼 만하다. 하지만, 사이트맵은 종종 완전히 버려진 경우도 있는데, 사이트맵에 대한 책임 소재가 불분명하거나 사용하는 사람이 거의 없는 경우가 그렇다. 그렇다고 사이트맵을 탓할 수 있을까? 대개의 사이트맵은 단순히 사이트의 주요 조직화 시스템을 그대로 반영하고 있거나, 많은 기업의 사이트들에서 조직도와 동일한 경우가 많다. 그래서 별로 유용하지 않다.

보통, 조직화 시스템을 개선하기 위해서는 기업이 조직도에 근거해서 조직을 바라보는 관점을 버리게 하는 데 집중해야 한다. 그러나 기업 환경에서 이를 추진하기는 매우 어렵고, 많은 합의와 조화가 필요하다.

기업 내에서 이를 수행하고자 한다면, 대개 허가를 구하는 것보다는 포기를 요청하는 것이 더 쉽다. 따라서 회사의 정보구조를 개선하기 위해서는 마키아벨리처럼 권모술수에 능해야 할 수도 있다. 한 가지 묘책은 사이트맵이 현재의 모습을 벗어나 앞으로 갖춰야 하는 모습을 보여주도록 재설계하는 것이다. 달리 얘기하면, 사이트맵을 새롭고 보다 사용자 중심적인 조직화 시스템을 시도해볼 수 있는 실험의 장[1]으로 활용해 보는 것이다. 조직 내의 사람들은 사이트맵을 별로 신경쓰지 않는다. 사이트맵의 트래픽을 지켜보면서 얼마나 제대로 개선이 되었는지 확인할 수 있다. 이러한 방법으로 사이트 조직화 시스템의 개선을 설득하는 데 활용할 사례를 만들 수 있다. 혹은 기업이 이미 사이트 내의 내비게이션을 개선하기로 심각하게 고민하고 있을 때, 어떻게 개선해야 하는지를 모델로 제시할 수도 있다. 이런 작업 때문에 자신이 순수하지 못하다고 느낄 수도 있지만, 그게 무슨 상관인가. 인생은 짧다. 게다가 기업의 사이트맵을 만지작거린다고 해서 누가 죽거나 다치는 것도 아니지 않는가.

사이트 인덱스의 규모를 축소하기

화면에서 또 다른 중요한 조각 하나는 사이트 인덱스다. 사이트맵과 같이, 인덱스는 기업 내의 콘텐츠 저장소에 담겨 있는 콘텐츠를 하나로 묶음으로써 기업정보설계를 위한 훌륭한 툴이 된다. 그러나 인덱스는 구축하고 운영하는 데 많은 비용이 발생한다. 그리고 사실, 사이트 인덱스는 대개 검색 시스템으로 대체되곤 한다. 두 가지 모두 '알려진 아이템 찾기'를 지원하지만 검색이 더 자동화되어 있고 포괄적이기 때문이다.[2]

그럼 사이트 인덱스를 갖다 버리라는 얘기인가? 일반적으로 대답하자면, 아니다. 많은 검색 시스템은 제대로 설계되지 않기 때문에, 사용자들은 여전히 예비책으로 인덱스를 필요로 한다. 운영 비용을 절감시키면서 예비책을 효과적으로 만들기 위해서는 무엇을 해야 할까?

---

1 (옮긴이) 실험의 장: 샌드박스(sandbox)는 프로그램이 시스템에 악영향을 미치지 않도록 하기 위해서 시스템 내부에 보호 영역을 만들고, 이 안에서 프로그램을 실행하는 것을 의미한다. 아이들이 놀다가 다치지 않도록 모래를 담은 상자를 만든 데서 유래한다. 매끄러운 의미 전달을 위해서 '실험의 장'이라고 의역하였다.

2 우리의 이전 직장, 아르구스 어소시에이츠(Argus Associates)는 포춘 선정 500대 기업 중 한 기업의 사이트에 종합적인 인덱스를 구축하기 위해서 고용된 적이 있었다. 우리는 검색기능 개선을 제안했지만, 검색엔진은 논의사항에서 제외되었기 때문에 결국 인덱스를 만들기 시작했다. 종합적인 인덱스를 구축하고 출시하는 것과 유지보수를 위한 색인작성팀을 교육하는 데는 수개월에 걸쳐 25만 달러가 소요되었다. 그리고 2년 뒤에는, IT부서가 검색 시스템을 개선하기로 함에 따라 인덱스는 폐기되었다. 이러한 상황은 기업 환경에서 비일비재하다.

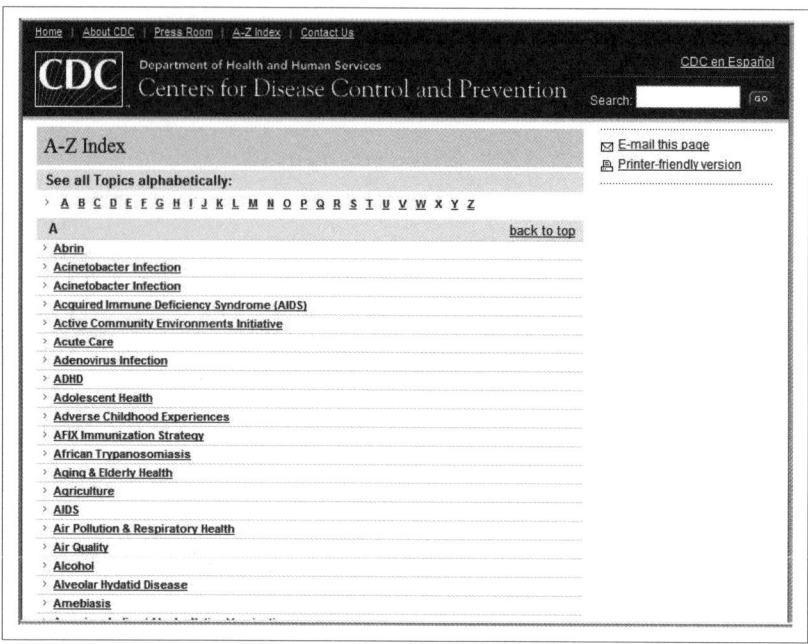

그림 19-2. 건강관련 주제를 다루고 있는 질병통제센터의 전문화된 인덱스

전문화된 사이트 인덱스를 고려해봄 직하다. 사이트의 모든 것을 인덱싱하기보다는, 한 가지라도 중요한 정보 유형에 집중해보자. 예를 들어, 그림 19-2에서 보는 것과 같이 질병통제센터의 인덱스는 질병통제센터의 위치정보나 책임자들의 약력은 포함하고 있지 않다. 대신, 인덱스는 건강과 관련된 주제와 이슈를 알파벳순서로 나열한 목록을 제공한다. 이러한 콘텐츠들이 사용자가 이 사이트에 방문하는 주된 이유이다.

전문화된 인덱스는 사이트의 모든 내용을 담는 것보다 운영하기 훨씬 쉬우며, 중요한 콘텐츠 유형에 집중하고 있기 때문에, 기업 사이트의 사용자에게 폭넓은 가치를 제공할 수 있다.

대안으로서, 현재의 사이트 인덱스보다 덜 포괄적인 사이트 인덱스를 만들어볼 수 있다. 미시간주립대학MSU은 그림 19-3에서 보는 것과 같은 사이트 인덱스를 가지고 있는데, 이 사이트 인덱스는 검색로그 분석에서 '자주 검색된 검색어'를 도출하여 자동적으로 생성되며 '최적의 추천Best Bet'을 보여준

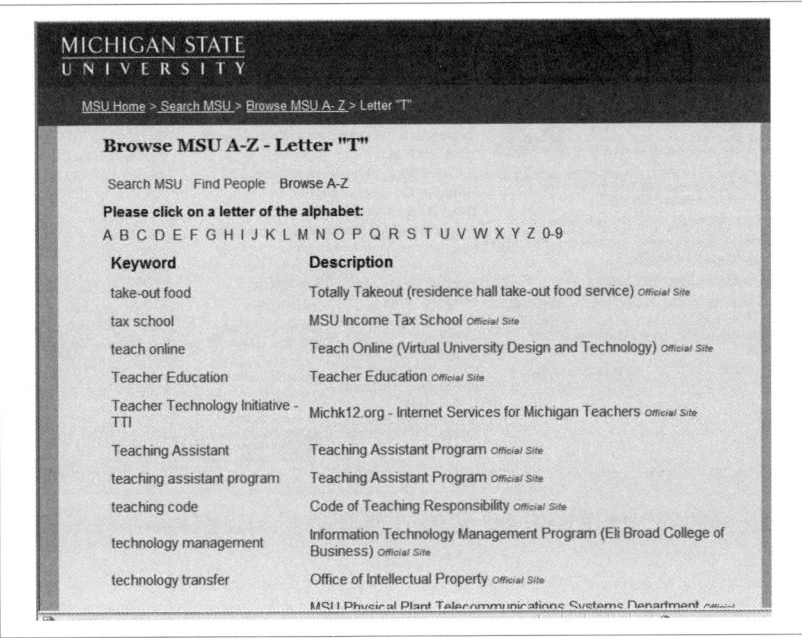

그림 19-3. 미시간주립대학의 인덱스는 빈번한 검색 키워드로 자동으로 생성된다. 인덱스가 고르게 분포되어 있지는 않지만 유용하다.

다. 기본적으로, 검색어가 최적의 추천에 활용될 수 있을 만큼 좋아야만(보편적이어야만), 검색어가 사이트 인덱스에 추가될 수 있다. 각 항목의 링크가 해당하는 최적의 추천에 직접 연결되어 있다는 점은 눈여겨볼 만하다.

가이드 만들기

7장에서 다룬 것처럼 가이드는 부가적인 내비게이션의 다른 형식들과는 차이를 보인다. 가이드는 독립적인 공간에 저장되어 있는 콘텐츠를 연결하고 있지만, 사이트맵이나 전통적인 사이트 인덱스처럼 사이트의 전체를 다루고 있지는 않다. 가이드는 그림 19-4에서 보는 것과 같이 선택적이고 기업에 대해서 자주 묻는 질문을 다루고 있다. 이러한 이유 때문에 기업 사이트에서 컨텐츠들을 서로 연결하는 이상적인 '접착제'로 간주되곤 한다.

사용자들이 가장 많이 원하는 정보와 태스크를 다루는 가이드를 몇 개 만

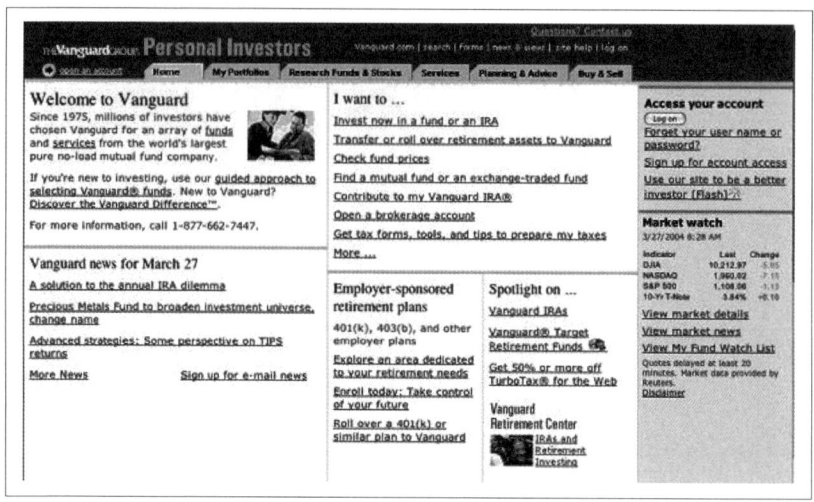

그림 19-4. 뱅가드는 메인 페이지의 전면 중앙에 가이드를 보여주고 있다('I want to' 섹션).

들기를 권한다. 사용자들이 사이트에서 진정으로 원하고 필요로 하는 것은 무엇인가? 가이드는 특별한 기술이 없어도 이러한 니즈를 매우 쉽게 해소시켜줄 수 있는 기회를 준다. 또한 HTML 코드로 간단한 페이지를 만들 수 있기 때문에, 전문적인 기술이나 운영을 위한 애플리케이션이 필요하지 않다. 그리고 검색로그 분석(6장과 10장에서 논의됨), 퍼소나 모델링 또는 심지어 회사 내 전화교환원과의 대화를 통해서 일반적인 니즈를 찾아낼 수 있다.

가이드는 다양한 규모에 적용이 가능하기 때문에, 우리는 기업 환경에서 가이드를 만들어 보기를 적극적으로 권한다. 자원이 허락하는 한 많은 가이드를 만드는 것이 좋다. 일반적으로 가장 큰 병목현상은 주제별 전문가를 지정하는 데서 오는데, 대개 전문가들은(앞서 예에서, 여행경비 처리 문의가 쇄도했던 그 사람) 자신의 지식을 한데 요약하는 것을 기쁘게 생각한다. 이를 통해서 전문가들은 똑같은 질문에 대답을 반복할 필요가 없게 된다.

가이드는 또한 기업정보설계 자원의 배치를 어떻게 할 것인지 생각하게 한다. 모든 사용자에게 모든 콘텐츠를 제공할 수 있는 이상적인 정보구조를 만드는 데는 수십 년이 걸릴 수도 있다는 점을 명심해야 한다. 우리가 생각하는 것만큼 우아하게 참고 기다리는 사람은 존재하지 않는다. 우선순위는 단지 실행 가능한 대안일 뿐이다. 여기서 가이드는 기업 정보구조 구축의 우선순위를 정하는 데 도움을 주는 이상적인 도구이다. 보편적인 태스크와 정보 니즈를 해결해줄 수 있는 몇 개의 가이드를 만들게 되면, 적은 노력이 얼마나 큰 효과를 거두는지 체감할 수 있게 될 것이다.

19.3.2 상향식 내비게이션과 기업정보설계

하향식 내비게이션은 쉽게 완성될 수 있는 반면에, 상향식 내비게이션은 상당히 까다롭다. 정보구조에서 분리되어 있는 몇 개의 상위 계층을 통합하는 것도 어렵지만, 기업의 인트라넷이나 외부로 공개된 웹 환경의 사이트에서 자잘한 콘텐츠들을 하나로 통합하는 것은 훨씬 어렵다. '가변적인 부분'이 엄청나게 많이 존재하기 때문이다.

단일-저장소 콘텐츠 모델 만들기

야심차게 콘텐츠를 통합하려는 프로젝트에 탄력을 불어넣기 위해서는 작은 것부터 시작할 필요가 있다. 그런 노력들 중 첫 번째는 몇 개의 콘텐츠 모델을 만드는 것이다(12장에서 소개한바 있다).

이전에 논의했던 보편적인 정보 니즈와 태스크에 대해서 다시 생각해보자. 각 사용자들은 사이트의 내부로 깊이 내비게이션한다. 강력한 컨텍스추얼 내비게이션을 만들기 위해서는 강력한 콘텐츠 모델이 필요하다. 물론, 가장 중요한 태스크와 정보 니즈의 일부는 부서별 콘텐츠 저장소를 넘어서는 콘텐츠 모델이 필요할 수 있다. 하지만 지금은 이러한 콘텐츠 모델보다도 일단 단일 비즈니스 부문 웹사이트 내에서 활용될 수 있는 콘텐츠 모델에 집중해보도록 하자. 이 콘텐츠 모델은 비교적 만들기가 쉬운데, 노력이 적게 들고 앞으로 설명할 메타데이터 문제의 영향을 크게 받지 않기 때문이다.

우리의 목표는 기업의 구성원이 생소하게 느끼는 콘텐츠 모델이라는 개념과 그 적용을 보다 친숙하게 만드는 데 있다. 그럼 단일 저장소에 저장된 콘텐츠로 처리할 수 있는 간단한 태스크와 니즈에 집중해보도록 하자. 인사 조직에는 어떤 유용한 콘텐츠 모델을 구축할 수 있을까? 마케팅 조직에는? 사원명단 내에서는? 혹은 개별 제품을 위해서는? 사이트의 사용자는 제한적이긴 하지만 컨텍스츄얼 내비게이션을 통해 원하는 정보를 얻을 수 있고, 회사는 여기저기 흩어져 있는 저장소에 저장된 콘텐츠를 한데 모으고 서로 연결하는 콘텐츠 모델에 대한 경험을 통해 장기적인 개선효과를 누릴 수 있다.

메타데이터에 대한 제한적인 의존

기업의 콘텐츠 전반에 걸쳐 서로 연결된 시맨틱웹을 만들려고 할수록 메타데이터는 지속적으로 이를 방해한다. 그림 19-5는 BBC의 콘텐츠 모델을 사용한 간단한 예를 보여준다. 여기서 우리는 콘텐츠 모델을 BBC 내의 다른 저장소에 있는 관련 콘텐츠(콘서트 일정과 TV 편성표)와 연결하고자 했다.

연결하는 데 사용할 수 있는 동일한 메타데이터를 가지고 있다면, 분명히 연결이 가능하다. 안타깝게도 이러한 연결이 항상 가능하지는 않다. 예를 들어, 아티스트의 이름이 '아티스트 정보'와 'TV 편성표'를 연결해주는 메타데이터라고 가정해보자. TV 편성표를 관리하는 사람이 아티스트 이름을 다르게 사용한다면(말하자면, 우리가 가지고 있는 아티스트 명단과는 다르게 약어나 모두 대문자로 표기한다면), 두 콘텐츠 청크를 자동으로 연결하는 것은 어려워진다.

일반적으로, 이와 같이 차이점이 단순한 경우에는 소프트웨어 설정을 통해서 해결할 수 있다. 하지만 메타데이터가 서술적일수록 최고의 인공지능도 무용지물이 되곤 한다. 예를 들어, BBC 내의 한 부문에서 조니 캐쉬Johnny Cash의 음악을 '컨추리Country'라고 분류했지만 다른 부문에서는 '아메리카나Americana'라고 분류했다면, 장르 메타데이터는 콘텐츠 모델들을 자동으로 연결하는 데 별로 유용하지 않거나 유익하지 않다. 통제어휘집의 공통적인 사용과 같은 합의를 이뤄내는 것은 대개 정치적인 이유로 인해 매우 어렵다. 그리고 소급해서 콘텐츠를 다시 분류하려면 값비싼 노력이 든다. 이러한 비용은 기업 내 두루두루 공통 메타데이터를 사용하는 데 또 다른 장애물로 작용한다.

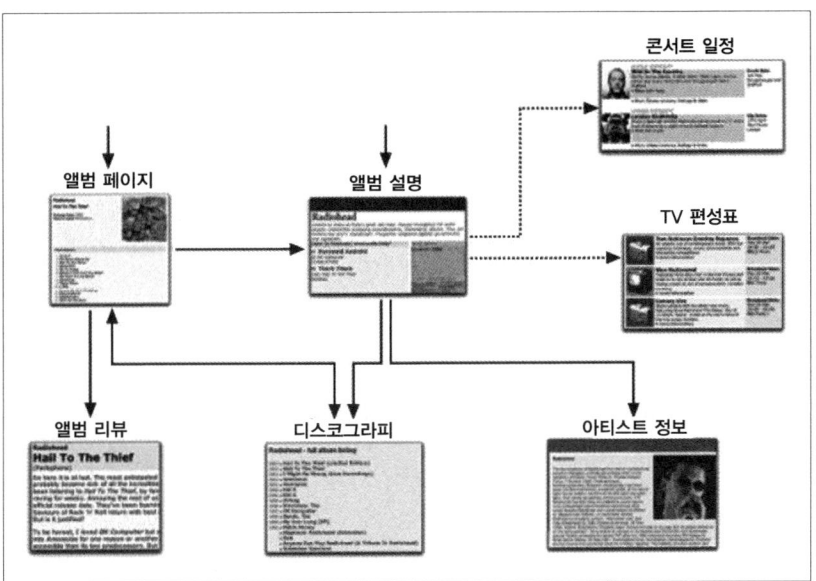

그림 19-5. 콘텐츠 모델을 다른 비즈니스 부문의 콘텐츠 모델과 연결하고자 했다(점선 부분). 이렇게 만들 수 있도록 해주는 적절한 메타데이터가 존재할까?

하지만, 상황이 완전히 암울하고 불행한 것만은 아니다. 콘텐츠 모델을 만들 때는 언제나, 다양한 메타데이터에서 가장 유용한 메타데이터 속성을 선별하게 된다. 저장소의 경계를 넘어 콘텐츠 모델을 연결할 때도 마찬가지로 가장 유용한 메타데이터 속성을 선별하게 된다. 이러한 작업은 기업 전반에 걸쳐 노력을 집중해야 할 몇 가지 메타데이터 유형을 파악하게 해준다. 따라서 기업 전반에 걸친 콘텐츠 모델을 구축하는 노력은 유용한 부산물을 만들어 낸다. 이러한 프로세스를 통해, 투자할 가치가 있는 가장 중요한 메타데이터들을 구분해낼 수 있다.

'간소한Telescoped' 메타데이터 개발

앞서 BBC의 예에서 말한 메타데이터 유형은 다른 것에 비하면 그래도 표준화하기가 쉽다는 것을 알 수 있다. 기업정보설계는 많은 시간과 비용이 소요되기 때문에, 가능한 우선순위를 정해서 쉽게 얻을 수 있는 것을 먼저하고 점차 어려운 것 순으로 진행해야 한다. 메타데이터에서 실제로 완전히 쉬운 것은 없지만 일부는 다른 것들에 비해서 구축하기 쉽다.

콘텐츠 모델을 만드는 작업은 어떤 유형의 메타데이터를 개발해야 할지 혹은 다른 곳에서 가져와야 할지 선택하는 데 도움을 준다. 또한 일반적으로, 모호함이 적은 메타데이터일수록 개발하거나 가져오거나 운영하는 데 보다 적은 비용이 들고 보다 쉽다는 것을 기억할 필요가 있다. 표 19-1는 보편적인 (그러나 모든 것을 포함하고 있지는 않다) 메타데이터 속성의 유형을 쉬운 것에서 어려운 것 순서로 나열하고 있다.

9장에서 시소러스에 대해서 살펴본 것과 마찬가지로, 메타데이터는 동의어에서부터 광의어/협의어, 관련어에 이르기까지 복잡한 의미론적 관계들을 지원한다(표 19-2 참조). 기업의 메타데이터를 설계할 때는, 모든(보다 많은 비용이 드는) 시소러스에 대해서 고민하기보다는 동의어만 제공하는 보다 단순한 어

표 19.1 메타데이터 속성의 상대적 난이도(쉬운 것부터 시작)

난이도	메타데이터 속성	의견
쉬움	비즈니스 부문 이름	일반적으로 있는 그대로 메타데이터로 사용할 수 있고 표준화되어 있다
쉬움 ~ 중간	연표	지능화된 소프트웨어는 대개 다양한 형식이 가지는 문제(예: 12/31/07과 31/12/07)를 충분히 해결할 수 있다
중간 ~ 어려움	장소명	많은 표준이 존재하지만(예: 주 약어, 우편번호), 많은 기업들은(그리고 기업의 비즈니스 부문들은) 각 영업 지역에 고유한 명칭을 사용한다
중간 ~ 어려움	제품명	제품의 입자성은 엄청나게 다양하다. 마케팅 조직은 제품군에 대해서 생각하고, 영업부서는 아이템들을 SKU 번호[3]로 생각하고, 지원팀은 개별적으로 판매되는 부품으로 생각한다
어려움	사용자	사용자(고객이나 내부 직원)는 각 비즈니스 부문에 따라 매우 다양하다
어려움	주제	메타데이터의 가장 모호한 유형, 주제별 메타데이터에 대한 통일은 (각 비즈니스 부문보다) 각 개인들에게서 얻어내기 어렵다

---

3 (옮긴이) SKU numbers: Stock-Keeping-Unit의 약자로, 제품에 대한 정보를 간략하게 숫자로 표현한 것이다.

표 19.2 메타데이터 내의 의미론적 관계를 만들기 위한 상대적 난이도 (쉬운 것부터 시작)

난이도	관계의 유형	예
어려움	동의 관계	동의어 고리와 전거 목록
좀더 어려움	계층 관계	분류 체계
가장 어려움	연계 관계	시소러스

휘집부터 시작하도록 하자.

단순한 어휘집은 단순한 정보구조를 의미한다. 사이트의 내부의 로컬 콘텐츠는 조직 내의 정치적인 영향을 많이 받고 심층적인 전문지식이 요구되기 때문에, 사이트 전반에 걸친 내비게이션 시스템을 구성하고 있는 최상위 계층의 콘텐츠에 일단 메타데이터를 적용시켜보도록 하자. 거의 대부분의 경우, 일정수준의 '기업정보구조의 성숙기'에 이르러야만 정보구조에 '다른 것도 보기'나 다양한 관련어를 사용할 수 있게 된다.

'메타데이터'가 과거 몇 년 동안 기업에서 거의 인식되고 있지 않다가 갑자기 유행어처럼 확산되고 있는 사실은 참 놀라운 일이 아닐 수 없다. 하지만 많은 의사결정권자들은 과거 포털, 개인화, 검색에 기대했던 것과 동일하게 메타데이터를 만병통치약으로 여기고 있다. 은총알[4] 같은 것은 어디에도 존재하지 않으며, 특히 정보설계에서는 더욱 그렇다는 것을 깨달아야 한다. 신비로워 보이는 접근법은 새로운 것이든 오래된 것이든 간에 눈에 띄지 않는 추가 비용이 많이 든다. 메타데이터 구현에 있어서 다양한 수준의 어려움을 이해해야 우리가(그리고 기업이) 메타데이터 기반 솔루션에 대한 투자를 합리적이고 성공적으로 할 수 있다.

19.3.3 검색 시스템과 기업정보설계

기업 전반에 걸친 서술적 메타데이터 구축이 비관적인 데 비해 기업의 검색 시

---

4 (옮긴이) silver bullet: 은으로 만든 총알은 늑대인간이나 흡혈귀를 죽일 수 있는 유일한 무기로 알려져 있다. 따라서 비장의 무기 혹은 특효약이라는 의미로 해석된다.

스템은 상당한 가능성을 가지고 있다. 검색 시스템은 기업정보설계의 킬러 애플리케이션[5]에 가장 가깝다. 검색 시스템은 저장 위치의 제약이 없이 기업 내 대부분 혹은 전부의 콘텐츠에 접근할 수 있도록 해준다. 검색 시스템이 만들어내는 쿼리 로그는 정보구조가 가지고 있는 가장 큰 문제를 진단하고 고치는 데 도움이 되는 가치 있는 데이터를 생성한다. 그리고 일반적으로 동일한 검색 알고리즘이 기업 내의 모든 콘텐츠에 적용되기 때문에, 검색은 기업 환경에서 활용할 수 있는 비정치적인 도구라고 할 수 있다. 다르게 표현하면, 제품 관리자가 사이트 내비게이션 시스템, 조직화 시스템, 레이블링 시스템에 불만을 토로하다가도, 검색과 관련된 근거에 대해서는 조용히 우리의 의견을 따르는 놀라운 경험을 할 수도 있다.

최신 기능을 가진 최고의 기업용 검색엔진을 구매할 필요는 없다. 그저 검색엔진을 설치하고, 작동시키기만 하자. 검색 시스템의 작은 수정은 인터페이스를 수정해야 하는 고달픈 업무를 야기한다. 이미 8장에서 검색 시스템의 개선에 대해서 많이 다뤘으므로, 여기서는 기업 내 활용을 위한 몇 가지 재구성에 대해서만 언급하고자 한다.

단순하고 일관적인 인터페이스

인터페이스는 어디서나 중요하지만, 기업에 있어서는 특히 중요하다. 단순한 검색 인터페이스(검색창으로만 구성된)는 그림 19-6에서 볼 수 있는 것처럼, 기업 내에서 누가 페이지를 소유하고 있든지와 상관없이 일관적으로 동작해야 하고, 모든 페이지에 일관적으로 위치해야 한다. 감사하게도 이러한 사실은 보편화되어가고 있다. 이것은 부분적으로는 간단하게 검색 인터페이스를 구현할 수 있는 커스터마이즈가 가능한 콘텐츠 관리 시스템의 출현이나 표준 템플릿의 사용에 기인한다.

어쩌면 기업은 표준 인터페이스를 구현할 수 없거나 구현할 의지가 없을

---

[5] (옮긴이) killer application: 애플리케이션이 구동되는 플랫폼의 판매량에 급격한 영향을 끼칠 정도로 매력적인 애플리케이션을 지칭하는 전문용어.

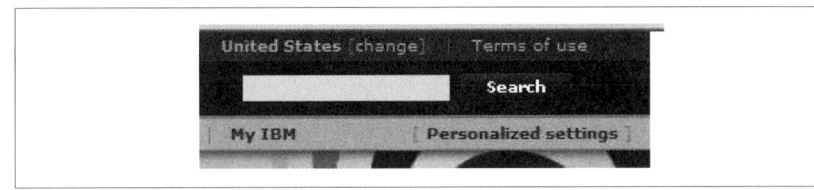

그림 19-6. 만약 IBM이 단순한 검색 인터페이스를 모든 페이지에 적용한다면, 당신은 그 어떤 사이트들에도 가능하다!

수도 있다. 좌절하지 말자. 단순한 검색은 기업의 집중화 캠페인을 만들기 위한 적절한 이유가 될 수 있다. 모든 페이지에 있기도 하고(그렇다고 모든 페이지에 어떻게 드러낼까를 고민할 필요는 없다), 좋은 데이터 자료도 찾을 수 있다. 예를 들어, 제이콥 닐슨이 모든 사용자들의 대략 50%는 어떠한 사이트에서든지 검색을 통해서 사이트를 둘러보기 시작한다고 지적한 내용[6]을 인용할 수 있다. 사례로 보면 매우 소수의 사람들만이 간단하게 쓰이는 범용적인 검색 인터페이스를 싫어한다고 한다. 그런 사람과의 작은 싸움에서 이기게 되면, 기업 내 전반적인 조화를 이루는 데 필요한 더 큰 어려움에도 한 걸음 전진할 수 있다.

검색 시스템 로그 분석하기

검색 시스템이 기업 사이트의 킬러 앱이라면, 검색 로그분석은 기업의 가장 효과적인 진단 툴killer enterprise diagnostic tool이라고 할 수 있다. 검색 시스템이나 콘텐츠의 심각한 문제를 찾기 위해서 검색어 데이터를 분석하는 데 수개월을 허비할 필요가 없다. 보통 다음과 같이 로그를 분석하면 된다. 검색어의 철자를 틀리거나 오타가 엄청 많음(맞춤법 검사 기능을 검색 시스템에 적용하여 고칠 수 있음), 약어나 특수용어가 빈번하게 발견됨(용어 목록에 명시함), 제품 코드로 검색함(제품 페이지에 제품 코드를 포함할 수 있도록 함) 등등.

---

6 제이콥 닐슨(Jakob Nielsen), 「Search and You May Find」 AlertBox, 1997년 7월 15일 〈http://www.useit.com/alertbox/9707b.html〉

검색어의 우선순위 정하기

더욱이, 검색 로그 분석은 사이트에서 어떤 검색어가 가장 많이 사용되었는지 확인할 수 있는 도구이다. 이 데이터를 사용해 검색결과에 최적의 추천을 구현하고, 메인 페이지에서 (최적의 추천과 유사한 역할을 하는) 가이드를 만드는 작업을 우선적으로 진행할 수 있다.

실제로 수치로 계산해보자. 만약 가장 빈번하게 사용되는 200개의 검색어에 대해서 최적의 추천을 만들었고, 이 상위 200개의 검색어가 사이트에서 수행되는 모든 검색어의 25%라고 생각해보자. 제이콥 닐슨이 언급한 것처럼 사이트 사용자의 50%가 검색으로 사이트 사용을 시작한다면, 50%와 25%를 곱하면 된다. 결과적으로 전체 사용자의 12.5%가 갖게 될 사용자 경험을 개선할 수 있다. 이 수치는 정보구조 전체와 관련된 수치이기 때문에 쉽게 반박당할 수 있겠지만, 숫자 이면의 메시지(개선된 성능)는 여전히 유효한 것이 사실이다.

상위 검색어 중에 검색결과가 0인 것은 없는지 살펴본다면, 콘텐츠 상에 생기는 공백을 메울 수 있다. 이렇게 하면, 사용자 경험을 3~5%정도는 추가로 개선할 수 있지 않을까? 나쁜 수치는 아니다. 철자 오류와 오타로 인해서 검색에 실패했던 사람들의 비율을 감안한다면, 이 수치는 더 올라가게 된다.

콘텐츠와 메타데이터에 대한 역공학reverse-engineering

기업의 검색 시스템을 개선하더라도, 좋지 못한 콘텐츠와 메타데이터는 개선의 노력을 수포로 만들어버릴 수 있다. 쓰레기를 넣으면 쓰레기가 나온다. 하지만 분산된 환경에서 콘텐츠 작성자를 찾기란 매우 어렵다. 하물며 웹사이트와 인트라넷에 사용될 콘텐츠를 더 잘 작성하라는 말이야 말해 무엇하랴.

콘텐츠 작성자와 이야기할 기회가 생길 때, 콘텐츠를 보다 잘 작성하고, 콘텐츠에 메타데이터 태그를 제대로 적용하고, 문서의 제목을 잘 짓도록 설득하려면 적절한 도구가 필요하다. 이러한 내용을 기업 스타일 가이드에 명시를 하든 만나서 회의를 하든, 콘텐츠 작성자가 작성한 문서가 나오지 않는 검색 결과를 준비해서 좋지 않은 예로 보여주어 이러한 작업물이 사용자를

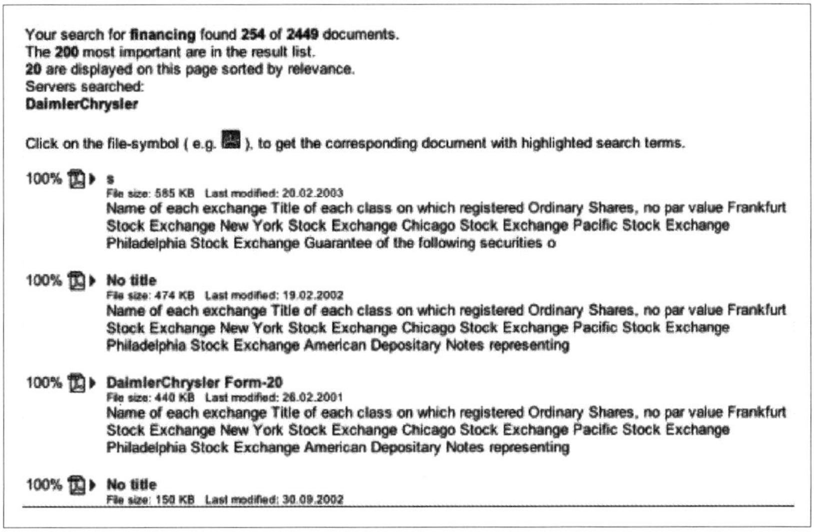

```
Your search for financing found 254 of 2449 documents.
The 200 most important are in the result list.
20 are displayed on this page sorted by relevance.
Servers searched:
DaimlerChrysler

Click on the file-symbol ( e.g. [icon] ), to get the corresponding document with highlighted search terms.

100% [icon] ▶ s
         File size: 585 KB  Last modified: 20.02.2003
         Name of each exchange Title of each class on which registered Ordinary Shares, no par value Frankfurt
         Stock Exchange New York Stock Exchange Chicago Stock Exchange Pacific Stock Exchange
         Philadelphia Stock Exchange Guarantee of the following securities o

100% [icon] ▶ No title
         File size: 474 KB  Last modified: 19.02.2002
         Name of each exchange Title of each class on which registered Ordinary Shares, no par value Frankfurt
         Stock Exchange New York Stock Exchange Chicago Stock Exchange Pacific Stock Exchange
         Philadelphia Stock Exchange American Depositary Notes representing

100% [icon] ▶ DaimlerChrysler Form-20
         File size: 440 KB  Last modified: 26.02.2001
         Name of each exchange Title of each class on which registered Ordinary Shares, no par value Frankfurt
         Stock Exchange New York Stock Exchange Chicago Stock Exchange Pacific Stock Exchange
         Philadelphia Stock Exchange American Depositary Notes representing

100% [icon] ▶ No title
         File size: 150 KB  Last modified: 30.09.2002
```

그림 19-7. 당신이 여기 문서의 콘텐츠를 하나라도 작성하였다면, 이 결과를 조금이라도 납득할 수 있을까? (아니면, 이 문제는 검색 시스템 때문일까?)

얼마나 좌절시킬 수 있는지 알게 해야 한다.

예를 들어, 다임러크라이슬러DaimlerChrysler 사이트에서 'financing'을 검색하면 그림 19-7처럼 형편없는 포맷으로 좋지 않은 제목들이 검색 결과에 나타난다.

이제 이러한 문서의 저자에게 제대로 고민된 문서 제목이 얼마나 중요한지를 보여줄 수 있게 되었다. 반대로, 콘텐츠 작성자에게 자신들의 문서가 검색 결과에서 본래 노출되어야 하는 만큼 제대로 보여주지 못하는 사실을 확인시켜줄 수 있다. 이러한 방법을 통해, 제목과 적절한 카피를 작성하고, 기업 내 가이드라인에 준해 메타데이터를 적용해야만 문서가 노출되는 순위를 개선할 수 있다는 사실을 설명해줄 수 있다.

좋지 않은 검색 결과는 콘텐츠 작성자들에게 자신들의 콘텐츠, 작업물이 보다 큰 시스템(즉, 수천 명의 사용자들이 사용하는 웹사이트 혹은 인트라넷)에서 보여주지 못할 때 무슨 일이 일어나는지 설명할 수 있는 효과적인 방법이다. '역공학reverse-engineering'과 같은 검색 결과는 콘텐츠 작성자가 보다 일을 잘 할 수 있도록 해주고, 명확한 사례를 만들 수 있도록 해준다. 또한 이것은 '조직의 변화'를 이루는 작지만 중요한 방식을 제공해 준다. 콘텐츠 작성자 한명 한명을 통해서 말이다.

19.3.4 게릴라 기업정보설계[7]

여기까지 설명한 세 가지 방법은 모두 다른 장소에 저장되어 있는 콘텐츠에 두루 적용되어, 사용자 기반의 내비게이션과 검색을 제공할 수 있어야 한다. 이러한 접근방법은 대개 기업 환경에서 점차 사용자와 콘텐츠를 연결해주는 새로운 방식으로 보완되곤 한다. 이중에, '게릴라' 방식은 말 그대로 부서를 넘어선cross-departmental 콘텐츠의 생산을 가능하게 해준다(대개 블로그나 위키의 사용을 통해). 또 하나 부각되고 있는 방법은 콘텐츠에 접근하는 방법으로 폭소노미 태깅folksonomic tagging을 사용하는 것이다. 두 가지 게릴라 방식은 모두 인트라넷에도 사용할 수 있다.

내부 전문가를 위한 클로그

전에 예로 들었던 가상의 컨설팅 회사에서 비용 청구하는 방법을 잘 알고 있던 사람을 기억하는가? 이런 사람을 주제별 전문가Subject Matter Expert : SME라고 하며, 이들의 전문성은 다양한 비즈니스 부문의 컨텐츠에 영향을 준다. 이들의 지식을 잘 담아내서 기업 내에 널리 확산시키는 것이 기업정보설계의 목표라고 할 수 있다. 이러한 목적 하에서, 많은 기업들은 사내의 주제별 전문가들에게 간단한 블로그 툴(때로는 이를 '클로그klogs' 혹은 지식 블로그라고 부른다[8])을 제공하여 자신들이 알고 있는 지식을 공유하도록 장려한다.

---

7 (옮긴이) Guerrilla 기업정보설계: 게릴라들이 일정한 진지도 없이 산발적으로 전투를 하는 것처럼, 기업의 정보설계를 하는 데 있어서도 다수의 사용자들이 불규칙적으로 참여하게 되는 방식을 의미한다.

8 많은 대중적인 웹사이트들이 고객에게 긍정적인 영향을 끼치는 방법으로 내부 직원들의 블로그를 점차적으로 많이 활용하도록 하는 것은 주목할 만하다. 특히 이러한 사례는 기술 분야에서 특히 적당한데, 사내의 기술적인 전문성을 보여줄 수 있는 이점이 존재하기 때문이다.

내부적으로 클로그를 구현하는 것은 기술적으로 별로 어렵지 않다. 주제별 전문가를 (특히, 다양한 부서를 넘나드는 유용한 지식을) 정의하는 것이 조금 어려울 뿐이다. 하지만 정말 어려운 것은, 기업 문화가 직원들의 지식공유를 지원하지 않는다는 것이다. 이와는 반대로 많은 기업들이 지식 독점을 권장하고 있는 게 현실이다. 참으로 안타깝다. 더욱이, 많은 주제별 전문가는 자신이 맡고 있는 업무의 기밀을 지키기 위해서 자신이 알고 있는 지식을 공유하고 싶어하지 않는다. 따라서 클로그는 성공이 불확실하다. 특히 정보 공유에 대한 보상이 거의 없는 환경에서는 더욱 그렇다. 주제별 전문가들이 가지고 있는 기술적인 진입장벽이 낮더라도, 최소한 보상이 뒤따라야 한다. 이미 많은 개인들이 자신의 지식을 공유하고 있다. 특히 자신의 안목이 기업 내 전문가로 평가받는 경우에 (그리고 동일한 질문에 반복해서 대답하지 않아도 되는 경우에) 활발하다.

그룹용 위키

클로그가 개인이 가지고 있는 부서를 넘어선 지식을 담아내고 공유할 수 있도록 해주는 것처럼, 위키와 다른 공동저작 툴들은 그룹 내에서 유사한 역할을 한다. 모든 기업은 일반적으로 임시로 구성된 조직이나 워킹그룹에서 프로젝트를 진행하고 있으며, 이런 프로젝트는 다양한 비즈니스 부문 간의 협업이 필요하다.

위키를 사용하면 유관 부서들과 연관된 업무를 진행하기가 비교적 쉬워진다. 많은 경우, 워킹그룹이 만든 콘텐츠는 마지막에 공식적인 승인을 거쳐 워드 문서나 PDF 파일과 같은 잘 알려진 포맷으로 발행된다. 이러한 콘텐츠는 상대적으로 가변적이고 미완의 상태이긴 하지만, 기업 사용자들에게는 확실히 가치가 있다. 더욱이 위키 기반의 콘텐츠는 워드나 PDF 파일보다 검색 시스템을 통한 접근이 수월하다.

직원명단을 통해서 조직 내부의 전문성에 접근하기

상당히 많은 경우에, 사람들은 콘텐츠보다는 사람을 찾기 위해 인트라넷에서 검색을 한다. 정보시스템은 여러 부서들에 해당되는 것이기 때문에, 직원명단은 기업정보설계의 가치를 보여주는 훌륭한 실례라고 할 수 있다. 직원명단에 있는 개인들을 자신의 블로그나 위키 콘텐츠와 링크함으로써 직원명단이 가진 가치를 확장할 수 있다. 결과적으로 사용자들은 사람들의 이메일 주소를 찾기보다는 사람 자체를 더 많이 찾게 된다. 즉, 어떤 프로젝트를 수행했었는지, 누구와 함께 참여했었는지와 같은 개인들의 전문성을 더 많이 알고자 한다. 이렇게 사용자는 고민하는 주제 자체를 검색할 수 있게 되고, 궁극적으로 이를 알고 있는 사람을 찾을 수 있게 된다.

전통적인 직원명단은 보고 관계[9]와 같은 다양한 직원들 간의 관계를 포함하도록 확장될 수 있다. 예를 들어, 새로 부임한 상사의 과거 부하직원을 찾아봄으로써 그가 기대하는 것이 무엇인지를 이해하는 데 도움을 얻을 수 있다. 링크트인[10](그림 19-8 참조)나 라이즈[11]와 같은 소셜네트워크 서비스를 보면 직원명단 모델이 어떻게 확장되고 강화될 수 있는지 이해할 수 있다.

직원 전문성을 종합하기… 그리고 기타

만일 기업이 부서를 넘어선 콘텐츠를 담아낼 수 있는 블로그나 도구에 투자하기 시작했다면, 최근에 나오는 발행 툴들(특히 블로그)이 최근에 게재된 콘텐츠를 RSS나 Atom 피드로 생성해준다는 사실은 희소식일 수 있다. 더 좋은 소식은 웹 기반의 많은 독립 툴[12]들이 사용자들이 구독하는 피드를 하나로 종합할 수 있도록 해준다는 점이다. 기업 내 리서치 센터에서 일하는 동료들이 연구결과를 발표함과 동시에 살펴볼 수 있는 상황을 상상해보자.

---

9 (옮긴이) reporting relationship: 내가 누구에게 보고를 하는지, 누가 나에게 보고하는지를 의미한다. reporting line이라고도 한다

10 (옮긴이) LinkedIn: ⟨http://www.linkedin.com⟩ IT 전문직종에 종사하는 사용자들이 많으며, 국내외의 많은 전문가들을 만나볼 수 있다

11 (옮긴이) Ryze: ⟨http://www.ryze.com⟩ 사업가들을 위한 소셜네트워크 서비스이며, 특히 새로 창업한 사업가들이 많다.

12 만일 애그리게이터(aggregators)에 친숙하지 않다면, 훌륭한 무료 웹 기반 서비스인 블로그라인 ⟨http://www.bloglines.com⟩을 한번 사용해보기를 권한다. (옮긴이) aggregator: 다양한 정보를 한곳에 모아주는 도구 및 서비스.

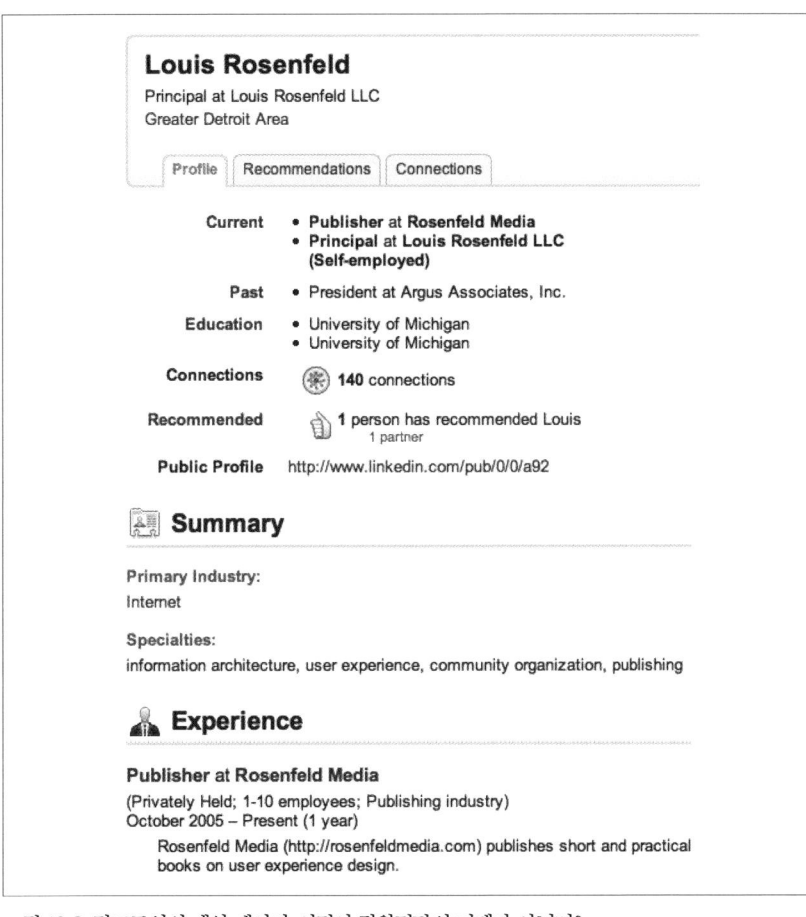

그림 19-8. 링크트인의 개인 페이지. 이것이 직원명단의 미래가 아닐까?

    피드가 어떠한 유형의 웹사이트에서도 대중적으로 사용됨에 따라, 기업 내 사용자도 다른 부서의 서브사이트를 피드로 구독할 수 있게 되었다는 점은 더더욱 좋은 소식이다. 애그리게이터는 기업 내의 새로운 콘텐츠를 본래 저장된 장소와는 상관없이 한 화면에 보여주는 도구가 되었다. 기업 내의 다양한 출처에서 발행된 뉴스를 한눈에 볼 수 있는 상황을 상상해보자. 기업의 사용자들은 고용주가 실제 하고 있는 일을 알 수 있고, 외부로 공개된 사이트의 사용자들도 똑같이 알 수 있다.

기업 내의 소셜 북마킹

딜리셔스del.icio.us와 같은 소셜 북마킹 애플리케이션은 사용자들이 웹에 올려진 콘텐츠에 태깅을 하고 방문했던 콘텐츠를 다시 볼 수 있도록 해서 성공했다. 그리고 다른 사람들이 동일한 태그로 태깅한 것들을 살펴봄으로써, 딜리셔스의 구독자들 또한 이 '지혜의 창고'에서 혜택을 입을 수 있고, 관련된 문서들에 대해서도 (그리고 누가 유사한 취향을 가지고 있는지도) 알 수 있게 되었다.

동일한 접근방법이 기업에도 적용이 될 수 있을까? 얘기하기에는 많이 이른 감이 있지만, IBM과 같은 대규모 기업들은 적절한 방법을 찾아낼 수 있을 것으로 기대한다.[13] 기업 환경은 웹보다 매우 작지만, 엄청난 성장속도, 복잡해지는 조직화 시스템, 소용돌이치는 변화와 같은 것은 확실히 웹의 특성과 유사한 측면이 있다고 할 수 있다. 북마킹 툴은 기업의 사용자들이 다른 사람의 태깅을 통해 도움을 받을 수 있게 해주고, 부가적으로 생각이 비슷한 동료를 찾을 수 있게 해준다. 종합적으로, 태그는 전통적인 통제어휘집을 개선하고 지속적으로 최신의 상태를 유지하는 데 도움이 되는 훌륭한 자원이다.

19.4 기업정보설계 전략과 운영

지금까지 자원, 시간, 직원에 대한 대규모 지출이 없이도 적은 노력으로 빠른 효과를 얻을 수 있는 기업 정보구조 설계 작업에 대해 설명했다. 이러한 개선의 상당수는 '다른 사람의 눈에 띄지 않기under the radar' 때문에, 대개 경영진의 승인 없이도 진행할 수 있고 명령체계에 따라 이리저리 휘둘리지 않아도 된다.

물론, 여기서 언급한 네 가지 영역 외에도 시도해볼 수 있는 훨씬 야심 찬 설계 방법들은 얼마든지 있다. 또, 단기 목표에 중점을 두든 장기 목표에 중

---

13 밀런(David Millen), 파인버그(Jonathan Feinberg), 커(Bernard Ker), 「Social Bookmarking in the Enterprise」 ACM Queue, vol. 3, no. 9. 2005년 11월 〈http://acmqueue.com/modules.php?name=Content&pa=showpage&pid=344&page=1〉

점을 두든지 간에, 누군가는 기업 정보구조의 설계, 구축, 운영, 관리의 책임을 지고 있어야 한다. 그리고 경영진은 궁극적으로 정책 수립, 자금 수급, (필연적으로 대두될 수 있는) 정치적인 마찰의 해소에 참여해야 한다.

안타깝게도, 대부분 기업들에는 이러한 업무를 전담할 인력이 없거나, 설령 있더라도, 이러한 인력들은 다른 비즈니스 부문 내부에 파묻혀 있어 본래 자신의 주요 업무에 집중할 수 없기 마련이다. 그리고 경영진은 "정보는 우리의 주요 전략상품입니다"라고 말은 하지만, 이러한 일들은 아직 진행되고 있지 않다. 기업정보설계에 대한 주인의식을 어떻게 진화시킬 수 있을까?

19.4.1 일반적인 진화 경로

아래의 표는 기업정보설계의 운영적인 측면과 전략적인 측면에서 일반적인 두 가지 경로를 보여준다. 전략적인 작업은 성장, 포지셔닝, 자금, 기업정보설계 자원과 직원의 관리에 집중하는 반면, 운영적 측면은 기업 정보구조를 누가 실제로 개발하고 운영하는 업무를 수행하는지를 설명한다. 이 표는 '일반적인' 기업 환경에서 두 가지 경로가 시간이 경과함에 따라 어떻게 나란히(대개는 서로 영향을 주고받으면서) 진화하는지를 보여준다.

항상 이렇게 진화가 이뤄지는 것은 아니지만, 평균적으로 이렇다고 할 수 있다. (내부 기업정보설계 조직이 꾸려지는 다른 일반적인 경로는 전자상거래팀이나 웹 개발그룹이 기업정보설계를 함께 다루는 그룹으로 통합되는 방식이다.) 더 중요한 것은, 이러한 진화가 기업정보설계에 대한 아이디어를 제공할 수 있다는 사실이다. 아니면 적어도 자신이 생각한 진화 경로가 맞는지 확인하고 생각을 발전시킬 토대[14]를 마련해준다.

---

14 (옮긴이) 토대: 원문에서는 straw man(밀집인형)이라고 표현하고 있다. 이것은 일의 시작점으로 삼기 위해서 적은 노력으로 만든 계획이나 산출물을 의미한다.

운영적 기업정보설계(EIA)	전략적 기업정보설계(EIA)
개인들이 기업정보설계 이슈가 존재함을 인지한다 '정보구조에 관여하는' 몇몇 사람들은 자신이 속한 비즈니스 부문 내에서 일부 정보설계에 대한 책임을 개별적 혹은 독립적으로 가지고 있다. 따라서, 기업 전체에 영향을 끼칠 만한 정보구조 문제가 있음을 인지하게 된다. 이들은 다른 사람들과 조화를 이루고 공유하기 위해서 자신들의 작업(예: 검색엔진 관리, 제품 메타데이터 혹은 스타일 가이드의 개발)이 필요함을 알게 되지만, 기업 내에는 같은 생각을 가진 사람들이 거의 없다. 더욱이 조직화하는 노력에는 아무런 보상도 따르지 않는다.	**재설계를 고집하는 관리자들** 경영진은 가끔 브랜딩과 같이 기업정보설계와 관련된 다른 기업 이슈들에 대해서 고민하기는 하지만 대부분 기업정보설계 이슈를 인지하지 못하거나 관심이 없다. 일반적으로 기업의 웹사이트는 마케팅 조직에 의해서 운영되고 기업의 인트라넷은 IT 조직에 의해 관리된다. 사이트를 개선하고자 하는 노력은 한 번에 종합적으로 '재설계'하는 방식으로 진행된다. 따라서, 보다 효율적인 운영을 위한 탄력은 쉽게 사라지고 조직 내의 축적된 지식은 거의 존재하지 않는다. 이때, 조화로운 기업 정보구조를 설계하려는 프로세스에 의사결정권자를 참여시키고자 하는 시도들은 별로 빛을 발하지 못한다. 그러나, 여기서 일부 관리자들이 기업정보설계 프로젝트의 잠재적인 미래 대변자로 대두된다.
관심을 공유하는 커뮤니티가 출현한다 기업에서 정보설계에 대한 인식이 점점 확산됨에 따라, 보다 많은 사람들이 '인포메이션 아키텍트'라는 직함을 맡게 되고 유사한 직함을 가진 동료들이 나타난다. 지역별 전문가 모임이나 정보설계학회 혹은 내부 직원이 중요한 설정을 해야 하는 기업용 애플리케이션(예: CMS, 포털, 기업용 검색엔진) 설치와 같은 외부적인 요인이 인포메이션 아키텍트들을 한데 모으는 또 다른 계기로 작용한다. 일반적으로 한 명 혹은 몇 명의 발기인이 노력하여 기업 내에서 동일한 관심사를 가진 비공식 커뮤니티가 출현하게 되고, 토론을 위한 메일링 리스트나 정기적인 점심 회의가 운영된다. 이때, 정보설계 활동을 조직화하는 노력은 거의 이루어지지 않는다. 일반적으로 '어떻게 작업을 했는지' 의견을 공유하거나(예: 최적의 추천을 어떻게 로컬에서 구현했는지), 학회에서 수집한 외부의 성공 사례들을 공유한다.	**우호적인 관리자가 암묵적인 지원을 보낸다** 소수의 '계몽된' 관리자들이 출현한다. 이들은 과거에 실패한 재설계를 분석한 결과, 기업정보설계 이슈에 대한 인식이 생겼다. 계몽된 관리자들은 아직 기업정보설계 노력에 자원을 제공하거나 직원들의 시간을 일부 할애해줄 수 있는 위치에 있지는 않지만, 관심을 공유하는 커뮤니티의 비공식적인 활동에 참여하고자 하는 직원들을 지원한다(혹은 최소한 못마땅해 하지는 않는다).
실무 커뮤니티가 공식적인 인정을 받게 된다 관심을 공유하는 커뮤니티가 실무적인 커뮤니티로 진화하게 되며, 조용히 각자의 조직에서 영향을 끼칠만한 노력을 해오던 인포메이션 아키텍트들이 커뮤니티에 한데 모여 몇 가지 작업을 하게 된다. 새로운 기업용 애플리케이션을 선정할 때 기능명세에 사용자 중심 요구사항을 포함하도록 하는 작업이나 정보설계 전문가 컨설팅 예산 그리고 관련 소프트웨어 라이선스 구입 예산을 할당 받는 노력을 그 예로 들 수 있다. 실무 커뮤니티 내에 반-공식적인 대표자가 출현하게 되며, 대개 그룹 내의 커뮤니케이션을(활동이나 자원 활용에 있어서가 아니라) 주도하게 된다. 로컬 비즈니스 부문에서 진행하는 개별적인 정보설계 활동이 모두가 참여하는 기업정보설계 작업보다 여전히 많이 진행된다.	**자문위원회가 출현한다** 사내 기업정보설계 커뮤니티의 정규화가 일부 관리자들로부터 공식적인 '승인'을 받게 된다. 이러한 관리자들은 대개 우호적인 관리자들과 '불평쟁이'(주요 콘텐츠 영역, 제품 그룹, 사용자층에 대한 책임을 가진 입김이 센 관리자)들로 구성되며, 자문위원으로서 반-공식적인 역할을 담당하게 된다. 회의는 비정기적이고 대개 매번 다른 관리자들이 참석하게 된다. 공식적인 자문위원회의 책임은 아주 적다. 이때, 자문위원장의 역할은 기업정보설계나 관련된 이슈에 대한 부서 간의 커뮤니케이션 채널이며, 가끔은 실무 커뮤니티가 특정한 니즈를 가지고 있거나 정책적인 이슈나 내부 정책에 대한 도움이 필요할 때, 실무 커뮤니티를 대표해서 임원진을 설득하는 일을 수행한다.

운영적 기업정보설계(EIA)	전략적 기업정보설계(EIA)
특정한 기업정보설계 프로젝트에 투입된 분산된 팀 보다 나은 기업정보구조에 대한 니즈가 증가하면서 인포메이션 아키텍트들이 특정 기업 프로젝트(특히, 기업용 애플리케이션의 구현과 설정, 메타데이터와 인터페이스 설계 가이드라인 개발)에 공식적으로 투입되게 된다. 비즈니스 부문에 속해 있는 인포메이션 아키텍트들은 주로 로컬 프로젝트들을 계속해서 진행한다. 그러나 비록 임시 프로젝트이기는 하지만, 기업정보설계 프로젝트가 꾸준히 증가하고, 인포메이션 아키텍트들은 공식적으로 기업정보설계와 관련된 프로젝트에 대한 책임을 갖게 된다. 초기에 특정 프로젝트를 위해서 구성된 기업정보설계팀은 점차 영구적인 조직으로 정착하게 된다. 외부 정보설계 전문가들은 보다 빈번하게 기업정보설계 작업을 돕기 위해 투입된다.	**자문위원회가 성숙해지고 전략이사회가 후원하게 된다** 자문위원회는 공식적인 의사결정기구가 되고, 기업정보설계팀에 자문하고, 기업정보설계 정책과 전략을 수립하며, 기업정보설계팀이 보다 상위수준의 도움을 필요로 할 때 프로젝트가 원활하게 진행될 수 있도록 지원해준다. 자문위원들은 더 정기적으로 만나게 되고, 점차 중요한 영역과 내부 조직을 담당하게 된다(특히 IT와 마케팅을 초월하여 확장한다). 자문위원회는 책임의 범위가 커지면서 추가적인 권한과 자금이 필요하다는 것을 인식한다. 가시적인 지원(이러한 지원이 새로운 정책을 제대로 검토하지 않고 승인이 이뤄진 형태의 것이라고 할지라도)을 통해 제안된 정책을 최소한 검토라도 할 수 있도록 고위 전략이사회(회사의 경영이사회와 유사) 같은 조직을 만들 것을 건의하게 된다. 전략이사회는 몇 달에 한 번씩 회의를 갖고 기업정보설계와 관련된 주요 프로젝트에 대한 자금을 어디서 지원할지 정하게 된다.
기업정보설계를 전담하는 비즈니스 부문의 출현 보통 내부 직원들로 구성된 영구적인 기업정보설계 부문이 이제 출현하게 되며, 자체적인 관리 구조를 가지게 된다. 대개 맡고 있는 업무의 범위에 따라 팀의 규모는 다양하다(어떤 부문은 기업의 사용자 경험이나 지식 관리에 광범위하게 관여한다). 팀의 인력들이 두 자리 수가 되면 정규직원 중에서 메타데이터 개발, 사용자 조사, 검색 시스템, 메트릭스와 같은 영역의 전문가들을 찾을 수 있게 된다. 주요 업무는 기업정보설계이지만, 다방면 전문가와 해당 분야 전문가 모두가 로컬 비즈니스 부문에서 필요로 할 때, 정보설계에 대한 컨설팅을 제공한다. 기업정보설계팀은 또한 로컬 인포메이션 아키텍트를 교육하고, 기업의 스타일 가이드나 메타데이터 표준과 같은 기업정보설계의 '지적재산'을 관리하는 데 있어 리더십을 발휘한다.	**전략가들이 자신의 업무를 공식화하고 확장한다** 기업 정보의 전략적인 특성을 고려하여 전략이사회는 보다 큰 역할을 담당하게 된다. 새로운 원가중심점[15]을 만들기 위한 기초를 다지고, 기업정보설계와 더불어 이와 관련된 영역을 전담할 비즈니스 부문을 신설한다. 사용자 대변 기구(테스트와 평가를 목적으로 기업 차원의 사용자 품을 운영하는 기구)가 같은 기업정보설계 전략 수립을 담당하는 다른 그룹이 형성된다. 자문위원회는 또한 주요 의사결정기구로서 보다 공식적이고 활동적인 역할을 수행하게 되고, 기업정보설계 비즈니스 부문의 최고 관리자의 역할을 하게 된다.

19.4.2 기업정보설계 그룹의 이상적인 자질과 구성

실제 정보구조에 대해서 고민할 때와 마찬가지로, 내부의 기업정보설계 그룹을 구성할 때 하향식 방법과 상향식 방법 모두를 고민해볼 필요가 있다. 임원

---

15 (옮긴이) cost centers: 어떤 조직이 어디에 얼마의 비용을 지출하는지 정의. 기업의 자금을 운용할 때 각 조직이 소비하는 자금을 합리적으로 책정하기 위해서 정의한다. 독립적인 조직이라면 내부에 소요되는 자금을 조달하기 위해서 원가중심점을 가지고 있어야 한다.

진이 기업정보설계 부문이 지향해야 할 곳과 어떻게 도달할 수 있을지에 대한 큰 그림을 그리는 경우에는, 전략적인 목적에서 하향식 접근방법을 고려해볼 수 있다. 반면 상향식 방법은 가까이에서 실제적으로 작업하고 운영 중인 태스크로 구성된다. 최대한 전략적인 부분과 운영 업무 부분을 분리하도록 해야 한다. 두 영역의 미션, 태스크, 구성원은 각각 매우 다르기 때문이다.

전략가

전략가들(자문위원회나 전략이사회의 구성원)은 기업 전체를 생각하며 기업정보설계 부문의 역할에 집중한다. 이 사람들의 미션은 기업정보설계 그룹의 노력으로 수준 높은 정보구조를 만들고, 이를 통해 기업의 이익이 보장되도록 하는 것이다. 이들의 목표는 아래와 같다.

- 기업 내의 정보구조가 가지는 전략적인 역할을 이해한다.
- 기업의 영구적인 기반구조의 한 부분으로서 정보설계 업무를 홍보한다.
- 기업정보구조 운영팀과 관련 업무를 기업의 목표와 일치시킨다.
- 재정적, 정치적 실행 가능성을 보장한다.
- 기업의 정보설계 계획에 영향을 끼칠 수 있는 전략적 방향의 변경을 기업정보구조 운영팀에 알린다.
- 기업정보구조 운영 정책의 개발을 돕는다.
- 기업정보설계팀의 관리를 지원한다.
- 기업정보설계팀의 성과를 평가한다.

사실, 전략가는 기업 정보구조 운영의 성공에 대한 책임을 지고 있다. 이것은 내비게이션 정책의 수립, 기업 임원진들의 승인, 자금과 다른 자원의 확보를 의미한다. 또한, 기업 정보구조의 성공을 광범위하게 평가하고, 기업 정보구조 운영의 전문성을 평가하는 데 도움이 될만한 척도를 개발해야 한다.

책임자 역할에 적임자이고 효과적으로 조직을 이끌어갈 수 있는 사람은 아래와 같은 자질을 보인다.

- 충분히 오랜 시간을 기업에 몸담고 있어서, 폭넓은 시각과 넓은 인적 네트워크를 가지고 있으며, 수년간에 걸쳐 축적된 교훈과 경험을 이끌어낼 수 있는 능력을 가지고 있다.
- 사업가의 자질을 가지고 있다: 비즈니스 계획을 이해할 수 있고 작성할 수 있다.
- 기업이 성공한 계획에 참여했던 실적을 가지고 있다.
- 성공했든 실패했든 집중화 노력을 한 경험을 가지고 있다(실패는 성공만큼이나 많은 것을 깨닫게 해준다).
- 정치적인 상황을 헤쳐 나갈 수 있다.
- 낯설고 추상적인 개념을 '세일즈'할 수 있다: 내부적으로 자금을 확보해 본 경험이 있다.
- 관점, 조직도상의 위치, 인간성, 골프 실력과 같이 다양한 측면에서 클라이언트와 닮은꼴이거나 최소한 클라이언트를 이해할 수 있다.
- 제공자 혹은 구매자 입장에서 컨설팅 경험을 가지고 있다.
- 벤더와 라이선스 합의에 대한 협상을 해본 경험이 있다.

운영 인력

기업 정보구조 운영팀은 정보설계의 전술적인 업무를 담당한다(콘텐츠, 사용자, 비즈니스 맥락과 관련된 요소들을 리서치하고 분석하는 업무, 이러한 요소를 고려한 정보구조의 설계 업무, 설계 구현 등의 업무). 또한 기업정보설계 부문의 서비스를 전달하는 것뿐만 아니라, 콘텐츠 관리와 정보구조의 운영에 대한 정책과 절차를 준수한다(그리고 옹호한다).

   이러한 팀은 어떻게 구성될까? 여기에는 팀에 있으면 좋을 만한 역할들이 많이 존재한다.

- 전략 아키텍트 Strategy Architect
- 시소러스 디자이너 Thesaurus Designer
- 인터랙션 아키텍트 Interaction Architect

- 기술 통합 전문가Technology Integration Specialist
- 정보구조 사용성 전문가Information Architecture Usability Specialist
- 검색 분석가Search Analyst
- 통제어휘집 관리자Controlled Vocabulary Manager
- 인덱싱 전문가Indexing Specialist
- 콘텐츠 모델링 아키텍트Content Modeling Architect
- 인류학자Ethnographer
- 프로젝트 관리자Project Manager

물론, 이러한 영역의 전문가들을 채용하는 것은 모두에게 환상적인 일이기는 하다. 그러나, 이러한 이상적인 조직의 구성은 지향해야 할 목표점에 지나지 않는다. 보다 중요한 것은 도움을 줄만한 외부 컨설팅 전문가들이 있어야 한다는 점이다. 내부 직원 중에 사용성 전문가가 없는가? 기업의 비즈니스 모델에 따라 클라이언트에게 외부 컨설턴트 고용에 소요되는 비용을 청구할 수도 있다.

학제적인 운영팀을 꾸리고자 하는 경우, 아래의 자질들을 고려해봄 직하다.

- 사업가의 사고방식
- 컨설팅 능력 (즉, 정보구조를 만들고 평가할 수 있으며, 정치적으로 험난한 환경을 헤쳐나갈 수 있다)
- 무지를 솔직히 인정하고 도움을 구하는 용기
- 조직 내의 근무 경험
- 기업 전반에 걸친 집중화 업무에 대한 경험
- 사용자 니즈에 대한 민감함
- 정보설계와 관련된 분야에 대한 지식 (당연!)

마지막으로, 기업정보설계 부문이 기업 내에서 어떠한 공백을 메울 것인지 고민을 해야 한다. 호스팅과 같은 종래의 IT 서비스나 시각 디자인, 편집 혹은 경험 디자인의 포괄적인 범위에 있는 다른 영역으로 진출하여 업무 범위를 넓히고자 할 수도 있다. 기업의 니즈에 맞도록 직원을 채용하거나 컨설턴트를 선택하도록 하자.

19.5 서비스 제공과 비용 지불

이전에 설명한 진화 경로는 겉으로 보기에는 낙관적인 결과로 끝이 난다. 기업정보설계 비즈니스 부문이 IT, 마케팅, 기업 커뮤니케이션, 다른 상위 조직 등으로부터 독립한다는 것이다. 우리는 왜 홀로 독립하는 것을 좋아할까?

기업의 정보구조를 하나로 통합해내기 위한 노력은 당연히 부서 간의 커뮤니케이션과 참여가 필요하다. 하지만 일반적으로 비즈니스 부문끼리는 서로 상대 부문이 일을 똑바로 하지 않는다고 생각한다. 기업 내의 정보구조를 집중화하는 노력은 상위조직이 주는 부담은 차치하더라도 매우 어렵다. 상위조직의 본래 미션이 기업의 WAN[16]을 운영하거나 기업 브랜드를 관리하는 것과 같이 정보설계와 관련이 적다면, 상위조직의 관리자는 대개 기업정보설계 업무를 이해하지 못할뿐더러 전폭적인 지원도 해주지 않을 것이라는 것은 더 말할 나위가 없다. 기업정보설계팀은 현존하는 어느 부서의 주요 미션과 목표에도 부합하지 않을 수 있다. (그래서, 독립해야 하는 걸까?)

더욱이 집중화하는 노력은 오랜 시간에 걸쳐 지속적으로 진행되고, 정보구조와 콘텐츠 관리는 지속가능해야 하기 때문에, 기반구조가 지원되어야 한다. 기업은 단순히 매년 혹은 격년마다 정보구조를 '뒤엎을' 수 없다. 직접적인 비용이 높을 뿐만 아니라 조직 내부적으로 축적되는 지식도 별로 없게 된다. 이러한 이유 때문에, 이상적으로는 독립적인 기반구조를 갖춘 부문이 독자적인 예산과 관리자를 통해 기업정보설계 업무를 소유하고 수행해야 한다.

흥미롭게도, 이 책의 두 번째 개정판(2002년에 출판)에서 독립적인 기업정보

---

16 (옮긴이) 광역망, Wide Area Network

설계 그룹을 제안했을 때는, 이 아이디어가 대중화되지 못했다. 당시 경제 상황과 기업의 여건상 정보설계를 받아들인다는 것은 무척 비관적이었다. 그러나 많은 기업들에서(최소한 일부라도) 자주적이고 독립적인 비즈니스 부문이 기업정보설계에 대한 책임을 맡기 전까지는, 기업정보설계에 관한 진전을 보일 수 없다는 것을 깨달았기 때문에, 현재 이 모델은 널리 확산되고 있는 상황이다. 여기에 실제로 다른 대안은 존재하지 않는다.

19.5.1 새로운 비즈니스 부문 만들기

독립적인 비즈니스 부문에 대한 아이디어는 이러한 질문을 낳는다. 어떻게 자금을 댈 수 있을까? 새로운 원가중심점은 특정한 경우에만 이따금 만들어지며, IT, 인사 및 다른 그룹들은 전체 기업에 대한 니즈를 고민할 필요가 있을 때 자금을 지원하게 된다. 하지만 확실히, 이러한 상황은 기업 환경에서 빈번하게 발생하지 않는다. 그렇다면, 자금을 어디서 끌어와야 할까?

불가능한 것은 없다. 고려해봄 직한 다양한 잠재적인 수입원들이 존재하며, 여기서 다섯 가지만 꼽아보자.

초기 투자자본 seed capital

경우에 따라, 회사는 새로운 프로젝트에서 적어도 초기 투자를 할 만큼의 가치를 발견할 수도 있다. 초기 자본금은 고정자금이 투입되는 것이어서 대개 사전에 정해진 일정 기간 동안 새로운 비즈니스 부문이 자립할 수 있을 때까지만 지원된다. 프로젝트가 진행되는 최초 1년을 버틸 수 있을 정도의 자금을 확보하는 것이 중요하며, 다른 수입원으로부터 유입되는 수익이 증가하기 시작하면 서서히 줄어들 수 있다는 것에 유의해야 한다.

운영 비용

중앙조직에서의 재정지원은 모든 비즈니스 부문(새로운 부문과 특히 원가중심점을 포함)에서 사무용품, 사무공간, 가능하다면 행정인건비와 같이 기본적으로 지출하는 비용(경상비용)으로 산정해 운영 비용의 형태로 유입될 수 있다. 이러한 자금은 일반적으로 비즈니스 부문의 기본적인 '생활비' 수준을 크게 상회하지 못한다.

일률 과세

일부 원가중심점은 기업 전체의 니즈를 해결하기 위해 제공한 기본 서비스와 공통 서비스의 비용을 클라이언트 비즈니스 부문에 부과할 수 있도록 해준다. 기업정보설계 환경에서 이와 같이 좋은 예는 (본래 콘텐츠를 만들어낸 비즈니스 부문에 구애 받지 않고) 기업 전체의 콘텐츠에 접근할 수 있도록 해주는 전사적 검색 시스템의 지속적인 유지보수와 성능 개선이 될 수 있다.

기업 내의 특수한 프로젝트에서의 수입

새로운 콘텐츠 관리 플랫폼이나 콘텐츠의 이전migration과 같이 가끔 큰 비용이 발생할 때 모든 비즈니스 부문이 자금을 지원하게 된다. 이러한 비용은 다른 모든 비즈니스 부분들의 동의를 통해 대개 일시불로 책정된다. 행정부서에서 이러한 프로젝트가 기업이 성공하는 데 중요하다고 판단하는 경우에는, 기업의 중앙 행정부서에서 계산서를 발행하기도 한다.

서비스 비용를 통한 수입

표준적인 '비용 청구'[17] 모델이다. 클라이언트 비즈니스 부문이 외부 벤더로부터 비용결제를 받았을 때만 서비스에 대한 지불을 하게 된다. 이상적인 기업정보설계 환경이라면 기업 내부의 충성도 높은 클라이언트에서 오는 서비스 수수료만으로도 독립적인 조직 운영을 지속할 수 있어야 한다. 안타깝게도, 이러한 모델은 대개 비영리조직이나 교육 분야와 같은 특정 기업 문화에서만 가능하다.

그림 19-9은 기업정보설계 부문이 조직된 후 처음 몇 년 동안, 위에서 설명

---

17 (옮긴이) charge back: 기업 내 공통비용과 같이(예: IT 비용) 서비스를 제공하는 부문이 자체적인 원가중심점으로 비용을 처리하기 어렵거나 그것이 불합리하다고 판단된 경우, 타 부문과의 거래를 통해 비용을 처리하게 된다. '사내 거래' 혹은 '비용 청구'라고 한다.

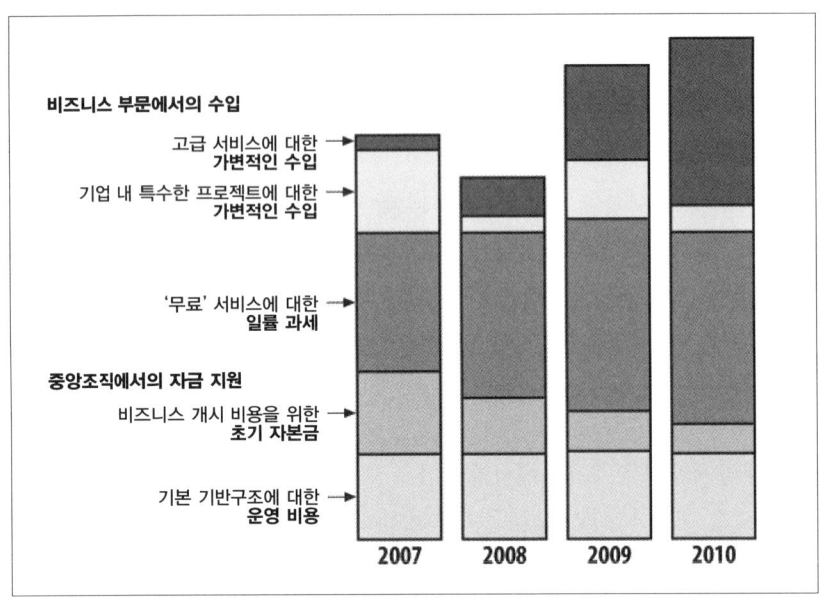

그림 19-9. 기업정보설계를 담당하는 독립된 비즈니스 부문의 다각적인 수입원 변화

한 수입원들이 어떻게 변화될 수 있는지를 보여준다.

이러한 수입원들 중 어떠한 것이 적합한지는 기업 내에서 내부적으로 비즈니스가 어떻게 이뤄지는지에 따라 다르다. 예를 들어, 일부 기업은 기업의 사활을 비용 청구 모델에 의존하고 있어서, 다른 환경에 대해서는 다만 10초라도 고려해볼 만한 여유가 없을 수 있다. 확실히 가장 좋은 접근방법은 '수입원을 다각화'하는 것이며, 한 바구니에 너무 많은 계란을 담지 않는 것이다. 그리고 가능하다면, 자문위원회와 전략이사회(혹은 동등한 수준의 조직)가 적절한 수입 모델을 정의하는 데 앞장서도록 만들어야 한다. 이상적인 경우, 이 사람들은 기업 내에서 이러한 업무를 해본 경험을 가지고 있다.

19.5.2 사업가적인 비즈니스 부문 만들기

앞에서 언급한 수입원 중 하나인 내부의 '클라이언트'에게 제공한 서비스 비용을 받는 방법이 특히 좋다고 생각한다. 확실히, 독자적으로 수입을 책임져야 할 상황이라면, 독립적인 원가중심점을 갖는 것이 더 좋다. 기업 환경을 지역 경제로 간주하고, 이러한 환경에서 서비스 제공자로서 할 수 있는 역할을 찾아야 한다. '신뢰와 인센티브[18]없이는 성공할 수 없다'는 기업의 절대적인 진실을 인정해야 한다.

비즈니스 부문이 다른 비즈니스 부문을 신뢰하지 않으려는 경향이 있다는 사실과 독립적으로 새로 만들어진 기업정보설계 부문이 어떻게 독립적으로 일할 수 있는지에 대해서는 이미 앞서 언급한 바 있다. 다른 비즈니스 부문으로부터 신뢰를 얻기 어려울 수도 있지만, 최소한 불신은 피해야만 한다. 신뢰를 얻을 수 있는 보다 중요한 방법은 '클라이언트'와 동일한 방법으로 행동하는 것이다. 다르게 얘기하면, 클라이언트가 기업의 경제 규모 내에서 예산, 비용, 수입을 운영하고 있다면, 클라이언트와 동일한 방식으로 운영해야 한다. 클라이언트가 기업정보설계 부문 또한 동일한 규칙으로 운영되고 있다는 사실을 알게 되면, 클라이언트는 (기업정보설계 부문이 부사장의 총애를 받는 단기 프로젝트를 수행할 때보다) 기업정보설계 부문을 더 이해하고 신뢰하게 된다. 기업에 서비스를 제공하는 사업가적인 서비스 제공자로 행동함으로써, (단기간에 제공하는 서비스보다) 클라이언트의 실제 니즈에 맞는 다양한 서비스를 개발할 수 있다.

신뢰에 대해서 생각해본다면, 사람은 이해할 수 없는 사람을 신뢰하지 않는다. 따라서 여느 사업가적인 조직과 마찬가지로, 독립된 기업정보설계팀은 자신들의 업무를 적극적으로 알릴 필요가 있다. 정보구조와 같이 추상적인 개념을 알리는 최고의 방법 중 하나는 교육이다. 매년 정기적으로 정보구조를 소개하는 세미나 같은 프로그램을 개최해서 잠재적인 클라이언트의 문제가 자신들만의 문제가 아니고, 기업 내의 다른 사람들도 고통을 겪는 동일한 문제라고 알려야 한다. 또한 이러한 문제를 정의할 수 있는 명칭이 이미 있고, 자신들을 도와줄 분야(정보설계)도 이미 존재하며, 궁극적으로 기업정보설계

---

18 (옮긴이) incentive: 사람의 행동을 유도하거나 동기부여를 하는 수단. 본문에서는 동기부여를 위해 사후에 제공하는 금전보다는, '동기부여' 그 자체에 중심을 두고 있다

그룹이 이러한 문제를 해결하는 데 실제로 도움을 줄 수 있다는 사실을 알려줘야 한다.

인센티브는 어떻게 작용할까? 간단히 얘기하면, 스스로 자금을 마련하는 비즈니스 부문은 좋은 성과를 냄으로써 큰 인센티브를 갖는다. 왜냐하면, 늘 외부의 서비스 제공자와 경쟁에 직면해 있기 때문이다. 기업정보설계 그룹이 독립적으로 경영된다는 사실은 클라이언트의 요구에 귀를 기울여 그들이 안고 있는 고통을 보다 잘 이해하였다는 의미이며, 그에 따른 적절한 서비스를 잘 개발하고 경쟁사보다 좋은 자신만의 장점을 잘 커뮤니케이션할 수 있다는 것을 의미한다.

인센티브는 왕복도로와 같다. 클라이언트가 정보구조가 주는 가치를 이해하지 못한다면, 기업정보설계 부문은 클라이언트에게 작업 비용을 청구할 수 없다. 클라이언트들은 전에 이러한 서비스를 받아 본적이 없기 때문에, 대개 서비스의 비용이 얼마인지 감을 잡지 못한다. 그래서 비용이 서비스의 수준과 품질에 맞지 않는다고 판단되면 비용을 책정하는 과정에서 오해나 잘못된 커뮤니케이션으로 기업정보설계팀과 클라이언트 간의 관계가 악화되기 십상이다.

19.5.3 클라이언트에게 모듈화된 서비스 제공하기

어떤 유형의 서비스를 클라이언트에게 판매해야 할까? 당연히, 클라이언트들은 기업정보설계팀이 가진 전문성을 가지고 있지 않다. 기본 시장조사 기법은 검색엔진을 설정하거나 나은 내비게이션 시스템을 설계하는 데 별로 도움이 되지 않을 수도 있지만, 클라이언트가 정확히 무엇을 원하는지 이해하는 데는 확실히 도움이 된다. 서비스를 구체적이고 모듈로 분리해서 설명하는 것이 중요하다. 이렇게 하면, 정보설계 자체를 더욱 구체화할 수 있고, 모르는 것에 대한 불안감을 최소화할 수 있다. 따라서, 클라이언트는 서비스의 구매가 적절하다고 판단하게 되고, 구매에 더욱 적극적인 태도를 취하게 된다.

표 19-3은 기업정보설계 부문이 기업에서 클라이언트에게 제공할 수 있는

서비스의 일부를 보여준다.

　서비스의 목록은 정보설계와 보다 작은 수준에서의 콘텐츠 관리에 중점을 두고 있다. 목록은 시각 디자인, 인터랙션 디자인, 애플리케이션 개발, 미디어 생산, 카피라이팅, 호스팅, 배포와 같은 사용자 경험의 다른 측면을 포함하도록 확장될 수도 있다.

　가능한 서비스 목록을 만드는 것은 팀이 무엇을 할 수 있고 무엇을 할 수 없는지 정의하는 데도 도움이 된다. 시소러스를 만들 수 있는 팀원이 아무도 없는가? 그렇다면 시소러스 전문가를 사내에서든 외부 벤더에서든 찾을 필요가 있다. 목록을 만드는 작업은 팀의 강점과 약점을 찾아내는 작업을 수행하는 데 도움을 주며, 외부 전문가로 채워질 수 있는 전문성의 틈새를 찾을 수 있도록 해준다. 결과적으로 요구에 맞춰 어떤 전문성을 가진 직원을 채용해야

표 19.3 기업정보설계 부문에서 제공 가능한 서비스

콘텐츠 수급	콘텐츠 보관
콘텐츠 작성	콘텐츠 관리 툴 수급
품질 관리와 개선	콘텐츠 관리 툴 유지보수
링크 검사	검색엔진 수급
HTML 유효성 검사	검색엔진 유지보수
템플릿 설계	자동 분류 툴 수급
템플릿 적용	자동 분류 툴 유지보수
전체 정보구조 설계	비즈니스 부문의 직원들을 대상으로 정보설계와 콘텐츠 관리 교육
전체 정보구조 유지보수	새로운 콘텐츠와 변경된 콘텐츠의 배포
인덱싱(수작업)	표준 개발
인덱싱(자동화)	사용자 조사와 피드백 분석
통제어휘집/시소러스 작성	검색 로그 분석
통제어휘집/시소러스 유지보수	시각 디자이너와 협업
콘텐츠 개발 정책 수립	개발자와 협업
콘텐츠 개발 정책 유지보수	벤더와 협업
콘텐츠 선별과 ROT 제거	

할지, 언제 외부 전문가를 고용해야 할지에 대한 답을 찾게 된다. (이 방법은 외부 전문가를 고용하는데 매우 효과적이다. 대개 외부 계약직이나 컨설턴트는 필요한 시점에 바로 참여하기 어렵거나, 목적을 확실히 정의하지 못한 채 참여하곤 하기 때문이다.)

각 서비스의 두 가지 버전을 만들어 보자. 무료 '특매품loss leader' 버전과 클라이언트가 비용을 지불하는 고급 버전. 정보설계는 여전히 기업 내의 많은 사람들에게 낯설기 때문에, 사람들이 정보설계에 발을 한번 담가보거나 서비스를 체험해 볼 수 있는 기회를 제공할 필요가 있다. 이론상으로 사람은 자신이 경험한 것을 좋아하게 되고, 없어서는 안될 것이라고 판단하게 되면, 결국 고급 버전으로 '업그레이드'하게 된다. 표 19-4는 무료 버전과 고급 버전에 대한 예를 보여준다.

표 19.4 서비스의 무료 버전과 고급 버전

서비스: 콘텐츠 수급					
기본 서비스	기본 서비스 가격	고급 서비스	고급 서비스 가격	클라이언트 준비사항	
콘텐츠 니즈를 파악하기 위해서 클라이언트와 5명 이하의 사용자를 인터뷰함. 콘텐츠를 수급할 수 있는 유/무료 출처를 정의	최초 25시간무료, 이후 시간당 $125	기본 서비스와 동일 추가 내용: 총 15명의 사용자 인터뷰, 새로운 콘텐츠와 기존의 콘텐츠를 통합하는 계획 수립(메타데이터 통합 계획을 포함)	60시간에 $5,000, 이후 시간당 $125	클라이언트는 콘텐츠 니즈를 파악하기 위해 콘텐츠 관리자와 샘플 사용자를 정의하고, 연락하여, 인터뷰하는 데 동의하여야 함	

유료냐 무료냐 이외에도, 비용 구조를 매력적이게 만들 수 있는 방법들에 대해서도 고민할 필요가 있다. 예를 들어, 클라이언트에게 특정 서비스 비용을 고정 금액으로 지불하게 하거나(예: 콘텐츠의 주 단위 크롤링 의뢰 비용), 가변적인 금액으로 지불하게 할 수 있는 선택권을 줄 수도 있다(예: 가끔씩 수행하는 검색엔진 설정에 대한 시간당 비용).

마지막으로, 인센티브 프로그램 또한 고려해볼 수 있다. 예를 들어, 콘텐츠가 자주 업데이트되어야 하거나 특정 수작업 태깅 가이드라인이 세밀히 적용되어야 하는 경우에 할인 혜택을 제공할 수도 있다. 우리 주변에는 이볼트

evolt.org(21장에서 다룰 예정)와 같은 정보 생태들이 존재한다. 이볼트는 폭넓은 커뮤니티의 참여를 독려하고 정보가 다른 사람에게 공유되는 데 대한 아무런 대가도 없이 정보를 교환하게 한다. 블로그와 위키는 기업 환경 내에서 점차 지식 관리 툴로써 활용되고 있다. 비즈니스 모델을 어떻게 만들지 고민할 때, 이렇게 창의적인 방법에 대해서도 고려해봄 직하다.

서비스 비용을 책정하기 전에, 기업 내에서 이미 활용하고 있는 모델도 참고하자. 회사는 이미 집중화된 서비스를 제공하고 있는가? IT 부서는 참고할 만한 부서이다. 또 참고할 만한 다른 부서들에는 도서관이나 리서치 센터, 기업의 사무공간을 관리하는 부문, 인사 부서 등이 있다. 목표는 다른 부서들이 서비스를 어떻게 제공하는지를 밝혀내는 것이다. 어떻게 시장의 요구를 파악하는가? 자신들의 서비스를 어떻게 홍보하는가? 어떻게 자금을 조달하고 있는가? 어떤 일을 하고 어떤 일을 하지 않는가?

19.6 가장 중요한 것은 타이밍: 단계별 출시

기업정보설계 업무는 많은 사람들과 동시에 협업을 통해 진행되기 때문에, 흔히 실수가 발생하곤 한다. 확실히, 이것은 재앙을 부른다. 그렇다면, 대안은 없는 것일까? 대안은 실제로 매우 단순하다. 프로젝트를 현명하게 선택하고, 충분한 시간을 가지고 진행하는 것이다. 여기에 몇 가지 조언을 소개한다.

19.6.1 잠재적 클라이언트 찾기

어떤 클라이언트와는 함께 일하고 싶지 않을 수 있다. 일부 클라이언트들은 너무 '무법자cowboy' 스타일이어서, 협업을 중시하는 인포메이션 아키텍트들에게는 완고한 개인주의자처럼 보인다. 일부는 너무 바빠서 협업을 할 수가 없다. 일부는 새로운 것에 너무 신중하다. 일부는 협업하고 싶어하지만, 자원이 없거나 특별히 가치가 있는 콘텐츠를 가지고 있지 않다. 일부는 교육을 잘 받았음에도 불구하고 솔직히 정보설계 따위에는 관심이 없다. 하지만 그중 일부는 실제로 기업정보설계 부문보다도 정보설계를 더 심층적으로 이해하고 있을 수 있다는 사실을 잊지 말자.

진화의 단계를 구성하는 양 극단이 기업 내의 동일한 공간에 서로 뒤섞여 있는 환경에서, 즉각적으로 성공할 수 있는 일부의 클라이언트들과만 협업을 하게 되고, 다른 클라이언트들은 이러한 수준에 이를 때까지 기다릴 수밖에 없다는 현실을 받아들여야 한다.

일부 클라이언트들은 정보구조를 전혀 활용하지 않으면서도 부서 내 정보를 내부적으로 잘 관리하고 있을 수 있다. 이 경우, 어떻게 정보를 끌어내어 다른 정보들과 통합할 수 있을지 고민해야 한다. 예를 들어, 인사 데이터는 절대 조작할 수 없지만, 다양한 인터페이스를 통해 노출될 필요가 있다(웹, 데이터베이스 등). 필요한 정보를 추출하고 정보구조에 통합시키기 위해 인사팀과 협업할 수 있다. 하지만, 다양한 인터페이스를 통해 노출되도록 하기 위해서는 인사정보에 연결되는 매개체를 구축할 필요가 있다. 인포메이션 아키텍트는 이러한 모든 시나리오를 전체 전략에 통합하고, 정보구조에 대한 다른 니즈와 요구사항에 부응해야 한다.

그러면, '좋은' 클라이언트는 누구일까? 정보구조의 세 가지 원으로 구성된 벤다이어그램이 해답을 얻는 데 도움을 줄 수 있다. 좋은 클라이언트는 아래와 같은 특성을 가지고 있다.

콘텐츠

조직 내의 '킬러' 콘텐츠가 무엇인가? 킬러 콘텐츠는 가장 광범위하게 사용되기 때문에, 기업 내에서 가장 많이 보는 것일 수 있다. 최소한 기업의 인트라넷 환경에서라면 직원명단이 좋은 예가 될 수 있다. 높은 가치를 가지고 있을 뿐만 아니라 모든 사람들이 사용한다. 외부로 공개된 사이트의 경우, 제품 카탈로그는 좋은 킬러 콘텐츠가 될 수 있다. 두 가지 모두 대개 뛰어난 정보구조 설계의 예가 된다. 따라서 이 콘텐츠를 누가 가지고 있든지 잠재적으로 훌륭한 클라이언트가 될 수 있다. 또한, 상당히 메타데이터가 잘 구축된 콘텐츠를 이미 가진 사람은 누구인가? 혹은 이 메타데이터는 잘 구조화되어 있는가? 이러한 콘텐츠와 메타데이터는 이미 최소한 어느 정도의 정보구조 설계 작업을 거친 것이기 때문에, 정보구조에 충분히 포함될 수 있다.

사용자

우리가 함께 일해 볼 만한 하다고 생각하는 클라이언트들은 기업 내의 가장 중요하고 영향력 있는 사용자들을 만족시키고자 노력하는 이들이다. 이 사용자들은 정보구조에 관련된 이슈에 이미 불만을 가지고 개선을 요구하고 있다. 이들은 권력을 쥐고 있는 것 말고도 상당한 재력도 있다. 핵심적인 예가 바로 R&D 그룹이다. 이들이 수준 높은 콘텐츠에 적절한 방법으로 접근할 수 있느냐 없느냐에 따라 조직의 성패가 달려 있기 때문에, 기업 내에서 엄청난 영향력을 행사하는 것이다. 이러한 사용자의 니즈에 부응하기 위해 노력하는 클라이언트는 이미 정보구조를 이해하고 있을 수 있으며(클라이언트들이 정보구조를 다른 이름으로 부르고 있더라도), '선교사적인' 세일즈 노력이 많이 필요하지 않을 수 있다.

맥락

돈은 (그리고 적절한 기술과 정보설계에 대한 이해를 갖추고 있는 직원은) 어디에 있는 것일까? 궁극적으로 자금을 대줄 만한 클라이언트가 필요하다. 장기간에 걸쳐 자선사업을 할 수는 없는 노릇이기 때문이다. 어떤 클라이언트가 함께 일하기에 골치가 가장 덜 아플까? 클라이언트는 자치화/집중화의 진화 경로 상 어디에 위치할까? 기업 내의 다른 잠재 클라이언트에게 접근하는 동안 누가 기념비적인 지원을 해줄 만한 위치에 있을까? 소중하게 여기는 클라이언트가 조직 내에서 별로 유명하지도 않고 인기도 없을 때, 지원은 실제로 역효과를 낼 수도 있다.

협업하기에 가장 좋은 클라이언트를 찾을 때, 위에서 언급한 이슈들을 클라이언트 선정 프로세스나 시장조사의 일부로 고려해볼 필요가 있다. 또한 프로젝트의 초기 작업은 장기적인 잠재 클라이언트에게 작업 모델과 작업 스타일을 보여주는 일종의 마케팅 툴이라는 것을 명심할 필요가 있다.

누가 부적절한지 걸러내는 첫 번째 단계 이후에는 심층적인 수준으로 분석할 필요가 있다. 앞서 만든 목록으로 체크리스트를 작성하여 '세일즈' 담당자가 각 비즈니스 부문의 니즈를 깊이 들여다보는 데 사용하도록 할 수 있다.

서비스	현재 진행하고 있는 작업	이 분야에 대한 내부 전문가를 보유하고 있는가?	이 분야에 적용할 수 있는 툴이나 애플리케이션을 가지고 있는가?	다른 고려사항
콘텐츠 수급				
콘텐츠 작성				
품질 관리와 개선				
링크 검사				
HTML 유효성 검사				
템플릿 설계				
템플릿 적용				
전체 정보구조 설계				
전체 정보구조 유지보수				
인덱싱(수작업)				
인덱싱(자동화)				
통제어휘집/시소러스 작성				
통제어휘집/시소러스 유지보수				
콘텐츠 개발 정책 수립				
콘텐츠 개발 정책 유지보수				
콘텐츠 선별과 ROT 제거				
콘텐츠 보관				
콘텐츠 관리 툴 수급				
콘텐츠 관리 툴 유지보수				
검색엔진 수급				
검색엔진 유지보수				
기타				

이러한 작업은 각 비즈니스 부문이 얼마나 '정보설계에 대한 준비가 되어 있는지' 정의해보는 것과 기업정보설계 부문의 서비스를 위한 시장을 평가하는 데 도움이 된다. 위의 체크리스트는 표 19.3에서 나열한 서비스들을 다루고 있다.

흥미롭게도, 이러한 작업은 어떠한 부문이 집중화 노력을 해야 하는지 정의하는 데도 도움을 준다. 예를 들어, 분산되어 있고 집중화에 대한 이해가 떨어지는 부문에서 새로운 검색엔진을 도입하는 데 값비싼 라이선스 비용을 들이고 있다는 사실을 알았다면, 이것을 다른 부문들과 공유할 수 있지 않을까? 라이선스 비용을 다른 부문이나 전체 조직과 분담하는 것은 동일한 기술을 값싼 비용으로 사용할 수 있기 때문에 기업에 이익이 된다.

19.6.2 집중화 단계

물론, 2007년의 3사분기에 가장 좋았던 잠재적 클라이언트는 2009년의 2사분기에 가장 좋은 클라이언트와 다를 수 있다. 이전 섹션이 바로 딸 수 있는 '낮은 가지에 달린 과일'을 구분해내는 데 도움을 주었다면, 이번 섹션에서는 과일이 익는 동안 다음 수확을 준비하는 방법을 설명하고자 한다.

기업의 비즈니스 부문들 간에는 보다 큰 집중을 향한 자연스러운 진화가 존재한다. 정보설계의 모듈화된 서비스는 이런 진화에 편승하는 완벽한 방법인데, 클라이언트가 바로 기본적인 필수 서비스를 활용해본 다음에, 시간의 지남에 따라 추가적인 서비스를 도입하도록 할 수 있기 때문이다. 기본적인 아이디어는 이렇다. 오늘 기본 서비스를 사용하는 클라이언트는 니즈의 수준이 높아지고 집중화에 대한 거부감이 줄어듦에 따라 고급 서비스가 필요한 클라이언트로 진화하게 된다는 것이다.

기업 내에 제공할 서비스들의 '출시 예정' 계획표을 짜보도록 하자. 예를 들어, 시장조사는 아래의 표에서 보이는 것과 같은 추정치를 만들 수 있도록 해준다. 이 작업 계획표는 시간의 경과에 따라 점차적으로 고급 서비스에 대한 요구가 생겨나는 것을 보여주며, 기업정보설계 부문이 인력 충원을 위한 근

비즈니스 부문 (총 16개): 서비스 사용(과거 및 예상)								
	과거 성과 →			예상 성과 →				
	2007년 3사분기	2006년 4사분기	2008년 1사분기	2008년 2사분기	2008년 3사분기	2008년 4사분기	2008년 1사분기	2008년 2사분기
템플릿 설계								
서비스 없음	11	11	10	10	9	9	8	7
기본 서비스	4	4	5	4	4	4	5	5
고급 서비스	1	1	1	2	3	3	3	4
인덱싱(수작업)								
서비스 없음	14	6	1	1	0	0	0	0
기본 서비스	2	8	11	11	10	10	8	8
고급 서비스	0	2	4	4	6	6	8	8
통제어휘집 유지보수								
서비스 없음	8	3	3	3	3	1	0	0
기본 서비스	4	7	6	5	4	5	6	4
고급 서비스	4	6	7	8	9	10	10	12

거를 만들 수 있도록 해준다.

향후 요구사항에 대한 예측은 기업정보설계 부문의 자원을 보다 효과적으로 운용하는 데 도움을 준다. 그리고 시간의 경과에 따라 잠재적인 클라이언트들에게 접근하는 단계적인 계획을 수립할 수 있도록 하며, 기업정보설계 부문의 서비스가 요구사항을 충족시킬 수 있도록 준비하게 한다. 이러한 예측으로 언제 외부의 전문가나 타 분야의 도움을 구할지 고민할 수 있다. 가장 중요한 것은, 실제적인 요구에 대한 예측은 추가적인 투자를 위해 임원진을 설득할 때 매우 유용하다는 것이다.

마지막으로, 모듈화된 서비스를 단계적으로 적용하는 것은 다양한 비즈니스 부문이 다른 수준의 집중화를 이룰 수 있도록 해준다. 다른 말로 표현하면, 석기시대의 혈거인[19]이 매우 진화된 현재의 인류와 동일한 공간에서 공존

---
19 (옮긴이) 혈거인(caveman): 석기시대에 동굴에서 거주한 원시인. 네안데르탈인과 크로마뇽인도 모두 대표적인 혈거인이다.

할 수 있다는 것이다. 결과적으로 아래 표에서 보이는 것처럼 세 개의 비즈니스 부문이 자치화/집중화의 정도에서 매우 다른 차이를 보이는 상황이 연출될 수 있다. 유연한 프레임워크는 각 부문이 가진 고유한 니즈를 해결하도록 해준다.

서비스	비즈니스 부문		
	인사	기업 커뮤니케이션	총무
콘텐츠 수급	–	고급	–
콘텐츠 작성	–	–	기본
품질 관리와 개선	–	기본	
링크 검사	기본	기본	–
HTML 유효성 검사	기본	고급	–
템플릿 설계	–	고급	기본
템플릿 적용	–	기본	
전체 정보구조 설계	기본	–	–
전체 정보구조 유지보수	기본	–	–
인덱싱(수작업)	–	기본	기본
인덱싱(자동화)	기본	기본	
통제어휘집/시소러스 작성	기본	–	–
통제어휘집/시소러스 유지보수	기본	–	–
콘텐츠 개발 정책 수립	기본	기본	–
콘텐츠 개발 정책 유지보수	기본	기본	
콘텐츠 선별과 ROT 제거	–	–	–
콘텐츠 보관	기본	–	기본
콘텐츠 관리 툴 수급	기본	기본	–
콘텐츠 관리 툴 유지보수	기본	기본	–
검색엔진 수급	–	고급	기본
검색엔진 유지보수	–	기본	기본
자동 분류 툴 수급	–	–	–
기타			

19.7 전진을 위한 프레임워크

이 장에서, 우리는 자신만의 접근방법을 개발할 때 고민해 볼만하고 피드백이 될만한 아이디어를 제공해주는 느슨하긴 하지만 야심 찬 프레임워크를 살펴보았다(구체적인 제안사항에 대해서는 동의하지 않을 수도 있겠지만). 매우 엄청난 문제를 소화할만한 조각으로 분해하면, 이 프레임워크를 통해 정보구조를 기업 내에서 오랫동안 지속시킬 수 있다. 단계적으로 접근하면 이 프레임워크는 오랜 세월의 시험에도 건재하리라 믿는다. 그리고 사업가적인 접근을 견지한다면, 자치적인 비즈니스 조직들에게 집중화 노력을 '강요'하고자 하는 충동을 이 프레임워크가 완화시켜줄 수 있을 것이다. 또한 이론적으로, 이 프레임워크는 기업의 합병, 분사, 조직 개편에도 대처할 수 있을 만큼 유연하다.

현대 기업들에서는 '다루기 힘든 분산 정보 환경'이 급속도로 확산되고 있음과 동시에, 구현이 절대 불가능한 (단지 서류상으로만 아름다운) 정보구조가 설계되고 있다. 이런 상황에서 겪게 되는 낭비와 좌절을 피하는 데 이 프레임워크가 도움이 되기를 바란다.

Information Architecture for the World Wide Web

6부 | 사례 연구

Information Architecture for the World Wide Web 20

MSWeb[1]: 기업 인트라넷

다룰 내용:
- 대규모 기업의 정보구조를 어떻게 개선했는지에 대한 이야기
- 콘텐츠를 서술하는데, 세 가지 유형의 분류 체계(인덱싱 어휘, 스키마, 카테고리 레이블)를 활용하여 콘텐츠에 높은 가치를 부여한 방법
- 위의 분류 체계들을 유지보수하기 위해 개발된 기술적 구조
- MSWeb팀이 모듈화된 접근방법과 서비스 자체에 대한 집중을 통해, MSWeb 인트라넷을 성공적으로 개선한 방법

정보설계에서 성배聖杯라고 불릴만한 방법론으로 무엇을 꼽을 수 있을까? 성배라고 불릴 수 있는 방법론이라면 (서로 독립적인 목표, 사이트, 기반구조, 업무 진행방식을 가진 다수의 자치화된 비즈니스 부문들로 구성된) 대규모 분산 환경의 기업에서도 사용자 중심의 정보설계를 구현하고 운영하는 데 도움을 줄 수 있어야 한다. (기업정보설계에 대한 내용은 19장을 참조)

콘텐츠의 폭발적인 증가, 콘텐츠 ROT, (어느 조직에도 존재하는) 정치적인 우

---

[1] (옮긴이) MSWeb: Microsoft Intranet Portal. 마이크로소프트가 가진 인트라넷 시스템으로 대규모로 분산된 구조를 가지고 있다. MSWeb팀은 MSWeb을 개선하고 관리하는 전담 조직이다.

여곡절이 빈번한 환경에서 정보구조를 성공적으로 개발한다는 것은 거의 불가능에 가깝다. 그리고 (이렇게 말해서 미안하지만) 성배를 가졌다고 얘기할 수 있는 사람은 아무도 없다. 우리는 많은 회사의 인트라넷들을 자세히 들여다 볼 수 있는 기회가 있었다. 여태까지 봐왔던 최고의 접근방법 중 하나는 마이크로소프트의 인트라넷 포털 MSWeb팀이 활용한 방법이었다.

솔직하게 얘기해서, 마이크로소프트팀이 업무에 활용한 자원과 동일한 수준의 자원을 가지고 있는 회사는 그리 많지 않다. 그러나 모든 사람이 마이크로소프트의 노력을 배울 필요는 있다고 생각한다. 오늘날 MSWeb팀이 하고 있는 일은 향후 몇 년 안에 모든 인트라넷들이 따라하게 될 것이며, 여기에는 두 가지 이유가 있다. 첫째, MSWeb의 접근방법은 무척 유연하기 때문에, 많은 대규모 조직에서 각 조직의 특성에 따라 조정할 수 있다. 그리고 둘째, 마이크로소프트에서 수행했던 것이기 때문에, 여기서 언급된 유용한 아이디어들은 마이크로소프트의 제품 주문 프로세스나 많은 기업의 IT 부서에도 금방 적용할 수 있다. 아마도, 머지않은 미래에 여기서 언급된 접근방법의 일부를 활용하게 될 것이다. 여기서 간략히 훑어보도록 하자. 그것만으로도 준비는 충분하다.

20.1 사용자가 겪는 어려움

마이크로소프트 자체가 그렇듯, MSWeb도 그 규모가 엄청나게 거대하고, 분산된 구조를 가지고 있다. 이러한 상황을 수치를 통해 본다면 아래와 같다.

- 3,100,000장 이상의 페이지
- 세계 74개 나라에서 근무하는 50,000명 이상의 직원들이 작성하는, 직원을 위한 콘텐츠
- 8,000개 이상의 독립된 인트라넷 사이트

미 대통령 선거에서 "모든 사람을 배부르게 하겠다"고했던 허버트 후버 Herbert Hoover의 선거공약[2]처럼, 마이크로소프트는 실제로 모든 직원들의 자리에 웹서버를 설치했다. 결과적으로, (세계에서 가장 큰 기술 기반 회사 중 하나에서 당연히 기대할 수 있는 것처럼) 직원들은 기술을 쉽게 수용할 수 있게 되었고, 불가능하리만큼 엄청나게 많은 콘텐츠를 만들어내게 되었다.

하지만, 마이크로소프트의 일반 직원들은 오히려 방대한 양의 정보로 인해 어려움을 겪었다. 직원이 하루에 2.31시간을 접속하며, 이 중 50%는 정보를 찾는데 허비하고 있다고 추산하였다. 이미 앞 장에서 얘기했듯이 조직 내에서 실제로 소비되는 비용을 추산해보는 방법은 정확성과 신뢰도에 있어서 문제가 있기는 하지만, 이러한 수치는 최소한 직원들이 방대한 정보의 홍수 속에서 정보를 찾기 위해서 귀중한 시간을 낭비하고 있다는 것을 의미한다. 아래는 혼란스러운 정보 환경 때문에 마이크로소프트 직원들이 곤란을 겪게 되는 몇 가지 사례이다.

어디서부터 시작해야 할까?

이것은 '지옥 같은 독립 저장소silo hell'의 전형이다. 사용 가능한 인트라넷이 8,000개에 이르는 만큼, 직원들은 자신이 원하는 정보를 찾기 위해 어디부터 둘러봐야 할지 모르는 경우가 많다. 시작 지점이 명확한 경우도 있지만(의료 보험이나 퇴직 연금 관련 정보를 찾기 위해서 인사 사이트를 찾는 경우), 어떤 영역들(기술 정보와 같은 영역)은 마이크로소프트 인트라넷 환경 전반에 걸쳐 분산되어 있다.

일관적이지 않은 내비게이션 시스템

사이트들이 각기 다른 레이블링 체계를 사용하고 있기 때문에, 내비게이

---

[2] (옮긴이) 허버트 후버 미 대통령의 선거공약: 1928년 미 대통령 선거에는 "Chicken in every pot. And a car in every backyard, to boot"라는 공약이 유행했다. 이 말은 17세기 프랑스의 앙리 4세가 소작농들이 매주 일요일에는 닭고기 요리를 먹을 수 있도록 소망했다는 데서 유래한다. 실제로는 허버트 후버가 이 공약을 내세운 것이 아니라, 공화당이 '공화당의 번영'을 홍보하기 위해서 이 문구를 사용하였다.

션 시스템은 매우 일관적이지 않다. 그래서, 사용자들은 새로운 사이트를 접할 때마다 매번 혼란스러워한다. 이러한 시스템은 내비게이션을 저해할 뿐만 아니라, 자신이 어디에 위치하고 있는지도 알기 어렵게 만든다.

동일한 개념, 다른 레이블

개념은 동일한데 서로 다른 레이블을 사용하고 있기 때문에, 제대로 검색되지 않는 결과 때문에, 사용자가 중요한 정보를 놓치거나 동일한 개념에 사용된 모든 레이블들을 하나하나 브라우징해야만 한다. 예를 들어, 사용자가 'Windows 2000'을 찾고 싶을 때는, 'Microsoft Windows 2000' 'Windows 2000' 'Win 2000' 'Win2000' 'Win2k' 'Win 2k' 'w2k' 등을 모두 검색해봐야 한다.

다른 개념, 동일한 레이블

반대로, 용어의 실제 의미가 사용자의 생각과 다른 경우도 있다. 예를 들어, ASP는 '액티브 서버 페이지Active Server Pages' '애플리케이션 서비스 제공자Application Service Providers' '실제 판매 가격Actual Selling Price'를 의미한다. 그리고 '멀린Merlin'이라는 용어는 매우 다른 3가지 제품의 코드명으로 사용되고 있다.

모르는 것은 약이 아니다

대개, 일반 사용자들은 자신이 원하는 것에 관련된 정보만 찾게 되어도 만족하기 마련이다. 하지만 마이크로소프트처럼 지식에 민감한 환경에서 직원들은 업무에 활용할 최적의 정보를 찾아야만 한다는 요구사항은 매우 높다. 때문에, 이런 상황에서는 직원들이 어디서 검색을 멈춰야 할지 모르기 때문에 대개 혼란스러워하기 마련이다. 단순히 여기에 찾는 콘텐츠가 없는가? 혹은 어딘가에서 서버가 다운되어 콘텐츠에 접근할 수 없는가? 혹은 적절한 검색어를 입력하지 않은 것인가?

매일 1.155시간씩이나 분통터져 하는 일반 직원들을 도처에서 쉽게 발견할 수 있었다. 다시 말하면, 마이크로소프트 직원들은 웹처럼 엄청난 속도로 확장되고 겁이 날 만큼 혼란스러운 정보 환경에 처해 있었던 것이다.

20.2 인포메이션 아키텍트가 겪는 어려움

일반 직원들이 겪고 있는 어려움의 반대편에는 마이크로소프트의 콘텐츠를 만들거나 이 콘텐츠를 포털에 통합하는 사람들이 겪는 어려움이 존재했다. 보다 규모가 큰 웹과 비교해보자. 야후! 포털을 구축하고 유지보수하는 작업은 대규모 작업이며, 웹 전반에 대한 수 기가바이트의 콘텐츠를 수년에 걸쳐 정리해야 했다. 8,000개의 사이트는 야후!와 비교했을 때 훨씬 쉽게 정리할 수 있는 수량이기는 하지만, 개별 사이트를 소유하고 관리하는 사람들의 동기와 업무의 다양성을 고려해봤을 때 MSWeb도 포털만큼이나 많은 어려움을 지니고 있다. 게다가 마이크로소프트는 사이트 소유자들이 보유하고 있는 사이트를 등록하도록 강제하거나 유도하지 못하고 있는 상태였기에 MSWeb 팀은 보상을 제공하면서까지 사이트 등록을 유도했다. 하지만, 인트라넷의 수많은 사이트 소유자들은 다양한 업무(해당 분야에 대한 서비스 제공과 같은)로 인해 너무나 바빴기 때문에, 자신들의 사이트가 어떻게 마이크로소프트 인트라넷이라는 큰 그림에 어울릴 수 있는지 고민할 겨를이 없었다.

사이트가 MSWeb에 등록되면, 일단 사이트의 본래 정보구조를 그대로 가져오게 된다. 사이트의 조직화 시스템, 레이블링 시스템, 기타 정보구조 요소들은 이후에 보다 큰 MSWeb의 정보구조에 통합되거나 MSWeb의 정보구조로 대체된다. 그 예로, 마이크로소프트 인트라넷 환경에는 50여 개에 달하는 다양한 버전의 제품 어휘집이 존재한다. 이러한 문제를 해결하는 일은 어떤 인포메이션 아키텍트라도 복잡하고 골치 아프다고 생각할 수밖에 없다.

그리고 상황을 더 나쁘게 만드는 것은 마이크로소프트 인트라넷 사이트들의 기술 기반구조가 서로 다르다는 사실이다. 일부는 내부 기술 조직에 의해 설계되고, 구축되고, 운영되고 있어, 매우 진보적이고 정교하다. 정반대 경우는 사이트가 수작업 혹은 프론트페이지와 같은 수준의 단순한 툴로 관리된다. 인트라넷 환경을 뒷받침하고 있는 기술 구조는 매우 다양하고 복잡도도 서로 다르다. 따라서 MSWeb팀은 콘텐츠 관리를 보다 쉽고 효율적으로 만들기 위해서 정보 환경을 일반화하고 단순화할 수 있는 방법을 찾을 필요가 있었다. 더욱이 많은 수의 기술구조는 포털이나 기업 수준의 정보구조를 지원하도록 설계되지 않았기 때문에, 이것 역시 MSWeb팀이 해결해야 하는 또 한 가지의 중요한 과제였다.

생각만해도, 머리가 아프다.

20.3 우리는 택소노미[3]를 좋아한다. 그것이 무엇이더라도……

위에 열거한 문제들 때문에 마이크로소프트의 다른 많은 직원들도 골머리를 앓았다. 그리고 가끔 혹은 종종 잘못 이해되곤 하는 용어 '택소노미'가 마이크로소프트의 본사, 레드몬드에서 언급되기 시작했다. '택소노미taxonomy'는 '섹시sexy'와 동일하게 단어에 x라는 글자를 가지고 있지만 '섹시'처럼 공공연하게 사용되는 용어는 아니라서, '택소노미'가 일상적인 대화의 주제가 되었다는 얘기는 조직이 정보구조에 대해 보다 심도 깊게 들어야 다 볼 준비가 되었다는 사실을 확실히 의미한다.

따라서 MSWeb팀이 이 단어를 들었을 때, MSWeb을 개선하기 위해 보다 적극적인 방법을 적용할 수 있으리라고 확신하게 되었다. 팀은 10명이 채 안 되었지만, 정보학자, 디자이너, 기술전문가, 정치적인 수완이 좋은 관리자가 모여 이상적인 팀을 구성하고 있었다. 팀원들은 사용자들이 더 나은 (혹은 다른) 택소노미가 필요하다고 말할 때, 실제로 그들이 무엇을 택소노미라고 생

---

3 (옮긴이) taxonomies : 전통적인 분류 체계로, 표준화되고 체계성을 띠고 있다. 사용자 참여에 의해 만들어지는 분류 체계인 폭소노미(folksonomies)와 구분되는 개념으로 사용되기도 한다. 원문에서는 '분류 체계'를 의미하지만, 이 장이 사례연구인 만큼 구체적인 구현방식에 대한 의미도 함께 전달할 수 있도록 '택소노미'라고 번역하였다.

각하는지 고민하기 시작했다. 마이크로소프트의 직원들은 택소노미를 (전통적으로 생물학에서 유래된 정의 대신에) 콘텐츠를 보다 효과적으로 검색, 브라우징, 관리할 수 있도록 도와주는 구조물이라고 생각했다.

이에 따라, MSWeb팀은 다른 직원들이 생각하고 있는 용어의 의미와 일맥상통하도록 택소노미에 대해 보다 일반화되고 실질적인 정의를 내렸다. 이 경우 유연한 사고가 핵심이며, '정확'하더라도 별로 통용되지 않는 뜻에 완고하게 의존하기보다는 클라이언트의 언어로 말하는 것이 중요하다. 용어의 통일은 MSWeb팀과 조직 내 클라이언트들이 커뮤니케이션을 성공적으로 하게 해주는 분위기를 조성해주었다.

20.3.1 세 가지 유형의 택소노미

팀은 택소노미를 일련의 공통된 조직화 원칙을 의미하는 용어로 정의했다. 예를 들면, 서술적 어휘집은 특정 분야(예: 지역 혹은 제품 및 기술)를 설명하고, 동일한 개념에 대한 다양한 변형어를 포함하는 통제어휘집이라고 정의했다. 메타데이터 스키마는 카탈로그 레코드와는 달리 문서에 대해 레이블된 속성의 모음으로 정의하였다. 카테고리 레이블은 내비게이션 시스템의 옵션에 사용되는 용어 집합으로 정의하였다. 이러한 세 가지 영역은 MSWeb팀이 취한 접근방법의 근간을 이룬다. 기업 전체에 걸쳐 공유할 수 있는 택소노미를 설계하면 보다 나은 정보 검색, 브라우징, 정보 관리가 가능해진다.

인덱싱을 위한 서술적 어휘집

콘텐츠의 중요한 부분을 수작업으로 인덱싱하기 위해 용어를 정의하는 작업은 MSWeb팀이 잘 하고 있던 부분 중의 하나였다. 이 방식은 검색엔진을 활용하여 자동 인덱싱을 보완하는 방법으로, 사이트의 콘텐츠를 활용 가능하게 만들기 위해서 당시에 주로 사용하던 방법이다. 그러나 서술적 어휘집을 만들고 적용하는 데는 비용이 많이 드는데, 특히 마이크로소프트와 같이 대규모의 정보 환경 내에서는 엄청난 비용이 요구되었다. 그리고 콘텐츠를 인덱싱하는 데에는 엄청나게 다양한 방법들이 존재하기 때문에, 가장 어려운 점은 어떤 어휘집이 조직 전체에 가장 유용하냐를 선택하는 것이었다.

MSWeb팀은 개발할 어휘집을 결정할 때 다양한 이슈에 대해서 고민하였다. 이때, 콘텐츠의 특성은 많은 의사결정에 영향을 끼쳤다.

검색로그 분석

MSWeb 검색로그의 검색어들은 SQL 데이터베이스에 저장되기 때문에, 찾아보거나 분석하기가 매우 쉽다. 그래서 MSWeb팀은 검색로그 분석을 통해서 사용자들의 콘텐츠 니즈를 사용자의 언어를 통해 측정하고, 콘텐츠에 적절한 어휘들을 정의할 수 있었다. 또한, 검색로그에서 가장 빈도가 높은 검색어들을 살펴보는 것은 어떤 콘텐츠 영역이 사용자들에게 일반적으로 가장 가치가 있는지 이해하는 데 도움이 되었다.

가용성

팀은 이미 사내에서 개발되었거나 구입해서 사용할 수 있는 쓸만한 통제 어휘집이 있는지 찾아보았다. MSWeb팀의 지식 관리 분석가인, 비비안 블리스Vivian Bliss는 이렇게 얘기한다. "바퀴를 다시 발명할 필요는 없어요!" 유용한 어휘집이 존재한다면, 새로 만드는 것보다 라이선스해서 활용하는 편이 훨씬 비용이 적게 든다. 그러나 안타깝게도, 필요한 어휘집의 대부분은 마이크로소프트 콘텐츠에 매우 구체적이어야 했기 때문에, 내부적으로 맞춤 제작을 할 수밖에 없었다.

다른 의사결정들은 비즈니스 환경에 의해 결정되었다. MSWeb팀은 아래와 같은 이슈에 대해서 고민하였다.

정치

팀은 콘텐츠 이해관계자들과 그들이 가진 콘텐츠의 접근성을 높이기 위해서 무엇이 필요한지에 대해 심도 깊게 대화를 나누었다. 경우에 따라, 이해관계자들은 정보구조 개념과 MSWeb팀과 함께 일하는 것 모두에 관심을 보였다. (어떤 사람들은 둘 다 관심을 보이지 않았다.) 이러한 논의를 통해, 어떠한 이해관계자가 참여할 준비가 되었는지, 어떠한 이해관계자는 아닌지를 명확하게 구분할 수 있었다.

활용성

일부 어휘집은 너무 구체적이기 때문에 회사 내의 다양한 사용자들이 두루 사용하기는 어렵다. 따라서, MSWeb팀은 다양한 분야의 사람들이 활용할 수 있는 어휘집에 집중했다.

이러한 모든 고려사항들을 감안하여, 마이크로소프트는 어휘집 개발 범위를 좁혀 아래의 어휘집들을 개발하기로 하였다.

- 지역
- 언어
- 고유 명사
- 조직 및 비즈니스 부문 명칭
- 주제
- 제품, 표준, 기술 명칭

위의 어휘집 중 일부는 일반적으로 생각하는 것보다 개발하기 훨씬 복잡하고 어려웠다. 예를 들면, 지역은 일반적인 장소의 이름과 마이크로소프트의 조직이 위치한 지역, 두 개의 어휘집으로 나누어야 했다. 반면에, 주제 어휘집 개발은 생각하는 것보다 쉬웠다. 어휘집 개발은 주로 동치 관계를 설명하도록 한정지었다. MSWeb팀은 확장된 계층 관계나 연계 관계를 추가하지 않았는데, 여기에는 엄청나게 많은 노력이 들 뿐만 아니라, 바로 다양한 효과를 볼 수 있는 어휘집을 개발하는 데 들여야 할 자원들을 모두 소모해버릴 수 있기 때문이었다. (이후에, 팀은 시간과 자원이 허락하는 한도 내에서 다른 관계들을 선별적으로 추가할 계획을 수립했다.)

메타데이터 스키마

메타데이터 스키마Metadata schema는 통제어휘집과 함께 개발되며, 콘텐츠 자원을 서술하는 데 혹은 카탈로깅하는 데 사용될 메타데이터를 정의한다. 마이크로소프트의 서술적 어휘집이 콘텐츠와 맥락에 의해 개발된 반면에, 메타데이터 스키마는 사용자와 콘텐츠에 대한 이슈에 의해 정의되었다.

MSWeb팀은 MSWeb과 다른 인트라넷 사이트 모두에 가치를 제공해줄 수 있는 한 가지 스키마를 개발하였다. MSWeb의 스키마는 더블린 코어 메타데이터 세트Dublin Core Metadata Element Set 〈http://dublincore.org〉를 차용한 후, 충분한 수준으로 '불필요한 것을 빼는 데' 집중했다. 따라서 콘텐츠 소유자들은 자원을 서술하는 데 이 메타데이터 스키마를 사용하게 되었고, 결과적으로 많은 레코드를 남기게 되어 보다 유용한 콘텐츠를 제공하게 되었다. 사용자의 검색과 브라우징을 강화시키는(원하는 정보를 쉽게 찾을 수 있게) 서술형 정보를 충분히 제공한다는 목표와 이러한 (많은 콘텐츠 소유자들이 쉽게 적용할 수 있게 해주는) 단순한 스키마가 제대로 조화를 이룰 수 있었다.

팀은 또한 스키마에 사용하기 위해 생성한 레코드에 자원 설명, 노출, 정보구조상의 다른 부분과 통합에 유용할 수 있는 필드를 추가하는 ('검색결과와 브라우징 체계의 통합'이라고 명명된) 작업을 수행했다. 이러한 메타데이터 스키마를 개발하는 프로세스는 (팀원 중 한 명의 말을 빌리자면) '어렵고 값비싼 작업이었다'. 보다 정제된 방법론들이 존재했지만, 스키마 개발 프로젝트의 초기에는 활용할 수 있는 충분한 자원이 없었다. 이러한 이유로 인해서 필수적인 '핵심' 필드 세트를 포함하고 유연성을 동시에 갖추도록(다른 비즈니스 부문에 의해 향후 스키마가 확장될 수 있도록) 스키마를 구조화하는 것이 중요했다. 7개의 주요 포털들은 현재까지도 이 메타데이터 스키마를 사용하고 있으며, 많은 포털들이 자신들의 고유한 환경에 맞춰 메타데이터 스키마를 확장하거나 커스터마이즈하고 있다.

스키마의 핵심 필드는 아래와 같다.

URL 제목
   자원의 이름

URL 설명
   자원의 간략한 설명, 검색결과 노출에 적절해야 함

URL
   자원의 주소

툴팁 ToolTip
   마우스오버 했을 때 보여지는 텍스트

의견 Comment
   레코드를 관리하는 데 도움이 되는 운영 정보(최종 사용자는 보이지 않음)

연락처 정보 Contact Alias
   해당 자원에 책임을 가지고 있는 사람의 이름

검토 일자
   해당 자원이 다음에 검토되어야 하는 날짜(기본설정은 레코드가 생성되거나 최종 업데이트된 후 6개월)

상태
   레코드의 상태. 예, '활성화(기본값)' '삭제' '비활성화' '제안'. 콘텐츠 관리 목적으로 사용됨

스키마는 보통 아래와 같은 부가적인 필드를 포함하도록 확장된다.

강력 추천 Strongly Recommended
   매우 적절하고 유용한 자원을 표시해 둠

제품
자원의 특정 주제를 서술하는 데 사용되는 제품, 표준, 기술 명칭 어휘집의 용어

카테고리 레이블
카테고리 레이블 어휘집의 용어. 자원이 사이트의 내비게이션 시스템상 적절한 레이블 밑에 나열되어 있는지 확인하기 위해서 사용됨

키워드
자원을 설명하는 데 사용되는 서술적 어휘집의 용어

 MSWeb팀이 1999년부터 자원 레코드를 생성하는 데 메타데이터 스키마를 사용해온 이래, 1,000개가 넘는 레코드가 생성되었다. 이러한 레코드들은 '최적의 추천 검색결과'를 만드는 데 엄청나게 유용하고, 콘텐츠 관리와 같은 영역을 개선하는 데도 대단한 잠재력을 가지고 있다. 메타데이터 스키마와 마이크로소프트의 '최적의 추천 검색결과'에 대해서는 이 장의 후반에서 아주 상세하게 살펴보도록 하자.

카테고리 레이블

택소노미의 세 번째 유형인, 사이트 내 내비게이션 시스템의 카테고리에 사용된 레이블은 마이크로소프트 인트라넷 사이트의 사용자들에게 내비게이션을 위한 맥락을 제공하는 데 중점을 두고 있다. 카테고리 레이블은 사용자로 하여금 자신이 어디에 있는지와 어디로 갈 수 있는지 알 수 있게 해준다. MSWeb팀은 내비게이션 시스템을 설계하는 데 카드 소팅과 정황조사 contextual inquiry와 같은 사용자 중심의 프로세스를 활용하였다. 그림 20-1에서 카테고리 레이블은 화면의 좌측에서 보인다. 우측에 보이는 노드에 대한 설명은 카탈로그 작성자가 적절한 카테고리 레이블을 선택하는 데 도움을 준다.

 카테고리 레이블의 초기 세트는 MSWeb 포털의 내비게이션 시스템만을 위

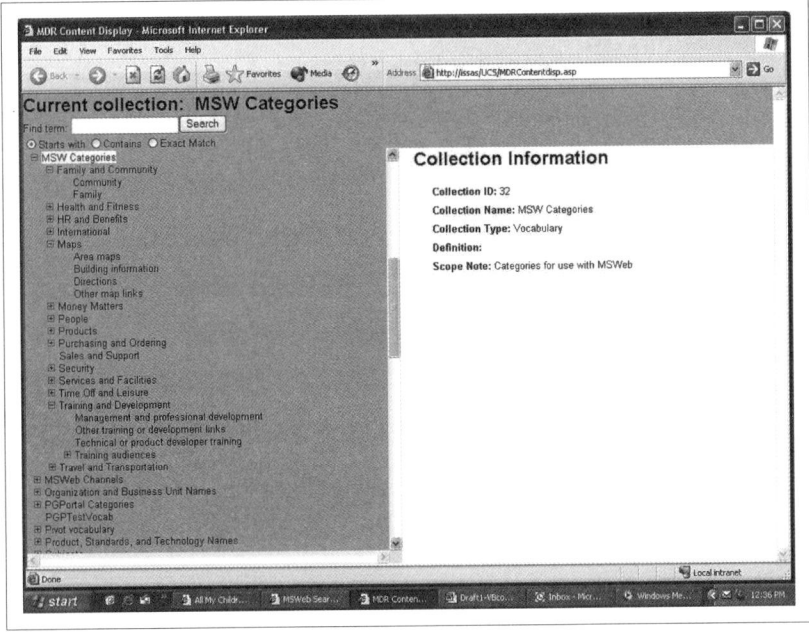

그림 20-1. MSWeb 카테고리 레이블의 한 부분. 서브카테고리를 보여주기 위해 일부는 펼쳐져 있다.

해 개발되었다. 그러나 포털이 광범위하게 사용되고 있는 상황에서 내비게이션을 개선한다는 것은 많은 사용자들을 위한 주요 업그레이드를 의미하였기 때문에, 다른 인트라넷 사이트의 관리자들은 자신의 내비게이션 시스템을 만드는 데 도움을 얻기 위해 MSWeb팀에 접근하기 시작했다.

이러한 상황에 부응하여, MSWeb팀은 사이트의 관리자들이 업무 의뢰를 할 수 있도록 사용자 중심 설계 프로세스와 전문지식을 서비스 형태로 정리하였다. 다른 사이트들과의 협업이 늘어남에 따라, 결과적으로 '표준' 인트라넷 내비게이션 시스템이 만들어지게 되었다. 이 표준 내비게이션 시스템은 사전에 정의된 인트라넷 전반에 걸친 옵션들(핵심)과 해당 사이트가 가이드라인의 공통 세트에서 선택할 수 있는 항목들(확장)의 조합으로 구성되었다. 현재는 인식을 확산시키고 사이트 소유자를 지원하려는 과도기를 지나고 있다. 이것은 커다란 발전이라고 할 수 있으며 향후 내비게이션 표준화로 나아가기

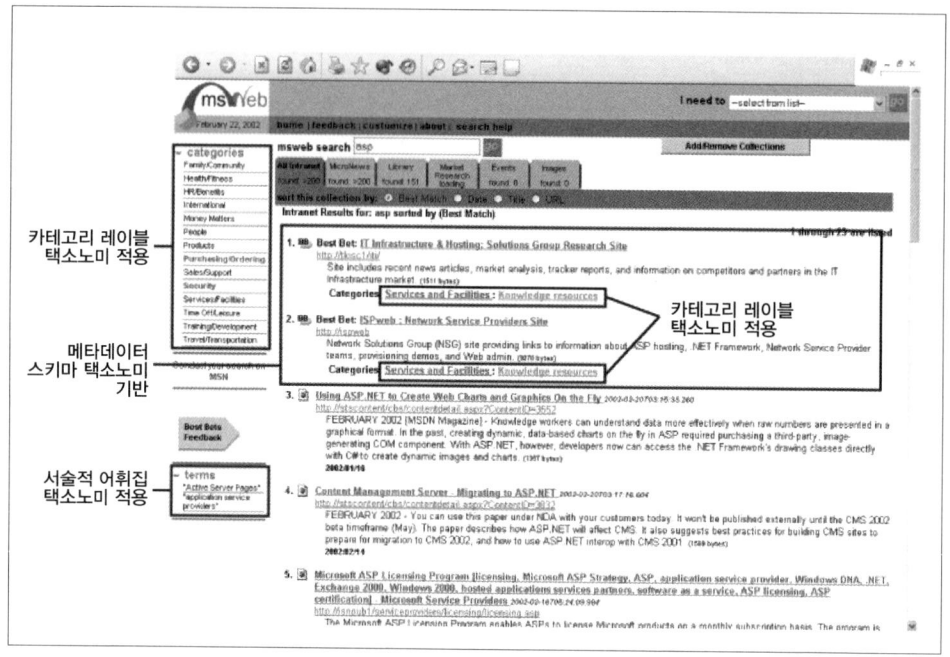

그림 20-2. 이와 같은 검색 결과를 만들어내는 데 활용된 세 가지 택소노미

위해 꼭 거쳐야 할 관문이라고 할 수 있다.

20.3.2 통합하는 방법

그림 20-2에서 보이는 MSWeb의 검색 결과에서 세 가지 택소노미의 효과는 아주 명확하다. 카테고리 레이블은 각 '최적의 추천' 결과의 끝에 위치한 컨텍스추얼 내비게이션을 제공함과 동시에 화면 좌측에 보이는 사이트 내 내비게이션 시스템의 '카테고리'를 구성하고 있다. 그 아래, '용어terms' 영역은 검색어에 대한 두 개의 변형어를 서술적 어휘집에서 직접 추출해 보여주고 있다. '최적의 추천' 검색 결과는 메타데이터 스키마를 기반으로 하는 자원 레코드로부터 도출된다.

MSWeb의 '세 가지 택소노미' 접근방식은 전통적인 문헌정보학의 영향을 많이 받았다. MSWeb팀의 구성원이 가진 배경의 상당 부분이 문헌정보학이라는 것을 감안한다면 그리 놀랄 일은 아니다. 그러나 MSWeb팀이 인트라넷 환경에는 적절치 않은 전통적인 문헌정보학의 개념을 어떻게 포기했는지는 눈여겨볼 필요가 있다. 예를 들어, MSWeb팀은 메타데이터 스카마와 카테고리 레이블 택소노미에 적용하기 위해 '전통적인' 시소러스를 구축하지 않았으며, 더블린 코어Dublin Core와 같이 문헌정보학 관련자들에게 친숙한 다른 표준도 당시의 MSWeb에는 적절하지 않았기 때문에 MSWeb의 메타데이터 스키마를 만들면서는 (더블린 코어가 향후 MSWeb에 부분적으로 혹은 완전히 적용될지라도) 처음부터 활용하지 않았다.

20.3.3 기술 구조: 택소노미 운영에 활용되는 툴

MSWeb의 정보구조는 확실히 문헌정보학적 아이디어에 근거를 두고 있다. 그러나 (회사는 물론이고) 팀에 개발인력도 있다는 사실은 기억할 필요가 있다. MSWeb의 다양한 택소노미 관리를 위한 매우 효과적인 툴을 만들어낼 수 있었던 토대는 바로 이러한 다양한 전문성의 조합이었다. 그리고 앞서 언급했던 것처럼, 이 툴들은 근시일 내에 상업적으로 판매되더라도 전혀 손색이 없을 만큼 훌륭하다.

그림 20-3은 MSWeb의 기술 구조를 간략하게 보여준다. 3가지의 툴이 존재하는데, 마이크로소프트 인트라넷에 사용된 택소노미를 저장하고, 관리하고, 공유하는 데 사용되는 '메타데이터 레지스트리Metadata Registry : MDR,' MDR에 접근할 수 있도록 해주는 보캡맨VocabMan, 메타데이터 스키마, 카테고리 레이블, 서술적 어휘집을 근간으로 레코드를 생성하는 데 사용되는 'URL 카탈로깅 서비스UCS'가 그것이다.

보캡맨과 MDR은 UCS에 저장되어 있는 메타데이터 스키마로부터 생성된 레코드에 서술적 어휘집과 카테고리 레이블 어휘집의 용어들을 채워 넣는다.

궁극적인 목표는 사용자를 위해 검색과 브라우징을 개선하고, 콘텐츠 관리를 보다 쉽게 만들기 위해 가치 있는 카탈로그 레코드를 생성하는 데 있다.

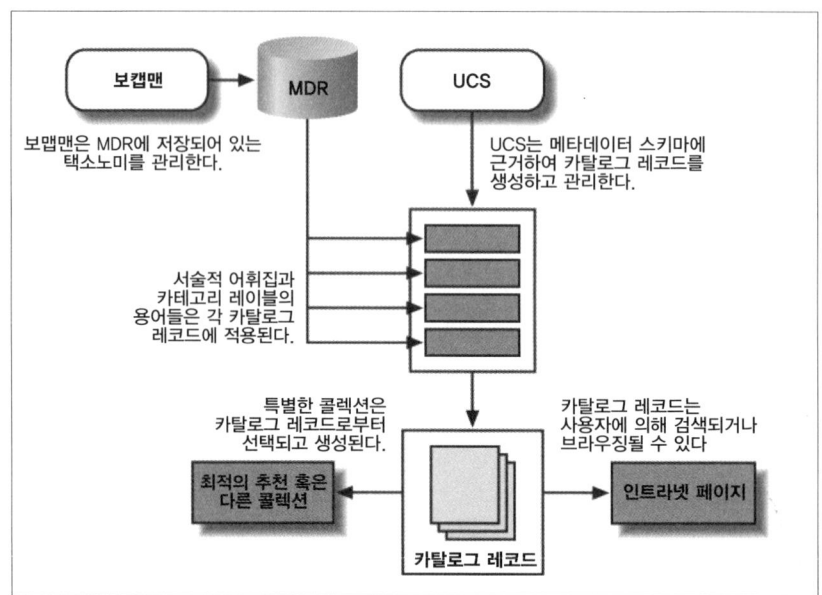

그림 20-3. MSWeb 기술 구조의 개략도

택소노미의 생성과 관리: 보캡맨과 메타데이터 레지스트리

보캡맨과 메타데이터 레지스트리MDR는 개별 툴이지만 택소노미의 관리를 위해 함께 사용된다. MDR은 단순하게 말하면 SQL을 기반으로 한 관계형 데이터베이스로서, MSWeb의 택소노미를 저장하기 위해 연계 데이터 모델을 사용하고 있다. 보캡맨은 비주얼 베이직으로 만들어진 클라이언트로, 택소노미 전문가들이 MDR에 접근하여 택소노미를 생성하거나 편집하고, 택소노미 간의 관계를 정의할 수 있도록 해준다.

확실히 백문이 불여일견이므로, 보캡맨이 어떻게 작동하는지 스크린샷을 통해 살펴보도록 하자. 스크린샷들은 택소노미스트[4]가 어휘집에 존재하는 특정 용어를 어떻게 찾는지, 특정 어휘집 내에 존재하는 용어의 문맥을 어떻게 이해하는지를 보여준다.

---

4 (옮긴이) 택소노미스트(taxonomist) : 분류학자. '택소노미를 다루는 사람'이라는 의미를 분명히 전달하기 위해서 '택소노미스트'라고 번역하였다.

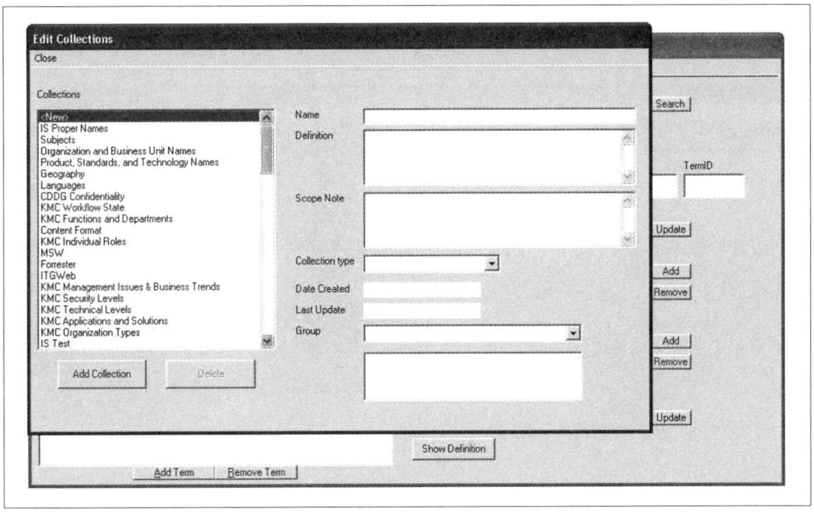

그림 20-4. 보캡맨에서 택소노미의 생성과 편집

    보캡맨의 초기 화면(그림 20-4)은 MSWeb과 서브사이트에서 활용 가능한 택소노미를 좌측 칼럼에서 보여준다. 택소노미는 '트리tree' 형식을 통해 브라우징하거나 검색할 수 있다. 우측 칼럼의 필드는 새로운 '콜렉션'이나 어휘집에 대한 새로운 택소노미를 만들 수 있도록 해준다.

    이미 존재하는 택소노미에 대해서는 그림 20-5 화면에서 검색하거나 수정할 수 있다. '상위 수준과의 관계Relation to Parent' '관련어Related Terms' '도입어 Entry Terms' '범위 주기Scope Note'는 전통적인 시소러스 설계에서 직접적으로 차용한 용어의 속성이라는 점에 주목하자.

    특정 용어를 찾으려면, 좌측의 트리를 브라우징하거나 우측에서 검색을 하면 된다.(그림 20-6) 여기서 '도입어entry terms'는 변형어variant terms와 동일한 의미다.

    그림 20-7과 같이, 'Chicago'로 검색하면 테스트 어휘집에서 한 건, 제품 어휘집에서 한 건, 지역 어휘집에서 두 건(일리노이 지역으로 한 건, 마이크로소프트의 중서부 세일즈 구역으로 한 건)이 검색되기 때문에, 해당 용어는 여러 택소노미에서 사용되는 공식 용어라는 사실을 알 수 있다.

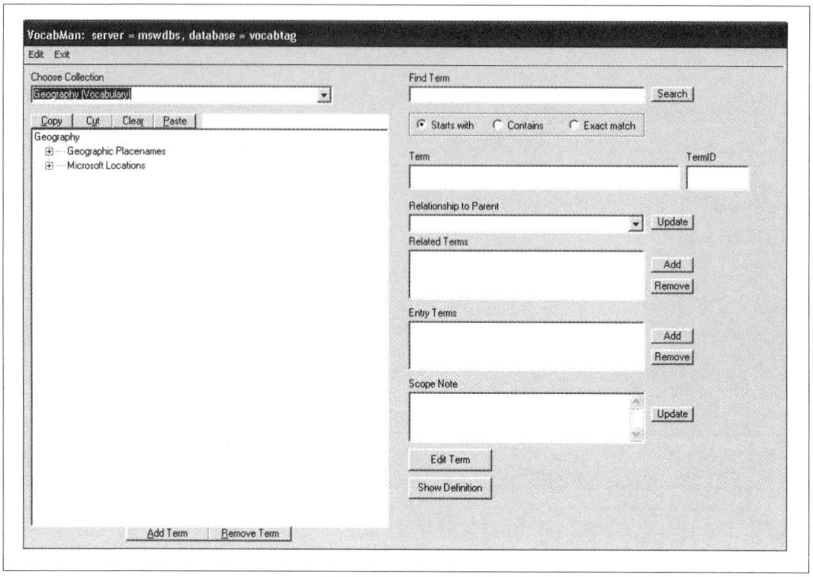

그림 20-5. 보캡맨에서 택소노미의 선택

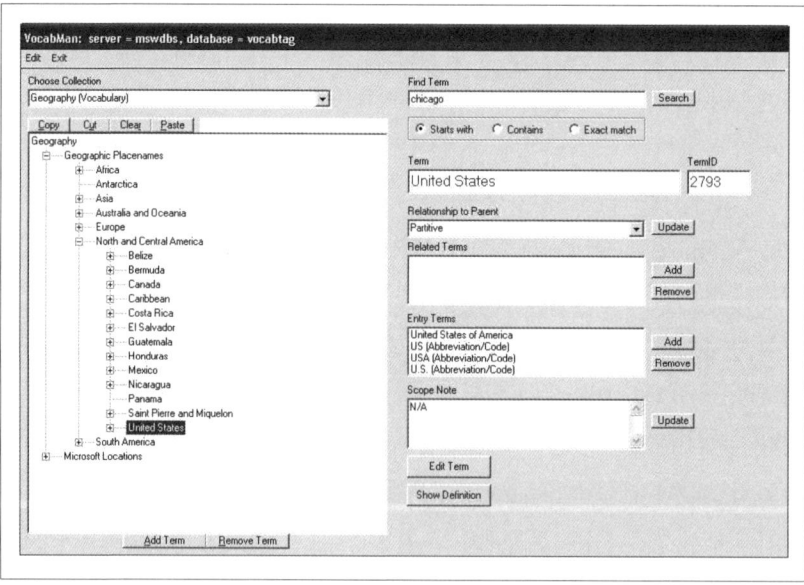

그림 20-6. 보캡맨에서 용어 찾기

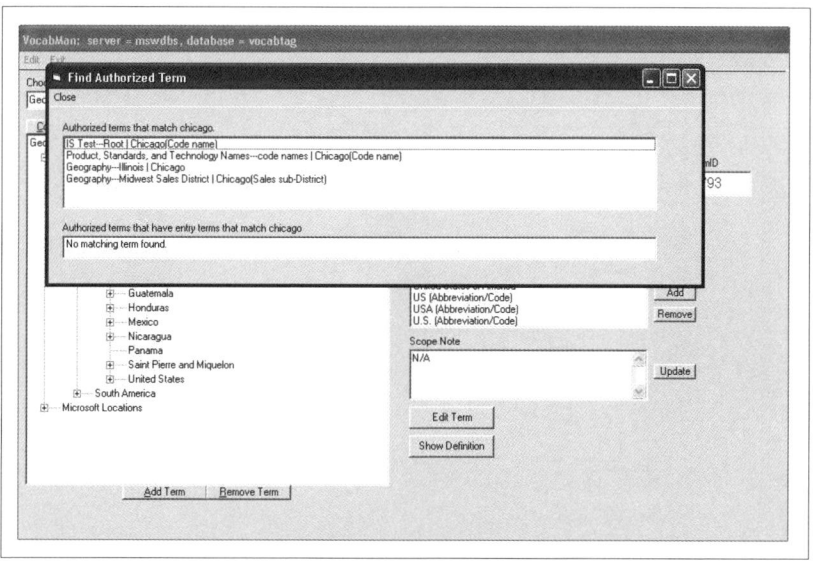

그림 20-7. 보캡맨에서의 용어 검색은 용어가 저장되어 있는 택소노미를 보여준다

일리노이의 지역명인 'Chicago'를 선택하면, 용어가 저장되어 있는 지역 서술적 어휘집의 광범위한 맥락에서 용어를 보여주게 된다(그림 20-8). 좌측의 트리 구조를 통해서 Chicago는 미국의 일부이고, 5대호를 끼고 있는 일리노이 주의 한 도시라는 것을 알 수 있다. 우측에서는 Chicago는 '상위어(일리노이)에 대해 주요 도시'라는 관계를 가지고 있으며 시카고 세일즈 세부구역과도 관계가 있다는 것을 알 수 있다(이 용어에 대해서는 도입이나 범위 주기가 존재하지 않는다). 동일한 인터페이스에서 이 용어의 항목들을 수정할 수 있다는 점을 주목하자.

보캡맨은 동일 택소노미 내의 용어들 간에 그리고 다른 택소노미에 있는 용어들 간에 시소러스적인 관계들(계층 관계, 동치 관계, 연계 관계)을 생성하기 위해서도 사용할 수 있다. 그림 20-9의 스크린샷에서는 ('최적의 추천'을 위한) 특정 스키마가 좌측에 보인다. 좌측에서 '키워드'가 선택되면, 이 특정 스키마 태그와 관계가 있는 어휘집들이 우측의 '관련 어휘집Related Vocabulary' 영역에 나타난다. 'IS 고유 명사IS Proper Name' '주제Subject' '조직 및 비즈니스 부문 명칭

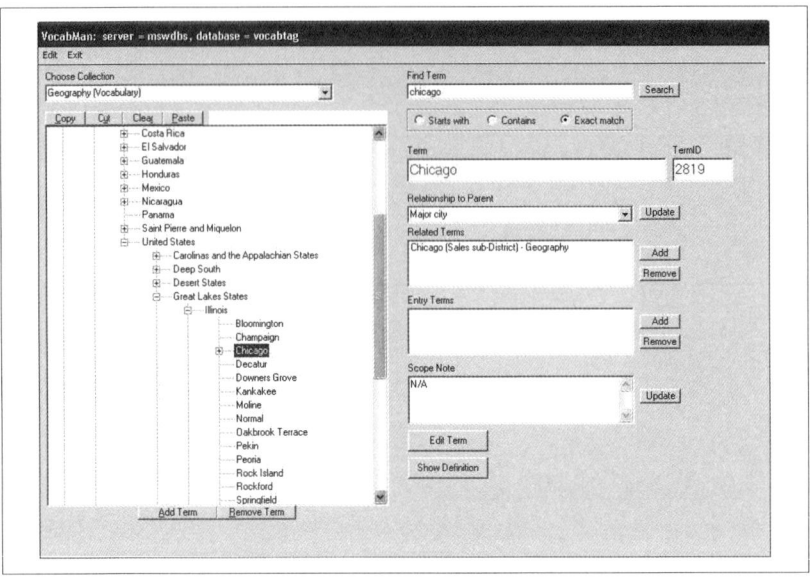

그림 20-8. 보캡맨은 택소노미 용어의 맥락을 보여준다

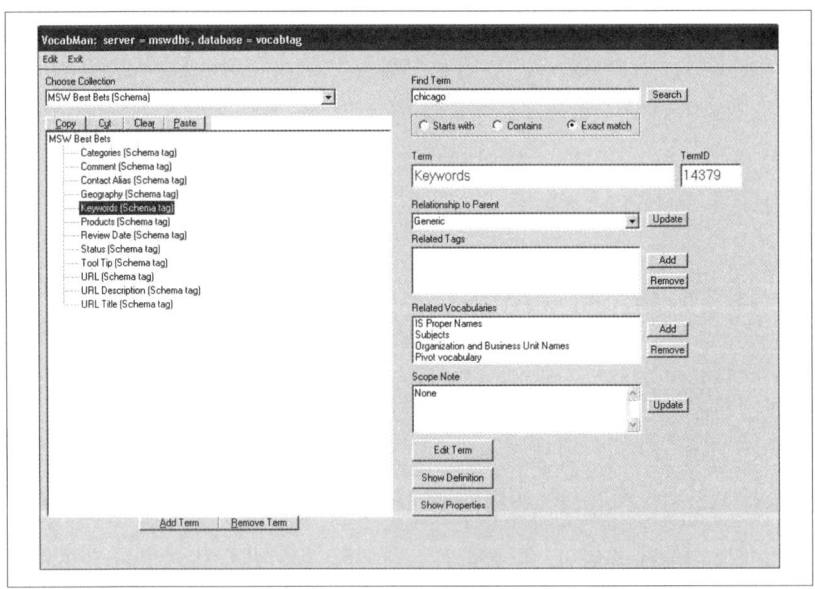

그림 20-9. 보캡맨에서 메타데이터 스키마 태그와 관련 어휘집 보기

Organization and Business Unit Name'은 '키워드' 태그에 사용될 용어를 제공하는 서술적 어휘집이다. ('기준 어휘집pivot vocabulary'은 인덱싱에는 사용되지 않는 운영상의 어휘집이다.)

레코드의 생성과 관리: URL 카탈로깅 서비스

URL 카탈로깅 서비스, UCS는 MDR에 저장된 택소노미를 활용하여 레코드를 생성하고, 관리하고, 태깅하는 '작업대'와 같은 툴이다. 마이크로소프트 인트라넷 내의 유용한 자원으로 활용될 수 있는 ('최적의 추천'과 같은) 공통 카탈로그 레코드를 생성할 수 있도록 해준다. 이 툴은 관계형 데이터베이스에 근간을 두고 있으며 SQL 서버를 사용한다. 보캡맨이나 MDR과 마찬가지로, UCS는 MSWeb팀에서 사용할 목적으로 처음 설계되었지만, 다른 그룹들에도 이 툴의 가치가 알려져서, 결과적으로 UCS는 MSWeb이 마이크로소프트 인트라넷 환경의 다른 관리자들에게 제공하는 하나의 서비스가 되었다.

레코드들은 검색이나 브라우징에 사용되기 위해 인덱싱되기 때문에, 카탈로그 작성자cataloger는 UCS를 사용하여 사용자 경험을 직접적으로 개선할 수 있는 수준 높은 자원 레코드를 만들 수 있다. 이러한 레코드들은 매우 쉽게 만들어진다. UCS를 실행하게 되면, 폼으로 된 필드에 메타데이터 스키마의 속성들을 보여준다. 레코드를 생성하는 사람은 폼을 채우고, 레코드를 분류할 카테고리 레이블을 선택하고, 레코드를 인덱싱할 수 있는 다양한 서술적 어휘집을 선택하면 된다. 카탈로그 작성자는 MDR에 저장된 모든 어휘집에 접근할 수 있지만, (보캡맨을 통해서 MDR에 접근하는 택소노미스트들과 마찬가지로) 모든 레코드를 수정할 수 있는 권한을 가지고 있지는 않다.

UCS의 초기화면(그림 20-10)은 카탈로깅 자원에서부터 링크 검증에 이르기까지 서비스들을 보여준다. 이 화면은 SAS Search As Service 콘솔을 통해서 접근한 화면으로, MDR에 접속하여 읽기 기능을 제공한다. SAS(서비스로서의 검색)는 MSWeb팀이 다른 비즈니스 부문에게 제공하는 정보설계 및 콘텐츠 관리 서비스의 묶음이며, 콘솔은 MSWeb팀이 클라이언트들에게 제공하는 제어

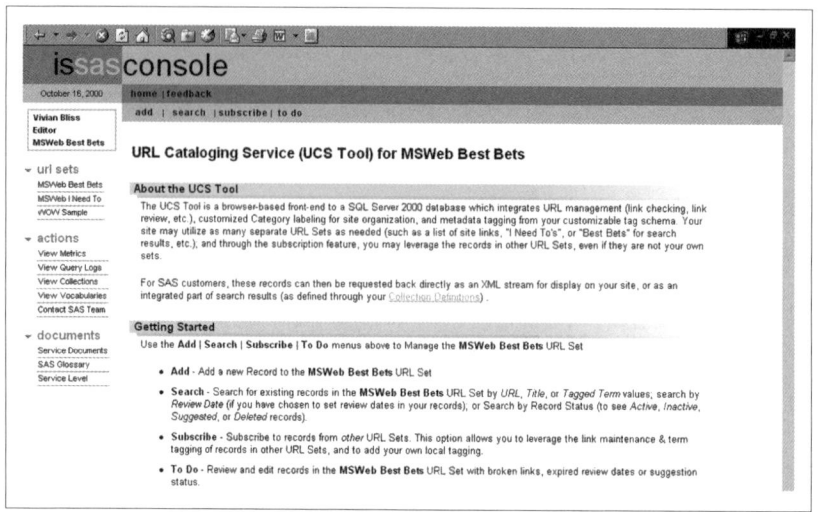

그림 20-10. UCS의 초기 화면 (SAS 콘솔을 통해 접근함)

판이다. (이 장의 뒷부분에서 SAS에 대해 상세하게 설명하기로 하자.)

 이 경우, 사용자는 그림 20-10의 왼쪽 컬럼에 보여지는 콜렉션이나 세 가지 URL 세트 중 어떤 것에든 자원 레코드를 수정하거나 새로운 것을 추가할 수 있다. 카탈로그 작성자는 자신이 속한 조직에서 소유하고 있는 콜렉션이나 권한이 있는 것들만 수정할 수 있다. 하지만, MSWeb팀은 모든 콜렉션을 수정할 수 있는 권한을 가진다. 이러한 권한의 편중은 긍정적인 방향으로 사용된다. 예를 들어, 카탈로그 작성자가 60개 자원의 콜렉션을 만들고자 하는데 28개의 자원이 이미 카탈로깅되어 있음을 발견하게 되면, 카탈로그 작성자는 28개의 자원 레코드에 대해서 '차용 신청'을 하거나(수정은 불가) 이미 존재하는 자원들을 자신의 콜렉션에 포함시킬 수 있다. 이를 통해 중복 작업에 소요되는 상당한 양의 노력을 절감할 수 있다. 그림 20-11은 '최적의 추천' 콜렉션에 추가된 새로운 레코드를 보여준다.

 UCS는 자동적으로 추가될 레코드의 URL를 체크하여 다른 사람이 자원으로 이미 생성했는지를 확인해준다. 이때 이미 생성된 레코드가 존재하지 않으면, 그림 20-12에 보이는 것처럼 새로운 레코드를 생성할 수 있게 된다. 여기

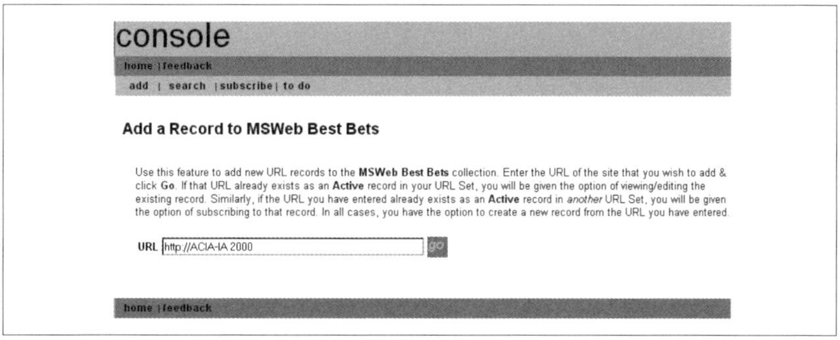

그림 20-11. UCS를 사용하여 새로운 자원 레코드를 추가

보이는 폼의 필드들은 본질적으로 메타데이터 스키마의 인터랙티브 버전이라고 할 수 있으며, 새로운 레코드를 생성하기 위해서는 필드들이 채워져야 한다. 이러한 프로세스는 매우 단순하여 복잡하지 않다. 새로운 레코드를 쉽게 만들도록 하기 위해 다양한 기능을 희생시켰다. 특히 데이터 유효성 체크

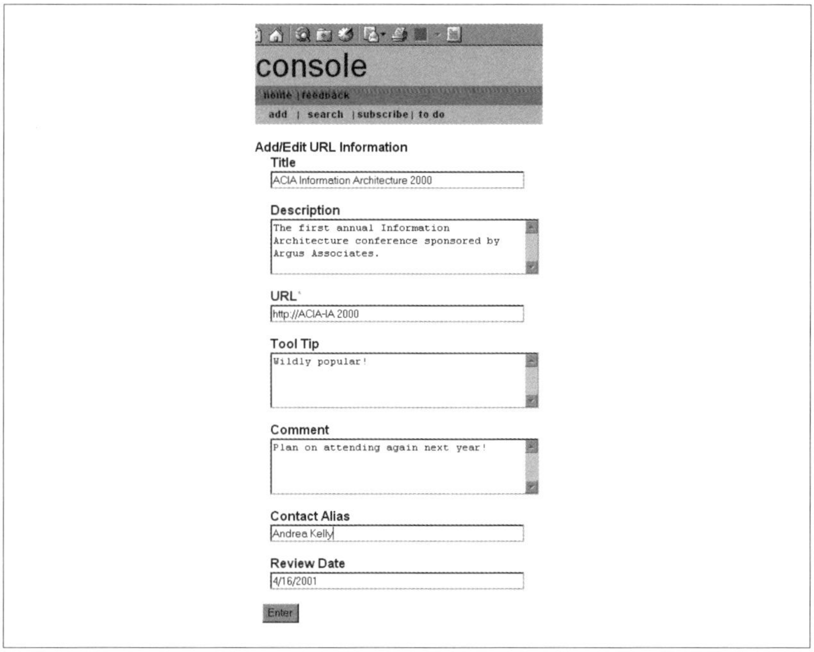

그림 20-12. 새로운 자원 레코드에 대한 필드를 채워 넣기

를 하지 않는다는 점을 주목할 필요가 있다.

새로운 폼의 우측 영역에는 인덱싱되는 방식을 보여주며, 이 방식들을 통해 메타데이터 스키마 형태로 변환된다(그림 20-13).

이러한 택소노미들은 MDR에서 관리되는 카테고리 레이블과 서술적 어휘집에서 도출된다. '용어 추가Add Terms'를 클릭하면 레코드가 추가될 어휘집을 선택하는 팝업창이 뜬다. 어휘집은 쉽게 브라우징할 수 있도록 그림 20-14와 같이 계층구조로 나타난다. 또, 카탈로그 작성자가 생각해둔 어휘집이 있다면, 자신의 생각에 맞는 어휘집를 찾기 위해서 그림 20-15에서처럼 서술적 어휘집을 검색해볼 수 있다. 검색 결과는 매칭된 용어에 대한 전체 맥락을 보여줄 수 있는 전체 경로('이동 경로 표시breadcrumb' 스타일)를 보여준다.

용어(혹은, 그림 20-15에서 보는 것과 같이 노드[5])를 선택하게 되면 다른 용어들과

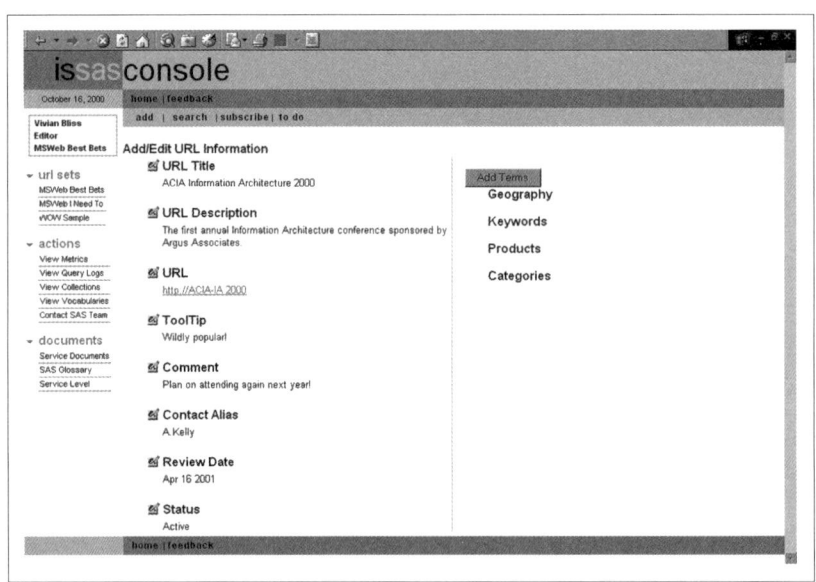

그림 20-13. 인덱싱 준비가 된 새로운 레코드

---

5 (옮긴이) 노드(node): 원문에서는 트리 구조상에서 계층 구조를 이루는 각 마디에 위치하고 있는 용어들을 표현하기 위한 단어로 node를 사용하고 있다. '노드'라는 단어는 트리 형식의 구조뿐만 아니라 분절된 시스템의 하나의 구간, 단계를 지칭할 때도 다양하게 사용되기 때문에 원문 그대로 번역하였다.

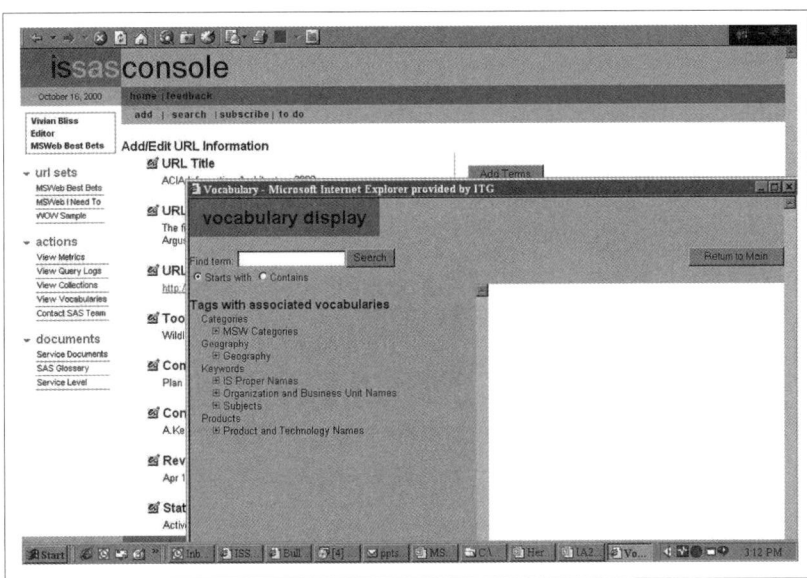

그림 20-14. 카탈로그 작성자는 스키마와 연계된 택소노미 상의 용어들을 브라우징할 수 있다.

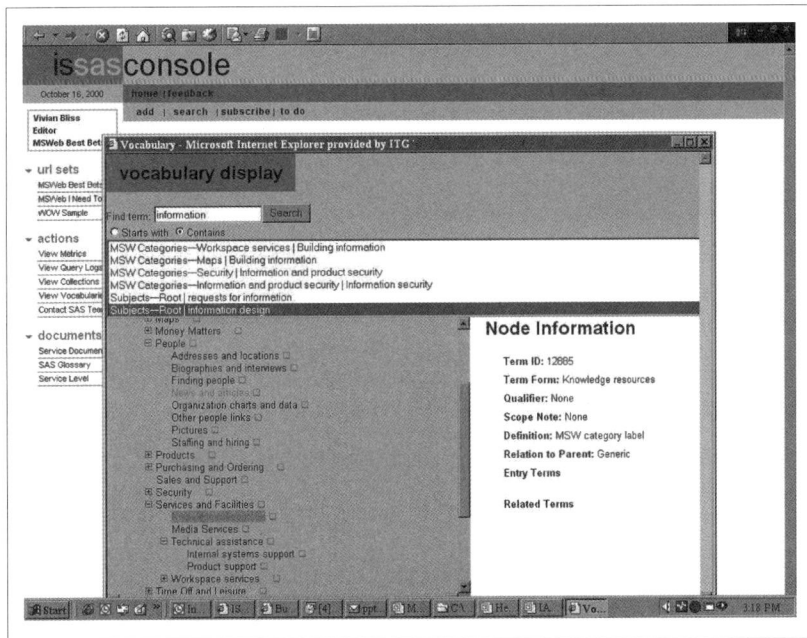

그림 20-15. 카탈로그 작성자는 택소노미를 검색할 수도 있다(각 노드에 대해서 유용한 정보를 보여주는 것에 주목하자).

의 관계를 보여준다. 이러한 시소러스상의 모든 관계는 MDR에 저장되고, 택소노미 전문가들은 보캡맨을 통해 이들을 관리한다.

다른 한편, 레코드가 이미 존재하는 경우, 레코드가 자신이 관리하는 콜렉션의 일부라면 카탈로그 작성자는 쉽게 레코드를 수정할 수 있다. 만일 레코드가 다른 콜렉션에 속해 있는 경우, 카탈로그 작성자는 원본 레코드를 수정할 수 없지만, 레코드를 '차용subscribe'할 수 있고 사이트에 사용될 목적에 맞게 자신이 원하는 태그를 부여할 수 있다(레코드의 차용에 대해서는 이 장의 뒷부분에 설명하였다). 어떠한 경우든, 카탈로그 작성자는 복제된 레코드를 사용할 수 있다.

예를 들어, 카탈로그 작성자가 검색로그 분석을 통해서 사이트의 사용자들이 대개 제품 정보를 찾는다는 사실을 알아냈다고 생각해보자. 〈http://msw/products〉의 제품 이력 정보는 사이트 사용자들에게 훌륭한 '최적의 추천'이 될 수 있다. 카탈로그 작성자는 URL를 검토하여 이 자원에 대해서 두

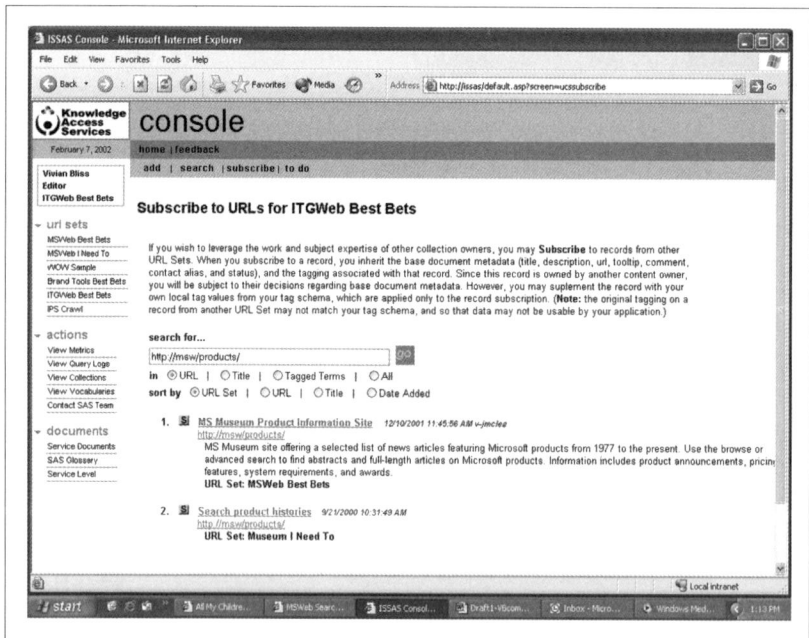

그림 20-16. 위의 자원에는 이미 두 개의 레코드가 생성되어 있다.

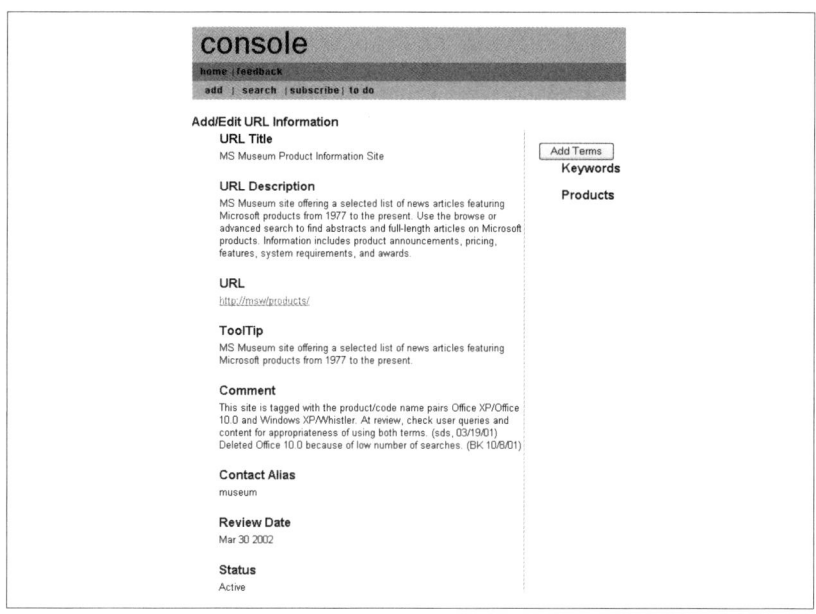

그림 20-17. 다른 카탈로그 작성자에 의해 만들어진 레코드는 자신이 가진 콜렉션에서 사용되는 메타데이터 스키마의 필드를 통해 확장할 수 있다.

개의 레코드가 이미 존재한다는 사실을 알게 되었다(그림 20-16참조). 레코드 하나는 MSWeb의 '최적의 추천' 콜렉션에 존재하고, 다른 하나는 마이크로소프트 자료실 사이트의 '내가 필요한 것' 콜렉션(MSWeb에서 사용되는 또 하나의 매우 유용한 레코드 콜렉션으로, '최적의 추천'과 유사함)에 존재한다. URL은 동일하지만 두 레코드는 각각 다른 타이틀, 설명, 연계된 메타데이터를 가지고 있다는 사실에 주목하자. 다른 문맥에는 대개 다른 태그가 필요하다. 이 경우, 카탈로그 작성자는 해당 자원에 자료실 레코드를 선택하게 된다.

이 레코드는 독립적인 콜렉션으로 생성이 되었기 때문에, 레코드의 핵심 태그는 수정이 불가능하다. 하지만, 레코드를 차용하게 되면 사이트의 용도에 맞춰서 확장이 가능하다. 이 경우, 카탈로그 작성자는 가지고 있는 콜렉션에서 사용되고 있는 메타데이터 스키마를 확장할 수 있다(그림 20-17). 이러한 필드들(Keywords와 Products)은 우측에 있다. 카탈로그 작성자는 이 필드를 자신의 조직에서 사용하고 있는 서술적 어휘집의 용어들로 채워 넣을 수 있어, 사

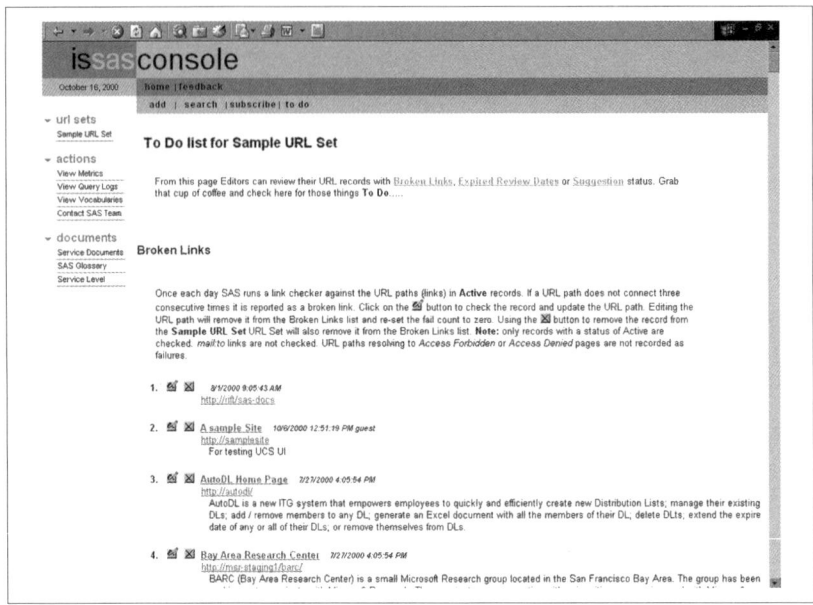

그림 20-18. UCS의 보고 기능은 카탈로그 작성자가 자원 레코드의 품질을 관리할 수 있도록 도움을 준다.

이트의 사용자들과 콘텐츠 소유자 모두에게 최상의 가치를 전달하게 된다.

 UCS는 자원 레코드 관리를 돕는 다른 유용한 툴들도 제공한다. 이러한 툴에는 링크 유효성 검사, 깨진 링크 보고(그림 20-18), 주기적으로 재방문하여 자원 레코드의 품질을 점검하기 위한 일정표가 있다. 그러나 UCS의 가장 훌륭한 점은 꼭 필요한 핵심 레코드와 확장으로 만들어진 부가적인 레코드를 잘 조화시키는 데 있다. 택소노미와 다른 자원을 직관적인 인터페이스로 함께 보여줌으로써, UCS는 많은 레코드를 쉽게 만들 수 있도록 해준다. 마찬가지로, UCS는 레코드를 공유하게 해주기 때문에, 지적인 노력이 중복될 필요가 없다. 메타데이터 스키마의 확장성에 힘입어 보다 효과적으로 공유가 가능해진다. 자원 레코드는 개별 사이트에 맞춰 쉽게 커스터마이즈 될 수 있어, 다시 만드는 것보다 '빌려오는 것'이 더 이익이 된다. 달리 얘기하면, UCS는 인적 자원을 중복 작업(대부분의 기업 환경에서 매우 공통적으로 활용되는 것들)에 투입하지 않고, 콘텐츠를 생성하고 커스터마이즈하는 데 투자할 수 있도록 해준다.

유연성과 공유에 대한 철학은 MSWeb의 접근방법과 사용하는 툴들을 통해 확산되었다. 예를 들어, 마이크로소프트의 도서관은 자원 레코드를 만드는 데 UCS를 전혀 사용하지 않고, 대신에 독자적으로 개발한 툴을 사용했다. 하지만, 이 툴로도 MDR에 접근할 수 있고 도서관의 택소노미도 UCS처럼 쉽게 만들 수 있었다. 이 경우, 툴의 모듈화를 통한 유연성은 MSWeb팀이 가진 접근방식 전체를 수용하도록 강요하지 않으면서도(즉, 택소노미를 저장하기 위해 MDR만 사용), 다른 비즈니스 부문의 니즈를(즉, 독자적인 레코드 생성 툴의 사용) 충족시킬 수 있도록 해준다.

공개된 표준을 사용하는 것은 더욱 유연하고, 모듈화된 접근방식이라는 것을 의미한다. XML은 UCS나 도서관이 사용한 유사한 툴로 택소노미 용어들을 내보내는데exporting 사용된다. 다른 부문들도 XML 내보내기를 동일한 방식으로 쉽게 구현할 수 있다. 마찬가지로, 수많은 마이크로소프트 인트라넷 사이트의 검색 결과에 자원 레코드가 사용될 수 있도록 UCS에서 내보내기를 할 때도 기본적으로 XML을 사용한다.

20.3.4 택소노미를 넘어: 서비스를 세일즈하기

MSWeb팀은 매우 광범위하고 어려운 택소노미 영역에 대한 비전을 가지고 이 작업에 착수했으며, 택소노미를 MSWeb 포털에서 사용하려면 어떻게 구축해야 하는지 알아내기 위해 노력했다. 팀은 MSWeb 사이트의 검색과 브라우징뿐만 아니라 콘텐츠 관리방식을 개선할만한 툴과 어휘집을 개발하고 테스트했다.

이 프로젝트는 MSWeb사이트 그 이상의 효과를 발휘하기 시작했다. 다른 주요 마이크로소프트 인트라넷 사이트들(인사, 재무, 도서관, 정보 기술 그룹을 위한 인트라넷들)이 MSWeb팀이 개발한 툴과 택소노미의 일부 혹은 전부를 사용하기 시작했다. 그리고 20여 개가 넘는 주요 서브포털들이 MSWeb팀이 개발한 검색 시스템을 채용했다. 이와 유사한 노력들이 더 작은 회사에서도 대개 실패하기 마련인데, MSWeb팀은 마이크로소프트와 같이 거대한 조직에 어떻게 자신들의 방식을 전파할 수 있었을까?

MSWeb이 성공한 이유는 여러 가지가 있다. 하나씩 살펴보도록 하자.

조직 내에서의 위치, 위치, 위치

MSWeb은 회사의 주요 인트라넷 포털이기 때문에, 회사의 거의 대부분(마이크로소프트 전체 직원의 94%)이 이를 사용한다. 사이트는 크고 복잡하다. 팀이 새로운 솔루션을 테스트해보거나 도전해볼 만큼 시험장으로 충분하다. 또한 회사 내에서 중요한 역할을 차지하고 있었기 때문에 팀의 노력과 정보설계를 널리 알릴 수 있는 기회로 아주 좋았다.

실제로도 MSWeb은 정보구조 재설계의 효과를 쉽게 볼 수 있는 사이트였다. 매우 시각적이어서 회사 내의 많은 사람들이 자주 사용할 뿐만 아니라 풍부한 콘텐츠를 가지고 있었다. 물론 무엇보다 관리가 중요하다. 정보구조에 대한 이해가 깊은 팀이 관리 운영을 맡았다. 이보다 더 정보설계의 가치를 잘 보여줄 수 있는 사례는 찾아보기 힘들다.

어려움을 겪고 있는 곳에 도움 주기

모든 정보설계 프로젝트에는 궁극적으로 두 가지 사용자가 존재한다. 사용자와 사이트 관리자/소유자. 둘 모두를 행복하게 만드는 것은 중요하며, 이렇게 하는 것이 문제를 해결하는 최고의 방법이다.

MSWeb팀은 의도적으로 사용자와 관리자 모두에게 큰 혜택을 줄 수 있도록 주요 개선 영역으로 검색을 선택했으며, 검색 성능을 월등하게 개선하기 위해 택소노미를 설계했다. 검색 결과에 최적의 추천을 통합함으로써 검색과 관련된 사용자 경험은 월등하게 개선되었다(최적의 추천에 대해서는 아래에서 상세히 설명하자). 그리고 MSWeb팀은 사이트 관리자가 검색에 대한 문제를 해결할 수 있도록 도움을 주었다. 때로는 비공식적인 컨설팅을 하기도 하고, 전사적으로 관리되는 크롤링이나 인덱싱 서비스와 같은 보다 구체적인 방안으로도 도움을 주었다. 비즈니스 부문들이 자원 레코드를 구축하도록 독려함으로써, MSWeb팀은 마이크로소프트 인트라넷 환경에서 가장 가치 있는 콘텐츠 일부를 참조하는 콘텐츠 요약기술[6] 콜렉션을 만들어 낼 수 있었다. 그리고 레코드가 한 번 생성되면, 레코드는 사이트 크롤링 로봇의 활동에도 도움이 되는데, UCS의 레코드에 포함된 링크를 따라서 이동하기만 하면 되기 때문이다.

MSWeb의 중요한 위치가 팀의 노력을 보여줄 수 있었던 것처럼, 최적의 추천의 성공 또한 팀의 접근방법이 효과적이라는 것을 검증해 보였다. 이 두 가지는 마이크로소프트 인트라넷 환경에 존재하는 많은 비즈니스 부문과 MSWeb팀 간의 협업방식을 보다 탄탄하게 만들어주었다.

모듈화된 서비스

MSWeb팀은 일찌감치 초기부터 택소노미와 툴을 모듈 형태로 개발하여 재사용이 가능하도록 할 계획을 가지고, 회사 내의 다른 조직에게 패키지 형태로 서비스했다. 실제로, '서비스로서의 검색과 택소노미Search and Taxonomies as a Service'라고 브랜딩하였다(SAS라고도 불린다). 그림 20-19에서 보여지는 SAS 콘솔은 SAS가 사용자에게 어떠한 서비스를 제공하는지 훌륭하게 잘 보여주고 있다.

MSWeb팀은 이미 다른 비즈니스 부문들이 매우 다양한 종류의 니즈를 가지고 있을뿐더러 자신들의 사이트가 가지고 있는 정보구조와 콘텐츠 관리 문제를 해결하기 위해 다양한 툴을 가지고 있다는 사실을 파악하고 있었다. 이러한 비즈니스 부문들에게 MSWeb팀의 접근방법을 100% 수용하라고 강요할 수 없다는 사실 또한 인식하고 있었다. 따라서 팀은 SAS를 모듈화가 극도로 가능하도록 설계했다. 이를 통해, 마이크로소프트 비즈니스 부문들은 일부 서비스만 취사선택하여 사용하면 되었다.

예를 들어, SAS는 MDR을 통해 MSWeb의 택소노미에 접근할 수 있도록 해준다. 다른 부문들 역시 자신들의 택소노미를 공유한다는 전제하에 MDR

---

[6] (옮긴이) 콘텐츠 요약기술(content surrogates): 실제 콘텐츠는 아니나 콘텐츠를 가리키거나 이에 대해서 기술한 정보를 의미한다. 원문에서는 다른 비즈니스 부문들이 자원 레코드를 만들 때 빈번하게 참조하는 중요한 콘텐츠가 무엇인지 쉽게 파악할 수 있게 된다는 의미도 함께 내포하고 있다.

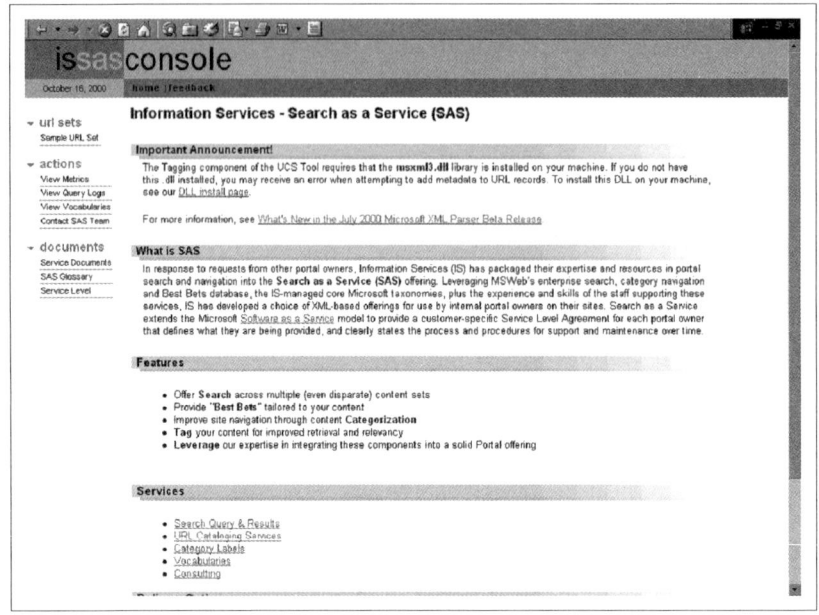

그림 20-19. SAS 콘솔

를 사용하여 택소노미를 관리하고 저장할 수 있다. 그리고 택소노미의 품질을 향상시키기 위해 SAS를 통해 제공되는 택소노미 관련 컨설팅을 받을 수도 있다.

비즈니스 부문들은 SAS 콘솔을 통해 MDR의 택소노미에 접근할 수도 있고, 택소노미를 XML로 내보낼 수 있기 때문에(마이크로소프트 도서관이 그런 것처럼) 독자적인 인터페이스를 구축할 수도 있다. 이러한 유연성은 MSWeb팀의 접근방법을 사용하면 가지고 있는(자체적으로 개발한 것이든 아니든) 툴을 버릴 필요가 없다는 것을 의미한다. 마찬가지로, XML은 검색 결과를 내보낼 때도 사용한다. 이것은 다른 부문의 사이트가 보유한 검색엔진이 XML을 읽어들일 수만 있다면 UCS에 저장된 레코드를 활용할 수 있도록 해준다. 심지어 MSWeb 검색 인터페이스도 XSL로 작성되어 있기 때문에 내보내기가 가능하다.

앞서 논의한 것처럼, 메타데이터 스키마는 확장이 가능하기 때문에, 실제로 다른 비즈니스 부문들이 어떤 스키마든지 커스터마이징할 수 있다. 이러한 스키마를 사용하여 생성한 레코드는 매우 유연한 '차용subscription' 프로세스를 통해서 재사용이 가능하다. 그리고, 비즈니스 부문들은 SAS를 통해 선택적인 크롤링과 인덱싱 서비스 또한 사용할 수 있다.

이와 같은 전체적인 유연성을 통해 매우 다양한 SAS 서비스 구성을 할 수 있다. 마이크로소프트 내의 비즈니스 부문들은 SAS가 제공하는 모든 서비스를 사용해 각 부문의 정보구조를 다루고, 콘텐츠를 관리하거나 MDR에서 택소노미를 가져와서 독자적인 퍼블리싱 시스템을 운영할 수 있다. 혹은, 완전히 독립적인 노선을 걸을 수도 있다. 이러한 선택은 각 비즈니스 부문에 달려 있고, 정보구조에 영향을 끼치는 사용자, 콘텐츠, 맥락을 고려하여 결정되어야 한다.

마이크로소프트 인사 포털인, HRWeb은 대부분의 SAS 서비스를 사용하기로 결정했다. SAS는 아래와 같은 용도로 사용되었다.

- 검색에 활용하기 위해, 크롤링과 인덱싱이 필요한 콘텐츠의 구별
- 브라우징에 사용될 카테고리 레이블 택소노미 생성
- HRWeb 포털에만 사용될 '최적의 추천' 생성
- HRWeb의 카테고리 레이블 택소노미를 활용하여 최적의 추천을 분류
- SAS 고품질 검색엔진에 대한 접근 권한 부여
- HRWeb 사이트로 최적의 추천 검색 결과를 내보내기

가장 중요한 것은, HRWeb은 컨설팅을 통해 MSWeb팀의 전문지식을 반영했다는 점이다. MSWeb의 팀원들은 HRWeb팀에게 정황조사contextual inquiry와 같은 사용자 중심 디자인UCD 기법을 사용하여 어떻게 카테고리 레이블을 개발할 수 있는지 교육했다. HRWeb팀은 또한 서술적 어휘집과 공통 메타데이터 스키마를 사용하여 자원 레코드를 카탈로깅하는 방법과 팁에 대해서 교육을 받았다. HRWeb 사이트의 결과는 그림 20-20에서 보여주는 바와 같다.

소규모의 웹 개발팀과 제한된 자원을 가진 대다수 부문들이 이제 막 택소

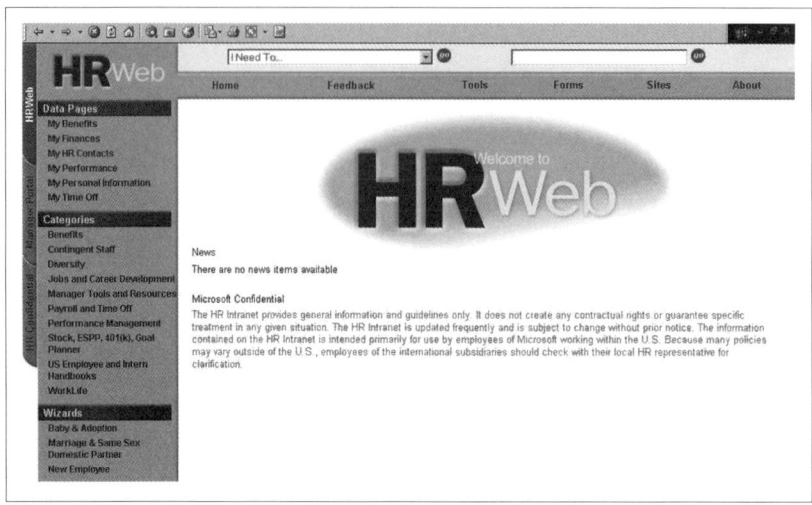

그림 20-20. 마이크로소프트의 HR 그룹은 SAS의 모든 서비스를 사용하는 완전한 '클라이언트'이다.

노미, 검색, 브라우징과 같이 난해한 주제들에 대해 고민하기 시작했다. 이들은 SAS라는 것이 있다는 사실을 듣는 순간, 대개 MSWeb팀이 이미 개발해둔 툴과 그들의 전문지식을 활용할 수 있다는 사실에 매우 감격스러워 한다. 그러나 정보설계에 대한 각 부문의 전문지식이 쌓이고 관련 예산이 늘어남에 따라 부문들은 점점 더 많은 것을 제어하고 싶어질 것이다. SAS의 서비스는 모듈화가 되어 있기 때문에 이러한 변화에 발맞춰 유연하게 재구성할 수 있다.

다른 유형의 유연성

택소노미에 집중하고 있다는 점을 제외하면, MSWeb이 가진 접근방법의 주요 요소(툴 및 유연하고, 모듈화되고, 다소 사업가적인 특성을 가진 서비스 모델)는 문헌정보학을 수용한 부분이 거의 없다. 그리고 앞서 강조했던 것처럼, MSWeb에서 사용하고 있는 '택소노미'라는 단어의 정의는 본래 택소노미가 가진 의미와는 거리가 있으며, 전통적인 문헌정보학이 가진 접근방법과도 일치하지 않는다.

이것은 SAS 접근방법과는 다른 차원의 유연성이다. MSWeb팀은 유연한 사고에 기초한 철학을 가지고 있다. 많은 팀원들이 문헌정보학의 배경을 가지고 있음에도 불구하고, 다른 배경과 다른 관점을 가지고 있는 동료들을 지원하고 이들이 쉽게 수용할 수 있도록 문헌정보학이라는 접근방법을 포기하였다.

예를 들어, 택소노미 개발을 즐거워할 그래픽 디자이너는 거의 없다. 하지만, 어느 누구도 중대한 문제를 해결할 수 있는 개방적인 좋은 방법에는 귀 기울일 것이다. MSWeb팀은 용어와 관점에 있어서 유연함을 가지고 있었기 때문에, '문헌정보학 얘기'에는 등을 돌렸을 법한 동료나 클라이언트와 함께 택소노미 기반의 솔루션에 대해 보다 효과적으로 논의할 수 있었다. MSWeb팀의 한 시니어 디자이너는 이 접근방식이 UCD 기법에 근간으로 두고 있다는 사실과 택소노미의 가치를 이해하게 되었을 때를 '절대적인 믿음을 갖게 된'[7] 순간이라고 표현했다. 이후, 그는 MSWeb의 접근방법을 100% 신뢰하게 되었다.

택소노미는 문헌정보학 배경을 가진 사람뿐만 아니라, 기술 전문가, 테크니컬 커뮤니케이터, 디자이너, 전략가를 위해 유연하게 설계되었기 때문에, 팀은 성공을 거둘 수 있었다. 더욱이, 팀이 가지고 있는 학제적인 특성은 아이디어가 외부로 표현되기 전에 팀이 많은 아이디어들을 나누고, 해석하고, 토론한다는 것을 의미하기 때문에, 외부인들에게 보다 큰 신뢰를 줄 수 있다. 학제적인 관점은 이렇게 항상 좋은, 더 시장성이 있는, 서비스를 만들어낸다.

회사 차원의 절약

MSWeb 팀원들은 어떠한 대규모 정보설계 프로젝트에서도 꾸준한 노력이 중요하다는 것을 알고 있었다. 팀원들은 수년간 MSWeb에서 사용되는 택소노미를 개발하고 툴들을 만들어 왔다. 그런 과정에서 다른 비즈니스 부문에

---

7 (옮긴이) 절대적인 믿음을 갖게 된(drink the Kool-Aid): 이 표현은 미국에서 Jim Jones라는 사이비 교주를 추종하던 사람들이 독약이 든 음료를 마시고 집단으로 자살한 사건에서 유래하며, 맹목적인 믿음을 갖게 된다는 것을 의미한다. 본문 내용에서는 방법론의 가치를 이미 깨닫고 있으므로 '맹목적'이라는 말 대신 '절대적인'이라는 표현으로 번역했다.

SAS서비스를 선보일 때는 점진적으로 접근하였다.

그러나 SAS를 선보인 지 3개월 만에 9개의 서브포털들이 자신들의 사이트에 SAS를 기반으로 한 검색 기능을 도입했다는 점은 주목할 필요가 있다. 이 중 2개의 사이트들은 브라우징을 위해서 사이트에 한정된 카테고리 레이블 택소노미를 생성했고, 다른 사이트들도 생성하고 있는 중이다. 모든 사이트들은 검색 시스템의 일부에 MSWeb팀이 만든 최적의 추천 결과를 채용했다.

SAS의 빠른 수용은 MSWeb팀이 성공했다는 것을 의미하며, 마이크로소프트 전체를 고려해봐도 엄청난 성과라고 할 수 있다. (다음 절에서 설명하게 될) 사용자에게 돌아가는 혜택은 차치하고라도, 노동력이 믿지 못할 만큼 절감되었다. SAS는 연간 45명의 노동력에 해당하는 비용을 절감하는 결과를 가져왔다고 추산해볼 수 있다(부문별로 연간 약 5명의 인력이 개발에 필요하고 9개의 비즈니스 부문이 SAS를 활용하므로, 이 둘을 곱한 수치에 기반함). 이러한 성과는 MSWeb팀의 인력을 추가로 늘리지 않고서 달성되었으며, MSWeb을 위해 만들어진 모든 요소들은 다른 비즈니스 부문들이 완전히 재사용할 수 있었다.

20.4 사용자를 위한 혜택

마이크로소프트 인트라넷 환경은 90년대 중반에 이미 성숙되었기 때문에, 대부분의 기업 인트라넷과 동일한 문제점들을 가지고 있었다. 원하는 정보를 얻기 위해서는 너무 많은 클릭을 해야 했고, 사이트 내 내비게이션을 사용하기 어려우며, 가장 적절한 문서는 다른 검색결과에 파묻혀서 찾기 어려웠다. 앞서 언급한 것처럼, 사용자들과 선구자들은 이러한 문제들을 해결하기 위해 택소노미를 요구하기 시작했다.

MSWeb팀의 개선 작업은 아직도 계속되고 있다. 우리가 여기서 언급한 것들은 대규모 기업과 기업이 가진 정보시스템의 수명에 비춰봤을 때, 극히 일부분에 지나지 않는다. 팀은 진화적인 접근방식을 취하고 있으며, 단기간에 모든 사람들을 위해 모든 문제를 해결하고자 하는 실현 불가능한 목표는 지양하였다. 이런 방법으로 다른 사람들의 잘못된 기대를 피할 수 있었다. 그래서 짧은 시간임에도 불구하고 구체적인 혜택들이 많이 구현되었다. 택소노미는 이러한 개선의 최전선에 서게 되었다. 예를 들어, 레이블들은 카테고리 레이블 택소노미를 통해 대표성을 띠고 보다 일관적이게 되었으며, MSWeb과 마이크로소프트 인트라넷 사이트들의 내비게이션은 개선되었다.

검색 또한 크게 개선되었다. UCS를 사용하여 자원 레코드 생성을 독려한 결과, MSWeb은 인트라넷 환경에서 중요한 콘텐츠들을 구분해 낼 수 있게 되었고, 따라서 분산되어 있는 인트라넷 콘텐츠를 보다 잘 크롤링할 수 있게 되었다. 정교한 크롤링은 총체적인 인덱싱을 가능하게 해준다. 이제 사용자는 검색을 통해 보다 다양한 콘텐츠와 높은 수준의 콘텐츠 콜렉션을 얻을 수 있다. 더 중요한 것은 사용자의 검색어가 전보다 더욱 강력해졌다는 사실이며, 사용자들은 입력한 검색어가 모호하지 않도록 MSWeb의 서술적 어휘집을 활용해 그 의미를 특정할 수 있게 되었다.

'asp'와 같이 매우 모호한 용어에 대해서 검색을 한다고 가정해보자. 검색을 하는 동안, MDR에 저장되어 있는 서술적 어휘집은 다양한 의미를 포함할 수 있도록 자동으로 검색을 확장한다('Active Server Pages'와 'application service providers'). 이러한 용어들은 또한 검색 결과 페이지에서 실행형 검색 방식executable search으로 보여주기 때문에, 결과의 범위를 좁히거나 검색어를 수정할 수 있다.

MSWeb팀은 또한 긍정적인 효과가 있으며 점차 보편화되고 있는 '최적의 추천Best Bet'을 도입하였다. 최적의 추천은 수작업을 통해 얻어지는 검색 결과이다(8장에서 논의한 바 있다). 최적의 추천은 대개 자동으로 생성되는 검색 결과 앞에 보여진다. 그리고 사용자들의 초기 검색어와 연관성이 높다고 미리 카탈로그 작성자가 정의해둔 문서의 링크를 보여준다. 최적의 추천은 검색의 '효율적인 개선 지점sweet spot'(많은 사람들이 공통적으로 검색하는 소수의 보편적인 검색어)을 공략하도록 설계된다. 최적의 추천을 검색 결과에 추가하여 빈번하게 검색되는 소수의 검색어에 가치를 더할 수 있다.

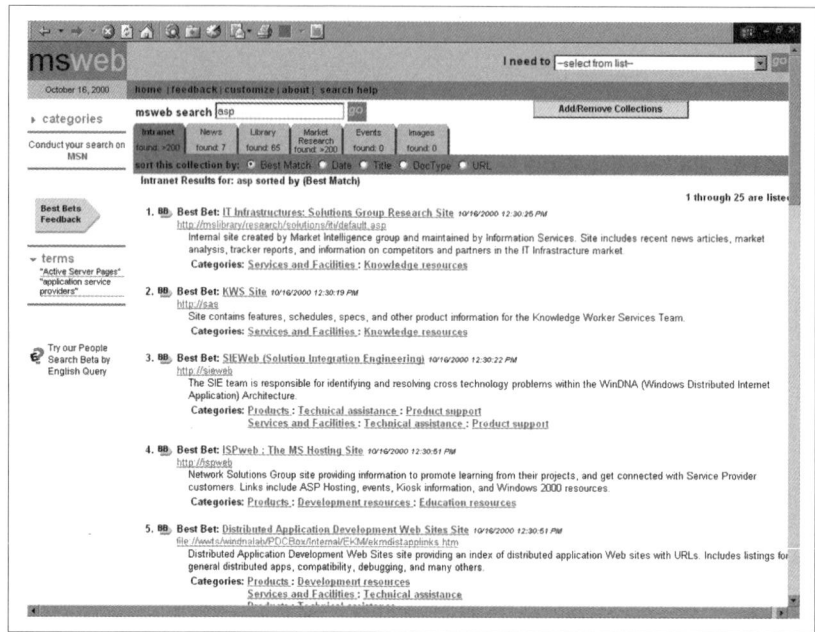

그림 20-21. 최적의 추천 검색결과는 UCS를 통해 생성된 자원 레코드로부터 직접 추출된다.

그림 20-21은 MSWeb 인트라넷에서 검색어 'asp'에 대한 검색 결과를 보여주며, 상단의 다섯 개 검색 결과는 모두 최적의 추천이다. 검색어가 UCS를 통해 인덱싱될 때 최적의 추천 레코드로 할당된 통제어휘집의 용어에 매칭되면, 검색 결과의 요소들(자원 제목, URL, 설명, 카테고리)은 데이터베이스 스키마에서 추출되어 나타난다.

MSWeb팀은 어떠한 검색어가 최적의 추천으로 효과가 있는지 구분해내기 위해, SAS 콘솔의 일부 기능을 사용한다. 콘솔에서 '검색어 로그 보기View Query Logs' 명령을 수행하고(그림 20-22) 시간 범위와 콜렉션을 설정하면, 각 검색어에 대해서 얼마나 많은 문서들이 검색되었는지 확인할 수 있다. '검색어에 대한 검색결과Where Query Returned' 옵션이 '최적의 추천 0건'으로 설정되어 있다면, 빈번하게 입력되는 검색어 중에 최적의 추천을 가지고 있지 않은 검색어를 발견할 수 있고, 따라서 새로운 최적의 추천을 또 만들 수 있다.

SAS 콘솔의 다른 기능은 '통계 보기View Metrics'이다. '클릭 빈도 순위Ranked

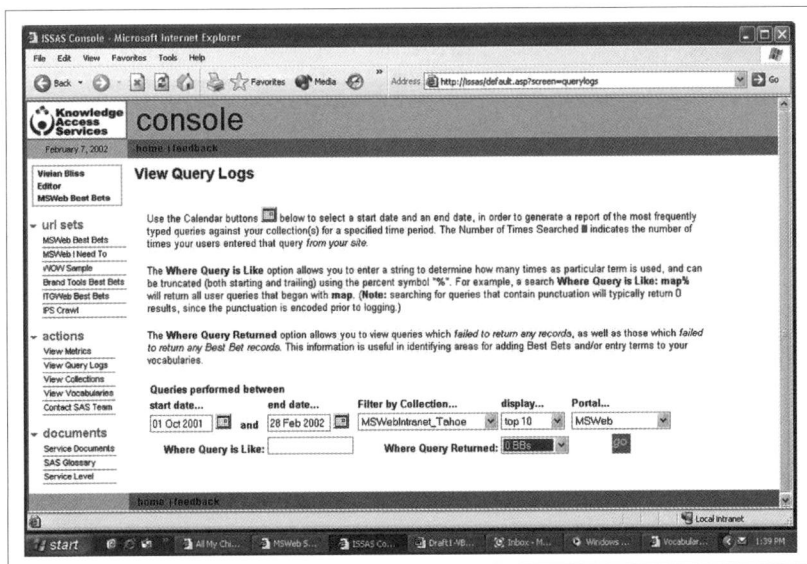

그림 20-22. '검색어 로그 보기' 기능은 빈번하게 입력되는 검색어를 확인하는 데 유용하다.

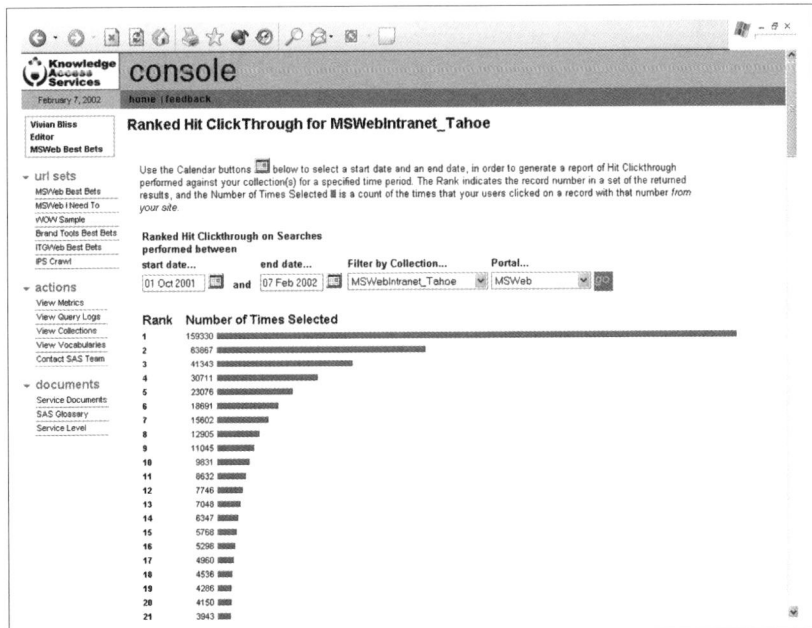

그림 20-23. 일반적으로 가장 많은 클릭 빈도를 보이는 문서들은 최적의 추천이다.

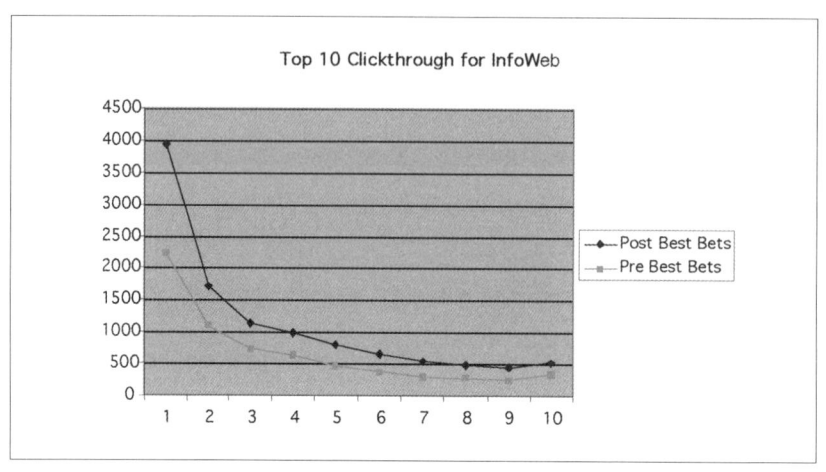

그림 20-24. 최적의 추천은 검색 결과의 클릭 빈도를 높인다.

'Hit Click-through' 옵션은 특정 검색어에 대한 검색 결과에서 클릭된 문서의 순위를 그래프로 보여준다(그림 20-23). 일반적으로 최적의 추천은 1위를 차지하며, 다른 문서들보다 엄청나게 높은 클릭 빈도를 보인다.

그렇다면, 이러한 복합적인 방법(수작업으로 만든 최적의 추천과 검색엔진에서 자동으로 생성되는 결과의 조합)이 실제로 사용자들에게 도움이 될까? 답을 내리기에 너무 이르기는 하지만, 초기 데이터들은 낙관적인 결과를 보여주고 있다. 최적의 추천이 구현된 이래, 사용자들의 검색이 18% 감소하였다. 이것은 초기 검색의 결과가 매우 성공적이며, 재검색이 필요 없었다라고 생각해볼 수 있다. 그리고 그림 20-24에서 보이는 것과 같이, 사용자들은 최적의 추천이 구현되기 이전과 비교했을 때 첫 번째 검색 결과를 거의 두 배나 많이 클릭하고 있다. 이러한 사실은 사용자들이 자동으로 생성되는 결과보다 최적의 추천이 보다 관련도가 높다고 판단한다는 것을 의미할 수 있다.

측정 기준	v.3.0 평균	v. 4.01 평균	변화
태스크 성공률	68.30%	79%	10.7% 증가
태스크 수행시간	3분 26초	3분 10초	16초 감소
클릭 빈도	13	5	8클릭 감소

MSWeb팀은 개선된 브라우징, 검색, 콘텐츠가 사용자에게 미치는 누적 효과를 전반적으로 측정하였다. 팀은 주요 재설계 작업의 이전과 이후에 대한 태스크 분석을 하였고, 성공률, 태스크 수행시간, 클릭 수 측면에서 성공이라고 얘기할 수 있을만한 결과를 발견할 수 있었다. 아래의 표는 태스크 분석의 결과를 보여준다. 버전 3.0 결과는 1999년 2월에 기록했으며, 버전 4.01 결과는 택소노미 주도의 개선이 이뤄진 이후인 1999년 7월에 기록하였다.

물론, 위에서 나열한 수치들은 다른 요소들의 영향을 받았을 수도 있다. 하지만 그러한 영향을 감안하더라도, 여전히 MSWeb팀의 노력이 거둔 가치를 충분히 보여준다.

20.5 다음 단계

MSWeb이 가진 접근방식의 초기 성공은 매우 흥미진진하다. 하지만, 이것은 아직 많은 시간과 단계들이 남아 있는 여정에서 첫 걸음에 불과하다. 팀은 현재 적용된 것들이 지속적으로 성장하기를 기대하고 있다. 더 많은 자원 레코드, 더욱 탄탄한 택소노미, 더 다양해지고 있는 SAS의 서비스와 MSWeb의 컨설팅을 활용하는 사이트들의 증가 등등. 또한, MSWeb팀은 머지않은 미래에 흥미롭고 새로운 계획을 시험해볼 예정이다.

한 가지 흥미진진한 가능성은 다른 비즈니스 부문에서도 기업 내 정보구조와 콘텐츠 관리를 위해 보다 성숙한 기반구조를 만드는 일이 증가하면서 역할이 커지고 있다는 것이다. MSWeb은 업무 분야를 독점하기보다는, 다른 부문과의 동반자 역할을 통해 리더십을 발휘하는 역할로 옮겨가는 시도를 하고 있다. 이 시나리오에서, 비즈니스 부문들은 택소노미, 툴, 관련 노력들을 점차 더 많이 공유하기 때문에 결국 마이크로소프트는 비용을 절감할 수 있다. 더욱이, 콘텐츠 관리자들의 높은 인식 수준은 향후의 집중화 활동(검색을 위해 인덱싱될 자원을 등록하도록 하는 것과 같은)을 수행하는 데 적극적인 참여를 유도하게 해준다. 콘텐츠 관리자 입장에서는 이러한 참여로 조금 더 업무가 많아질 수 있겠지만, 사용자에게 개선된 검색을 제공할 수 있고 누가 어떠한 콘텐츠에 대한 책임이 있는지, 언제 업데이트가 되어야 하는지 등을 설정할 수 있게 되어 보다 효율적으로 콘텐츠를 관리할 수 있다.

더욱 흥미진진한 것은 웹의 창시자인, 팀 버너스 리Tim Berners-Lee와 몇몇 사람들이 제안했던 개념인, '시맨틱 웹'[8]을 만들 수 있다는 가능성이다.[9] 시맨틱 웹은 12장에서 다룬 콘텐츠 모델과 매우 유사하게, 서로 관련 있는 콘텐츠 대상들 간의 연결을 자동적으로 만들어준다. 이 장에서 언급한 일부 툴들은 자동화된 연계를 만들어내기 위해 확장이 가능하다. 예를 들어, 다른 마이크로소프트 비즈니스 부문에 의해서 만들어진 택소노미들은 '상호 연계'(택소노미의 유사한 용어나 '노드' 간에 관계가 만들어질 수 있다는 것을 의미한다)될 수 있다. 이러한 관계들은 마이크로소프트 인트라넷 전반에 걸친 검색을 개선하는 데 활용될 수 있는데, 다른 태그들을 가지고 있는 콘텐츠 및 유사한 콘텐츠가 함께 검색될 수 있기 때문이다. 보캡맨과 SAS 콘솔은 향후에 택소노미 사이에 상호 연계가 가능하도록 관련된 태그를 지원하는 기능을 이미 탑재하고 있다.

시맨틱 웹의 개념은 보다 큰 잠재력을 가지고 있다. 날리지 액세스 서비스Knowledge Access Services의 관리자, 알렉스 웨이드Alex Wade는 "MSWeb이라는 우주를 채웠던 원자들이 곧 의미론적인 대상(물리적인 문서들이 아니라)이 되어 미래를 채울 것이다"라고 점쳤다. "오늘날 우리는 대상들 간의 구분을 위한 경계를 많이 정의하지 않습니다. 그리고 우리가 경계를 정의했다고 하더라도, 그 경계가 명확한 경우는 거의 없습니다. 현재는 단지 의미론적으로 파생된 관계들을 보고 있을 뿐입니다." 그는 시맨틱 MSWeb이 '강력한 규칙'이나 관계에 의해 서로 연결되어 있는 사람, 장소, 사물에 대한 정보를 제공하기를

---

8 (옮긴이) 시맨틱 웹(semantic web): 정보의 의미를 컴퓨터가 이해할 수 있는 새로운 언어로 표현한 웹. 이를 통해 컴퓨터 사이의 커뮤니케이션이 가능해지고, 정보에 대한 논리적인 추론이 가능해져 보다 지능화된 웹이 가능해진다.

9 버너스 리(Tim Berners-Lee), 헨들러(James Hendler), 라실라(Ora Lassila), 「The Semantic Web」, Scientific American, 2001년 5월호 〈http://www.sciam.com/2001/0501issue/0501berners-lee.html〉.

기대한다(초기 규칙이 정의되면, 새로운 규칙들은 여기서 자동적으로 파생된다). 정확한 정보를 찾는 것만큼이나 정확한 사람을 찾는 것이 중요한 마이크로소프트와 같은 인트라넷 환경에서 이러한 관계들을 가지고 있는 웹은 엄청난 이익을 가져올 수 있다. 이러한 변화는 인포메이션 아키텍트에게도 패러다임의 전환을 요구하고 있다. 알렉스가 제안한 것처럼, 우리는 문서에 태깅하는 것을 그만두고 대상 간의 관계 정의를 시작할 필요가 있다. 결국, 이러한 관계들은 각기 다른 형태의 계층 관계, 연계 관계, 동치 관계를 가지게 될 것이다.

20.6 MSWeb의 성과

MSWeb이 한 일 중에 혁명적이라고 표현할 수 있는 것은 아무것도 없다(초기 문제를 고민하고, 접근방법을 찾아내고, 툴을 개발하고, 접근방법을 실제로 적용할 수 있게 해준 전문지식을 갖추고 있었다고 할지라도). 복잡한 문제를 해결하기 위해 합리적인 단계를 밟았을 뿐이다.

대규모 조직에서 일하다 보면(혹은 많은 소규모의 조직에서도 마찬가지로), 합리적인 접근방법이 대개 먹히지 않는다는 것을 깨닫게 된다. 바람만 불어도 쉽게 변하는 기업의 전략, 극단적으로 부침이 심한 예산, (가장 문제가 심각한) 공포스런 조직개편으로 인해서, 이성적으로 명확하고 타당한 것은 대개 논의되지 않는다. 그리고 마이크로소프트 역시 이러한 문제들을 안고 있었다. MSWeb 팀원 중 한 명은 단 5개월 동안 7명의 관리자들을 상관으로 모셔야 했고, 세 번이나 직함이 바뀌었다.

MSWeb팀은 잘 정리된 택소노미와 툴을 개발했다. 그러나 팀의 가장 인상적인 성과는 합리적인 계획을 대규모의 기업 환경에서 성공적으로 구현해냈다는 것이다. 팀 구성원들은 콘텐츠, 사용자, 맥락을 수용하는 전체적인 접근방법만이 변화를 만들어낼 수 있다는 것을 이해하고 있었다. 또한 기업 전반에 걸친 솔루션을 적용해서 효과를 거두는 데는 충분한 시간이(수개월이 아닌 수년) 필요하다는 것도 알고 있었다.

지금 비슷한 문제를 겪고 있다면, 비비안 블리스Vivian Bliss의 조언을 따라 해보기 권한다.

… 정보시스템의 개선은 사람, 프로세스, 기술에 영향을 끼친다. 이를 인식하지 못한다면 실패할 수밖에 없다. 다른 말로 하자면, 기술만 가지고서는 해답을 찾을 수 없다. 단지 UI만 조정하는 것은 해답이 아니다. 유연한 택소노미를 만들 수 없고, 이를 발행하거나 검색에 활용할 수도 없다. 비결은 바로 다양한 학문적 배경을 가진 사람들로 구성된 팀을 꾸리는 것이다. 한 가지 학문만으로는 해답을 만들어 낼 수 없다.

Information Architecture for the World Wide Web **21**

evolt.org: 온라인 커뮤니티

> **다룰 내용**
> - 온라인 커뮤니티가 거의 비용을 들이지 않고 혁신적인 정보구조를 개발할 수 있었던 방법
> - 인센티브를 통해 콘텐츠 생산자와 소비자 사이의 참여 경제를 이끌어 가는 방법

온라인 커뮤니티의 구축은 웹이 시작된 이후 계속되어 왔다. 어떤 커뮤니티들은 성공했으나 대부분은 보기 좋게 실패했다. 하지만 원숙하고 현실적인 사업가들조차 회사의 최신 상품이나 서비스의 장점에 대해 즐겁게 논의하며 기꺼이 구매하는 수많은 고객들을 확보하기 위해서 앞뒤 가리지 않고 계속해서 과감하게 커뮤니티에 투자한다. 채팅 애플리케이션과 같이 새롭고 활발히 마케팅되고 있는 커뮤니티 구현 기술들은 온라인 커뮤니티라는 불에 기름을 붓고 있다. 이러한 기술들은 '이 애플리케이션으로 커뮤니티를 구현하게 되면, 반드시 성공할 수 있다'는 약속을 남발하고 있다.

확실히, 온라인 커뮤니티가 성공하려면 멋진 툴 이상의 것이 필요하다. 기술은 공통 관심사를 가진 사람들이 생각을 나누고 대화할 수 있도록 해주지

만, 관심과 관련된 정보를 나누는 것, 주제에 집중하는 것, 다른 사람들에 대해서 인내심을 갖는 것, 문제가 발생했을 경우에 스스로 감시하고 자정하는 것은 모두 사람에게 달려 있다. 모든 커뮤니티들은 가입 대상, 새로운 구성원에 대한 환영 방식과 지침, 진행하는 이벤트와 주요 행사의 종류, 권장하는 행동 방식이 모두 제각기 다르기 마련이다. 따라서 성공한 온라인 커뮤니티들이 실제로 독자적인 문화를 가지고 있다고 말하는 것은 과언이 아니다.

문화와 커뮤니티는 그냥 생겨나지 않으며, 세심한 보살핌이 필요하다. 하지만, 관리가 지나치게 되면 문화와 커뮤니티는 시들어 죽고 만다. 잘 설계된 정보구조는 이를 잘 조절할 수 있도록 도움을 주며, 표현과 행동의 자유를 유연하게 보장함과 동시에 콘텐츠를 잘 조직화하고 구조화하여 검색이 잘될 수 있도록 해준다. 그리고 일반 사이트들에서의 정보구조를 맥락에 맞춰야 했다면, 온라인 커뮤니티의 정보구조는 맥락(커뮤니티의 구성원들이 만나는 유일한 장소)을 창조하게 된다. 사실, 온라인 커뮤니티 정보설계는 본래 맥락을 설계하는 활동이라고 할 수 있다. 이 사례연구는 evolt.org에 대한 것으로, 커뮤니티 구성원을 위한 맥락에 대해 고심하고, 지속가능하도록 노력하고, 성장시킨 실제로 살아 있는 온라인 커뮤니티를 소개한다.

21.1 evolt.org에 대한 설명

evolt.org가 무엇일까? 해답은 사이트 내 모든 페이지의 하단에 설명되어 있다.

evolt.org는 웹 개발자들이 서로의 아이디어와 기술, 경험을 무료로 공유할 수 있는 세계적인 커뮤니티입니다.
evolt의 의미: 'evolt'는 진화evolution, 혁명revolution의 요소와 전기voltage를 합친 말입니다. 'evolt'는 우리의 목표와 열정을 상징합니다.

사이트는 온라인 커뮤니티의 정보구조에 대한 흥미로운 사례를 보여준다. 사이트의 회원들은 단기간에 빠르게 증가하였다. 사이트는 흩어져 있는 회원들, 자원봉사자에 의존, 빠른 성장, 경쟁, 비상업적인 접근방식 등 잠재적으로 문제를 야기할 수 있는 요소가 있었음에도 불구하고, 환경에 빠르게 적응하였다. evolt.org와 사이트의 회원들은 정보설계의 전통적인 접근방식과는 완전히 거리가 먼 새로운 접근방법을 취했으며, 여기서 우리는 흥미로운 교훈을 얻을 수 있었다.

21.2 온라인 커뮤니티 구조화하기

온라인 커뮤니티는 강제적인 참여에 의해서 만들어질 수 없다. 성공하기 위해서는 생업을 위해 바쁜 회원들이 자발적으로 참여할 수 있도록 충분히 매력적이어야 한다. 더구나 이런 온라인 커뮤니티들은 때로 닮은꼴인 다른 커뮤니티들과 경쟁을 하곤 한다.

예를 들어, evolt.org는 웹 개발에 중점을 두고 있다. 쉽게 예상할 수 있는 것처럼, 웹 개발에 집중하고 있는 커뮤니티들은 이미 많이 존재한다. 그렇기 때문에, evolt.org의 직원들이 지난 5년 동안 거둔 성과를 높이 평가할 필요가 있다. 직원들은 활발한 교류가 일어나는 4개의 메일링 리스트를 구축했으며, 가장 규모가 큰 메일링 리스트는 3,000명 이상의 회원들이 사용한다. 그리고 evolt.org 웹사이트는 24,000명 이상의 가입 회원들을 보유하고 있다. 이러한 성장 추이는 인상적인데, 엄청나게 적은 evolt.org의 예산을 감안한다면 더욱 인상적이다. 자원봉사자들은 자신들의 시간과 열정을 들여서 커뮤니티가 제대로 운영되도록 서버를 관리한다.

오늘날의 엄청나게 싸고 강력한 정보기술과 열정은 확실히 강력한 조합이다. 그러나 이러한 조합이 성공을 보장해주지는 않는다. 이들을 하나로 묶어줄 수 있는 환경이 만들어져야만 한다. 누군가는 신의 역할을 해야만 한다. 스스로 지속가능하고 사람들이 가입하고 참여할 수 있는 환경을 만들어낼 수 있는 기반구조를 설정하고 규칙을 정의해야 한다. 바로 여기에서 정보설계가 필요하다. 정보설계는 사람, 열정, 콘텐츠, 기술이 서로 화합하도록 하나의 공간에 묶어주는 구조를 만들어 낸다.

그러면, 정보설계는 evolt.org에서 정확히 얼마나 중요한 부분을 차지하고 있을까?

21.3 참여 경제

모든 온라인 커뮤니티들이 직면하는 가장 큰 어려움은 사람들을 참여하게 만드는 것이다. 참여에는 주는 것(콘텐츠의 생산)과 얻는 것(콘텐츠의 소비) 간의 균형이 필요하다. 주는 사람과 얻는 사람 간의 일대일 교환을 이뤄내는 것은 어렵다. 좋은 정보를 만들어내기 위해서는 많은 시간과 노력이 들기 때문에, 사람들은 정보를 소비하려고만 하는 성향이 있다. 많은 사람들이 정보를 소비하기만 하고 아무도 만들어내지 않는다면, 온라인 커뮤니티는 실패하기 마련이다. 따라서 온라인 커뮤니티에서 이러한 일을 책임감 있게 한다는 것은 미국연방준비제도이사회 의장인 버냉키Ben Bernanke가 하는 일보다도 어렵다고 할 수 있다. 정보 경제를 무에서 창조해내는 것은 단지 경제 성과를 조정하는 것보다 훨씬 큰 일이다. 건강한 온라인 커뮤니티 경제는 수요에 맞춰 콘텐츠를 생산하는 자유시장주의적으로 운용하기에 또 사람들의 참여를 강요할 수 없기에, 시행착오를 겪을 수밖에 없다.

여기서 정보구조는 두 가지 역할을 수행한다. 첫째, 정보구조는 경제 기반 구조를 형성하는 필수적인 규칙과 가이드라인을 제공한다. 이것은 국제은행이 국제경제에서 국가 간 거래를 구조화하는 방식과 매우 동일하다. 따라서 정보구조는 참여 경제를 '조직setting up'하는 핵심적인 부분이다.

둘째, 미국연방준비제도이사회의 금리 조정이 경제활동을 북돋우거나 둔화시키는 것처럼, 정보구조는 참여 경제에서 '거래transaction'의 수준을 조정하는 데 사용될 수 있고, 참여 경제를 원활하게 만들어 준다. 즉, 정보구조는 개개인의 특성에 맞춰 콘텐츠 생성의 다양한 수준을 지원하고, 참여를 '금전적으로 환산monetizing'하여 회원들이 콘텐츠를 생성하고 소비하는 것이 어떠한 가치를 가지는지 보다 잘 이해하도록 해준다.

21.3.1 참여의 다양한 수준 지원하기

일부 사이트들은 사용자들이 참여하려면 반드시 넘어야 하는 큰 장벽을 만들기도 한다. 예를 들어, 사이트들은 '참여를 허가'하기 전에 모든 개인정보를 요구하기도 한다. 주류 밀매점 모델[1]은 특정한 환경에서는 적합할 수 있지만, 오늘날과 같이 커뮤니티와 콘텐츠들이 넘쳐나는 경쟁 환경에서는 일반적으로 실패할 수밖에 없다. 보다 좋은 방법은 조용히 정보만 소비하는 사람에서부터 활동적인 잔소리꾼에 이르기까지 다양한 부류의 사람들에게 다양한 수준의 참여 방법을 제공하는 것이다.

evolt.org는 콘텐츠와 다른 리소스에 대한 접근 수준을 다양하게 하고 있다. 회원 가입 여부와 상관없이 누구든지 evolt.org에 참여할 수 있지만, 보다 상위 수준의 참여에는 회원 가입이 필요하고 더더욱 높은 수준에는 운영진들만 참여할 수 있다. 이러한 사회적 계층은 표 21-1에서 보는 바와 같다.

이러한 체계가 결코 혁명적이지는 않지만, '계급 체계'를 잘 정립하여 사람들의 '신분상승 욕구'가 제대로 실현될 수 있게 논리적으로 이동 경로를 마련하였다. 비회원이라도 처음에 사이트를 맛볼 수 있게 해, 지속적으로 참여의 수준을 높이도록 유도하고 있다.

보다 많은 계급이 만들어질 수도 있지만, 그렇게 되면 너무나 복잡해지고 무거운 카스트제도처럼 되어버릴 수 있다. evolt.org는 신중하게 생각한 끝에 계급제도를 단순하게 유지하기로 결정했다. 그래서, 사용자는 자신이 어디에 속하는지와 얼마나 높아질 수 있는지를 쉽게 이해하게 되었다. 그리고 비회원에서 의사결정권을 가지는 정회원으로의 통과 속도는 빨라졌다. 상대적으로 겪어야 할 고통이 작아지게 된 것이다(문신, 낙인 등과 같은 신고식이 필요 없다).

---

[1] (옮긴이) 주류밀매점(speakeasy) 모델: speakeasy는 1920~30년대 미국에서 금주령이 내려졌을 때에 성행하던 불법 주류밀매점을 의미한다. 불법으로 술을 사는 것처럼 참여를 위해서는 어느 정도의 관문을 통과해야 하지만, 이러한 참여가 겉으로는 쉽게 드러나지 않는 것을 의미한다.

표 21.1 evolt.org의 계급과 허용되는 참여의 수준

계급	참여 수준
모든 사람	할 수 있는 일: • 전체 사이트와 보관된 메일링 리스트 내용을 검색/브라우징 • 게시물 읽기 • 브라우저 목록에서 브라우저를 다운로드 • 웹 개발 리소스 디렉터리에 아이템을 등록
evolt.org 회원	위의 일들을 모두 할 수 있으며, 추가적으로 할 수 있는 일: • 모든 토론 목록을 구독하고 게재 • 게시물을 평가하고 의견을 추가 • evolt.org에서 게시물을 발행하는 데 기여 • 회원 검색을 위한 표제어를 생성 • 회원명단 검색 • 실험을 위한 디스크 공간과 툴을 제공해주는 members.evolt.org('m.e.o')의 계정을 신청 가능 • 리스트나 사이트를 개선하는 방법에 대한 제안 • 'theforum' 토론 목록에 참여하여 evolt.org에 영향을 끼칠 수 있는 의사결정에 의견을 개진 • 일부 경우에, 사이트와 백엔드에 대한 개선작업을 수행
evolt.org 운영진	위의 일들을 모두 할 수 있으며, 추가적으로 할 수 있는 일: • 게시물의 수정 및 게재 신청된 게시물의 승인/거절 • 사용자로부터 전달된 메시지에 대한 대답 • FAQ의 게시물을 작성

21.3.2 참여 경제의 자본

보다 흥미로운 것은 사용자들의 참여가 '금전적으로 환산된다는monetized' 것이다. evolt.org의 경제는 크게 두 가지 형식(생산자에 대한 지불과 소비자로부터의 수입)으로 표현되는 다양한 유형의 '돈'을 운용하고 있다. 보다 구체적으로 말하면, evolt.org의 '지불payment'은 토론 목록에 게재, 게시물 작성, 회원명단에 새로운 회원 추가와 같이 아주 보편적인 활동을 통해 발생한다.

토론 목록에 게재

evolt.org의 토론 목록에 질문, 답변, 의견, 아이디어를 게시할 때, evolt.org의 참여 경제에서 이뤄지는 거래에 대해서는 반드시 인지할 필요는 없다. 사실상, 사람들이 토론하려고 evolt.org에 방문하여 올리는 이런 게시 행위 자체

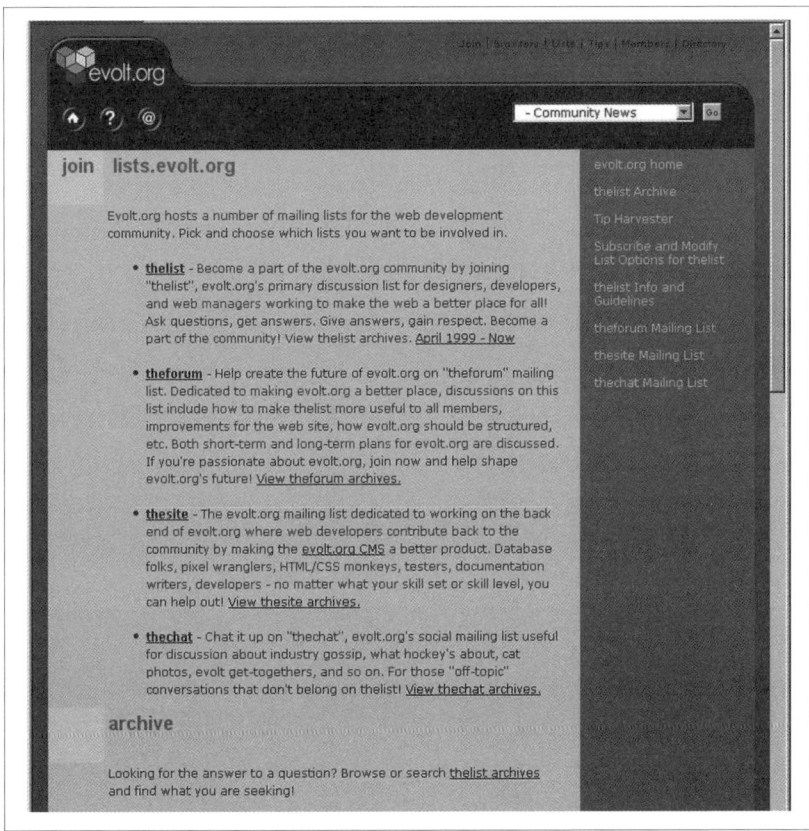

그림 21-1. evolt.org의 메일링 리스트

가 본질적으로 경제의 중추 역할을 하기 때문이다. 그리고, evolt.org는 네 개의 주요 토론 목록들(각각은 웹 개발의 서로 다른 몇 가지 측면들과 evolt.org 사이트의 운영을 다루고 있다)을 제공하기 때문에 대부분 사용자들이 가지고 있는 니즈는 여기서 해소된다. 'thelist'는 evolt.org의 존재 이유(웹 개발)가 논의되는 장소이며, 'theforum'과 'thesite'는 evolt.org 자체를 구축하고 개선하는 데 중점을 두고 있다. 그리고 'thechat'는 언제나 어디서나 생기기 마련인 자유로운 대화를 위한 공간이다. (그림 21-1 참조)

팁

evolt.org가 사용자들이 토론 목록에 기여하도록 유도할 때에도 질과 양의 균형은 반드시 필요하다. 많은 의견이 게시되지만 정작 의미 있는 의견이 적다면 토론 목록은 실패할 수밖에 없기 때문에, evolt.org는 토론 목록 게시물이 높은 품질을 유지할 수 있도록 다양한 방법과 가이드라인을 사용하고 있다(그림 21-2). 게시자가 주제에 관련된 내용만을 게시하도록 강요할 수는 없기 때문에, 필요할 때는 제목에 '[OT]Off-Topic'라는 말머리를 사용해 글이 주제에서 벗어나 있음을 알릴 것을 권하고 있다. 이를 통해서, 읽는 사람들은 제목을 빠르게 훑어보면서, 게시물 전체를 다 읽지 않고도 논외의 게시물이라는 사실을 알아차릴 수 있다.

더욱 기발한 것은, evolt.org는 논외 게시물들이 커뮤니티에 '보상할' 책임

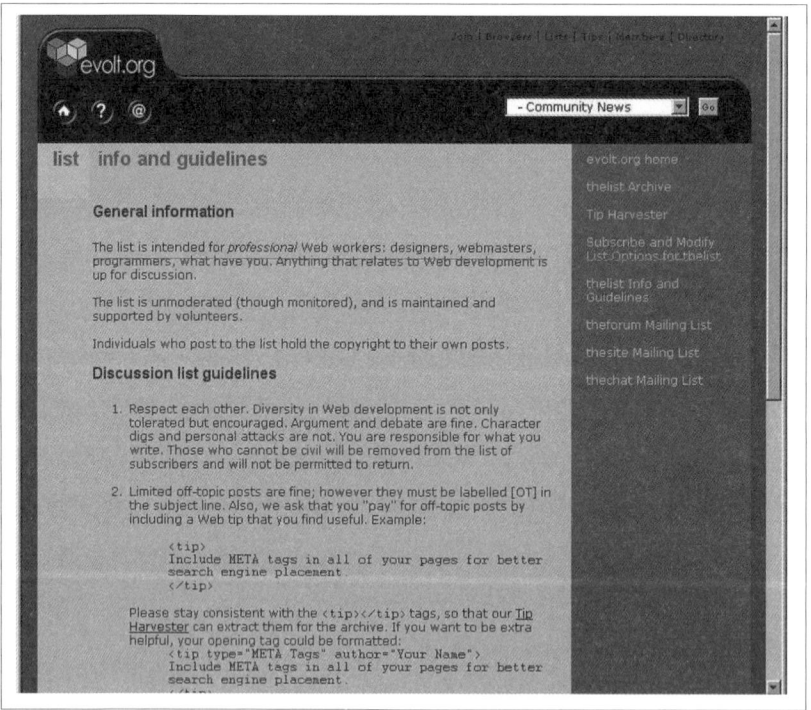

그림 21-2. evolt.org의 토론 목록에 대한 참여 가이드라인

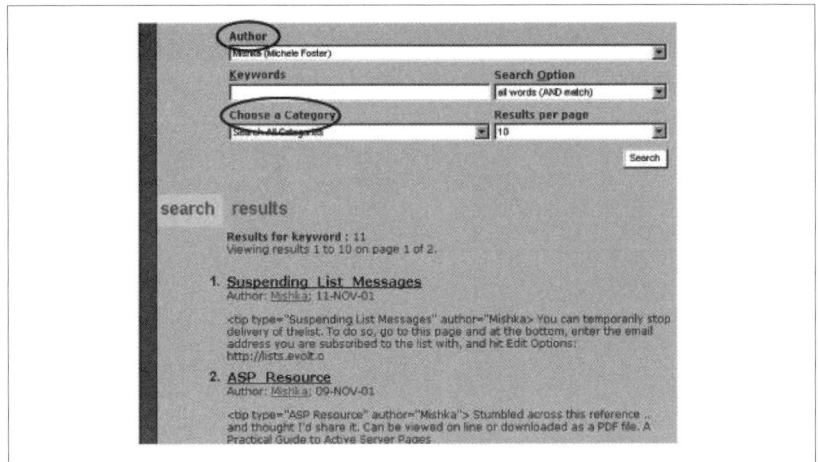

그림 21-3. 두 가지 메타데이터 체계들은(게시자와 카테고리) 팁을 보다 쉽게 검색할 수 있도록 해준다.

을 지도록 하는 정책을 도입한 것이다. 논외의 게시물을 작성하는 사람은 자신의 게시물에 웹 개발과 관련된 지식을 담은 '팁'을 포함시켜야만 한다. 게시자들은 일반적으로 이를 따르고 있다. 사실, 많은 게시자들은 팁 자체를 공유하기 위해서 논외 게시물을 작성하곤 한다.

게시자들은 자신들이 작성한 팁들을 정의된 방식으로 마크업해야만 하며, evolt.org의 자동 '팁 추출기'는 향후에도 커뮤니티에서 사용하기 위해 팁들을 인덱싱하게 된다. 마크업은 단순한 오픈 태그(⟨tip⟩)와 클로즈 태그(⟨/tip⟩)를 사용하면 된다. 팁의 게시자는 ⟨tip type='…'⟩[2]와 ⟨tip author='…'⟩[3]와 같은 부가적인 마크업 옵션들을 사용할 수도 있다. 이러한 마크업은 철저하게 통제되지 않는 사이트에서도 검색 기능이 놀라우리만큼 좋도록 해준다(그림 21-3).

강요에 의한 경제는 오랜 기간 지속될 수 없다. 실제로, evolt.org는 커뮤니케이션을 감시하고 위반자를 처벌할 기반조차 가지고 있지 않다. 이것이 팁이 매우 중요한 이유다. 사용자들이 주제에 집중할 수 없을 때 팁이 만들어지

---

2 (옮긴이) ⟨tip type='…'⟩: 팁의 유형을 정의

3 (옮긴이) ⟨tip author='…'⟩: 팁의 게시자를 정의

게 된다. 개인적인 생각이나 감정을 표현하지 않고 커뮤니티에 참여하는 것은 쉽지 않다. 팁은 회원들이 자신들의 논외의 게시물을 통해 커뮤니티 내의 다른 영역의 자원에 기여할 수 있도록 해준다. 회원들은 팁으로 자신의 참여를 '지불'하게 되는데, 사실 이것은 evolt.org 경제에서 이뤄지는 거래의 한 가지 예일 뿐이다. 다른 많은 커뮤니티에서 전염병처럼 간주되던 논외 게시물이 evolt.org의 온라인 커뮤니티에서는 모두에게 유익한 게시물로 탈바꿈하게 된다.

'발행된' 게시물

evolt.org 경제에서 게시물은 게시자나 evolt.org에 있어서 주요한 투자라고 할 수 있다. 게시물을 작성하는 데 엄청난 노력을 쏟으며 그에 상응하는 인지도를 얻고자 하는 게시자 그리고 이러한 게시물의 품질로 평가되는 evolt.org, 이 모두에게 게시물은 하나의 투자인 셈이다. 그래서 evolt.org는 그림 21-4에서 보이는 것과 같이 사이트의 메인 페이지에서 게시물들을 제일 중요한 영역에 배치하고 있다.

또한 evolt.org는 서비스 자체적으로는 위험할 수 있는 과감한 운영을 하고 있는데, 사용자들의 의견과 평가를 눈에 잘 띄게 함으로써 게시자들에게 부담을 갖게 하는 것이다. 이를 통해, 독자들은 특정 게시물에 대해서 사람들이 어떻게 평가하고 있는지 빠르게 알 수 있다. 의견과 평가로 evolt.org는 게시물에 대한 품질 수준을 유지하고 있다. 표 21-2는 이러한 콘텐츠 '거래'에서 서로 교환될 수 있는 자본 구성요소를 보여준다.

지속적으로 콘텐츠를 만들어내는 게시자들은 더 많은 자본을 축적할 수 있다. 자본의 양은 evolt.org 회원명단에서 게시자의 개인정보 페이지뿐만 아니라, '큐브'와 기타 누적된 정보들이 보이는 게시물 페이지에서도 보인다.

큐브는 게시자가 얼마나 많이 산출물을 만들어냈는가를 보여주는 단순한 그래픽적 표현이다. 그림 21-5에서 보이는 그림은 미시카Mishka가 1~5개의 게시물을 올렸다는 것을 보여준다. 우측의 사이드바는 미시카가 실제로 5개의 게시물을 작성했으며, 게시물들은 54차례 평가를 받았고 평균 3.86점을(15점

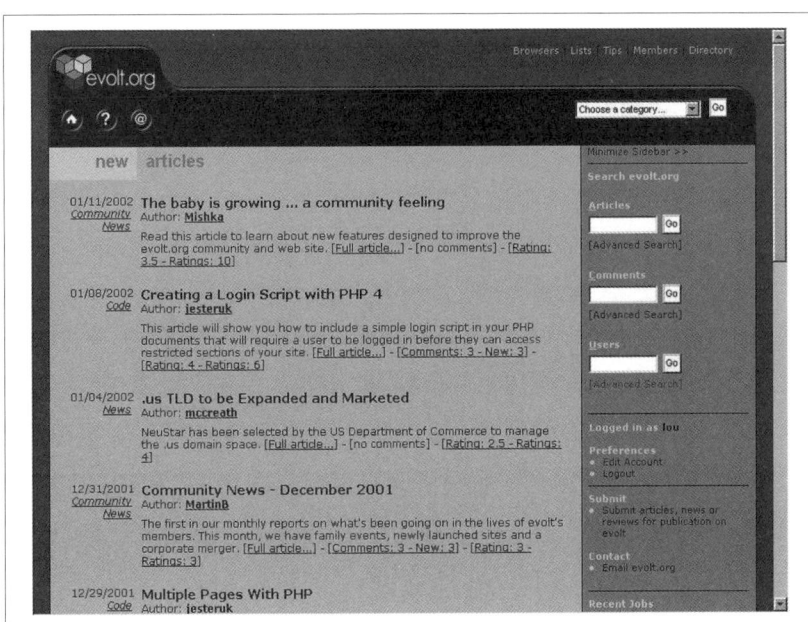

그림 21-4. 최근 게시물들은 evolt.org 메인 페이지의 75%를 차지한다.

표 21.2 콘텐츠 기래

거래자	지불	대가
게시자	게시물	의견
		평가
		인지도
독자	의견	게시물
	평가	다른 독자들의 의견과 평가를 통한 참고 정보
		커뮤니티에 대한 참여자로서의 역할, 주인의식
evolt.org	화면의 중요 영역	독자들의 의견과 평가를 통해서 낮은 품질의 게시물들이 게재되는 것을 막을 수 있음

만점에) 받았다는 사실을 보여준다. 그리고 사진을 올릴 공간이 있다.

    이러한 정보는 독자들에게 유용하여 독자들은 게시물의 수준을 빠르게 판단할 수 있다. 이메일 주소나 게시자 정보에 대한 링크와 사진은 개인화가 가

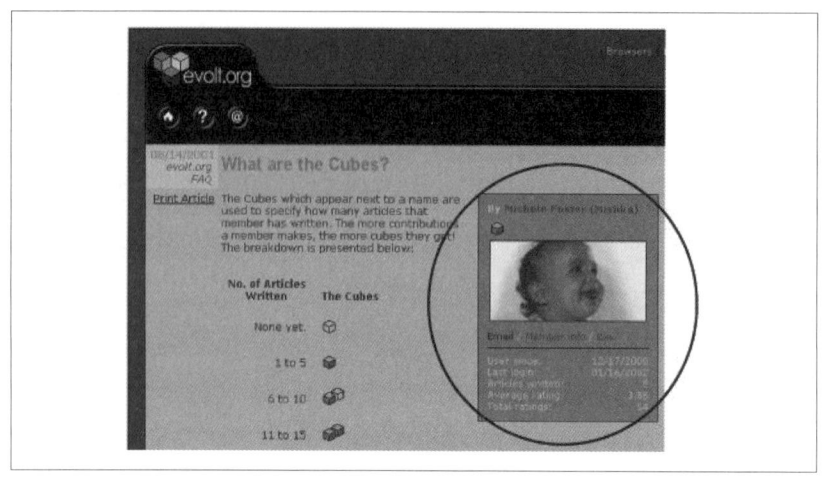

그림 21-5. 큐브는 게시자가 누구이고, 얼마나 많은 게시물을 작성했는지, 얼마나 좋은 게시물인지 알 수 있게 해준다.

능하다. 독자에게 게시자를 보다 친근하게 만듦으로써, evolt.org의 정보구조는 게시물을 읽을 때 형성되는 커뮤니티에 대한 소속감을 높이는 데 도움을 주고 있다. 이 정보구조는 게시자에게도 도움이 되는데, 이제 막 (자기 자랑이 아니라 다른 사람에게 도움이 될) 게시물을 게재하기 시작한 사람들은 evolt.org내의 다른 사람들이 자신의 게시물을 읽고 있으며, 의견을 남기고, 게시물을 평가할 만큼 강력하게 반응하고 있다는 것을 알 수 있다. 이를 통해 충분한 동기를 얻을 수 있다(독자와의 교감은 게시자에게 훌륭한 동기부여가 된다).

개인정보

독자들은 게시자가 어떤 사람인지 알고 싶어 하고, 회원끼리는 일반적으로 서로에 대해 궁금해 하기 때문에, evolt.org는 회원명단에서 보다 상세한 개인정보를 제공하고 있다. 명단 페이지에서는 회원들이 입력한 정보(예: 이메일 주소와 간략한 개인정보), 해당 회원이 작성한 팁, 독자들의 의견과 평가가 달린 게시물들이 보인다(그림 21-6). evolt.org가 현재 제공하고 있지는 않지만, 회원들의 최근 토론 목록 게시물에 대한 링크도 제공한다면 이 또한 유용할 수 있다.

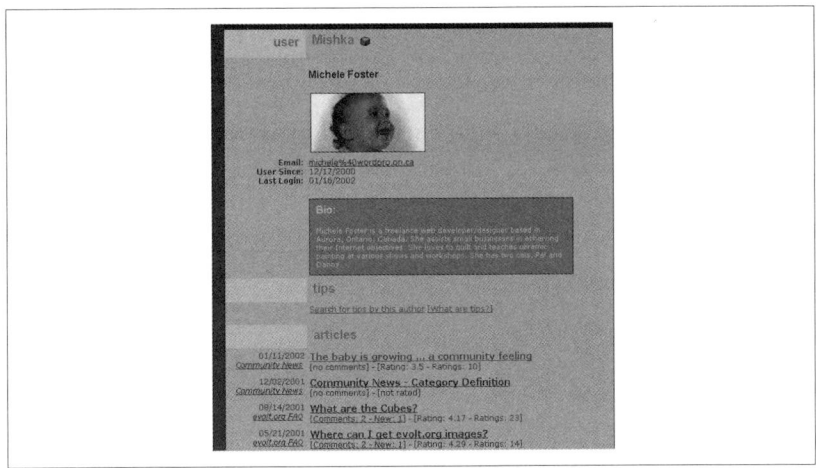

그림 21-6. evolt.org 회원들을 위한 '메인 페이지'에서는 회원명단 레코드를 보여준다.

새로운 벤처 사업

IT 분야가 가진 가장 큰 장점 중 하나는, 역시 정보기술이 저렴하고 강력하다는 것이다! 그 저렴함과 강력함은 evolt.org와 같은 무료 커뮤니티 사이트가 사업가적인 기질을 가진 회원들에게 '벤처 캐피탈venture capital'과 같은 역할을 할 수 있게 해준다.

이것은 members.evolt.org의 목표이다. m.e.o는 evolt.org의 회원들을 위한 개발 환경이나 '샌드박스' 역할을 한다. 회원들은 ColdFusion, MySQL, Perl, PHP, Python과 같은 웹 개발 필수요소나 JSP나 ASP 등을 마음껏 활용할 수 있다. 또한 FTP, POP3 email, 저장 공간(1인당 15MB)을 처리하는 서버도 제공한다. 사이트 운영을 위한 호스팅 서비스나 ASP를 제공하는 대신, m.e.o는 회원들이 실험적인 프로젝트를 통해 웹 개발 전문지식을 기를 수 있도록 하고 있다. 그림 21-7은 m.e.o의 비밀 실험실[4]에서 개발되었던 프로젝트들의

---

[4] (옮긴이) 비밀 실험실(skunk works) : skunk works는 소수의 인력들이 본래의 조직과 철저히 격리되어 비밀리에 진행하는 프로젝트를 의미한다. 자연스러운 의미 전달을 위해 '비밀 실험실'이라고 번역하였다.

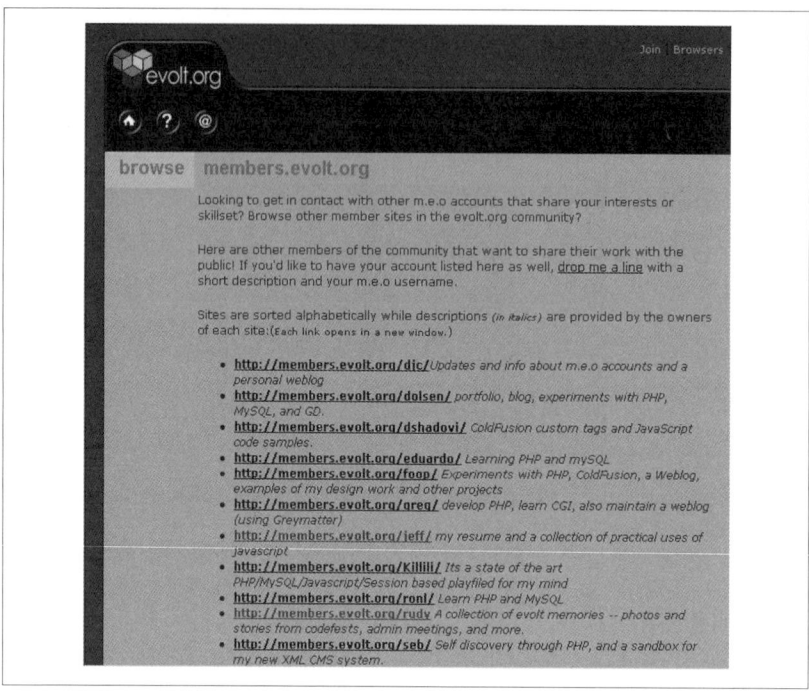

그림 21-7. members.evolt.org는 다양한 프로젝트들이 진행되는 공간이다.

목록을 보여준다(안타깝게도 현재는 존재하지 않는다).

　evolt.org는 이렇게 멋진 서비스들을 어떻게 무료로 제공할 수 있을까? 무료서비스라는 것 외에도, m.e.o는 훌륭한 서비스로 발전할 만한 새로운 아이디어를 시험해볼 수 있는 환경을 제공함으로써 회원들이 사업가로 변신할 수 있는 기회를 준다. evolt.org의 운영진 중 한 명은 m.e.o를 '과학연구에 대한 정부지원금'과 같으며, 이러한 투자가 큰 이익을 만들어내기 시작했다고 설명했다. 한 회원의 코딩 실험은 (다른 회원들이 웹 개발 리소스 콜렉션을 확대시키는 데 참여할 수 있는) 라이브 디렉터리로 진화하였다(그림 21-8 참조).

　evolt.org 커뮤니티는 사람들로부터 높이 평가 받고 있는 브라우저 목록을 만들어 냈다(그림 21-9). 브라우저 목록은 다양한 브라우저를 다운로드 받아서 디자인을 테스트해보고자 하는 웹 개발자에게 유용하다.

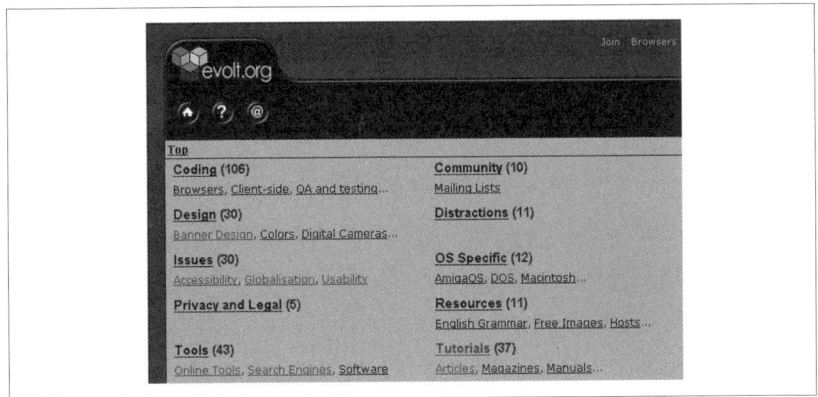

그림 21-8. 디렉터리는 m.e.o가 만들어낸 성공적인 산출물 중의 하나다.

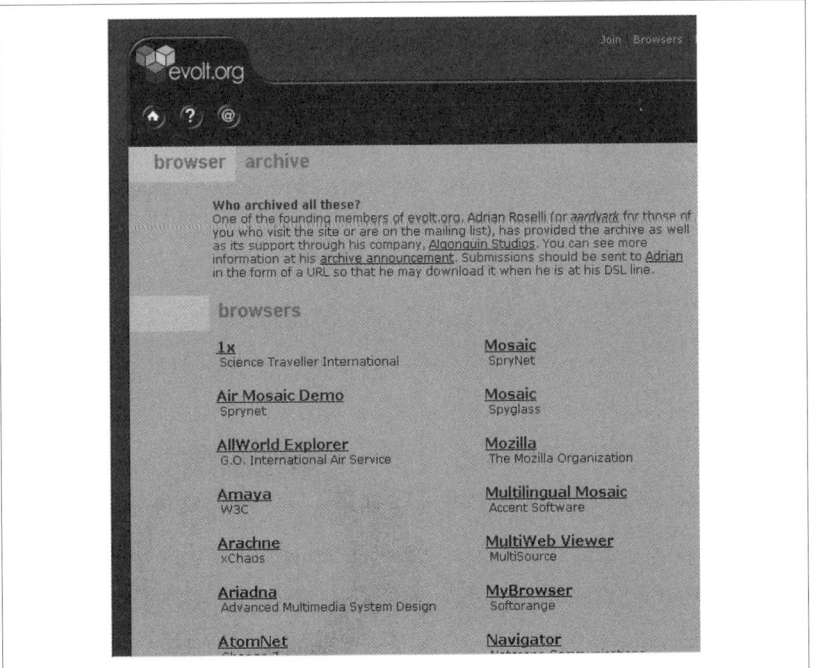

그림 21-9. 브라우저 목록

의사결정

evolt.org의 방향성에 관한 의사결정은 evolt.org 경제 내부에서 이뤄지는 또 다른 유형의 거래다. 초기에 사이트의 의사결정권은 운영진에게 한정되어 있었고, 당시에 운영진들 중 다수는 이 커뮤니티의 창업자였다. 운영진들은 신과 같은 역할을 수행하였으며, evolt.org가 제 기능을 수행할 수 있도록 규칙, 역할, 경제, 기반구조를 만들어 냈다.

커뮤니티가 성숙해지고 유지보수 업무의 양이 증가함에 따라, 의사결정은 보다 민주화되었고 evolt.org 회원들의 손에 의해 직접 이루어지게 되었다. 두 개의 토론 목록이 이러한 의사결정만을 위해서 만들어졌다. 'theforum(커뮤니티의 일반적인 방향과 정책)'과 'thesite(사이트의 '백엔드'에 대한 의사결정과 업무)'. 이러한 민주적 의사결정과 그의 확장은 커뮤니티의 사이즈와 회원들이 가진 주인의식 및 책임감이 임계량[5]에 도달해야만 가능하고 합리적일 수 있다. 사실, evolt.org를 만든 사람들은 커뮤니티의 기반구조를 만들고 회원들이 '모여들어' 커뮤니티를 스스로 감시할 수 있는 자정능력을 갖추기까지 기다렸다. 회원들이 모여들어 커뮤니티에 편안함을 느끼고 투자를 시작했을 때, 회원들은 evolt.org의 미래를 이끌어야 하는 책임감을 갖게 되었다.

이러한 환경에서, 의사결정은 비공식적으로 이뤄지곤 했다. 거대한 규모의 커뮤니티에서는 의사결정에 있어 의견 일치가 잘 이뤄지지 않으며, 모든 문제를 공식적인 다수결 투표로 결정하기도 어렵기 때문이었다. 이러한 비공식적인 의사결정에도 불구하고 시스템은 잘 돌아갔다. 회원들에게 의사결정에 대해서 과중한 부담을 떠안기지도, 그렇다고 침묵하게 하지도 않게 작동하였기 때문이다.

의사결정권의 분배에도 불구하고 운영진은 여전히 중요한 역할을 수행한다. 운영진은 제출된 게시물을 승인하거나 거절하고, 게시물들을 수정할 수 있는 권한을 가진다. 운영진은 사용자의 질문에 답변하거나 사이트의 FAQ

---

[5] (옮긴이) 임계량(critical mass) : 임계 질량. 핵분열 연쇄반응을 유지할 수 있는 최소한의 질량. 본문에서는 민주주의가 제대로 운영되기 위해 필요한 최소한의 질적, 양적인 규모를 의미한다.

를 작성하는 데 도움을 주거나 논쟁을 해결하기도 한다. 가끔은 공개적인 장소에 나타나 evolt.org를 대변하기도 한다. evolt.org에서 이러한 역할을 한다는 것은 무엇보다 가장 부담이 크지만, 누구나 운영진이 될 수 없기 때문에 운영진이 되어 이런 역할을 한다는 것을 하나의 영예로 인식한다. 운영진이라는 영예는 대개 커뮤니티에 활발하게 가시적인 기여를 한 고참 회원들에게 돌아간다.

21.4 정보구조의 적용 방법

evolt.org에 대한 사례연구에서, 우리는 정보구조의 일반적인 구성요소에 대해서는 많이 설명하지 않았다. 구조도나 화면설계를 보여주지도 않았고, 사용자가 사이트에서 어떻게 검색하고 브라우징하는지에 대해서도 논의하지 않았다.

사실, evolt.org의 정보구조는 극도로 단순하기 때문에, 외부적인 요소를 모두 배세하게 되면 흥미로운 볼거리가 거의 없을 수도 있다. 하지만, 사이트의 정보구조가 어떻게 커뮤니티가 콘텐츠를 생산하고 공유하도록 만들 수 있는지를 살펴본다면 엄청나게 흥미로울 수 있다(이것은 결국 온라인 커뮤니티 사이트들이 안고 있는 궁극적인 숙제다).

정보구조의 미니멀리즘은 최상의 정보구조를 가능하게 해준다. 정보구조는 콘텐츠를 만들고자 하는 사람들을 방해하는 것이 아니라, 콘텐츠가 양, 사이즈와 같은 구조적인 수준을 갖출 수 있도록 적극적으로 도와준다. 정보구조는 평가, 의견, 개인정보 등과 같이 다른 곳에서 받은 콘텐츠를 회원명단과 같은 새로운 환경에서 큐브와 같은 새로운 형식으로 볼 수 있도록 해준다. 정보구조는 혁신을 이끌어내는 실험을 할 수 있는 빈 화폭인 셈이다.

결과적으로 보면, evolt.org의 정보구조는 성공한 온라인 커뮤니티가 가지고 있는 다양한 특성을 상당히 많이 갖고 있다. 또한 사람들이 어떻게 그리고 왜 참여해야 하는지를 설명하며 유용한 콘텐츠를 제공해준다. 그리고 회원들

간에 주인의식을 고취시키고, 기여자들은 인정받도록 해준다. 회원들의 기여와 이타심을 자극할 뿐만 아니라 이에 대해서 보상까지 해주는 것이다.

물론, evolt.org의 정보구조가 완벽하다고 말할 수는 없다. 지리적으로 분산되어 있는 커뮤니티에서 유기적으로 개발된 여느 정보구조와 마찬가지로, evolt.org의 정보 저장 공간은 상향식의 방법을 통해 더욱 통합될 수 있는 여지가 많다. 그리고 사이트의 어떤 영역들은 생존을 보장할 만한 '경제모델'이 아직 적용되지 않고 있다.

21.4.1 통합을 위해 장벽 제거하기

evolt.org의 정보구조는 몇 개의 주요 정보 저장소를 가지고 있다.

- 토론 목록과 각각의 아카이브
- 팁과 아카이브
- 게시물
- 회원명단
- 웹 개발 리소스 디렉터리
- 브라우저 목록
- 개발 영역(m,e,o)

위의 저장소들은 합리적으로 잘 통합되어 있다. 예를 들어, 게시물과 팁은 회원명단의 해당 게시자 페이지로 링크된다. 게시물은 해당 페이지에서 게시자의 개인정보 콘텐츠를 보여준다. 팁은 계속해서 재사용될 수 있도록(훑어보거나 팁 아카이브를 통해서 접근할 수 있도록) 기발한 방법으로 정리된다.

다른 한편, 향후 상향식으로 통합될 수 있는 여지도 있다. 예를 들면, 토론 목록 게시물은 회원명단 내 게시자의 페이지에는 링크하고 있지 않으며, 그 반대의 경우도 마찬가지다. 토론 게시물은 엄청나게 풍부한 자원이지만, 누구의 글인지 찾는 일은 번거롭다. evolt.org 사이트에서 좋은 게시물들을 찾기 위해서는 로그인을 하고 회원명단을 검색해야만 한다. 글 목록은 객체로 취급되지 않기 때문에, 글 목록들을 검색하거나 브라우징할 수는 없다. 보관된 토론 목록들은 검색이 쉽지 않아 하나씩 검색하기보다는 하나로 통합해 검색하는 것이 더 유용할 수 있다.

하향식 통합은 역시 까다롭다. 사이트의 주요 조직화 체계(가입, 브라우저, 목록, 팁, 회원, 디렉터리)가 현재 잘 작동하고 있지만, m.e.o의 비밀실험실 영역에서 새로운 콘텐츠 영역이 생겨나게 되면 제대로 확장이 이뤄지지 못할 수 있다.

21.4.2 생존할 수 있을 만큼 적절한가?

통합과는 별개로, 온라인 커뮤니티들이 직면하게 되는 주요 구조적인 문제 중 다른 하나는 각 구성요소들이 충분히 탄탄한 '경제모델'을 가지도록 하는 것이다. 경제모델에 대한 가장 좋은 예는 evolt.org의 리소스 디렉터리에서 찾아볼 수 있다(그림 21-10). 한 사람에 의해서 만들어지고 유지보수되고 있는 디렉터리는 기여하고자 하는 사람들로부터 신청된 리소스를 받아들일 수 있다. 확실히 우려가 되는 점은 충분한 양의 리소스가 신청되지 않으면, 디렉터리는 제한된 툴만을 가져야 한다. 또 너무 많은 리소스가 신청되면, 유지보수하는 사람은 카탈로깅과 분류의 바다에 빠져 너무나 많은 시간을 여기에 소비하게 된다.

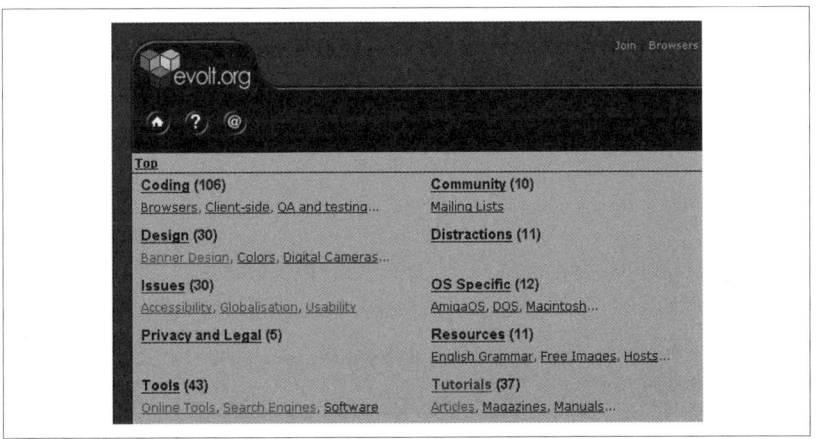

그림 21-10. 유용한 디렉터리. 그런데, 이게 지속적으로 운영될까?

이 문제를 어떻게 해결할 수 있을까? 일반적으로 evolt.org는 디렉터리를 관리하는 데 도움을 주는 회원들에게 혜택을 제공하여 폭넓은 참여를 유도한다. 그러나 통제어휘집을 만들고, 리소스를 구분하고, 콘텐츠를 일관적으로 인덱싱하고 분류하는 것은 분산된 환경에서 비전문가(특히 자원봉사자)가 맡기에는 쉽지 않다. 특정 통제어휘집은 높은 수준의 중앙제어가 필요하기 때문에, 어떠한 것은 evolt.org가 운영되는 방식과 현실적으로(혹은 사상적으로) 조화되지 않을 수 있다.

야후! 디렉터리는 1996년에 비슷한 어려움에 봉착했다. 그래서 작업에 소요되는 비용을 조달하기 위해 다양한 벤처캐피털의 투자까지 받았었다. 그럼에도 불구하고, 야후! 디렉터리의 품질은 시간이 갈수록 서서히 나빠지기 시작했고, 사실, 현재는 많은 사람들이 야후!의 디렉터리보다는 다른 서비스 때문에 야후!를 사용한다. 자원봉사자만 참여하는 오픈 디렉터리 프로젝트도 역시 규모의 문제를 맞닥뜨릴 수밖에 없다. 온라인 커뮤니티는 일반적으로 중앙집중적인 관리를 통해 만들어지거나 운영되지 않기 때문에, evolt.org가 이러한 문제를 푸는 것은 역부족일 수 있다. 어쩌면 커뮤니티에는 딜리셔스 del.icio.us나 플리커flickr와 같은 스타일의 폭소노미 즉 사용자 태깅을 적용하는 것이 훨씬 적합할 수도 있다. 확실히 메타데이터 제어가 희생되겠지만, 보다 지속가능한 모델(evolt.org의 철학과 맥을 같이하는 모델)이 활용될 수 있다.

21.5 정보설계가 아닌가

앞에서 열거한 우려에도 불구하고, evolt.org와 정보구조는 인상적이고 성공적이다. 우리는 evolt.org의 존재 자체를 기념할 필요가 있으며, 또한 다음 세대의 운영자들을 통해 앞으로도 지속될 수 있는 유연한 모델을 만들어낸 evolt.org의 창업자들에게 갈채를 보내야 한다.

하지만 evolt.org가 사용하고 있는 프로세스는 계획, 공식적인 프로세스, 방법론을 최소화하기 때문에, '전통적인' 정보설계와 정반대되는 것이다. 전체 접근방식은 '많은 물건을 벽에 던진 다음, 안 떨어지고 벽에 붙은 것들을 관찰하는'[6] 것과 같다.

어떤 방식인지 이해하겠는가? 자, 좀 더 자세히 살펴보자.

자원봉사자들이 사이트의 기반구조를 만들고 콘텐츠를 채워 넣는 방식으로 사이트가 운영된다면, 문제는 이러한 자원봉사자들로 하여금 하나의 계획을 따르도록 하는 것이 쉽지 않다는 것이다. evolt.org에는 정보구조를 포함해서 어떠한 것도 강제적이지 않다. 포괄성, 유연성, 실험 정신 (그리고 이러한 실험 결과를 감수하고자 하는 정신) 이 정보구조를 이끌게 된다.

따라서, 정보구조는 사이트 자체가 그런 것처럼 계속해서 만들어지고 있다. 누군가가 좋은 아이디어를 찾아서 내놓으면, 다른 사람은 이를 실험해보게 되고, 어느 순간 불현듯 사이트의 새로운 섹션이 탄생하게 된다. 사이트의 나머지 부분과의 통합이 이뤄진다고 하더라도, 통합 작업은 섹션을 만든 다음에야 이뤄진다. 계속적인 변화는 실제 사이트의 정보구조 이상의 것을 만들어내며, 자원봉사자나 의사결정권자와 같이 참여하는 사람들과 정책에도 영향을 끼친다.

전통적인 정보구조는 커뮤니티에 확실히 많은 사람들이 참여할 때에나 성공할 수 있다. 정황조사나 콘텐츠 분석과 같은 이상적인 방법론들을 수행하는 데 너무 많은 비용이 드는 환경에서는, 보다 나은 정보구조를 만들기 위해 아이디어를 찾는 작업에 자원봉사자들의 참여를 고려해볼 필요가 있다. 궁극적으로, 회원들은 서로를 위해 정보구조를 설계하는 것이다. 참여 경제와 같이, 참여 기반의 정보설계는 결국 evolt.org와 같은 사이트들이 살아남고 번성하게 된 이유라고 할 수 있다.

---

6 (옮긴이) 많은 물건을 벽에 던진 다음, 안 떨어지고 벽에 붙은 것들을 관찰하는 것: 다양한 것을 시도해보고 이 중에 성공한 것에 대해 개선의 노력을 기울이는 방식을 의미한다.

Information Architecture for the World Wide Web **Appendix**

참고자료

이 책의 초판이 출판되었을 때는, 이 부록을 포함시키지 못했다. 당시에는 정보설계만을 다루고 있는 책, 사이트, 커뮤니티가 별로 없었다. 하지만, 현재는 이 부록에 모두 포함시키기 어려울 만큼 너무나 많은 참고자료들이 생겨났다.

그리고 이 책이 여러분의 손에 쥐어졌을 때는, 참고자료의 일부가 보다 훌륭한 경쟁자에 의해서 대체되었을 수 있고, 일부는 사라져버렸을 수도 있으며, 일부는 완전히 다른 모습으로 변화되었을 수도 있다. 사전에 충분한 공지도 없이 URL이 바뀌어버렸을 수도 있다. 하지만, 우리 저자들은 여기 다루고 있는 것들이 오늘날의 가장 기본적인 정보설계 참고자료로서 충분한 가치가 있다고 생각한다.

또 다른 주의사항이라고 한다면, 위에서 중요하다고 언급했던 것을 여기 모두 나열하지는 않았으며, 포함하고 있더라도 주관적으로 선택한 것들이다. 각 주제별로 우리가 생각하기에 최상이거나 가장 적절한 아이템들을 몇개씩 나열했다. 이것은 우리가 중요한 무엇인가를 놓쳤을 수도 있다는 것을 의미한다. 빠뜨린 참고자료에 대해서는 미리 사과하니 받아줬으면 좋겠다. 가능한 한, 다른 사람들이 무엇을 중요하다고 생각하는지도 고려했으나, 여기서 여러분이 볼 수 있는 것들은 무인도 갇혀 있는 것처럼 제한된 양의 정보설계 참고자료들뿐이다. 물론, 여러분들의 항공 마일리지는 무인도를 벗어날 만큼 충분하니, 다양한 참고자료들도 마음껏 찾아보기 바란다.

A.1 커뮤니티

일반적으로, 사람은 정보의 가장 중요한 출처다. 특히 매우 새로운 주제에 대해서는 더욱 그렇다. 특정 주제에 대해서 잘 알고 있는 사람을 찾을 수 있는 최고의 장소는 해당 주제를 다루고 있는 커뮤니티다.

이 책을 출판한 직후, 인포메이션 아키텍트들이 모여서 정보설계에 대해서 논의하는 커뮤니티들이 생겨났다. 정보설계에 대해서만 다루고 있는 최초의 조직인 Information Architecture Institute(⟨http://iainstitute.org⟩, 본래는 Asilomar Institute for Information Architecture)가 생겨났고 현재 1,000명이 넘는 회원이 가입했다. 짧은 몇 년 동안, 이 조직은 60개국이 넘는 다양한 나라의 회원들을 가지게 되었다. 더욱이, 지역별로 정보설계 '칵테일 파티cocktail hours'와 같은 자발적인 모임들이 생겨서 인포메이션 아키텍트들이 서로 만날 수 있는 장으로 자리잡고 있다. 지역 모임에서는 객원 발표나 토론이 이뤄지고 한두 잔의 칵테일이 제공된다.[1]

자발적인 발표나 커뮤니티의 발기發起와 같은 실무자들의 '노력'이 없이는 어떠한 분야도 커뮤니티로 발전할 수 없다는 것을 명심해야 한다. 정보설계는 아직도 젊은 분야다. 현재는 이전보다는 많은 참고자료들이 존재하기는 하지만, 아직 성장할 여지가 더 많다. 달리 말하면, 정보설계 커뮤니티가 회원들에게 뭔가 더 많은 혜택(학회, 구직/구직 게시판, 도서관, 지역 모임 등)을 줘야 한다고 생각한다면, 자신이 솔선수범해야 한다. 다행스럽게도 Information

---

[1] IAwiki⟨http://www.iawiki.net/cgi-bin/wiki.pl?search=CategoryEvent⟩에서 지역모임을 찾아볼 수도 있지만, 지역 그룹을 스스로 만들어 보는 것도 좋다.

Architecture Institute는 여러분들이 노력하고자 한다면 다양한 참고자료를 제공해주며 기반구조를 마련해준다.

A.1.1 토론 목록

정보설계 커뮤니티는 토론 목록을 통해서 보다 빈번하게 교류를 하며, 특히 IAI Members 목록이나 SIGIA-L이 매우 활발하다. 두 토론 목록은 인포메이션 아키텍트들에게 가장 중요한 참고자료이며, 다른 회원들은 누구인지, 그들은 무슨 일을 하는지, 어떤 문제들을 고민하고 있는지 알 수 있다. 이 섹션에서는 여러분들이 가입할만한 전문가 협회나 SIG Special Interest Group를 나열해보도록 하자.

IA Institute 회원 〈http://lists.iainstitute.org/listinfo.cgi/iai-members-iainstitute.org〉

IAI는 회원들만으로 운영되는 토론 목록을 운영한다. 영양가나 분위기를 고려해봤을 때, 충분히 가입할 만하다. 이 목록에는 다양한 주제에 대해 한 달에 100개에서 300개 이상의 게시물들이 게재된다.

SIGIA-L 〈http://www.info-arch.org/lists/sigia-l〉

ASIS&T에 의해서 운영되는 SIGIA-L은 전 세계에서 약 2,000명의 구독자를 보유하고 있으며, 하루에 약 1,020개의 메시지가 뜬다. 게시물 목록은 관리되고 있지 않기 때문에, 분위기가 지속적으로 변하는 경향이 있다.

AIGA-경험 디자인 〈http://groups.yahoo.com/group/AIGA-ExperienceDesign〉

디자인 전문가 협회인, 미국 그래픽아트협회American Institute of Graphic Arts : AIGA에는 경험 디자인 커뮤니티가 존재하며, 약 1,900명의 회원들이 사용하는 메일링 리스트를 운영하고 있다. 트래픽은 변동의 폭이 큰데, 1개의 게시물에 한 달 동안 141개의 의견들이 달리기도 한다. 1998년에 만들어졌으며, AIGA-ED 목록은 경험 디자인의 광범위한 분야에 대해 관심이 있는 다양한 배경의 사람들과 교류하고 배움을 얻을 수 있는 최고의 장소이다.

CHI-WEB 〈http://www.sigchi.org/web〉

활기찬 사용성공학 커뮤니티를 원한다면, CHI-WEB에 가입하는 것도 좋다. ACM SIG on Computer-Human Interaction가 운영하며, 한 달에 약 100~200개의 게시물이 게재된다. 상당히 관리가 잘되고 있어 높은 수준을 자랑한다.

IxDA 〈http://www.ixda.org/en/join_us/ixd_discussion_list/index.shtml〉

IxDAInteraction Design Association는 2003년에 만들어진 비영리조직이다. 활발한 토론 목록을 운영하고 있으며, 하루에 약 15개의 게시물이 게재된다.

A.1.2 전문가 협회

여기에 나열된 모든 협회에 가입할 것을 권하지는 않지만, 확실히 모두 다 알아둘 필요는 있다. 대부분은 수준 높은 학회, 학회지, 기타 유용한 참고자료들을 만들어내고 있다. 여기에 나열된 협회들은 정보설계 분야만을 다루고는 있지 않지만, 각 협회들은 인포메이션 아키텍트와 경험 디자이너들에게 보다 높은 수준의 전문적인 지원을 활발하게 하고 있거나, 지원할 계획을 가지고 있다.

ACM SIGCHI 〈http://www.acm.org/sigchi〉

'Special Interest Group on Computer-Human Interaction'은 미국 컴퓨터 협회가 가지고 있는 35개의 SIG중 하나로, CHI-WEB 토론 목록을 운영하고, 격월간 「Interactions and SIGCHI Bulletin」 잡지를 발행하며, 매년 봄 SIGCHI 학회를 개최한다. 이 학회는 다양한 다른 HCI 자료나 활동에 영향을 끼친다. SIGCHI는 약 5,000명의 회원을 가지고 있다.

ASIS&T 〈http://www.asis.org〉

미국 정보학회American Society for Information Science and Technolog: ASIS&T는 SIGIA와 여기에 따른 SIGIA-L 토론 목록을 운영하고 있으며, 매년 IA Summits을 개최한다. ASIS&T는 약 3,000명의 회원을 가지고 있으며, 이들 중

상당수는 교육기관과 현업의 정보학자들이다.

CM Pros ⟨http://www.cmprofessionals.org⟩

컨텐츠 관리 전문가 협회Content Management Professionals Association: CM Pros는 2004년에 만들어졌으며, 컨텐츠 관리 전문가들이 컨텐츠 관리에 대한 정보, 사례, 전략들을 서로 공유하고 있다.

IA Institute ⟨http://iainstitute.org⟩

Information Architecture Institute(前 Asilomar Institute for Information Architecture: AIfIA)는 2002년에 만들어졌다. 현재, IA Institute에는 60여 개국에 약 1,000명 이상의 회원이 있다. IA Institute는 정보설계 라이브러리, 구인/구직 게시판, 행사 일정, 멘토링 프로그램 등을 개발하는 데 있어서 이미 훌륭한 성과를 보이고 있다.

IxDA ⟨http://www.ixda.org⟩

인터랙션 디자인 협회Interaction Design Association: IxDA는 2003년에 만들어진 비영리 조직이다. 국제적인 인터랙션 디자인 커뮤니티를 만들기 위해서 많은 노력을 기울이고 있다.

STC ⟨http://www.stc.org⟩

테크니컬 커뮤니케이션 협회Society for Technical Communication: STC는 세계적으로 약 25,000명의 회원을 보유하고 있다. 가장 유명한 SIG중 두 가지(3,200명의 회원을 가진 Information Design과 2,500명의 회원을 가진 Usability)는 정보설계와 관련이 높다. STC는 매년 10차례의 소식지를 발간한다. 매년 봄에 개최되는 학회에는 많은 사람들이 참석하고, 지역 모임도 매우 활발하다.

UPA ⟨http://www.upassoc.org⟩

1991년에 만들어진, 사용성 전문가 협회Usability Professionals' Association: UPA는 사용성 관련 실무자들의 니즈에 중점을 두고 있다. UPA에는 현재 약

2,500명의 회원이 있다. 매년 여름에 학회가 개최되며, 매년 세네 차례 「User Experience」 잡지를 발간한다.

UXnet 〈http://uxnet.org 〉

사용자 경험 네트워크User Experience Network: UXnet는 관련 조직과 개인들 간의 협업/협동을 촉진하여 사용자 경험 분야를 발전시킬 목적으로 2002년에 만들어졌다. 회원 기반 조직은 아니지만, 현재 29개국에 95명의 지역 대표를 두고 있다.

A.2 디렉터리

'종합적'이라는 얘기는 일반적으로 특정 분야의 모든 요소들을 포함한다는 것을 의미한다. 그러나 웹상의 디렉터리에서 종합적이라는 얘기는 상대적인 용어이다. 절대적인 수량이 존재하지 않기 때문이다. 어떤 사이트도 혼자서는 정보설계와 관련된 모든 참고자료를 다룰 수 없다. 그리고 시도한다고 하더라도, 지속적인 유지보수를 지탱해줄 비즈니스 모델이 존재하기 어렵다.

정보설계 참고자료에 대한 몇 개의 디렉터리가 존재하기는 하지만, 어떠한 것도 모든 것을 담고 있지는 못하다. 그러므로 정보설계 분야에 대한 정보를 얻기 위해서는 여러 개의 디렉터리를 정기적으로 방문해보는 것이 좋다.

A.2.1 The IAwiki[2]

2001년 가을, IAwiki는 '정보설계 주제에 대한 참여형 토론 공간'을 표방하며 에릭 샤이트Eric Scheid에 의해 만들어졌다. IAwiki는 자신이 누구든지 간에 모든 사람들이 추가, 수정, 삭제할 수 있는, 주석이 달려있고 링크된 공유 북마크 모음이라고 생각하면 된다. 물론, 위키는 좋은 점도 있고 나쁜 점도 있

---

2 (옮긴이) 안타깝게도 IAwiki는 현재 문을 닫았다.

다.〈http://c2.com/cgi/wiki?FrontPage〉IAwiki는 스스로 확장되고, 유용한 참고 자료들을 정리하며, 매일 업데이트된다. 그러나 IAwiki의 참여형 정보구조는 설계와 유지보수가 어렵기 때문에, 경우에 따라 원하는 것을 찾지 못할 수도 있다. 사이트에 새로 추가된 내용을 보여주는 목록인, IAwiki의 '최근 변경 Recent Changes' 페이지부터 둘러보는 것이 좋다.

The Information Architecture Library 〈http://iainstitute.org/library〉

IA Institute의 웹사이트에 있는 'Information Architecture Library'는 인포메이션 아키텍트를 위한 참고자료를 지속적으로 업데이트하고 있다. 라이브러리는 주제, 참고자료 유형, 저자, 언어별로 정리되어 있고, 비영어권 참고자료들도 적극적으로 확충해나가고 있다.

InfoDesign 〈http://www.informationdesign.org〉

피터 보가즈Peter Bogaards는 엄청나게 많은 양의 자료들을 정기적으로, 일관되게, 전문적으로, 필터링해서 공유하고 있다. 이 사이트는 정보설계뿐만 아니리 정보 디자인, 사용성, 시각 디자인, 정보 시각화를 다루고 있다. 또한 이메일로 구독할 수도 있다.

IxDA's Resource Library 〈http://resources.ixda.org〉

IxDA는 인터랙션 디자인의 모든 측면에 대해서 카테고라이징된 참고자료 라이브러리를 구축하기 시작했다.

추가 자료

Usable Web과 Argus Center for Information Architecture IA Guide〈http://argus-acia.com/ia_guide〉는 더 이상 업데이트되지는 않지만 여전히 훌륭한 정보를 많이 가지고 있다. 특히 정보설계 분야를 새로 접하는 사람들에게 유용하다.

A.3 도서 및 저널

A.3.1 온라인 저널 및 잡지

정보설계와 사용자 경험을 다루는 온라인 저널은 계속해서 늘어나고 있으나 여전히 잡지는 몇 가지 되지 않는다. 우리가 추천하는 것들은 아래와 같다.

A List Apart 〈http://alistapart.com〉
정보설계 및 사용자 경험뿐만 아니라 웹 디자인 개발에 대한 주제를 다루고 있는 온라인 잡지

BASIS&T, 미국 정보과학회의 회보 〈http://www.asis.org/bulletin.html.〉
ASIS&T의 격월간 회보. 정보설계에 관한 칼럼을 정기적으로 싣고 있다.

Boxes and Arrows 〈http://www.boxesandarrows.com〉
현업의 실무자들이 원고를 작성하는 저널. 참고할만한 테크닉, 혁신, 수준 높은 의견의 공유를 통해 정보설계 분야의 업무에 대해서 논의하고, 개선하고, 알리는데 집중하고 있다.

Digital Web 〈http://www.digital-web.com〉
웹 개발, 디자인, 정보설계 관련 주제들을 광범위하게 다루는 온라인 잡지

GUUUI 〈http://www.guuui.com〉
'인터랙션 디자이너들의 휴식 시간 Coffee Break'을 표방하는 저널로, 인터랙션 디자인 관련 주제들에 대한 수준 높은 글을 자랑한다.

Interactions 〈http://www.acm.org/interactions〉
ACM Association for Computing Machinery의 간행물. 1994년부터 Human-Computer Interaction에 대한 주제를 다루고 있다. 이 잡지는 인쇄 간행물이지만, 컨텐츠는 온라인으로 구독할 수도 있다.

OK/Cancel ⟨http://www.ok-cancel.com⟩

OK/Cancel은 비교적 자주 발행되지는 않지만, 세계최초 HCI 랩 음악인, "We Got It"[3]과 자주 업데이트 되는 사용성 및 사용자 인터페이스 관련 만화들을 감상하기 위해서라도 방문해 볼만 하다.

User Experience ⟨http://www.upassoc.org/upa_publications/user_experience⟩

이 인쇄 간행물은 Usability Professionals' Association에 의해 출판되며 사용성과 사용자 경험 관련 주제들을 심도 깊게 다룬다.

UXmatters ⟨http://uxmatters.com⟩

2005년 말에 만들어진 온라인 잡지. 디지털 제품을 위한 사용자 경험과 사용자 인터페이스 디자인에 대해서 다루고 있다.

A.3.2 도서

정보설계를 다루고 있는 소중한 도서들도 몇 권 소개하기로 한다. 제목이 이 분야와 관련되어 보이는 도서들이 천 권 있다고 하더라도, 이 중 읽어볼 만한 가치가 있는 것은 백 권이 채 안될 수도 있다. 관련 도서를 네다섯 권으로 압축하는 대신에, 정보설계를 가르치는 사람들이 수업에서 어떠한 도서를 사용하는지에 대해 조사하였다.[4]

"강의에서 어떤 책이나 교육 자료를 사용하십니까?"라는 질문에 대한 대답들

『About Face: The Essentials of User Interface Design』 by Alan Cooper (Wiley)[5]

『Ambient Findability』 by Peter Morville (O'Reilly)[6]

---

3 (옮긴이) ⟨http://okcancel.com/archives/feature/2004/02/worlds-first-hci-rap-we-got-it.html⟩
4 ⟨http://iainstitute.org/documents/research/results/polar_bear_survey_4.html⟩
5 (옮긴이) About Face의 3판인 About Face 3.0이 2007년 5월에 출간되었다. 번역서는 『퍼소나로 완성하는 인터랙션 디자인』 (에이콘, 2010)이다.
6 (옮긴이) 『검색 2.0: 발견의 진화』 (한빛미디어, 2006)

『Designing Web Usability: The Practice of Simplicity』 by Jakob Nielsen (Peachpit Press)[7]

『Designing with Web Standards』 by Jeffrey Zeldman (New Riders)

『Don't Make Me Think: A Common Sense Approach to Web Usability』 Steve Krug (New Riders)[8]

『GUI Bloopers: Don'ts and Do's for Software Developers and Web Designers』 Jeff Johnson (Morgan Kaufmann)

『Handbook of Usability Testing: How to Plan, Design, and Conduct Effective Tests』 Jeffrey Rubin (Wiley)

『How to Build a Digital Library』 Ian H. Witten and David Bainbridge (Morgan Kaufmann)

『Human-Computer Interaction in the New Millennium』 John M. Carroll (Addison-Wesley)

『Human-Computer Interaction: Concepts And Design』 J. Preece et al. (Addison-Wesley)

『Information Anxiety 2』 Richard Saul Wurman, David Sume, and Loring Leifer (Que)

『Information Architecture for the World Wide Web』 Louis Rosenfeld and Peter Morville (O'Reilly)

『Information Architecture: Blueprints for the Web』 Christina Wodtke (New Riders)

『Metadata Solutions: Using Metamodels, Repositories, XML, and Enterprise Portals to Generate Information on Demand』 Adrienne Tannenbaum (Addison-Wesley)

『Modern Information Retrieval』 Ricardo Baeza-Yates and Berthier Ribeiro-

---

7 (옮긴이) 『사용하기 쉬운 웹사이트가 성공한다』 (안그라픽스, 2001)
8 (옮긴이) 『상식이 통하는 웹사이트가 성공한다』 (대웅출판사, 2006)

Neto (Addison-Wesley)

『Observing the User Experience: A Practitioner's Guide to User Research』 Mike Kuniavsky (Morgan Kaufmann)

『Organizing Knowledge: An Introduction to Managing Access to Information』 J. E. Rowley and John Farrow (Gower)

『Paper Prototyping: The Fast and Easy Way to Design and Refine User Interfaces』 Carolyn Snyder (Morgan Kaufmann)

『Persuasive Technology: Using Computers to Change What We Think and Do』 B.J. Fogg (Morgan Kaufmann)

『Rapid Contextual Design: A How-to Guide to Key Techniques for User-Centered Design』 Karen Holtzblatt, Jessamyn Burns Wendell, and Shelley Wood (Morgan Kaufmann)[9]

『Task-Centered User Interface Design』 Clayton Lewis and John Rieman (Lewis and Rieman)

『The Design of Everyday Things』 Donald A. Norman (Basic Books)[10]

『The Humane Interface: New Directions for Designing Interactive Systems』 Jef Raskin (Addison-Wesley)[11]

『The Inmates Are Running the Asylum: Why High Tech Products Drive Us Crazy and How to Restore the Sanity』 Alan Cooper (Sams)[12]

『The Organization of Information』 Arlene G. Taylor (Libraries Unlimited)

『The Practical Guide to Information Design』 Ronnie Lipton (Wiley)

『The Usability Engineering Lifecycle: A Practitioner's Handbook for User

---

9 (옮긴이) 『컨텍스트를 생각하는 디자인』 (인사이트, 2008)
10 (옮긴이) 『디자인과 인간심리』 (학지사, 2001). 1988년 초판의 원제가 『The Psychology Of Everyday Things』였기 때문에 번역서의 제목에도 '인간심리'라는 단어가 사용되었다. 원서의 초판은 현재도 Amazon에서 특별판으로 판매되고 있다.
11 (옮긴이) 『인간 중심 인터페이스』 (안그라픽스, 2003)
12 (옮긴이) 『정신병원에서 뛰쳐나온 디자인』 (안그라픽스, 2004)

Interface Design』 Deborah J. Mayhew (Morgan Kaufmann)

『Usability for the Web: Designing Web Sites that Work』 Tom Brinck, Darren Gergle, and Scott D. Wood (Morgan Kaufmann)

『Usability Inspection Methods』 Jakob Nielsen and Robert L. Mack (Wiley)

『Visual Revelations: Graphical Tales of Fate and Deception From Napoleon Bonaparte To Ross Perot』 Howard Wainer (LEA, Inc.)

추가 자료

인포메이션 아키텍트들이 어떤 책을 읽는지 알아보려면 다음과 같은 토론 목록에 가입해보는 것도 좋다.

- IAWiki Canon 〈http://www.iawiki.net/IACanon〉
- Boxes and Arrows Staff Recommendations 〈http://www.boxesandarrows.com/view/our_favorite_books_recommendations_from_the_staff_of_boxes_and_arrows〉
- IA Institute's list of information architecture books 〈http://iainstitute.org/pg/books.php〉.

A.4 정규 교육

13장에서 논의했던 것과 같이, 학계는 여전히 사용자 경험 설계라는 총체적인 학문에 속하는 다른 새로운 분야들뿐만 아니라 정보설계를 어떻게 가르쳐야 하는지, 어디에 집중해야 하는지 고민하고 있는 중이다. 이 책이 처음 출판되었을 때보다는 많은 수업과목들이 생겨났지만, 정보설계에만 집중하고 있는 과정은 여전히 드물다. 정보설계에 대한 정규 교육에 관심이 있다면, 정보설계와 관련된 기존의 학문 분야(문헌정보학, 인지심리학, HCI 등)에서 대학원 과정을 밟은 후에, 관련된 다른 과정에서 공부를 더하는 것도 좋은 방법이다.

IA Institute Education 〈http://iainstitute.org/pg/schools_teaching_ia.php〉

IA Institute는 2003년에 세계에서 정보설계만을 다루는 학위 과정과 수업을 제공하는 학교들에 대한 매우 상세하고 잘 정리된 목록을 발표했다.

Educators Survey 〈http://iainstitute.org/documents/research/results/polar_bear_survey_4.html〉

2006년, 이 책에서 소개할 목적으로 다양한 조사를 진행했으며, 이 조사의 일환으로 정보설계와 관련된 수업과 과정을 제공하는 교육기관들에 대해 설문조사를 진행했다. 교육기관 목록은 넓은 범위를 다루고 있어 매우 상세하지는 않으며, 이 목록은 모든 응답자들이 언급한 모든 교육과정들을 나열하고 있다. 이것은 IA Institute 웹사이트에서도 볼 수 있다.

IxDA Education Resources 〈http://resources.ixda.org/archive/category/education〉

IxDA는 인터랙션 디자이너들을 위한 교육 자료 목록을 만들기 시작했다.

Human Factors International 〈http://www.humanfactors.com/downloads/degrees.asp〉

Human Factors International은 HCI 대학원과정 목록을 발간해오고 있다.

IAwiki Degree in IA Page 〈http://www.iawiki.net/DegreeInIA〉

가장 잘 업데이트된 목록으로 과정들과 강의계획표들을 보여준다.

U.S. News and World Report 〈http://www.usnews.com/usnews/edu/grad/rankings/lib/libindex_brief.php〉

U.S. News and World Report는 "문헌정보학 과정 완벽 가이드Complete Guide to Library and Information Studies Programs"를 발간한다.

HCI Bibliography 〈http://www.hcibib.org/education/#PROGRAMS〉

HCI Education Survey Report는 76개의 HCI 과정들을 나열하고 있다.

University of Texas on Information Architecture 〈http://www.gslis.utexas.edu/~l38613dw/readings/InfoArchitecture.html〉

정보설계 교육에 대해서 윌리스(R.E. Wyllis)가 쓴 훌륭한 글. '정보설계'라는 용어의 의미를 설명하고, 이를 문헌정보학(LIS) 직종과 어떻게 관계 지을지에 대한 생각들을 소개하고 있다. 2000년에 게재되었다.

A.5 학회 및 행사

우리가 이 책을 발간한 이후로도 비록 몇 개 안되지만 학회들이 열리고 있다. 아래 목록에는 규모가 큰 일부 학회들만 나열되어 있지만, 토론 목록과 아래에 소개하는 행사 일정표를 지속적으로 살펴보면 다양한 학회나 행사에 대한 정보를 얻을 수 있다.

Information Architecture Summit

정보설계만을 다루고 있는 가장 오래된 학회로, 2000년 이후 매년 봄 북아메리카에서 ASIS&T의 후원으로 열리고 있다. Information Architecture Summit은 자원봉사자들에 의해 개최되며, 일반적으로 300~400명 정도가 참여한다. ASIS&T는 European IA Summit도 개최하고 있다. 다음 해의 Information Architecture Summit에 대한 정보를 얻고 싶다면 ASIS&T 웹사이트 〈http://www.asis.org〉를 방문해보자.

DUX

DUXConference on Designing for User eXperience는 ACM SIGCHI, ACM SIGGRAPH, AIGA가 공동으로 개최하며, 2003년부터 2년마다 한 번씩 열린다. 가장 최근 학회의 정보는 〈http://www.dux2005.org〉[13]에서 얻을 수 있다.

---

13 (옮긴이) DUX는 2005년에 마지막으로 열렸으며, 이 링크는 2011년 현재 접근이 되지 않는다.

컨퍼런스 추가

IAI는 IA Retreats, IDEA Conference와 같이 세계 곳곳에 정보설계 학회나 모임들을 운영하거나 후원하고 있다. IAI의 행사 일정표 〈http://iainstitute.org/calendar〉를 정기적으로 방문해보는 것도 좋다. 아래 나열된 행사 일정표에서 더 많은 학회나 행사를 찾아볼 수 있다.

- Boxes and Arrows(인터랙션, 경험 디자인 및 기타 디자인): 〈http://events.boxesandarrows.com/events〉
- Brint(지식 관리): 〈http://www.brint.com/calendar/cal/calendar.cgi〉
- IAwiki Conferences(정보설계): 〈http://www.IAwiki.net/IAconferences〉
- InfoDesign(정보 디자인 및 관련 분야): 〈http://www.informationdesign.org/events/index.php〉
- Interaction Design Calendar(인터랙션 디자인): 〈http://www.interaction-design.org/calendar〉
- SearchTools(정보 검색): 〈http://www.searchtools.com/info/conferences.html〉

A.6 사례, 산출물, 툴

인포메이션 아키텍트의 업무에 있어, 정보설계 문서를 만드는 완벽한 방법은 존재하지 않고, 다이어그램에 대한 어떠한 표준도 존재하지 않으며, 통용되는 툴도 존재하지 않는다. 또, 앞으로 존재할 수 있을지도 미지수이다. 감사하게도, 선택의 폭을 넓혀주고 아이디어를 줄 수 있는 유용한 참고자료들이 점점 더 많이 생겨나고 있다. 주로 IAwiki가 많은 자료를 제공한다.

IA Institute Tools 〈http://iainstitute.org/tools〉
IA Institute는 Tools 섹션 내에 몇 개의 샘플 문서를 정리해놓고 있다.

IAwiki Deliverables and Artifacts 〈http://www.iawiki.net/DeliverablesAndArtifacts〉
이 페이지는 (사이트맵 및 화면설계에서부터 사례 및 조언에 이르기까지) 정보구조 설계 작업물에 대한 엄청나게 훌륭한 링크 모음을 제공한다.

IAwiki Diagramming Tools 〈http://www.iawiki.net/DiagrammingTools〉
IAwiki는 실제 툴에 대한 많은 정보를 가지고 있지는 않지만, 이 페이지는 기본적인 내용을 잘 다루고 있으며 여전히 좋은 참고자료다.

IxDA Resource Library 〈http://resources.ixda.org〉
IxDA Resource Library는 패턴, 작업물, 소프트웨어, 툴, 리서치 등에 대한 콘텐츠들을 지속적으로 확충해가고 있다.

jjg.net's Visual Vocabulary 〈http://www.jjg.net/ia/visvocab〉
제시 제임스 개럿Jesse James Garrett은 2000년 10월에 처음 발표한 이후, 툴 모음, 템플릿, 생각들을 정기적으로 업데이트하고 있다. 이 자료의 목표는 '웹사이트 사용자 경험의 구조나 플로우를 상위 레벨에서 서술하는 것'에 있다. 매우 잘 체계화하고 있으며, 인포메이션 아키텍트와 인터랙션 디자이너 모두 유용하게 사용할 수 있다.

찾아보기

Information Architecture for the World Wide Web

7±2 법칙 104

ㄱ

가변적인 콘텐츠 219
가이드 201, 427, 468, 495
가이드 투어 201
가이드라인 419
가치 체크리스트 538
개념도 399
개발팀 미팅 339
개방형 사용자별 조직화 체계 97
개선 352
개인화 96, 205
개체관계도 109
건강관리시스템 웹사이트 157
검색 54, 173
   검색 범위 224
   검색 엔진 222, 283, 507, 647
   검색 인터페이스 262, 265, 269
   검색 저장 260
   검색어 283, 305, 357
   검색창 265
   부가 내비게이션 204
   브라우징과 통합 273
   사용자의 기대 219
   시소러스 305
   시스템 213

   알고 있는 아이템 찾기 52
   인덱스 용어 141
   재검색 271
   철저한 조사 52
   콘텐츠 224
   탐색적 검색 52
   MSWeb 내의 검색 645, 651
검색 결과를 이메일로 보내기 258
검색 도구 75
검색 분석 57
검색 분석가 502
검색 시스템 213
   검색 알고리즘 234
   검색 인터페이스 설계 262
   검색결과 노출 241
   검색범위 223
   기업정보설계 581
   니즈 214
   안정성 494
   질의 생성기 239
   참고자료 277
   최적화 215
검색 알고리즘 패턴 매칭 알고리즘 77, 234
검색/브라우징 통합 273
검색결과
   검색결과 없음 277
   검색결과의 노출 241, 245, 247, 248, 256, 269
   검색결과의 일부 선택하기 260

찾아보기 | 697

과부하 276
내비게이션 시스템 246
메일로 보내기 258
범위 한정 276
분류체계 294
시간순 정렬 249
알파벳순 정렬 248
익스포팅 258
인쇄하기 258
택소노미 효과 628
확장 238
검색결과 없음 277
검색결과 출력 258
검색결과의 관련도순 순위 249
검색결과의 일부 선택하기 260
검색결과의 폭을 좁힘 276
검색된 문서 245
검색로그 분석 ('검색 분석' 참조) 164, 198, 357
검색성 7, 342
게릴라 EIA 586
게시물 668
견습 477
결단력의 부재 544
경영자 중심 디자인 333
경쟁 분석 535
경쟁사 벤치마킹 351
경쟁사 사이트 152
경쟁우위 543, 545, 557, 560
경제모델 677
경험 477
경험 디자인 14
계급 체계 (evolt.org) 663
계층 관계 295, 311
계층구조 102, 321
　깊이와 폭 104
　레이블 134
　복합 계층구조 317
　사용자조사 참가자 선정 360

안전성 495
야후!의 계층구조 217
웹사이트의 확장을 감안한 구조 107
한계 180
고객지원 데이터 360
고급 검색 269
　너무 많은 검색결과 275
　사용 행태 233
　재검색 271
고급 내비게이션 방식 205
　개인화와 사용자 설정 205
　사회적 내비게이션 210
　시각화 209
고유 식별 번호 434
고통 536
공개된 표준 643
공유 642
관계 310, 498, 656
관계형 데이터베이스 108
관련 문서 239
관련 정보 보기 링크 187
관련 정보 보기 용어 296
관련어 296
관점의 차이 85
관찰기법 362
광범위한 혼합 조직화 체계 100
괴물 487
교육 475, 535
교육 기회의 선택 477
교육자원정보센터 시소러스 154
교차나열 368
구문 148
구조 전략과 접근방법 406
구조도 400, 424
　고유 식별체계 434, 438
　구조도를 단순하게 유지 432
　구조도를 설명 425
　모듈화 437

상세 구조도　433
　　　상위레벨 구조도　424
　　　웨더닷컴　407
　　　조직화　436
　　　태스크 기반의 구조도　431
구조도 조직화　436
구조적 메타데이터　348
구조화　6
구체성　204, 315
구현　190
군사 용어　543
권력 학교　554
규칙 깨뜨리기　310
규칙의 파괴　310
그래픽 내비게이션 바　191
그래픽 디자이너　441
그래픽 디자인　14
그룹 미팅　388
그룹핑　256
그룹핑　256
그림　144, 399
글로벌 내비게이션 바　182, 183, 268
글로벌 내비게이션 시스템　182
기능적 메타포　394
기본 시소러스　303
기술　381, 560
기술 검사　341
기술 기반구조　619
기업 인트라넷　615
기업 통제어휘집　111
기업 학교　554
기업정보설계
　　　가이드　575
　　　간소한 메타데이터 개발　579
　　　검색 시스템　581
　　　게릴라　586
　　　기업 정보구조의 설계　571
　　　단일 저장소 콘텐츠 모델　577

　　　독립　597
　　　메타데이터　578
　　　모듈화된 서비스　602
　　　목표　567
　　　사이트 인덱스　573
　　　사이트맵　572
　　　상향식 내비게이션　577
　　　새로운 비즈니스 부문 만들기　598
　　　소셜 북마킹　590
　　　운영 인력　595
　　　위키　587
　　　이상적인 자질과 구성　593
　　　잠재 클라이언트　605
　　　전략가　594
　　　전략과 운영　590
　　　정의　563
　　　직원명단　587
　　　집중화　569
　　　클로그　586
　　　피드 수집기　588
　　　하향식 내비게이션　571
기업정보설계 부문　602
기업정보설계 집중화　609
　　　기업정보설계 부문　601
　　　단계별 출시　605
　　　집중화 단계　609
기업정보설계의 단일 정보저장소 모델　577
기초 조사　335
기획 학교　554
깊이　104
꼼꼼한 인포메이션 아키텍트　496

ㄴ

나열　247
　　　관련도순 순위　250
　　　시간순 정렬　249
　　　알파벳순 정렬　248

낚시 비유 50
   바닥 끌그물 치기 51
   이상적인 낚시 50
   전에 한 번 봤던 『모비딕』 다시 찾기 51
   통발 설치하기 50
낮은 완성도의 화면설계 442
내가 필요한 것 (MSWeb 레코드 컬렉션) 641
내보내기 258
내부 직원
   외부 컨설턴트 497
   정보 검색 빈도 616
내부인 31, 497
내비게이션 64
   사이트 전체 내비게이션 74
   상향식 70
   하향식 571
내비게이션 바 182, 191
내비게이션 스트레스 테스트 70
내비게이션 시스템
   고급 내비게이션 접근방법 205
   구조도 436
   내비게이션 문제 215
   내비게이션 설계에 대한 전략 제안 내용 382
   레이블 137
   맥락 178
   부가 내비게이션 시스템 195
   유연성 180
   임베디드 내비게이션 182
   종류 173
   통합 190
내비게이션 툴 171
내비게이션 툴 제작자 502
내비게이션 페이지 227
넓고 얕은 계층구조 104
노아의 방주 접근법 345
노출 위치 판매를 통한 순위 255
높은 완성도의 화면설계 443

ㄷ

다면 104, 319, 495
다면 분류 319
다양한 좋은 방법 554
다이어그램 420
다이어그램 소프트웨어 425, 512, 513, 514
단계별 출시 605
단기 프로젝트 계획 413
단순성 146
대규모 정보시스템 318
대표 샘플 345
대표적인 콘텐츠 요소 241
더블린 코어 메타데이터 세트 624, 629
데이터 정렬 248
데이터베이스 427
도서 카드 84, 92
도서관 7, 84, 92, 394
도서명 92
도입어 (변형어) 631
독립 저장소 218, 617
독립 파일 데이터베이스 108
동음어 처리 240
동의어 고리 283
동의어 관리 125, 294
동치 관계 295, 310
두 단계 모델 57
두루마리 7
두문자어 315
두번째 레벨 카테고리 390
뒤로 (브라우저 기능) 176
듀이십진 시스템 8
듀이십진분류법 (DDC) 292
드림팀 501
디렉터리 (evolt.org) 677
딸기 수확 모델 55

ㄹ

레이블
  교육적 관점 123
  기본자료 149, 150, 152, 153, 155, 156, 157, 158
  내비게이션 시스템 내의 레이블 137
  다양성 129
  다양한 목적의 레이블 129
  도출 157
  목적 122
  범위 168
  범위 주석 139
  부적절한 레이블 128
  아이콘 레이블 144
  인덱스 용어 140
  전문용어를 사용한 레이블 127
  제목 134
  조정 167
  주요함 88
  카드 소팅 159
  컨텍스추얼 링크 130
  텍스트 레이블 192
  표현 121
레이블 도출 155
레이블 설계 145
  레이블 기본자료 149, 155
  미세조정 167
  일반 가이드라인 146
레이블 테스트 124
레이블링 486
레이블링 시스템 121
  모듈화 접근 147
  변화 169
  사용 121
  설계 145, 149, 168
  일관성 147
  전략 제안 내용 381
  중요성 123

  MSWeb의 레이블링 시스템 626
레이블링 패턴 152
레이블링 표 150
레이블링의 범위 149
레이블의 기본자료 149
  사용자 158
  사용자 대변인 157
  주제 전문가 157
  참고 및 경쟁 사이트 152
  콘텐츠 분석 155
  콘텐츠 작성자 156
  통제 어휘집과 시소러스 153
  현재 사이트 150
로컬 내비게이션 시스템 185
로컬 페이지 434
로컬 허브 정보구조 전략 407
리서치 329
  개념적 프레임워크 332
  리서치를 반대하는 상황 극복 376
  리서치의 옹호 374
  비즈니스 환경조사 333
  사용자조사 354
  전략적 단계 385
  중요성 376
  콘텐츠 조사 342
  팀 374
  회의 337
리서치 주도 웹사이트 94
리서치의 옹호 374
링크 레이블 132

ㅁ

마법 21
마이크로 포털 201
마케팅과 정보설계 29
마케팅툴 201
맞춤법 검사 240

맥락 361
   내비게이션 시스템에서의 맥락 178
   정보설계 전략에서의 맥락 380
   환경적 맥락 361
맥락과 정보설계 39
맥락의 구축 178
맵 547
맵핑 447
메모판, 두루마리, 책, 도서관 7
메인페이지
   글로벌 내비게이션 바 183
   레이블 123
   인덱스 용어 144
   정치 87
메타데이터 279, 280
   구조적 메타데이터 348
   맥락에 대한 의존성 641
   서술적 메타데이터 348
   설명 412
   스키마 621, 624, 641
   운영상 메타데이터 348
   중요성 107
   태그와 태깅 88, 281
   표 461
   필드 정의 382
   Dublin Core Metadata Element Set 624
메타태그 (HTML) 141
메타포 393, 414
메타포 기반 조직화 체계 98
멘탈 모델 178, 366
명확한 조직화 체계 89
모델
   경제 모델 677
   멘탈 모델 179, 366
   정보 모델 85
   콘텐츠 453
모듈화 643
모집 360

모호한 조직화 체계 83, 91
목적지 페이지 227
목차 197
몹 인덱싱 113
무한 앨리어싱 286
문서 유사도 (검색 알고리즘) 237
문서 유형 345
문서 유형의 정의 382
문어적 표현 314
문의 54
문자를 통한 커뮤니케이션 123
문장내 하이퍼텍스트 링크 187
문제 전달 373
문체 148
문헌 478
문헌정보학 분야 80
문헌정보학과 정보 과학 479
문헌정보학자 80, 157, 360
문화 660
문화 학교 554
물리적 물체 319
미국 각주의 표준 약어 287
미국 색인작성자협회 154, 509
미국 정보학회 684
미션 정의 404
미시간 도서관 228
미의회도서관 분류체계 9
밈 (개념의 확산) 414

ㅂ

발견점 405
발표 336, 401, 414, 421
방문자 정보 355
배타성 103
벌거벗은 임금님 551
범례 433
범위 주석 139, 297, 316

벤다이어그램 333
벤치마킹 350
변형어 296
보고서 401
보관된 토론 목록 (evolt.org) 677
보이지 않는 요소 77
복합계층구조 103, 317
복합어 318
복합적인 분류 321
부가 내비게이션 시스템 195
   가이드 201
   사이트맵 195
   중요 197
부모-자식 (계층적) 관계 311
북마크 (브라우저 기능) 176
북마크 (브라우저 기능) 176
분류 486, 506
분류체계 282, 291, 319
분류체계 시스템 79, 84
분류체계의 폭 104
분리 운영되는 사이트 218
분리된 허브를 위한 우산형 쉘 415
분산된 콘텐츠 구조 전략 407
분석 535
분석 툴 511
불린연산자 263
불용어 237
브라우저 175
브라우저 목록 (evolt.org) 672
브라우징 (탐색) 54, 141, 172, 273
브라우징 도구 73
브레인스토밍 363, 371
블로그 132, 478, 605
비가시성 558, 559
비교 분석 535
비용 497, 499
비용 낭비 128
비용 절감 376

비전 335, 375
비제약적 카드소팅 159
비제약적 카드소팅 366
비즈니스 전략 541
   경쟁우위 557
   다양한 좋은 방법들 553
   비즈니스 전략의 틈새 550
   생각 학교 554
   어원 543
   정보설계와 비즈니스 전략 542
   콘텐츠 정책 384
   SWOT 모델 552
비즈니스 전략의 기술 544
비즈니스 환경 498, 622
비즈니스 환경 조사 333, 340
   기술 평가 341
   기초 조사 335
   리서치 회의 337
   소개 발표 336
   이해관계자 인터뷰 340
   지시를 이끌어낼 대상 334
비즈니스맨 521
빙산과 같은 문제 559

ㅅ

사고 387
사례 관계 (시소러스) 312
사례연구 399, 529
사용 296
사용 통계 355
사용성 182, 195, 342, 488
사용성 공학 371
   정보설계와 비교 14
사용성평가 363
사용자 93
   검색 219
   검색 인터페이스 262, 265

고급검색   233
교육   266, 288
니즈와 행동   45
레이블 기본자료   158
레이블 테스트   132
레이블의 사용자   149
사용성 평가   93, 362, 371
시소러스   307
영향력   353
의견   361
인포메이션 아키텍트   222
정보 니즈   236
정보구조를 표현할 때 고려할 대상   420
정보설계   42
정보설계 프로젝트의 사용자   644
컨텍스추얼 링크   188
특정 사용자층을 위한 인덱싱   228
MSWeb   616, 650
사용자 대변인   157
사용자 설정   205
사용자 시나리오   395, 397
사용자 입장을 배우는 신병 훈련소 활동   533
사용자 조사   354, 363
  검색 로그 분석   355
  고객지원 데이터   360
  니즈   85
  사용 통계   355
  사용자 조사   363
  사이트 인덱스   197
  설문조사   361
  정황 조사   361
  참가자 정의 및 모집   360
  카드소팅   365
  포커스 그룹   363
사용자 중심 디자인   333
사용자, 미션, 비전   404
사용자의 평가에 따른 순위   254
사이트 가이드   201

사이트 내비게이션   187
사이트 아이덴티티   178
사이트 인덱스   573
  검색엔진의 대체   217
  동치어   289
  수작업 생성   198
  안정성   494
  용어 순환   200
  자동 생성   199
  효율성   141
  AOL의 사이트 인덱스   197
  Sun Microsystems   141
사이트 전체 내비게이션 시스템   182
사이트 평가   534
사이트맵   195, 438, 572
사전-사후 벤치마킹   352
사회적 분류체계   113
산출물
  구조도   424
  디자인 스케치   464
  완벽한 산출물   382
  웹기반 프로토타입   466
  전략 단계에서의 산출물   393
  정보구조 스타일 가이드   468
  콘텐츠 맵과 목록   447
  통제어휘집   461
  화면설계   438
삽입어 한정자   315
상거래 사이트   94, 525
상세 구조도   433
상위 레벨 구조도   424
상위어 (시소러스 용어)   296
상향식 비즈니스 전략 수립   554
상향식 정보설계   70, 344
  전략 제안   381
  콘텐츠 맵핑   447
  하향식 정보설계   556
상향식 조직화 구조   108

상호 연계 656
상호인용 239
생물학의 분류체계 317
서브사이트 186, 426
서브사이트 레코드 목록 427
서비스
   기업정보설계 부문의 서비스 602
   진화도 494
   MSWeb팀의 서비스 626, 635, 643
서비스 제공자 601
서술적 메타데이터 348
서술적 어휘집 621, 651
서술적인 콘텐츠 요소 242
설계
   스케치 464
   협업 464
설계 단계 331
설계 학교 554
설계와 문서작성 417
   웹기반 프로토타입 466
   정보구조 다이어그램 419
   제작 관리를 위한 정보구조 467
   콘텐츠 맵핑과 콘텐츠 목록 447
   통제어휘집 461
   프로세스 418
   화면설계 438
설문조사 361
설정 학교 554
세가지 원 다이어그램 333
세일즈맨 520
소개 발표 336
소셜 내비게이션 113
소셜 북마킹과 기업정보설계 590
소프트웨어 503
소프트웨어 개발 15
소프트웨어 개발자 341
손자 544
손자병법 (손자) 543

쇼핑 카트 260
수익 545
수작업 인덱싱 88, 199, 224
수직 내비게이션 180
수확 체감 347, 354, 385
수확 체감의 법칙 347, 354, 385
순자 (Sun Tzu) 543
쉬운 것에서 불가능한 것 순서로 태스크 분배 373
스케치 464
스타일 가이드 468
스토리 399, 529
스토리 이야기하기 529
스파클링 와인 298
시각 디자인 62
   계층구조 134
시각적 메타포 395
시각적 요소 401, 414
시각적으로 커뮤니케이션하기 422
시간 97
시간순 정렬 249
시간순 조직화 체계 89
시나리오 397
시소러스 77, 294
   검색 시소러스 305
   관리툴 505
   기본 시소러스 303
   레이블 기본자료 153
   설명 412
   시소러스 디자이너 502
   예 298
   우선어 314
   의미론적 관계 310
   인덱싱 시소러스 304
   인터넷 309
   전문용어 295
   정의 294
   종류 303
   질의 생성기 239

표준　307
시소러스 검색　305
시스템 운영자　339
시장조사 업체　360
신병 훈련소 활동　533
신조어　126

ㅇ

아동 학대　486
아이디어　389
아이디어, 창의성　374, 418
아이콘　144, 192
알고 있는 항목 찾기　52, 89, 198
알고리즘　235
알파벳순 사이트 인덱스　198
알파벳순 정렬　248
앞으로 (브라우저 기능)　176
약어　315
어미 변화　236, 240
어휘집　153
언론학과 정보설계　29
언어　82, 83, 623
언어　122
업무지원팀 직원　360
에이즈 (AIDS)　486
엔지니어 (거짓말을 못하는)　516
엔터프라이즈 아키텍처　15
엘리베이터 피치　537
역할
　　기업정보설계 부문의 역할　595
　　인포메이션 아키텍트의 역할　502
연계 관계　282, 312, 313
연락처 카드　108
연합 학습　93, 187
예상 경로 표시　176
오피니언 리더 (이해관계자) 인터뷰　340, 546
온라인 커뮤니티　659

외부 의견　534
외부 컨설턴트의 관점　498
외부인 (컨설턴트)　497
요약　403
용어 선택　314
용어 순환　200
용어 정의　315
용어 형식　314
용어의 구체성　316
용어의 형식　314
우선어　288, 296, 314
우선어의 단수/복수 형식　314
우선어의 문법적 형식　314
우연한 발견　93, 217
운영　169
　　전략 제안 내용　381
　　정보구조의 운영　331
운영 효율성　545
운영상 메타데이터　348
운영팀　595
원격 페이지　434
웹기반 프로토타입　392, 466
웹디자인 생명주기　493
웹브라우저의 내비게이션 기능　175
웹사이트
　　개선 효과 측정　352
　　구조　542, 548
　　레이블 기본자료　150, 152
　　메타데이터 주도 웹사이트　280, 281
　　미션 정의　404
　　이질성　84
　　전략적 자산　550
　　정보 조직화　87
　　조직화　87
　　평가　534
　　필수적인 요소　492, 542
위치　90
위키와 기업정보설계　587

유니버설 사용성 488
유연성
   내비게이션 시스템에서의 유연성 180
   MSWeb팀의 유연성 648
유용한 시스템 484
윤리 483
의료 웹사이트 157
의미론적 관계 310
   계층 관계 311
   동치 관계 310
   시소러스 294
   연계 관계 312
   예 296
의미론적 웹 환경 656
의사결정 674
이질성 84, 367
이해 493
이해관계자 (오피니언 리더) 인터뷰 340, 546
인간과 내비게이션 툴 171
인기도 순위 252
인덱스 용어 레이블 140
인덱스 용어 치환 200
인덱싱 223
   주제별 229
   최근 콘텐츠 229
   콘텐츠 컴포넌트 231
   특정 사용자별 228
인덱싱 시소러스 304
인덱싱 전문가 502
인류학자 361
인사관리 어플리케이션 206
인사관리 어플리케이션 206
인센티브 프로그램 604
인용문 검색 239
인위적인 것에서 실제적인 것의 순서로 태스크를
   배치 373
인지 학교 554
인터넷 80

인터랙션 디자이너 502
인터랙션 디자인 62
인터랙션 디자인과 정보설계 14
인터뷰 364
인터페이스 디자인 262
인트라넷 208
인트라넷 87, 208
인포메이션 아키텍트
   교육 475
   기반 지식 109
   드림팀 501
   사용자 대변인 222
   세일즈맨 520
   인포메이션 아키텍트 되기 475
   채용 497
   MSWeb 619
일관성 136, 138, 147, 184
일관적인 표현 148
일반 계층 관계 311
일반인에 의한 분류 113
일상직인 표현 314
임베디드 내비게이션 시스템 182
   구현 190
   글로벌 내비게이션 시스템 182
   로컬 내비게이션 시스템 185
   컨텍스추얼 내비게이션 187
임베디드 링크 189
임베디드 메타데이터 141
임의성 368
입자성 6
   레이블의 입자성 148
   분류 체계에 끼치는 영향 84
   사이트 인덱스 내의 입자성 198
   시소러스 설계와 입자성 312
   입자성의 윤리 487
   카드 소팅 367

ㅈ

자동 어미 변화 236
자동 추출 툴 156
자동 카테고리 생성 툴 505
자동차 판매상 394
자연어 처리 툴 240
자원자 679
자유 태깅 113
자유로운 목록작성 162
작업물 418
장기 프로젝트 계획 413
장기적인 수익성 증가 545
재현율 235, 285
저자 조직화 체계 92
적극적인 사용자 376
적극적인 사용자 파라독스 376
적극적인 허브간 관리 415
적합한 콘텐츠 224
전거 파일 286
전략 331, 379, 541
   구축 386
   리서치 단계 385
   보고서 401
   작업물과 산출물 393
   전략 사수하기 383
   정의 380
전략 단계 산출물 393
   개념도 399
   구조도와 화면설계 400
   메타포 탐색 393
   발표 413
   사례연구와 스토리 399
   시나리오 397
   전략 보고서 401
   프로젝트 계획 413
전략 보고서의 목차 402
전략 아키텍트 496, 502

전략 팀 594
전략수립 회의 534
전략적 도입 547
전략적 질문 383
전략팀 337, 374
전문가 34, 491, 501
전문가 채용 499
전문가 평가 순위 254
전문용어 127
전문용어 295
전조합 318
전체-부분 관계 312
전체적인 모습을 조망 118
전형적인 정보설계 556
전화번호부 88, 244
전화번호부 업종페이지 94
전화번호부 인명페이지 88
접근 가능한 정보의 범위 485
접근성 193
정규 교육 477
정량 카드소팅 368
정보 79
   다양한 경로 321
   문헌정보학과 정보설계 28
   양의 증가 80
   자원 400
   조직화 80
   출처 360
정보 검색 214
정보 고속도로 393
정보 구름 400
정보 기술 341, 671
정보 니즈 49, 371
정보 디자인 62
정보 매핑 557
정보 모델 85
정보 접근 주체 488
정보 조직화 87

정보 조직화　80, 117
정보 탐색 행동 본질　54, 91
정보구조 도식화　419
정보구조에 대한 얕은 이해　559
정보구조의 구성요소　72
정보로 인한 고통　534
정보설계
　가치　522
　구성요소　61
　다른 사람들에게 설명하기　10
　닭과 달걀의 문제　383
　도식화　419
　맥락　39
　밀접한 관계의 여타 학문　14
　비즈니스 전략　541, 545
　사용자　42
　설득　519
　스타일가이드　468
　시각적 표현　419
　어려움　499
　왜 문제가 되는가　16
　유지보수　471
　인포메이션 아키텍트 되기　23
　잇점　526
　전문가　34
　전형적인 정보설계　556
　정보설계가 아닌것　12
　정보설계에 대한 니즈　25
　정의　3
　제작 관리　467
　지속성과 적응성　494
　체크리스트　538
　콘텐츠　40
　팀 구성　491
　프로그램　496
　프로세스　330
　현대적인 정보설계　556
　현실 세계에서의 적용　36

정보설계 교육의 어려움　476
정보설계 사례 만들기　519
정보설계 사용성 엔지니어　502
정보설계 세일즈하기　519
정보설계 소프트웨어 분석가　502
정보설계 시각화　62, 419
정보설계 전략　374
정보설계 효과의 수치화　526
정보설계 ROI의 유효성　528
정보설계에 대한 세미나　477
정보설계의 니즈　25
정보설계의 닭과 달걀 문제　383
정보설계팀　491
정보설계팀 구성하기　491
정보에 접근할 수 있는 주체　488
정보의 범람　82
정보의 정의　6
정성 카드소팅　368
정예병　32
정의　315
정치　86, 497
정확율　235, 285
정황조사　57, 361
제목　129
제약적 카드 소팅　159, 367, 390
제작 관리를 위한 정보구조　467
제품 관리와 정보설계　30
제품 어휘집　619
제프리 젤드만 (Jeffrey Zeldman)　490
조직 내부의 정치　86
조직도　335
조직화 메타포　394
조직화 시스템　79
　개인 조직화 시스템　85
　관점　85
　내부 정치　86
　모호성　82
　응집력이 있는 조직화 시스템　117

이질성 84
전략 제안 내용 381
조직화구조 87, 101, 112
조직화체계 88
콤포넌트 87
조직화 전문용어 127
조직화 학습 493
좁고 깊은 계층구조 104
좋은 아이디어 351
좋은 아이디어의 차용 351
주제 346
주제 어휘집 개발 623
주제별 전문가 157, 586
주제별 조직화체계 94
주제에 대한 친숙함 347
주제에서 태스크의 순서 373
중간 완성도의 화면설계 442
중계자 32
지나친 간소화 정보 모델 46
지리적 위치별 조직화 체계 91
지속성 489
지속적인 적응성 496
지식 관리 16
지식 노동자 554
지역 623
지적 노력 642
지지 얻기 334
직감주의자 521
진주 양식 모델 56
질문, 문제
   사용자조사 364
   소프트웨어에 대한 문제 515
   시스템 운영자에게 할 질문 339
   이해관계자에게 할 질문 340, 546
   전략적 질문 383
   전략팀에게 할 질문 337
   콘텐츠 관리팀에게 할 질문 338
질의 생성기 239

집중화 569

ㅊ

참가자 정의 및 모집 360
참고 사이트 152
참고자료 239
참고자료 링크 자동 생성 199
참여 662
참여기반 카테고라이징 113
참여기반 필터링 210, 237
참여형 정보설계 679
창조를 위한 파괴 493
채용 니즈 496
채용 시장 476
철자 314
철저한 조사 52
첫 번째 화면 증후군 244
청크
   상세 구조도 434
   하이퍼텍스트 112
청킹 (chunking) 68
최근 콘텐츠 229
최상의 방법 (SWOT 분석) 552
최적의 추천 78, 626, 628, 647, 651
최적의 추천 컬렉션 636
측정법 368
친화도 모델링 다이어그램 369, 371

ㅋ

카드 소팅 159, 365, 390
카탈로그 작성자 635
카테고리 486, 621, 626
카테고리 생성 505
커뮤니케이션 123, 388
커뮤니티 478
컨설턴트 497

컨테이너 448
컨텍스추얼 내비게이션 187, 454
컨텍스추얼 링크 130, 188
컴퓨터과학 30
코끼리 555
콘텐츠
   가변적인 콘텐츠 219
   검색 인덱스 작성을 위한 콘텐츠 선별 223
   레이블 소스 155
   변화 속도 495
   양 455
   컨테이너로부터 분리 448
   컴포넌트 223, 231, 233, 241, 440
   콘텐츠 개발 정책 469
   콘텐츠 맵핑 349, 447
   콘텐츠 모델 453
   콘텐츠 목록 150, 451
   콘텐츠 분석 344
   콘텐츠 샘플링 345
   콘텐츠 소유자 338
   콘텐츠 이선 447
   콘텐츠 작성 448
   콘텐츠 정책 384
   콘텐츠 패턴 347
   콘텐츠의 증가 107, 317
   콘텐츠의 통합 676
   태스크 76
콘텐츠 관리
   전략 보고서 내용 409
   정보구조 제안 409
   콘텐츠 관리 소프트웨어 510
   콘텐츠 관리에 대한 회의 338
   콘텐츠 관리와 정보설계 15
콘텐츠 리서치 342
   벤치마킹 350
   콘텐츠 매핑 349
   콘텐츠 분석 344
   휴리스틱 평가 343

콘텐츠 목록 447
콘텐츠 샘플의 출처 346
콘텐츠 수집 345
콘텐츠 작성자 156
콘텐츠 작성자 133, 156
콘텐츠 청크 434
콘텐츠와 정보구조 40
콜센터 상담원 360
콜아웃 446
큐브 (evolt.org) 668
큰 그림을 볼 줄 아는 인포메이션 아키텍트 496
클라이언트 (고객) 419, 621
클로그 586
클릭스트림 분석 356
키워드 140, 281
키워드 태그 281

E

타이틀 태그 (HTML) 141
탐색적 검색 52
태스크
   분석 390
   사용자조사의 태스크 372
태스크 기반 조직화 체계 94
택소노미 103
   깊이와 폭 104
   복합적인 분류체계 321
   상호 연계 656
   설계 103
   안정성 494
   MSWeb의 택소노미 620
테스트 144, 389
테크니컬 라이팅과 정보설계 30
텍스트 내비게이션 바 191
템플릿 411, 440
토론 목록 (evolt.org) 664
토마토 83

통제어휘집 77, 279, 282, 461
   관계 282
   관리 461
   기본자료 153
   기업내의 통제 어휘집 111
   동의어 고리 283
   레이블 기본자료 153
   변화 속도 495
   분류 체계 291
   용어 295
   전거 파일 286
   중앙집중적 관리 678
   질의 생성기 239
통제어휘집 관리자 502
통제어휘집 인덱싱 199
통합 676
통합된 비전 374
통합된 콘텐츠 저장소 전략 415
투자대비효과 (ROI) 16
   기회비용 산정법 522
   벤치마킹 352
   정보설계의 투자대비효과 522
   평가 불가능한 요소 526
툴 세일즈맨 533
툴과 소프트웨어 503
튜토리얼 201
특정 아이템에서 포괄적인 것의 순서 태스크를 배치 373
틈새
   갭 분석 342
   레이블들의 의미상 큰 차이 149
   비즈니스 전략의 틈새 550
   콘텐츠 공백 451
팁 666

ㅍ

파괴적인 창조 493
파일 84
패턴 102
패턴 매칭 알고리즘 234
페이지 432
페이지 패러다임 194
페이지 히트수 355
페이퍼 프로토타입 392
폐쇄형 사용자별 조직화 체계 97
포괄성 103
포맷
   콘텐츠 샘플 345
   포맷 처리의 문제 85
포지셔닝 학교 554
포커스 그룹 363
포털 306, 407
포털 솔루션 509
표준 307
표현 393
표현 367
표현 121
프레임 193
프레임워크 332
프로그램 496, 498
프로모션 상품 125
프로세스 136
프로세스의 단계 136
프로젝트 496, 497
프로젝트 계획서 (전략수립 단계의 작업물) 413
프로토타입
   프로토타이핑 소프트웨어 390, 391, 466, 513
피드 수집기와 기업정보설계 588
피사용 296
피치 (pitch) 82, 146
필드로 구분된 데이터베이스 320

ㅎ

하위어 296
하이퍼미디어 시스템 112
하이퍼텍스트 112
하이퍼텍스트 내비게이션 178, 180
하이퍼텍스트 링크 130
    레이블 130
    색상의 활용 176
    하이퍼텍스트의 문제 112
하향식 비즈니스 전략 개발 554
하향식 정보설계 65
    상위레벨 구조도 424
    상향식 정보설계 556
    전략 제안 내용 381
하향식 조직화구조 102
학습 학교 554
학위 478
학제적인 협력 175
한정자 315
항목 간 내비게이션 100
행정 비서 360
혁신 543
현 사이트 343
현 정보구조 346
현대적인 정보설계 556
현실 337
현장 연구 361
현재 위치 178
현재 위치 표시 178
협업 175, 384, 389, 464
혼합된 조직화 체계 99
화면설계 400, 438
    성공 사례 446
    유형 442
    테스트 393
화면설계에 대한 실질적인 가이드 446
환경 학교 554

환경적 맥락 361
활동시스템 맵 547
휴리스틱 평가 343
휴리스틱 평가의 단일 전문가 모델 343

A

A List Apart 688
About Face: The Essentials of User Interface Design (Cooper) 397
ACM 488
ACM SIGCHI 684
Adam Greenfield 490
AFNOR NFZ 47-100 307
Agency.com 523
Al Gore 393
Alan Cooper 397
Alex Wade 656
Amazon 210, 301
Andrew Dillon 25
ANSI/NISO Z39.19 (시소러스 표준) 307
AOL 웹사이트 198
Argus Associates 402
Argus Center for Information Architecture IA Guide 687
Asilomar Institute for Information Architecture [Information Architecture Institute 참조]
AT&T 463
Austin Govella 430
Australian Yellow Pages 384
Avi Rappoport 278, 508

B

B.J. Fogg 490
Barbara Lutes 154
Bay Networks 523
Bellcore 285

Ben Schneiderman   488
Berthier Ribeiro-Neto   278
BestBuy.com   524
Borders Books & Music   560
Boxes and Arrows   688
Bruce Ahlstrand   553
BS 5723 (시소러스 표준)   307
Bulletin of the American Society for Information Science and Technology (BASIS&T)   688

C

Carl von Clausewitz   543
Chris Farnum   43, 446
CiteSeer   237
Clay Shirky   116
CMS Energy   384
CMS-LIST   511
CMSWatch   511
Compaq 웹사이트   153
Concepts of Information Retrieval (Pao)   278
Consumers Energy   384
Content Management Professionals Association (CM Pros)   685
Content Management Server (Microsoft)   510
Creative Good   524

D, E

Danny Sullivan   278, 508
David A. Krooks   307
David Sifry   116
DDC (Dewey Decimal Classification 듀이십진분류법)   292
del.icio.us   113
dell.com   153, 225
dictionary.com   280, 543
Digital Web   688

DIN 1463   307
Don Peppers   206
Drugstore.com   288
DUX (Conference on Designing for User eXperience)   694
eBay   100
Educators Survey   693
Egreetings.com   428, 442
Epicurious.com   142
Epinions   210
ERD   109
ERIC 시소러스   154
Eric Scheid   686
evolt.org   659
  개인정보   670
  발행된 게시물   668
  의사결정   674
  정보구조   675, 678
  참여 경제   662
  콘텐츠 접근   663
  콘텐츠 통합   676
  토론 목록에 게재   664

F, G

F.W. Lancaster   308
Fidelity   131
Fidelity Investments 웹사이트   351
Flamenco Search Interface Project   326
Flickr   113
Forrester Research   511
Frederick A. Rowley   306
Gateway 웹사이트   153
Gene Smith   115
Geoffrey Bowker   484
Geoffrey Moore   557
Google 유사한 페이지   56, 264
Gopher   180

GUUUI 688

H, I

HCI (HumanComputer Interaction) 479
Henry Mintzberg 553
HRWeb (Microsoft 인사 포털) 647
HTML 작성 330
HTML 태그 141, 192, 281
HTML 프로토타입 390
Human Factors International 693
HumanComputer Interaction (HCI) 479
IA Institute
    정규 교육 692
    토론 목록 683
    툴 695
IA Summit 478
IAWiki 686
    도식화툴 696
    산출물 695
    성과 교육 693
    Canon 692
IBM 153, 266, 525
ICON Advisers 246
InfoDesign 687
Information Architecture Institute (IAI) 682, 685
Information Architecture Library 687
Information Ecology (Davenport and Prusak) 556
Interaction Design Association (IxDA) 685
Interactions magazine 688
Internet Archive 212
Internet Explorer 175
Internet Public Library 395
Interwoven Metatagger 506
ISO 2788 307
IT (information technology) 341
IT 업무 222
IxDA Education Resources 693

IxDA Resource Library 687, 696

J, K, L

Jakob Nielsen 186, 522, 583
James D. Anderson 306
Jesse James Garrett 696
jetBlue 웹사이트 144, 151
John C. Bogle 548
Joseph Lampel 553
Kat Hagedorn 507
Keith Instone 70, 179, 198
Laurence Prusak 556
Lexico 508
LIS (Library and Information Science) 479
Living on the Fault Line (Moore) 557

M, N

m.e.o. (members.evolt.org) 671
Marcia J. Bates 55, 306
Martha Rogers 206
MDR (Metadata Registry, MSWeb 택소노미 툴) 629
Medical Subject Headings (MeSH) 299
MEDLINE 298
Melvil Dewey 8
members.evolt.org (m.e.o) 671
MeSH (Medical Subject Headings) 299
Metacrawler 357
Metadata Registry (MDR, MSWeb 택소노미 툴) 629
metaspy (live search display) 357
Metatagger 506
Michael Middleton 154
Michael Porter 545, 547, 560
Microsoft 615
    웹사이트 183, 186, 209
    의미론적 웹 656
    Content Management Server 510

Internet Explorer   175
SharePoint Portal Server   509
Visio   512, 513
Microsoft Research   106
Miranda Lee Pao   278
Mishka (evolt.org 작성자)   668
Modern Information Retrieval (Baeza-Yates and Ribeiro-Neto)   278
MSWeb   615
  미래 계획   655
  사용자   616, 650
  성과   657
  인포메이션 아키텍트   619
  제품 어휘집   619
  택소노미   621
  툴   643
  MSWeb 팀   643
  Yahoo!와의 비교   619
MultiTes   508
Nathan Shedroff   117
National Library of Canada   292
National Library of Medicine   298
New York Times 웹사이트   185
NIC (Nursing Intervention Classification)   487
Northwest Airlines   137
Nursing Intervention Classification (NIC)   487

O, P

OK/Cancel   689
OmniGraffle   423, 512
On Competition (Porter)   545, 547
On War (Clausewitz)   543
Open Directory Project   678
Oracle   308
Pathfinder   353
Peter Bogaards   687
Peter Merholz   25

Peter Morville   507
PFP (pay-for-placement 노출 위치 판매)를 통한 순위   255
PMEST (Ranganathan's facets)   320
Powell's Books   217
Power Search (Wine.com)   322
PubMed   298

R, S, T

R.E. Wylis   694
REI 웹사이트   189
Ricardo Baeza-Yates   278
Rich Internet Applications (RIA)   513
ROI 산정을 위한 기회비용 계산법   522
S.R. Ranganathan   319
Salon   232
SAS (Search and Taxonomies As a Service)   635, 645, 648, 652
Scott McCloud   192
Search and Taxonomies As a Service (SAS)   635, 645, 648, 652
Search Engine Watch   278
Search Tools   507
Searchtools.com   507
SharePoint Portal Server (Microsoft)   509
SIGGRAPH 96 Conference web site   449
SIGIAL   683
SMEs (subject matter experts)   157
Society for Technical Communication (STC)   685
Sorting Things Out (Bowker and Star)   484
Steve Krug   372
Steve Toub   533
Stewart Brand   494
Strategy Safari (민츠버그, 알스트랜드, 램펠 Mintzberg, Ahlstrand, and Lampel)   553
Strengths, Weaknesses, Opportunities, Threats   552

Sun Microsystems   141
SurveyMonkey   162
SWOT 분석   552
TACT (think, articulate, communicate, and test)   386
Taxonomy Warehouse   326
The Clock of the Long Now   494
The One to One Future (Peppers and Rogers)   206
thechat   665
theforum   665, 674
thelist   665
ThesauriOnline   154, 326
thesite   665, 674
Thomas Davenport   556
Thomas Vander Wal   115
Tim Berners-Lee   656
Time Warner   353
Tower Records   525

U, V, W

U.S. News and World Report   693
UCS (URL Cataloging Service)   629
U-Haul   124
University of Texas on Information Architecture   693
URL 입력 (브라우저 명령어)   175
URL Cataloging Service (UCS)   629
Usability Professionals' Association (UPA)   685
Usable Web   198, 687
User Experience   689
User Experience Network (UXnet)   686
Utah State Archives & Records Service   286
UXmatters   689
Vanguard   199, 547
Vignette Content Suite   510
Visio   423, 512, 513
Visual Vocabulary   696
Vivian Bliss   622, 657
VocabMan (MSWeb 택소노미 툴)   630

Wall Street Journal   202
Wayback Machine   212
Weather Channel (weather.com)   402, 428
Web Thesaurus Compendium   154
WebMD   237
William Gibson   24, 502
Willpower Information   509
Wine.com   321
Winston Churchill   561

X, Y, Z

XML   643, 646
Yahoo!
　검색결과   292
　디렉토리 품질   678
　복합계층구조   318
　성장의 걸림돌   217
　MSWeb   619
Zoomerang   162